课题资助

中国人民大学科学研究基金"统筹推进世界一流大学和一流学科建设"专项资金支持"东亚侵权法示范法研究"(课题项目号:16XNL001)

主编 杨立新

副主编 苏在先 泷泽昌彦 王晨
延基荣 郑冠宇 唐晓晴

东亚侵权法示范法
法理阐释

Interpretation of Jurisprudence
of Model East-Asian Tort Law

北京大学出版社
PEKING UNIVERSITY PRESS

图书在版编目（CIP）数据

东亚侵权法示范法法理阐释/杨立新主编. —北京：北京大学出版社，2018.9
ISBN 978-7-301-29790-2

Ⅰ.①东…　Ⅱ.①杨…　Ⅲ.①侵权法—研究—东亚　Ⅳ.①D931.037

中国版本图书馆 CIP 数据核字（2018）第 187728 号

书　　　名	东亚侵权法示范法法理阐释 Dongya Qinquanfa Shifanfa Fali Chanshi
著作责任者	杨立新　主编
责任编辑	焦春玲　杨玉洁
标准书号	ISBN 978-7-301-29790-2
出版发行	北京大学出版社
地　　　址	北京市海淀区成府路 205 号　100871
网　　　址	http://www.pup.cn　http://www.yandayuanzhao.com
电子信箱	yandayuanzhao@163.com
新浪微博	@北京大学出版社　@北大出版社燕大元照法律图书
电　　　话	邮购部 010-62752015　发行部 010-62750672　编辑部 010-62117788
印刷者	北京大学印刷厂
经销者	新华书店
	880 毫米×1230 毫米　32 开本　17 印张　591 千字 2018 年 9 月第 1 版　2018 年 9 月第 1 次印刷
定　　　价	59.00 元

未经许可，不得以任何方式复制或抄袭本书之部分或全部内容。
版权所有，侵权必究
举报电话：010-62752024　电子信箱：fd@pup.pku.edu.cn
图书如有印装质量问题，请与出版部联系，电话：010-62756370

本书作者

上卷：杨立新，中国人民大学民商事法律科学研究中心教授。

中卷：

第一章　立法宗旨与保护范围：曹险峰，吉林大学法学院教授。

第二章　侵权责任的归责原因与责任承担方式：满洪杰，山东大学法学院副教授。

第三章　损害：姚辉，中国人民大学民商事法律科学研究中心教授；梁展欣，广东省高级人民法院法官。

第四章　因果关系：林旭霞，福建师范大学法学院教授；杨垠红，福建师范大学法学院教授。

第五章　故意与过失：苏在先，韩国庆熙大学法学院教授；扈艳，中国人民大学法学院博士研究生。

第六章　抗辩事由与消灭时效：王晨，日本大阪大学法学院教授；焦清扬，中国人民大学法学院博士研究生。

第七章　救济方式与责任保险：郑冠宇，台湾东吴大学法学院教授；阙梓冰，中国人民大学法学院博士研究生。

第八章　多数人侵权行为与责任：王毅纯，中央财经大学法学院博士后研究人员；王竹，四川大学法学院教授。

第九章　产品责任：龙泽昌彦，日本一桥大学法科大学院教授。

第十章　环境污染责任：梁静姮，澳门大学法学院高级讲师；唐晓晴，澳门大学法学院教授。

第十一章　网络侵权责任：杨立新。

第十二章　侵害公开权的侵权责任：延基荣，韩国东国大学法学院教授；李怡雯，中国人民大学法学院硕士研究生。

本书统稿：杨立新。

协助统稿：扈艳。

前　言

　　东亚侵权法学会全体会员经过八年的努力，首先推出了《东亚侵权法示范法（暂定稿）》，随后，学会组织力量，对东亚侵权法示范法的法理基础进行深入研究，对示范法的条文进行法理阐释，现在也已经完成，因而出版本书即《东亚侵权法示范法法理阐释》，标志着本课题研究的主体部分的完成。

　　"东亚侵权法示范法研究"（课题项目号：16XNL001）得到了中国人民大学科学研究基金"统筹推进世界一流大学和一流学科建设"专项资金支持，还得到了中国人民大学法学院的课题资助。在此，我代表参与东亚侵权法示范法研究和制定工作的全体中外侵权法学专家，向中国人民大学和中国人民大学法学院致以衷心的感谢！

　　东亚各法域在侵权责任法领域有共同的法系基础，有很多共同的规则和理论，但是也有很多不同。在共同的法系基础和规则上求同存异，构建一部能够超越各法域的、具有共同性的侵权法律规则的示范法，使各法域的侵权法不仅可以在立法和司法上进行有效的沟通，而且可以在理论上进行顺畅的交流，更重要的是，可以引导各法域的立法和司法发展，推动侵权法向着共同的方向发展，这正是我们八年努力所遵循的方向。

　　应当看到的是，在世界范围内，不同法域之间的融合和统一是发展的大趋势，各国学者对此都在进行不懈的努力。另外，也必须看到，各法域法律之间的鸿沟也是巨大的。我们在客观分析法律统一的需求和艰难的基础上，积极地做好一点一滴的推动工作，才能够将这一立法趋势不断向前推进。欧洲学者对欧洲侵权法统一的研究和努力，是我们研究东亚侵权法示范法的榜样。我们和欧洲同行们的追求是一样的，这也正是我们对东亚侵权法示范法的积极研究和不懈努力的根本目的。

　　这样的追求和努力是值得的，但也是充满艰辛和困难的。因此，我们在起草东亚侵权法示范法时，不仅要克服困难，付出艰苦的努力，即使现在推出了初步的成果，也仍然存在较多的问题。这也正是我们将这部示范法称之为《东亚侵权法示范法（暂定稿）》的原因。我们的工作还在继续，还要进一步对该示范法进行完善，争取再用几年的时间，完成一个比较完善的、有权威的东亚侵权法示范法，为世界侵权法的融合与统一作出贡献。

本课题的研究时间跨度很长，而且参加的研究人员较多，既有中国内地（大陆）以及台湾地区、香港地区和澳门地区的侵权法学者，也有日本、韩国的侵权法专家。由于各位专家的学术基础不同，撰写习惯有异，表达风格各有千秋，因此，本书的撰写和统稿有较大的难度。同时，在统一语言风格和表述习惯上，有可能淹没了个人的特点。在此，我向各位作者特别是境外的作者表示歉意。

本书最后收录了《东亚侵权法示范法（暂定稿）》的中文版、英文版、日文版、韩文版和葡文版，供各位读者研究和阅读时参阅。

我的博士研究生扈艳协助我进行了统稿和校对工作。

对于本书存在的缺点和不足，敬请指正。

东亚侵权法学会理事长　杨立新

2018 年 4 月 8 日

目 录

上卷 东亚侵权法示范法法理阐释导论

引　言 ·· 3
第一章　世界侵权法的历史源流及融合与统一 ······················· 4
　第一节　世界侵权法的五大历史源流 ································· 4
　第二节　世界侵权法融合与统一的三次浪潮 ·····················14
　第三节　世界侵权法融合与统一的基本特点和历史原因、基本规律
　　　　　与前景展望 ···27
第二章　东亚地区侵权法实现一体化的基础及研究任务 ·········39
　第一节　研究和制定东亚侵权法示范法的必要性与实现的目标 ······39
　第二节　东亚侵权法示范法实现一体化的基础和研究计划 ·········42
　第三节　东亚侵权法示范法研究和起草的基本议题 ·············45
第三章　东亚侵权法示范法的完成情况及后续任务 ·················53
　第一节　《东亚侵权法示范法（暂定稿）》的基本内容 ·········53
　第二节　东亚侵权法学会在完成示范法之后的后续任务 ·······54

中卷 东亚侵权法示范法条文法理阐释

第一章　立法宗旨与保护范围 ··59
　第一节　示范法保护范围的模式选择 ·································60
　第二节　保护范围 ···73
第二章　侵权责任的归责原因与责任承担方式 ························84
　第一节　过错责任、过错推定与纯粹经济利益损失 ············85
　第二节　无过错责任与替代责任 ·······································103

第三章　损害 ... 109
第一节　损害的界定及其类型 ... 111
第二节　私法权益位阶与损害的证明 ... 130

第四章　因果关系 ... 136
第一节　因果关系的一般理论 ... 137
第二节　因果关系的证明 ... 147

第五章　故意与过失 ... 160
第一节　从过失责任到过错责任 ... 162
第二节　故意及过失的体系 ... 167

第六章　抗辩事由与消灭时效 ... 176
第一节　抗辩事由 ... 178
第二节　消灭时效 ... 194

第七章　救济方式与责任保险 ... 197
第一节　损害的一般救济方式 ... 202
第二节　损害赔偿的一般规定 ... 208
第三节　人身损害赔偿 ... 225
第四节　财产损害赔偿 ... 235
第五节　精神损害赔偿 ... 239
第六节　责任保险 ... 245

第八章　多数人侵权行为与责任 ... 249
第一节　数人侵权行为概述 ... 253
第二节　共同侵权行为 ... 258
第三节　数人侵权责任分担 ... 268

第九章　产品责任 ... 275
第一节　产品的概念及产品缺陷类型 ... 280
第二节　产品责任的具体规则 ... 286

第十章　环境污染责任 ... 296
第一节　环境污染侵权责任概述 ... 298
第二节　环境污染侵权责任的认定规则 ... 305

第十一章　网络侵权责任 ... 314
第一节　网络侵权责任的一般规则 ... 316
第二节　"避风港"原则及其适用 ... 319
第三节　"红旗"原则及其适用 ... 331

第十二章　侵害公开权的侵权责任 ·········· 335
第一节　公开权的沿革与发展 ············ 337
第二节　公开权的基本理论 ············· 344
第三节　公开权的行使 ··············· 352
第四节　公开权的侵害及救济 ············ 355

下卷　东亚侵权法示范法文本（中英日韩葡文对照）

东亚侵权法示范法（暂定稿） ·············· 361
Model East-Asian Tort Law (Provisional Version) ······· 389
東アジア不法行為法モデル法（暫定稿） ········· 428
동아시아 불법행위법 모범법（임시안） ·········· 461
Lei-Modelo de Responsabilidade Civil para a Ásia Oriental
　(Texto Provisório) ················· 496

上卷 东亚侵权法示范法法理阐释导论

引 言

2010年7月2日,中国内地(大陆)以及台湾地区、香港地区和日本、韩国的18位研究侵权法的学者,在中国黑龙江省伊春市发起成立了"东亚侵权法学会"(Academy for East-Asian Tort Law,缩写为"AETL"),共同签署了《东亚侵权法学会伊春宣言》。[1] 7月3日,"东亚侵权法示范法国际研讨会暨东亚侵权法学会第一届年会"在伊春市召开,就东亚侵权法示范法的制定达成了一致意见,决心共同推动东亚侵权法示范法的起草工作。[2] 这对东亚各法域的法律一体化建设具有重要意义,也是东亚各法域呼应欧洲民法统一,实现国际民法一体化的重要举措。

经过6年的努力工作,东亚侵权法学会于2015年11月21日在台湾东吴大学法学院召开的第六届年会上,一致通过了《东亚侵权法示范法(暂定稿)》,完成了这一历史性的民间立法任务。之后又经过对文本的多次讨论,于2016年4月28日完成了示范法中文版的修订,以及英文、日文、韩文和葡萄牙文版本的翻译,于2016年8月出版了《东亚侵权法示范法》一书[3],受到世界各法域侵权法学者以及民法学者的关注。

《东亚侵权法示范法(暂定稿)》完成后,东亚侵权法学会的成员对该示范法进行深入研究,分工负责,对其各章内容和法理分别进行阐释,于2016年8月在中国苏州召开的第七届年会上,对示范法进行了深入的研讨。会后,东亚侵权法学会将学会成员撰写的文稿进行整理,编辑起来,形成了本书。

本书在对《东亚侵权法示范法(暂定稿)》的具体内容和法理进行阐释之前,先对世界侵权法的融合与统一趋势、东亚侵权法学会起草东亚侵权法示范法的初衷以及该示范法的基本内容进行了一般性说明。

---

[1] 《东亚侵权法学会公告(2010)2号:东亚侵权法学会伊春宣言》,载东亚侵权法学会网站:(http://www.aetl.org/article/default.asp?id=16),访问日期:2017年10月15日。

[2] 《东亚统一侵权法国际研讨会暨东亚侵权法学会第一次年会简报》,载东亚侵权法学会网站(http://www.aetl.org/article/default.asp?id=14),访问日期:2017年10月15日。

[3] 参见杨立新主编:《东亚侵权法示范法》,北京大学出版社2016年版。

第一章　世界侵权法的历史源流及融合与统一

当今世界，随着经济一体化的进程不断加深，法律的融合与统一成为世界性的潮流，侵权法同样处于这个潮流之中。各法域的侵权法专家应当对世界侵权法融合与统一的历史源流与发展趋势作出准确的概括和评估，为推动世界侵权法的统一作出应有的贡献。

第一节　世界侵权法的五大历史源流

初民社会没有法律，人们的生活自动地受习惯的约束。[1] 随着原始社会进化为阶级社会，法律开始出现并不断发展。同样，初民社会也不存在侵权法，作为保障社会成员的财产和人身的法律曾经是"法律程序的原始形态"。[2] 最早的"侵权法"以受害人及其血亲对加害人进行同态复仇的方式进行"救济"，主要表现为私人复仇制度，借以解决部族成员之间的矛盾和冲突。[3]

随着国家和阶级的出现，侵权法出现于世界舞台，并且形成了世界侵权法主要的五大历史源流。这就是罗马法系侵权法、英吉利法系侵权法、中华法系侵权法、印度法系侵权法和伊斯兰法系侵权法。[4]

一、罗马法系侵权法

罗马法概指由东罗马皇帝优士丁尼于公元6世纪编纂的罗马法律和学说，包括《学说汇编》《法学阶梯》《优士丁尼法典》和《优士丁尼新律》。从中世纪到文艺复兴时期，由于波伦亚学派法学家的活动以及大量历

---

[1]　参见〔美〕西格林:《法律探求》，第2章，转引自〔美〕E. A. 霍贝尔:《初民的法律》，周勇译，中国社会科学出版社1993年版，第22页。
[2]　参见王利明主编:《民法·侵权行为法》，中国人民大学出版社1993年版，第59页。
[3]　参见杨立新:《侵权法论》（第5版），人民法院出版社2013年版，第85页。
[4]　对于其他的侵权法历史源流，例如俄罗斯法，由于并不突出或者资料有限，本书不进行专门研究。

史原因和社会原因的影响，罗马法逐渐变成了所有拉丁民族和日耳曼民族的共同法，直到18世纪中叶开始，它才让位于一些民法典，并且在这些民法典的制定中发挥了重要作用，在《德国民法典》1896年颁布、1900年生效时退出了最后一块显要的领地。[1] 强大的罗马法在欧洲大陆统治了1 000多年，其中强大的私法特别是侵权法成为《法国民法典》和《德国民法典》制定侵权之债的蓝本，发挥了重要作用，至今在解释新法典方面仍具有重要意义，为研究法律沿革的历史规律提供了基础和方法。

罗马法对世界侵权法的最大贡献在于其规定了完整的私犯制度。罗马法将犯罪分为公犯和私犯。对于公犯，刑法具有公共特点，即由国家科处刑罚；而私犯，则是相对于个人而接受刑罚，这种刑罚导致以钱赎罪。[2] 私犯在罗马法的历史文献中，先后出现过三种不同的意义：一是在盖尤斯的《十二表法注释》中，私犯被定位为犯罪行为之一，并没有从债的发生原因的角度看这些不法行为；二是在《法学阶梯》中，把私犯作为债的发生原因之一，并将其纳入私法即债法的领域，构建了契约之债与私犯之债的两分法；三是在《法学阶梯》中，提出了准私犯的概念，并且对以前的所有准私犯进行了选择与归纳。[3]

优士丁尼在编纂罗马法典时，把债的发生主要分为两种：一种是由双方当事人签订契约所生之债；另一种是侵权所生之债，即契约之债和私犯，并将私犯按照各种具体侵权行为的性质分为私犯和准私犯，相应规定在法典的债法部分。所谓私犯，包括对身私犯、对物私犯、窃盗和强盗，是指对他人财产或人身造成损害的行为，是与犯罪行为相对的概念。同时，罗马法还规定了赔偿金额和计算标准。虽然罗马法没有对侵权行为明确规定实行过错责任原则，但存在着事实上的过错归责，对于私犯的概念和后果来说，过错越来越受到重视[4]，为《法国民法典》建立过错责任原则奠定了基础。所谓准私犯，是指类似私犯而未列入私犯的侵权行为，是与私犯并列的特殊侵权行为类型。《法学阶梯》概括的准私犯包括：①承审官加于人之损害（法官误判）；②自屋内向外投掷物体对他人之损害；③于大路旁堆放或在阳台、屋檐处悬挂物体对他人之损害；④船舶、旅店和马

---

[1] 参见〔意〕彼德罗·彭梵得：《罗马法教科书》（修订版），黄风译，中国政法大学出版社2005年版，第1—3页。

[2] 参见〔意〕彼德罗·彭梵得：《罗马法教科书》（修订版），黄风译，中国政法大学出版社2005年版，第307页。

[3] 参见费安玲主编：《罗马私法学》，中国政法大学出版社2009年版，第373页。

[4] 参见〔意〕彼德罗·彭梵得：《罗马法教科书》（修订版），黄风译，中国政法大学出版社2005年版，第310页。

厩的服务人员对旅客的损害。[1]

私犯的法律后果,在《阿奎利亚法》中原本为罚金之诉,同时也存在复仇制度。而最高裁判官法则确定对人身伤害一律实行金钱赔偿制度。最高裁判官法确认赔偿金额由法官依据被害人的身份、地位、伤害的部位及侵权行为发生的场所来计算并加以确定。

在世界侵权法源流中,罗马法系侵权法出现最早,也最为完善,适应了自然经济条件下的简单的商品经济发展的需要,确立了私权本位主义和较完备的私权保护体系,对侵权行为作了详细规定,尤其是罗马法在事实上实行过错归责,区分私犯和准私犯的界限等基本制度,为后世侵权法立法关于一般侵权行为与特殊侵权行为的分类、一般化的立法方法等奠定了坚实的理论基础。同时,罗马法关于侵权法在法典中的编排位置、侵权损害赔偿责任规则等方面,对现代侵权法的理论和立法都有重大影响。

二、英吉利法系侵权法

英吉利法系侵权法也是世界侵权法的一个重要源流。

英吉利法系与罗马法系不同。欧洲人的习惯由于偶然的原因,演化为两种理性的法律制度,并且至今仍在影响着世界大多数地区的法律。这两种制度的发展可能经历了类似的历史阶段,但它们在时间上却大约相隔了1 500年。[2]英格兰最早的法律是地方的各种非专门化的惯例和习惯。"征服者"威廉一世当时承认了先前的人们所留下的各种法律,而这些法律最初来自更早的征服者。这些做法在基督教的影响下,为适应行政管理和处理偶发事件的需要,不断地进行修改和完善。当公元11世纪诺曼人来到英伦岛的时候,这些就已经成为英格兰人的法律了。[3]诺曼人通过国王委派的法官巡回审判,把原来的地方习惯法有选择地通过判例的形式加以提炼,成为通行于全国的普通法。随着商品经济的发展,14世纪又形成了与普通法并列的衡平法,两者都采取判例的形式,实行遵循先例的原则。[4]

12世纪后期,格兰维尔将诉讼分为民事诉讼和刑事诉讼两类,但区分这两类诉讼的标准与今天不同。民事诉讼是指那些与土地有关的诉讼和古

---

[1] 参见〔英〕巴里·尼古拉斯:《罗马法概论》,黄风译,法律出版社2010年版,第207页。
[2] 参见〔英〕S. F. C. 密尔松:《普通法的历史基础》,李显冬等译,中国大百科全书出版社1999年版,第1页。
[3] 参见〔英〕S. F. C. 密尔松:《普通法的历史基础》,李显冬等译,中国大百科全书出版社1999年版,第3页。
[4] 参见何勤华主编:《英国法律发达史》,法律出版社1999年版,第41—42页。

老的对人的诉讼,而所有有关过错行为的诉讼则都是刑事诉讼,这可能是因为过错行为对社会以及受害人来说都是一种犯罪,因此刑事制裁随之而来,当然,刑事诉讼并不排除对受害人的赔偿。如果受害人向过错行为人提出了指控,不仅过错行为人要受到惩罚,而且还可以收回自己被抢走的财产或者得到其他补偿。[1]

13世纪英国主要采取令状制度,出现了"直接侵害诉讼"的形式。在对行为人以暴力和直接侵害的方式给人身、动产和不动产造成的损害处以刑罚的时候,受害人可以请求附带的损害赔偿;13世纪后期,英国出现了"间接侵害诉讼",这是一种对非暴力的间接侵害的诉讼形式,是对直接侵害诉讼的一种补充。1285年《威斯敏斯特第二法》的规定则将侵害行为之诉扩大适用于令状中说明案情的诉讼,授权法院大法官的书记官在遇到类似案件时,根据现行的救济方法起草新的令状。[2]不同的令状表现的就是不同案件类型的基本要求和规则。这一时期,英国的侵权法就是这些令状累积而成的判例法,而不是成文法。

1852年英国颁布的《普通法诉讼条例》,对于在直接侵害和间接侵害的基础上所产生的一系列新的侵权行为,采取"无限多重原则",使英国侵权法成为由各种具体侵权行为责任的规定和大量具体侵权诉讼的法院判例构成的法律汇编。普通的法律教科书把英国法中的侵权行为分为7种:①对人身安全和自由的侵权行为;②对于个人名誉的侵权行为;③对于财产的侵权行为;④干涉家庭关系、合同关系和商业关系的侵权行为;⑤欺骗行为;⑥过失行为;⑦法律程序的滥用。

英吉利法系侵权法是一项古老的、分类精细的、内容广泛的侵权法律制度,与罗马法系把侵权行为视为债的一种发生行为即侵权行为之债的做法完全不同,它缺少对统贯全部侵权法的一般原则的理论归纳,有的只是对各种各样的特定侵权行为的规定,放弃了集各种侵权行为为一体的任务[3],说到底,是一种类型化的侵权法,没有一般性的概括性规定。

---

[1] 参见〔英〕S. F. C. 密尔松:《普通法的历史基础》,李显冬等译,中国大百科全书出版社1999年版,第319页。

[2] 参见〔英〕S. F. C. 密尔松:《普通法的历史基础》,李显冬等译,中国大百科全书出版社1999年版,第318页。

[3] 参见何勤华主编:《英国法律发达史》,法律出版社1999年版,第272页。

三、中华法系（东亚法系）侵权法

中华法系也称为东亚法系或者律令法系。[1] 依中国学者的见解，中华法系是指以中国法为母法发展起来的东亚法律体系，包括古代的中国法、朝鲜法、日本法、琉球法、安南法、暹罗法等。[2] 中华法系侵权法主要是中国古代的侵权法，日本和韩国的古代侵权法受到中华法系侵权法的影响，属于中华法系侵权法的主要组成部分。

（一）中国古代侵权法

中国古代侵权法源于秦朝，延续至清末。中华法系侵权法不断发展变化，形成了丰富多彩的侵权法律制度，但其主干和体系十分稳定，没有特别明显的变化。

中国古代侵权法以唐朝为中心点，可以划分为三个时期：第一，由唐朝上溯至魏晋南北朝、两汉、秦朝。这个时期的中国古代侵权法远没有唐朝侵权法律制度那样完备，但秦朝吸收了中国奴隶制社会侵权法立法的遗产和战国时期封建社会初期侵权法立法的思想和实践，创立了初步的中华法系侵权法体系。第二，唐朝侵权法标志着中华法系侵权法的完善。《唐律》中所包含的侵权法规范是相当先进的，某些规则达到了领先世界的水平。证据是，《唐律》（《永徽律》）颁行于公元651年；《优士丁尼法典》颁行于公元529年，《优士丁尼新律》于公元565年汇编成集，属于同一时期的法律。当时的罗马法"确认私犯是债发生的原因之一，但却从未专门规定过因这种违法行为而引起的损害赔偿责任的一般原则"[3]。而《唐律》中的财物损害"备偿"制度、畜产损害的"偿所减价"制度、过失杀伤人的"赎铜入杀伤之家"制度和"保辜"制度，比罗马法"私犯、准私犯"的有关具体侵权责任的规定抽象性更强，更为先进。[4] 第三，宋、元、明、清各朝的侵权制度经过不断修改，越来越丰富，越来越完善，向着日益完善的方向发展。清朝《大清律例》删除了不合理的惩罚性赔偿制度，确认损害赔偿的基本功能是填补损失，而不是以行为人的主观过错轻重来确定赔偿范围，概括了中国古代侵权法的全部精华，达到了

---

[1] 参见张中秋编：《中华法系国际学术研讨会文集》，中国政法大学出版社2007年版，第118—119页。

[2] 参见张友渔主编：《中国大百科全书·法学卷》，中国大百科全书出版社1984年版，第764页。

[3] 法学教材编辑部《罗马法》编写组：《罗马法》，群众出版社1983年版，第253页。

[4] 参见杨立新、韩海东：《侵权损害赔偿》，吉林人民出版社1988年版，第59—60页。

中华法系侵权法的最高峰。

中国古代侵权法共有三大类 15 种基本责任制度。一是侵害人身的损害赔偿，包括"赎铜入杀伤之家""断付财产养赡"（将罪犯的财产按份分给受害人）、"追埋葬银""保辜"。其中保辜制度是最具有特色的人身损害赔偿制度，即殴人致伤，区分不同情况，立一辜限，限内由侵害人即罪犯支付医疗费用，辜限内治好，可以减轻处罚，辜限内医治无效致死、致残，各依律科断刑罚。保辜制度保人之伤正因为保己之罪，就可以调动加害人医治伤害的积极性，因而对受害人有利，使受害人的伤害得到及时平复，是一种有效的侵权责任制度。二是侵害财产的损害赔偿，包括"备偿"（全部赔偿）、"偿所减价"（赔偿实际损失）、"偿减价之半"（赔偿实际损失的一半）、"倍备"（双倍赔偿）、"折判赔偿"（放火烧人财产，将放火人的全部财产折份赔给受害人）、"追雇赁钱"（赔偿使用费）、"着落均赔还官"（职务过失而造成官府损失的赔偿）、"还官主"（返还原物）。三是其他形式的侵权责任，如"复旧"（恢复原状）、"修立"（建筑物恢复原状）、"责寻"（丢失财物责令寻找）。[1]

中华法系侵权法仍然是成文法的类型化侵权法，与罗马法系侵权法相似，但其类型化不仅包括侵权行为的类型化，而且包括责任方式的类型化，不同的责任方式适用于不同的侵权行为。这种侵权责任的类型化，既不像英吉利法系侵权法那样是侵权行为的类型化，也不像罗马法系侵权法那样把侵权行为类型概括为私犯和准私犯。这样的侵权法独具特色。在侵权责任功能上，侵权损害赔偿的性质以补偿损失为主，但也有惩罚性赔偿责任，如唐、宋时期的"倍备"制度，汉律中的"加责"制度，明律中的"倍追"制度，都具有明显的惩罚性赔偿性质，这样的规定与英美法系侵权法 18 世纪产生的惩罚性赔偿[2]相似，但产生的年代早于英美法系侵权法 1 000 多年。不过到了清朝，这种惩罚性赔偿责任都被废止了。[3]

（二）日本侵权法

日本古代法律分为上世法、中世法和近世法。

上世时期，日本从中国继受法律后，形成从近江令到养老律令的一系列法典，逐步作为基本法典施行。律令中对相当于现代侵权行为的规定是从惩肃的立场出发，主要规定在"律"中，犯罪与侵权行为并没有明确的

---

[1] 参见杨立新：《侵权法论》（第5版），人民法院出版社 2013 年版，第 65—76 页。
[2] 参见〔奥〕赫尔穆特·考茨欧、〔奥〕瓦内萨·威尔科克斯主编：《惩罚性赔偿金：普通法与大陆法的视角》，窦海阳译，中国法制出版社 2012 年版，第 1—2 页。
[3] 参见杨立新：《侵权法论》（第5版），人民法院出版社 2013 年版，第 68 页。

区分。与中国古代侵权法一样,将损害赔偿称为备偿、征偿或者偿。对过失伤人造成损害征收赎铜,并在某种条件具备时,归被害人家庭所有。[1]同样,对于侵害财物的行为,日本《大宅律令》中的名例律规定了盗窃(窃盗、强盗)他人之物的人应当双倍赔偿;以水火造成他人之物损毁的,如果是故意则应赔偿,如果是过失则免于赔偿。对于家畜造成的损害,由畜主赔偿该损害,畜产牴人的截去双角,踏人的捆住,咬人的截去双耳,对狂犬任何人皆可杀之。犬类所有人非因故意造成他人畜产被杀伤时,由所有人"偿所减价",其余畜产同样相互杀伤时,则"偿减价之半"。[2]

中世时期,日本施行了律令系统的侵权法。镰仓、室町两幕府法中存在关于不法行为的民事责任,例如提起更改旧境引发土地诉讼的人,如果毫无依据地提起诉讼,要从自己的领地中割出相当于希望通过该诉讼得到的土地面积交付给被告。[3]口出恶言之人争夺的土地归其他当事人所有。[4]盗窃案中有赃物价格在300文以下的,盗窃者双倍赔偿。放牧的牛马造成他人农作物损害的,牛马的所有人负有赔偿义务,不予赔偿时被害人可以取得此牛马。[5]

近世时期,日本战国时代的分国法规定了土地所有人可以扣押加害其作物的家畜以请求损害赔偿[6],江户时代在《板仓氏新式目》中可以看到同样的规定。《公事方御定书》(下卷)第71条中有关于伤害的赔偿责任,第77条中有关于酒醉加害的赔偿责任。根据前者的规定,伤人的町人百姓不论伤口多少,应当交付被害人治疗费用一枚银元。根据后者的规定,酒醉伤人者应当支付平愈伤害的治疗费用,其金额不论伤口多少,町人百姓银元一枚,身份低于町人百姓的也以此为准。[7]酒醉后打人又难以承担治疗费的,取其各种用具交付被害人。[8]酒醉损坏各种用具

---

[1] 此时的赎金可以看作损害赔偿,其金额不取决于伤害的程度,而取决于罪行的轻重,因此带有刑罚的性质。

[2] 参见〔日〕石井良助:《日本法制史概说》(第2版),东京,创文社1967年版,第174页。

[3] 即"打越土地",《御成败式目》第36条。

[4] 口出恶言之人若无理由取得此争议土地的,没收此人的其他领地。

[5] 这种制度相当于损害投役。参见〔日〕石井良助:《日本法制史概说》(第2版),东京,创文社1967年版,第330页。

[6] 《尘芥集》将这种损害赔偿称为"错钱",但被害人切割或者宰杀畜类的话,则反之应由其交纳"过钱"(畜类被宰杀时的价格)。《元亲百条》中规定畜类所有人应当向被害作物所有人(作主)交纳百文。

[7] 《公事方御定书》在享保七年(1722年)的条文中规定了难以交纳治疗费的人将腰刀交付被害人,此条后来被删除,在幕末的《公事方御定书》正本中已看不到此规定。

[8] 没有应当交付的各种用具的人要被流放。酒醉毁坏各种用具,但无力赔偿的也一样。

的,负有赔偿责任。[1]

从日本学者介绍的上述日本侵权法的情形观察,日本侵权法源于中国唐朝侵权法,中世与后世时期增加了本国的基本内容,仍然属于中华法系侵权法。

(三) 韩国侵权法

历史上,韩国的法制以其固有习惯法为基础,深受中华法系影响,逐渐发展起来,其古代时期接受了唐律、中世纪接受了宋朝和元朝的法律,朝鲜时代接受了明律。[2]韩国将侵权行为称为不法行为。古朝鲜的《八条法》作为古朝鲜社会的基本法,又称"八条法禁"或"犯禁八条",以杀人、伤害、窃盗为基础,现在仅存有三个条文。一是相杀,以当时偿杀(杀人者,即时处以死刑);二是相伤,以谷偿(伤害他人身体者,以谷物补偿);三是相盗,男没入为其家奴,女子为婢,欲自赎者人五十万。[3]"昔武王封箕子于朝鲜,箕子教以礼义田蚕,又制八条之教。其人终不相盗,无门户之闭。妇人贞信。"[4]高丽时代的《高丽律》,内容深受中国唐律的影响,朝鲜时期的《经国大典》借鉴大明律的规定,侵权法的内容与中国唐朝和明朝的规定非常相似,只是在奴婢、身份等问题上具有民族的固有性。[5]

四、印度法系侵权法

在古代历史中,印度传统宗教包含着"法"(达摩)的观念和制度,以《摩奴法典》为代表的教法统一的典籍,早在公元前就被引证为社会诸律法的权威。

印度法系侵权法的传统集中在《摩奴法典》中。《摩奴法典》是古印度奴隶社会有关宗教、哲学和法律的汇编之一,全文十二卷[6],侵权法主要规定在第七卷至第十卷中。根据笔者的整理,《摩奴法典》规定的印度法系侵权法的基本体系是:

---

[1] 参见[日]石井良助:《日本法制史概说》(第2版),东京,创文社1967年版,564页。

[2] 参见[韩]李镐秀:《论中国古代法对韩国法制史之影响》,载《法制与社会》2010年第28期。

[3] 参见"八条法"知识百科,载韩国 naver 网站(http://terms.naver.com/entry.nhn?cid=200000000&docId=1157373&mobile&categoryId=200000259),访问日期:2017年5月24日。

[4] 参见[韩]尹在硕:《古代韩国中法制交流浅析——以"犯禁八条"为中心》,载《中国文化研究》2002年第4期。

[5] 参见[韩]李镐秀:《论中国古代法对韩国法制史之影响》,载《法制与社会》2010年第28期。

[6] 参见陈盛清主编:《外国法制史》,北京大学出版社1982年版,第19—20页。

（一）遵循的基本原则是正义

《摩奴法典》第七卷第 2 条规定："刹帝利按照规定接受入门式后，应致力于以正义来保护属于他能力范围内的一切。"〔1〕第 51 条规定："要始终将打人、骂人和侵犯他人财产的行为视为愤怒所产生的恶德系列中最有危害的三事。"〔2〕从这样的规定可以看出，《摩奴法典》奉正义为其基本原则，也是侵权法的基本原则，确认打人、骂人、侵犯他人财产的行为都是侵权行为，都是法典所极力谴责的恶行，应当受到法律的制裁。

（二）具体侵权行为类型

具体侵权行为类型包括四种：①损坏财产的侵权行为。《摩奴法典》特别重视对财产权利的保护。第八卷第 144 条规定了损坏抵押物的，应当赔偿物主损失〔3〕；第 285 条、第 288 条和第 289 条都规定了损坏他人财产的赔偿责任。〔4〕②伤害他人的侵权行为。该法典对保护生命权和健康权的规定比较周到，主要适用刑罚手段进行保护，但也规定了若干民事手段的保护。例如第八卷第 287 条规定："打坏肢体造成创伤或出血时，肇事人应该缴付治愈费用；或者，如果他拒不缴付，应处以缴付费用并罚金。"〔5〕③辱骂他人的侵权行为。该法典对于精神性人格权的保护比较突出。其中关于辱骂他人的规定，诸如第八卷第 267 条至第 271 条、第 274 条和第 275 条等。〔6〕该法典对于性权利和夫权等的保护也比较鲜明。第八卷第 352 条以下多个条文规定了这样的规则。例如，第 367 条规定："男子由于傲慢不逊，以其手指接触、强污一青年女子时，可立即断其二指，另处二百钵那罚金。"④其他特殊侵权行为。《摩奴法典》规定了多种特殊侵权行为，包括动物损害责任、交通事故责任（车辆和船舶）、违反职责造成损害以及欺诈行为。例如第九卷第 286 条规定："混淆劣质商品与优质商品，凿坏宝石、珍珠钻孔拙劣，应处以一等罚金并赔偿损失。"〔7〕

（三）救济方式

《摩奴法典》规定了多种侵权责任方式以救济不同的损害：①赔偿损失。最为典型的是第八卷第 287 条规定："打坏肢体造成创伤或出血时，肇事人应该缴付治愈费用……"第八卷第 288 条规定："损坏人家财产者，无

---

〔1〕〔法〕迭朗善译：《摩奴法典》，马香雪转译，商务印书馆 1982 年版，第 144 页。
〔2〕〔法〕迭朗善译：《摩奴法典》，马香雪转译，商务印书馆 1982 年版，第 150 页。
〔3〕参见〔法〕迭朗善译：《摩奴法典》，马香雪转译，商务印书馆 1982 年版，第 183 页。
〔4〕参见〔法〕迭朗善译：《摩奴法典》，马香雪转译，商务印书馆 1982 年版，第 197—198 页。
〔5〕〔法〕迭朗善译：《摩奴法典》，马香雪转译，商务印书馆 1982 年版，第 197 页。
〔6〕参见〔法〕迭朗善译：《摩奴法典》，马香雪转译，商务印书馆 1982 年版，第 195—196 页。
〔7〕〔法〕迭朗善译：《摩奴法典》，马香雪转译，商务印书馆 1982 年版，第 239 页。

论有意无意,应该赔偿,并向国王交付与损害相等的罚金。"[1]②返还财产。③恢复原状。④规定了一些具有惩罚性的赔偿责任。

《摩奴法典》规定的侵权行为法规范具有鲜明的印度法系的特点,与罗马法系侵权法和英吉利法系侵权法并不相同,与中华法系侵权法也不相同。但在基于权利损害而造成损失的赔偿责任,以及坚持过错责任、正当防卫和紧急避险予以免责方面,印度法系与罗马法系等则都采取基本相同的立场。

五、伊斯兰法系侵权法

伊斯兰教是世界三大宗教之一,作为伊斯兰教组成部分的伊斯兰法系,是世界主要法律制度之一,不仅源远流长,而且至今仍然具有广泛影响。[2]伊斯兰法以教义学为基础,基本上是属于宗教伦理性质的,它以神的意志的形式,规定了穆斯林持身律己的一个根本行为准则,因此常常被称为"私法"。[3]《古兰经》是穆罕默德在23年布道和社会活动过程中,以安拉之名陆续降示的一部宗教典籍[4],是伊斯兰法的成文法。伊斯兰法中有关侵权行为的规定,就是伊斯兰法系的侵权法。

伊斯兰法系侵权法在《古兰经》之前为习惯法,实行的是以报私仇为基本观念的私人司法制度。损失一个部落成员,要以犯罪者所在部落的相应损失作为报仇手段,该部落则要为其成员的行为集体承担责任。《古兰经》以"以命偿命,以眼还眼"的格言为正当报复的标准,从根本上改变了杀人的法律后果,从此以后,需要为被害者偿命的,只是一条人命,即凶手本人的命,血亲复仇被正当报复所代替。杀人仍然属于民事伤害而不属于公法领域的侵权行为,被害者的亲属有权要求报仇,接受赔偿金或给予宽恕。它尽管仍然是私人司法,但是这项司法需要以公正和准确地赔偿所蒙受的损失的道德标准为尺度。"以眼还眼"的箴言,源自"在真主的眼里一切穆斯林皆平等"这一更加广泛的宗教原则。因而杀人罪是被当作违反私法而不是违反公法的犯罪来对待的。[5]伊斯兰法系侵权法认为过失造成他人死亡的,也应当承担赔偿责任。例如三个孩子正在玩骑马游戏,

---

[1] [法]迭朗善译:《摩奴法典》,马香雪转译,商务印书馆1982年版,第197页。
[2] 参见高鸿钧:《伊斯兰法:传统与现代化》,社会科学文献出版社1996年版,前言,第1页。
[3] 参见[英]诺·库尔森:《伊斯兰教法律史》,吴云贵译,中国社会科学出版社1986年版,序言,第1、3页。
[4] 参见吴云贵:《伊斯兰教法概略》,中国社会科学出版社1993年版,第9页。
[5] 参见[英]诺·库尔森:《伊斯兰教法律史》,吴云贵译,中国社会科学出版社1986年版,第9、101页。

甲捏了扮演马的乙，骑在乙身上的丙被摔死了，判决认为，游戏的三个参加者各承担1/3的赔偿金或血金。这样的早期判例已经成为沙里亚法的有机组成部分。[1]

第二节　世界侵权法融合与统一的三次浪潮

一、融合与统一的序幕：世界侵权法两大法系的初步形成

世界侵权法的上述传统渊源是十分清晰的，界限也十分清楚，具有鲜明的特点和规则。随着经济的发展和文明的进步，世界侵权法初步形成了两大法系，即普通法系侵权法和大陆法系侵权法。

普通法系侵权法即是英吉利法系侵权法。从13世纪到16世纪，普通法逐渐走向成熟，各种制度都是围绕着高等民事法院的裁判形成的。[2]侵权法同样如此，将侵害行为之诉扩大适用于令状中说明案情的诉讼，法院的判例不断积累，形成了比较完备的侵权法体系。普通法系侵权法的基本特点就是侵权行为类型化，根据不同侵权行为的类型，适用不同的规则确定侵权责任。

大陆法系侵权法的形成不像普通法系侵权法那样简单。在罗马法形成过程中，日耳曼法兴盛起来并与罗马法并存。由于罗马法和日耳曼法都是成文法，都以各种法典的制定为特点，经过文艺复兴运动的洗礼，二者逐渐融合，最终在1804年《法国民法典》诞生之时，形成了强大的大陆法系。其中的侵权法借鉴罗马法的私犯和准私犯的规则，浓缩为一般侵权行为与准侵权行为（特殊侵权行为），构成了大陆法系侵权法一般化立法的经典模式，成为大陆法系侵权法的最基本特色。

在两大法系侵权法初步形成之后，世界侵权法融合与统一的步伐就开始了。

二、融合与统一的第一次浪潮：两大法系侵权法征服世界主要地区

世界侵权法融合与统一的第一次浪潮，就是大陆法系侵权法和普通法

---

[1]　参见〔英〕诺·库尔森：《伊斯兰教法律史》，吴云贵译，中国社会科学出版社1986年版，第107页。

[2]　参见〔英〕S. F. C. 密尔松：《普通法的历史基础》，李显冬等译，中国大百科全书出版社1999年版，第33页。

系侵权法对其他国家和地区进行扩张和入侵，使这些国家和地区的侵权法被征服，放弃自己的传统，采纳两大法系的侵权法。这一次世界侵权法融合与统一浪潮的最基本特点是强制输出，主题词是"征服"。

世界侵权法融合与统一的第一次浪潮的发展脉络是：

（一）普通法系侵权法借助于殖民统治征服广大国家

英国原始积累时期的殖民始于16世纪，在商业资本家的推动下，英国向世界扩张并进行殖民统治。

随着英国殖民地的扩展，英国将其普通法延伸到这些国家，成为这些国家的法律。普通法系侵权法成为印度、澳大利亚、加拿大、新西兰等国的侵权法，其特点都是类型化的判例法。澳大利亚、新西兰、加拿大等国实行的完全是英国式的侵权法。1950年《印度共和国宪法》公布时，第44条规定国家"将致力于对全印度领土范围内的所有公民实施统一民法"，但是半个多世纪之后，这一承诺并没有实现，目前印度实行的仍然主要是判例法。[1]

（二）普通法系侵权法移植于移民形成的美国并发扬光大

1607年以来，许多英国殖民者定居于北美沿岸地区，在18世纪中叶形成了13个英国殖民地。经过1754年开始的独立运动，1776年美国签订《独立宣言》，成为独立的国家，最终于1787年在费城举行联邦会议，实行立法、行政、司法三权分立。经过第二次独立战争和南北战争，美国恢复统一。

美国在殖民地时期，北美各地被英国、法国、荷兰、西班牙等国分割，法律并不统一。英国战胜其他殖民国家后，各地相继适用英国普通法。至18世纪中期，随着殖民地各地普遍设立法庭，学习英国法律风行一时，英国的普通法遂在北美殖民地占据优势。独立战争胜利初期，美国举国上下敌视英国，一度反对普通法，但是胜利了的美国资产阶级为了发展资本主义，维护统治，调整日益复杂的社会关系，基于历史上存在的法律渊源关系，统治者仍然以英国的法律为基础创制新法律，沿用英国的法律术语，条文法的实施仍然按照英国的标准解释，英国的衡平法被作为正规法律适用于美国的一般法院。可见，以英国法为基础的美国法，基本上是从英国移植过来的，两者共成一个法系，称为英美法系。[2]

美国的侵权法移植于英国侵权法，但因地制宜，其通过判例法，使普

---

〔1〕 参见邱永辉：《印度宗教与统一民法问题》，载《世界宗教研究》2005年第3期。
〔2〕 参见法学教材编辑部、《外国法制史》编写组：《外国法制史》，北京大学出版社1982年版，第198页。

通法系侵权法适应美国社会经济发展的需要,而具有明显的封建性的那些法律规则被排斥掉。同时,由于宪法规定联邦和州都有立法权,侵权法主要是各州普通法的调整范围,不同的法域在侵权法的许多重要方面都有不同规定[1],因而各州的侵权法并不统一,存在某些差异。美国侵权法学者认为,侵权法所调整的是造成他人人身伤害和财产损害而应当承担的责任,由于人们所进行的每一项活动都可能成为他人请求伤害赔偿或财产损害赔偿的依据,侵权行为囊括了人类的全部活动。因此,没有一项规则或一组规则能够调整如此广泛的领域。[2]

可以说,普通法系侵权法通过殖民扩张和美国的法律移植,形成了一个强大的侵权法的判例法体系,即英美法系侵权法,其在世界上影响着大量国家和地区的社会生活,并调整着这些国家和地区的侵权行为责任。

(三) 大陆法系侵权法西法东渐完全替代了中华法系

以法国法和德国法为代表的大陆法系,成功征服了亚洲大陆以及其他地区,成为征服世界众多国家的成文法体系。与此同时,大陆法系侵权法随着大陆法系的东渐,完全替代了东方的侵权法,成为绝大多数成文法国家侵权法的母本。

1. 日本通过明治维新采纳大陆法系侵权法体系

在东亚地区,最早接受大陆法系侵权法的是日本。日本在1868年开始明治维新,从封建社会进入资本主义社会。为了适应社会政治改革和发展资本主义的需要,同时也是为了能够修改与欧洲列强签订的不平等条约,不得已同意列强提出的在日本实行"泰西主义"为前提的立法条件,明治政府从19世纪60年代到70年代初,加紧法制建设,着手组织法律起草委员会,聘请西方法学家为顾问,按照欧洲国家法律的模式拟定各种法典,并予以颁布实施。1890年,日本公布了委托法国人保阿索那特起草的民法典(史称"日本旧民法"),共计1 800余条,原定于1893年1月1日实施,但由于过于法国化而遭到各方反对,被宣布延期实施。1893年日本又成立民法典调查会,依据《德国民法典》兼采《法国民法典》的法理,重新制定民法,于1896年和1898年两次公布,于1899年7月16日实施。

《日本民法典》的侵权法完全抛弃了原有传统,采纳《德国民法典》关于侵权法立法的体例,将其规定在第三编的债编中作为第五章,从第

---

[1] 参见[美]文森特·R. 约翰逊:《美国侵权法》,赵秀文等译,中国人民大学出版社2004年版,第3页。

[2] 参见[美]文森特·R. 约翰逊:《美国侵权法》,赵秀文等译,中国人民大学出版社2004年版,第2页。

709条至第724条共16个条文，把侵权行为作为债的一个类型，对侵权法进行了全面规定。受中华法系侵权法影响的日本固有侵权法完全退出了历史舞台，成为历史的遗迹，而大陆法系侵权法堂而皇之地渗入了日本法律。

2. 中国清末变律为法完全接受大陆法系侵权法

20世纪初的中国清朝政府同样遇到10多年前日本政府遇到的同一个问题。这就是，曾经辉煌过的清朝统治走向衰落，特别是甲午战争战败后，中国陷入被帝国主义列强瓜分的绝境。随着英法联军侵略中国，八国联军攻占北京，清朝政府走向崩溃。1900年后，清廷决定实行新政改革，参酌外国法律，改订律例，开始了变律为法，告别中华法系民法传统，走上了继受大陆法系民法的道路。[1]其原因，一是中国传统民法制度不能适应新兴资产阶级变革社会的要求，而大陆法系民法则是适应商品经济社会经济结构和市场经济发展需求的民法。二是清朝政府由于政治上的腐败，造成了社会内部的矛盾重重，资本主义列强加紧向东方扩张，中国成为他们侵略和掠夺的首要目标，致使清朝统治急速衰落，社会发生了巨大变化。三是为了创造撤销领事裁判权的条件，受列强迫使不得不改变"天不变，道亦不变"的固有观念。[2]

清末民初制定的《大清民律草案》《民国民律草案》和《中华民国民法》均受到《日本民法典》的影响，是在日本学者的参加下，全盘借鉴了大陆法系侵权法的基本规则，废除了中华法系侵权法体系，代表大陆法系侵权法思想的现代侵权法规则落户于中国大地，成为继受外国侵权法的中国侵权法的新体制。

3. 韩国的法律改革

韩国放弃中华法系侵权法传统也是在日本的经验指导下进行的。在日本殖民时期，朝鲜总督府分别于1910年、1912年、1913年发行了针对朝鲜固有民间习惯的《惯习调查报告书》，当时的《朝鲜民事令》[3]主要沿用日本民法，只有在有关能力、亲族、继承方面适用本土习惯法。[4]1958年2月22日韩国颁布了统一民法典，建立了现代意义上的侵权行为法。大陆法系侵权法亦在韩国落地生根。

---

〔1〕 参见杨立新：《百年中的中国民法华丽转身与曲折发展——中国民法一百年历史的回顾与展望》，载《河南省政法管理干部学院学报》2011年第3期。

〔2〕 参见张晋藩：《清代民法综论》，中国政法大学出版社1998年版，第241页。

〔3〕 1912年颁布的《朝鲜民事令》是日本殖民统治时期的民事基本法令。

〔4〕 参见崔吉子译：《韩国最新民法典》，北京大学出版社2010年版，第1页。

(四) 伊斯兰法系侵权法

19世纪以来，伊斯兰教文明同欧洲文明之间有了越来越密切的接触，从此伊斯兰法的发展几乎完全取决于伊斯兰教所接受的新的影响。由于伊斯兰法在民事交易法中的先天缺陷，不能完全适应现代商业经济的发展需要，因而其逐步接受了欧洲的相关法律制度。这个过程是从奥斯曼帝国和埃及等国家开始的，随之，源自欧洲的法律今天已经成为大多数中东国家法律制度中的一个重要的有机组成部分。[1] 在中东地区以外，西方法律向伊斯兰世界的渗入是同殖民主义占领国的政策紧密相关的。由于不同国家的殖民占领国不同，例如英国、法国、荷兰等国家，殖民地国家所接受的欧洲国家法律传统也不相同。例如在印度次大陆，自19世纪下半叶起伊斯兰教法律仅限于家庭法领域，其他都适用英国法。不过，在很多伊斯兰国家，尽管有法国等殖民者的法律传统影响，但法律长期内还是伊斯兰性质的。[2] 在这种法律体制下的伊斯兰法系侵权法，既有欧洲大陆法系侵权法和英美法系侵权法传统的影响，也保留了伊斯兰法系侵权法的特点。因此有人将受到欧洲传统民法影响的伊斯兰法律，称之为"盎格鲁—穆罕默德法"[3]，似乎很有道理。

三、融合与统一的第二次浪潮：两大法系侵权法的融合

从20世纪60年代开始，世界侵权法开始了两大法系侵权法融合与统一的第二次浪潮。这一次浪潮始于《埃塞俄比亚民法典》编纂，至《中华人民共和国侵权责任法》的制定完成。第二次浪潮的基本特点是，融合大陆法系侵权法和英美法系侵权法特点的成文法不断产生，主题词是"融合"。

(一) 20世纪60年代《埃塞俄比亚民法典》中的侵权法

世界侵权法融合与统一的第二次浪潮，始于非洲国家埃塞俄比亚。在历史上，埃塞俄比亚并不是一个具有民法传统的国家。但它在1960年制定的《埃塞俄比亚民法典》却具有不同的风格和价值，被学者誉为"两股改

---

[1] 参见〔英〕诺·库尔森：《伊斯兰教法律史》，吴云贵译，中国社会科学出版社1986年版，第123、125页。

[2] 参见〔英〕诺·库尔森：《伊斯兰教法律史》，吴云贵译，中国社会科学出版社1986年版，第129页。

[3] 〔英〕诺·库尔森：《伊斯兰教法律史》，吴云贵译，中国社会科学出版社1986年版，第135页。

革热情碰撞的结晶"[1]。促使《埃塞俄比亚民法典》诞生的这两股改革热情,一是1936年5月9日,墨索里尼宣布占领埃塞俄比亚,海尔·塞拉西皇帝流亡国外。埃塞俄比亚光复之后,1941年5月5日,海尔·塞拉西皇帝回国,立意改革,特别是进行法律改革。其后成立法典编纂委员会,着手编纂民法典等六部法典。二是海尔·塞拉西皇帝委托法国著名的比较法学家勒内·达维德为埃塞俄比亚起草民法典。达维德将法国人由于《法国民法典》无法进行全面大修而积攒的全部热情集中在这部民法典中,将法国法、瑞士法、葡萄牙法、南斯拉夫法、英国法,甚至希腊和埃及民法典中的优良因素都规定在《埃塞俄比亚民法典》之中。[2]该法典代表了法国民法学家对民法典的全部期望。这两股改革的热情碰撞在一起的结果,就是完成了这部对全世界具有重要价值的优秀的民法典。

在侵权法部分,《埃塞俄比亚民法典》采用了不同于大陆法系国家侵权行为一般化立法的方法,而是在大陆法系侵权法一般化立法的基础上,融合英美法系侵权法侵权行为类型化的立法模式,将二者紧密结合起来,既规定侵权行为一般条款,又规定复杂多样的侵权行为类型,成为独树一帜的立法模式。这个模式是:《埃塞俄比亚民法典》在侵权行为一般条款即第2027条的统率下,将侵权行为划分为三种基本类型,即因过犯所生的责任、过犯阙如的责任和为他人行为承担责任,再加上其他侵权行为,对具体的侵权行为法律适用规则作出详细规定,共用135个条文规定了39种具体侵权行为,融合了大陆法系和英美法系侵权法的基本特点,实现了侵权法立法的一般化和类型化的结合。[3]

《埃塞俄比亚民法典》将大陆法系侵权法的侵权行为一般化与英美法系侵权法的侵权行为类型化的立法模式相互融合,成为最具有代表性的侵权法的成文法,是很成功的范例。这种侵权法的立法方式完全不同于大陆法系侵权法的立法方法,其将一般化的立法方式与类型化的立法方式有机地结合在一起,最大限度地融合大陆法系和英美法系侵权法的优势,成为当代侵权法融合的典范,在侵权法历史上具有特别重要的意义。尽管其中还存在一些问题,例如侵权行为类型化的划分过于复杂,条理也不够清晰等,但其规定的侵权行为的基本类型以及侵权行为一般条款和类型化结合

---

[1] 徐国栋主编:《埃塞俄比亚民法典》,薛军译,中国法制出版社、金钱文化出版(香港)有限公司2002年版,第4页。

[2] 参见上海社会科学院法学研究所编译室编译:《各国宪政制度和民商法要览·非洲分册》,法律出版社1986年版,第42—43页。

[3] 参见杨立新:《侵权法论》(第5版),人民法院出版社2013年版,第395—400页。

的立法方式,是特别值得肯定的,代表了世界侵权法融合与统一的方向。

(二) 再法典化的《荷兰民法典》中的侵权法

荷兰第一部民法典颁布于 1808 年,与 1804 年《法国民法典》的内容大部分相同。该法典于 1811 年荷兰并入法国之后被《法国民法典》所替代。1813 年荷兰重获独立之后,致力于制定自己的民法典,并于 1838 年完成并颁布实施。第二次世界大战结束后,从 1947 年开始,荷兰实行民法的再法典化,1970 年完成了前两编即人法和家庭法,1976 年完成了法人部分。而财产法总则、物权法和债法总则于 1992 年 1 月 1 日起正式实施。[1]目前,《荷兰民法典》已经全部完成立法程序,形成了统一的新法典。

再法典化的《荷兰民法典》的侵权行为法规定在第六编第三章,章名是"侵权行为"。该章共分五节,第一节是一般规定,第二节至第五节都是对具体侵权行为的规定,包括对人和对物的责任、产品责任、误导和比较广告以及关于追索权的暂行规则。其中第二节"对人和对物的责任"的内容丰富,规定了监护人责任、雇主责任、转包人责任、代表人责任、特殊危险动产责任、建筑物或者构筑物的责任、危险经营的责任、垃圾场责任、采矿责任、动物责任和占有人责任共 11 种特殊侵权行为类型。对具体侵权行为类型作出这样具体细致的规定,远远超出了大陆法系侵权法立法的传统,借鉴的是英美法系侵权法侵权行为类型化的做法,大大增加了侵权行为类型化的程度,体现了大陆法系侵权法和英美法系侵权法的融合。此外,荷兰侵权法发生了很大的变化,与国际趋势一致,严格责任现象明显增加,例如将未成年子女、雇员、转包人、代表人、瑕疵动产、建筑物、危险物质、垃圾场、采矿、动物、产品和机动车辆造成的损害都规定了应承担严格责任[2],也体现了世界侵权法融合的特点。不过,《荷兰民法典》中侵权法对于大陆法系侵权法和英美法系侵权法的融合程度,显然不及埃塞俄比亚侵权法,其仍然是以大陆法系侵权法的立法模式为主的。

(三)《魁北克民法典》中的侵权法

《魁北克民法典》是加拿大十省之一的魁北克省的民法典。魁北克省与其他九省实行的判例法不同,其独采成文法立法模式。其原因是英国殖民加拿大的时候,为怀柔曾经是法国殖民地并有法国法传统的魁北克省的

---

[1] 参见王卫国主译:《荷兰民法典》(第 3、5、6 编),中国政法大学出版社 2006 年版,译序,第 1—2 页。

[2] 参见王卫国主译:《荷兰民法典》(第 3、5、6 编),中国政法大学出版社 2006 年版,导论,第 34—35 页。

法语居民,允许该省保留法国法传统,并于 1866 年实行《下加拿大民法典》。1994 年该省重新修订民法典,改称《魁北克民法典》,其也属于民法典的再法典化。

《魁北克民法典》反映的是一个混合的世界。罗马法通过法国法曾对魁北克省的法律发挥了支配性的影响,其民法典具有浓厚的法国法传统。但由于地缘政治的关系以及国内和国际的统一法运动,魁北克省的法律开始受到加拿大其他省的法律、美国的法律、国内统一法以及包括《国际商事合同通则》在内的国际统一立法成果的影响,埃塞俄比亚法、瑞士法、德国法、斯堪的纳维亚法中好的规定也被写进《魁北克民法典》。从 1970 年到 1990 年,法国法的影响衰落,变成第二位,而其他来源的影响开始占据第一位。[1] 外来法尤其是英美法系的法律影响之大,使其形成了大陆法系与英美法系融合的立法。

《魁北克民法典》的侵权行为法,规定在第五编"债"第一题"债的一般规定"中的第三章"民事责任"中。从总体上观察,魁北克省侵权法基本上还是遵循大陆法系特别是法国侵权法的传统,仍然坚守侵权行为一般化的立法模式,在其第一目规定责任的条件中,只有两个条文作为侵权行为一般条款。其后,规定了为他人行为或过错负责的侵权行为类型,以及物件行为,对于具体侵权行为类型较少借鉴英美法系侵权法的规定。但特别值得重视的是其第三节的规定,即关于"责任分担"的规定,这是典型的英美法系侵权法的术语,其规定的内容为共同侵权的连带责任、受害人未避免损害的减轻责任、数人共同参与导致损害的过错行为或分别犯有可以导致损害的过错的连带责任,以及损害是由数人引起其中一人根据法令免除责任的份额由其他责任人平均承担的规定,完全是美国侵权法和英国侵权法的基本内容。两大法系侵权法的融合在这一部分是显而易见的。

(四)中国 2009 年制定的《中华人民共和国侵权责任法》

在世界侵权法融合与统一的第二次浪潮中,《中华人民共和国侵权责任法》的制定具有特别重要的意义。

在《中华人民共和国侵权责任法》制定之初,笔者提出了一个鲜明的口号,就是把"以大陆法系为体、英美法系为用,广泛吸纳本土立法司法经验"[2]作为立法的基本指导思想,保障中国侵权法能够广泛吸收各国侵

---

〔1〕 参见孙建江、郭站红、朱亚芬译:《魁北克民法典》,中国人民大学出版社 2005 年版,导读,第 35 页。

〔2〕 参见杨立新:《侵权法论》(第 3 版),人民法院出版社 2005 年版,第 309 页。

权法的立法经验,特别是将大陆法系侵权法与英美法系侵权法的优势结合在一起,加上中国的立法、司法实践经验,使《中华人民共和国侵权责任法》在世界侵权法之中保持一种最为前卫的姿态,实现大陆法系侵权法与英美法系侵权法在中国侵权法上的融合。

《中华人民共和国侵权责任法》的立法实践正是这样做的,主要表现在以下四个方面:

第一,在立法形式上,坚持大陆法系的成文法传统,借鉴英美法系侵权法独立的形式,单独制定侵权法,改变了大陆法系侵权法都规定在民法债编中的传统做法,也改变了《中华人民共和国民法通则》将民事责任统一规定的做法,实现了侵权法单独立法,在大陆法系侵权法中独树一帜,成为世界各国第一部侵权法成文法。

第二,在立法模式上,融合大陆法系和英美法系侵权法立法方式的优势。坚持大陆法系侵权法一般化的立法传统,制定能够概括全部侵权行为的一般条款,以及概括一般侵权行为的一般条款,即《中华人民共和国侵权责任法》第2条第1款和第6条第1款。[1]在这两个一般条款的指导下,借鉴英美法系侵权法类型化的立法模式,《中华人民共和国侵权责任法》从第四章至第十一章用60个条文规定了13种基本侵权行为类型,并且对这些侵权行为作出细致的类型划分,实现了不完全的侵权行为类型化的规定。对比大陆法系侵权法只对特殊侵权行为作出简单规定的做法,中国侵权法的这种做法具有更加意味深长的意义。

第三,在立法结构上,建立以大陆法系侵权法基本内容为特点的侵权责任法总则性规定,改变了大陆法系侵权法没有总则、分则规定的做法,也区别于英美法系侵权法没有总则的传统,在总则的指导下,制定以英美法系侵权法类型化为特点的具体侵权行为规则的分则性规定,形成别具一格的《中华人民共和国侵权责任法》的"总—分"结构,既有大陆法系的特点,又有英美法系的优势。

第四,广泛借鉴大陆法系和英美法系侵权法立法的成功规则,使《中华人民共和国侵权责任法》的具体规定更加鲜明,更具可操作性。例如,美国侵权法的责任分担规则、惩罚性赔偿金规则、各种侵权责任详细规定具体规则;埃塞俄比亚侵权法的做法、德国法和法国法的做法也都在借鉴之中。由于广泛借鉴,又有中国自己的立法、司法实践经验,因而《中华

---

[1] 参见杨立新:《中国侵权责任法大小搭配的侵权责任一般条款》,载《法学杂志》2010年第3期。

人民共和国侵权责任法》规定的侵权责任规则具体、明确，更具可操作性。

由于大胆地融合大陆法系侵权法和英美法系侵权法的优势，再加上本国的立法、司法经验，《中华人民共和国侵权责任法》成为融合大陆法系侵权法和英美法系侵权法的典范，是一个成功的立法之作。尽管《中华人民共和国侵权责任法》的条文还不够多，远远没有达到《埃塞俄比亚民法典》中侵权法的条文数量，对具体侵权行为类型的规定也没有实现完全的类型化，但是作为一部独立的立法而言，具有更为重要的意义。截至目前，世界侵权法融合与统一的第二次浪潮仍在进行中，相信在即将进行的各国民法典修法和再法典化中，以及在制定新的民法的国家，将会更好地融合大陆法系侵权法与英美法系侵权法的优势，将这一融合趋势不断地进行下去。

四、融合与统一的第三次浪潮：世界侵权法统一运动

在世界侵权法融合与统一的两次浪潮的基础上，世界侵权法融合与统一出现了更令人振奋的潮流，这就是世界侵权法统一运动。可以说，美国侵权法重述的努力已经持续了90年，尤其是最近几十年的重述，对于统一美国的侵权法以及对世界侵权法的影响，都是巨大的。欧洲侵权法的统一，随着欧洲一体化的进程，已经完成了两部欧洲统一侵权法示范法。亚洲的侵权法统一工作也在进行，经过东亚侵权法学会4年的努力，东亚侵权法示范法已现雏形。目前，第三次浪潮与第二次浪潮并行发展，其主题词是"统一"。

（一）美国侵权法重述

美国法律协会（也称为美国法律研究院、美国法学会）成立于1923年，由美国的一些杰出法官、法学教授和执业律师组成，近年来，也曾选举其他国家的杰出法律学者加入。[1]该协会成立的目的在于统一各州的法律规则，"促进法律的明晰化和简明化以及——或许最重要的是——法律对社会的需求的适应及对争议系统的更佳管理的适应"[2]。该协会最著名的系列出版物为"法律重述"，还通过出版《法律原则》、组织"法典化项目""专题研究"和"专题项目"等方式，推动法律进步。相比于成文法和判例法，"法律重述"属于次级法源，法院裁判优先适用成文法和判例

---

〔1〕 参见美国法律研究院：《侵权法重述第二版：条文部分》，许传玺等译，法律出版社2012年版，序言，第1页。

〔2〕 美国法律研究院：《侵权法重述第二版：条文部分》，许传玺等译，法律出版社2012年版，序言，第1页。

法,但各类重述已经累计被美国联邦和各州法院引用 10 余万次,其中《美国侵权法重述》具有最大的影响力,累计被引用 6 万余次,这也是《美国侵权法重述》在美国和全世界范围内产生巨大影响的原因。

《美国侵权法重述·第一次》开始于 1923 年,完成于 1939 年,目的是希望将已经被绝大多数法域认可的法律规则进行整理,实现侵权法律规则的统一化。《美国侵权法重述·第二次》开始于 1955 年,于 1979 年完成,改变了第一次重述的模式,更注重采纳一些他们认为是更好的规则,即便这些规则并未被大多数法域所采纳。《美国侵权法重述·第三次》开始于 1991 年,采取分编式方法进行,目前正在进行中。1998 年完成"产品责任编",2000 年完成"责任分担编",2012 年完成"物质和精神损害责任编","经济损害责任编"目前正在进行中,"对人身的故意侵权"从 2012 开始,也在进行中。美国侵权法第三次重述的探索属性更强一些,更注重对更好的规则的适用,尤其是产品责任重述,其规则更为新颖,但大多数法域并未接受这些规则,而仍然适用《美国侵权法重述·第二次》第 402A 条关于侵权责任的规则。这恰恰说明,在《美国侵权法重述·第二次》颁布时作为尚未被采纳的"更好的规则",符合社会发展的需要。

(二)欧洲侵权法的统一

欧洲一体化之后,欧洲议会分别于 1989 年和 1994 年通过两个关于制定"欧洲民法典"的决议,这是欧洲一体化不断深入的结果之一。欧盟经济、政治一体化的进程也必然要求法制的一体化,而民法典是这一进程中的重要环节。尽管 20 世纪以来,各种反民法典的声音此起彼伏,但民法典还是通过各种形式实现再法典化。欧洲议会的决定表明,在大陆法系国家,民法典的地位不仅没有动摇,反而凤凰涅槃,浴火重生。

欧洲议会的这个决定大大推动了欧洲民法的统一进程。早在 1982 年,丹麦兰多教授就创立了欧洲合同法委员会,起草了《欧洲合同法通则》。意大利帕维亚大学甘多芬教授主持起草了《欧洲合同法典》。欧洲侵权法的统一也不落后。1992 年,奥地利学者海尔穆特·库齐奥(奥地利科学院欧洲侵权法研究所)成立了"欧洲侵权法小组",成员主要来自欧盟各国,也邀请了美国和南非的侵权法专家。该小组自 2001 年起举办"欧洲侵权法年会",每年出版年报,出版"欧洲侵权法的统一"丛书,特别是拟定了《欧洲侵权法原则》,于 2005 年正式出版。1998 年,德国奥斯纳布吕克大学克雷斯蒂安·冯·巴尔(以下简称"冯·巴尔")教授成立"欧洲民法典研究小组",下设"契约外债务工作小组",2006 年 11 月公布了《造成他人损害的契约外责任(草案)》。

海尔穆特·库齐奥和冯·巴尔的两个小组在对如何起草欧洲侵权法的最关键问题上采取一致立场,即欧洲未来的统一侵权法不是法律"重述",因为欧洲不存在"重述"的坚实基础,而只能在国别比较的基础上,尽量提取各国法律的"公因式",提交其认为最好的方案。但在如何实现这一目的上,两个小组的做法却不同[1]:《欧洲侵权法原则》试图解决的是侵权法立法中的永恒矛盾,即抽象还是具体,采取了奥地利法学家瓦尔特·威尔伯格提出的弹性制度,对两种立法模式兴利除弊,要点是明确规则的价值基础,为欧洲侵权立法的协调提供一个共同的、基本的框架,所以条文的原则性较强,法官在个案中应考虑各种因素,在个案中可以权衡各个因素的不同影响。《造成他人损害的契约外责任(草案)》的目的是作为未来"欧洲民法典"的一部分,其条文具体,内容全面。

欧洲侵权法小组认为,欧洲侵权法的一体化只能是在各国差异基础上的一体化,法概念、法方法既要具有欧洲共同传统的特色,又不能以任何一国的制度为背景。在各国侵权制度基础上的融合与统一将产生两方面的效果:一是规定事项的一般性,越抽象的规定越容易获得共识。特殊问题不仅难以达成共识,而且会增加协调成本,减缓一体化进程。所以,统一的只能是侵权法最一般的规则。二是规则必须富于弹性,既要照顾各国现行法规定的共同重要因素,又要避免解释空间过大。如因为各国规定的严格责任种类差别较大,《欧洲侵权法原则》仅规定了一种严格责任——异常危险的活动,同时授权国内法规定严格责任的种类。对各国共同点较多的内容,《欧洲侵权法原则》作了具体规定,如有关多数人侵权的责任等。

(三)东亚侵权法示范法的制定

中国、日本、韩国的侵权法学者于2010年7月2日在中国黑龙江省伊春市召开会议,宣布成立东亚侵权法学会,学会的宗旨是研究东亚侵权法的统一问题,一开始选择了10个问题,进行法域的法律报告,并研究这些问题中法律规则的统一,最终目标是提出东亚侵权法示范法。

东亚侵权法示范法确定为13章,就13个问题进行编写,内容是:①侵权法的保护范围;②侵权责任的归责原因体系及调整范围;③行为与违法性;④损害;⑤因果关系;⑥故意与过失;⑦共同侵权行为;⑧侵权责任形态;⑨损害赔偿;⑩抗辩事由与消灭时效;⑪产品责任;⑫环境污染责任;⑬网络侵权责任。

---

[1] 参见〔德〕U.马格努斯主编:《侵权法的统一:损害与损害赔偿》,谢鸿飞译,法律出版社2009年版,总译序,第4页。

目前东亚侵权法示范法的研究工作正在进行中，与欧洲统一侵权法的进程相比，尽管起步时间较晚，但目标比较明确，就是要为东亚各国和地区的侵权法提供一个示范法，并且最终成为各法域立法和司法的参考法案。

（四）世界侵权法学会的成立及研究

2011年8月，在第二届国际民法论坛会议期间，中国人民大学民商事法律科学研究中心主任、东亚侵权法学会理事长杨立新教授，同奥地利皇家科学院欧洲侵权法研究中心主任奥利芬特教授、美国法律协会《美国侵权法重述·第三次》总协调人兼"物质和精神损害责任编"报告人之一、美国南方卫理公会大学法学院普莱尔教授，英国牛津大学伍斯特学院诺兰教授，澳大利亚新英格兰大学法学院伦尼教授和中国人民大学法学院姚辉教授等进行协商，提出了建立一个世界性的侵权法研究团体的建议，以更好地推动世界侵权法的统一。这个提议得到了参加协商的所有专家的赞同，共同推举《欧洲侵权法原则》的主持人库齐奥教授作为学会主席，并成立由杨立新教授和奥利芬特教授、美国法律协会《美国侵权法重述·第三次》"责任分担编"和"物质和精神损害责任编"报告人之一、美国维克森林大学法学院格林教授共同组成的执行委员会，领导世界侵权法学会的工作。[1]

世界侵权法学会每两年举行一次年会，选择一个主题，以案例研究为主，通过设定虚拟的典型案例，由各国和地区的专家根据本法域侵权法的规则，提出各法域的专门报告，在会议上进行讨论，归纳各法域对同一问题的侵权法规则的相同点和差异，进行比较研究，协调各法域侵权法的立场，提出统一的法律适用意见，推动世界侵权法的统一。该学会第一届会议于2013年9月在中国哈尔滨举行，讨论了有关产品责任的三个典型案例[2]，作出各国别的法律报告[3]，进行比较分析，寻找就同一个问题各国法律的异同点。目前，世界侵权法学会已经召开过三届双年会，会议取得圆满成功。世界侵权法学会执行委员会通过这样的工作方式，完成了《世界侵权法学会报告（1）产品责任》[4]和 Product Liability Fundamental

---

[1] 参见杨立新：《世界侵权法学会丛书总序》，载杨立新：《侵权法论》（第5版），人民法院出版社2013年版，序言，第1页。

[2] 参见[英]肯·奥利芬特：《"世界侵权法学会"讨论的三个产品责任案例》，王竹译，载《法制日报》2013年9月4日，第12版。

[3] 例如中国的国别报告，参见杨立新、杨震：《有关产品责任案例的中国法适用——世界侵权法学会成立大会暨第一届学术研讨会的中国法报告》，载《北方法学》2013年第5期。

[4] 参见世界侵权法学会秘书处编：《世界侵权法学会报告（1）产品责任》，人民法院出版社2015年版。

Questions in a Comparative Perspective[1]，希望该学会能够成为世界各国和地区侵权法研究专家的交流中心，进行世界范围内的侵权法统一研究的学术中心，推动世界侵权法的融合与统一的浪潮，为世界和平和发展贡献力量。

第三节　世界侵权法融合与统一的基本特点和历史原因、基本规律与前景展望

一、世界侵权法融合与统一的基本特点和历史原因

研究世界侵权法融合与统一的基本特点与历史原因，应当根据三次浪潮的不同情形分别考察。

（一）世界侵权法融合与统一第一次浪潮的基本特点与历史原因

在以"征服"为特点，始于16世纪终结于20世纪50年代的世界侵权法融合与统一的第一次浪潮中，被大陆法系与英美法系侵权法征服的各国和地区并非没有改革的内部动力和需求，但外部欧洲列强的扩张与强制改革是更主要的动因，其通过殖民或者不平等条约，迫使对方不得不接受欧洲的法制包括侵权法。通过"征"而使其他国家和地区"服"，大陆法系侵权法和英美法系侵权法就堂而皇之地取代了殖民地半殖民地的固有侵权法，从而使这些国家和地区的固有侵权法消亡或者被改造，在世界范围内形成了侵权法的两大体系即英美法系侵权法和大陆法系侵权法的统治地位。即使那些还能够保持自己侵权法体系的国家和地区，例如伊斯兰法系侵权法，也都不同程度地接受了英美法系侵权法或者大陆法系侵权法的内容；在此期间制定的社会主义的《苏俄民法典》，其侵权法也无法脱离大陆法系侵权法的传统。可以说，经过融合与统一的第一次浪潮洗礼的世界侵权法，两大侵权法体系已经统治了世界的绝大部分地区，其他即使暂存的传统侵权法不能主导侵权法的主流。

形成世界侵权法融合与统一第一次浪潮的历史原因主要有以下三点：

1. 欧洲两大法系侵权法的优势明显

欧洲侵权法经过不断发展，在罗马法、日耳曼法和英吉利法的传统上形成的两大法系，不论是成文法还是判例法，不论是抽象的一般化立法，

---

[1] See Helmut Koziol, Michael D GREEN, Mark LUNNEY, Ken OLIPHANT, Lixin YANG (eds), *Product Liability Fundamental Questions in a Comparative Perspective*, Berlin/Boston: Walter de Gruyter GmbH, 2017.

还是具体的类型化立法，规则科学、体系合理、制度先进，形成了天然的法律优势。在成文法的大陆法系侵权法中，法国和德国先后借鉴罗马法和日耳曼法的传统，制定了《法国民法典》和《德国民法典》，尽管两部法律的立法时间相差百年，在立法内容上也存在一定的差异，但二者都是采用债的类型的方式规定侵权行为，并且采取侵权行为一般条款的一般化立法方法规定侵权法的。运用抽象的一般化立法方法，着重于规定侵权行为的一般条款和一般性规则，因而大陆法系侵权法立法简明、规则简化、普遍适用等立法优势极为明显。而英美法系侵权法基于英吉利法的立法传统，采取法官造法的形式，积累大量判例构成了判例法的侵权法，尽管表现复杂，但经过学者整理，特别是美国侵权法重述的努力，其侵权行为类型明了，具体规则明确，便于法官适用，也具有明显的天然优势。

2. 欧洲两大法系侵权法随着欧洲列强的殖民政策和殖民扩张而入侵到其殖民地、半殖民地国家和地区

具有天然优势的欧洲侵权法，随着欧洲殖民扩张而侵入被殖民统治的各国和地区。不管是英国人的殖民扩张，还是美国人独立地移植英国法律；不管是法国、德国、意大利、西班牙等列强对东方的殖民扩张，还是通过治外法权对半殖民地国家的强制要挟，英美法系侵权法和大陆法系侵权法都不断地输出到欧洲列强的殖民地或者半殖民地国家和地区。日本和中国实行大陆法系侵权法，都不是主动引进的，而是被列强强制输出的。因此，其他国家在世界侵权法融合与统一的第一次浪潮中，与其说是对英美法系侵权法和大陆法系侵权法的借鉴，毋宁说是大陆法系侵权法和英美法系侵权法对殖民地、半殖民地国家和地区的法律入侵。没有这样的强制性的法律入侵，这些国家和地区的传统法律不会轻而易举地就被抛弃，成为已经死亡了的法律体系。

3. 社会制度的改变，为欧洲两大法系侵权法的扩张和落地生根提供了社会基础

在大多数国家和地区，两大法系侵权法直接取代了自己的侵权法传统，这些国家和地区的经济发展和社会制度的变革，是其必要的社会基础条件。无论是中国还是日本，无论是美国还是加拿大，在接受大陆法系和英美法系侵权法制度的时候，都不是单一的外来力量的强制，社会经济、文化以及社会制度的发展，使其不能固守其传统法制，而必须采取与其变化了的社会现状相适应的法律制度包括侵权法制度。以中国为例，中华法系不能适应日渐衰落的封建统治和日渐发展的资本主义经济，符合资本主义经济发展和资产阶级政治体制需求的大陆法系的法制就融入了中国社会，成为

清末民初中国社会的法制体系。如果单纯地以侵权法而言，中华法系侵权法并非完全不能发挥作用，但侵权法在法制体系中并非独立存在，由于整个法制体系的不适应，才出现了侵权法制度的更替。如果不是本国和地区的社会实际需要，外来的侵权法制度一定会出现水土不服而不能落地生根的情况，侵权法的融合与统一也就不会出现汹涌的第一次浪潮。

（二）世界侵权法融合与统一第二次浪潮的基本特点与历史原因

以"融合"为基本特点，发生在 20 世纪 60 年代至今的世界侵权法融合与统一的第二次浪潮，是一些大陆法系国家和地区在制定民法典或者再法典化中，在成文法侵权法中大量地借鉴英美法系侵权法的立法经验，从立法模式的类型化到具体侵权行为类型和责任分担规则，甚至单独规定侵权责任法的立法方法，都有特别鲜明的体现。同样，在英美法系国家和地区，也有大量借鉴大陆法系立法经验制定成文法的做法，例如加拿大《魁北克民法典》、美国《加利福尼亚民法典》等，都在成文法的民法典中规定侵权法，而不使用判例法的立法方式。两大法系侵权法的这种融合，代表了世界侵权法立法的趋势，越来越多地影响了当代侵权法的立法。世界性的侵权法融合与统一已经成为世界侵权法发展的主流。

世界侵权法融合与统一第二次浪潮的历史原因主要有以下几点：

1. 大陆法系侵权法存在自身难以克服的立法缺陷

大陆法系侵权法的立法优势在于一般化的立法模式，但是，侵权法立法的一般化模式也成了成文侵权法的缺陷，即一般性规定是大陆法系侵权法立法的主体，其缺陷在于规定具体侵权行为的类型化不够。最为典型的是《法国民法典》中的侵权法规定，原来只有 5 个条文，其中第 1382 条和第 1383 条这两个条文是一般条款的规定，其他 3 个条文是具体侵权行为的规定，这样简单的立法，需要司法实践的补充，需要法官的智慧和才华。同样，即使《德国民法典》的侵权行为类型化有所加强，条文增加到 31 条，但其仍然只规定了有限的几种具体侵权行为类型，存在立法的类型化不够、可操作性不强的缺陷。这样的立法，需要完善、丰满的侵权法理论作为支撑，需要高水平的司法官员，否则难以完全按照侵权法的一般性规定，应对千姿百态、纷繁复杂的具体侵权行为的法律适用问题。这样的立法缺陷，传统的大陆法系侵权法自身难以克服。

2. 借鉴和融合英美法系侵权法的客观需要

英美法系侵权法的立法是判例法，尽管存在表现形式复杂、需要专业化极强的律师队伍辅助当事人理解法律、代理当事人诉讼的缺陷，但是，经过学者的整理，其类型化的、具有可操作性的具体侵权行为类型的规定，对于不同类型的侵权行为适用不同的具体规则,类似于刑法分则的规定,可以对号入座,对于法律适用具有极大的便利性。这样的立法模式,对于以一般化立法为特点的大陆法系成文侵权法具有很大的诱惑力。尤其是美国侵权法在发展具体侵权行为类型方面,例如产品责任、隐私权保护、严格责任、责任分担等,具有鲜明的先进性和科学性,对于维护私权具有重要的意义。以《法国民法典》为例,其全部侵权责任的规定原来只有5个条文,但是,借鉴美国侵权法增补产品责任的规则后,就增加到18个条文,将产品责任规则规定得非常具体和具有可操作性。[1]可见,改进大陆法系侵权法,以适应社会的发展和实际生活的需要,没有实现具体化、类型化的侵权法是没有生命力的,因此,借鉴和融合英美法系侵权法就成为客观的实际需要。

正因为如此,由于大陆法系侵权法存在的缺点,在大陆法系侵权法的立法趋势上,正在形成侵权行为一般化和类型化相结合的立法方式的新潮流。在大陆法系侵权行为的一般化立法中,吸收英美法系侵权行为类型化的方法,将侵权行为一般条款规范的一般侵权行为,转变为概括全部侵权行为,然后再规定各种侵权行为的具体类型,作出详细的规定。这实际上改变了大陆法系侵权法的传统立法方法,转而向类型化的立法方式发展,同时并没有摒弃大陆法系侵权法的一般化立法方法,而是将一般化和类型化的方法紧密结合起来,创造了一种新的侵权法的立法模式。《埃塞俄比亚民法典》中的侵权法和《中华人民共和国侵权责任法》的制定,就是这种发展潮流的典型代表。

(三)世界侵权法融合与统一第三次浪潮的基本特点与历史原因

世界侵权法融合与统一的第三次浪潮的基本特点是"统一"。美国侵权法重述的着眼点是对美国各州侵权法的不同规则采取重述的方式进行统一。尽管美国侵权法重述解决的仅仅是美国侵权法的统一,但其观念和方法却具有重要的、世界性的借鉴意义。已经进行了20余年的欧洲侵权法的统一工作,是基于欧洲政治、经济一体化的需求而进行的,让统一的欧洲侵权法在欧盟发挥更大的作用。而出于学者热情的东亚侵权法示范法的制定,则是着眼于东亚具有较大的文化、经济、历史相似之处的国家和地区侵权法的统一,让统一的东亚侵权法示范法在协调东亚各国和地区侵权法规则方面,在保护私权上发挥更重要的作用。世界侵权法学会的工作刚刚

---

〔1〕 这一部分是《法国民法典》根据1998年5月19日第98—389号法律进行的修正,增加了第四编(二)"有缺陷的产品引起的损害",第1386-1至1386-18条。参见罗结珍译:《法国民法典》(下册),法律出版社2005年版,第1116—1118页。

开始，但其目标明确，就是促进世界侵权法的统一。

世界侵权法融合与统一第三次浪潮的历史原因，正是社会发展的需要和学者的热情追求，与第一次和第二次浪潮都不相同。第一次浪潮出于列强的强制，第二次浪潮是政府立法主导，而第三次浪潮的历史原因是社会发展的需要和学者的热情追求。在第三次浪潮中的侵权法统一，除了欧洲统一侵权法具有部分欧盟背景外，美国侵权法重述、东亚侵权法的统一和世界侵权法学会的努力，无不是出于学者的热情。随着世界经济一体化、交易全球化的进展，世界越来越成为一个统一体，保障私权利的侵权法如果过于分散、差异过大，特别是立法方式的不统一，必然影响这个进程，使全世界人民的权利受到损害。因此，侵权法存在统一的必然要求。在这种形势下，世界侵权法学家走到一起，研究和推动世界侵权法统一，是必然的、必需的。不论是局部地区的侵权法统一，还是世界范围内的侵权法统一，都将推进全球化、一体化的进展，造福于全世界人民。

二、世界侵权法融合统一的基本规律

对世界性的侵权法融合与统一的历史进行观察，可以看到，在世界侵权法融合与统一的第一次浪潮中，侵权法历史源流的各法系侵权法的融合与统一的基本方式是征服与被征服，结果是强大的侵权法源流将其他侵权法源流取而代之。第二次浪潮的基础是融合与借鉴，体现的是立法者的理性选择。在第三次浪潮中，美国侵权法的统一是国内各州侵权法的统一，不具有国际性，但其做法却给世界侵权法的统一带来启示和希望，提供了借鉴作用。欧洲侵权法的统一具有深刻的历史、政治和经济原因，最直接的原因就在于欧洲的统一，促使侵权法不得不进行统一，欧洲侵权法的统一尽管也是学者在进行，但具有强大的政府背景和政治背景，因而海尔穆特·库齐奥和冯·巴尔领导的两个小组的工作扎扎实实且卓有成效，具有重要的借鉴意义和价值。东亚侵权法的统一也有东亚各国和地区的政治和经济原因，但主要是学者的热情，不具官方背景。至于其他各洲，侵权法统一问题并未提上日程。纵观世界侵权法融合与统一的历史，可以发现世界侵权法融合与统一有以下几个基本规律。

（一）侵权法的普世价值与同质性：世界侵权法融合与统一的基础

世界各国和地区的侵权法尽管存在较多差异，不论是作为侵权法历史源流的五个法域的侵权法，还是今天仍然存在的英美法系和大陆法系的侵权法，都是如此，甚至有的差异悬殊。但是，不同法系侵权法有两个最重要的根本点是相同的，即通过赔偿的方法救济侵权行为造成的损害，使受到损害的私权利得到法律保护。其中救济权利损害是侵权法的普世价值，用赔偿的方法进行救济是侵权法的同质性。侵权法在这两个根本点上所具有的普世价值和同质性，是世界侵权法能够融合并且可以统一的基础。世界侵权法融合与统一的三次浪潮的发生和发展，其基础都是如此。如果侵权法不具有赔偿方法的同质性和救济权利损害的普世价值，远在欧洲的侵权法何以能够征服其他国家和地区的侵权法，得以在异域生根开花呢？况且中华法系侵权法根深蒂固，绝不会轻而易举地退出历史舞台，主动让位给大陆法系侵权法。同理，《埃塞俄比亚民法典》的侵权法和《中华人民共和国侵权责任法》之所以能够结合本国实践，把大陆法系侵权法和英美法系侵权法的优势整合在一起，成为代表当代侵权法立法的主流趋势，同样基于这样的基础。推而论之，作为世界侵权法融合与统一第三次浪潮的世界侵权法统一运动，代表了世界侵权法发展的基本方向，同样是基于侵权法的普世价值和同质性，从保护权利和救济权利的立场出发，保证世界侵权法的基本观念和基本原则的统一。

（二）从"丛林法则"到择优借鉴：世界侵权法融合与统一的路径

几千年来，世界侵权法从五大历史源流发展到两大侵权法法系，再到世界性的侵权法统一，走的是一条艰难曲折的道路。在早期的侵权法融合中，强大的大陆法系侵权法征服了中华法系等法域的侵权法，普通法系侵权法通过殖民政策征服了殖民地国家和地区，形成了大陆法系和英美法系两大侵权法体系，发展的路径类似"丛林法则"，其方法近乎"弱肉强食"，中华法系侵权法等侵权法源流在大陆法系侵权法和英美法系侵权法的强大攻势面前自行消亡，不得不退出历史舞台，使两大法系侵权法称霸于世界，形成了世界侵权法的基本格局。

继而，在两大法系侵权法的基础上再进一步融合与统一，体现"丛林法则"的侵权法征服不再是世界侵权法融合与统一的主要路径，而是择优借鉴，即在两大法系侵权法中择取精华，进行整合，形成侵权法的新格局。由于侵权法存在的普世价值与同质性，传统侵权法的固有性并不是侵权法的主流。不可否认，世界各国和地区的侵权法都有自己的特点和固有规则，即便都继受了大陆法系和英美法系的各国侵权法，也结合了自己国家和地区的具体情况，规定了切合自己实际的具体规则。但这些都不是侵权法的本质和主流问题。从大的方面说，大陆法系侵权法和英美法系侵权法的基本差异，是成文法和判例法的区别，是规则的抽象性和具体性的区别。但是，二者在过错责任原则为基本原则、无过错责任原则（即严格责任）为辅助性的归责原则上，在损害赔偿的基本方法上，以及其他主要的规则方面，则是完全一致的。特别是随着社会的进步，英美法系的具体化立法具有更大的吸引力，成文法国家对英美法系侵权法类型化立法方法的广泛借鉴，更说明了具体规则的借鉴具有更为重要的意义。21世纪以来，无论是侵权法的立法还是修法，无不围绕着侵权责任的具体规则在进行择优借鉴，从而使侵权法更具统一性，使侵权法的统一更具现实性。同样，英美法系侵权法借鉴了大陆法系侵权法的抽象性的一般化立法，风行于美国等英美法系侵权法的责任分担理论和规则，是侵权法的抽象规则，具有一般性的意义，并非美国等英美法系侵权法的传统做法。《美国侵权法重述·第三次》较早列入计划并出版的《美国侵权法重述·第三次·责任分担编》，受到广泛重视，就说明侵权法一般化的成文法传统对于英美法系侵权法所具有的重要影响。《美国侵权法重述·第三次》对责任分担规则的概括，对《欧洲侵权法原则》等欧洲侵权法统一也产生了影响。[1]可以看到的是，侵权法的国家和地区传统，或者说各国和地区侵权法的固有性，更容易被侵权法的同质性和普世价值所同化、所克服，择优借鉴的路径使世界侵权法的统一更具现实性。

在新的、正在进行中的世界侵权法融合与统一的第三次浪潮中，择优借鉴是发展的唯一路径，这体现的正是世界侵权法融合与统一的坚定不移的理性。

（三）一般化立法与类型化立法的结合：世界侵权法统一的基本形式

在讨论世界侵权法统一的发展规律的时候，不得不总结世界侵权法统一的基本形式问题，即统一的世界侵权法究竟是采取一般化的立法还是类型化的立法。

世界侵权法五大历史源流中，除了英吉利法系侵权法是判例法之外，其他的都是成文法。在随后形成的大陆法系和英美法系两大侵权法体系中，成文法的大陆法系侵权法以德国和法国法为代表，形成了鲜明的一般化立法方式，即在成文法中配置侵权行为一般条款，以此调整大部分侵权责任的归属。而英美法系侵权法作为判例法，没有成文的法律形式，也没有一般化立法的典型方法即侵权行为一般条款，而是采用类型化的立法方法构成自己的侵权法形式，按照不同的侵权行为类型分别适用不同的规则。在欧洲侵权法统一过程中，曾经讨论过统一的欧洲侵权法究竟是英美法系侵权法的"重述"的类型化模式，还是大陆法系侵权法的"原则"的一般化

---

[1] 参见王竹：《侵权责任分担论——侵权损害赔偿责任数人分担的一般理论》，中国人民大学出版社2009年版，第56页。

模式。基本结论是,既不能是单一的英美法系的类型化,也不能完全实行大陆法系的一般化。

《埃塞俄比亚民法典》和《中华人民共和国侵权责任法》的立法对此作出了回答,世界侵权法的统一,必须采取一般化立法与类型化立法相结合的形式,否则是没有出路的。原因在于,完全的一般化缺少个性,法官适用难度较大;完全的类型化缺少基本规则,难以应对不断出现的新的侵权行为类型。[1]因此,未来世界侵权法统一的立法方式,必定是一般化立法与类型化立法的有机结合,集中两大法系侵权法的智慧和方法,使两大法系侵权法的优势实现"强强联合"。

(四)从强制输出到规则统一的最大化:世界侵权法统一的目标

在早期的世界侵权法融合与统一中,融合与统一的目标是强制输出。以中国为例,清末实行变律为法,实行西法东渐,除了政治、经济原因之外,帝国主义列强同意中国废除治外法权的条件,就是接受西法。民国时期,能够在短时间内完成《中华民国民律草案》和《中华民国民法》(包括其中的侵权法),"现在所缔结中比、中丹、中西、中意各商约,以十九年一月一日或是日以前颁布民商法为撤销其领事裁判权之条件"是其主要原因。[2]这样的融合与统一的目标,并非接受国所自愿,而是强制输出的结果。

从第二次浪潮开始,世界侵权法的融合与统一不再追求强制输出的目标,而是以规则统一的最大化为目标。库齐奥教授在领导《欧洲侵权法原则》的制定中,特别强调"侵权法的一体化只能是在各国差异基础上的一体化,法概念、法方法既要具有欧洲共同传统的特色,又不能以任何一国的制度为背景。统一的只能是侵权法最一般的规则,而且规则必须富于弹性"[3]的意见,是完全正确的。世界侵权法的统一可以从宏观、中观和微观三个层次进行讨论。在宏观问题上,一定能够统一也是必须统一的。侵权法的宏观问题,主要是过错原则、严格责任和损害救济原则。在此问题上,侵权法的统一不存在问题。在中观问题上,各国差异较大,主要问题在于,大陆法系侵权法规定的具体侵权行为类型通常比较简单,数量比较

---

[1] 对此的分析,参见杨立新:《论侵权行为一般化和类型化及其我国侵权行为法立法模式选择》,载《河南省政法管理干部学院学报》2003年第1期。

[2] 参见杨立新:《百年中的中国民法华丽转身与曲折发展——中国民法一百年历史的回顾与展望》,载《河南省政法管理干部学院学报》2011年第3期。

[3] [德]U. 马格努斯主编:《侵权法的统一:损害与损害赔偿》,谢鸿飞译,法律出版社2009年版,总译序,第6页。

少,规则比较粗放;而英美法系侵权法规定的具体侵权行为类型比较全面,数量较多,规则更为细致。在法律适用上,成文法中侵权责任类型有规定的,与英美法系的规则并不存在基本原则的不同;但在成文法中侵权责任类型没有规定的,在法律适用中只能依照一般条款的规定裁判,而不同的法官会对法律有不同的理解,因而形成不同的判决,缺少统一的法律适用标准。事实上,在侵权法统一上,最为重要的恰恰是侵权法中观性规则的统一,即在各种不同的侵权行为类型的法律适用规则上的统一。按照《中华人民共和国侵权责任法》的立法经验,对于机动车交通事故责任、环境污染损害责任、医疗损害责任等具体侵权行为需要有统一的规则,而这些侵权责任类型在大陆法系侵权法中,通常是适用侵权行为一般规定,缺少具体规定。至于侵权法规则的微观性问题,各国多有不同的规则,能够统一的当然更好,不能统一的,应当允许存在一定差异,并非主要问题。在2013年9月召开的世界侵权法学会成立大会暨第一届研讨会上,我们选择了规则最为相近的产品责任进行讨论,但将各国的产品责任规则进行比较,其细节的分歧比比皆是[1],难以取得完全一致的见解。据此可以说明,世界侵权法统一的目标,更重要的是在宏观规则和中观规则上寻求一致,达至统一。对于微观的细节规则则不必强求统一,求同存异,实现规则统一的最大化,就是世界侵权法统一的基本目标。

(五)从政府推动为主到学者主导为主:世界侵权法融合与统一的基本动因

世界侵权法融合与统一的进程一直在进行中,但其基本动因并不相同。世界侵权法融合与统一的第一次浪潮的基本动因,在于以政府为主导的推动,而不是以学者的热情为主导。不可否认的是,如果没有帝国主义列强的侵略和征服,中华法系侵权法绝不会自动退出历史舞台,即使出现经济、政治以及法律上的改革和发展,也不会完全消亡。风雨飘摇中的清朝在帝国主义的压力下,不得不放弃中华法系侵权法,从而走上变法之路。在变法过程中,学者的作用必不可少,但它并非西法东渐的主要动因。自世界侵权法融合与统一的第二次浪潮以来,基本动因不再是政府主导,而是由学者主导。从美国侵权法重述到欧洲侵权法统一,再到《东亚侵权法示范法(暂定稿)》的制定,无一不是学者在起主导作用。美国侵权法重述完全是美国学者所为。欧洲侵权法统一尽管有官方背景,但基本力量在于海

---

〔1〕 参见杨立新:《有关产品责任案例的亚洲和俄罗斯比较法研究》,载《求是学刊》2014年第2期。该文着重比较了亚洲和俄罗斯法域侵权法的产品责任规则的不同。

尔穆特·库齐奥教授和冯·巴尔教授领导的两个小组。即使在中国,立法机关制定了将大陆法系侵权法和英美法系侵权法比较完美结合的《中华人民共和国侵权责任法》,也是在学者提出的"大陆法系为体,英美法系为用,广泛吸纳中国立法司法经验"[1]的立法建议的影响下进行的。世界侵权法学会正在进行的世界侵权法统一运动,完全是学者推动的学术运动。可以说,在世界侵权法融合与统一的第一次浪潮中,征服与被征服的过程中充满"暴力"和被动性,但在第二次和第三次浪潮中,理性是主导,是全部的动因。正因为如此,世界侵权法统一运动必须是学者的运动、学术的运动,学者的理性是其基本动因,并且最终要使学者的理性推动政府制定或修改侵权法,实现世界侵权法的统一。

三、世界侵权法融合与统一的前景展望

根据世界侵权法融合与统一的基本规律,结合当前世界侵权法统一运动的基本情况,可以推测世界侵权法统一运动的发展前景是:

(一)世界侵权法统一是侵权法发展不可逆转的大趋势

世界侵权法发展的历史告诉我们,走向统一是世界侵权法发展不可逆转的大趋势。这样的预测,不仅是以世界侵权法融合与统一的第一次和第二次浪潮的具体情形为基础,更是从第三次浪潮的实际情况为基础作出的。近100年来,从美国侵权法的统一,到欧洲侵权法的统一和《东亚侵权法示范法(暂定稿)》的制定,都是基于侵权法的普世价值和同质性这一基础,不仅有统一的可能,更有统一的现实需要。同时,这也是基于全球经济一体化的迅猛发展,世界性的政治、经济等交往越来越广泛,亟须对民事主体的权利实行统一的保护制度而作出的历史选择。在几千年来的世界侵权法的融合发展中,100年之前的融合与统一是不自觉的,是历史发展的推动。但在今天,人们已经认识到了世界侵权法统一的历史规律,完全是采取理性的态度,自觉引导世界侵权法的统一。世界侵权法的统一是侵权法发展的大趋势,更是历史发展的必然。这样的预测并不是主观臆断,而是实事求是地根据历史发展规律作出的科学判断。

(二)学者和学术研究在侵权法统一中发挥决定作用

以世界侵权法融合与统一的历史动因和发展规律为判断基础,可以看出,在今后的世界侵权法统一运动中,学者的推动和学术研究的发展必定

---

[1] 杨立新主持:《中华人民共和国侵权责任法草案建议稿及说明》,法律出版社2007年版,第2—4页。

成为基本动因，将会发挥决定性的作用。不论是美国侵权法重述报告，还是欧洲侵权法的统一和东亚侵权法示范法的起草，无一不是在侵权法学者的努力下开展起来、不断进展的。世界侵权法学会的建立和努力，是由近30个国家和地区的侵权法专家自发组织起来的，他们把世界侵权法的统一作为己任，为此而孜孜不倦地努力工作。不仅如此，由于在世界侵权法统一的过程中，在官方的国际组织和机构中，并没有一个类似于WTO之类的具有权威性的、由各国政府作为成员参加的机构进行推动，不可能出现以官方作为背景的更强大的发展动因。正像笔者在"世界侵权法学会成立大会暨第一届学术研讨会的闭幕辞"中说的："在世界侵权法融合与统一运动中，世界侵权法学会将是最重要的推动者和组织者。"[1]笔者相信，在今后世界侵权法统一运动中，侵权法学专家和侵权法学会等学术组织将会是绝对的主力，是推动世界侵权法统一的基本力量。世界侵权法学会应当团结更多的国家和地区的侵权法学专家学者，共同为这一目标而努力奋斗。

（三）世界侵权法统一运动必须寻求政府支持

在世界侵权法统一运动中，对比欧洲侵权法统一的两个工作小组的工作和东亚侵权法学会的工作情况，显然欧洲的两个工作小组的努力更有成效。其基本原因在于，欧洲侵权法统一运动不仅有学者的热情，更重要的是有欧洲一体化的社会背景和欧盟的支持和资助，因而其成果显著。而东亚侵权法学会起草东亚侵权法示范法的努力，既没有官方背景，也没有政府资助，完全是学者的热情和自筹经费，尽管也有了基本的成果，但显然还与欧洲侵权法统一的进展有一定的差距。《埃塞俄比亚民法典》（包括其中的具有重要价值的侵权法部分）的制定，就是埃塞俄比亚政府立法的改革热情和作为起草人的法国比较法专家达维德对制定一部完善的民法典的热情，这两股热情碰撞的结晶。[2]这样的经验说明，侵权法学专家和学者的努力，固然是世界侵权法统一的基本动因，但缺少官方的支持和资助，会有更多的困难，前进的步伐也不会很快。只有将学者的积极性和官方的积极性结合起来，才能够推动世界侵权法统一运动顺利、大踏步地前进。

（四）世界侵权法统一的过程将是长期的

世界侵权法统一运动发展的大趋势必须肯定，但还要明确地看到，世

---

[1] 杨立新:"世界侵权法学会成立大会暨第一届学术研讨会闭幕致辞"，载世界侵权法学会官网（http://www.worldtortlawsociety.com/article/default.asp? id=3771），访问日期:2018年7月20日。

[2] 参见徐国栋:《埃塞俄比亚民法典:两个改革热情碰撞的结果》，载徐国栋主编:《埃塞俄比亚民法典》，薛军译，中国法制出版社、金桥文化出版（香港）有限公司2002年版，前言，第4页。

界侵权法统一运动的前进步伐将是艰难的,过程将是长期的。这主要不在于学者的热情和政府的官方支持,而在于侵权法规则的细节的千差万别。从笔者组织世界侵权法学会第一届学术研讨会的经验观察,在设计之初,笔者就选择了对侵权法中规则最为接近的产品责任进行讨论,但是在执行委员会确定的三个虚拟的典型案例的讨论中,展现了不同法域对产品责任规定的千差万别的细节规则,不仅在将来的立法层面很难统一,即使在目前的理论研究中也很难找到统一的见解。因此,可以预见,世界侵权法统一运动的过程将是长期的,需要通过几代人的努力才能够实现预期的目标。世界各国侵权法专家和学者应当坚定信心,长期坚持下去,为这个共同的目标不断努力。

第二章 东亚地区侵权法实现一体化的基础及研究任务

第一节 研究和制定东亚侵权法示范法的必要性与实现的目标

科学技术的不断进步和现代工业社会的迅猛发展，大大改变了侵权法存在的社会基础，也使东亚各国家和地区陆续进入风险社会时代，社会危险因素不断增加，社会成员可能蒙受损害的几率急速扩大。因此，各国和地区的人民对个人安全的要求以及由此产生的社会安全需求成为各法域侵权法不断发展的社会根源和直接动力。与此同时，由此而来的全球化与区域化趋势，直接推动着各国、各地区在政治、经济、法律等多层次、多领域的相互联系、影响、制约，并且不断加强。这一趋势在侵权法领域，则体现为各国和地区在特定区域内侵权责任基本规则的逐步协调与统一。在实现区域侵权法一体化的进程中，"示范法"以其特有的立足于对法的示范力而非强制力的特点，受到各国和地区的特别关注，得到了广泛的运用，并产生了巨大影响。

在区域侵权法统一的进程中，欧美已经走在了前列。

作为欧洲统一民法典的重要组成部分，欧洲统一侵权法的起草已经取得了两项重要成果。海尔穆特·库齐奥教授主持的欧洲侵权法小组从1996年开始连续出版了10卷本"统一侵权法"系列丛书，实现了欧盟范围内侵权法的比较法研究和资料的全面英文化，并在2005年出版了《欧洲侵权法原则：文本与评注》。[1]冯·巴尔教授主持的欧洲民法典研究小组在《欧洲比较侵权行为法》一书的基础上，于2006年公布了《造成他人损害的契

---

〔1〕 参见欧洲侵权法小组编著:《欧洲侵权法原则:文本与评注》,于敏、谢鸿飞译,法律出版社2009年版。

约外责任（草案）》，并于 2009 年正式出版了官方评注。[1] 欧洲未来统一的侵权法将采取尽量提取各国侵权法"公因式"的模式，建立各国能够接受的共同框架。

美国的侵权法统一进程主要由美国法律协会和美国统一州法委员会推动。美国法律协会采用"法律重述"的方式，自 20 世纪 20 年代开始，陆续颁布了《美国侵权法重述·第一次》（1923—1939）和《美国侵权法重述·第二次》（1955—1979）[2]，正在进行的《美国侵权法重述·第三次》已经完成了"产品责任编"（1998）、"责任分担编"（2000）、"人身和精神损害责任编"（2009）[3]、"经济损失责任编"（2014）的起草，对各州法院和联邦法院的侵权法判例进行了整合。美国统一州法委员会通过制定各种"统一法"或者"模范法"，在制定法层面倡导侵权法的统一，已经制定的《统一侵权责任分摊法案》（1939、1955）、《统一比较过错法案》（1979）、《惩罚性赔偿金示范法》（1996）和《统一侵权责任分担法案》（2003）等[4]，已经为大多数州的立法所采纳。

随着东亚各国和地区经济交往的不断深化，东亚侵权法融合发展的趋势已现端倪。

日本通过 1898 年 7 月 16 日《日本民法典》的制定和以后的陆续修订，侵权法作为债法的组成部分，已经法制化、体系化。韩国于 1958 年 2 月 22 日通过了《韩国民法典》，在债法编第五章"不法行为"中规定了比较完整的侵权行为法。在中国，1930 年制定完成了《中华民国民法》，在债编中规定了侵权行为法，把侵权行为规定为债的发生原因；中国香港特别行政区继受英国法的侵权法，融会了香港特别行政区法院形成的新的判例和规则，侵权法的内容也比较完备，体现的是英美法系侵权法的判例法传统；中国澳门特别行政区继受葡萄牙民法传统，建立了具有葡萄牙和澳门特色的侵权法，之后制定了《澳门民法典》，规定了较为详细的侵权法规则，也置于债法编。1986 年制定完成的《中华人民共和国民法通则》，将侵权

---

[1] See Christian von Bar, *Non-contractual Liability Arising out of Damage Caused to Another*, sellier, European law publishers, 2009.

[2] See ALI, *Restatement of the of the Law of Torts. ALI.*, *Restatement of the Law, Second, Torts*.

[3] 参见王竹：《美国法学会〈侵权法重述·第三次·责任分担〉（中英文对照翻译）》，载中国民商法律网（http://old.civillaw.com.cn/qqf/weizhang.asp? id=35459），访问日期：2017 年 9 月 4 日。

[4] 参见王竹、沈磊：《美国统一州法委员会〈统一侵权责任分摊法案（1939）〉》，载中国民商法律网（http://old.civillaw.com.cn/qqf/weizhang.asp? id=41702），访问日期：2017 年 9 月 4 日。

法规定在"民事责任"一章,将侵权行为的法律后果规定为民事责任,在实施了23年之后,于2009年12月26日通过了《中华人民共和国侵权责任法》,并于2010年7月1日正式实施。《中华人民共和国侵权责任法》的制定,打破了成文法国家制定侵权法一以贯之地把侵权法作为债编内容的立法模式,使其脱离债编,成为一部民事权利保护法[1]和民事权利损害救济法[2],扩展调整领域,充分发挥其法律功能,在更为广泛的调整范围内发挥重要作用,具有更为重要的意义。此外,东亚各法域的侵权法已经基本制定齐备,为东亚侵权法示范法的制定提供了必要的基础和条件。据此,东亚各法域的侵权法学者有条件也有责任追随欧洲统一侵权法的脚步,完成东亚侵权法示范法的制定和研究任务。

东亚侵权法学会经过讨论认为,东亚侵权法学会的建设目标和东亚侵权法示范法的研究目的,是推进东亚经济一体化和私法共同化,实现亚洲侵权法的统一,并在未来实现与欧洲统一侵权法、美国侵权法重述的跨法系整合,制定国际侵权法示范法。东亚侵权法学会最终提出的东亚侵权法示范法,其中每个条文将包括示范条文、说明、各法域相关立法、范例和评论等内容,并以中文、日文、韩文、英文和葡萄牙文出版。[3]

这个建设目标和研究目的是非常明确的,也是能够实现的。东亚侵权法示范法的起草过程将整合东亚地区中国、日本、韩国以及其他法域侵权法学者的学术资源,在以下方面进行深入研究,取得研究成果:第一,深入发掘东亚侵权法整合的东亚法律文化基础、东亚经济一体化的社会基础以及统一的侵权法伦理基础。第二,对东亚侵权法中的异同点进行多法域比较法研究,整合立法规则和学术观点的比较法研究结果,建立起具有东亚特色的侵权法比较研究理论体系,抽取"公因式",探求东亚各法域在何种程度上存在侵权法共同原则和规则,发掘东亚侵权法整合的可能性和必要性,形成制定东亚侵权法示范法规则的预案,供立法选择。第三,选择和设计典型案例,分别由各法域侵权法专家根据本法域侵权法,作出"模拟判决",并通过对"模拟判决"结果的分析,制定具有东亚特色的东亚侵权法示范法的法律体系和具体规则,完成示范法,引导各法域侵权法采取统一的规则处理各法域的侵权纠纷。

---

[1] 参见杨立新:《侵权责任法》,法律出版社2010年版,第8页。

[2] 参见王利明、周友军、高圣平:《中国侵权责任法教程》,人民法院出版社2010年版,第48页。

[3] 参见《东亚统一侵权法国际研讨会暨东亚侵权法学会第一次年会简报》,载东亚侵权法学会网站(http://www.aetl.org/article/default.asp?id=14),访问日期:2017年10月15日。

第二节 东亚侵权法示范法实现一体化的基础和研究计划

一、东亚侵权法示范法实现一体化的基础

实现东亚侵权法示范法一体化的基本思路,是从历史、社会和伦理的角度,探求东亚侵权法整合和统一的可能性和正当性。东亚各法域尽管发展层次各异,但明显具有不同于欧美的历史进程和文化积淀,其侵权责任的伦理基础也是重要的共同点。通过对东亚各法域的侵权法立法、判例和理论,尤其是由各法域侵权法专家对典型案例的拟制判决研究的比较法分析,探求东亚侵权法的共同原则和规则体系,明确统一的目标。通过东亚侵权法示范法的起草过程,能够直接掌握各法域侵权法最新发展动态,实现东亚侵权法比较法研究的国际化。

东亚侵权法示范法实现一体化的基础:

第一,东亚地区在历史上大多属于中华法系的影响范围,现行各法域在社会伦理上大量保留了中华传统道德的因素,在法律文化中仍存留着中华法系的若干传统。随着东亚经济一体化的推进,各个法域有着相同或相似的侵权法发展的社会基础,并且在侵权法固有的"矫正正义—分配正义—公平"的伦理基础上,东亚侵权法具有统一的可能性和必要性。

第二,东亚各法域的侵权法均具有法律移植的特征,在19世纪末和20世纪,东亚各国和地区陆续完成了民法的制定,建立了侵权法律制度,并且这些法律制度都借鉴了有影响的各大法系,包括大陆法系、英美法系和社会主义法系。除了中国香港特别行政区的侵权法具有英美法系的判例法特点之外,其他法域的侵权法都属于成文法,都受到了德国侵权法和法国侵权法的直接或者间接影响,在基本概念和基本规则上具有较强的一致性。尽管由于中国香港特别行政区判例法的存在,使东亚侵权法的一体化产生了一定的困难,然而在欧洲统一侵权法的制定中也存在类似的问题,即欧洲大陆成文法与英国判例法的差异性,但这并未妨碍欧洲统一侵权法采取成文法的形式制定,并且能够取得成功。因此,东亚侵权法示范法寻求的并非单纯意义上的统一模式(当然要有统一的形式),而是综合吸收各法系的比较法精髓,形成具有"公因式"特点的示范法,代表东亚侵权法的统一和发展方向。

第三,东亚侵权法示范法的立法对象是现代风险社会下的损失分担,强调的重点从过错承担转移到损失补偿,因而特别关注产品责任、环境污染责任、网络侵权责任和损害社会分担机制等当代侵权法的热点、难点问题。目前,东亚各法域面对当代社会的发展与安全的突出矛盾,在侵权法的建设中面临着类似的问题,具有研究的共同兴趣,在立法和司法上具有一体化的现实基础和强烈需求。

第四,《中华人民共和国侵权责任法》经过近十年的立法过程,已经完成立法任务,其充分借鉴了各国和地区侵权法的优势,并且完全是基于中国国情制定的,不仅在条文和篇幅上具有优势,而且在体系结构、具体规则和采取一般化与类型化结合的立法模式上,也有较大优势,具有比较法上的先进性。因此,其已经引起东亚各法域的充分关注,并对其进行深入研究,作为修法的借鉴。因此,《中华人民共和国侵权责任法》的立法经验可以为东亚侵权法示范法所借鉴,也可以作为东亚侵权法示范法的立法参考范本。

中国台湾东吴大学潘维大教授、日本东京大学道垣内弘人教授、韩国东国大学延基荣教授都认为,迄今为止,东亚地区都是从欧洲引进法学概念,是法律的"赤字国家",东亚侵权法示范法的制定能够实现东亚各法域实现法律输出国的梦想。因此,东亚侵权法示范法具有良好的发展前景,正在书写东亚法制一体化的新的历史篇章,参与这样的研究是非常光荣的。[1]

二、东亚侵权法示范法的研究方法

研究、制定东亚侵权法示范法的基本方法是:

第一,东亚地区各法域的学者通过对东亚侵权法中的异同点进行多法域比较法研究,建立起具有东亚特色的侵权法比较研究理论体系。东亚侵权法示范法的比较研究,涉及东亚不同法域的侵权法制度,在比较法研究对象的数量和深度上都是前所未有的,在资料收集整理、语言驾驭能力、比较法方法方面都有极高的要求。在比较法资料的收集和整理上,课题组采用原文和中文翻译同时进行的方式,以确保研究资料的准确性。目前,部分国家和地区的侵权法资料已经翻译成中文,还需要翻译成其他国家和地区的文字,特别是英文,以便于各国和地区学者进行比较研究。

---

〔1〕 参见《东亚统一侵权法国际研讨会暨东亚侵权法学会第一次年会简报》,载东亚侵权法学会网站(http://www.aetl.org/article/default.asp?id=14),访问日期:2017年10月15日。

第二，通过对典型案例在不同法域中的"模拟判决"，探求东亚各法域在何种程度上存在侵权法的共同原则和规则，发掘东亚侵权法一体化的可能性和必要性。在对东亚各法域侵权法的比较法研究中，除了法律规则和法学理论的比较研究之外，更重视采用典型案例"模拟判决"的方法。对于典型案例的选择、"模拟判决"的方法、对各法域"模拟判决"的整理和分析方法，东亚侵权法学会则借鉴欧洲统一侵权法的起草经验，将选择出来的典型案例，由各法域侵权法专家基于本法域的立法和司法惯例，进行"模拟判决"。在东亚侵权法示范法制定中，建立典型案例"模拟判决"的研究方法与"示范法"条文相结合的立法模式，相互对照，相互说明，通过"示范法判例"指导各法域侵权法立法和司法实践的一体化。

第三，在东亚侵权法一体化的制度设计上，要兼采历史分析方法、伦理分析方法和法律经济分析方法。东亚侵权法示范法的起草方式和条文的决定方式，需要借鉴欧洲统一侵权法和美国侵权法重述的相关模式，制定"东亚侵权法示范法·起草手册"，明确起草原则、术语选择和决策方式等。我们期望最终提出的东亚侵权法示范法可以推进东亚经济一体化和私法共同化，并在未来实现与欧洲统一侵权法、美国侵权法重述的跨法系整合，为制定国际侵权法示范法提供基础。同时，也将《中华人民共和国侵权责任法》起草过程中建立起的先进侵权法制度和积累的丰富经验，通过东亚侵权法示范法的制定提升到国际平台，实现中国法律的对外输出。

三、东亚侵权法示范法的研究计划

东亚侵权法学会研究决定，东亚侵权法示范法起草计划初步定为5年，具体计划是[1]：

2010年：各法域理事长根据第一次年会确定的章程，在各法域组织东亚侵权法学会分委员会，吸收更多有意参与东亚侵权法示范法制定工作的侵权法学者和司法实务工作者参加学会。根据第一次年会确定的13个研究议题，推荐所在法域的学者参与专题委员会的研究，完成13个研究议题的研究报告。秘书处负责建设"东亚侵权法学会官方网站"（http://www.aetl.org）（已经完成），各法域理事长负责建设分委员会网站，实现资源共享。

2011年：各法域理事长负责在2011年3月底之前，整理好相关研究议题的法域报告，提交秘书处。2011年7月或者8月召开第二届年会，重点

---

[1] 参见《东亚统一侵权法国际研讨会暨东亚侵权法学会第一次年会简报》，载东亚侵权法学会网站（http://www.aetl.org/article/default.asp? id=14），访问日期：2017年10月15日。

议题是各法域侵权法的共同点和各法域重要判例,确定东亚侵权法示范法的基本框架和供比较法进行"模拟判决"的典型判例。

2012年:各法域理事长负责在2012年3月底之前,整理好各法域学者对判例的"模拟判决",提交给学会秘书处。2012年7月或者8月召开第三届年会,计划通过《东亚侵权法示范法立法原则》,并确定《东亚侵权法示范法(草案)》的起草分工。

2013年:各法域理事长负责在2013年3月底之前,组织分委员会根据分工草拟《东亚侵权法示范法(草案)》的相应部分,并提交秘书处。2013年7月或者8月召开第四届年会,审议《东亚侵权法示范法(草案)》。将初步审议通过的《东亚侵权法示范法(草案)》翻译为中文、日文、韩文和英文,在世界范围内征询学者意见。

2014年:各法域理事长负责在2014年3月底之前,组织分委员会讨论《东亚侵权法示范法(草案)》,并将修改建议提交学会秘书处。2014年7月或者8月召开第五届年会,审议并通过东亚侵权法示范法,并通过"模拟判决"的方式确定东亚侵权法示范法的实际法律目的和效果。该次会议后,"东亚侵权法示范法附示范法判例"将用中文、日文、韩文和英文出版,供各分委员会提交各自立法机关推荐采纳。

第三节 东亚侵权法示范法研究和起草的基本议题

东亚侵权法学会决定,东亚侵权法示范法的基本框架包括13个基本议题。东亚侵权法示范法的研究工作主要是围绕这13个问题进行比较研究,起草草案,最后形成东亚侵权法示范法文本。在2010年7月至2011年7月的第一研究年度期间,各法域的分委员会围绕这13个议题,进行本法域的侵权法研究,提供详细的比较法资料,为下一步的比较研究奠定基础。第一研究年度对每个议题都应当围绕以下5个问题进行:①该问题的基本规则;②本法域对该规则的规定,包括基本法和特别法;③本法域对该规则的法理通说;④有关该规则的典型案例;⑤在东亚侵权法示范法中对该规则作出规定的基本意见。在此基础上,对各法域的侵权法具体规则进行比较研究,研究东亚侵权法示范法规则一体化的方案。

东亚侵权法示范法研究和起草的13个议题和研究重点以及最终研究目标是:

一、侵权法的保护范围

侵权法关于保护范围的规定,是侵权法界定自己调整范围大小的原则性规定。对此,东亚侵权法示范法应当首先作出规定。《法国民法典》第 1382 条、《德国民法典》第 823 条采取了不同的方法确定自己的保护范围,方法各异,结果有所区别。东亚侵权法示范法究竟采取何种方式规定自己的保护范围,是必须解决的重要问题。对此,应当重点研究的问题是:本法域侵权法在规定侵权法所保护的范围上,规定的基本规则是什么?东亚各国和地区侵权法的保护范围及其他法域相关规定的各自特色和缺陷是什么?本法域对此的司法实践与侵权法的条文规定有何不同?在不同规定中应当提取的"公因式"是什么?东亚侵权法示范法进行上述比较研究的最终目标,是确定该示范法关于东亚各国和地区侵权法保护范围以及界定方法的基本规范。

二、侵权责任的归责原则体系及调整范围

在东亚侵权法示范法的研究和制定过程中,首先要解决的问题是采取何种归责原则,并且确定各个归责原则所调整的侵权行为类型的范围。归责,是指行为人因其行为和物件致他人损害的事实发生后,应依何种根据使其负责,此种根据体现了法律的价值判断,即法律应以行为人的过错还是应以发生的损害结果为价值判断标准,而使行为人承担侵权责任。[1]归责原则,是确定侵权人承担侵权损害赔偿责任的一般准则,是在损害事实已经发生的情况下,为确定侵权人对自己的行为所造成的损害,以及对自己所管领下的人或者物所造成的损害,是否应当承担赔偿责任的原则。[2]在制定东亚侵权法示范法时,比较各法域侵权法的归责原则体系及其调整范围是至关重要的。因此,应当重点进行比较研究的问题是:本国或者地区侵权法在归责原则上采取何种归责原则体系,采用几种归责原则?过错责任原则、过错推定原则和无过错责任原则各自调整何种侵权行为类型?对于特殊侵权行为类型的规定,怎样体现适用何种归责原则?东亚侵权法示范法进行上述比较研究的最终目标,是确定该示范法关于归责原则体系以及各种不同的归责原则所调整的不同侵权行为类型范围的统一规范。

---

[1] 参见王利明:《侵权行为法归责原则研究》,中国政法大学出版社 1992 年版,第 17—18 页。
[2] 参见杨立新:《侵权责任法》,法律出版社 2010 年版,第 54—55 页。

三、行为与违法性

行为与违法性,是侵权责任构成的基本要件之一。[1]在欧洲侵权法的比较法上,有德国法的肯定主义和法国法的否定主义。其中德国法所规定的"三个小的概括条款"侵权法架构,其特色在于以违法性对权利及利益进行区别性的保护。[2]在东亚地区各法域的侵权法中,立法基本上肯定的是德国法的肯定主义,而对法国法的否定主义持否定态度,但在学说上则不尽然。东亚侵权法示范法对此应当采取何种立场,似乎没有较多的选择余地,但亦应在比较法的基础上,作出最终的选择。对此,应当重点研究的问题是:本国或者地区侵权法怎样对待法国法和德国法关于违法性的不同立场?例如日本法中法国法色彩较浓,但为什么采取了德国法的违法性的肯定主义立场?对于肯定违法性和否定违法性的优势与缺陷应当怎样看待?东亚侵权法示范法应当坚持将违法性作为侵权责任构成要件吗?对于不作为构成侵权行为的行为要件,需要如何进行准确界定?经验是什么?东亚侵权法示范法进行上述比较研究的最终目标,是确定该示范法关于如何规定加害行为要件以及如何规定违法性要件的统一规范。

四、损害

损害是侵权责任必备的构成要件,任何人只有在因他人的行为受到实际损害之时才能获得法律上的救济,而行为人也只有在因自己的行为及自己所控制的物件致他人损害时,才有可能承担损害赔偿责任。[3]现代侵权法在本质上是损害救济法,着眼于对不幸的受害人提供补救而不是注重制裁加害人。[4]损害概念界定的宽窄,对于划清侵权法与债法的界限,划清物权请求权和侵权请求权的界限,以及确定损害可救济性和损害赔偿范围,都具有重要意义。在东亚侵权法示范法的比较研究中应当重点研究的问题是:损害对于侵权责任构成的意义和价值,损害事实范围的界定,损害事实对于界定赔偿范围的意义;直接损害和间接损害范围确定的不同方法,

---

[1] 参见杨立新:《侵权责任法》,法律出版社2010年版,第68页。
[2] 参见王泽鉴:《侵权行为》,北京大学出版社2009年版,第216页。
[3] 参见王利明、周友军、高圣平:《中国侵权责任法教程》,人民法院出版社2010年版,第184页。
[4] 参见王利明、周友军、高圣平:《中国侵权责任法教程》,人民法院出版社2010年版,第186页。

权利损害和利益损失的损失范围界定的不同方法,纯粹经济利益损失[1]对于损害确认的价值和运用等。东亚侵权法示范法进行上述研究的最终目标,是确定该示范法对损害的确认方法和保护范围、保护方法的统一规范。

五、因果关系

因果关系是一般侵权责任尤其是承担赔偿损失、恢复原状的侵权责任必须具备的要件。[2]因果关系要件,是指违法行为作为原因,损害事实作为结果,在它们之间存在前者引起后者,后者被前者所引起的客观联系。[3]在侵权法的理论上,确定因果关系究竟采何种学说作为依据和方法,是最具争议的问题。因果关系作为侵权责任的构成要件之一,在立法上,是否规定因果关系推定规则及如何规定其适用范围,是需要解决的重要问题之一。东亚侵权法示范法在学说上究竟采取直接因果关系、相当因果关系、推定因果关系、事实原因与法律原因、客观归属、间接反证等学说中的哪一种或者哪几种,必须予以明确。因此,在东亚侵权法示范法的比较研究中应当重点研究的问题是:各国对侵权法的因果关系采取何种立场作为判断标准?是否规定以及怎样规定因果关系推定原则及其调整范围?采取哪种学说作为理论指导?东亚侵权法示范法通过上述比较研究的最终目标,是确定该示范法关于因果关系要件采取何种立场统一规范以及如何规定因果关系推定的具体规则和适用范围。

六、故意与过失

故意与过失是侵权责任构成的主观要件,是过错的两种表现形式。在过错责任原则和过错推定原则的调整范围内,过错要件的存在是构成侵权责任的必备要件,没有过错则没有责任。[4]在欧洲侵权法中,法国的过错客观说以及德国的过错主观说,各有特点,亦各有不足。对此,东亚侵权法示范法究竟应当采取何种立场,是重要问题之一。在东亚侵权法示范法的比较研究中应当重点研究的问题是:各法域的侵权法在过错的要件上是如何规定的?在过错的认定标准上,采取主观过错说、客观过错说或者综

---

〔1〕 纯粹经济利益损失是一种侵权责任类型,确定纯粹经济利益损失的损害的方法更为特别,因此特别提出。参见王泽鉴:《侵权行为》,北京大学出版社2009年版,第296页。
〔2〕 参见张新宝:《侵权责任法》(第2版),中国人民大学出版社2010年版,第33页。
〔3〕 参见杨立新:《侵权责任法》,法律出版社2010年版,第76页。
〔4〕 德国学者耶林指出:"使人负损害赔偿的,不是因为有损害,而是因为有过失,其道理就如同化学上之原则,使蜡烛燃烧的,不是光,而是氧,一般的浅显明白。"参见王泽鉴:《民法学说与判例研究》(第2册),中国政法大学出版社1998年版,第144—145页。

合说的利弊何在？故意作为某些特别的侵权责任的构成要件应当怎样规定？在无过错责任原则调整的范围内，受害人能够证明加害人的过错的，其赔偿范围是否有所区别？东亚侵权法示范法通过上述比较研究的最终目标，是确定该示范法关于故意和过失的基本概念以及判断故意和过失的基本标准的统一规范。

七、共同侵权行为

共同侵权行为，是各国和地区侵权法都必须规定的侵权行为形态。在界定共同侵权行为的学说上有主观关联共同（意思关联共同）和客观关联共同（行为关联共同）之分[1]，由此而形成了主观说、客观说等不同立场。[2]近年来，有些国家进一步扩大共同侵权责任的范围，把团伙成员也列为共同侵权行为的类型，具有时代感和必要性。[3]在东亚侵权法示范法的比较研究中应当重点研究的问题是：各法域对此采取何种立场，主观说抑或客观说？其优势和缺陷何在？司法实践中有无关于团伙成员以及其他共同侵权行为新类型的典型案例，有无加以规定的必要性？东亚侵权法示范法应当采取何种立场规范共同侵权行为？东亚侵权法示范法的最终目标，是确定该示范法关于共同侵权行为的定义、判断标准、基本类型以及承担连带责任的基本规范。

八、侵权责任形态

侵权责任形态，是指侵权法律关系当事人承担侵权责任的不同表现形式，即侵权责任由侵权法律关系中的不同当事人按照侵权责任承担的基本规则承担责任的不同表现形式。[4]大陆法系侵权法虽然对侵权责任形态进行了规定，但在理论上重视不够。《中华人民共和国侵权责任法》规定了替代责任、连带责任、不真正连带责任、补充责任等不同的侵权责任形态，中国的侵权法理论对侵权责任形态问题给予了特别的重视。[5]美国侵权法

---

〔1〕 参见奚晓明主编：《〈中华人民共和国侵权责任法〉条文理解与适用》，人民法院出版社2010年版，第67页。
〔2〕 参见王泽鉴：《侵权行为》，北京大学出版社2009年版，第352页。
〔3〕 参见《荷兰民法典》第6：166条规定："如果一个团伙成员不法造成损害，如果没有其集合行为则可以避免造成损害的危险之发生，如果该集合行为可以归责于这一团伙，则这些成员承担连带责任。"
〔4〕 参见杨立新主编：《侵权责任法》，复旦大学出版社2010年版，第164页。
〔5〕 参见王利明、姚辉：《人大民商法学：学说创见与立法贡献》，载《法学家》2010年第4期。

中关于责任分担的理论和规则已经形成完整的体系,具有重要的借鉴价值。在东亚侵权法示范法的比较研究中应当重点研究的问题是:各法域侵权法在立法上都规定了哪些侵权责任形态?各自的规则是什么?在理论上是否已经建立完整的侵权责任形态的体系?对于各种不同的侵权责任形态应当采取的规则和学说是什么?东亚侵权法示范法的最终目标,是通过上述比较研究,确定该示范法应当规定的侵权责任形态的种类以及基本规则。

九、损害赔偿

侵权法救济权利损害的最基本方法是损害赔偿。在各国和地区的侵权法中,人身损害赔偿、财产损害赔偿以及精神损害赔偿都是侵权损害赔偿救济的基本方式,但在确定赔偿责任的范围上则各有不同。近年来,大陆法系部分国家和地区的侵权法借鉴英美法系侵权法的惩罚性赔偿制度,取得较大发展。[1]在东亚侵权法示范法的比较研究中应当重点研究的问题是:本法域确定的基本赔偿方式及适用范围是什么?各种不同的损害赔偿方式在赔偿项目和计算方法上有何特殊之处?其利弊何在?是否适用惩罚性赔偿责任以及取得的经验教训是什么?东亚侵权法示范法的最终目标,是通过上述比较研究,确定该示范法关于救济损害的基本方式、具体方法、保护范围以及惩罚性赔偿责任是否需要规定等基本规范。

十、抗辩事由与消灭时效

抗辩事由也称为免责事由,是指被告针对原告提出的侵权诉讼请求而提出的证明原告的诉讼请求权不成立或者不完全成立的事实。在侵权法中,免责事由是针对承担侵权责任的请求权而提出的,所以称为抗辩事由。[2]由于抗辩事由是对抗侵权请求权的法定事由,具有抗衡侵权请求权,平衡侵权责任双方当事人的利益关系,体现公平正义,保护行为自由的重要作用,因此,侵权法必须对此作出明确规定。东亚侵权法示范法同样应当如此。在东亚侵权法示范法的比较研究中应当重点研究的问题是:各法域的侵权法都规定了哪些侵权责任的抗辩事由?实施效果如何?对于英美法系侵权法规定的抗辩事由诸如自甘风险等有哪些在本法域的司法实践中有所采纳?效果如何?

消灭时效,是侵权请求权存续期间的规定。各国对此规定各不相同,

---

〔1〕 参见杨立新:《〈消费者权益保护法〉规定惩罚性赔偿责任的成功与不足及完善措施》,载《清华法学》2010年第3期。

〔2〕 参见杨立新:《侵权责任法》,法律出版社2010年版,第175页。

差异很大。在东亚侵权法示范法的比较研究中应当重点研究的问题是：各法域规定的侵权责任消灭时效是如何规定的？与其他有关权利的消灭时效有何区别？东亚侵权法示范法采纳何种期限规定为优？

东亚侵权法示范法进行上述比较研究的最终目标，是确定该示范法应当规定哪些抗辩事由，怎样确定消灭时效制度的基本规范。

十一、产品责任

在特殊侵权责任类型中，产品责任具有特别的价值，因为产品责任不仅在国内法上具有保护产品消费者安全的重要价值，而且面对国际交往的不断发展，产品（特别是药品）的国际流转越来越频繁的现状，跨国的产品责任纠纷诉讼不断发生，需要各法域在产品责任中平衡利益冲突，确定产品责任包括药害责任的统一的责任规则。在东亚侵权法示范法的比较研究中应当重点研究的问题是：本国确定的产品责任的基本规则是什么？如何界定产品责任中的缺陷的种类和标准？在产品责任中能否适用惩罚性赔偿责任制度？东亚侵权法示范法的最终目标，是通过上述比较研究，建立各国和地区都能够接受、能够协调不同法域产品责任包括药害责任纠纷案件的统一责任规范。

十二、环境污染责任

在特殊侵权责任类型中，环境污染责任要予以重视。治理污染，保护环境，是东亚各国和地区的共识，也是世界各国的共识。除了本国和本地区的环境保护之外，对于跨国环境污染问题的法律制裁，更需要统一的法律规则。在如何对待这个涉及人类代际利益保护的重大问题上，侵权法应当以损害赔偿的方法，确定侵权责任，制裁环境污染行为，保护受害人的民事权益，保护各国和地区的共同利益，做出自己的贡献。在东亚侵权法示范法的比较研究中应当重点研究的问题是：各国和地区在侵权法领域对于保护环境制裁环境污染行为采取何种对策？具体的侵权法规则是什么？取得何种经验和教训？对于跨国污染行为如何进行法律制裁？东亚侵权法示范法应当如何进行规范？东亚侵权法示范法的最终目标，是通过上述比较研究，确定应对环境污染责任特别是跨国环境污染责任的统一规范。

十三、网络侵权责任

在特殊侵权责任类型中，更值得注意的是网络侵权责任。当代世界，互联网迅猛发展，在给人们的工作、学习和生活带来极大便利之余，也给实施网络侵权行为提供了极为便利的条件,因而互联网上的侵权行为普遍存在,对民事主体民事权益的保护构成巨大威胁[1],需要制定统一的制裁网络侵权行为的规则。在东亚侵权法示范法的比较研究中应当重点研究的问题是:提供各国和地区制裁网络侵权行为的基本法律规则,总结制裁网络侵权行为的基本经验和教训,提供典型的网络侵权行为案例,提出制定东亚统一的制裁网络侵权行为的基本规则。东亚侵权法示范法的最终目标,是通过上述比较研究,确定该示范法如何协调互联网的言论自由以及对网络侵权行为制裁关系的基本规范。

---

[1] 参见杨立新:《〈侵权责任法〉规定的网络侵权责任的理解与解释》,载《国家检察官学院学报》2010年第2期。

第三章 东亚侵权法示范法的完成情况及后续任务

第一节 《东亚侵权法示范法（暂定稿）》的基本内容

一、为什么称为《东亚侵权法示范法（暂定稿）》

在东亚侵权法示范法的研究过程中，我们发现制定东亚侵权法示范法并不是一个轻而易举就能各自完成的任务。这是因为，不同法域的侵权法学专家有着不同的学术背景和各自的立法见解。正因为如此，不仅在整部示范法的设计和制定过程中，专家们的意见并不统一，而且其对每一个具体条文的编写，也有着不同的看法，很难统一起来。加之每年年会的时间较短，且存在语言障碍，难以进行深入、细致的讨论和沟通，因此示范法的起草工作没有原来设想的那么顺利。

在完成了《东亚侵权法示范法（草案）》后，经过两次年会的讨论，学会成员仍然在很多问题上没有达成一致意见。如果继续争论下去，各成员都认为，即便再有5年的工作时间，也难以达成完全一致的意见，示范法将会无期限延后出台。

正是在这种情况下，2015年在台湾东吴大学法学院召开的年会上，学会成员达成了一致意见，即以暂定稿的形式，原则通过东亚侵权法示范法。这样做有几个好处：第一，避免长期争论而无法通过示范法，而以暂定稿的形式通过就能够看到工作的效果；第二，暂定稿既不同于未定稿，也不同于既定稿，内容仍然有继续完善的余地，可以继续进行讨论；第三，既然是暂定稿，还可以继续增加内容，例如增加新的侵权责任类型。因而，参加年会的学会成员一致通过了《东亚侵权法示范法（暂定稿）》，并于2016年8月以五种文本公开发布。

二、东亚侵权法示范法的基本内容

《东亚侵权法示范法（暂定稿）》在内容上基本完成了原定的计划，不过有所变动。现在的示范法的内容是：

序言
第一章　立法宗旨与保护范围
第二章　侵权责任的归责原因与责任承担方式
第三章　损害
第四章　因果关系
第五章　故意与过失
第六章　抗辩事由与消灭时效
第七章　救济方式与责任保险
第八章　多数人侵权行为与责任
第九章　产品责任
第十章　环境污染责任
第十一章　网络侵权责任
第十二章　侵害公开权的侵权责任

在上述内容中，显然前八章属于示范法的总则部分，后四章属于示范法的分则部分，即示范法有明显的总则、分则之分。

就目前的情况看，总则部分的内容比较丰满，分则部分的内容还比较少，仅仅规定了不同法域比较突出的侵权责任类型以及能够在各法域相互之间造成损害的侵权责任类型。

至于示范法的具体内容，不必在此进行说明。

第二节　东亚侵权法学会在完成示范法之后的后续任务

从以上介绍的情况看，两个国际性的侵权法学术组织的研究目标并不相同。世界侵权法学会研究侵权法，主要就专题性的侵权责任问题进行世界范围内的比较研究。目前，世界侵权法学会在进行了产品责任的比较研究之后，正在进行的是有关"道路交通事故责任"的比较研究，特别是对自动驾驶机动车交通事故责任规则进行了具有前瞻性的比较研究。接下来，将要进行的是"网络时代的人格权"的比较研究。而东亚侵权法学会的研究目标是制定东亚侵权法示范法,属于民间立法,或者叫做私域软法立法。

基于东亚侵权法学会的研究目标,制定东亚侵权法示范法的工作实际上尚未全部完成。这是因为示范法的表现形式仅仅是一部暂定稿,并且内容也不尽完善,还需要进行深入研究,进行修改和完善,对于侵权责任类型还可以进行更为广泛的研究,规定更多的侵权责任类型。

因此,东亚侵权法学会今后的后续任务,包括两点:第一,继续完善示范法的现有文本,即暂定稿;第二,不断充实示范法的分则部分,补充新的侵权责任类型。

就第二部分的工作任务,说明如下:

在大陆法系侵权法中,基本采用一般化立法方法规定侵权责任,存在的缺点是具体侵权责任类型和具体责任规则不细、不具体。从两大法系侵权法融合的角度出发,大陆法系侵权法在立法时,应当规定更多的侵权责任类型和更具体的侵权责任规则。对此,《埃塞俄比亚民法典》和《中华人民共和国侵权责任法》都提供了比较好的经验,即侵权法应当更多地进行类型化的工作。在《东亚侵权法示范法(暂定稿)》的起草经验中,其第九章至第十二章规定了侵权责任的具体类型,有很好的效果。一部示范法作出了这样的规定,对于指导现实、引导立法,将更具有借鉴意义和引导价值。因此,东亚侵权法学会在下一步的工作中,将会一年研究一种侵权责任类型,成熟后就吸收到示范法中,成为示范法的组成部分。东亚侵权法学会最近研究的侵权责任类型,是违反安全保障义务的侵权责任,已经起草了草案,学会成员也写了十余篇相关论文,将在2018年年会上进行讨论,如果违反安全保障义务的侵权责任部分的草案能够在会上获得通过,将补充进现在的示范法文本之中。

如果这样的工作方法能够获得成功,我们将会继续进行下去,经过十几年的工作,就会形成类似英美法系侵权法的类型化的侵权法,加之示范法的总则性规定,形成一部既有一般化立法,又有类型化立法,体现世界侵权法融合特点的新型的侵权法示范法。

这是东亚侵权法学会的努力目标。

中卷 东亚侵权法示范法条文法理阐释

第一章 立法宗旨与保护范围

【《东亚侵权法示范法（暂定稿）》条文】

第一条【立法宗旨】

为在东亚各法域范围内进一步融合侵权法规则，保护民事主体的行为自由和私法权益，引领侵权法规则的发展趋向，促进东亚地区法制的协调与进步，制定本示范法。

第二条【侵权法的保护范围】

本法通过侵权责任的私法手段，保护民事主体享有的下列权益：

（一）私法权利；

（二）依照法律应当予以保护的私法权益和纯粹经济利益；

（三）法律有明文规定予以保护的环境公益等法益。

【法理阐释】

《东亚侵权法示范法（暂定稿）》在第一章第1条规定了立法宗旨，第2条规定了保护范围。在第1条中，本示范法重点指出了侵权法的利益衡量点：既要维护加害人的行为自由，也要保护受害人的私法权益，对其损害进行救济。作为落实这种理念的重要措施就是要合理妥当地界定侵权法的保护范围，既不能过宽，亦不能过窄。而这种合理界定侵权法保护范围的具体进路，存在多种立法例。考虑到东亚侵权法传统及不同立法例的优劣，示范法采纳了以"私法权益"作为侵权责任构成核心要素的模式，并对权益的区分保护进行了具体规定。

第一节　示范法保护范围的模式选择

一、规范侵权法保护范围的几种模式

对于侵权法保护范围的立法模式，各国和地区在立法上给出了不同的答案。

（一）法国法模式

《法国民法典》第 1382 条规定："任何行为致他人受到损害时，因其过错致行为发生之人，应对该他人负赔偿之责。"其侵权构成模式的特点在于违法性被过错要件吸收，体现为过错、损害及因果关系的三要件。

在上述三个要件中，损害的界定最为关涉侵权法的保护范围。《法国民法典》第 1382 条只对侵权行为的静态后果——损害——作出了规定，而对损害对象未设明文。这条是容量极大且极富有弹性的高度抽象性条款，从法条文义来看，不管在什么条件下发生的何种行为，只要有过错、损害及因果关系，就必须承担民事责任。《法国民法典》的起草人泰尔内伯（Tarrible）在向法国立法机关所作的说明中，明确承认《法国民法典》第 1382 条适用范围的普遍性："《法国民法典》第 1382 条的规定，对所有类型的财产提供保护，这是非常明智的。如果某种损害因为过错而产生，在平衡那些遭受损害的人的利益和那些引起他人损害发生的具有道德上的可责难性或不谨慎性的人的利益时，人们会毫不犹豫地说，此种损害应当由侵害人予以赔偿。此种规定包含的范围十分广泛，包括各种类型的损害，并且此种规定要求侵害人在所导致的损害范围内赔偿受害人的全部损害。从杀人到轻微的伤害，从建筑物发生大火到建筑物因为不牢固而倒塌，所有损害都纳入《法国民法典》第 1382 条所适用的范围之内，所有因此而遭受损害的人都有权获得损害赔偿，如果他们已经遭受此种损害的话……"[1]该条"有意使用了宽泛的语言，没有将法律保护或侵权赔偿限于对法定权利的侵害，凡是法律保护的利益都在考虑之内"[2]。因此，法

---

〔1〕 V Geneviève Viney, *Traité De Droit Civil*, 2e édition, L. G. D. J., pp.17–18.

〔2〕 "《法国民法典》第 1382 条，并不以'权利的侵害'为要件，而是通过广义地规定'任何行为使他人遭受损害时，因自己的过失而致使行为发生之人对该他人负有赔偿的责任'，并在该法典第 2 条规定了违反'公序良俗'的契约无效的措施来进行的。"参见〔日〕星野英一：《私法中的人——以民法财产法为中心》，王闯译，载梁慧星主编：《民商法论丛》（第 8 卷），法律出版社 1999 年版，第 177 页。

国侵权法的适用范围是极为广泛的。基于此点，法国法采取了一体式的保护方法，即不区分权利与利益，直接以损害作为行为的指向。

法国法有意忽略了对不同侵权对象的考察，一体性地以民事权益受损后的"损害"作为立足点。《法国民法典》以具有高度概括性和包容性的"损害"来指称侵权法的保护对象[1]，表明其关注的重点是致损事件而不是原告所享有的特定权利的性质和范围。[2]"不仅仅是所有的权利，而且所有的法定利益均受法国侵权法的保护。"[3]也就是说，作为与损害对应的侵权对象为包括权利在内的利益，权利与法益的区分在损害层面的考量上并没有差别对待，进而在侵权责任成立与侵权责任承担方面也无甚差异。

《法国民法典》采用"主体—客体"进路，以行为作为其中的纽带；《德国民法典》采用"主体—权利—客体"进路，以权利作为其中的纽带。[4]这是二者内在逻辑的重大区别。《法国民法典》采用法学阶梯体系，唯将诉讼法排除在外，分为三编：第一编"人"，第二编"财产及对所有权的各种限制"，第三编"取得财产的各种方法"。从实质上看，《法国民法典》坚持的还是人法与物法的二元格局。法国民法并不关注权利，"该法典并没有与主客体并列的权利概念"[5]。这种模式也深深体现在侵权法的立法模式及构成要件之中。在法国法中，"损害"承担着双重角色，其既是侵权责任成立的必要条件之一，也是判断侵权责任承担范围的要素。在侵权责任成立层面，"加害人之'故意或过失'才是侵权责任法上之核心概念，被害人受有'损害'之要件在侵权责任法上仅居于从属或次要之地位，损害之发生充其量仅是法院开始介入民事责任判断之时机，或被害人请求损害赔偿时，逻辑上必然导出的要件而已"[6]。因此，法国法偏重于从损害赔偿范围的角度探讨何种"损害"属于法律上"可予赔偿的损害"[7]。这种做法表现在侵权构成模式上，就体现为过错、损害及因果关系的三要件说。由于"过错（行为）"直接指向了"（范围无限制的）损害"，无须以（范围相对明确的）权益为中介，由此导致侵权法适用范围过广，法国法不得不采取"法条竞合说"以限制侵权责任与违约责任的竞合。在法国法上，可予赔偿的损害具有四个特征：法定保护利益的侵犯、

---

[1] 参见王利明：《侵权法一般条款的保护范围》，载《法学家》2009年第3期。
[2] 参见张民安：《现代法国侵权责任制度研究》（第2版），法律出版社2007年版，第55页。
[3] 张民安：《现代法国侵权责任制度研究》（第2版），法律出版社2007年版，第68页。
[4] 参见梅夏英：《从"权利"到"行为"》，载《长江大学学报（社会科学版）》2005年第1期。
[5] 梅夏英：《从"权利"到"行为"》，载《长江大学学报（社会科学版）》2005年第1期。
[6] 陈忠五：《法国侵权责任法上损害之概念》，载《台湾大学法学论丛》2001年第4期。
[7] 陈忠五：《法国侵权责任法上损害之概念》，载《台湾大学法学论丛》2001年第4期。

损害的确定性、损害的个人性以及损害的直接性。[1]可见,法国法上可予赔偿的损害这一概念之所以重要,正是在于其意以损害的限定而限制侵权法的适用范围,从而实现了德国法上由"权益"要件所完成的功能。

(二) 德国法模式

在罗马法系国家的传统立法中,关于侵权法的立法模式与侵权构成模式,与抽象概括式的法国民法相对的,是被称为"具体列举式+相对概括式"(以下简称"相对列举式")的侵权构成模式。以德国民法为典型,根据《德国民法典》第823条的规定,因故意或者过失不法侵害他人生命、身体、健康、自由、所有权或者其他权利者,对他人因此而产生的损害负赔偿义务(823条第1款);违反以保护他人为目的的法律者,负相同的义务。如果根据法律的内容并无过失也可能违反此种法律的,仅在有过失的情况下,始负赔偿义务(第823条第2款)。根据《德国民法典》第826条的规定,以违反善良风俗的方式故意对他人施加损害的人,对他人负有损害赔偿义务。在侵权构成模式上体现为四要件,即指行为的违法性、损害、因果关系及过错[2],该种侵权构成模式的主要特点在于违法性要件是独立要件,与过错相区分。总结来说,从立法技术角度来看,法国法与德国法在立法模式上体现为"大的一般条款"与"小的三个一般条款"的区分[3],即抽象概括式与相对列举式的区分。但从侵权责任构成角度来看,二者立法模式的区分则体现为违法性要件是否独立这一问题上。[4]

法国法与德国法侵权构成模式的形式区别体现在违法性是否为单独要件,但其意义似乎也仅仅局限于形式意义上。因为,法国法并非不承认违法性,只是认为其应归属于过错要素判断之中而已。[5]因此,违法性要件之有无或独立与否,也不能担负起区别法国法与德国法侵权构成模式这一重任。

对于侵权法的适用范围,《德国民法典》第823条第1款是以法益与权利的特定范围为中介进行的限定;第823条第2款是以保护他人法律的特定法益范围为限定;而第826条是以行为方式对侵权法的适用范围进行了

---

[1] 参见张民安:《现代法国侵权责任制度研究》(第2版),法律出版社2007年版,第130页。
[2] 值得说明的是,"四要件说"主要是我国理论界对德国法侵权责任构成要件的学说概括及对我国侵权法上侵权责任构成要件的学说主张之一。而德国侵权法(尤其是《德国民法典》第823条第1款)在构成要件的学说探讨及司法适用上,更强调"法益侵害"这一要件。参见〔德〕马克西米利安·福克斯:《侵权行为法》,齐晓琨译,法律出版社2006年版,第11页以下。
[3] 参见王利明:《侵权法一般条款的保护范围》,载《法学家》2009年第3期。
[4] 参见王利明:《侵权行为法研究》(上卷),中国人民大学出版社2004年版,第347页。
[5] 参见张新宝:《侵权责任一般条款的理解与适用》,载《法律适用》2012年第10期。

限制。具体说来，在《德国民法典》第 823 条第 1 款中，除了明文列举的四种绝对法益（生命、身体、健康、自由）和一种绝对权利（所有权）之外，"其他权利"（主要包括一般人格权与营业权）的范围必须限于其具有绝对性。[1]《德国民法典》第 823 条第 2 款的适用范围取决于以保护他人法益为目的的法律的范围，即取决于其他法律保护他人法益的范围；第826 条较之于前两者，不再特殊强调法益的范围，而更多的是从侵害法益的方式上着眼。因此，可以看出，以权利或法益作为判断侵权责任是否成立的中介要素，是德国法的特色做法，与法国法形成了鲜明对比。正是基于德国法对绝对权与法益的不同限制方式，有学者甚至断言道："德国民法关于侵权责任之基本规定，实际上系以违法性之高低，作为法律规范类型化之基础。"[2] 德国民法对侵权行为采用了分层结构的规范方法，从多角度对侵权法保护对象进行了限定，其分为"对权益的侵犯"（《德国民法典》第 823 条第 1 款）、"违反保护性法律"（《德国民法典》第 823 条第 2款）、"故意违反善良风俗"（《德国民法典》第 826 条）三个层次。德国法采用分层结构，《德国民法典》第 823 条第 1 款对于（所列举的）法益及（绝对性）权利采取了较为全面的保护，只要具有过错，就应承担责任。而对于其他法益，则或者采取强调法律之保护他人的目的性（《德国民法典》第 823 条第 2 款），或者将行为方式限定于故意违背善良风俗的方法（《德国民法典》第 826 条），区别出民事权益的不同层次，从而给予不同程度的保护。因此，可以说，在立法层面上，对民事权益进行区别保护属于法国法与德国法的重要区别，此点可谓不争之共识。

（三）混合模式

不同于法国法模式和德国法模式区别的显性，中国关于规范侵权法保护范围的侵权构成模式究竟为何？需要进一步探讨。

《中华人民共和国侵权责任法》第 2 条规定："侵害民事权益，应当依照本法承担侵权责任（第 1 款）。本法所称民事权益，包括生命权、健康权、姓名权、名誉权、荣誉权、肖像权、隐私权、婚姻自主权、监护权、所有权、用益物权、担保物权、著作权、专利权、商标专用权、发现权、股权、继承权等人身、财产权益（第 2 款）。"此条第 2 款的规定，采取了"部分列举＋兜底性条款"的方式展现了侵权责任法保护客体的大致范围。同时，《中华人民共和国侵权责任法》第 6 条规定："行为人因过错侵害他

---

[1] 参见〔德〕马克西米利安·福克斯：《侵权行为法》，齐晓琨译，法律出版社 2006 年版，第 44 页以下。
[2] 陈聪富：《侵权违法性与损害赔偿》，北京大学出版社 2012 年版，第 8 页。

人民事权益,应当承担侵权责任。根据法律规定推定行为人有过错,行为人不能证明自己没有过错的,应当承担侵权责任。"第 7 条规定:"行为人损害他人民事权益,不论行为人有无过错,法律规定应当承担侵权责任的,依照其规定。"可以看出,《中华人民共和国侵权责任法》抛弃了《中华人民共和国民法通则》之"财产、人身"这种模糊性提法,直接以"人身、财产权益"指明了侵权责任法的保护客体。对比上文提出的国外立法例,问题是:中国侵权责任法的侵权构成模式是法国法模式还是德国法模式?抑或为一种独立类型?

目前,较为通行的观点认为,《中华人民共和国侵权责任法》第 6 条第 1 款的规定表明了中国法采纳了法国法的模式。如王胜明认为,权利和利益根本区分不清楚,进而无从将二者区别开来赋予不同程度的保护。在他所主编的著作中,更是明确地表示《中华人民共和国侵权责任法》没有采纳德国法模式,对民事权利和民事利益在保护程度和侵权构成要件上不作区分。〔1〕另有观点认为:"从文义解释来看,第 6 条第 1 款是法国模式。第 2 条第 2 款是对侵权责任法所保护的所有利益的概括说明,而第 6 条第 1 款很明确地将'民事权益'作为保护对象,显示该款的保护范围已经宽到不能再宽。该款所规定的主观要件是'过错',其含义包含故意和过失在内。所以,纯粹从字面理解,不论因故意还是过失,侵害他人的任何民事权益,均应承担侵权责任。也就是说,该款并没有像德国法那样将绝对权和其他利益区分开来并给予不同程度的保护,而是同等保护。"〔2〕从这些论述可知,通说秉承这样一种思路:法国法模式和德国法模式的差别并不在于保护范围有何区别,而在于对不同利益的保护程度有所区别。〔3〕

与通说相对的是少数派意见,主要是由笔者主张的:从立法规定角度看,"区别保护"应该是德国法与法国法不同的一个重要方面,但在司法实务层面,立法之漏洞或不足已由司法实践所(部分)弥补,其区分实质上并没有想象中那么巨大。从损害这一层面区分权益并予以不同程度的保护,与从权益本体角度区分保护,在做法上截然不同,但在结果上却大致殊途同归。部分边缘类型案例的处理差异,只大体表明了两国立法规定与

---

〔1〕 参见王胜明主编:《中华人民共和国侵权责任法解读》,中国法制出版社 2010 年版,第 10 页。
〔2〕 葛云松:《〈侵权责任法〉保护的民事权益》,载《中国法学》2010 年第 3 期。
〔3〕 参见葛云松:《〈侵权责任法〉保护的民事权益》,载《中国法学》2010 年第 3 期。

司法实务互动关系的不同处理模式而已〔1〕，不能代表两国法侵权构成模式的本质区别。是否以"权益"〔2〕这一中介作为判断侵权责任成立的要素，才是法国法与德国法侵权构成模式的本质区别。从"民事权益"在中国侵权法上的定位来看，虽然《中华人民共和国侵权责任法》第 6 条与第 7 条明文规定了"民事权益"，但是主要意旨并非在于强调"民事权益"在侵权构成模式中的地位与作用。〔3〕经过由立法的固定，"民事权益"便获得了相对独立的可获解释的空间，"不管法律的起草者是何意，立法一经颁布，法律的规定就构成客观解释的对象，尽管应考虑立法者的意思，但法律的客观含义已不完全受立法者意思的约束"〔4〕。同时，结合《中华人民共和国侵权责任法》第 2 条的规定，可以看出，虽然《中华人民共和国侵权责任法》特别强调了"民事权益"，但是特别强调的"民事权益"属于侵权责任成立判断上的必备要素。"第 2 条采取'侵害民事权益—承担侵权责任'的立法模式，其基本逻辑是：侵害权益——造成损害——承担责任。"〔5〕也就是说，《中华人民共和国侵权责任法》第 2 条、第 6 条及第 7 条的规定，明确了民事权益属于侵权责任构成要件之一，区分了民事权益与损害，其模式完全符合德国法上关于侵权责任成立与侵权责任承担的区分，而与法国法上"损害"的双重角色定位完全不同。因此可以说，《中华人民共和国侵权责任法》在立法层面上基本采纳了德国法的侵权构成模式。至此，《中华人民共和国侵权责任法》的逻辑已经非常清晰，即（何种行为）侵害何种权益，造成何种损害，适用何种损害赔偿，权益已经成

---

〔1〕 基于对待纯粹经济利益损失的不同态度，有学者将法国法模式概括为"立法开放、实务节制"，德国法模式则为"立法保守、实务扩大"。参见王泽鉴：《侵权行为》，北京大学出版社 2009 年版，第 302 页。

〔2〕 德国法上将之称为"法益"，而非"权益"。参见于飞：《权利与利益区分保护的侵权法体系之研究》，法律出版社 2012 年版，第 54 页以下。此处按《中华人民共和国侵权责任法》的规定及理论界与实务界的通常用法而使用，以便为探讨中国侵权法侵权构成模式作铺垫，是为说明。

〔3〕《中华人民共和国侵权责任法》第 6 条与第 7 条明文规定了"民事权益"，其主要意图在于照顾该法第 15 条的适用，即为归责原则适用于停止侵害、消除危险等侵权责任承担方式作协调。正如有学者指出的："立法者作出这样的规定，是想照顾侵权责任的多样性。由于停止侵害、排除妨害或消除危险是不需要有损害后果的，所以这条法律未对'损害'加以规定。"参见张新宝：《侵权责任一般条款的理解与适用》，载《法律适用》2012 年第 10 期。

〔4〕 刘士国：《〈侵权责任法〉第二条规定之解析》，载《暨南学报（哲学社会科学版）》2010 年第 3 期。

〔5〕 温世扬：《略论侵权法保护的民事法益》，载《河南省政法管理干部学院学报》2011 年第 1 期。

为侵权责任成立判断中不可或缺的重要一环。[1]因此,从将"民事权益"作为侵权责任构成要件的角度来看,《中华人民共和国侵权责任法》关于侵权责任构成的立法模式属于德国法谱系。

与此前相比,笔者的观点没有本质变化,但受关于《日本民法典》第709条的学理分析的影响,笔者认为,将《中华人民共和国侵权责任法》的侵权构成模式理解为混合模式也未尝不可。

根据《日本民法典》第709条的规定,因故意或过失侵害他人权利或受法律保护的利益的人,对于因此所发生的损害负赔偿责任。对于本条确立的模式到底属于法国法模式,还是德国法模式,也引起了日本法学界的争论。有学者指出:"其一,民法第709条规定了'权利侵害'这一与德国民法第823条第1款中起重要作用之因素相类似的要件,这可以看出其受到了德国民法的影响;其二,日本民法典生效后,在学说上深受德国法理论的影响。但是,从民法第709条作为唯一一条关于一般侵权行为的规定来看,至少作为规定的体系构造,说日本民法的侵权行为规定属于法国法型也没有什么大错误。"[2]可见,如果从权益作为侵权责任构成要素的角度来看,与笔者以前的判断相同,可以认为日本法采纳了德国法模式;但如果从没有采纳分层结构规范权益的区分保护角度而言,可以认为日本法采纳了法国法模式。

虽然从将民事权益作为侵权责任构成要素这一点来看,中国侵权法的侵权构成模式属于德国法模式,但不容忽视的是,中国侵权法具有独特的规定及特点。《德国民法典》受限于时代背景,仅列举了有限的几种民事权益,"第823条第1款还列举了4种在受到侵犯时就同权利立于同等地位的'生活权益',即是生命、身体、健康和自由……这样并不是说,有一种生命、身体、健康和自由的不可侵犯的权利,并把这种权利与法律承认的人格权并列"[3]。而《中华人民共和国侵权责任法》第2条第2款明文列举了18项民事权利,较为全面地涵盖了绝对权的各个方面,较为有效地避免了向框架性权利寻求救济的窘境。同时,不可否认的是,在立法规范所表现的形式层面,虽然与德国法一样,中国法采取了以"民事权益"作为侵权责任构

---

[1] 《侵权责任法》第22条规定:"侵害他人人身权益,造成他人严重精神损害的,被侵权人可以请求精神损害赔偿。"这一规定就清晰地表明了这一逻辑。

[2] [日]吉村良一:《日本侵权行为法》(第4版),张挺译,中国人民大学出版社2013年版,第4页。

[3] [德]卡尔·拉伦茨:《德国民法通论》(上册),王晓晔等译,法律出版社2003年版,第170页。

成判断要素的立法形式,但与德国法对民事权益的限定性规定不同,《中华人民共和国侵权责任法》第2条"等人身、财产权益"这种兜底式的表达,凸显出中国侵权法(形式上的)适用范围的非限定性,体现了与法国侵权法大致相同的特点。[1][2] 因此,我们可以将这种掺杂了德国法模式与法国法模式,既将民事权益纳入侵权责任成立考量因素,又未予以权益区分保护的中国法模式,称为混合模式。日本法模式亦可归属此类。

二、东亚侵权法示范法之模式选择的合理性论证

基于两点特征,可以说明东亚侵权法示范法选择了德国法模式:第一,将私法权益作为侵权责任成立考量的构成要件之一;第二,依据《东亚侵权法示范法(暂定稿)》第3条规定的内容,采纳了对私法权利与私法利益的区分保护态度。

之所以作出如此选择,主要基于如下五个原因的考虑:

(一) 对照而言,东亚地区民法整体上承继了德国民法传统

以《中华人民共和国侵权责任法》为例:①中国民法典虽然没有完全成型,但从通行观点来看,以各种权利作为民法典分则获得了较为一致的认可。"中国民法典(草案)"所采纳的九编制实质上是《德国民法典》五编制的翻版或变形。②无论在立法上总则与分则的区分,还是司法实务,抑或法学教学,以法律关系分析问题已成为一种经常被运用的手段。可以说,中国的民法整体上属于德国法系的知识谱系,作为其中一部分的侵权法必须考虑德国民法的整个背景与理念,这是我们理解侵权构成模式的基础与前提。因为任何理论解释以及可能的理论创新都必须在一个特定的学术系统内进行,不同立场的选择代表着不同的路径,如果无视理论的系统或整体背景,妄谈系统中的某一部分,结果亦必然或是不起任何作用,或是"南辕北辙",或是"水土不服"。从知识谱系的角度来看,中国民法自《大清民律草案》制定之时起,历经《中华民国民法》到《中华人民共和国民法通则》,无不是属于罗马法系从罗马法到德国民法这一源远流长的知

---

[1] 例如,有学者指出,"侵害他人民事权益"就等于"使他人遭受不利益(损害)"。这样一来,《中华人民共和国侵权责任法》第6条第1款就与法国法"大的一般条款"没有任何实质区别。参见李承亮:《侵权责任的违法性要件及其类型化——以过错侵权责任一般条款的兴起与演变为背景》,载《清华法学》2010年第5期。

[2] 甚至有学者认为,《中华人民共和国侵权责任法》第2条的保护范围比法国法更为广泛,但在适用上,应按权利与利益区别保护原则(笔者注:即德国法模式)进行解释。参见张民安、林泰松:《我国〈侵权责任法〉对他人民事权益的保护》,载《暨南学报(哲学社会科学版)》2010年第3期。

识系统,对此,民法学家梅仲协先生曾精辟地指出:"现行民法采德国立法例者十之六七,瑞士立法例十之三四,而法日苏联之成规,亦尝一二。"〔1〕因此,中国民法多数概念的词源考察、理论解释与价值探寻等都必须参照或重视这一理论脉络。具体到侵权法,中国司法实务一直坚持的是德国法之四要件说〔2〕,而《中华人民共和国侵权责任法》第 2 条的规定再一次确证了中国民法的德国法传统。将民事权益尤其是绝对权作为侵权责任的客体,契合了《德国民法典》的逻辑安排。"法益是损害的前提,从积极的方面界定民事权利和利益,体现民法作为权利法的特征。只有首先规定各种法益之后,才能够进一步规定侵害法益的后果,即损害。"〔3〕《中华人民共和国侵权责任法》第 2 条并第 6 条与第 7 条的规定,从以民事权益作为侵权责任构成核心要素这一点上来看,更似《德国民法典》第 823 条与第 826 条的综合体。如前所述,《日本民法典》关于侵权法保护范围之规范在一定程度上应归属于德国法模式。而中国台湾地区"民法"则直接为《德国民法典》第 823 条与第 826 条的翻版。〔4〕因此,东亚侵权法示范法选择德国法模式,具有高度的可接受性。

(二)德国法模式具有许多法国法侵权构成模式所不能比拟的优势

1. 法国法的抽象概括式以赋予法官自由裁量权为出发点,而德国法的相对列举式则以限制法官自由裁量权为出发点

《法国民法典》第 1382 条作为一般条款,其极度的抽象性增强了其适用的广泛性及与时俱进性。但利之所在实乃弊之所在,该条只能作为裁判规则存在,根本无法发挥行为规范的作用。法官自由裁量权深刻影响了第 1382 条的适用,在一定程度上造成了司法实践的不统一。"在所有的欧洲民法典中,《法国民法典》给法院的指示最少。……对具体问题,寻找解

---

〔1〕 梅仲协:《民法要义》,中国政法大学出版社 1998 年版,初版序。
〔2〕 1993 年《最高人民法院〈关于审理名誉权案件若干问题的解答〉》"七"明确指明,是否构成侵害名誉权的责任,应当根据受害人确有名誉被损害的事实、行为人行为违法、违法行为与损害后果之间有因果关系、行为人主观上有过错来认定。2001 年《最高人民法院关于确定民事侵权精神损害赔偿责任若干问题的解释》也在几个条文中明确使用了"非法"。起草说明并指出,按照侵权法原理,侵权的构成要件之一就是行为具有违法性。参见唐德华主编:《最高人民法院〈关于确定民事侵权精神损害赔偿责任若干问题的解释〉的理解与适用》,人民法院出版社 2001 年版,第 9 页。
〔3〕 王利明:《侵权法一般条款的保护范围》,载《法学家》2009 年第 3 期。
〔4〕 中国台湾地区"民法"第 184 条规定:"因故意或过失,不法侵害他人之权利者,负损害赔偿责任。故意以背于善良风俗之方法,加损害于他人者亦同。违反保护他人之法律,致生损害于他人者,负赔偿责任。但能证明其行为无过失者,不在此限。"可以看出,中国台湾地区"民法"对于侵权法保护范围的规范模式毫无疑问、无须论证地属于德国法模式。

决方案不是立法者所关注的问题。"〔1〕德国民法之所以从德国民法典第一草案的一般概括模式转向列举模式,其重要理由就在于对法官自由裁量权的不信任,以及对一般抽象模式会造成实务上矛盾与凌乱的防范。〔2〕也就是说,"民事权益"的(保护)范围的相对确定,会使侵权法兼具行为规范与裁判规范的功能,而非法国法模式的单一裁判功能。正如学者指出的那样:"从法律目的来看,德国模式的区别保护显然优于法国模式。因为,德国模式可以避免加害人承担过重的责任,维护人们的基本行动自由,符合一般伦理观念,并且符合经济学的原理。"〔3〕

2. 虽然法国法与德国法两种模式无绝对的孰优孰劣的问题,但从对法官素质的要求以及法适用的稳定性方面比较来说,德国法是略胜一筹的

"任何一个法律制度都需要一个过滤器,将可赔偿的损害与不可赔偿的损害区别开来,差别在于,法律是愿意满足于只向法院提供一个相对模糊的工具(如因果关系),并且相信司法部门能够借此工具合理地权衡当事人之间的利益冲突,还是希望提供一个更加精确的标准。"〔4〕加害人为什么要对纯粹经济损失承担责任,"在如德国、希腊或葡萄牙等国取决于法院愿意将什么理解为'权利',而在法国和西班牙则要求损害的'直接性'和'确定性'"〔5〕。例如,在德国法中,区分所有权受损与纯粹经济损失的,非在于其他构成要件的抽象判断,而主要在于法院如何认定"所有权",所有权内涵的相对稳定性增强了结果的可预见性与司法裁判结果的可感知性;而在法国法中,虽然有向"权利侵害法律制度"靠拢的倾向〔6〕,但总体上还是侧重于抽象构成要件层面的判断,归结为法官的个人理解。相对而言,给予司法部门以相对精确的标准,可能是一个更好的选择。

(三)选择德国法模式契合东亚地区民法典的整体构造

与《法国民法典》所采用的三编制不同,《德国民法典》体系划分的

---

〔1〕〔德〕克雷斯蒂安·冯·巴尔:《欧洲比较侵权行为法》(上卷),张新宝译,法律出版社2001年版,第18页。
〔2〕参见王泽鉴:《侵权行为法》(第1册),中国政法大学出版社2001年版,第45页。
〔3〕葛云松:《〈侵权责任法〉保护的民事权益》,载《中国法学》2010年第3期。
〔4〕〔德〕克雷斯蒂安·冯·巴尔:《欧洲比较侵权行为法》(上卷),张新宝译,法律出版社2001年版,第33页。
〔5〕〔德〕克雷斯蒂安·冯·巴尔:《欧洲比较侵权行为法》(下卷),焦美华译,法律出版社2001年版,第36页。
〔6〕纯粹经济利益损失并非与所有权一并不加区分地包括在一般条款内。法国最高法院开始在一些财产权和人格权侵权案件中凭结果倾向性地认定"过错"的存在,并在认定过错时区分损害的发生和损害的范围,这就具备了德国法关注"权利侵害"法律制度的重要特征。参见〔德〕克雷斯蒂安·冯·巴尔:《欧洲比较侵权行为法》(下卷),焦美华译,法律出版社2001年版,第36—37页。

主要依据是法律关系理论,法律关系的主体、客体、内容、变动及其原因构成了德国民法五编制的基础。《德国民法典》之总则为法律关系的共同要素(主体、客体、法律事实以及权利义务的共同准则),分则则是对四类法律关系的具体规定(债法、物权法、亲属法、继承法)。以《德国民法典》为蓝本制定的民法典以及受潘德克顿法学影响而建立的民法理论及立法体系,都是以法律关系这一概念作为基础而编排的。由于萨维尼"法律关系"学说的影响力,法律关系成为德国民法理论体系构建的基础之一,"由于法律关系的概念在表现法律体系所适用的社会现实上被认为是合适的框架,因而其被用作整理法律及展示法律的技术工具"[1]。"《德国民法典》吸收了法律关系概念的理论成果,民法典以法律关系为中心概念,层叠构建,建立了现代民法的概念体系。"[2]"所有的法律关系是一种作为权利主体的人与人之间的法律关系,其实质要素是权利以及与此相关的义务或法律约束。"[3]"法律关系最重要的要素是权利"[4],"德国民法典……打破了法国民法典的社会关系直观系统观,从法律关系要素角度逐一对主体、权利、行为和客体进行了界定,有机的生活事实无一例外地由上述概念所衡量。在法典结构上,一个重要的变化是权利概念的出现,并且权利成为结构安排的线索。民事主体可表达为权利主体,民事客体可表达为权利客体,民事行为体现为取得或丧失民事权利的方式。总之,权利成为民法典的一个核心概念……在传统的主客体结构中加入权利,形成'主体—权利—客体'结构"[5]。这种模式下,不再将"取得财产的各种方法"之行为作为中心对象,而是以权利作为中心对象,将侵权行为看成是一种相对权形成机制。此种相对权的产生,主要来源于对绝对权益的侵害,而绝对权益则连接了主体与客体,行为此时只作为权利的中转站,不再居于核心地位。如此情形下,德国侵权法将民事权益作为构成要件中的必备要素,就几乎是必然的一个选择。与此相对应,在整体承继潘德克顿体系的东亚地区民法中,承继德国法侵权构成模式也几乎成为必然选择。

(四) 混合模式存在解释论上的巨大障碍

以中国法为例。混合模式的优势是以权益作为限制手段,适当缩限了

---

[1] 尹田:《民事主体理论与立法研究》,法律出版社2003年版,第7页。
[2] 龙卫球:《民法总论》,中国法制出版社2001年版,第121页。
[3] [德]卡尔·拉伦茨:《德国民法通论》(上册),王晓晔等译,法律出版社2003年版,第259页。
[4] [德]卡尔·拉伦茨:《德国民法通论》(上册),王晓晔等译,法律出版社2003年版,第263页。
[5] 梅夏英:《从"权利"到"行为"》,载《长江大学学报(社会科学版)》2005年第1期。

法国法（立法）模式中侵权法保护范围的广泛性。但其劣势则在于没有在立法上区分权益的保护程度[1]，权益区分保护的可能性及其路径在解释论层面呈现出混乱之态。

在《中华人民共和国侵权责任法》实施后，对于中国侵权责任构成模式的解释论，大致存在三种观点：第一种观点采取的是"目的性限缩解释"的路径。[2]该观点认为，如果依文义将《中华人民共和国侵权责任法》第6条第1款解释为民事权利和利益获得同等保护（凡过错侵害均发生侵权责任）将导致法律政策上的重大问题，应对它进行目的性限缩。限缩的目标模式应当是德国法模式。经此限缩之后，该款所规定的构成要件（"行为人因过错侵害他人民事权益"）应具体化为三种主要类型：①因过错不法侵害他人绝对权并造成损害；②因过错违反保护他人的法律并造成损害；③故意以违反善良风俗的方式加损害于他人。第二种观点采取的则是"限缩解释+目的性扩张"的路径。[3]该思路依据《中华人民共和国侵权责任法》第6条第1款的立法目的——协调损害填补与行为自由，将"民事权益"限缩解释为"绝对权及类似利益"，并利用德国法上成熟的违法性理论，进行目的性扩张，解释出"违反保护性法律"与"背俗故意致损"类型。第三种观点认为，在坚持将中国侵权构成立法模式理解成为德国法模式的基础上，不再以确定的要件（如违反保护他人之法律、故意以背俗方法侵害他人）限制法益的保护，而转向于以"弹性制度"[4]处理权利与法益的区分保护问题，其实质在于，以弹性的"违法性"概念来把握

---

〔1〕 权益应区分保护为实务界的通行做法。参见葛云松：《纯粹经济损失的赔偿与一般侵权行为条款》，载《中外法学》2009年第5期。这也是我国学术界通说。参见王利明、周友军、高圣平：《侵权责任法疑难问题研究》，中国法制出版社2012年版，第190页；葛云松：《〈侵权责任法〉保护的民事权益》，载《中国法学》2010年第3期；梅夏英：《侵权法一般条款与纯粹经济损失的责任限制》，载《中州学刊》2009年第4期；张谷：《作为救济法的侵权法，也是自由保障法》，载《暨南学报（哲学社会科学版）》2009年第2期；叶金强：《侵权构成中违法性要件的定位》，载《法律科学（西北政法学院学报）》2007年第1期；陈现杰：《〈侵权责任法〉一般条款中的违法性判断要件》，载《法律适用》2010年第7期；奚晓明主编：《〈中华人民共和国侵权责任法〉条文理解与适用》，人民法院出版社2010年版，第20页以下；李承亮：《侵权行为违法性的判断标准》，载《法学评论》2011年第2期；陈鑫：《侵权法的法益保护》，载《华东政法大学学报》2010年第3期；于飞：《权利与利益区分保护的侵权法体系之研究》，法律出版社2012年版，第2页；程啸：《侵权责任法》，法律出版社2011年版，第60页；王成：《侵权之"权"的认定与民事主体利益的规范途径——兼论〈侵权责任法〉的一般条款》，载《清华法学》2011年第2期。

〔2〕 参见葛云松：《〈侵权责任法〉保护的民事权益》，载《中国法学》2010年第3期。

〔3〕 参见于飞：《权利与利益区分保护的侵权法体系之研究》，法律出版社2012年版，第245页以下。

〔4〕 参见欧洲侵权法小组编著：《欧洲侵权法原则：文本与评注》，于敏、谢鸿飞译，法律出版社2009年版，第2—3页。

权利与法益的不同保护。易言之,在坚持德国法模式以民事权益作为侵权责任成立中介判断要素、权益应区分保护的基础上,以更加灵活的、多角度利益衡量的视角去区分权利与法益的不同保护程度、方式,摒弃德国法对法益保护过于严格、以固定要件予以限制的做法。[1]

从这种典型观点的争论中可以管中窥豹:既然通说及司法实践皆肯定权益区分的必要性及可能性[2],故给予权益区分保护以立法论上的回答,应该有利于解决解释论上的争论,给予司法实践以统一的指导。

(五) 东亚侵权法示范法采纳德国法模式的合理性

东亚侵权法示范法采纳了德国法模式中的以权益作为侵权责任构成的核心要素,以及权益应区分保护的合理之处,但改变了权益区分保护的具体路径,选择了以主观因素及损害的严重性区分权益保护的进路,具有极大的合理性。

一方面,《德国民法典》第823条与第826条的规定具有相当大的缺陷,不足以成为今日侵权法发展的方向指引。前已述及,德国民法在权益区分保护上的做法较好,但其固有的结构性缺陷也正日益显露出来。[3]德国法立法上的过于保守限制了侵权法的适用范围,无法有效应对社会现实需求,故德国在司法实务上,不得不扩张合同法的适用范围,将对所有权使用功能的妨害认定为对所有权的侵害,创设一般人格权与营业权等框架性权利,等等,立法规范的原有含义不断被司法实务突破。因此,一个已经被实践证明了的、适用范围相对狭窄的侵权构成模式,不是也不应该是我们努力的目标。同时值得注意的是,在代表欧洲侵权法走向的选择上,德国法也没有成为样本。无论是由冯·巴尔教授主持的"欧洲侵权行为法草案"[4],还是由欧洲侵权法小组主持制定的"欧洲侵权法原则",在采

---

[1] 参见曹险峰:《我国侵权责任法的侵权构成模式——以"民事权益"的定位与功能分析为中心》,载《法学研究》2013年第6期。

[2] 对此,有学者有过详细的论证,可兹参照。参见于飞:《权利与利益区分保护的侵权法体系之研究》,法律出版社2012年版,第232页。

[3] 对此,可参见冯·巴尔教授的简单评述。参见〔德〕克雷斯蒂安·冯·巴尔:《欧洲比较侵权行为法》(上卷),张新宝译,法律出版社2001年版,第22—23页。

[4] "关于违法性,我觉得在欧洲侵权法小组草案与研究小组的草案间并不存在实质区别。研究小组草案中第1:101条提及了'法律上损害(Legally relevant damage)',且第2:101条对该损害进行了界定。因此,法律所保护的权利和利益在此也具有决定性意义。这与欧洲侵权法小组所采取的第一步及欧洲侵权法原则第2:101条规定是相当的。"参见〔奥〕海尔穆特·库齐奥:《〈欧洲侵权法原则〉中违法性的概念》,张玉东译,载《朝阳法律评论》2010年第1期。

用了权益应区分保护的基础上[1],都不约而同地没有进一步采用德国法限制法益保护的方法。正如考茨欧教授所指出的那样:"第2:102条同样未提善良风俗,除了这一概念在一些法律制度中意义甚微甚至根本没有意义外,还因为善良风俗本身并不能为解决问题提供任何指导,甚至对哪些是相关因素,都不能提供线索。因此,在确定一个行为是否违反善良风俗时,同样必须权衡有关当事人的全部利益。这样,它与确定保护利益范围的一般方法没有差别,所以没有特别规定的必要。"[2]同时,强制性规范规定限制或禁止某些行为的规则也说明了法律制度的目的在于保护利益,其规范意图应该是清晰与精准的,因此也不用特意明确规定保护范围。[3]这种摒弃德国法侵权构成模式过于"限定化"的思路,在很大程度上代表着欧洲侵权法发展的最新走向,值得注意。

另一方面,在第一层次中区分权利与法益的保护,在第二层次法益的保护中区分故意与过失,在第三层次过失侵权中则以损害的严重性及行为情节作为区分法益保护的进路,具有极大的合理性。[4]

第二节 保护范围

一、权益的私法属性

侵权法所保护的权利或法益本质上应是一种私权,即此种权利是实质意义上的由私法体系所保护的法律上权利。[5]侵权法作为典型的私法,是无力调整公法权利受侵害的领域的。"山东冒名上学案"有助于我们对这一问题的理解。2001年7月24日《最高人民法院关于以侵犯姓名权的手段

---

[1] 例如,在《欧洲侵权法原则》中,虽然没有在侵权构成角度单独提及权益,而是重点强调了损害。但显而易见的是,在第2:101条"可赔偿的损害"中,"权益"只是在形式上没有被作为单独一个要件,但在实质上,"权益"则成为判断损害是否"可予赔偿"的重要因素,权益应予区分保护在损害认定层面得以较为完整的贯彻。因此,从这个角度而言,《欧洲侵权法原则》在形式上贴近于法国法模式,但在实质上,则更贴近德国法模式。

[2] 欧洲侵权法小组编著:《欧洲侵权法原则:文本与评注》,于敏、谢鸿飞译,法律出版社2009年版,第61页。

[3] 参见欧洲侵权法小组编著:《欧洲侵权法原则:文本与评注》,于敏、谢鸿飞译,法律出版社2009年版,第60页。

[4] 鉴于有学者专门讨论《东亚侵权法示范法(暂定稿)》第3条的合理性问题,故笔者此处不进行深入探讨。

[5] 参见王利明:《侵权行为法研究》(上卷),中国人民大学出版社2004年版,第11页。

侵犯宪法保护的公民受教育的基本权利是否应承担民事责任的批复》认为:"根据本案事实,陈晓琪等以侵犯姓名权的手段,侵犯了齐玉苓依据宪法规定所享有的受教育的基本权利,并造成了具体的损害后果,应承担相应的民事责任。"本案被视为中国"宪法司法化第一案""宪法私法化第一案"。从批复行文来看,最高人民法院认为受教育权属于侵权法的保护对象。但自 2008 年 12 月 24 日起施行的《最高人民法院关于废止 2007 年底以前发布的有关司法解释(第七批)的决定》已经将上述司法解释予以废止,理由是"已停止适用"。可以看出,最高人民法院改变了以前的立场。笔者认为,这种改变是有道理的。私法上权利与公法上权利存在本质的不同,"私法上的权利都是法律赋予特定的民事主体所享有的一种利益和一种力量,它是归属于一个特定的民事主体的,但是公法上的权利与其说是一种权利,还不如说它规定的是国家和政府的义务,因为宪法规范的是国家、政府与人民之间的关系,比如受教育权,表面上看好像规定的是每一个个人所享有的权利,但实际上它规定的是政府的义务,这就是说,它实际规定了政府应当为公民获得九年义务教育的机会创造各种条件等"[1]。的确如此。现代法虽然对于公法与私法的划分不再泾渭分明,但其各自的核心领域与核心特征仍然存有巨大区别。民事权益强调民事主体之享有,而公法权利强调的则是公法权利主体所负担的义务。如同受教育权属于公法上权利一样,劳动权、集会权、休息权等都属于自然人公法上的权利,当其受到侵害时,受害人无法通过侵权法寻求损害赔偿的救济。

二、私法权利

何者能作为侵权法保护的客体,除了侵权法整体层面的考虑之外,就客体自身而言,主要应考虑两点:其一,如何应对社会实践对侵权法保护范围扩张的要求;其二,如何对此加以合理限制,也就是说,如何确定行为人行为的合理界限,如何确定受害人权益保护的边界。在这两点中,前者已为社会发展、侵权法发展的历程所显示,而后者才是侵权法所应着重考虑之问题。易言之,如何在侵权法上确定行为人的合理界限,行为人"期待可能性"的有无可能正是解决此问题的利器。有学者指出:"既作为法律部门又是实体法的侵权行为法只能从构成其核心不法的两个要素发展起来。这两个要素在任何地方都是得到公认的:首先,其作为赔偿损害之

---

〔1〕 王利明:《侵权法是什么?》,载法制网(http://www.legaldaily.com.cn/0801/2009 - 12/02/content_1190148.htm),访问日期:2017 年 10 月 3 日。

制度的功能；其次，其适用不要求在受害人与加害人之间事先存在法律关系。"[1]可见，通常情况下，侵权行为的加害人与受害人之间并不像合同关系一样，能通过合同关系的存在来印证当事人之间基于合同而产生的信赖关系。那么侵权法上行为人行为的合理界限又是如何加以确定的呢？因为"私人间追究责任势须从'期待可能性'着眼，只有对加害于人的结果有预见可能者要求其防免，而对未防免者课以责任，才有意义"[2]，所以关键点就在于如何确定行为人的"期待可能性"——权利尤其是绝对权堪担此重任。实际上，因权利系属法定，其本身就是一种非常明确的行为规则，每个人只有正当地行使自己的权利，才有行为自由，行为的边界即是他人的权利。所谓自由止于权利，就是指每个人只有在权利范围内才享有自由，而不享有侵害他人权利的自由。反言之，某人有权做某事，任何其他人就有义务不得阻止他的行为，不得在他行为时干涉，不得使他因行为而遭受困扰。[3]但在一般情况下，这只对于绝对权有效。因为绝对权是公开的、公示的，所以它才能对权利人之外的一切人确立一种不得侵害他人权利的义务，从而能够起到行为规则的作用。"不论侵权、背俗或违法，要让行为人对其行为负起民事上的责任，都须以该行为涉及某种对世规范的违反为前提，其目的就在于建立此一制度最起码的期待可能性，以保留合理的行为空间。"[4]但对于合同债权而言，其作为一种相对权，不具有公开性，因此不易为他人所知；他人并不知道某人是否享有合同债权，如果因其行为使得债务人不能履行债务，使债权人的债权不能实现的，只能使第三人承担违约责任。由其承担侵权责任，将会不适当地限制人们的行为自由。

就法益的保护而言，面临着与相对权同样的问题。相对权不能成为侵权法保护的客体一般是因为其具有隐秘性，如果动辄使行为人承担侵权责任，会破坏其合理预期并损及行为自由。法益同样如此，其通常具有不确定性，如美国著名法官加德佐（Cardozo）论及纯粹经济上损失时曾言，其是"对不确定的人，于不确定期间，而负不确定数额的责任"[5]。所以在将法益纳入侵权法保护视野时，既要考虑保护的必要性，又要考虑适当的

---

[1] [德]克雷斯蒂安·冯·巴尔：《欧洲比较侵权行为法》（上卷），张新宝译，法律出版社 2001 版，第 1 页。

[2] 苏永钦：《走入新世纪的私法自治》，中国政法大学出版社 2002 版，第 304 页。

[3] 参见陈舜：《权利及其维护——一种交易成本观点》，中国政法大学出版社 1999 年版，第 43 页。

[4] 苏永钦：《走入新世纪的私法自治》，中国政法大学出版社 2002 年版，第 306 页。

[5] 王泽鉴：《侵权行为法》（第 1 册），中国政法大学出版社 2001 年版。第 99 页。

限制，以避免干涉人们的行为自由。

总体言之，将侵权法的保护对象规定为权利与法益，一方面，表现为立法上对法官自由裁量权的限制，表明了立法者对行动自由与权益保护所划的界限；另一方面，法益的相对不确定性又提供给司法实践以一定的自由裁量权，有效地保障了侵权法与社会生活实际的同步性。作为整体上的对侵权客体的限制，原则上可以从主观方面加以考虑：因绝对权利具有公示性，所以无论故意还是过失一般皆可构成侵权；而就合法利益的保护而言，行为人一般只有在故意侵害的情况下方应当承担责任，如此方可达到"行为自由"与"权益保护"之间合理的平衡。

三、依照法律应当予以保护的私法权益和纯粹经济利益

在19世纪欧洲大陆法典编纂之际，民法学处在概念主义法学理念的支配下，"法典万能论"成为这一时期的支配性思想。它认为法典是一个封闭的逻辑自足的体系，已包括现实生活的全部内容，法典试图对各种特殊而细微的实情开列出各种具体的、实际的解决办法。它的最终目的，是想有效地为法官提供一个完整的办案依据，以便使法官在审理任何案件时都能得心应手地引律据典，同时又禁止法官对法律作出任何解释。[1]法官的任务，只是严格按照法典的规定适用法律作出裁判，而无须以及不能对法律作出任何解释。在这种思潮的指引下，侵权法保护的客体很难突破成文法的局限，对法益的保护大多也只能成为美好的愿望。如修改前的《日本民法典》第709条规定："因故意或过失侵害他人权利者，负赔偿因此所生损害之责。"为什么立法者将侵权法保护客体局限于权利。这是由于他们"认为在如果对买卖上通常的竞争中竞争对手蒙受的损害等，所有的损害都要予以赔偿，侵权行为责任就会被过分扩大，所以为要限定责任范围，只对权利侵害的结果产生的损害认定赔偿债务"[2]。可见，日本民法的立法者主要是出于法益无法确定性的考虑而对侵权法客体采封闭态度的。

然而，对立法者高瞻远瞩的期望毕竟是不切合实际的。法律规定的有限性与社会关系的无限性的矛盾、法律的相对稳定性与社会生活的变动不居性的矛盾、法律的正义性与法律的具体规定在特殊情况下适用的非正义性的矛盾成为"绝对严格规则主义""法典万能论""盲目的理性主义""概念法学"等无法回避的问题。法律的不合目的性、不周延性、模糊性

---

〔1〕 参见〔美〕约翰·亨利·梅利曼:《大陆法系》(第2版)，顾培东、禄正平译，法律出版社2004年版，第39页。

〔2〕 于敏:《日本侵权行为法》，法律出版社1998年版，第138页。

及滞后性成为法律局限性的主要表现[1];具体到侵权行为法领域,各国法都出现了应对侵权法保护客体扩张要求的动向。如日本民法通过"大学汤"案件[2],将不法行为法所保护的权利加以扩大,及于利益,并在构成要件上实现了由权利侵害向违法性的转变。作为这种转变的成果,2004年《日本民法典》在进行现代语化修订时,将第709条规定的"因故意或过失侵害他人权利者,负赔偿因此所生损害之责"修订为"因故意或过失侵害他人权利或受法律保护的利益者,对于因此发生的损害负赔偿责任"。又如《德国民法典》将第823条第1项前段所称"其他权利"扩张及于一般人格权及营业权,实现了侵权法保护客体的扩张。在英美法上,则通过对过失侵权行为类型的确立,实现了此进程。在中国法上,"必须通过对侵权行为作扩张解释:侵害的'权'不仅包括民事权利,而且包括受到法律保护的利益"[3]。可以说,将侵权法保护客体扩大到法益正是法与社会发展保持一致性的具体体现之一。

所谓"法益者,法律上主体得享有经法律消极承认之特定生活资源"[4]。有学者称:"法益是法所保护的利益;所有的法益都是生活利益,是个人的或者共同社会的利益;产生这种利益的不是法秩序,而是生活;但法的保护使生活利益上升为法益。"[5]对于权利与利益的关系,有学者的解释是较为清晰的:"民事权利的本质是利益,但权利之外还有其他利益。所以在理论上,根据一种利益是否被权利化,可以将利益区分为权利(民事权利)和其他利益。此外,根据利益的不同类型,可以大体区分为人身利益和财产利益。"[6]一般说来,侵权法保护的合法利益主要包括以下四类:

(一)一般人格利益

人格权是一个开放的、发展的体系,《中华人民共和国民法通则》及《中华人民共和国侵权责任法》确认了各项具体的人格权,但这些具体人格权并不能概括各种新的人格利益,为了强化对公民人身利益的保护,侵权法需要扩大对一般人格利益的保护。一般人格权是为弥补人格权法定化弊端而产生的抽象概念。"一般人格权,指关于人之存在价值及尊严之权利,其标的包括生命、身体、健康、名誉、自由、姓名、贞操、肖像、隐

---

[1] 参见徐国栋:《民法基本原则解释》,中国政法大学出版社2004年版,第180—186页。
[2] 参见曹险峰:《在权利与利益之间——对侵权行为客体的解读》,载《当代法学》2005年第5期。
[3] 张新宝:《侵权行为法的一般条款》,载《法学研究》2001年第4期。
[4] 曾世雄:《民法总则之现在与未来》,中国政法大学出版社2001年版,第62页。
[5] [日]大塚仁:《刑法概说》(总论),有斐阁1992年版,第83页。
[6] 葛云松:《纯粹经济损失的赔偿与一般侵权行为条款》,载《中外法学》2009年第5期。

私等全部人格利益。因此,一般人格权是以主体全部人格利益为标的的总括性权利。"[1]实质上,一般人格权虽然是以权利为名,但其内容广泛难以明确界定,其能否成为侵权法保护的客体,尚需要利益衡量与价值判断为之。[2]一般人格权是对人格权精神底蕴的高度概括,是对人作为伦理性、尊严性存在的某些要求的确证与维护,正因为人的尊严性要求的变动不居性,才决定了或者说要求一般人格权的开放性与包容性,因此,一般人格权的内容和范围必然是无法予以充分明确地确定的。同时,倘若将人的伦理价值视为人在外部领域的自由空间[3],由于这个自由空间不具有确定性与外在可识别性,因此在这个空间之内,人与人之间自由的界限将是无法界定的。可能正是基于此种疑虑,《德国民法典》的立法者才"有意识地"未将一般人格权纳入第 823 条第 1 款保护的法益范围。[4]一般人格权与具体人格权虽然都是以"权利"为名,但两者在实质上是毫不相同的。"'一般人格权'之所以被称为'权利',其原因并不在于'一般人格权'的创设目的是为了保护人的伦理价值,而是在于'一般人格权'的创设过程中所采用的法律技术。这种技术使得基于基本法所引申出来的人的伦理价值具有了'外在化'的特性,因而可以被视为'权利的客体'。"[5]因此,所谓的一般人格权的"权利化路径",实质上是将人格权保护范围予以"客观化"的过程,也是一般人格权发挥创造功能的过程。在《中华人民共和国侵权责任法》第 2 条的明文列举中,我们并未见到一般人格权之身影,故应在"等人身、财产权益"中解释出一般人格权的存在,用以承接《最高人民法院关于确定民事侵权精神损害赔偿责任若干问题的解释》中的"人身自由权、人格尊严权"的实质精神。

(二)死者人格利益以及胎儿的人格利益

由于民事权利能力制度的限制,人格权作为一种民事权利只有活着的人才能享有,死者的名誉、姓名、肖像等不再体现为一种权利。但是,民事权利以利益为内容,这种利益是社会利益和个人利益的结合,一个人死亡后,他不可能再享有实际权利中包含的个人利益,但由于权利中包含了

---

[1] 梁慧星:《民法总论》,法律出版社 1996 年版,第 105 页。
[2] 参见王泽鉴:《侵权行为法》(第 1 册),中国政法大学出版社 2001 年版,第 232 页。
[3] 具体人格权的范围具有相对的确定性与可识别性,因此,此处主要是指一般人格权。
[4] 参见〔德〕迪特尔·梅迪库斯:《德国民法总论》,邵建东译,法律出版社 2000 年版,第 805 页。
[5] 马俊驹、张翔:《人格权的理论基础及其立法体例》,载中国民商法律网(http://old.civillaw.com.cn/article/default.asp? id = 20497),访问日期:2017 年 10 月 3 日。

社会利益的因素，因此在公民死亡后，法律仍需要对这种利益进行保护。[1]在此情况下，只能说与该死者生前有关的某些社会利益应当受法律保护，而不能说该死者的某些具体民事权利应当受到法律保护。就胎儿来讲，其自受孕时就已经是一个生命体，为维护其出生后的利益则有维护胎儿利益的需要。但此种法益也应有一定的限度，就胎儿法益保护而言，有学者将其称之为先期人身法益延伸保护，一般对其采取的限制方法是限制其提起保护的法益类型；而对于死者延续人身法益延伸保护采用的限制方法通常是对请求权人的限制。[2]中国台湾地区学者对"诽韩案"之法院判决的批评也揭示了这一点。[3]

(三) 纯粹经济利益损失

所谓"经济上的损失"，在英语中称为"economic loss"或"pecuniary loss"，"系指被害人直接遭受财产上不利益，而非因人身或者物被侵害而发生"[4]。根据纯经济上损失发生形态的不同，可将其大体上分为以下几种类型[5]：其一，直接引起的纯经济上损失，如不实陈述案件或遗嘱案型；其二，并存性的纯经济上损失，如电缆案型；其三，关联经济损失，第三人侵害债权中常涉及此种经济上损失；其四，瑕疵（缺陷）产品或建筑的减损价值，如商品自爆案件等；其五，第三方引起的经济损失；等等。纯粹财产上利益的范围往往是漫无边际的，所以各国和地区法上一个共通的现象就是尽量限制其保护范围。王泽鉴先生曾指出：就各国和地区立法及判例学说加以观察，可以发现一个共同规范趋向，即对纯粹财产上利益的侵害出于故意时，应成立侵权行为……以故意悖于善良风俗为要件，不是在于惩罚，而是鉴于加害人明知而为之，责任范围可得预见，自不应免予赔偿责任。[6]因各国和地区侵权法构造不同，对纯粹财产上利益的限制保护方式也就不尽相同，如法国法通常采用"直接性"标准，即侵权行为人要对其行为引起的所有的直接损害负责，但何为"直接性"在法国法实践中并未形成统一的可被接受的一般原则。[7]而德国法对纯粹经济上损失

---

[1] 参见王利明：《侵权行为概念之研究》，载中国民商法律网（http://old.civillaw.com.cn/article/default.asp?id=8016），访问日期：2017年10月3日。
[2] 参见杨立新、王海英、孙博：《人身权的延伸法律保护》，载《法学研究》1995年第2期。
[3] 参见杨仁寿：《法学方法论》，中国政法大学出版社1999年版，第3—8页。
[4] 王泽鉴：《挖断电缆的民事责任：经济上损失的赔偿》，载王泽鉴：《民法学说与判例研究》(7)，中国政法大学出版社1998年版，第79—80页。
[5] 参见李昊：《纯经济上损失赔偿制度研究》，北京大学出版社2004年版，第8—10页。
[6] 参见王泽鉴：《侵权行为法》（第1册），中国政法大学出版社2001年版，第99—100页。
[7] 参见张新宝：《侵权行为法的一般条款》，载《法学研究》2001年第4期。

的赔偿问题一方面以其三层式的侵权行为规范为考量,另一方面则采取了"合同法的思维进路"[1]。对于过失所造成的各种类型的纯粹经济损失,中国司法实践中的做法也有不同,在"王保富诉三信律师事务所财产损害赔偿纠纷案"中,法院以侵犯"关于继承的权利"这种模糊化纯粹经济损失的方式判决赔偿[2];而在重庆电缆案中,则否定了纯粹经济上损失的赔偿。[3]《中华人民共和国侵权责任法》实施后,我们迫切需要合理界定"民事权益"中纯粹经济利益损失的保护范围。

(四) 其他某些特殊的经济利益

主要包括如下五种:①违反法定的或者约定的竞业禁止义务,造成他人损害的,行为人应当承担民事责任;②盗用他人姓名、账号、密码、执照等进行交易,造成他人损害的,行为人应当承担民事责任;③对交易安全负有义务的人,应当承担补充赔偿责任,但是能够证明自己没有过错的除外;④故意以违反善良风俗的方式欺诈他人,致受害人损害,受害人不能通过合同法获得补救的,有权依据侵权法要求侵权人赔偿损失;⑤妨害他人正常经营活动造成损害的,受害人有权请求行为人停止侵害、赔偿损失。[4]

四、法律有明文规定予以保护的环境公益等法益

《东亚侵权法示范法(暂定稿)》第 2 条规定了侵权法的保护范围包含"法律有明文规定予以保护的环境公益等法益",这顺应了东亚各国的立法司法实践。例如《中华人民共和国侵权责任法》第 65 条规定:"因污染环境造成损害的,污染者应当承担侵权责任。"对于该条是否包括对

---

[1] 李昊:《纯经济上损失赔偿制度研究》,北京大学出版社 2004 年版。

[2] 2001 年,王守智聘请被告三信律师事务所为自己所立代书遗嘱进行见证。遗嘱内容包括:将自己享有的某房屋的共有部分以及部分其他财产留给儿子王保富继承。被告所指派的律师出具了遗嘱见证书。2002 年王守智去世后,王保富在法院起诉请求按照王守智的遗嘱继承遗产,但是,法院终审认定遗嘱不符合法定形式要求而无效,并判决王守智的遗产按法定继承处理。王保富因遗嘱无效而少继承遗产合计 11 万余元。北京市第二中级人民法院判决三信律师事务所赔偿上述 11 万余元的损失。参见《最高人民法院公报》2005 年第 10 期。

[3] 某建筑公司在某河堤工程施工过程中,不慎损坏埋藏在该地段的某供电公司的电力电缆,致使输电线路中断,造成某医院停电 26 个小时,影响其正常营业。医院主张其营业收入减少,要求建筑公司、供电公司赔偿 3 万余元。一审法院判决建筑公司赔偿 25 000 元。二审重庆市第四中级人民法院于 2005 年终审判决认为,除经济损失系因用户的人身或所有权遭受侵害而发生外,原则上不予赔偿,因此驳回医院对建筑公司的诉讼请求。参见重庆市高级人民法院编:《重庆审判案例精选》(第 2 集),法律出版社 2007 年版,第 191—196 页。

[4] 参见王利明:《侵权行为概念之研究》,载中国民商法律网(http://old.civillaw.com.cn/article/default.asp?id=8016),访问日期:2017 年 10 月 3 日。

环境本身的损害而不及于民事主体的人身、财产权益,学界存在不同意见。也就是说,从人与环境的关系看,环境损害可以分为"生活环境的损害"与"生态环境的损害"。"生活环境的损害"是以环境为媒介给他人造成的人身伤害、财产损失、精神损害或纯经济损失等;"生态环境的损害"是指对土壤、水、空气、气候和景观以及生存于其中的动植物和它们相互作用的损害,是对生态系统及其组成部分和凝聚在生态环境上的社会公共利益(生态利益)人为的显著损伤。[1]生活环境的损害属于"传统损害",是以环境为媒介而给他人造成的损害,可依据传统民事侵权损害赔偿法寻求并实现损害救济,对此应该没有任何异议。但对于生态利益能否纳入民事侵权责任调整对象,或者说环境侵权的客体包括不包括生态利益,抑或是,对生态环境的损害是否属于《中华人民共和国侵权责任法》第八章之环境污染责任成立之损害事实,学界(尤其是环境法学界)争论很大,形成了两种较为对立的观点:一种观点认为,应将环境破坏或生态破坏作为环境侵权的损害事实,其应受《中华人民共和国侵权责任法》及相关规则的调整,此即所谓肯定论观点[2];另一种观点则为否定论观点。[3]

笔者赞同肯定论观点,这是因为:

第一,在现代社会,生态利益有获得侵权法保护的必要及可能。"生态利益之所以未被传统民法纳入其中,是由于……人类对生态利益的需求还没有达到必须借助法律来实现之强烈地步。然而,工业化进程的加速和人们认识水平的不断提高,人类逐渐从不断频发的生态灾害中意识到生态利益的重要性及其保护的急迫性。因而……如果一国民事立法将传统法律所

---

〔1〕 参见王世进、曾祥生:《侵权责任法与环境法的对话:环境侵权责任最新发展——兼评〈中华人民共和国侵权责任法〉第八章》,载《武汉大学学报(哲学社会科学版)》2010年第3期。

〔2〕 参见王世进、曾祥生:《侵权责任法与环境法的对话:环境侵权责任最新发展——兼评〈中华人民共和国侵权责任法〉第八章》,载《武汉大学学报(哲学社会科学版)》2010年第3期;罗丽:《环境侵权民事责任概念定位》,载《政治与法律》2009年第12期;张宝、张敏纯:《环境侵权的微观与宏观——以〈侵权责任法〉为样本》,载《中国地质大学学报(社会科学版)》2010年第3期;马骧聪:《环境保护法》,四川人民出版社1988年版,第141—142页;曹明德:《环境侵权法》,法律出版社2000年版,第17页;陈泉生:《环境法原理》,法律出版社1997年版,第86页;王明远《环境侵权救济法律制度》,中国法制出版社2001年版,第13页。

〔3〕 参见吕忠梅:《环境侵权的遗传与变异——论环境侵害的制度演进》,载《吉林大学社会科学学报》2010年第1期;徐祥民:《环境污染责任解析——兼谈〈侵权责任法〉与环境法的关系》,载《法学论坛》2010年第2期;徐祥民、邓一峰:《环境侵权与环境侵害——兼论环境法的使命》,载《法学论坛》2006年第2期;竺效:《论在"国际油污民事责任公约"和"国际油污基金公约"框架下的生态损害赔偿》,载《政治与法律》2006年第2期;高飞:《论环境污染责任的适用范围》,载《法商研究》2010年第6期。

说的'损害',即对特定人的传统利益的损害,扩大到对生态系统的损害,生态利益是否属于民法保护对象的问题就可迎刃而解。"[1]

第二,生态损害具有损及人身及财产权益的可能性,因此应受侵权法的保护。"生态破坏损害与环境污染损害的作用机理是相同的。……因而,将生态破坏排除在环境侵权以外,使性质相同的损害不能得到相同的救济,不仅割裂法律体系的完整性,也有违害救济的理念。"[2]"将环境侵权行为以及环境侵权民事责任,仅仅理解为污染环境的侵权行为及其责任,会造成在实质上割裂环境污染和环境破坏二者之间的必然联系,不利于探索解决第二环境问题的有效途径。"[3]

第三,对于生态损害,侵权法仍具有独特的救济功能。"生态环境问题主要依靠环境法来调整,但不应排斥侵权责任法作为二次救济规范的功能。……通过环境法解决生态损害救济的方法与途径无非是加强环境法的预防功能以及责任社会化这两种。对于前者,自当属于环境法本身的重任应无疑义。而对于后者……环境损害责任社会化制度也不能解决环境损害救济的全部问题,更何况,在相关制度建立和完善之前,侵权责任法兜底补漏的救济功能为其他制度所无可替代。"[4]

第四,国内外存在用民事侵权手段救济生态损害的司法实践。例如,1978年的卡迪兹(Cadiz)号巨型油轮油污事故引起的自然资源损害索赔一案中,法国行政当局就自然资源损害提出了民事索赔。1985年的Patmos案中,意大利墨西拿(Messina)地区上诉法院在判决中确认,生态损害可以在《国际油污损害民事责任公约》框架下获得民事赔偿。2004年,中国天津海事法院审理了"塔斯曼海"轮油污损害民事赔偿一案,在中国开创了生态损害民事赔偿诉讼的先例。"国内外的司法实务表明,生态损害的民法救济不可或缺。"[5]

第五,现行立法的支撑。《中华人民共和国环境保护法》第64条"因污染环境和破坏生态造成损害的,应当依照《中华人民共和国侵权责任

---

[1] 王世进、曾祥生:《侵权责任法与环境法的对话:环境侵权责任最新发展——兼评〈中华人民共和国侵权责任法〉第八章》,载《武汉大学学报(哲学社会科学版)》2010年第3期。

[2] 张宝、张敏纯:《环境侵权的微观与宏观——以〈侵权责任法〉为样本》,载《中国地质大学学报(社会科学版)》2010年第3期。

[3] 罗丽:《环境侵权民事责任概念定位》,载《政治与法律》2009年第12期。

[4] 王世进、曾祥生:《侵权责任法与环境法的对话:环境侵权责任最新发展——兼评〈中华人民共和国侵权责任法〉第八章》,载《武汉大学学报(哲学社会科学版)》2010年第3期。

[5] 王世进、曾祥生:《侵权责任法与环境法的对话:环境侵权责任最新发展——兼评〈中华人民共和国侵权责任法〉第八章》,载《武汉大学学报(哲学社会科学版)》2010年第3期。

法》的有关规定承担侵权责任"与《最高人民法院关于审理环境侵权责任纠纷案件适用法律若干问题的解释》第 18 条第 1 款"本解释适用于审理因污染环境、破坏生态造成损害的民事案件，但法律和司法解释对环境民事公益诉讼案件另有规定的除外"已经肯定了环境公益可以作为侵权法保护客体。

因此，总体上看，东亚侵权法示范法吸纳了世界最新立法潮流，肯定了环境公益可以作为侵权客体，扩张了传统侵权法的保护范围。一方面，《东亚侵权法示范法（暂定稿）》第 2 条第 3 项通过"法律有明文规定予以保护"作为限制手段，避免了侵权法保护范围的过于广泛；另一方面，其以"等法益"作为收尾，为将来各国和地区特别法律规定预留了适用的空间。

东亚侵权法示范法是东亚侵权法学会为东亚各法域侵权法的统一提出的设想和纲要，其性质属于东亚地区的私域软法。尽管本示范法不具有实际的法律效力，但希望本示范法能够对东亚各法域的侵权法的立法发生影响，各法域在制定或者修改本法域的侵权法时，能够借鉴或者选择本法的规范，或者作为立法参考的蓝本资料。

《东亚侵权法示范法（暂定稿）》第 2 条通过对侵权法保护范围的列举，倡导了一种较为新型的侵权构成模式设计上秉承行为自由与权益保护的均衡理念，遵循既不过窄亦不过宽的要求。希望本条及相关条文规定所折射的侵权构成模式，能成为东亚各国和地区修法时的参考对象。

第二章　侵权责任的归责原因与责任承担方式

【《东亚侵权法示范法（暂定稿）》条文】

第三条【过错责任】

因过错侵害他人私法权利，造成损害的，应当承担侵权责任。

故意侵害他人私法利益或者纯粹经济利益，造成损失的，应当承担侵权责任。

因过失侵害他人私法利益，造成重大损害或者情节严重的，应当承担侵权责任。

第四条【过错推定】

侵害他人私法权益造成损害，根据法律规定推定加害人有过错的，受害人无须证明加害人的过错，而由加害人对自己没有过错承担举证责任。

第五条【无过错责任】

损害他人私法权益造成损害，法律规定不论加害人有无过错都应当承担侵权责任的，加害人应当承担侵权责任。

法律可以就危险、缺陷或者其他可归责性事由，规定前款规定的侵权责任。

适用无过错责任的侵权责任，得适用法律关于限额赔偿的规定。

适用无过错责任的侵权责任，受害人能够证明加害人有过错的，可以适用本法第三条规定的过错责任确定侵权责任。

第六条【替代责任】

在法律明文规定的情况下，须对他人实施的侵权行为负责的人，应当承担侵权责任。

欠缺责任能力人实施的行为造成他人私法权益损害的，其亲权人或者监护人依照前款规定承担侵权责任。

【法理阐释】

　　侵权法面对两个主要问题：首先，要保护哪些利益；其次，实施哪种行为会导致对受害人的赔偿义务。[1]关于第一个问题，《东亚侵权法示范法（暂定稿）》通过第2条加以规范。关于第二个问题，则需要通过本章解决。《东亚侵权法示范法（暂定稿）》第二章规定的是"侵权责任的归责原因与责任承担方式"，主要分为两部分：第一部分为自己责任，即侵权行为人对自己的行为承担的侵权责任的规定；第二部分为替代责任，是根据法律规定对他人的行为承担侵权责任的规定。

　　本章根据以上内容，分为4条：第3条为过错责任，规定了过错责任的归责原则与构成要件；第4条为过错推定，作为过错责任的一种特殊形态；第5条为无过错责任的归责原则及构成要件；第6条为替代责任，规定了对他人行为承担责任的一般原则。

第一节　过错责任、过错推定与纯粹经济利益损失

一、归责原则概述与起草背景

　　归责原因，或曰归责原则，是侵权法上的首要问题。杨立新教授认为："归责就是讲侵权责任归属于应当承担侵权责任的人。它是一个过程，是依据一定判断标准，将损害赔偿责任归之于应当承担侵权责任的人的过程。"[2]人类社会充满风险和不确定性，此种风险外化后就会造成特定的损失，而此种损失应当由何人以及为何由其承担，即需要归责原因作为正当化的基础。在大陆法上，自共同法（Ius Commune）时代就产生了"损失自担"原则（casum sentit dominus），即损害原则上由受害人自行承担，仅在允许特殊理由的例外情况下，始得向加害人请求赔偿。"侵权责任法处理和规定的正是'损害转移'（Schadensabwälzung）问题，即'损失自担'原

---

　　[1]　参见〔德〕克雷斯蒂安·冯·巴尔：《欧洲比较侵权行为法》（上卷），张新宝译，法律出版社2001年版，第17页。
　　[2]　杨立新：《侵权法论》（第5版），人民法院出版社2013年版，第162页。

则的例外。"[1]这个例外规则即由他人承担自己的损害。"被定性为例外就已经表明,承担损害赔偿需要一个特别理由,人们将该理由称作'归责'(Zurechnung)。"[2]而在英美法上,霍姆斯大法官也说过:"良好的法律政策,应当使损害停留在发生之处,除非有特别干预的理由。"而侵权责任的归责原因,此种例外干预或曰损害转移的原因。

归责原则是侵权法的灵魂,是侵权法理论的核心,也是侵权法司法实践的关键。[3]在起草东亚侵权法示范法的过程中,起草者参酌各国和地区立法和理论研究成果,特别是东亚各法域的立法,建立了以自己责任和替代责任为基础的归责原因体系。自己责任也称为直接责任,是指违法行为人对由于自己的行为造成他人的损害而由自己承担责任的责任形态。替代责任是指责任人为他人的行为和为人之行为外的自己管领下的对象所致损害负有的侵权赔偿责任形态。[4]冯·巴尔教授也指出,欧洲各国侵权法均可分为"对自己不当行为的责任"和"对被起诉者没有个人不当行为的责任"两种类型,在历史上前者称为"侵权行为",而后者称为"准侵权行为"。[5]梁慧星教授主持的《中国民法典草案建议稿附理由》也作了此种类型区分,将"自己的侵权行为"和"对他人侵权的责任"作为侵权行为的两种形态类型[6],但未将其作为归责原因的基本分类,且未以此为基础构建侵权责任的一般条款。因此,《东亚侵权法示范法(暂定稿)》的规定,具有一定的独创性。

二、过错责任的一般条款

自己责任可以区分为过错责任(包括过错推定)和无过错责任两种责任基础(Haftungsgründe)。这两种责任基础,均系基于历史发展而来,或为实证法所构建。[7]

---

〔1〕 〔瑞〕海因茨·雷伊:《瑞士侵权责任法》(第4版),贺栩栩译,中国政法大学出版社2015年版,第8页。
〔2〕 〔德〕埃尔温·多伊奇、〔德〕汉斯-于尔根·阿伦斯:《德国侵权法》(第5版),叶名怡、温大军译,中国人民大学出版社2016年版,第1页。
〔3〕 参见杨立新:《侵权法论》(第5版),人民法院出版社2013年版,第162页。
〔4〕 参见杨立新:《侵权法论》(第5版),人民法院出版社2013年版,第863页。
〔5〕 参见〔德〕克雷斯蒂安·冯·巴尔:《欧洲比较侵权行为法》(上卷),张新宝译,法律出版社2001年版,第5—6页。
〔6〕 参见梁慧星主持:《中国民法典草案建议稿附理由·侵权行为编》,法律出版社2013年版,第58—132页。
〔7〕 参见〔德〕埃尔温·多伊奇、〔德〕汉斯-于尔根·阿伦斯:《德国侵权法》(第5版),叶名怡、温大军译,中国人民大学出版社2016年版,第4页。

过错责任原则源于罗马法,《十二表法》已经区分了蓄意行为与非故意行为,公元前286年的《阿奎利亚法》(Lex Aquilia)进一步确立了损害必须是某个有过错的行为导致的结果。[1]作为近代民法三大基本原则之一,过错责任原则有积极和消极两方面的功能。其积极功能在于,对于过错行为,行为人应当负责。其消极功能在于,行为人仅需要对过错,而非对已有不利后果或违法性承担责任。积极与消极功能相互作用,表达着一个基本价值:"在法律地位之维系和行为自由二者之间的利益冲突中,行为自由居于优先地位。"[2]因此,过错责任原则在侵权法中的法律功能包括:确定侵权责任,救济权益损害;确定民事主体的行为标准;纠正侵权行为,预防损害发生。[3]

在大陆法系国家和地区的立法中,对于侵权行为均采用一般规则的调整模式。作为首要的侵权责任的归责原则,过错责任的一般条款成为各国和地区侵权行为立法的核心。19世纪以来大陆法系侵权法对于过错责任的规定形成了两种立法体例,即《法国民法典》的一般条款模式(以下简称"法国模式")和《德国民法典》的列举模式(以下简称"德国模式")。[4]

(一)法国模式

《法国民法典》第1382条、第1383条规定了侵权责任的一般性条款,其规定可谓言简意赅。第1382条规定:"任何行为致他人受到损害时,因其过错致行为发生之人,应对该他人负赔偿之责。"第1383条则规定:"任何人不仅对因其行为造成的损害负赔偿责任,而且还对因懈怠或疏忽大意造成的损害负赔偿责任。"[5]"该条总结了罗马法以来侵权责任的诸要素:过错、损害和因果关系;在表述上,该条文以过错开始,继之以损害,最后以赔偿义务结束。""该条是第一次真正地在现代法意义上使用'责任'这一法律范畴,并使得过错责任成为现代侵权法最为重要的归责原则。从精神气质上看,1804年《法国民法典》第1382条体现出了普遍主义、个

---

[1] 参见〔德〕埃尔温·多伊奇、〔德〕汉斯-于尔根·阿伦斯:《德国侵权法》(第5版),叶名怡、温大军译,中国人民大学出版社2016年版,第4页。

[2] 〔德〕埃尔温·多伊奇、〔德〕汉斯-于尔根·阿伦斯:《德国侵权法》(第5版),叶名怡、温大军译,中国人民大学出版社2016年版,第5页。

[3] 参见杨立新:《侵权法论》(第5版),人民法院出版社2013年版,第178—179页。

[4] See Gert Brüggemeier, Aurelia Colombi Ciacchi, Patrick O'Callaghan, *Personality Rights in European Tort Law*, Cambridge: Cambridge University Press, 2010, pp.7-8.

[5] 罗结珍译:《法国民法典》,中国法制出版社1999年版,第390页。

人主义和道德主义的三重价值取向。"[1]

　　法国模式的一般性条款,将立法对于过错责任的限制降低到最低程度,从而使各种因过错行为引发的损害,包括财产损害和非财产损害获得一体保护,而不必区分损害是基于对法律所规定权利还是对利益的侵害。因而在法国法上,各种法益都可以获得保护。[2]

　　《法国民法典》的这一立法模式可谓影响深远。不仅传统上法国法系的国家如 1830 年《比利时民法典》和 1865 年《意大利民法典》的规定与其同出一辙,即使在传统上属于德国法系的《日本民法典》,其过错责任的条款也属于法国模式。《日本民法典》第 709 条(因侵权行为的损害赔偿)规定:"因故意或过失损害他人权利或受法律保护的利益的人,对于因此发生的损害负赔偿责任。"第 710 条(财产以外的损害的赔偿)规定:"侵害他人的身体权、自由权或名誉权,以及侵害他人的财产权等自不待言,依前条的规定负有损害赔偿责任的人,对于财产以外的损害也必须予以赔偿。"[3]

　　《中华人民共和国民法通则》和《中华人民共和国侵权责任法》也采用了法国模式。《中华人民共和国民法通则》第 106 条第 2 款规定:"公民、法人由于过错侵害国家的、集体的财产,侵害他人财产、人身的应当承担民事责任。"该条将侵权法的保护对象规定为"财产、人身",完全未加以限定。《中华人民共和国侵权责任法》第 2 条第 1 款规定:"侵害民事权益,应当依照本法承担侵权责任。"该法使用了高度抽象的"民事责任"概念,秉承了《中华人民共和国民法通则》以来在过错责任原则上的一般性规定。

　　(二) 德国模式

　　19 世纪在《德国民法典》制定过程中,对于《法国民法典》中侵权责任一般性条款,学者强力批判其缺乏可预测性,认为其起点都是不可接受的:"将应当由立法解决的问题之职能交给法院,既不符合草案的本意,而且从德国人民对法官的职能之一般观点来看也是不能接受的。"[4]因此,《德国民法典》将侵权行为类型化为"对权利的侵犯"(第 823 条第 1 款)、

---

〔1〕 石佳友:《〈法国民法典〉过错责任一般条款的历史演变》,载《比较法研究》2014 年第 6 期。

〔2〕 See Michael Henry, *International Privacy, Publicity and Personality Right*, London: Butterworth, 2001, p. 145.

〔3〕 渠涛译编译:《最新日本民法典》,法律出版社 2006 年版,第 151 页。

〔4〕 〔德〕克雷斯蒂安·冯·巴尔:《欧洲比较侵权行为法》(上卷),张新宝译,法律出版社 2001 年版,第 21 页。

"违反保护性规定"(第 823 条第 2 款)和"故意违背善良风俗"(第 826 条)三种类型。"《德国民法典》没有给法院创制'独立的法官制定的侵权行为法'之权力留下任何余地:它们的权力尽可能地受到民法典的限制。"〔1〕

通过此种列举式的规定,《德国民法典》的立法者将侵权行为法所保护的范围,或者说可以构成侵权责任的情形,牢牢地掌握在自己而非司法者手中。例如,在民法典制定中居于主导地位的历史法学派,坚持回归到未受教会法和自然法影响的罗马法中,希望建立一个关注契约自由、经济上的权利和财产上的损害的民法体系。对于非财产性的法律关系,其则认为不属于民法所保护的范围。德国立法逐渐将对人格利益的保护从民法转移到刑法中去。1872 年德国立法者把名誉保护交由刑法来解决。因此,民法没有了惩罚性功能,只剩下了补偿性功能。而名誉等人格利益被认为是一种主观的感情,无论怎样侵害感情,都不可能造成财产上的损害。"巴伐利亚民法典之父"克莱特梅尔(Kreittmayer)认为,对于人的名誉进行估价是与德国的传统和精神完全不相符的,这样只会辱没一个高贵的、有名誉的人。在罗马人看来,被侵辱之诉(actio iniuriarum)认定侵害他人的人是不名誉的;而在德国,提起这种无聊诉讼的人反而会将自己陷入不名誉和荒唐的境地。尊严和良好的名声具有不可估量的价值,因而任何希望以此交换金钱的人都不值得法律的保护。〔2〕基于此种理念,在《德国民法典》第 823 条第 1 款仅列举了"生命、身体、健康、自由、财产"这几种法益,而将其他法益排除在该条之外。同时,该款保护的对象仅为"绝对权",纯粹经济利益损失总体上是不受保护的。只有在违反保护他人的法律或者故意违背善良风俗的情况下,纯粹经济利益损失才可以获得赔偿。

《德国民法典》的过错责任归责的三元递进结构,对其他国家和地区的立法也产生了极大的影响。中国清末变法中产生的《大清民律草案》第 945 条即规定:"因故意或过失侵害他人之权利而不法者,于因加侵害而生之损害,负赔偿之义务。"第 946 条规定:"因故意或过失违反保护他人之法律者,视为前条之加害人。"第 947 条规定:"以背于善良风俗之方法,

---

〔1〕〔德〕克雷斯蒂安·冯·巴尔:《欧洲比较侵权行为法》(上卷),张新宝译,法律出版社 2001 年版,第 22 页。

〔2〕 See Reinhard Zimmermann, *The Law of Obligations-Roman Foundations of the Civilian Tradition*, Cape Town: Juta & Co. Ltd, 1990, p.1091.

故意加损害于他人者,视为第945条之加害人。"[1]1929年《中华民国民法》第184条(一般侵权行为之成立)规定:"因故意或过失,不法侵害他人之权利者,负损害赔偿责任。故意以背于善良风俗之方法,加损害于他人者亦同。违反保护他人之法律,致生损害于他人者,负赔偿责任。但能证明其行为无过失者,不在此限。"[2]二者与《德国民法典》的规定别无二致。

(三) 两种立法例的中和与协调

法国模式的立法,对于各种利益的保护采取了一种开放的态度和体系,《法国民法典》第1382条、第1383条对"损害"的范围并未作出任何限制。此种模式的优点在于,过错责任的一般条款具有了充分的开放度和灵活性,法官可以通过对于这两条的解释,不断发展责任基础,适用于新的领域,因应社会的进步与发展,规制不正当竞争的商业侵权行为,并扩展人格权的内容等。[3]

当然,法国模式的问题在于侵权法给予法官的指引过于原则,从而将过大的权力授予法官。更为致命的是,由于法律规则欠缺明确,法律的确定性也因之受到贬损。而法律的确定性,正是侵权法建立"损害转移"例外规则的前提。缺乏明确的规则和可预见性,就会使归责的基础和承担责任的界限变得模糊不清,从而影响人的行为自由。也正是从这个角度出发,《德国民法典》的立法者希望通过法律的列举而克服法国模式的缺陷。

"但是德国立法者为阻止侵权行为法这样的进一步发展所建立的藩篱很快就被打破了。《德国民法典》把门关得太紧,如同《法国民法典》把门开得太大了一样。"[4]对个人的荣誉、名誉和隐私的遗漏,以及没有给司法部门在纯粹经济利益损失领域作出独立判决划定范围,成为《德国民法典》必须修正的错误。[5]在个人人格利益的问题上,《德国民法典》生效之前发生的俾斯麦案,就向三元递进的限缩性结构提出了挑战。第二次世界大战后,基于"纳粹时代"对于人与人平等的否认而剥夺人的基本权利

---

〔1〕 杨立新点校:《大清民律草案·民国民律草案》,吉林人民出版社2002年版,第123—124页。

〔2〕 王泽鉴主编:《新学林综合大六法》,新学林出版股份有限公司2014年版,第B—014页。

〔3〕 参见石佳友:《〈法国民法典〉过错责任一般条款的历史演变》,载《比较法研究》2014年第6期。

〔4〕 〔德〕克雷斯蒂安·冯·巴尔:《欧洲比较侵权行为法》(上卷),张新宝译,法律出版社2001年版,第22页。

〔5〕 参见〔德〕克雷斯蒂安·冯·巴尔:《欧洲比较侵权行为法》(上卷),张新宝译,法律出版社2001年版,第23页。

的悲剧,《德国基本法》在第 1 条就强调了人的尊严(die Würde des Menschen)具有不可剥夺性,人格尊严作为一切基本权利的基础受到一切国家权力的尊重和保护。[1]德国联邦最高法院于 1952 年通过"读者来信案"[2],认为《德国基本法》第 1 条人格尊严和第 2 条人格自由发展的条款可以引入到私法中来,作为保护公民免受他人侵害的依据,从而创造出一般人格权的概念,并将其解释为《德国民法典》第 823 条第 1 款所规定的"其他绝对权"。格特·布吕格迈耶尔(Gert Brüggemeier)教授指出,从德国联邦宪法法院和联邦最高法院的判决看,尊严、荣誉、名誉成为一般人格权所保护的人格利益之一。[3]在 1971 年的 Mephisto 一案中,德国联邦宪法法院将人格尊严条款作为允许政府限制基本法规定的艺术自由以保护其他公民权利的依据。[4]在"Lebach 案"以及后来的"人工流产案"中,德国联邦宪法法院认为,人格尊严条款不仅要求政府要尊重公民的人格尊严,而且有义务保护公民的人格尊严不受第三方的侵害,即"第三方效应或者平行效应"(Drittwirkung)。[5]1959 年德国联邦最高法院认可了对于侵害人格权案件可以适用《德国民法典》第 1004 条规定的禁令[6],从而使民法典获得了涵盖各种人格利益的能力。

在纯粹经济利益损失领域,为了克服《德国民法典》第 823 条第 1 款的不予赔偿原则在现实中造成了诸多的不公正,德国法院不得不另辟蹊径。在侵权法领域,为突破由《德国民法典》第 823 条第 1 款、第 2 款和第 826 条条文所产生的不保护总括的财产的瓶颈,德国联邦最高法院创造了"运作的营业权"(das Recht ameingerichteten und ausgeübten Gewerbebetrib),将因"依据保护性法律的告诫""对经营造成损害的评价""联合抵制""违法的罢工"等行为造成的纯粹经济利益损失上升为《德国民法典》第 823 条第 1 款规定的"其他权利"。[7]他们还扩展了权利的范畴,如将产品缺

---

[1] See David P. Currie, *The Constitution of the Federal Republic of Germany*, Chicago and London: The University of Chicago Press, 1994, p.301.

[2] Vgl. BGH, 2.4.1957.

[3] See Gert Brüggemeier, Aurelia Colombi Ciacchi, *Patrick O' Callaghan. Personality Rights in European Tort Law*, Cambridge: Cambridge University Press, 2010, p.25.

[4] Vgl. 30 BVerfGE 173 (1971).

[5] See David P. Currie, *The Constitution of the Federal Republic of Germany*, Chicago and London: The University of Chicago Press, 1994, pp.315–316.

[6] Vgl. BGH, 18.3.1959.

[7] 参见〔德〕马克西米利安·福克斯:《侵权行为法》,齐晓琨译,法律出版社 2006 年版,第 70 页。

陷造成的自身损失解释为对产品所有权的损害。[1]

当前，中国学术界对一般条款的客体模式选择有三种意见。第一种意见是法国模式的。梁慧星教授主持起草的《中国民法典草案建议稿》第1542条规定："民事主体的人身或财产受到损害的，有权依据本编的规定请求可归责的加害人或者对损害负有赔偿或其他义务的人承担民事责任。"[2]此条对于侵权责任法客体的范围的规定与《中华人民共和国民法通则》是一致的。第二种意见是德国模式的，主张"对于纯经济损失应当借鉴德国模式，设定一般条款，即只有在故意以有背于善良风俗的方法致人遭受纯经济损失的情况下，受害人才能获得赔偿"[3]，同时在特定情况下因过失导致的纯粹经济利益损失也可以获得赔偿，并通过合同法的辅助来实现对纯粹经济利益损失的保护。[4]第三种意见是混合模式的。王利明教授主持起草的《中国民法典草案建议稿》第1823条为："民事主体因过错侵害他人人身、财产权利的，应当承担侵权责任。没有过错，但法律规定应当承担侵权责任的，应当承担侵权责任。民事主体因故意或重大过失侵害他人合法利益的，应当承担侵权责任。"[5]从结构上看，该条文是法国模式的一般条文而非德国模式的列举条文。但是在保护对象的范围上，则采取了两分法，一种是人身、财产"权利"，显然将纯粹经济利益排除在外。而该条第2款中的"合法利益"，似乎应当包括纯粹经济利益，但是该款前半句将其保护范围限制在"故意或重大过失"上，又将过失致人纯粹经济利益损失完全排除了。这种模式，从保护的对象范围上看又是德国模式的。

《东亚侵权法示范法（暂定稿）》在侵权责任一般条款的构造上，兼采德国模式与法国模式之长，采用了开放式列举的规范模式。《东亚侵权法示范法（暂定稿）》第3条第1款规定："因过错侵害他人私法权利，造成损害的，应当承担侵权责任。"该款规定与《德国民法典》第823条第1款的内容相仿，将私法权利作为过错责任的保护对象，从而通过"法定权利"的工具，对过错责任进行第一个层面的限定。《东亚侵权法示范法（暂定

---

[1] 参见王卫东、程乾平：《德国法上的纯粹经济损失分析》，载《德国研究》2006年第3期。

[2] 梁慧星主持：《中国民法典草案建议稿附理由·侵权行为编》，法律出版社2013年版，第1页。

[3] 周友军：《纯经济损失及其法律救济——上海方舟旅行社诉东方航空公司航班延误赔偿案评析》，载王利明主编：《判解研究》（2005年第2辑），人民法院出版社2005年版，第324页。

[4] 参见孙宪忠、汪志刚、袁震：《侵权行为法立法学术报告会议评述》，载《法学研究》2007年第2期。

[5] 王利明主持：《中国民法典学者建议稿及立法理由·侵权行为编》，法律出版社2005年版，第15页。

稿)》第 3 条第 2 款规定:"故意侵害他人私法利益或者纯粹经济利益,造成损失的,应当承担侵权责任。"该款将过错责任的保护范围,扩展到私法利益或纯粹经济利益损失,同时以故意的心理状态作为限定。对于因过失侵害他人私法利益而不能适用前两款规定的,则通过适用《东亚侵权法示范法(暂定稿)》第 3 条第 3 款,即"因过失侵害他人私法利益,造成重大损害或者情节严重的,应当承担侵权责任",从结果意义上即损失的重大性和行为意义上即侵权行为情节的严重性角度,限定过失侵害他人私法利益的侵权责任,在认可社会生活的多样性和发展性,以保持过错责任一般条款的适当开放性的同时,避免过错责任的任意扩大,以及由此带来的对行为自由的过度限制。

三、关于过错推定

《东亚侵权法示范法(暂定稿)》第 4 条是关于过错推定的规定。过错推定,是指法律有特别规定的场合,从损害事实的本身推定加害人有过错,并据此确定造成他人损害的行为人负有赔偿责任的规则原则。[1]所谓推定,是指根据已知的事实,对未知的事实进行推断和确定。过错推定,就是要从已知的基础事实出发,依据法律的规定,对行为人有无过错进行推定。[2]根据《东亚侵权法示范法(暂定稿)》第 3 条确立的过错责任原则,要求受害人在诉讼中必须证明其私法上的权利或者利益或者纯粹经济利益遭受损害(损害事实)、加害人实施了加害行为、行为与损害后果之间有因果关系,同时必须证明加害人在实施加害行为时主观上具有故意或者过失的心理状态,从而才能构成过错责任。对于上述四个过错责任构成要件的举证,对于受害人而言,是其主张侵权责任必须跨越的障碍。特别是对于过错这一主观要件,对于受害人而言,要求其去证明他人在主观上的心理活动,其难度可想而知。过错的客观化正是因应此种困难的产物。为此,在某些具体的侵权行为类型中,法律预先推定加害人过错的存在,从而免除受害人的举证责任。此时,有关过错的举证责任转移至加害人。加害人必须证明其没有过错,否则,即应承担侵权责任。自 17 世纪法国法学家多马(Domat)提出过错推定理论以来,过错推定逐步为各国或地区法律所接受[3],并适用于用人者责任、物件损害责任等具体的侵权行为形态中。《中华人民共和国侵权责任法》第 6 条第 2 款规定:"根据法律规定推定行

---

〔1〕 参见杨立新:《侵权法论》(第 5 版),人民法院出版社 2013 年版,第 182 页。
〔2〕 参见王利明:《侵权责任法研究》(上卷),中国人民大学出版社 2010 年版,第 180 页。
〔3〕 参见杨立新:《侵权法论》(第 5 版),人民法院出版社 2013 年版,第 183 页。

为人有过错，行为人不能证明自己没有过错的，应当承担侵权责任。"同时《中华人民共和国侵权责任法》在具体的侵权行为形态中，规定了诸多过错推定的情形。东亚各法域侵权法中，也规定了诸多过错推定的内容。如《日本民法典》第718条规定的动物占有人的责任，中国台湾地区"民法"第191条工作物所有人之侵权责任等，均为此例。基于此，《东亚侵权法示范法（暂定稿）》第4条规定："侵害他人私法权益造成损害，根据法律规定推定加害人有过错的，受害人无须证明加害人的过错，而由加害人对自己没有过错承担举证责任。"该条规定将过错推定的法律后果准确地界定为"由加害人对自己没有过错承担举证责任"，更加符合过错责任构成的本旨。

四、关于纯粹经济利益损失的保护

（一）纯粹经济利益损失的概念

关于纯粹经济利益损失（Pure Economic Loss）的概念，《瑞典侵权责任法》第2：4条将其界定为："本法的纯粹经济利益损失应被理解为不与任何人身体伤害或者财产损害相联系而产生的经济损失。"[1]冯·巴尔教授认为，根据利益的定位，纯粹经济利益损失是一种未对受法律保护的权利或者利益造成侵害的损失。[2]海尔穆特·库齐奥教授评价说，冯·巴尔教授的定义引发了有关"受保护的利益"问题的新的争论。"例如，合同关系，在某些情况下也受到不被第三人侵害的保护，从某种意义上说，某些纯粹经济利益损失也是受到保护的利益。因而，按照巴尔的纯粹经济利益损失定义，纯粹经济利益损失与其他传统的损失之间的界限将变得没有意义，因为法律对经济利益几乎总是有一定程度的保护，因而几乎没有什么'纯粹'经济利益存在的余地。所以，'受保护的利益'必须有一个更有限制性的定义。"[3]布鲁斯·费尔德图森（Bruce Feldthusen）教授认为："纯粹经济利益损失是一种非由于对原告的人身或者财产的实质性伤害而引发的金钱损害。"[4]海因里希·本塞尔（Heinrich Honsell）教授认为，纯粹经济利益损失是一种仅影响财产而未对任何受绝对保护的利益造成损害的损

---

[1] 张新宝、张小义：《论纯粹经济损失的几个基本问题》，载《法学杂志》2007年第4期。
[2] Vgl. Christian von Bar, Gemeineuropäisches Deliktsrecht II, 1999:25.
[3] Helmut Koziol, *Recovery For Economic Loss in the European Union*, Arizona Law Review, 2006,（Winter）.
[4] Helmut Koziol, *Recovery for Economic Loss in the European Union*, Arizona Law Review, 2006 ,（Winter）.

失。[1]海尔穆特·库齐奥教授给出的定义是,纯粹经济利益损失是"非由人身(生命、身体、健康、自由或者其他人格权)或者财产(有形和无形财产)的损害引发的一种损害"[2]。

在英美法系中,纯粹经济利益损失被定义为非因对人的身体、精神或者名誉的侵害或者对财产的实质性损害而引起的金钱或者商业利益的损失,"包括继发性经济损失,可得利益的丧失,机会的丧失和因被告过失造成的第三人的损失"[3]。

王利明教授认为,纯粹经济利益损失是指"行为人的行为给他人造成的人身伤害和有形财产损害之外的经济损失"[4]。李昊教授认为,纯粹经济利益损失是被害人所直接遭受的经济上的不利益或者金钱上的损失,它并非是因被害人的人身或有形财产遭受侵害引起的,或者说,它并非是被害人所享有的人身权或财产权受到侵害而间接引起的。[5]也有学者提出,所谓纯粹经济利益损失,指的是当事人因为第三人的契约伴侣发生侵权行为,而使当事人自己承受的营业损失。[6]

比较上述定义,不难看出,所谓纯粹经济利益损失,就是因侵权行为造成的他人人身和具体的财产损失之外的整体经济上的不利益。

纯粹经济利益损失作为侵权法中的一个重要概念,在现实生活中是以多种形态在多个领域现实存在着的。无论其概念如何定义,纯粹经济利益损失的特征突出表现在其不是与任何人身的、财产的损害相联系,或者说是不与任何对人身权利(包括人格权、身份权)和财产权利(包括有形财产权利如物权,和无形财产权利如知识产权)的侵害相联系的,受害人遭受的总体经济上的不利益。

(二)英美法系中的过失致人纯粹经济利益损失不予赔付规则及其例外

在英美法系中,通过判例法形成了纯粹经济利益损失的概念及一系列规则。当事人之间有合同关系的,可以通过合同法中的约因(Considera-

---

[1] See Helmut Koziol, *Recovery for Economic Loss in the European Union*, Arizona Law Review, 2006, (Winter).

[2] Helmut Koziol, *Recovery for Economic Loss in the European Union*, Arizona Law Review, 2006, (Winter).

[3] Dan B. Bobbs, *An Introduction to Non-Statutory Economic Tort Law*, Arizona Law Review, 2006, (Winter).

[4] 王利明:《侵权行为法研究》(上卷),中国人民大学出版社2004年版,第368页。

[5] 参见李昊:《纯经济上损失赔偿制度研究》,北京大学出版社2004年版,第7页。

[6] 参见孙宪忠、汪志刚、袁震:《侵权行为法立法学术报告会议评述》,载《法学研究》2007年第2期。

tion)理论,以合同关系获得赔偿。[1]与此相反,在侵权法领域,只有与对人身或者财产的实质损害相伴而生的纯粹经济利益损失方可获得赔偿。如果没有这种实质损害,对纯粹经济利益损失的赔偿则被限制在"故意"(willful)的范围内[2],这就是"过失致人纯粹经济利益损失不予赔付规则"。这一规则首先是由英国王座法院(The Queen's Bench Court)于1875年通过对 *Cattle v. Stockton Waterworks Co.* [3]案的判决确立的。法院在该案中拒绝给予因被告过失导致水管破裂淹没施工土地而受到额外施工费用损失的原告以赔偿,因为被告的过失行为并未对原告造成任何实质性的损害。1927年,美国最高法院在 *Robins Dry Dock & Repair Co. v. Flint*[4]案中重申了这一规则。霍姆斯大法官在其撰写的多数意见中认为:"对他人人身或者财产的侵害不会使侵权行为人对一个他根本不知道的人承担责任——仅仅因为这个人与受害人之间有合同关系。法律不应使其保护范围扩展得如此之远。"[5]值得一提的是,该判决并不是孤立的,在此之前,康涅狄格、佐治亚等州的最高法院在 *Connecticut Mut. Life Ins. Co. v. New York & New Haven R. R.*[6]、*Brink v. Wabash R. R.*[7]、*Byrd v. English*[8]等案的判决中对 *Cattle v. Stockton Waterworks Co.* 案的援引极大地影响了美国最高法院在 *Robins Pry Dock & Repair Co. v. Flint* 案中的意见。[9]

过失致人纯粹经济利益损失不予赔付规则理论其依据包括:

1. 水闸理论(floodgates)

该理论主张,允许过失纯粹经济利益损失受害人获得赔偿如同打开了一道水闸,会带来漫无边际的责任。

一方面,一旦该规则被推翻,法院将被如同打开水闸一样激增的诉讼搞得不堪重负。在 *Byrd v. English*[10]案中,法院指出:"如果原告可以因为此种诉因而获得赔偿,则他的顾客如果因为他停工造成延误而遭受(纯粹

---

[1] 参见 John Cooke, Law of Torts(影印本),法律出版社2003年版,第62页。

[2] See O'Brien, *Limited Recovery Rule as a Dam*: *Preventing a Flood of Litigation for Negligent Infliction of Pure Economic Loss*, Arizona Law Review. 1989.

[3] See Cattle, 10 L. R. - Q. B. 453.

[4] See 275 U. S. 303 (1927).

[5] Kelly M. Hnatt, *Purely Economic Loss*: *A Standard for Recovery*, Iowa Law Review, 1988, (7).

[6] See *Connecticut Mut. Life Ins. Co. v. New York & New Haven R. R.*, 25 Conn. 265, pp. 277-278 (1856).

[7] See *Brink v. Wabash R. R.*, 160 Mo. 87, 94, 60 S. W. 1058, pp. 1059-1060 (1901).

[8] See *Byrd v. English*, 117 Ga. 191, pp. 194-195, 43 S. E. 419, pp. 420-421 (1903).

[9] 参见 John Cooke, Law of Torts(影印本),法律出版社2003年版,第62页。

[10] See 117 Ga. 191, 43 S. E. 419 (1903).

经济利益)损失,也可以从他这里获得赔偿;其他人因为原告的顾客的延误也可以要求原告的顾客赔偿,依次类推,将会有数不清的人要求从被告处获得赔偿。"

另一方面,将给被告带来不成比例的责任。对过失造成的纯粹经济利益损失的赔付可能使被告因一个小小的过失行为而引起数不清的巨额纯粹经济利益损失,与加害人行为的过错程度不成比例。"侵权法不仅要关注于保护原告利益,而且应当防止被告被不适当地增加负担。"[1]过失的侵权责任必须被限定在可控制即可预见的范围之内。这种可预见性的概念表现为过失侵权中的近因(proximate cause)问题。法院在侵权法的发展中,找到了易于衡量和明确的"实质损害"作为判断近因存在的决定性因素。[2]另外,即使在部分案件中赔偿是公正的,相应带来的欺诈性请求也会增加。法院将难以将那些确实值得保护的受害人从数量众多的为获得赔偿进行欺诈、共谋或者夸大损失的人中区别开来。[3]为保护少数应受保护的原告而使大量"无辜"的被告承担责任是不公平的。[4]与其这样,不如通过过失致人纯粹经济利益损失不予保护规则的运用以节省司法资源。[5]

2. 对行为自由的保护

如果只允许对实质损害进行赔偿,加害人将容易地预见他潜在的责任。相反,纯粹经济利益损失是侵权行为间接的后果,因而难以预测。另外,如果允许纯粹经济利益损失获得赔偿,法院需要运用过失原则对每个案件是否构成过失侵权进行判断,这样会使被告更难以调整自己的行为以避免承担责任。同样,不适当的责任会限制侵权人的商业自由。为了社会的需要,应当允许被告进行一些经济收益大于社会成本的行为。否则,被告可能因为担心承担责任而避免这些风险行为。[6]

3. 损失的分担更合理

有学者提出,保险规则更倾向于让受害人承担损失。因为潜在的加害人和潜在的受害人都可以为可能受到损害的纯粹经济利益损失投保。然而,

---

〔1〕 See Rabin, *Tort Recovery for Negligently Inflicted Economic Loss:A Reassessment*, 37 STAN. L. REV. 1513,pp. 1514–1515 (1985).

〔2〕 参见 John Cooke, Law of Torts(影印本),法律出版社 2003 年版,第 62 页。

〔3〕 参见 John Cooke, Law of Torts(影印本),法律出版社 2003 年版,第 62 页。

〔4〕 See Ann O'Brien, *Limited Recovery Rule as a Dam: Preventing A Flood Of Litigation For Negligent Infliction Of Pure Economic Loss*, Arizona Law Review. 1989.

〔5〕 参见 John Cooke, Law of Torts(影印本),法律出版社 2003 年版,第 62 页。

〔6〕 See Dan B,*Bobbs. An Introduction to Non-statutory Economic Tort Law*, Arizona Law Review. 2006(Winter).

潜在的加害人投"责任险"或者"第三者险"的成本显然要比潜在的受害人自己投"自我保险"高得多。如果法院要求加害人承担责任，将刺激他不得不购买昂贵的责任保险。反之，潜在的受害人将会购买自我保险。因为潜在的受害人是在为可知的、明确的风险投保，其保险费用将低得多，所以在整体上更有效率。[1]受害人可以用更简单、更廉价的方式将损失向社会进行分散。[2]

对于过失致人纯粹经济利益损失不予赔付规则，可能使某些有必要保护的纯粹经济利益损失得不到法律保护，引发实质的不公平，因而此规则遭到了批评[3]，英美法系在发展中对该规则亦有所松动。英国判例法通过 *Hedley Byrne & co. v. Heller & Partners Ltd* 一案，以当事人之间信赖关系的存在为由，认可了纯粹经济利益损失赔付的例外。[4]在美国，从20世纪60年代末开始，部分法院包括部分州的最高法院不再直接适用不予赔付规则，而是在极其有限的范围内允许纯粹经济利益损失赔偿。[5]这些法院在判断纯粹经济利益损失是否可以获得赔偿时，运用了传统的过失侵权的归责方法，即通过对侵权人义务（duty）、违反义务的行为（breach of duty）、近因（proximate cause）和损害（damage）的要件构成进行分析。如在 *J'Aire Corp. v. Gregon* 案中，原告租赁县里的房屋开设餐馆。该县雇用被告维修房屋的加热和空调系统。被告过失造成维修工程拖后竣工1个月，在此期间原告因无法开业受到了损失。法院认可了原告的赔偿请求，并提出了决定纯粹经济利益损失可赔偿性的6项标准，即：①交易预期对原告的影响程度；②原告损害的可预见性；③原告遭受损害的必然性；④被告行为与此种损害的联系；⑤与被告行为在道德上的可谴责性；⑥避免更大损害的政策考量。[6]1974年，美国联邦第九巡回上诉法院在 *Union Oil Co. v. Pooen* 案

---

〔1〕 据美国学者研究,责任保险总体上仅可实现投保总金额44%的收益,而自我保险则可实现82%的收益。See James, *Limitations on Liability for Economic Loss Caused by Negligence: A Pragmatic Appraisal*, 25 VAND. L. REV. 43 (1972).

〔2〕 See Kelly M. Hnatt, *Purely Economic Loss: A Standard For Recovery*, Iowa Law Review. 1988, (7).

〔3〕 参见张新宝、张小义:《论纯粹经济损失的几个基本问题》,载《法学杂志》2007年第4期。

〔4〕 参见张新宝、张小义:《论纯粹经济损失的几个基本问题》,载《法学杂志》2007年第4期。

〔5〕 如加利福尼亚州(1997年)、蒙大拿州(1982年)、新泽西州(1983年)、阿拉斯加州(1987年)。

〔6〕 See *J'Aire Corp. v. Gregory*, 24 Cal. App. 3d 799, 598 P.2d 60, 157 Cal. Rptr. 407 (1979). There are Similar case *Hawthorne v. Kober Const. Co.*, 196 Mont. 519, 640 P.2d 467 (1982). [FN35]. People Express, 100 N.J. 246, 495 A.2d 107. *Mattingly v. Sheldon Jackson College*, 743 P.2d 356 (Alaska 1987). *Green Mountain Power Corp. v. General Elec. Corp.*, 496 F. Supp. 169 (D. Vt. 1980). *Zeigler v. Blount Bros. Const. Co.*, 364 So. 2d 1163 (Ala. 1978), etc.

中也认可了对纯粹经济利益损失的赔偿。本案中，被告的海上油井泄漏出的原油污染了圣巴巴拉（Santa Barbara）海域，该地区的渔业生产者起诉被告要求其赔偿因原油污染毁灭鱼类资源给他们造成的损失。法院运用"合理的预见性"（reasonable foreseeability）标准，认为原告的损失应当获得赔偿。[1] 在这种过失原则的判断标准中，一般可以获得赔偿的类型包括：①公害。法院认为在公害案件中被告对于直接使用受到侵害的资源的人遭受的纯粹经济利益损失应当有预见能力。②有"特殊关系"的案件。当加害人和受害人之间有某种特殊关系时，如被告为原告雇用的专家（包括律师等），或者过失不实陈述等案件中，被告应为原告的纯粹经济利益损失承担责任。随着社会的发展，这种特殊关系理论被推广到更广泛的领域，如会计师、测量员、白蚁巡查人、公证人、建筑师、电报公司等。[2] ③转移性损失。对他人人身或者财产造成的损害，由于法律规定、合同等原因转移至原告的，由于其实际仍是对人身和财产的损害，因而可以获得赔偿。④获益行为。如果被告在造成原告纯粹经济利益损失的同时获得了利益，则纯粹经济利益损失应当作为被告返还的不当得利而获得赔偿。[3]

应当指出的是，虽然过失致人纯粹经济利益损失不予赔付规则在英美受到很多质疑，在实践中也出现了很多松动或者例外，但其仍然是英美法系中对纯粹经济利益损失的基本规则。

（三）大陆法系国家对纯粹经济损失的保护

在欧洲大陆法系国家，"根据国别法和比较法的报告，合同法保护纯粹经济利益损失，而许多国家的法律体系不愿意以侵权法保护纯粹经济利益损失"[4]。如前所述，《德国民法典》的三元递进结构限制了对纯粹经济利益损失的赔偿。而《法国民法典》对于各种利益的保护采取了一种开放的态度和体系，但是，这并不意味着对纯粹经济利益损失的保护不受到任何限制。"在法国式的立法模式下，对于纯粹经济利益损失的赔偿责任和对于损害人身或财产的责任之间仍然有很大区别，对于纯粹经济利益损失的

---

[1] See Ann O'Brien, *Limited Recovery Rule as a Dam: Preventing a Flood of Litigation for Negligent Infliction of Pure Economic Loss*, Arizona Law Review. 1989.

[2] See Kelly M. Hnatt, *Purely Economic Loss: A Standard For Recovery*, Iowa Law Review. 1988, (7).

[3] See Dan B. Bobbs, *An Introduction to Non-statutory Economic Tort Law*, Arizona Law Review. 2006, (Winter).

[4] See Helmut Koziol, *Recovery for Economic Loss in the European Union*, Arizona Law Review. 2006, (Winter).

赔偿仍然限制在诸如故意等狭窄的范围之内。"[1]

海尔穆特·库齐奥教授在提到大陆法系对纯粹经济利益损失赔偿的限制原因时,除了水闸理论,还提到以下两点。

1. 利益的属性(The Nature of Interest)

在确定法律对利益的保护范围时,不仅要考虑到利益的所有者受保护的需求,而且应当考虑到那些被要求尊重这些利益的人自由行为的利益,以及整体上公众的利益。像生命权、自由权、财产权一类的权利具有明确的边界,其内容是确定的。合同权利的内容根据当事人不同的约定也是明确的,而纯粹经济利益则根本没有这种明确的界限。对这种根本没有清晰边界的利益进行保护将极大地限制每个人的行为自由。

2. 利益的价值(The Value of the Interest)

对利益的不同保护水平与其价值有关。与人身相关的权利具有最高价值;物权或者无形财产权其次;纯粹经济利益或者非物质利益,例如获得利润或者享受假期的机会价值最低。在保护价值较低的利益和维护人们的行为自由之间显然应当选择后者。[2]

(四)东亚侵权法示范法对纯粹经济利益的保护模式

通过比较法的分析不难看出,纯粹经济利益损失问题的实质,是对侵权责任中受保护的利益范围的合理界定,使其既起到保护他人的目的,也不会使人们动辄得咎,或者因极小的过失招致极大的责任。英美法系中过失致人纯粹经济利益损失不予赔付规则,就是要以纯粹经济利益损失作为一种界定这种范围的工具。为克服此规则带来的不公正,英美法系通过判例发展出一系列的例外,使这种情况得到了一定程度的纠正。而在大陆法系国家中,并没有形成这样一种"不予赔付"的普遍规则,但是基于政策考量,各国只对部分纯粹经济利益损失进行赔偿。

基于此种考量,《东亚侵权法示范法(暂定稿)》第3条第2款首先确立了故意造成纯粹经济利益损害应当予以赔付的规制。此规则不仅与英美法系的基本规则一致,也与大陆法系国家通过判例确立的规则体系相当。如《奥地利民法典》第1295条第1款虽然宽泛地表述"任何人都可对因过错造成其损失的人主张损害赔偿",但奥地利的判例和学说将纯粹经济利益

---

[1] Helmut Koziol, *Recovery for Economic Loss in the European Union*, Arizona Law Review. 2006,(Winter).

[2] See Helmut Koziol, *Recovery for Economic Loss in the European Union*, Arizona Law Review. 2006,(Winter).

损失限制在故意等狭窄的范围之内。[1]此种条款,即避免了法国模式法律文本中一般条款过于宽泛和原则的弊端,也避免了德国模式限定过于严苛而依赖于法官造法造成对实定法大量突破的情况的发生。

除了故意侵害纯粹经济利益的规则之外,过失行为造成的纯粹经济利益损失,则以法律的明确规定为限获得赔偿。归纳言之,包括以下六类:

1. 不实陈述

如果陈述人知道其陈述将对第三人产生引导作用,或者其作出陈述就是为了对第三人产生引导作用,则其应当赔偿第三人因此造成的纯粹经济利益损失。如《中华人民共和国证券法》第69条规定:"发行人、上市公司公告的招股说明书、公司债券募集办法、财务会计报告、上市报告文件、年度报告、中期报告、临时报告以及其他信息披露资料,有虚假记载、误导性陈述或者重大遗漏,致使投资者在证券交易中遭受损失的,发行人、上市公司应当承担赔偿责任;发行人、上市公司的董事、监事、高级管理人员和其他直接责任人员以及保荐人、承销的证券公司,应当与发行人、上市公司承担连带赔偿责任,但是能够证明自己没有过错的除外;发行人、上市公司的控股股东、实际控制人有过错的,应当与发行人、上市公司承担连带赔偿责任。"《最高人民法院关于审理证券市场因虚假陈述引发的民事赔偿案件的若干规定》对于审理证券市场虚假陈述案件的赔偿也进行了规定,此为纯粹经济利益损失的一种重要类型。

2. 专家责任

专家是经过特别培训或教育,取得一定资格,以自己的专业知识或技术从事执业活动的人。专家责任,是专家在执业活动中造成委托人或第三人损害,依法承担的赔偿责任。在纯粹经济利益损失领域,专家责任主要表现在律师、建筑师、会计师等责任上。基于专家负有的高度注意义务,专家应对自己过失行为造成的纯粹经济利益损失承担赔偿责任。例如《最高人民法院关于审理涉及会计师事务所在审计业务活动中民事侵权赔偿案件的若干规定》第2条第1款规定:"因合理信赖或者使用会计师事务所出具的不实报告,与被审计单位进行交易或者从事与被审计单位的股票、债券等有关的交易活动而遭受损失的自然人、法人或者其他组织,应认定为注册会计师法规定的利害关系人。"从该条理解,该规定对于利害关系人的纯粹经济利益损失是予以保护的。该规定第5条规定了会计师事务所因故

---

[1] See Helmut Koziol, *Recovery for Economic Loss in the European Union*, Arizona Law Review, 2006, (Winter).

意应承担责任的 6 种行为,第 10 条则规定了因过失而承担责任的 10 种行为。由此可见,该规定对于会计师过失致人纯粹经济利益损失的赔偿是有条件地予以认可的。

3. 受害人亲属的损失

多数国家对于人身伤害或死亡的案件,受害人的配偶和子女均可获得一定程度的经济辅助或者非财产性损失的补偿。如中国《医疗事故处理条例》第 51 条规定的"参加医疗事故处理的患者近亲属所需交通费、误工费、住宿费","医疗事故造成患者死亡的,参加丧葬活动的患者的配偶和直系亲属所需交通费、误工费、住宿费";《最高人民法院关于贯彻执行〈中华人民共和国民法通则〉若干问题的意见(试行)》 (部分失效)"145"规定的"护理人员误工费";《最高人民法院关于审理触电人身损害赔偿案件若干问题的解释》(失效)第 4 条第(十一)项规定的"受害人的住宿费"和"当事人的亲友参加处理触电事故所需交通费、误工费、住宿费、伙食补助费";《最高人民法院关于审理人身损害赔偿案件适用法律若干问题的解释》第 17 条规定的"被扶养人生活费、亲属办理丧葬事宜支出的交通费、住宿费和误工损失等其他合理费用",第 22 条规定的"交通费",第 23 条规定的"住院伙食补助费",第 28 条规定的"被扶养人生活费";等等。

4. 转移性损失

如雇员受伤后雇主根据劳动合同为其支付医药费,其可以向加害人主张赔偿。《中华人民共和国侵权责任法》第 18 条第 2 款规定:"被侵权人死亡的,支付被侵权人医疗费、丧葬费等合理费用的人有权请求侵权人赔偿费用,但侵权人已支付该费用的除外。"

5. 环境污染责任

当代社会,因船舶事故或者空难等原因引起的大规模环境污染事件时有发生,往往造成很多民事主体的纯粹经济利益损失。这些经济损失不仅数额巨大,而且对受害地区、受害行业的损害往往是长期的甚至是永久的,对其不予赔偿似乎有违社会公平,而加害一方往往可以通过经营行为获得高额的经济利益,具有较强的赔付能力。

6. 缺陷产品自身损害

《中华人民共和国产品质量法》第 41 条第 1 款规定:"因产品存在缺陷造成人身、缺陷产品以外的其他财产(以下简称他人财产)损害的,生产者应当承担赔偿责任。"欧洲经济共同体《关于对有缺陷的产品的责任的指令》和欧盟各国根据该指令制定的产品责任立法也把缺陷产品自身的损失排除在产品责任的赔偿范围之外。然而现实生活中,产品因自身缺陷无法发挥其应有的功用,虽未造成他人人身或者财产损失,但造成巨大的经济损失的情况确有发生。对于此种损失一律不予保护是不公平的。对此,法国法采用合同责任来保护纯粹经济利益损失,认可"就相同标的进行的连续交易合同(chaine de contrats),第二买受人(sous-acqueureur)可以直接对出卖人(fabricant)提出诉讼"[1]。德国司法实践中,则将其视为对他人财产(缺陷产品本身)所有权的侵害,从而认可纯粹经济利益损失赔偿。[2]《中华人民共和国侵权责任法》第41条规定:"因产品存在缺陷造成他人损害的,生产者应当承担侵权责任。"杨立新教授指出,将该条与《中华人民共和国产品质量法》第41条对比,可以确定《中华人民共和国侵权责任法》规定的"损害",既包括缺陷产品造成受害人的人身、财产损害,也包括缺陷产品本身的损害。[3]受害人就两种损害一并起诉的,法院应当一并予以支持。而其中缺陷产品自身的损害,其性质应为纯粹经济利益损失。

第二节 无过错责任与替代责任

一、关于无过错责任

(一)无过错责任的定义与构成

《东亚侵权法示范法(暂定稿)》第5条是关于无过错责任的规定,共有4款。第1款规定了无过错责任的规制原则和构成要件。"损害他人私法权益造成损害,法律规定不论加害人有无过错都应当承担侵权责任的,加害人应当承担侵权责任。"无过错责任即英美法上的严格责任,或者德国法上的危险责任。无过错责任,是根据法律的特别规定,不考虑加害人对损害的发生有无过错而要求其承担侵权责任的归责原则。无过错责任原则的产生和广泛应用,是现代侵权法对近代民法上作为基本原则之一的"过错

---

[1] 〔意〕毛罗·布萨尼、〔美〕弗农·瓦伦丁·帕尔默:《欧洲法中的纯粹经济损失》,张小义、钟洪明译,法律出版社2005年版,第230页。

[2] 参见〔意〕毛罗·布萨尼、〔美〕弗农·瓦伦丁·帕尔默:《欧洲法中的纯粹经济损失》,张小义、钟洪明译,法律出版社2005年版,第239页。

[3] 参见杨立新:《侵权法论》(第5版),人民法院出版社2013年版,第722页。

责任"的修正[1],是因应现代化大生产,特别是大型危险性工业的产物。与过错责任的归责原则不同,无过错责任原则归责的价值判断标准是已发生的损害结果,而不是过错。在此原则下,确定责任的有无不是过错,而是损害事实,有损害则有责任,无损害则无责任。[2]从构成要件角度看,无过错责任仅以侵权行为、损害后果和因果关系作为责任构成的要件,而不考虑加害人主观上过错的有无。《中华人民共和国民法通则》第 106 条第 3 款将无过错责任表述为"没有过错,但法律规定应当承担民事责任的,应当承担民事责任",仍然是将加害人的过错作为责任构成中需要考察的要件,与无过错责任的本旨不符。《中华人民共和国侵权责任法》第 7 条改变了此种规定,将无过错责任表述为"行为人损害他人民事权益,不论行为人有无过错,法律规定应当承担侵权责任的,依照其规定",更符合无过错责任的本质。《东亚侵权法示范法(暂定稿)》沿袭了此种规范模式。

(二) 无过错责任的可归责性事由

《东亚侵权法示范法(暂定稿)》第 5 条第 2 款是关于无过错责任的可归责性事由的规定。无过错责任不考虑加害人的过错,其责任承担的基础不是过错而是损害。法律规定无过错责任的目的在于,"切实保护民事主体的人身、财产的安全,更好地保护民事主体的民事权益,促进从事高度危险活动和持有高度危险物的人、产品生产者和销售者、环境污染者以及动物饲养人、管理人等行为人,对自己的工作予以高度负责,谨慎小心从事,不断改进技术安全措施,提高工作质量,尽力保障周围人员、环境的安全;一旦造成损害,能迅速、及时地查清事实,尽快赔偿受害人的人身损害和财产损失"[3]。因而,法律规定无过错责任的具体形态,均是基于法律政策的考虑,有其正当化基础,而该正当化基础,就是可归责性。基于无过错责任的本旨,此种可归责性包括某种特定活动对于他人的危险性,如高度危险作业或者饲养动物给他人所带来的危险,或者从事可能造成污染的工业生产给他人或者环境造成的风险。在产品责任中,则表现为产品的缺陷。当然,产品缺陷本身也是一种不合理的危险。《中华人民共和国产品质量法》第 46 条规定:"本法所称缺陷,是指产品存在危及人身、他人财产安全的不合理的危险;产品有保障人体健康和人身、财产安全的国家标准、行业标准的,是指不符合该标准。"因此,产品缺陷是一种危及他人人身财产安全的不合理危险,可以外化为不符合相关标准。《东亚侵权法示范法

---

[1] 参见刘士国:《现代侵权损害赔偿研究》,法律出版社 1998 年版,第 43 页。
[2] 参见杨立新:《侵权法论》(第 5 版),人民法院出版社 2013 年版,第 190 页。
[3] 杨立新:《侵权法论》(第 5 版),人民法院出版社 2013 年版,第 193 页。

（暂定稿）》第 5 条第 2 款规定："法律可以就危险、缺陷或者其他可归责性事由，规定前款规定的侵权责任。"该款对法律规定无过错责任的可归责性事由作出了指引，有利于防止无过错责任的滥用。

（三）无过错责任与责任限额

无过错责任是应对现代社会普遍存在的风险的需要，而对风险的制造者科以较为严苛之责任。无论其有无主观过错，都要求其对行为风险造成他人的损害承担责任。此原则当然对受害人更为有利，也可以督促行为人更为审慎地避免损害的发生。然而，这一归责原则显然会使一部分全无过错的行为人承担他人的损害，对行为人而言有失公平。同时，由于现代生产经营活动中的经营行为可能影响到数量众多的民事主体的利益，如在高速运输工具上致人损害，受害者可能人数众多。如果贯彻侵权法上全部赔偿原则，将可能使经营人承担难以承受的重责，乃至使经营行为难以为继。为平衡此种冲突，法律往往在无过错责任的具体规则中规定责任限额，加害人仅在责任限额内承担责任。例如，对于民用航空器致乘客损害的责任，根据《蒙特利尔公约》的规定，对于旅客人身伤亡的赔偿，不管有无过错，承运人必须对旅客的人身伤亡承担赔偿 10 万特别提款权，承运人不得免除或者限制其责任。根据中国《国内航空运输承运人赔偿责任限额规定》第 3 条的规定，国内航空运输承运人对每名旅客的赔偿责任限额为人民币 40 万元。《中华人民共和国侵权责任法》第 77 条规定："承担高度危险责任，法律规定赔偿限额的，依照其规定。"《东亚侵权法示范法（暂定稿）》第 5 条第 3 款规定："适用无过错责任的侵权责任，得适用法律关于限额赔偿的规定。"从而将责任限额的适用范围扩展到各类无过错责任。

（四）无过错责任中加害人的过错

无过错责任中并不考虑加害人的过错，即加害人的过错并非责任的构成要件。但是，适用无过错责任的侵权行为中加害人的过错有无意义呢？应该说仍然具有意义。

1. 加害人的主观过错，对于责任的范围具有重要意义

在适用无过错责任案件中，如果受害人可以证明加害人具有过错，则可以使损害发生的原因更加明确，同时可以对损害赔偿的范围造成影响。例如，受害人因侵权行为使人身权益受损造成严重精神损害的，根据《中华人民共和国侵权责任法》第 22 条之规定，可以请求精神损害赔偿。而在确定精神损害赔偿的数额上，《最高人民法院关于确定民事侵权精神损害赔偿责任若干问题的解释》第 10 条则将"侵权人的过错程度"作为首要的

考虑因素。因此,受害人能够证明加害人的过错的,可以获得较高的精神损害赔偿。

2. 在某些无过错责任类型中,构成某种形态的责任仍需考虑加害人的心理状态

如《中华人民共和国侵权责任法》第 47 条规定:"明知产品存在缺陷仍然生产、销售,造成他人死亡或者健康严重损害的,被侵权人有权请求相应的惩罚性赔偿。"从该法第 41、42 条的规定看,产品的生产者、销售者生产、销售缺陷产品造成他人损害的,即应承担无过错责任。但造成受害人死亡或者健康严重损害的,受害人(或其他请求权人)可以证明生产者、销售者对产品缺陷存在放任心态(间接故意)的,即可在产品责任之外主张惩罚性赔偿。同样,《中华人民共和国消费者权益保护法》第 55 条第 2 款规定:"经营者明知商品或者服务存在缺陷,仍然向消费者提供,造成消费者或者其他受害人死亡或者健康严重损害的,受害人有权要求经营者依照本法第四十九条、第五十一条等法律规定赔偿损失,并有权要求所受损失二倍以下的惩罚性赔偿。"这也使产品责任中对加害人过错的证明具有法律上的意义。

3. 加害人的主观过错,对于损害赔偿的范围有重要作用

对于适用无过错责任而受责任限额限制的责任类型,证明加害人对于损害的发生与扩大有过错,对于损害赔偿责任范围的确定应当按照过错责任原则的要求进行,凡是与其过错行为有因果关系的损害结果,实行全部赔偿原则。例如,根据《蒙特利尔公约》的规定,如果旅客的人身伤亡是由承运人的过错造成的,则承运人承担的责任无限。

基于上述原因,《东亚侵权法示范法(暂定稿)》第 5 条第 4 款规定:"适用无过错责任的侵权责任,受害人能够证明加害人有过错的,可以适用本法第三条规定的过错责任确定侵权责任。"

二、关于替代责任

《东亚侵权法示范法(暂定稿)》第 6 条是替代责任一般原则的规定。替代责任是与自己责任相对应的责任形态。过错责任原则要求行为人只对自己的过错行为给他人造成的损害承担侵权责任,其隐含的基本前提是自己责任。然而,自罗马法以来,除了对自己的行为承担责任的情形外,在晚于私犯(delicts)出现的准私犯(quasi-delicts)中,就出现了物之保管人对保管和防止之物的责任、房主对于由房屋中抛掷之物的责任、船东对

于受雇人致人损害的责任等责任。[1]可以说,这些不以加害人过错为基础的侵权责任,正是后世无过错责任之滥觞。同时,基于责任主体与行为主体的分离,一种不同于自己责任的替代责任也由此产生了。

替代责任,是指为他人行为负责的侵权责任。在此种责任中,行为人与责任人相分离,责任人为行为人所造成的损害承担赔偿责任。对于管领下对象的责任,有学者指出其不是替代责任,因为其不具有行为人与责任人相分离的特征。[2]东亚侵权法示范法所采用的替代责任概念未包括管领下对象的责任,而将替代责任界定为"须对他人实施的侵权行为负责",避免了将高度危险作业责任、环境污染责任等无过错责任归入替代责任所带来的理论争议。由于替代责任是自己责任原则的例外,必须由法律规定的归责事由作为其正当化基础。而法律规定的归责事由,多是基于当事人之间的特殊关系,以及基于此种特殊关系而维护社会公平之需要。

作为替代责任的典型类型,《东亚侵权法示范法(暂定稿)》第6条第2款规定了欠缺责任能力人致人损害时,亲权人或者监护人依第1款之规定承担替代责任。对于监护人对被监护人所实施行为应当承担责任的性质,各国立法向来有争议,《法国民法典》第1384条第3款采用了过错推定原则,而在实践中,"为强化对受害人的保护,法国民法中的监护人责任已经从过错推定转化为严格责任"[3]。《德国民法典》第832条、《日本民法典》第714条均采用了过错推定,允许监护人通过证明自己"没有怠于履行其义务,或者即使其不怠于履行其义务损害仍不能避免要发生"而免除责任。就总体趋势而言,监护责任在逐渐加重,以便更好地保护受害人的权利。《中华人民共和国侵权责任法》第32条第1款规定:"无民事行为能力人、限制民事行为能力人造成他人损害的,由监护人承担侵权责任。监护人尽到监护责任的,可以减轻其侵权责任。"根据该条规定,即使监护人尽到监护责任,其责任也不能免除。此种责任,虽然未以被监护人的行为构成侵权作为监护人承担责任的前提,不属于狭义上的替代责任,但监护人承担责任并非以其未尽到教育管理职责为要件,因而仍属于广义上的替

---

[1] See William Alexander Humter, *Introduction to Roman Law*, William Maxwell & Son, 1880, pp. 146–147.
[2] 参见杨立新:《侵权法论》(第5版),人民法院出版社2013年版,第861页。
[3] 王利明:《侵权责任法研究》(下卷),中国人民大学出版社2010年版,第42页。

代责任。[1] 此种立法，在确定监护人责任构成时无须考虑监护人是否已善尽监护义务，也无须对被监护人的行为以过错责任的构成要件加以判断，可以更好地保护受害人的合法权益，同时也能督促监护人更好地履行监护职责以避免损害的发生，故为《东亚侵权法示范法（暂定稿）》所吸收借鉴。

---

[1] 参见李永军:《论监护人对被监护人侵权行为的"替代责任"》，载《当代法学》2013年第3期。

第三章　损　害

《东亚侵权法示范法（暂定稿）》条文

第七条【损害的界定】
损害，是指对他人受法律保护的私法权益进行侵害所造成的财产上或非财产上的不利益。

第八条【损害的类型】
下列情形，属于本法第七条规定的损害：
（一）人身损害，是指受害人因生命权、健康权、身体权受到侵害而造成的死亡、伤残、身体完整性损害以及因此造成的财产或者非财产上的不利益。
（二）财产损害，是指受害人因物权、债权、知识产权以及其他财产法益受到侵害而造成的财产上的不利益，包括财产的现实减损和可得利益的丧失。
（三）人格财产利益损害，是指受害人精神性人格权受到侵害而造成的财产利益的损害。
（四）精神损害，是指受害人因人格权、身份权等私法权益受到侵害而造成的精神上、肉体上的痛苦以及其他人格和身份上的不利益；包含人格因素的特定物品受到侵害，造成人格利益损害的，视为精神损害。

第九条【损害私法权益的位阶与冲突】
本法对不同性质的私法权益，依照下列顺序予以保护：
（一）人的生命、健康、身体、自由、尊严和人格完整性；
（二）其他人格权益、身份权益；
（三）物权、债权、知识产权等财产权益。
前款规定的私法权益之间发生冲突时，对位阶较高的私法权益优先予以保护。

第十条 【预防减少损害而支出的合理费用的损失】

在侵权行为发生后,受害人为预防或者减少损害而支出的合理费用,视为损害的内容,应当获得赔偿。

因权益救济而支出的律师费、调查费等合理费用,视为前款规定的损害。

第十一条 【损害的证明】

受害人应当对损害的存在及其范围和程度负举证责任,法律对损害的证明有特殊规定的除外。

当对损害数额的证明过于困难或者证明费用过巨时,法院可以依据公平原则酌定损害数额。

【法理阐释】

东亚各国民法根据其各自不同的法律理论而搭建起了不同的民事责任结构,这就决定了彼此之间对于损害的概念、性质、地位和作用等的认识和界定均有所不同,甚至差异很大。质言之,有什么样的民事责任构造,就会有什么样的损害概念和分类。另外,如果将法律概念分为"规范性"和"描述性"两类,无疑,"损害"应被归入描述性概念,因为它正是"实际的或实际一类的,原则上为可感觉到的或以其他方式可经验的客观的概念",总体上来讲,是一种"朴实的经验概念"。[1] 所以,损害概念主要应交由常识、经验法则去结合个案具体界定。但出人意料的是,长期以来,法学界竟然对损害概念的界定提出了多种颇具理论深度的描述。与各国民法在立法上的各呈精彩相对应,在学说上也出现了林林总总的损害概念以及学说。东亚侵权法学会也正是基于这样的立法和学说背景,在比较研究及充分讨论的基础上,就第三章"损害"的统一示范法规则达成了以下主要共识。

---

[1] 关于"规范性"概念和"描述性"概念的分类,参见〔德〕恩吉施:《法律思维导论》,郑永流译,法律出版社2004年版,第133—137页。

第一节　损害的界定及其类型

《东亚侵权法示范法（暂定稿）》第 7 条对损害的概念进行了界定，即"损害，是指对他人受法律保护的私法权益进行侵害所造成的财产上或非财产上的不利益"。以下对该界定进行分析。

一、损害的界定

（一）损害的规范评价

从历史上看，罗马法由于契约责任与契约外责任的分别发展，无法形成统一的损害概念，同时由于民法学尚未进入一般化的发展阶段，更无法形成一般化的损害概念。近代以来，随着各国民法走上法典化的道路，从民事责任的构造上对损害概念进行把握的一般化思路逐渐广获肯定，学者们由此区分出自然的损害概念（natürlicher Schadensbegriff）和规范的损害概念（normativer Schadensbegriff）。自然的损害概念，仅着眼于受害人遭受不利益的侵害事实本身，对超出侵害事实的"损害"则采取回避态度；规范的损害概念，乃认定损害为法律上的概念，当然地具有规范性，何种不利益可予以赔偿，亦当然地含有法律上之评价。

本质上来说，自然的损害概念与规范的损害概念之间并无范围大小之比较可言，因为它们并不在同一个界定平面上。如有的损害根据自然的损害概念并不能获得赔偿，却有可能因为符合规范的损害概念而获得赔偿。从赔偿对象的角度看，并非所有的因侵害事实所造成的不利益都能得到赔偿，而只有那些获得规范评价的、受法律保护利益（包括权利和法益）的损害，才能得到赔偿。哪些利益受法律保护，必须根据整个法律制度确定。而侵害受法律保护利益背后的观念，乃归属于违法性的范畴。[1] 承认损害须经规范评价，而否认其仅为分散的、自然的观察，这使得在法律上形成统一的损害概念成为可能。

（二）差额说的提出

统一的损害概念的起点是差额说（Differeztheorie，Differenzhopoteses）。该说系由德国学者弗里德里希·毛姆森参酌日耳曼法学说，于 1855 年发表

---

〔1〕 参见欧洲侵权法小组编著：《欧洲侵权法原则：文本与评注》，于敏、谢鸿飞译，法律出版社 2009 年版，第 52 页。

的《利益说》（Zur lehre von dem Interesse）一文所创设，是指比较受害人的总财产额（Gesamtvermögen），在于有一定侵害事实发生与无该侵害事实时所存在的差额。该说旨在以统一的损害概念及因果关系作为判断损害有无及范围的理论架构，实践完全赔偿原则并排除法官的恣意，以保护受害人。差额说的特征有如下诸端[1]：

1. 差额说的实质是利益说

差额说的适用对象限于财产上的损害，以财产上所受之不利益来界定损害。虽然在计算上需要环顾各个损害项目，但不以自然的损害概念作为损害之本质，而以受害人之总财产额之变化作为考察的基点，以被换算为一定金额的计算上之大小来认定损害，不能换算的则不能谓之损害，从而确立起统一的损害概念。

2. 差额说中作为考察基点的两个总财产额

这两个总财产额，一是受害人在受侵害事故后的现实总财产额（具体财产状况），一是如无该侵害事故时应有的总财产额（假设财产状况），两者之间的差额即为损害。就具体的损害项目而言，受害人受损的计为负数，受益的则计为正数，各项相加后剩余之负数即为损害（即差额）；如剩余者为正数的，则否定损害之存在。这是两个财产状况之间的比较，而非具体的损害项目之间的比较。该说强调对损害计算上的周延性，因而与完全赔偿原则之理想相契合。

3. 差额说为纯主观的学说

在该说中，各种受害人主观之利益均被列入考察的范围，借以排除法官之恣意。在认定受害人之损害时，将所有有利、不利之因素全部斟酌及之，并非依据某种观念上或平均上的价值，而系依据受害人具体的状况，此为损害的主观性（Subjektbezogenheit），着眼于损害之填补，禁止受害人因赔偿而获利。

如同完全赔偿原则一样，差额说的论调显得过于理想，在实际操作中也难免僵化，因而备受诟病。首先，差额说以所谓"总财产额"作为考察基点，同时限定只有被换算为一定金额的才能纳入损害的范围，一方面，无限扩大了考察的范围，有过于复杂化之嫌；另一方面，又窄化了考察的着眼点，而有过于简单化之嫌。其次，差额说仅仅以对两个总财产额的计

---

[1] 参见曾世雄：《损害赔偿法原理》，中国政法大学出版社2001年版，第118—120页；韩世远：《违约损害赔偿研究》，法律出版社1999年版，第22—24页；王泽鉴：《损害概念及损害分类》，载《月旦法学杂志》2005年第9期；陈聪富：《人身侵害之损害概念》，载《台湾大学法学论丛》2006年第1期。

算上所得之正负来认定损害，在许多场合下未能顾及法律上的公平正义。差额说的抽象的决定方法，对于非财产上损害、因原状恢复之赔偿、应予比较之状况难以确定之情形，会使损害只得依推定暧昧地进行。对于一些有必要予以保护的利益，若依差额说则会发生困难，如使用中断（entgangene Nutzungsmöglichkeit）、市场价值降低（merkantile Minderwert）及自由时间的剥夺（entgangene Freizeit）等。于计算损害范围时，有所谓损益相抵、假设因果关系（hypothetische Kausalität，又译为修补因果关系，又名想象上损害原因）及第三人损害（狭义）问题等，此等问题如严格依差额说以求解决，则其结果可能有违公平正义之观念。[1]

（三）在差额说基础上的修正

由于上述种种弊端，由差额说所建立起来的统一的损害概念遂面临分裂的危机。取而代之的主要有如下一些学说：

1. 相对的具体损害说（组织说）

该学说乃建立在差额说的基础之上，在不否认差额说以总财产额之变化来衡量损害的基本观念的同时，发展出一些应予赔偿的具体的损害概念。由于在观念上系将损害至少区分为具体的和抽象的两个部分，因而又称为组织说。其中，奥特曼（Oertmann）提出的所谓"真实损害"（realer Schaden），诺依纳（Neuner）提出的所谓"直接损害"（unmittelbarer Schaden），弗兰茨·比德林斯基（Franz Bydlinski）提出的所谓"客观损害"（objektiver Schaden），西原道雄提出的死伤损害（定额化）说等，均非依差额说之计算所可填补，故应依客观估定并填补之。威尔伯格（Wilburg）提出的依法律保护目的直接所及者区分为"价值赔偿"和"利益赔偿"，诺伊勒（Zeuner）、约瑟夫·埃塞尔（Josef Esser）、拉伦茨（Larenz）等所采取的"具体损害"（konkreter Schaden）和"计算上损害"的区分，均在一定程度上克服了差额说的弊端。[2]

2. 绝对的具体损害说（个别损害说）

默勒（Möller）主张对财产损害中的财产概念进行检讨，从经济意义上进行解释，以个别损害（Einzelschaden）概念取代统一的损害概念。个别损害有法益、非法益的价值、非价值关系及其组合共四种表现形式。所谓损害，既可见于人对法益的关系（＝价值关系）遭到破坏的场合，也可

―――――――――

〔1〕 参见曾世雄：《损害赔偿法原理》，中国政法大学出版社 2001 年版，第 120—123 页；韩世远：《违约损害赔偿研究》，法律出版社 1999 年版，第 25—27 页。

〔2〕 参见曾世雄：《损害赔偿法原理》，中国政法大学出版社 2001 年版，第 124—126 页；韩世远：《违约损害赔偿研究》，法律出版社 1999 年版，第 28—31 页；陈聪富：《人身侵害之损害概念》，载《台湾大学法学论丛》2006 年第 1 期。

见于因某人的非法益的关系（=非价值关系）而致无价值的场合。在这种过失立场看来，法益与非法益的区分在构成上具有重大意义。损害作为各式各样价值关系的变动体现，需个别地加以确定。[1]

3. 法律地位保护说

施泰因多夫（Steindorff）认为，对损害的计算应采取抽象的方法，即依据被侵害之法律地位的种类或其保护的必要性来进行计算，而不考虑损害是否发生、价值是否减少。此种抽象的损害计算，在无形财产权受侵害的场合下被广泛承认。塞尔布（Selb）认为，应以责任规范的目的理解损害。传统的损害概念无法解决行为人必须负担损害赔偿义务的问题。损害赔偿请求权为对行为人违法行为的制裁，而非对损害之填补。至于作为计算要素的财产差额，至多仅为终局的计算要素之一。[2]

4. 损害事实说

平井宜雄认为，损害作为损害赔偿构成要件之一，是指受害人所主张的其蒙受不利益的事实。差额说不足以说明损害概念作为损害赔偿构成要件的任何意义，只有受害人所主张的不利益事实才能成为法院裁判的基础，而对其之金钱赔偿只是裁判后的归结而已。受害人所主张的不利益事实是法院裁判的基础，属于事实认定的领域；而通过金钱赔偿所表明的损害，是经过法院裁判后的评价内容，属于规范性判断方面的问题。受害人对损害的数额不承担主张责任、证明责任，盖因对损害及其赔偿数额的认定系属于事实认定领域以外的规范性判断事项，应悉数交由法官之自由裁量。[3]

对于上述诸学说，中国学者多是在差额说的基础上进行一定程度的修正。[4]有学者认为："在我国学说上，对损害概念是采何种学说似乎并不十分鲜明，从通常所接受的直接损害与间接损害之分类上，似乎可以说，与差额说仍保持有相当的距离；在实务上对损害也多是从损害项目的角度进行累积计算，这样似乎更为接近组织说。"[5]有学者则明确采取损害事

---

[1] Vgl. Möller, *Summen und Einzelsschaden, Beitrage zur Erneuerung der Schadensrecht vom Wirtschaftsrecht aus*(Hamburger Rechtsstudien. H. 30), 1937, SS. 9–103.

[2] 参见陈聪富：《人身侵害之损害概念》，载《台湾大学法学论丛》2006年第1期。

[3] 参见[日]平井宜雄：《债权各论Ⅱ·不法行为》，弘文堂1992年版，第74—75页。

[4] 参见曾世雄：《损害赔偿法原理》，中国政法大学出版社2001年版，第131页；王泽鉴：《损害概念及损害分类》，载《月旦法学杂志》2005年第9期；王利明：《侵权责任法研究》（上卷），中国人民大学出版社2010年版，第291页；张新宝：《侵权责任构成要件研究》，法律出版社2007年版，第128页。

[5] 韩世远：《违约损害赔偿研究》，法律出版社1999年版，第37页。

实说。[1]杨立新教授从界定侵权责任构成的角度认为:"损害事实是指一定的行为致使权利主体的人身权益、财产权益受到侵害,并造成财产利益和非财产利益的减少或灭失的客观事实。"[2]关于上述诸说,笔者有以下浅见:

首先,损害事实说区分了归责意义上的损害概念和答责意义上的损害概念,这在理论上具有重要意义。该学说着眼于对归责意义上的损害概念的界定,指出了差额说和其他损害学说系着眼于答责意义上的损害概念,其在归责之场合归于无效。[3]该学说在构造上虽属严格,但对于两种意义上的损害概念之间的同一性却未能言明。在归责的意义上,损害的概念并非仅止于事实性,而是须经法律评价的,即须具有由违法性要件所控制的规范性,并由此而进入到答责阶段,成为答责意义上的损害。该学说将对损害数额的认定以及赔偿数额的确定,全部交由法官之自由裁量的做法,无疑是将法官对损害赔偿的裁量权提升到概括授权的高度,因而具有突破性的意义,但是似乎其步伐过大,易失对受害人一方的诉讼责任的指引和规制,对于行为人一方会有失均衡。

其次,相对的具体损害说中的诸种具体损害,实际上都是从事实(或曰客观)的角度对差额说未能填补的损害作出的界定。而这些分裂出来的损害概念,与差额说所界定的损害概念并不在同一个层面之上。后说直追损害之本质,唯其功能仅止于填补损害,调整受害人过去之利益,同时给予损害以规范之说明;而前说乃着眼于损害——侵害之本身,强调损害赔偿之权利保护机能,以损害赔偿须为原本权利或利益之等价替代物,从权利或利益之保护本身出发来构成损害的概念,以弥补后说的固有缺陷。[4]因此,相对的具体损害说可以视为差额说的有益补充,有利于解决差额说就使用中断、市场价值降低、自由时间的剥夺以及损益相抵、假设因果关系、第三人损害(狭义)等问题时所面临的困难。对于这些具体损害的计算,虽然在原则上有赖于依差额说所建立起来的思考平台,但两说对于其

---

[1] 参见宁金成、田土城:《民法上之损害研究》,载《中国法学》2002年第2期。

[2] 杨立新:《侵权法论》(第5版),人民法院出版社2013年版,第219页。

[3] 所谓归责即责任的归结,是指在法律规范上,决定何人对于某种法律现象在法律价值判断上使其负担责任之谓。参见邱聪智:《庞德民事归责理论之评介——以法理学与民法学结合之观点为中心》,载邱聪智:《民法研究》(一)(增订版),中国人民大学出版社2002年版,第85页。所谓答责,即责任的承担,是指在法律规范上决定行为人应于何等范围内、以何种方式承担责任。答责是归责的结果,没有归责,则不存在答责;答责还是归责的目标,归责是为了答责,否则归责将归于无意义。答责包括责任范围和责任方式两个部分的内容。

[4] 参见陈聪富:《人身侵害之损害概念》,载《台湾大学法学论丛》2006年第1期。

中之一损害的考察视点存在偏差，前说从客观，后说则从主观。这在实务中应予注意。

再次，除损害事实说以外，其他三种学说均从规范的角度对统一的损害概念进行了分解和再造。如果以一条线段比喻这三种学说之间规范性的强弱，以相对的具体损害说为中点，绝对的具体损害说和法律地位保护说则分别居于线段的两个端点。绝对的具体损害说以否定差额说为宗旨，仅承认各种价值关系变动中的个别损害概念，而不承认统一的损害概念，在实质上是披着规范评价外衣的损害事实说，其损害概念的规范性最弱。法律地位保护说坚持从归责意义出发界定损害概念，维持违法性要件对损害概念的控制，因而其损害概念的规范性最强。但与损害事实说一样，法律地位保护说亦未能回答对损害如何实现答责的问题。因此，可以将这些具体的损害概念学说作为差额说之补充，在依差额说为基础衡量利益之大小时，亦不排除对具体的损害直接计算之可能，特别是在例外情形中更应以具体损害来确定可赔偿之损害类型。

总之，差额说因符合完全赔偿原则，大体上是正确的。究其实质，此乃一种思考方法，实务中，通常系就具体的损害项目（如人身伤害、物被毁损、出卖人给付迟延等）计算其损害。例如，某人被恶犬咬伤时，不会将其房屋、股票、银行存款等亦予列入而计算其损害。当然，在现代，差额说的适用对象应不限于财产上的损害，对非财产上的损害亦得援用，即比较侵害事实发生前、后受害人之精神、肉体痛苦等加以认定。[1]应当承认：依一种观念以统一确定损害赔偿的范围，事实上是非常困难的，毋宁是基于政策的价值判断，从适应于各个时代的社会意识中去抽象出可赔偿的损害。"从这个意义上说，今后应做之事是，抽出确定赔偿范围时所重视的要素，使之类型化。"[2]

(四) 损害的性质

损害是指对他人受法律保护的私法权益进行侵害所造成的财产上或非财产上的不利益。此为东亚侵权法示范法下统一的损害概念。在损害赔偿的框架之下，损害具有如下性质：

1. 民事性

即受侵害的权益必须属于民事法律的调整范围，表现为民事主体的人身、财产权益（即民事权益）。在侵权责任的领域，《中华人民共和国侵权

---

〔1〕 参见王泽鉴：《损害概念及损害分类》，载《月旦法学杂志》2005 年第 9 期。
〔2〕 〔日〕新美育文：《日本的产品责任中的赔偿范围与责任限制》，载〔日〕加藤一郎、王家福主编：《民法和环境法的诸问题》，中国人民大学出版社 1995 年版，第 192—193 页。

责任法》第 2 条规定:"侵害民事权益,应当依照本法承担侵权责任。本法所称民事权益,包括生命权、健康权、姓名权、名誉权、荣誉权、肖像权、隐私权、婚姻自主权、监护权、所有权、用益物权、担保物权、著作权、专利权、商标专用权、发现权、股权、继承权等人身、财产权益。"这是中国民法上关于侵权责任保护范围的一般规定,尽管不是在侵权责任构成意义上的损害的专门规定,但却从反面反映了损害的本质内容。对于公法上的权益遭受侵害的,原则上只能通过适用相应的公法制度予以救济,除非民法上针对其情形而备有相应的转介条款,否则不能径予适用民法而获得救济。当然,这不排除公法在设置救济制度时,对包括损害赔偿在内的民法救济制度的"借用"。

2. 不利益性

即受害人的人身、财产权益相对于侵害事实发生前发生了客观上不利益的变化。学者又称此为法益主体之生活条件的减少。〔1〕此为差额说之本质要义,已如前述。这种不利益,包括两种情形:一为不良后果,如财物毁损、利润丧失、健康恶化、名誉被玷污等;二为不良状态,如财物被侵占、经营受妨碍、环境被污染、行为受限制等。所谓"不良",是指这种后果或状态被普遍认为是不可容忍、不能接受或者至少是令人痛苦或难堪的。〔2〕质言之,不利益性乃对受法律保护的利益(protected interests)之侵害。《欧洲侵权法原则》第 2:101 条规定:"损害须是对法律保护的利益造成的物质损失或非物质损失。"即揭斯旨。

3. 确定性

即损害的发生及其内容必须是确定的。学说上又称其为损害的现实性。〔3〕一方面,损害的确定包括损害的发生和损害的内容两个方面,损害的确定性要求损害在这两个方面都是客观上可以衡量的。客观上不可衡量而仅仅为受害人之主观感受者,不是法律意义上的损害。损害既可以是人身、财产权益本身的积极减少,如手指被截断、发生精神痛苦、车辆毁损灭失等;也可以是人身、财产权益的消极减少,如因毁损机动车而使受害人的营运生计中止,由此而产生的营业损失等。"臆想的损害"或者单纯之权利侵害等,均不是损害。另一方面,在证明法的角度上,只要有足够

---

〔1〕 参见史尚宽:《债法总论》,中国政法大学出版社 2000 年版,第 166 页。
〔2〕 参见佟柔主编:《中国民法》,法律出版社 1990 年版,第 565 页。
〔3〕 参见佟柔主编:《中国民法》,法律出版社 1990 年版,第 566 页;全国人大常委会法制工作委员会民法室编:《〈中华人民共和国侵权责任法〉条文说明、立法理由及相关规定》,北京大学出版社 2010 年版,第 22 页。

的可能性（probabilité suffisante），损害的确定性即获满足，即使其为未来的损害（dommage futur）亦同。[1]为此，受害人对确定的损害原则上应负举证责任，但法律上设有举证责任倒置的除外，"不能被确定的损害"原则上不是损害。需要注意的是，损害本身的确定不同于损害数额的确定。如果损害本身可以确定但损害的数额不能确定的，原则上得由法院予以酌定。

4. 因果性

损害的因果性，兼有"归责—答责"各阶构造的意义。在归责意义上，损害的因果性是指损害在责任构成意义上的因果性，即侵害事实与损害发生（权益受侵害）之间具有因果关系（责任成立因果关系）；在答责的意义上，损害的因果性是指权益受侵害与损害赔偿范围之间的因果关系（责任范围因果关系）。[2]《中华人民共和国侵权责任法》第6条第1款规定："行为人因过错侵害他人民事权益，应当承担侵权责任。"其中的"因"，兼有此两种因果关系的性质。责任成立因果关系中的损害，称为初始侵害（Erstverletzung）；责任范围因果关系中的损害，称为结果侵害（Folgeverletzung）。[3]

5. 违法性

在归责构造中，违法性要件具有界定及区别受保护的民事权益的功能。在传统民法中，违法性要件通常会被单独提出，很少直接作为针对损害的限定条件。在侵权责任领域，《法国民法典》第1382条仅界定为"损害"，同时在构成上不采取违法性要件；《德国民法典》第823条第1款则规定为"因不法侵害……发生之损害"，明确采取违法性要件，该要件主要针对于加害行为；《意大利民法典》虽然大部分内容与《法国民法典》一致，但在侵权责任的构成上，却于第2043条将损害要件明确规定为"不法损害"（danno ingiusto），明确采取违法性要件，并且该要件主要针对于损害，而非加害行为。

在中国法上，虽然在民事责任的诸一般条款中，立法者均认为受保护的民事权益须为"合法权益"[4]，但在具体的责任构成中，却并未从反面

---

[1] 参见《美国合同法重述·第二次》第352条；《国际商事合同通则》（PICC2010）第7.4.3条第1款；《中国民法典草案建议稿》第916条第2款第2项，梁慧星主持：《中国民法典草案建议稿》，法律出版社2003年版，第181页；张民安：《现代法国侵权责任制度研究》，法律出版社2003年版，第94—95页。

[2] 参见王泽鉴：《侵权行为》，北京大学出版社2009年版，第183—184页。

[3] 参见王泽鉴：《侵权行为》，北京大学出版社2009年版，第185页。

[4] 参见《中华人民共和国民法通则》第1条，《中华人民共和国合同法》第1条，《中华人民共和国侵权责任法》第1条。

强调损害的违法性。学说上对于违法性要件之是否采取,争议很大。笔者采取肯定说。首先,违法性是合法性的反面。《荷兰民法典》第六编第一章第十节的名称为"损害赔偿的法定义务",其中即寓有对损害赔偿项下之"损害"予以规范评价的意义。这与前述《欧洲侵权法原则》第2∶101条规定的"法律保护的利益"殊途同归,皆明确采取违法性要件。其次,违法性要件的第一义是对民事权益进行了不法侵害(unmittelbare Rechtsgutverletzung);其第二义方为对侵害事实本身的违法性评价。就民事法益之保护,须以侵害事实有无违反法律保护目的和规范要求为最终之标准。[1]

《意大利民法典》第 2043 条从损害的角度确立违法性要件,既能够避免如《德国民法典》第 823 条第 1 款那样过于严格的类型固定原则(Enumerationsprinzip),也能够避免如《法国民法典》第 1382 条那样过于宽泛的条款。损害之具有可赔偿性,必须是法官根据法律体系中的各种规范推论出来的"不当的"损害。[2]学者通说认为,这里的"不法"应该这样判断:一是违反了 1 条民法规范;二是对根据社会公认的原则予以认可的利益的侵害;三是对根据宪法原理的衡量应予以保护利益的侵害;四是对根据法律制度整体的考量应予以保护利益的侵害。[3]应予指出的是,传统民法上针对不同的民事权益(如区分权利和法益),会分别设置不同的违法性要件,以细化对民事权益的保护层次。

6. 可赔偿性

对于损害进行赔偿只是对损害予以救济的责任方式之一,而非全部。因此,对于损害的界定,原则上以具有可救济性(可补救性[4])为条件。同时,由于损害赔偿又是救济的主要责任方式,因而从损害赔偿的角度来看,损害须具有可赔偿性。德国民法学说称此为"具赔偿能力的损害"(ersatzfähiger Schaden),或"得请求赔偿的损害",系一个重要的法律思考上的概念。[5]《荷兰民法典》第 6∶95 条规定了"根据损害赔偿的法定义

---

[1] 《欧洲侵权法原则》第2∶103条专门规定了"损害的合法性",该条规定:"因从事违法活动或因其他违法事由造成的损害,不得赔偿。"该规定只适用于所失收益来源违法的情形。参见欧洲侵权法小组编著:《欧洲侵权法原则:文本与评注》,于敏、谢鸿飞译,法律出版社 2009 年版,第 65—68 页。

[2] 参见〔意〕布斯奈里:《意大利私法体系之概观》,薛军译,载《中外法学》2004 年第 6 期。

[3] Vgl. C. Massimo Bianea, *Diritto Civile*, La Responsabilità. Milano. Giuffrè Editore, 1994, pp. 585-587. 转引自方新军:《权益区分保护的合理性证明——〈侵权责任法〉第 6 条第一款的解释论前提》,载《清华法学》2013 年第 1 期。

[4] 参见佟柔主编:《中国民法》,法律出版社 1990 年版,第 566 页。

[5] Vgl. Karl Larenz, *Lehrbuch des Schuldrechts*, Band I, Allgememer Teil, 14. Aufl., S. 422.

务应当予以赔偿的损害",第 6:98 条对此予以专门界定:"损害与产生债务人责任的事件有关,并且该损害在考虑其损失性质和责任性质后能够作为该实践的结果归责于该债务人的,才能够请求对该损害的赔偿。"《法国债法改革草案》第三部分第二章第一节第一小节的标题即为"可赔偿的损害",其中第 1343 条规定:"任何对合法的财产利益或非财产利益、特定利益或集合利益构成确定损害的,就此均可要求赔偿。"

(1) 损害所反映之利益须属于民事责任法的保护范围。对于侵权法的保护范围,前引《中华人民共和国侵权责任法》第 2 条第 2 款予以了专门规定。尽管学者主张不应从规定损害概念的角度界定侵权法的保护范围[1],但并不意味着不能针对不同的权益侵害区分出不同的责任构成,或者不能在责任构成中对受保护的权益作出类型上的区分。对于社会上的所谓祭祀权、亲吻权、堕胎权、贞操权、青春损失等说法,并非当然地属于侵权法的保护范围,因而应就其实质内容加以衡量,通过确定其责任构成来确定能否得到赔偿。如祭祀权,究其实质,祭祀一般但不限于发生在祭祀人与死者之间具有亲属关系的场合,系为表达其对逝去的亲朋好友的哀思,衡诸社会通常观念,应作为自然人的一般人格法益,可以纳入《中华人民共和国侵权责任法》第 2 条第 2 款规定的"等人身、财产权益"中"等"字项下而予以保护。[2]

(2) 损害须具有赔偿可能性。例如,《中华人民共和国侵权责任法》第 21 条规定:"侵权行为危及他人人身、财产安全的,被侵权人可以请求侵权人承担停止侵害、排除妨碍、消除危险等侵权责任。"立法部门的释义认为,本法中的损害概念既包括现实损害,也包括构成现实威胁的"不利后果",例如,某人的房屋倾斜,如其不采取防范措施,将导致房屋有可能随时倒塌而伤害他人的人身、财产安全,因此将后者纳入损害范畴,有利于保护受害人,体现了本法预防侵权行为的立法目的,也是现代侵权法的发展趋势。[3]学者称此为"大损害说",并认为,其误将本不属于损害的现象作为损害对待,带来了意想不到的困难,应该按客观目的论解释之,即明确采取这些责任方式的侵权责任的构成要件。[4]笔者认为,其中所谓

---

〔1〕 参见王利明:《侵权法一般条款的保护范围》,载《法学家》2009 年第 3 期。

〔2〕 参见梁展欣主编:《民商事疑难案件裁判标准与法律适用·侵权卷》,中国法制出版社 2011 年版,第 17 页。

〔3〕 参见全国人大常委会法制工作委员会民法室编:《〈中华人民共和国侵权责任法〉条文说明、立法理由及相关规定》,北京大学出版社 2010 年版,第 22—23 页。

〔4〕 参见崔建远:《论归责原则与侵权责任方式的关系》,载《中国法学》2010 年第 2 期。

"危及他人人身、财产安全",在性质上为具有实现可能性的侵害,权利人仅得依其权利而请求阻止侵害之现实发生。这种尚未现实发生的损害因为不具备赔偿的可能性,受害人仅得请求损害赔偿以外的其他责任方式(包括停止侵害、排除妨碍、消除危险等)。笔者将该责任方式称为权利维持,其主要功能在于预防损害的发生。

(3)损害须具有赔偿必要性。依据完全赔偿原则,只要有损害即应有赔偿,但是,法律上一般要求人身侵害达到一定程度、财产侵害达到一定数量,才认为具有赔偿必要性。对于极少量的财产损失或极轻微的人身损害、精神损害(即所谓"微额损害"),法律则不认为有必要进行救济。[1]对于过于遥远(不具备相当因果关系)的损害,法律亦认为不具备可赔偿性而不予赔偿。例如,在因过失而导致的环境污染事故中,如果既承认受污染的不动产所有权人的财产损失赔偿请求权,又对当地所有居民因植被和动物群体的破坏而遭受的生活乐趣之丧失给予赔偿,这样的侵权法最终会摧毁其自身。对于一个一生都钟爱某种鸟的人来说,由于环境污染,这种鸟现在不再飞来此地了,他无疑遭受了实在的和可感知的不利益,但这种不利益不具有可赔偿性。这在欧洲各国的民法中已达成共识。[2]对损害可赔偿性的讨论,主要集中在纯经济上的损失(reines Vermögensschaden,pure economic loss,又译为纯粹经济利益损失、纯粹财产上损害)领域,限于篇幅,此处不再赘述。

在侵权责任领域,依《中华人民共和国民法通则》第 119 条的规定,对于人体侵害的损害赔偿,仅限于造成自然人身体的伤害和死亡两种情形,而未能兼顾造成自然人精神损害的情形;《中华人民共和国侵权责任法》第 16 条对此予以了修正,一般性地规定为"造成人身损害",从而扩张了该情形下可赔偿的损害范围,即不再限于器质性损伤和死亡,而是包括了官能性病变。

上述对损害诸性质的排列,采取了从形式到实质、由事实向价值的渐次递升的方法,最终落脚到损害的可赔偿性之上。讨论损害概念的目的,是为了更加准确、客观地认识损害,但这仅是第一步。更重要的是,以此

---

〔1〕 参见曾世雄:《损害赔偿法原理》,中国政法大学出版社 2001 年版,第 42 页、第 53—55 页、第 140 页;张新宝:《侵权责任构成要件研究》,法律出版社 2007 年版,第 123 页;《欧洲示范民法典草案》第 6-6∶102 条专门规定了"琐利不计原则",即规定:"微不足道的损害不予考虑。"学说上称此为"割尾巴"制度。

〔2〕 参见〔德〕克雷斯蒂安·冯·巴尔:《欧洲比较侵权行为法》(下卷),焦美华译,法律出版社 2001 年版,第 1—2 页、第 4 页。

为基础,回到以损害为赔偿对象,最终实现损害赔偿的制度功能上来,而这一意义,将统一交由损害的可赔偿性来承担。因此,前述损害的概念是民事责任法的核心,可以进一步限缩为:"如何认定'得请求赔偿的损害',系损害赔偿法的核心问题。"[1]在"归责—答责"的双阶构造中,可赔偿性与其他性质不同,它仅仅服务于答责阶段,其他性质则兼顾此二阶段。一般认为,合同责任的构造简单,而侵权责任的构造复杂。内里的原因则在于,合同责任的保护范围不区分权利和利益,归责构造相对单一;而侵权责任的保护范围则区分权利和利益,应分别采取不同的归责构造。在侵权责任构造中被反复讨论的因果关系、违法性等问题,在合同责任领域中则常被忽视。反过来看,似乎是将合同责任构造中的因果关系、违法性等问题纳入损害的可赔偿性的讨论中了。

总之,规范的损害概念的核心,在于判断中的规范因素和价值因素,最终均落脚于损害的可赔偿性判断之上。

二、损害的类型

《东亚侵权法示范法(暂定稿)》第8条规定了损害的类型。传统民法上关于损害的分类,歧见颇多,主要原因在于对损害的概念本身捉摸不定。例如,《奥地利民法典》第1293条前段,将积极损害分为财产损害、权利损害和人身损害;同条后段将积极损害与消极损害(即所失利益)相区分。《荷兰民法典》第6:95条将损害分为财产损害和其他损害。《俄罗斯联邦民法典》同时采取两种分类方法,一方面,在总则中规定损害包括实际利益的损害和预期利益的损害(第15条第2款);另一方面,在侵权责任项下将损害分为人身损害和财产损害(第1064条第1款)。《欧洲侵权法原则》第2:101条和《欧洲示范民法典草案》第6-2:101条第4款均将损害分为财产上的损害和非财产上的损害。

在学说上,冯·巴尔认为,应区分作为不法事件的损害和作为不法后果的损害。[2]这是从损害的界定方法上对损害作出的区分。中国民法学界通说认为,按照受害人所遭受的不利益的性质,损害可以分为财产损害和非财产损害;财产损害按损失的物质利益的现实性程度,又可以分为直接损失和间接损失。[3]这一分类是从损害作为侵害事实的后果入手,前后逻

---

[1] 王泽鉴:《损害概念及损害分类》,载《月旦法学杂志》2005年第9期。
[2] 参见〔德〕克雷斯蒂安·冯·巴尔:《欧洲比较侵权行为法》(下卷),焦美华译,法律出版社2001年版,第7页。
[3] 参见佟柔主编:《中国民法》,法律出版社1990年版,第565页。

辑比较一贯。有学者一方面认为,各种损害因行为人所侵害的对象不同而有所区别,另一方面又仅将损害区分为:财产损害和非财产损害、所受损害和所失利益、一般财产损失和纯粹经济利益损失、法定损害与边际类型损害。[1]但是,这些损害的分类均不是从"所侵害的对象"出发来区分的,毋宁是从"可赔偿的对象"出发来区分的,因而前后逻辑并不一致。另有学者则从《民法通则》出发,将损害分为财产损失、人身损害和精神损失,其中人身损害又依其可救济的方面分为财产损失和精神损害。[2]

依据"归责—答责"的双阶构造,可以将损害区分为归责意义上的损害和答责意义上的损害。前者是对损害来源的界定,是损害赔偿成立之角度下的观察,其实质是受侵害之权益;后者是对损害后果的界定,是损害赔偿内容之角度的观察,其实质是作为赔偿之对象。在前者,损害是侵害事实的组成部分之一,无损害就无侵害可言,所谓"无损害则无责任"是也;在后者,损害是损害赔偿的对象,以具有可赔偿性为条件方可获得赔偿,采取完全赔偿原则,所谓"有损害才有赔偿"是也,只在极个别场合中,实行没有损害的赔偿(名义赔偿)或者大于损害内容的赔偿(惩罚性赔偿)。在《俄罗斯联邦民法典》中,其总则第15条第2款是就损害后果的分类,其债法中的第1064条第1款,则是就损害来源的分类。而《欧洲示范民法典草案》第六卷第二章第二节在对损害类型进行具体列举时,则系采取来源分类,该草案发展出了信息侵害(属于一般人格法益侵害)的类型(第6-2:204条"散布有关他人的虚假信息造成的损失"[3]、第6-2:205条"违反保密义务造成的损失"),以及确认对特定类型的纯经济上损失予以赔偿(第6-2:207—211条)。

对损害来源的界定素为中国民法立法所重,系区分为人身侵害和财产侵害。[4]这是中国法上对于损害的法定类型,亦为损害分类的法定方法。如《中华人民共和国民法通则》第六章第三节"侵权的民事责任"的17个条文中,前4条系对侵害类型的规定(第117—120条),中7条是对特殊侵权行为的规定(第121—127条),后6条是对侵权责任的承担的规定(第128—133条)。在前4条中,第117、118条是对财产侵害的规定(分

---

〔1〕 参见王利明:《侵权责任法研究》(上卷),中国人民大学出版社2010年版,第294—308页。

〔2〕 参见张新宝:《侵权责任构成要件研究》,法律出版社2007年版,第130—131页。

〔3〕 《最高人民法院关于贯彻执行〈中华人民共和国民法通则〉若干问题的意见(试行)》第149条。

〔4〕 参见《中华人民共和国旅游法》(2013年)第12条第2款、第70条、第71条第2款,另见《中华人民共和国民法通则》第122条。

别是侵害物权、侵害知识产权），第 119、120 条是对人身侵害的规定（分别是侵害器质性人格权、侵害精神性人格权），财产侵害被置于人身侵害之前，与该法第 2 条在界定民法调整对象时将财产关系置于人身关系之前相一致。而《中华人民共和国侵权责任法》第 2 条第 2 款明确规定的"人身、财产权益"，正面看系针对损害的客体而言，反面看则系对于损害来源的界定。至此，财产侵害与人身侵害"王车易位"矣。

区分损害的来源分类与后果分类的实益，在于明确两者之间并不存在一一对应的关系，而是一种交叉的关系。如在中国法上，对于来源分类中的人身侵害，其赔偿既包括由此而产生的财产上损害（《中华人民共和国侵权责任法》第 16 条[1]），也包括由此而产生的非财产上损害（《中华人民共和国侵权责任法》第 22 条）；对于来源分类中的财产侵害，其赔偿既包括由此而产生的财产上的损害（《中华人民共和国侵权责任法》第 19 条），也可能包括由此而产生的非财产上的损害（《最高人民法院关于确定民事侵权精神损害赔偿责任若干问题的解释》第 4 条）。

值得一提的是，传统民法上有所谓的直接损害（Unmittelbarer Schaden, Dommage direct）和间接损害（Mittelbarer Schaden, Dommage indirect）之损害类型上的区分，中国法上亦有采此分类者。[2]学说上虽采此做法，但一般将其与财产上损害项下之所受损害和所失利益的分类相等同。[3]事实上，这是基于损害的引发（Verursachung）而作出的分类，在方法上介于来源分类与后果分类之间。直接损害，是指侵害事实对受害人权益本身所造成的损害，例如伤害身体、毁损某车，又称为具体损害、客观损害；间接损害，是指侵害事实所造成的除直接受侵害权益以外的其他权益损害，一般为财产上损害。直接损害与间接损害均属于本人损害，原则上均应予以赔偿。其中，前者属于具体的客观损害，其赔偿应以恢复原状为原则；后者属于计算上的损害，应以金钱赔偿之。直接损害和间接损害的类型区分，不同于直接侵害和间接侵害，前者是纯从损害本身出发进行的分类，后者

---

[1] 就该条所列赔偿项目之性质，存有争议，详见下文。
[2] 参见《中华人民共和国国家赔偿法》(2012 年修正)第 36 条第（八）项,《中华人民共和国水污染防治法》(2008 年修订)第 83 条第 2 款,《中华人民共和国固体废物污染环境防治法》(2013 年修正)第 82 条;《最高人民法院关于保险船舶发生保险事故后造成第三者船舶沉没而引起的清理航道费用是否属于直接损失的复函》。
[3] 参见佟柔主编:《中国民法》,法律出版社 1990 年版,第 565 页;张新宝:《侵权责任构成要件研究》,法律出版社 2007 年版,第 151—152 页;全国人大常委会法制工作委员会民法室编:《〈中华人民共和国侵权责任法〉条文说明、立法理由及相关规定》,北京大学出版社 2010 年版,第 72 页。反对的意见可参见王利明:《合同法研究》（第 2 卷）（修订版）,中国人民大学出版社 2011 年版,第 623 页。

则是从侵害事实参与损害发生的意义角度进行的分类[1];直接侵害一般与本人损害相当,而直接损害和间接损害则统属于本人损害。

应当指出的是,各国民法对直接损害和间接损害类型区分的界定并不一致。《法国民法典》第1151条、《意大利民法典》第1223条均以直接损害(直接立即说)横跨所受损害和所失利益两大财产上损害类型。中国有学者认为其区别标准不清,因而主张废弃这种类型区分。[2]中国立法上就损害有以"直接"限定者,如《中华人民共和国环境保护法》(1999年)第41条第1款规定:"造成环境污染危害的,有责任排除危害,并对直接受到损害的单位或者个人赔偿损失。"这里的"直接"在文上应系指直接侵害,其受害人为直接受害人,而不应解释为直接损害。直接受害人,一般是指遭受直接侵害(≈本人损害)的受害人,与遭受间接侵害(=广义的第三人损害)的间接受害人相对应。该款对生态侵害的损害赔偿对象,规定为直接侵害,为此前作为普通法的《中华人民共和国民法通则》第124条规定中所没有,但在法理上似无不妥。《中华人民共和国侵权责任法》第65条关于环境污染责任的一般规定,以及其他多数环境保护特别法律[除《中华人民共和国大气污染防治法》(2000年修订)第62条第1款以外]也并未作此限定。[3]

间接损害一般分为附带性损失(incidental loss)和结果性损失(consequential loss,又译为结果财产损害)。如在合同责任领域,附带性损失包括违约后受害人为避免损失而采取合理措施时所花费的费用,即使该措施并不成功。例如,债权人没有得到对方允诺的给付,于是付费请了一个经纪人,后者采取了合理但不成功的措施去获取债权替代物,债权人可以就该费用主张赔偿。结果性损失包括违约所导致的债权人的人身或者财产上的损失。例如,因债务人提供的劳务有瑕疵而导致债权人的财产遭受损失,

---

[1] 参见王泽鉴:《损害概念及损害分类》,载《月旦法学杂志》2005年第9期;曾世雄:《损害赔偿法原理》,中国政法大学出版社2001年版,第137—138页。

[2] 参见曾世雄:《损害赔偿法原理》,中国政法大学出版社2001年版,第138页;韩世远:《违约损害赔偿研究》,法律出版社1999年版,第50—51页、第329—330页;谢鸿飞:《惊吓损害、健康损害与精神损害——以奥地利和瑞士的司法实践为素材》,载《华东政法大学学报》2012年第3期。

[3] 参见《中华人民共和国水污染防治法》(2008年修订)第85条第1款,《中华人民共和国海洋环境保护法》(2013年修正)第90条第1款,《中华人民共和国环境噪声污染防治法》(1996年)第61条第1款,《中华人民共和国固体废物污染环境防治法》(2013年修正)第84条第1款。

债权人可以就该损害主张赔偿。[1]综合上述分析,东亚侵权法示范法将损害分为以下四种类型:

(一)人身损害

人身损害,是指受害人因生命权、健康权、身体权受到侵害而造成的死亡、伤残、身体完整性损害,以及因此造成的财产或者非财产上的不利益。

人身损害所概括的内容一般包括:①侵害身体权所造成的损害,这种损害,不以受害人感受身体上的痛苦为必要,也不以肉体上的实际损失为必要;②人体致伤,以人体造成伤害为起点,以伤害经治愈为临界点,与人体致残相区别;③人体致残,以造成人体伤害为前提,以经治疗仍留有残疾为必要条件,与致伤、致死相区别;④致人死亡,以受害人生命丧失为必要条件的人身权侵害,仍以人身伤害为必要前提。

对于人身损害的以上内容,参照《最高人民法院关于审理人身损害赔偿案件适用法律若干问题的解释》的规定,其赔偿范围包括:

1. 人身损害的常规赔偿

这种赔偿,是指侵害身体权、健康权、生命权造成人身伤害的一般的赔偿范围,即造成人身伤害一般都要赔偿的项目。无论致伤、致残、致死,凡有常规赔偿所列项目的费用支出的,均应予以赔偿。其中包括:医疗费赔偿、误工工资赔偿、护理费赔偿、转院交通费赔偿、伙食补助及营养费赔偿等。

2. 劳动能力丧失的赔偿

这种赔偿,是指人身伤害所致残疾,造成劳动能力丧失所应赔偿的范围。它是在常规赔偿的基础上,对因伤害致残而丧失劳动能力的,赔偿生活费以及相关的项目。具体包括残疾赔偿金和残疾辅助器具费赔偿。

3. 致人死亡的赔偿

这种赔偿,是侵权行为致受害人死亡所应赔偿的项目。它主要包括丧葬费等赔偿与死亡赔偿金,此外,对于常规赔偿项目,也应予以赔偿。

4. 间接受害人的扶养损害赔偿

侵权行为致受害人劳动能力丧失或生命权丧失,对残者、死者在致残前或生前有法定扶养义务的人,因丧失扶养,应赔偿其扶养费的损失。

对于人身损害的界定,《中华人民共和国侵权责任法》第 16 条规定的

---

[1] 参见《美国统一商法典》第 710 条、第 715 条,《美国合同法重述·第二次》第 347 条第 b 项;[美]E. 艾伦·范斯沃思:《美国合同法》(第 3 版),葛云松、丁春艳译,中国政法大学出版社 2004 年版,第 787 页。

"侵害他人造成人身损害"（请注意：其中出现了"人身损害"的表述），以及第20、22条规定的"侵害他人人身权益"，均是对人身侵害的完整表述。此前立法中出现的"人身伤害""人身伤亡"[1]，在文义上一般是指人体侵害，但解释上一般可以扩张至人格侵害。《最高人民法院关于审理人身损害赔偿案件适用法律若干问题的解释》标题中所谓"人身损害赔偿"，不是指非财产上的损害赔偿，而是指针对人身侵害的损害赔偿，"人身损害赔偿"系为其简称而已。人身侵害虽然一般发生于侵权责任领域，但并不排除其也可能会发生在合同责任领域，尤其是在具有人身保护属性的合同项下，如旅客运输中的旅客伤亡情形（《中华人民共和国合同法》第302条）。

（二）财产损害

财产损害，是指侵权行为侵害财产权，使财产权的客体遭到破坏，其使用价值和价值贬损、减少或者完全丧失，或者破坏了财产权人对于财产权客体的支配关系，使财产权人的财产利益受到损失，从而导致权利人拥有的财产价值的减少和可得财产利益的丧失。

从一般意义上而言，财产损害从其物理形态上分析，是物的本身的损害，即物的毁损和被侵占。但是，财产权的客体不仅仅指有形物，还包括他物权、占有权、债权、知识产权中的无形财产利益，这些无形财产对于权利人而言，其重要性绝不亚于有形物。广义的财产权利，应当包括自物权、他物权以及债权和知识产权。因此，财产损害中的财产，就绝不仅仅是指财物或者有形物，其范围应包含他物权、债权和知识产权中的财产利益。

因此，从侵权法的救济手段上认识财产损害的种类，其应当包括三种，即侵占财产、损坏财产和损害其他财产利益。侵占财产、损坏财产和其他财产利益损失是财产损害的基本表现形态，我们应当从这三种具体形态出发，研究对它们的具体救济手段。

对于财产损害赔偿的计算，《中华人民共和国侵权责任法》第19条的规定是很好的参照："侵害他人财产的，财产损失按照损失时的市场价格或者其他方式计算。"该条确定了侵害财产是损害赔偿的计算标准，也确定了财产损害赔偿的计算时间点。

---

[1] 参见《中华人民共和国合同法》第302条第1款，《中华人民共和国道路交通安全法》（2011年修正）第76条第1款，已被废止的《最高人民法院关于审理涉外海上人身伤亡案件损害赔偿的具体规定（试行）》。

(三) 人格财产利益损害

人格财产利益损害，是指侵害人侵害他人人格权中的精神性人格权利以及人格利益造成的财产损害。

这主要参考了《中华人民共和国侵权责任法》第 20 条的规定："侵害他人人身权益造成财产损失的，按照被侵权人因此受到的损失赔偿；被侵权人的损失难以确定，侵权人因此获得利益的，按照其获得的利益赔偿；侵权人因此获得的利益难以确定，被侵权人和侵权人就赔偿数额协商不一致，向人民法院提起诉讼的，由人民法院根据实际情况确定赔偿数额。"这是关于侵害人格财产利益损害的赔偿规则。

从适用范围来看，该条适用于侵害他人人格财产利益造成财产损失的情况。一方面，该条适用于侵害他人人身权益。侵害人身权益包括的范围非常宽泛，不仅包括人格权、身份权，而且包括权利以外的利益，但是不能包括财产利益。所以，侵害财产权益致他人遭受损害的，不适用本条规定。另一方面，该条适用于财产损害赔偿，而不是精神损害赔偿。在多数情况下，侵害人身权益主要导致精神损害，但侵害人身权益也可能造成财产损失。这主要是因为随着人格权商品化的发展，人格权不仅具有人身属性，而且具有财产属性。例如，肖像权可以通过授权使用的方式进行商品化利用。还有一些权利（如在声音、姓名、形象、动作等方面所享有的权利）也体现了一定的财产利益，在未经权利人许可的情况下，以营利为目的的利用，也会导致权利人的财产损失。长期以来，许多学者认为，侵害人身权益的情况，只适用精神损害赔偿，事实上，人身权益受到侵害时的财产损害赔偿也非常重要。因为精神损害赔偿无法替代实际的财产损害赔偿，所以，对于财产损害赔偿不单独计算，就无法对受害人提供充足的救济。

因此，《中华人民共和国侵权责任法》第 20 条对人身权益遭受侵害的受害人提供了更全面的救济。[1]而且，这一规定符合侵权法上的完全赔偿原则，即只要是与侵权行为有因果关系的损害，都应当予以赔偿，以使受害人恢复到如同损害没有发生的状态。

就赔偿标准而言，首先，应当按照实际损失赔偿，尽管侵害的对象是人格权益，但是由于造成了财产损害，所以也适用财产损害赔偿的原则。另外，从侵权法的一般原理来说，损害赔偿就是按照受害人的现实损害进

---

〔1〕 参见全国人大常委会法制工作委员会民法室编：《〈中华人民共和国侵权责任法〉条文说明、立法理由及相关规定》，北京大学出版社 2010 年版，第 75 页。

行赔偿,所以,《中华人民共和国侵权责任法》第 20 条的规定符合一般原理。因此,在造成财产损失的情况下,受害人应当举证证明损害的存在和范围,据此确定赔偿的数额。其次,在难以确定损失情况下的赔偿,《中华人民共和国侵权责任法》第 20 条规定了两个标准:一是获利标准,即按照侵权人的获利进行赔偿。这一规则主要适用于商品化人格权受到侵害的情形。二是法院酌定标准,酌定的情形适用于获利难以确定的情况,也包括侵权人没有获利的情况,此时受害人无法证明自己的损失,又无法适用前述获利标准,只能通过法院酌定的办法来确定赔偿额。《中华人民共和国侵权责任法》第 20 条的规定是对我国知识产权法相关规定借鉴的结果,只是没有设定法院酌定赔偿数额的最高额限制。法院在酌定时,应当谨慎确定,以避免赔偿数额畸高或者畸低。

(四) 精神损害

精神损害这一术语,鲜见于各国的立法例,仅有少数国家在立法上使用。如《菲律宾民法典》第 2217 条规定:"精神损害包括身体遭受痛苦,精神受到恐吓,极度焦急,诋毁名誉,伤害感情,精神刺激,社会的贬抑以及类似的损害。"1996 年 3 月 1 日实行的《俄罗斯联邦民法典》第 151 条第 1 款规定了"精神损害赔偿",其中第 2 款规定:"如果公民因侵犯其人身非财产权利的行为或侵害属于公民的其他非物质利益的行为而受到精神损害(身体的或精神的痛苦),以及在法律规定的其他情况下,法院可以责成侵权人用金钱赔偿上述损害。"1996 年 7 月 1 日生效的《越南民法典》第 310 条规定:"损害赔偿责任包括物质损害赔偿责任和精神损害赔偿责任:由于侵害他人的生命、健康、名誉、人格、威信而造成他人精神损害的,实施侵害行为人除必须停止侵害、公开赔礼道歉外还必须赔偿被侵害者精神损失费。"[1]目前,在法律上对精神损害予以定义的仅有 1978 年《南斯拉夫债务法》。该法第 155 条将精神损害概括性地定义为"对于他人造成生理的、心理的或引起恐惧的损害"[2]。大多数国家在立法上没有使用精神损害的术语,也未对精神损害进行明确的定义。如《法国民法典》(第 1382 条) 仅以损害 (dommage) 称之,《德国民法典》(第 253 条、第 847 条第 1 项、第 1300 条第 1 项) 称为"非财产上之损害",《瑞士民法典》(第 28 条) 使用"抚慰金"(Genugtung) 术语,《日本民法典》(第 710 条) 使用了"财产以外的损害"一语。[3]

---

[1] 胡平:《精神损害赔偿制度研究》,中国政法大学出版社 2003 年版,第 49—50 页。
[2] 梁慧星:《中国民法经济法诸问题》,中国法制出版社 1999 年版,第 69 页。
[3] 参见胡平:《精神损害赔偿制度研究》,中国政法大学出版社 2003 年版,第 50 页。

中国学界在讨论精神损害概念时,往往将其与非财产损害进行区分。有学者指出,所谓"非财产损害",是指权利人遭受的财产损害以外的其他一切损害,它主要指精神损害,表现为权利人的生理和精神痛苦,还包括死亡、残疾、外部名誉之损害(社会评价之降低)等。由此可知,精神损害只是非财产损害的一部分,外部名誉之损害(社会评价之降低)不属于精神损害。所以,民法学界比较公认的精神损害的内容就是受害人精神痛苦、疼痛或其他严重精神反常情况。它常常表现为受害人反常的精神状况,如精神上的痛苦和肉体上的疼痛。受害人精神上的痛苦、疼痛等自身感受为哀伤、懊恼、悔恨、羞愧、愤怒、胆怯等;在外在表现方面,受害人会出现异常的精神状况,如失眠、消沉、冷漠、易怒、狂躁、迟钝等,严重的会出现精神病学上的临床症状。[1]因此,东亚侵权法示范法综合以上观点,将精神损害界定为两个层次:一是受害人因人格权、身份权等私法权益受到侵害而造成的精神上、肉体上的痛苦,以及其他人格和身份上的不利益;二是包含人格因素的特定物品受到侵害,造成人格利益损害的,亦视为精神损害。

除以上四种类型的损害之外,《东亚侵权法示范法(暂定稿)》第10条作出了将为预防、减少损害而支出的合理费用,视为损害内容的规定,给予受害人就此部分费用请求赔偿的请求权。这既符合侵权法权利救济和补偿的基本功能,也有利于鼓励受害人自助止损,节约整个社会对修复此损害而需支出的成本。根据《东亚侵权法示范法(暂定稿)》的规定,因权益救济而支出的律师费、调查费等在条文表述的"合理费用"范围之内,应纳入损害的范围,受害人可请求赔偿。

第二节 私法权益位阶与损害的证明

一、损害私法权益的位阶与冲突

《东亚侵权法示范法(暂定稿)》第9条规定了私法权益位阶,对受本示范法保护的司法权益进行了明确的位阶划分,并明确指出了当不同性质的私法权益之间发生冲突之时,对位阶较高的私法权益予以优先保护,这是对权利位阶与权利冲突理论的认可。在两种法益发生冲突的情况下,法

---

[1] 参见张新宝:《侵权责任构成要件》,法律出版社2007版,第235—240页。

律对其中一种法益作出倾斜保护是必要的。虽然这种倾斜保护仅限于初始和表面意义上,并非是终局、确定性的判断。但其首先向社会透露了法律的某种基本态度,使人们获得了方向意义上的行为指引,在一定程度上使人们摆脱了无所适从的尴尬境地。在缺乏明确裁判依据的情形下,这种倾斜保护对裁判的作用是十分明显的,其为法官的自由裁量提供了某种原则性的指导,不但限制了自由裁量权的行使,还通过影响裁判标准的倾斜和责任认定标准的松紧程度,左右着相互冲突的两项权利的诉讼命运。必须指出的是,倾斜保护虽只是赋予权利冲突一方某种先发优势,但毕竟其仍是在原本平等的二者间人为地制造出一种歧视,因此,应该向谁倾斜必须拿出足够充分且正当的理由。

近年来,权利冲突问题在中国法学界引起了颇为激烈的争论。学者们的笔墨大多集中于权利冲突是否存在以及如何化解权利冲突的探讨之上。在前一问题的争论中,常见的所谓言论自由与个人人格权(如名誉权)的对峙无疑为冲突存在论者提供了强有力的实证支援。而就冲突的解决而言,二者的碰撞却对既有理论提出了新的挑战。主流观点认为,权利冲突的解决路径包括权利位阶原则、利益(价值)衡量原则以及个案衡平原则。笔者认为,对于权利价值以及诉讼双方利益的考量已经内含于权利位阶或个案衡平之中,因而,权利冲突的解决应主要遵循权利位阶和个案衡平两个路径。学界普遍认为,权利位阶是最为有效和简捷的权利冲突解决思路。两相冲突的权利在位阶上的高下之分,为二者的取舍提供了最具说服力的依据。但是,位阶原则的运用须以权利间位阶差异的存在为前提,例如,言论自由与名誉权在位阶上的平等性,就常常会使二者难以享受到位阶原则的眷顾。

权利位阶实质上是权利效力位阶或价值位阶。[1]亦即,权利位阶高低可以从效力位阶和价值位阶两个方面加以判断。效力位阶是实证主义的,以权利所在的法律规范的位阶为归依;价值位阶则是主观的,在效力平等的基础上,从对主体重要性程度的方面对权利加以区分。例如,从效力位阶上看,名誉权虽未能与言论自由一样获得宪法的明文支持,却仍可借由"人格尊严"的"庇护",跻身于基本权利之列,二者在效力位阶上应该是平等的。而就价值位阶而言,无论是"说话的自由",还是"做人的尊严",皆为现代社会和个人所不可或缺,都带有根本性的价值。正如我们不

---

[1] 参见张平华:《权利位阶论——关于权利冲突化解机制的初步探讨》,载《法律科学(西北政法学院学报)》2007年第6期。

能说明吃饭和穿衣服哪一方面更为重要一样,也无法说明名誉权保护相较言论表述、新闻出版自由哪一方面更为重要。[1]在权利冲突的化解中,位阶原则主要致力于抽象性权利取舍规则的构建,然而,权利间的平等性往往导致我们无法一般性地在二者之间得出高下立判的结论。因此,有时不得不需要就个案进行具体的价值衡量。[2]但是个案平衡亦具有其弊端,诸如法官裁量权不宜控制以及不利于司法的统一等。对此,东亚侵权法示范法不排斥在涉及多元价值判断的过程中采用个案衡量的做法,但从法的经济性、司法统一以及法律行为规范的作用考虑,我们规定明确了相应的权利位阶,即第一位阶是对"人的生命、健康、身体、自由、尊严和人格完整性"等典型人格组成要素、人格利益的保护,第二位阶是对尚未典型化的"其他人格利益、身份利益"的保护,第三位阶是对"物权、债权、知识产权等财产利益"的保护。这样的私法权益位阶设计,充分体现了东亚侵权法示范法以人为本的人文关怀,体现了该示范法对于人身权益保护的重视与人身权益优先于财产权益的价值取向。

二、损害的证明

《东亚侵权法示范法(暂定稿)》第 11 条对损害的证明进行了规定。该规定分为两款,第 1 款规定了损害证明的原则;第 2 款规定了损失数额证明困难时的酌定规则。对于财产上损害数额的证明责任应由谁来承担的问题,《中华人民共和国侵权责任法》第 19 条未予明言。如果勉强统一地适用市场价值的抽象标准,均须进行市场价值的调查和评估,耗时费力不说,无论其费用最终是由行为人承担,还是受害人来承担,都会使当事人的诉讼成本大为增加,也不利于损害赔偿的及时实现。如果适用公允价值的具体标准,则只需当事人间取得认可即为已足,即使发生损害数额难以确定的情形,法院在认定确实有损害发生的前提下,仍然可以综合考虑案件中的所有情况而进行自由心证,降低受害人就损害数额的证明度,对损害赔偿之数额进行评价裁量。授权法院就损害数额予以评价裁量,同时降低当事人对此的证明标准,这不是变更其诉讼主张,更不构成对举证责任的重新分配。当事人仍应就其损害及数额、应赔偿数额提供证据资料,不仅须使损害赔偿请求权的要件充足,还须努力达到使法院降低证明度和实

---

[1] 参见张新宝:《名誉权的法律保护》,中国政法大学出版社 1997 年版,第 104 页。
[2] 参见林来梵、张卓明:《论权利冲突中的权利位阶——规范法学视角下的透析》,载《浙江大学学报(人文社会科学版)》2003 年第 6 期。

行评价裁量的要求。[1]为此,当事人可以灵活运用各种举证方法,如采取举证成本较低的专家证人就财产上损害之数额向法院提供估价证言的做法等。[2]为对该事项进行更为清晰的界定,解决实际争议中的纠纷,《东亚侵权法示范法（暂定稿）》明确了损害证明的原则,即一般情况下,由受害人对损害的存在及其范围程度负证明责任,法律另有规定的除外。

至于侵权损害赔偿的酌定,是指法律授权法院在一定条件下,得对侵权损害赔偿进行公平裁量的法律制度。该项制度乃为实现完全赔偿原则之必要延伸,而不应视其为完全赔偿原则之例外。该项制度为各国法所普遍采行,只不过有的规定在实体法中,有的规定在诉讼法中;有的裁量条件较为宽松,有的则较为严格。《瑞士民法典》最为广泛地授权法院对损害赔偿进行公平裁量[3],瑞士作为全面建立该项制度的鼻祖和楷模,与该国特定的社会环境和司法文化密切关联。《中华人民共和国侵权责任法》中与侵权损害赔偿酌定制度相关的规定,仅见于非财产上损害赔偿（第22条）和损失的公平分担（第24条）两项情形,尚未在一般意义上予以建立。

在原理上,法院对于侵权损害赔偿得予酌定的内容,主要有两个方面:一是针对损害及其数额的认定;二是针对损害赔偿的方式、范围和数额的确定。就前一个方面,有的国家（如德国）系采取证明度降低规则,仅授权法院以自由心证为前提,减轻当事人就损害之举证责任,对损害及其数额进行认定,限于事实认定的范畴[4];有的国家（如日本）则系在证明度降低规则的基础上,又赋予法院对损害及其数额的评价裁量权,而不受限于客观实体法。[5]就后一个方面,多数国家民法将其项目作为当事人主张之范畴,少数国家（如瑞士）民法则授权法院"在考虑所有情势的前提下计算损害赔偿",以及确定损害赔偿的方式。[6]

笔者认为,应在非财产损害金钱赔偿酌定制度的基础之上,构建一般性质的侵权损害赔偿的酌定制度。这在《东亚侵权法示范法（暂定稿）》

---

[1] 参见[日]福田刚久、[日]金井康雄、[日]难波孝一:《民事证据法大系I》,青林书院2007年版,第327页;转引自段文波:《事实证明抑或法官裁量:民事损害赔偿数额认定的德日经验》,载《法学家》2012年第6期。

[2] 参见《中华人民共和国民事诉讼法》第79条,《最高人民法院关于民事诉讼证据的若干规定》第61条。

[3] 参见《瑞士债务法》第42—44条。

[4] 参见《德国民事诉讼法》第287条。

[5] 参见《日本民事诉讼法》第248条。另见中国台湾地区于2000年修改"民事诉讼法"时增订的第222条。

[6] 参见《瑞士债务法修改草案》第52、52a条。

中予以了体现。

　　首先，对于损害及其数额的认定，应允许法院依自由心证进行事实认定和评价裁量。在诉讼中，当事人均有依举证责任分配法则进行举证的义务，受害人原则上应先就损害之发生及数额进行举证。在损害之发生既经证明的前提下，受害人之损害赔偿请求权难以被否认，如其不能或者难以证明损害之数额，从救济受害人之公平起见，法院应斟酌损害之原因及其他一切情事确定其数额，而不待其之举证证明。即使是就本质上并无数额可言的非财产上损害，亦应采客观概念，非以受害人实际上感受痛苦之严重程度为依据，而以其主观精神状态以外之客观的、外部的、可以检验的标准定之。[1]法院之本项评价裁量，非属自由裁量，而为羁束裁量，不许法院恣意为之，仍受相当性及必要性之内在限制，应依照证据资料、全辩论意旨、经验法则、论理法则、公平观点、一般常识等为相当及合理之判断。[2]

　　其次，对于损害赔偿的方式、范围和数额的确定，亦应允许法院依完全赔偿原则进行评价裁量。对于损害赔偿具体方式之间的适用关系，中国法未予言明，学说上有原状恢复主义（德国、奥地利、中国台湾地区民法）和金钱赔偿主义（日本民法、《欧洲侵权法原则》）之争，或由当事人主张，或由法院依职权确定（瑞士、俄罗斯民法）。恢复原状与金钱赔偿性质上为选择之债，受害人可以择一行使之，但法院对此亦有酌定之权；法院对于损害赔偿具体方式的确定，应根据损害的性质加以确定；在恢复原状不足以完全填补损害时，得以金钱赔偿补充之。对于财产上损害的金钱赔偿，应与所造成的损害数额完全匹配；对于非财产上损害的金钱赔偿，应综合考虑下列因素：受害人的年龄、性别、职业及所处地区，侵害事实（包括侵害的手段、场合、行为方式和后果等）的严重程度，行为人的过错程度和获利情况等。[3]法院在当事人所请求的赔偿总额范围内，各个具体项目之间得以相互通用；即使超出当事人所主张的赔偿总额范围，只要在请求意旨之范围内，仍得以判决。[4]在例外情形下，法院得因当事人的

----

〔1〕参见陈忠五:《法国侵权责任法上损害之概念》，载《台湾大学法学论丛》2001年第4期。

〔2〕参见许士宦:《损害赔偿之酌定》，载《台湾大学法学论丛》2010年第1期。

〔3〕参见《精神损害赔偿司法解释》第10条第1款;《荷兰民法典》第6:106条第1款，《俄罗斯联邦民法典》第1101条第2款。

〔4〕这是日本实务界的观点。参见陈聪富:《劳动能力丧失与慰抚金的调整补充机能——"最高法院"2004年度台上字第1489号民事裁判评释》，载《月旦法学杂志》2005年第7期。

经济状况而酌情减少赔偿的数额。[1]

　　最后，为保障当事人之程序权利，防止发生突袭性裁判，法院在诉讼过程中，应将其所持，就证据裁定、损害数额存否之心证度及证明度，以及所衡量之诸事宜等见解，适时向当事人予以公开、表明，并与当事人进行事实上及法律上的讨论，使其得为适当完全辩论及增、减、补充诉讼请求。对于法院的上述见解，应在判决书中叙述并阐明其理由。[2]

---

〔1〕 参见《瑞士债务法》第 44 条第 2 款；《荷兰民法典》第 6：109 条；《欧洲侵权法原则》第 10：401 条；《俄罗斯联邦民法典》第 1083 条第 3 款；中国台湾地区"民法"第 218 条；《奥地利损害赔偿法草案》第 1318 条；《阿根廷民法典》原第 907 条第 2 款。

〔2〕 参见许士宦：《损害赔偿之酌定》，载《台湾大学法学论丛》2010 年第 1 期。

第四章　因果关系

【《东亚侵权法示范法（暂定稿)》条文】

第十二条【因果关系的界定】
没有加害行为就不会造成损害的，则行为与损害间存在事实因果关系。
具备事实因果关系之加害行为通常足以导致该损害的，得认定该行为与该损害之间存在法律因果关系。
基于法规范目的以及加害人行为自由与受害人权益保障均衡考虑的目的，可以适当调整法律因果关系的认定标准。

第十三条【因果关系的类型】
加害行为与损害之间存在法律因果关系的，为侵权责任成立的因果关系。
加害行为与损害的范围与程度之间存在的法律因果关系，为侵权责任承担的因果关系。

第十四条【因果关系的证明责任】
受害人承担侵权责任成立的因果关系和侵权责任承担的因果关系的举证责任。

第十五条【因果关系推定：举证责任倒置与举证责任缓和】
法律规定因果关系推定的，受害人对因果关系的证明不负举证责任，从加害行为与损害事实的特定联系，推定二者具有因果关系；但加害人能够证明推翻该推定的除外。
依据一般经验法则，受害人没有能力提供足够的证据，证明加害行为与损害之间因果关系达到高度盖然性标准，但已经达到盖然性标准要求的，得认为其已经完成举证责任，由加害人举证证明不存在因果关系；加害人能够推翻该证明的，得认定不存在因果关系。

【法理阐释】

《东亚侵权法示范法（暂定稿）》第四章规定的"因果关系"，主要分为两部分：第一部分规定的是因果关系的分类与判定因果关系的主要方法；第二部分规定的是因果关系的一般举证责任、举证责任倒置与举证责任缓和。

本章根据以上内容，分为二节：第一节是因果关系的一般理论，讨论的是因果关系的二分法，以及判定因果关系的几种学说，即条件说、相当因果关系说与法规目的说；第二节是因果关系的证明，讨论的是因果关系的一般举证责任，以及针对特殊情形的举证责任倒置与举证责任缓和。

第一节 因果关系的一般理论

《东亚侵权法示范法（暂定稿）》第 12 条与第 13 条规定的内容是因果关系的一般理论，内容分别是："没有加害行为就不会造成损害的，则行为与损害间存在事实因果关系。具备事实因果关系之加害行为通常足以导致该损害的，得认定该行为与该损害之间存在法律因果关系。基于法规范目的以及加害人行为自由与受害人权益保障均衡考虑的目的，可以适当调整法律因果关系的认定标准。""加害行为与损害之间存在法律因果关系的，为侵权责任成立的因果关系。加害行为与损害的范围与程度之间存在的法律因果关系，为侵权责任承担的因果关系。"

一、《东亚侵权法示范法（暂定稿）》规定因果关系的理由

（一）因果关系在侵权责任构成与侵权法中占据着极其重要的地位

对人身和财产的侵害，作为人类社会中最基本的冲突形式，一直是社会规范力求控制的对象。[1]侵权行为便是其中之一。侵权法针对侵权行为，通过对侵害他人权利、损害他人利益的不法行为或危险行为给予制裁，以及责令其对受害人的损失给予赔偿来规范社会行为，维持社会的安定与秩序。要求一个人对自己或他人的行为承担侵权责任，应符合侵权责任构成要件。对于侵权责任的构成要件，有许多观点各异的学说。但毫无例外

---

〔1〕 参见王家福主编：《民法债权》，法律出版社 1991 年版，第 407 页。

的是,所有学说都承认行为与损害之间的因果关系是侵权责任成立的必要条件之一。无论是在过错责任中,还是在严格责任中,因果关系都是责任认定的不可或缺的因素,是确定侵权责任归责的客观基础。可以说,因果关系在侵权法中具有重要的意义:首先,维护对自己行为负责的原则。现代法治社会奉行自己责任原则,每个人仅对自己的行为造成的后果承担责任。因果关系起着过滤器的作用,它可以区分可归因于某个人行为的后果与不能归因于此人行为的后果,从而保证自己责任原则得以贯彻。其次,合理地控制责任的范围。世间万物普遍联系,正如蝴蝶效应所揭示的,任何事物的发展均存在定数与变数,事物在发展过程中其发展轨迹有规律可循,同时也存在不可测的"变数",往往还会适得其反。一个微小的变化能影响事物的发展,一个人的行为有时也会引起一连串的后果,让个人对一系列的后果承担责任显然并不公允。"无论是从单个侵权行为人的利益出发,还是为了自身生存的愿望,侵权行为法都必须将那些过于'遥远'的损害从其中排除出去。"[1]因而侵权法需要凭借因果关系制度将侵权责任控制在相对合理的范围内,以保护人们的行为自由,避免给行为人课加过重的责任,维护行为自由与权益保障之间的平衡。因此,侵权责任的确立以因果关系的存在为必要前提,因果关系的认定是决定责任归属的必要步骤。将因果关系问题作为侵权法上的核心问题不仅并不为过,而且对因果关系的规范,应成为侵权法立法上的一个重要课题。

(二)为东亚各国和地区不同观点提供合理的统一示范参考

因果关系在理论和实务中是一个令人头痛的问题。尽管东亚各国和地区法学家对因果关系问题进行了大量卓有成效的研究,使学术理论异彩纷呈,但是,至今仍无方案能妥善解决该问题。日本、韩国、中国台湾地区对因果关系采用二分法,即区分责任成立上的因果关系与责任范围上的因果关系,或事实因果关系与法律因果关系,而中国采用了统一的因果关系,并不对其进行如此区分。认定因果关系的学说纷繁复杂,包括条件说、相当因果关系说、可预见说、法规目的说、义务射程说。然而这些学说除了有各自无法克服的缺陷外,所提供的判断标准较为抽象,有时难以适应时代发展涌现出来的新问题。因果关系涉及万物之事理,内容非常庞杂,亦变化多端,在涉及具体的侵权行为时,法官们为了公平正义以及社会政策的需要,不得不另辟蹊径,发展出适用于某些特殊侵权行为的判断标准,

---

[1] [德]克雷斯蒂安·冯·巴尔:《欧洲比较侵权行为法》(下卷),焦美华译,法律出版社2001年版,第1页。

如"蛋壳脑袋理论""疫学因果关系""市场份额理论"等。这些理论在给司法者开辟解决问题路径的同时,也让司法者眼花缭乱,甚至无所适从。故东亚侵权法学会本着求同存异的精神,在总结理论研究成果与司法实务经验的基础上,将一些公认的、较为合理且具有一定普适性的因果关系判断学说上升为法律,为东亚各国认定侵权中的因果关系提供统一的依据,避免司法实务判决的过大差异化。尤其是中国,由于因果关系判断的无法可依,不少法官对侵权案件中的因果关系或一笔带过不做论述,或在某些存在因果关系的案件中否认因果关系的存在,这不仅损害了当事人的合法权益,而且有损司法公正。《东亚侵权法示范法(暂定稿)》的规定对指导司法实践、维护司法权威大有裨益。

二、因果关系的二分法

许多英美法系国家与大陆法系国家均采用了因果关系理论的"二分法"。具言之,英美法系根据其特有的陪审员制度,在因果关系的认定上分为事实因果关系(causation in fact or actual cause)的认定和法律因果关系(causation in law or legal causation)的认定;大陆法系国家学者则将因果关系分为责任成立上的因果关系(haftungsbegründende Kausalität)和责任范围上的因果关系(haftungsauffüllende Kausalität)两个层次结构。因果关系的"二分法",既明确了侵权责任,又限制了侵权责任的范围。为完善现代法律制度,《东亚侵权法示范法(暂定稿)》亦采纳了"二分法"理论。

(一)事实因果关系的认定和法律因果关系的认定

因果关系原本是一个纯粹事实性的关系,可以按照自然科学方法加以考察,而当其被引入法律用于影响责任之分配时,便具有了法律性。法律上的因果关系的实质,便是在事实因果关系的基础上依据一定的取向对责任进行限制。[1]故东亚侵权法示范法区分了事实上的因果关系和法律上的因果关系,前者关注的是,作为事实,被告过失是否是原告损失的原因;后者关注的是,作为法律,被告是否应对其事实上造成的损害承担责任。申言之,事实因果关系探讨的是被告的行为是否实际上为损害发生的原因。事实原因是指"当原告主张被告造成其损害,非常明确地表明损害是被告的实际上、事实上造成的结果。在大多数情况下,事实原因是指不考虑法律或政策的因素的纯事实的原因"[2],法律因果关系则属于法律政策的问

---

[1] 参见叶金强:《相当因果关系理论的展开》,载《中国法学》2008年第1期。
[2] Steven L. Emanuel, *Torts*, Citic Publishing House, 2003, p.137.

题,其侧重于如何限制被告责任,方可与公平、符合权宜或与法规范之目的相符。[1]即为,在确定被告的行为是导致原告损害的事实原因后,根据法律因果关系理论,进而认定原告所遭受的损害是否是由被告的侵权行为所引所发的危险造成的结果。可见,法律因果关系是对是否应承担责任的行为或事件所进行的法律评价,旨在合理地对应承担责任的范围作出界定。所以《美国侵权法重述·第三次》引入了新的术语"责任范围"(scope of liability)表达法律因果关系之内涵。该重述解释到:"'责任范围'术语更加精确地描述了这一章的关注点:对于行为人的过失行为导致的全部事实上的损害,侵权法并不要求行为人全部承担责任。"[2]但由于美国法院仍广泛使用法律因果关系这一术语,故而该重述并用两种提法。

事实因果关系与法律因果关系两者性质是不同的:事实因果关系是事实上因果律之问题,在此阶段,不论损害发生是否仍有其他原因,只要被告行为促成损害发生,即应认定具有因果关系。然而在法律因果关系理论看来,被告之行为对损害发生具有原因力时,若就相当性或可预见性加以考量,而有限制被告责任成立之必要时,被告仍无须负责;在此阶段,法律政策或目的性考虑参与其间。[3]

(二)责任成立上的因果关系和责任范围上的因果关系

责任成立上的因果关系,即权益遭受侵害与损害之间的因果关联。[4]它探求的是"行为"与"损害"之间的因果关系,用以解决侵权责任成立与否的问题。责任范围上的因果关系是在侵权责任成立后用以确定损害赔偿范围的因果关系,即探析加害人应当对受侵害的哪些法益承担赔偿责任,应当在多大范围内承担赔偿责任。因此,与法律因果关系类似,有学者认为,责任范围上的因果关系属于损害而非责任构成要件的问题。[5]

区分责任成立上的因果关系与责任范围上的因果关系是科学合理的。从理论结构上看,侵权责任法可划分为责任成立法与责任承担法,这一划分影响着各要件在侵权责任体系中的地位与判断标准。从责任认定与责任承担的逻辑顺序上说,责任成立的因果关系的认定是责任成立的前提,只

---

[1] See H. L. A. Hart & A. M. Honore, *Causation in the Law*, 415, Oxford: the Clarendon Press, 1959, p. 84.

[2] *Restatement of the Law*, *Third*, *Torts*: *Liability for Physical Harm*, chapter 6, special note.

[3] 参见陈聪富:《因果关系与损害赔偿法》,北京大学出版社2006年版,第26页。

[4] 参见Brox/Walker, Allegmeines Schuldrecht, §30, Rn. 5. 转引自程啸:《侵权责任法》,法律出版社2011年版,第177页。

[5] 参见Deutsch/Ahrens, Deliktsrecht, Rn. 46. 转引自程啸:《侵权责任法》,法律出版社2011年版,第177页。

有行为人的行为与权益遭受损害之间存在因果关系时,行为人才可能对此承担侵权责任。在责任成立的基础上,才能进一步解决责任范围的问题,即侵害权益引发的"后续损害"中哪些应赔偿、哪些不应赔偿。而且我国司法实务也贯彻了这一因果关系分析思路。此外,因果关系的此种划分方法也为最权威的比较法研究所认可,比较法上的经验亦证明了此种划分方法的必要性。[1]

三、因果关系的判定方法

东亚侵权法学会主要认可了条件说、相当因果关系说与法规目的说等因果关系的判定方法。

(一)条件说或等值说(condictio sine qua non, Äquivalenz-theorie, Bedingungstheorie, But-For Test)

条件说最早是由德国学者弗·布里于19世纪70年代提出的。坚持这一学说的学者从主观主义和社会责任论出发,只注意研究从损害结果中反映出来的行为人的人身社会危害性,认为只要行为人在实施行为时能够认识到有发生危害结果的可能性,就不能以任何理由减轻其责任。[2]根据条件说理论,假如条件不存在,则损害不会发生。由于该理论认为,当多种原因造成某一后果时,该多种原因均具有同样的价值,故它也被称为等值说。等值理论中的必要条件判断,类似于英美法系中的"But-For Test",判断的是事实上的因果关系。[3]

条件说的适用可以分为两种路径:其一为排除法,如果无当事人的行为即不会发生该结果,则当事人的行为与损害结果之间存在因果关系。如果排除当事人的行为,损害结果仍会发生,则当事人的行为与损害结果之间不存在因果关系。这一方法主要适用于当事人行为为积极作为之时。例如,两岁的凯恩因细菌感染而进行常规的疫苗接种,不幸的是,其接种后持续高烧,最终死亡。欲证明凯恩死亡与注射疫苗之间的因果关系,只要证明凯恩因为接种疫苗而死亡,如果没有注射疫苗,凯恩就不会死亡就足够了。[4]其二为替代法,以一个合法行为替代侵权人之违

---

[1] 参见朱岩:《侵权责任法通论·总论》(上册·责任成立法),法律出版社2011年版,第186—187页。

[2] 参见杨立新:《侵权法论》(第3版),人民法院出版社2005年版,第181页。

[3] 参见叶金强:《相当因果关系理论的展开》,载《中国法学》2008年第1期。

[4] 参见林诚二:《民法债编总论——体系化解说》,中国人民大学出版社2003年版,第150页。

法行为，如果损害结果并不受到影响，则当事人的行为与损害结果之间不存在因果关系。相反，如果替代后，损害结果没有发生，则当事人的行为与损害结果之间存在因果关系。这一方法主要适用于当事人行为构成不作为的情形。例如，在一起道路交通事故中，该道路交通事故的肇事者、道路施工负责人或者违反交通规则的行人都是引发道路事故的原因，此种原因行为既可以是作为也可以是不作为，在分析因果关系的过程中采用一种假设，即如果没有该行为是否仍会出现侵害的后果，如果答案是肯定的，则在行为和损害后果之间不存在因果联系；反之，则存在因果联系。在考察不作为的行为时，必须假设如果该行为被实施，是否仍会出现损害后果，如果是，则无因果联系；反之，则有因果联系。如果侵权行为仅仅和部分损害后果之间存在因果联系，那么侵权人仅就该部分损害后果承担赔偿责任。

在司法实践中，条件说简便易行，尤其是在直接的、不复杂的侵权案件中，运用这一标准可以很容易地排除一些与之无关的因素，所以它具有重要的实践价值，在日常生活中得到广泛的应用。正如弗来明（Fleming）教授所言："条件说作为确定的因果关系的重点，几乎在世界各国都被接受。"[1] 但是，对于一些复杂的、涉及多种因素共同致害的侵权案件，该标准无法正确地判断其中的因果关系，逐渐暴露出这一标准的缺陷。如德国学者普遍认为，条件说或等值说是基于对事实因果关系的判断，并没有结合价值的判断，会导致所认定的因果关系范围太广。尤其是在共同侵权、医疗事故的侵权中，这一判断方法的适用会导致不公平。因为如果在此类侵权中适用该方法，每一个引发损害的条件都是导致损害后果的原因，将会导致一个行为应对整个无法预测的损害承担责任，而且促使侵权行为的促成人必须和侵害人在同样范围内承担损害赔偿的责任，由此可见，这一方法的运用，极大地扩大了因果关系的锁链，在某些情况下会有悖于民法的公平原则，故必须在该条件说或等值说以外寻找其他补救方法来补救采用条件说或等值说所导致的因果关系过分扩大的缺陷。

（二）相当因果关系说（the adequate cause or adequacy theory）

相当因果关系说，又可称为"充分原因说"。最初系由弗赖堡大学生理学家冯·克利斯（Von Kries）在其1888年的著作《客观可能性的概念》一书中发展而来，该理论随即成为德国私法中的主流理论，并在瑞士、法

---

[1] John G. Fleming, *The Law of Torts* (8th Edition), The Law Book Company Limited, 1992, p. 194.

国、奥地利受到追随并引起深入的讨论。[1] 冯·克利斯认为，相当因果关系说中的"相当性"的认定应满足两个条件：其一，行为必须是损害结果发生的必要条件；其二，行为具有极大增加损害发生的客观可能性。增加客观可能性的例子包括：有一定比例的人得了肺结核病，据此认为人类得肺结核病具有客观可能性。有更高比例的矿工得了肺结核病，那么矿工得病的客观可能性就相应增加了。"成为矿工的人"增加了得肺结核病的可能性，那么"他是矿工"这一点就是得肺结核病的相当原因。而在另一例子中，就不存在相当因果关系：有一个马车夫违反注意义务，在驾驶马车时睡着了，因此马车偏离了正常的路线，此时乘客被雷击中，造成死亡结果。但是马车夫驾车睡着并没有足够增加乘客被雷电击中的可能性。事实上无论马车夫是睡着还是醒着，乘客被雷电击中的可能性都是极小的。[2]

德国法学家特拉格尔（Traeget）在对冯·克利斯的理论作了进一步的研究后指出：充分原因乃为依据人类所掌握的全部知识所确定的将损害发生的可能性提高到足以引起注意地步的必要条件。在充分原因判断时，有必要兼顾行为人在行为时对具体情势的实际认知，及于相同条件下一个观察细微者对具体情势所应具备的认知。[3] 也就是说，相当因果关系的认定应以行为人的行为所造成的客观事实为判断基础，该客观事实仅是现实地发生某种结果，尚不足以认定存在因果关系，得依社会一般见解加以判断，通常情形下有发生该结果之可能的，才可认定行为人的行为与损害之间存在因果关系。在这里，相当因果关系的判断是一种可能性的判断。换言之，依据相当因果关系理论，判断原因是否就后果为相当时，关键是看该原因是否表现为通常形态，而不是依据事情正常发展为无法预见到的，或为不可能的，或本身具有某种特殊性质的。考察此种相当因果关系并不是从某一具体的侵害人的角度出发，而是从一个处在行为人地位的最佳的观察者所可能认识到的情况入手。例如，甲与乙存在过节，甲怀恨在心，趁乙不注意重伤乙，导致乙全身瘫痪，乙的配偶及父母要求侵害人甲赔偿其医疗费及精神损害抚慰金。根据相当因果关系说，从一般社会观念上看，甲的侵权行为致乙全身瘫痪通常会对其近亲属造成精神上的痛苦，所以，甲的

---

〔1〕 参见 Ernst von Caemmerer, *Das Problem des Kausalzusammenhangs im Privatrecht*, Freibrug: Hans Ferdinand Schuls Verlag, 1956, S. 5. 转引自叶金强：《相当因果关系理论的展开》，载《中国法学》2008 年第 1 期。

〔2〕 参见刘信平：《侵权法因果关系理论之研究》，法律出版社 2008 年版，第 80 页。

〔3〕 参见 J Von Kries, *Die Prinzipien der Wahrscheinlichkeitsrechnung*（1886）; Traeger: *Der Kausalbegriff im StraFand Zivilrecht.* 参见王洋：《侵权行为法上因果关系理论研究》，载梁慧星：《民商法论丛》（第 11 卷），法律出版社 1999 年版，第 513—514 页。

侵权行为是乙的配偶及父母精神遭到损害的充分原因。但如果甲只是对乙漫骂了几句，并抓了乙几下，划伤了乙的皮肤，而乙自己越想越气，引发旧病导致全身瘫痪，那么采用相当因果关系说，根据一般情形判断，甲的侵权行为并不会导致一般人因此全身瘫痪，所以甲的侵害行为与乙所遭受的全身瘫痪的损害之间并不存在充分的因果关系。

相当因果关系理论的目的在于排除加害人因某些极其特殊的原因所造成损害的责任。但这并不取决于是否可以依据具体情况推定加害人具有责任。特别需要区分的是，相当因果关系在过失（Verschulden）侵权和故意（Vorsatz）侵权中具有不同的功能：在前者中必须认定行为与后果之间具有相当的因果关系，同时必须考虑到发生损害当时可以利用的所有经验；而在后者情况下，即使后果极其异常、无法期待，行为人也必须承担此种侵权责任。不仅如此，相当因果关系在危险责任中也具有特殊性，即损害必须来源于危险的特殊作用和影响，基于此种影响和作用，法律直接规定了受害人的损害赔偿请求权。但亦有德国学者主张，即使在故意侵权的情况下，也必须要求行为人的行为增加了出现损害后果的可能性，例如在德国刑法中有一个著名的案例：某侄儿为其富有的叔叔的继承人，为了早日得到遗产，其设法让其叔叔乘飞机并期待飞机失事以便获得遗产，德国法院认为，即使飞机真的失事，也无法要求该侄儿承担损害赔偿责任，因为二者之间无任何因果联系。[1]

相当因果关系理论在大陆法系各国影响深远，无论在欧洲大陆还是在亚洲的日本、韩国以及中国台湾地区都将此理论奉为通说。[2]中国台湾地区主张相当因果关系理论中相当性判断公式为：无此行为，虽不必生此损害，有此行为，通常即足生此损害者，是为有因果关系。无此行为，虽不必生此损害，有此行为，通常亦不生此损害者，即无因果关系。[3]中国台湾地区"最高法院"认为，所谓相当因果关系，系以行为人之行为所造成之客观存在事实，为观察基础，依吾人智识经验判断，通常均有可能发生同样损害之结果之可能者，即有因果关系。[4]由此不难发现，若说条件说或"But-For Test"规则考察的是事实上的因果关系，则因果关系相当性判

---

[1] 参见朱岩:《当代德国侵权法上因果关系理论和实务中的主要问题》，载中国民商法律网(http://old.civillaw.com.cn/article/default.asp?id=25693)，访问日期:2017年10月3日。

[2] 参见韩强:《法律因果关系理论学说史述评——道德归责背景下的原因构成理论研究》，华东政法大学2007年博士学位论文，第1页。

[3] 参见王泽鉴:《侵权行为法》(第1册)，中国政法大学出版社2001年版，第203页。

[4] 参见王泽鉴:《侵权行为法》(第1册)，中国政法大学出版社2001年版，第204页。

断中显然包含着法律上的因果判断。

由于因果关系说仅要求受害人证明因果关系存在的"相当性",从而减轻了其举证负担;并且,它使得法官能根据案件的具体情况、法律的规定、经验与常识等进行判断,具有一定的灵活性和合理性。但是,相当因果关系说亦存在缺陷,部分学者亦提出了强烈的批评。有的学者认为,其可能性基数的不确定、全有全无原则的不合理、法院常以损害既已发生或同情受害人而认定相当因果关系的存在,可能导致不适当地扩大损害赔偿的范围。[1]也有学者认为,相当因果关系理论中带有很多主观性的评判标准,难以准确、恰当地判断真正的因果关系存否,而且它就限制责任中的因果关系而言无法提供有效的标准,因此应当重新思考相当因果关系理论。为了应对这些批判,德国侵权法学者又提出了规范保护目的理论。

(三)法规目的(Normzweck)说或规范保护目的(Normschutzzweck)理论

法规目的说则是为补充相当因果关系理论的不足而提出的。它首先由德国法学家拉贝(Rabel)提出,经冯·加莫勒(Von Caemmerer)提倡而渐被接受。该理论认为,在判断因果关系是否具有相当性时,应当考虑有关法律、法规的意义和目的,因为只有当损害处于法规保护的范围之内时,损害才能得到救济;如果依据法规目的不应当承担责任,即使具有相当因果关系,也不应予以赔偿。[2]所以在法规目的说看来,行为人对于行为引发的损害是否应负赔偿责任,并不在于探究行为与损害之间有无相当因果关系,而在于探究相关法规的意义与目的。[3]

需要指出的是,法律规范并不保护所有的损害。德国学者首先承认规范保护目的理论主要适用于《德国民法典》第823条第2款所规定的情况,即行为人是否承担损害赔偿的义务首先取决于相关法律是否提供保护、受害人是否属于该法律所保护的范围。之后,德国法学界和司法界逐渐将这种理论适用到所有损害赔偿请求权中。德国学者普遍承认,该保护范围理论尤其适用于《德国民法典》第823条第2款所规定的违反法律保护所产生的侵权行为,也就是说,承担损害赔偿责任应满足如下条件:所涉及的法律保护的具体个人应属于被保护的人的范围,并且被侵害的权利和利益亦属于该法律保护的范围。

---

[1] 参见曾世雄:《损害赔偿法原理》,中国政法大学出版社2001年版,第121页。
[2] 参见王利明:《侵权行为法研究》(上卷),中国人民大学出版社2004年版,第426—429页。
[3] 参见王崇敏、陈敖翔:《侵权法上关系理论的思考》,载《当代法学》2003年第12期。

学者们对于规范保护目的理论和相当因果关系理论之间的关系持有不同的意见。主要有三种观点：第一种观点主张，规范目的学说应当取代相当因果关系理论，该主张主要以胡伯（Huber）为代表；第二种观点认为，相当因果关系理论仍旧享有主要适用余地，规范保护目的理论应辅助相当因果关系理论，尤其当相当因果关系中所造成的损害处在规范目的保护范围之内时，该理论以拉伦茨为代表；第三种观点指出，规范保护目的理论既不能取代相当因果关系理论，也不是该理论的补充，而仅仅是损害规则的理论。这表明不仅必须依据规范确定因果关系，而且损害、因果关系、过错和需要赔偿的利益（特别是后果损害）必须以规范为基准，该理论以菲克斯谢尔（Fickentscher）为代表。[1]多数学者认为两种学说可以并存，首先必须认定其有无相当因果关系，其次再探究其是否符合规范保护目的，即损害之发生虽具有因果关系，但在规范目的之外者仍不得请求损害赔偿。[2]

规范保护目的理论通过强调行为规范对于确认因果关系的意义，试图为更多的损害提供保护。特别是在涉及一般安全注意义务的案件中，依据规范保护目的理论，即使是法律所允许的行为造成损害，行为人也可能基于行为规范的保护目的而必须承担违反一般安全注意义务的侵权责任。该学说为因果关系问题的思考提出了一个新的路径，正如其支持者所言："因果关系之学说甚多，却也无一精确。以抽象不确定内容之标准为标准，徒增问题之复杂性，对问题之解决并无助益。行为人就其行为所引发的损害是否应负责任，基本上即为法律问题，循依有关法律规定探究之，乃理所当然之事。因果关系如此虚化之结果，可以将无具体合理答案之因果关系学说争论置之不顾，使问题回归就法论法之单纯层次。"[3]但从司法实践来看，规范保护目的理论对因果关系问题的解决也并不尽如人意。在依据该学说具体判断法规范的保护范围时，要涉及对法益、人的范围、损害的限制等因素的考量，而这些亦无明确的标准，所以法院常于具体案件中充当立法者的角色，自行作出判断。

---

〔1〕 参见朱岩：《当代德国侵权法上因果关系理论和实务中的主要问题》，载中国民商法律网（http://old.civillaw.com.cn/article/default.asp?id=25493），访问日期：2017年10月8日。
〔2〕 参见王泽鉴：《债法原理》（第1册），中国政法大学出版社2001年版，第221—222页。
〔3〕 曾世雄：《损害赔偿法原理》，中国政法大学出版社2001年版，第114页。

第二节　因果关系的证明

一、因果关系的一般证明责任

举证责任分配规则通常是以法律要件分类说为基础的。[1]法律要件分类说以德国学者罗森贝克提出的规范说最具代表性，该说根据民事实体法律规范的对立关系将之分为两大类，即权利发生规范和权利对立规范。前者是指能够产生一定权利的规范，后者包括可以消灭、妨碍权利或使权利实现受到限制的规范。当事人应对有利于自己的法律规范要件事实加以主张和证明，故原则上：主张权利存在的当事人应对权利发生的法律要件事实承担证明责任；主张权利消灭的人应对权利消灭的法律要件事实承担证明责任；否认权利妨碍的当事人应对妨碍该权利的法律要件事实承担证明责任；主张权利受制的人应对权利受制的法律要件事实负担证明责任。这是证明责任分配的一般原则。[2]在侵权责任的构成要件中，行为或物件与损害结果之间的因果关系属权利发生规范的法律要件事实，因此通常情况下应由原告对此要件进行举证，并且证明标准必须达到高度盖然性的标准，方可视为完成举证责任。[3]因果关系证明是归责的先决条件，因为如若无法确定因果关系，就无法确定侵权人或被告，过错的认定和责任的确定也就失去了存在的基础。故《东亚侵权法示范法（暂定稿）》第14条明确规定："受害人承担侵权责任成立的因果关系和侵权责任承担的因果关系的举证责任。"当然，在原告举证证明存在因果关系后，被告可以提出反证，证明其行为或物件与损害结果之间不存在因果关系，或即使存在因果关系，但关系过于遥远。

上述对侵权诉讼的举证责任在双方当事人之间的预先分配，一般而言，其分配结果是符合公平正义的要求的。然而，侵权案件的类型多种多样，案件事实又错综复杂，按照预先设定的统一原则进行分配难以保证每一个具体案件的分配结果都是公正、妥当的。而且社会的发展和环境的变化也会造成分配原则与分配结果之间的不调和，导致某些原先符合公平正义要

---

[1] 参见张卫平：《民事诉讼法教程》，法律出版社2008年版，第85页。
[2] 参见薛永慧：《民事诉讼举证责任倒置刍议》，载《政法论坛》2004年第3期。
[3] 参见薄晓波：《倒置与推定：对我国环境污染侵权中因果关系证明方法的反思》，载《中国地质大学学报（社会科学版）》2014年第6期。

求的分配结果在新的社会条件下背离公平正义的要求,诚如著名法学家耶林曾尖锐批评的那样:"我们的普通法所提供给权利人的救济通常是以完全不可能得到的证据为前提的……这样的诉讼是原告的灾难,被告的幸运。"〔1〕若继续按照法律要件分类说以正置的方式分配举证责任,将会严重影响侵权法预防、威慑和填补功能的实现,造成特殊侵权案件(例如环境侵权、医疗侵权、产品侵权案件等)诉讼中公平正义的失落。因此,需要调整证据制度来解决这一问题,倒置或缓和因果关系的举证责任就是可采取的有效对策之一。

二、因果关系推定的适用

(一)因果关系推定:举证责任倒置与举证责任缓和

因果关系推定,是指对于某种表见事实发生损害,即推定损害与该事实之间的因果关系存在,受害人无须再证明其间的因果关系,即可对表见事实之行为请求损害赔偿,而行为人只有在以反证证明损害与该事实无关时,始可免责的法则。〔2〕因果关系推定根据推定程度的不同可以分为举证责任倒置(因果关系的完全推定)与举证责任缓和(因果关系的不完全推定)。所谓举证责任倒置,是指基于法律规定,在特殊情形下提出主张的一方当事人(一般是原告)就某种事由不负担举证责任,而由他方当事人(一般是被告)就某种事实存在或不存在承担举证责任,如果该方当事人不能就此举证证明,则推定提出主张的当事人的事实主张成立的一种举证责任分配制度。〔3〕因果关系的举证责任倒置是指提出主张的一方就因果关系的存在与否不负担举证责任,而由反对的一方负担举证责任。举证责任缓和是指在法律规定的情况下,在原告举证存在技术或者其他方面的障碍无法达到法律要求的证明标准时,适当降低原告的举证证明标准,在原告举证证明达到该标准时,视为其已经完成举证责任,实行举证责任转换,由被告承担举证责任。〔4〕因果关系的举证责任缓和是指在侵权诉讼中,当原告证明的因果关系达到一定标准时,可视其完成了举证责任,即有条件地进行因果关系推定,由被告负举证责任。

---

〔1〕 梁慧星:《为权利而斗争》,中国法制出版社2000年版,第47—48页。
〔2〕 参见邱聪智:《民法研究》(一)(增订版),中国人民大学出版社2002年版,第225页。
〔3〕 参见王利明:《论举证责任倒置的若干问题》,载《广西社会科学》2003年第1期。
〔4〕 参见杨立新:《〈侵权责任法〉改革医疗损害责任制度的成功与不足》,载《中国人民大学学报》2010年第4期。

因果关系的举证责任缓和有别于因果关系完全推定的举证责任倒置。[1]举证责任缓和与举证责任倒置的基本区别是:①实行条件的区别。举证责任缓和并不是完全的举证责任倒置,而是有条件的举证责任倒置,或者就是举证责任转移、转换。作为原告的受害者一方必须首先承担举证责任,证明因果关系的盖然性,或者证明疫学因果关系推定的基础,或者证明公害、药害以及医院大面积感染等诉讼中的因果关系的概率达到相当水平;而因果关系完全推定的举证责任倒置是无条件的,符合条件就应当推定有因果关系,原告不承担举证责任。②完全推定和不完全推定的区别。在举证责任缓和中,对因果关系是不完全推定,原告不能对因果关系存在的事实毫无证明,就直接由法官推定因果关系存在,而由被告承担没有因果关系的举证责任;而在举证责任倒置中,因果关系是完全推定,原告无须证明即可推定因果关系的存在。③原告先证明还是被告先证明的区别。举证责任缓和,是由原告先举证证明一定事实的存在,之后才能进行推定;而举证责任倒置是被告先证明,即在推定之后,被告承担举证责任,并且免除原告的先证明责任。

《东亚侵权法示范法(暂定稿)》于第15条明确规定了举证责任倒置与举证责任缓和,即"法律规定因果关系推定的,受害人对因果关系的证明不负举证责任,从加害行为与损害事实的特定联系,推定二者具有因果关系;但加害人能够证明推翻该推定的除外"。依据一般经验法则,受害人没有能力提供足够的证据,证明加害行为与损害之间因果关系达到高度盖然性标准,但已经达到盖然性标准要求的,得认为其已经完成举证责任,由加害人举证证明不存在因果关系;加害人能够推翻该证明的,得认定不存在因果关系。这一规定具有如下重要意义:①实现受害人、加害人之间的利益平衡。在一些特殊侵权案件中,由于双方当事人的地位不平等,获取证据的能力悬殊,如在医疗纠纷案件中,医院占有医疗病历;在环境污染案件中,厂方拥有各类数据资料等,法律通过设立举证责任倒置与举证责任缓和制度,可以帮助此类案件中处于弱势、举证劣势的一方当事人,在减轻受害人的举证责任,适当增加加害人的举证责任,尤其是举证责任缓和制度,在使受害人有较多机会获得赔偿的同时,不至于过分地苛责加害人,从而实现受害人、加害人之间利益的平衡,避免举证能力悬殊可能

---

〔1〕 以下关于因果关系的举证责任缓和与因果关系完全推定的举证责任倒置不同的论述引自杨立新:《医疗损害责任的因果关系证明及举证责任》,载《法学》2009年第1期。

导致的诉讼结果偏离的情形,更好地实现侵权法的价值目标。[1]②有利于体现法律价值,实现实质公平正义。在当前公害案件、医疗事故等急剧增加的压力下,一些国家的侵权责任制度逐渐以无过错责任取代以过错为基石的传统归责原则,即使有些国家仍然沿用过错责任,但通过举证责任的倒置或缓和为原告提供了便利。无论是风险责任还是证明责任的转换,都表征了法律向受害者和弱者的倾斜,法律不再仅注意到形式的正义,而是更倾向于实质的正义,借助实体法或程序法的设置,平衡和协调社会与其成员之间、社会成员之间各种不同的利益和要求,从而更好地保护在一些具有广泛影响的特殊侵权纠纷中处于劣势、弱势地位的群体,更好地彰显法律所追求的公平正义的价值。

(二)举证责任倒置的具体适用

1. 设置举证责任倒置的考量因素

举证责任倒置规则的兴废与社会因素的消长具有密切的联系。[2]东亚侵权法示范法从立法高度笼统地肯定了因果关系上的举证责任倒置,东亚各国可根据各自的实际国情,综合考虑以下三项考量因素,具体设定自己国家的举证责任倒置情形。

(1)与证据的距离。若作为原告的受害人距离证据远而作为被告的加害人离证据近,则有采用举证责任倒置的必要。主张证明责任分配盖然性说的德国学者莱纳克认为,举证责任分配应考量举证可能性,拥有更大举证可能性的一方当事人,应负该事实的举证责任。举证的可能性是由证据与当事人距离的远近决定的,如果证据大多在一方当事人控制或保有范围内,另一方当事人远离该证据,就难以获得这些证据,那么此类案件就应当由控制或保有该证据的一方当事人承担举证责任。例如,在环境污染致人损害、医疗事故致人损害的诉讼中,原、被告双方与证据的距离有着显而易见的差距。排污单位、医疗单位不仅在专业知识上占有优势,而且往往也控制、掌握着与因果关系相关的证据;受害人由于无权进入加害人的企业收集相关的资料和数据或难以获得由医院保存的医疗档案,因而难以取得证据资料。当双方当事人的证明能力处于明显不对等状态时,由证明能力弱的一方承担举证责任是不公允的,此时需要通过倒置举证责任来进行处理。

(2)经济负担能力的大小。举证责任倒置意在保护弱势群体的权益,

---

[1] 参见童光法:《举证责任倒置抑或因果关系推定——对〈侵权责任法〉第66条的解释分析》,载《清华法治论衡》2014年第2期。

[2] 参见叶自强:《举证责任倒置规则的构成要素与适用》,载《河北法学》2011年第5期。

相对于受害方而言,作为被告的加害方有更强大的经济能力且更有能力分散损失,因而有采用举证责任倒置的必要。证明责任的负担在很大程度上意味着金钱负担。在一些特殊侵权案件中,在经济上居于相对弱势地位的受害方,难以承担举证所需花费。例如,医疗损害责任的证明责任大多要依赖医疗鉴定,而鉴定费的预交是一笔不小的费用,一般说来,患者为了治病已经在经济上承受了沉重负担,加之遭受医疗损害,其更无力负担举证费用。[1]在多数情况下,被告方负担举证责任等于是让其实际承担损害赔偿责任。被告方一般是经营者,有些还是大企业,他们可以通过投保等方式分散赔偿风险,因此让经营者承担这一潜在的风险具有合理性。[2]当然,经营者也可能通过其他方式将所增加的成本转嫁给消费者,但无论如何,这总比让处于弱势地位的个别受害人单独承担损失更为公平。

(3) 社会成本的多少。若由加害方负责举证,更能节约成本且防范危险发生,则很可能适用举证责任倒置。从经济学角度的分析比较来看,如果一个损失可能发生,那么由谁避免该损失发生的成本最低,就由谁承担这项责任。成本是资本的一部分,是资本的一个存在形态;成本是价值和使用价值的统一,也是商品价值的尺度,能直接反映出企业商品的社会效益。工业革命之后,人们暴露在越来越多的危险活动之中,这是社会发展的必然,也是日常生活的必需,法律虽不能禁止,但可以推断使社会危险增加的人对其从事的活动的危险性之了解要超出一般人,而且离危险源越近,越容易控制危险的发生,因此课加行为人较多的义务,通过举证责任倒置使行为人丧失诉讼的优势,这样也可以促使行为人谨慎行事,尽可能避免危险的发生,节约社会成本,同时使侵权行为体系的防止性效果予以体现。

2. 举证责任倒置的途径

(1) 民事实体法

一些国家实体法中明确了证明责任倒置的规定。例如,《日本产品责任法》第 4 条的规定。当产品的缺陷源自生产工程过程时,缺陷的举证一般较为困难,针对单纯产品构造上的,必须实施举证责任倒置。[3]中国民事立法中也有关于举证责任倒置的条款,如《中华人民共和国民法通则》第 126 条。以实体法的形式规定举证责任倒置规则,可以说是一种成熟的做

---

[1] 参见叶名怡:《医疗侵权责任中因果关系的认定》,载《中外法学》2012 年第 1 期。
[2] 参见李浩:《举证责任倒置:学理分析与问题研究》,载《法商研究》2003 年第 4 期。
[3] 参见〔日〕田山辉明:《日本侵权行为法》,顾祝轩、丁相顺译,北京大学出版社 2011 年版,第 200 页。

法,是以立法的形式对同类案件的要件事实固定分配举证责任,是特殊公正上升到普遍公正的结果,是实体法宗旨在诉讼中的体现,是民法实质公正的内在要求。〔1〕因此可以说,在举证责任倒置的规范途径中,实体法的规定是一种十分重要且权威的方式。

(2) 司法解释和判例

1968年,德国联邦最高法院所作的一则在产品责任中适用举证责任倒置的判例产生了深远的影响。〔2〕在该案中,原告是某鸡场的场主,请某兽医给鸡注射疫苗以防鸡瘟,但数日后仍发生鸡瘟,导致鸡大量死亡,原告遂起诉生产该疫苗的公司,要求该公司对疫苗的防疫性不充分承担责任,被告则主张鸡瘟与防疫性无关,而与杀菌不充分相关。该案涉及两个焦点问题,即疫苗的免疫性能是否不充分和瘟疫是否是由疫苗引起的。按照一般的举证责任分配规则,上述问题应由原告负举证责任。但法院认为,药品的制作属于高度技术性问题,且整个生产过程均处于被告的控制之下,因而原告难以证明上述事实。为解决原告举证的困难,法院采用举证责任倒置的方法,将上述两项事实的证明责任转移于被告。之后被告因不能充分举证而败诉。通过这一判例,德国联邦最高法院在产品责任、环境污染、交通事故、医疗事故等赔偿诉讼中确立了两项重要的举证规则:第一,原告应先对遭受损害的基本事实进行举证;第二,在上述基本事实得以证明后,被告应对自己的无过错或加害行为与损害结果之间没有因果关系承担举证责任。

在中国,此类举证责任倒置的司法解释主要体现在《最高人民法院关于民事诉讼证据的若干规定》的第4条,它规定了8种举证责任倒置的情形。即:"下列侵权诉讼,按照以下规定承担举证责任:(一)因新产品制造方法发明专利引起的专利侵权诉讼,由制造同样产品的单位或者个人对其产品制造方法不同于专利方法承担举证责任;(二)高度危险作业致人损害的侵权诉讼,由加害人就受害人故意造成损害的事实承担举证责任;(三)因环境污染引起的损害赔偿诉讼,由加害人就法律规定的免责事由及其行为与损害结果之间不存在因果关系承担举证责任;(四)建筑物或者其他设施以及建筑物上的搁置物、悬挂物发生倒塌、脱落、坠落致人损害的侵权诉讼,由所有人或者管理人对其无过错承担举证责任;(五)饲

---

〔1〕 参见肖建国、包建华:《证明责任:事实判断的辅助方法》,北京大学出版社2012年版,第103页。

〔2〕 以下判例内容参见刘得宽:《民法诸问题与新展望》,中国政法大学出版社2002年版,第212—217页。

养动物致人损害的侵权诉讼,由动物饲养人或者管理人就受害人有过错或者第三人有过错承担举证责任;(六)因缺陷产品致人损害的侵权诉讼,由产品的生产者就法律规定的免责事由承担举证责任;(七)因共同危险行为致人损害的侵权诉讼,由实施危险行为的人就其行为与损害结果之间不存在因果关系承担举证责任;(八)因医疗行为引起的侵权诉讼,由医疗机构就医疗行为与损害结果之间不存在因果关系及不存在医疗过错承担举证责任。有关法律对侵权诉讼的举证责任有特殊规定的,从其规定。"

法律难以穷尽所有需要举证责任倒置的情形,甚至没有对举证责任倒置情形作出详细规定,因而由法官在审判实践中根据每个案件的具体情况决定倒置举证责任有其合理性和必要性。法院可以在积累司法实践经验的基础上,通过司法解释将部分典型的举证责任倒置情形确定下来,以便更好地指导审判实践活动。

(3) 证据契约

证据契约是指当事人订立的有关诉讼中确定事实方法的契约。证据契约有狭义和广义之分,狭义是指自认契约、鉴定契约、证据方法契约等;广义则还包括变更举证责任分配原则的契约。证据契约属于当事人程序选择权的范畴。程序选择权的精髓在于让当事人自己在发现案件事实与促进程序二者之间权衡。[1]当事人通过协议选择举证责任的分配方式,就是程序选择权的体现之一。所以应允许当事人通过订立合同约定对因果关系等事实的举证责任的分配方式。

综上,在上述倒置举证责任的三种方法中,法律与司法解释是通常采用的方法,也是较为稳妥的方法。这是因为:首先,举证责任的分配实际上是诉讼上的不利益和败诉风险的分配。举证责任的倒置,是在双方当事人之间重新分配败诉风险,而如何重新分配才具正当性和妥当性,需要通过价值判断和利益衡量来确定,况且就谁有权力或资格进行判断考量和选择而言,立法机关和最高司法机关是首当其冲的不二人选。其次,举证责任是脱离具体诉讼而抽象地预先分配的,或者说是在当事人开始诉讼前就已经预置于双方当事人的,这体现了法律的稳定性和可预见性的要求。[2]故由立法机关和最高司法机关预先作出规定,是进行举证责任预先倒置的最佳途径。至于第三种途径,只要双方当事人是自愿达成证据契约的,且约定的倒置不违反诚实信用原则和公平原则,不会给倒置后承担举证责任

---

[1] 参见〔美〕罗尔斯:《正义论》,何怀宏等译,中国社会科学出版社1988年版,第81—82页。
[2] 参见李浩:《举证责任倒置:学理分析与问题研究》,载《法商研究》2003年第4期。

的一方当事人造成明显不公的困难,法院便无禁止的必要。这种倒置举证责任的途径虽然从理论上说是存在的,但在司法实务中却为鲜见。可见,东亚侵权法示范法采用立法模式对举证责任倒置作了明文规定,是一种妥当的处理方法,并且它并不排除东亚各国通过司法解释、司法判例甚至是当事人之间的证据契约对举证责任倒置作出安排。

(三) 举证责任缓和的具体适用

举证责任缓和适用的关键之处在于因果关系的推定。就因果关系推定而言,东亚侵权法示范法主要认可了盖然性因果关系说。

盖然性因果关系说是日本学者德本镇教授借鉴德国的矿害赔偿制度,将其运用到公害领域中提出的学说。从实质上说,它是降低受害人举证难度的一种因果关系推定方法。在一般侵权案件中,原告的举证责任应达到必然性因果关系说所要求的高度盖然性程度,若没有达此水平,则要承担因举证不能而导致的败诉后果。而在盖然性因果关系说中,原告的举证责任承担程度只需要达到盖然性的程度即可完成举证责任。这一方法在日本的公害案件中得到有效运用。例如,在环境侵权纠纷中,由于环境侵权行为与损害结果之间的因果关系难以确定,要求受害人证明此等因果关系在技术上、经济上均存在较大障碍,因此根据盖然性因果关系,受害人只需证明环境侵权行为引起的损害发生的可能性(盖然性)达到一定程度,或证明如果没有该环境侵害行为,就不会出现该损害结果的盖然性,便可以推定存在因果关系。它的具体要点有三个:①因果关系的举证责任,形式上仍然是由原告承担,即受害人承担形式上的举证责任;②实质上是转换了举证责任,即如果被告无法证明因果关系的不存在,那么就认定因果关系存在;③其所要求的"相当程度的盖然性"是指超越了能够大概明确的程度,但还没有达到足以证明的程度。[1]如加藤一郎教授所言,对证据的证明程度的要求,应做到"民刑有别",对刑事责任的认定,必须本着"疑罪从无"的态度,举证责任达到"确实充分"才可。但对于民事责任的认定,尤其是处理环境侵权案件时,不必苛求因果关系的认定是否采用了科学的方法,只要原告所提供的证据占有优势,就可以判决原告胜诉。[2]

根据该学说,在环境侵权案件中,受害人通常只需要对两个事实进行举证:一个是受害人要证明从侵害人的工厂所排放的有毒物质达到且积累

---

[1] 参见于敏:《日本侵权行为法》(第2版),法律出版社2006年版,第192—201页。
[2] 参见〔日〕加藤一郎:《外国的公害法》,岩波书店1978年版,第23页。

在其所遭受损害的环境范围内,并发生了作用;另一个是该环境范围内除了受害人之外还有众多类似损害的发生。[1]当然,受害人对这两个事实的举证程度无须达到绝对的水平,只要达到比一般诉讼所要求的证明程度更低的盖然性程度,即完成了举证责任并推定因果关系成立。[2]而侵害人若要推翻该因果关系,则其提出的反证的证明力必须达到能够完全推翻全部因果关系存在可能性的程度;如果无法对所推定的因果关系提出充分的反证以证明因果关系不成立,其就需要承担相应的侵权责任。

中国台湾地区亦接受了盖然性因果关系学说。其将盖然性因果关系说适用于环境侵权案件的一个著名案例是"莺歌镇陶瓷厂空气污染纠纷民事诉讼案"。该案中,第一审、第二审法院均运用盖然性,将受害人部分的因果关系举证责任转移给侵害人。承审法院认为:"公害肇害之因素常属不确定,损害之发生后多经长久时日综合各肇害源而凑合累积而成,受害人举证甚为困难,因之如果受害人有达到'盖然性'之举证时,如侵害人不能提出相反之证明时,即可推定其具有因果关系。"[3]即受害人所提出证明因果关系存在的证据只要能够达到盖然性的程度,即可认为其完成了举证责任,推定存在因果关系。[4]而对于侵害人来说,只有提出达到能够完全推翻全部因果关系存在可能性程度的反证,才可以反驳该推定。

除了盖然性因果关系说外,推定因果关系的学说主要还有以下几种:
1. 疫学因果关系说

所谓疫学上的因果关系,是指就流行病学可能考虑的若干因素,利用统计的方法,调查各因素与疾病之间的关系,选择相关性较大的因素,对其进行综合分析,由此判断该因素与结果之间有无联系。[5]疫学因果关系说是为了解决认定侵害行为与损害结果之间因果关系难以从医学上获得准确的证明,通过引入流行病学统计学方法,从流行病学分析某种疾病发生的原因与某种损害结果发生之间存在一定的盖然性,进而判断因果关系是否成立的一种因果关系推定的具体方法,疫学因果关系与盖然性因果关系

---

[1] 参见汪渊智:《侵权责任法学》,法律出版社 2008 年版,第 428 页。
[2] 参见莫神星、闫子皎:《我国环境侵权因果关系认定问题的探讨》,载中国法学会环境资源法学研究会编:《林业、森林与野生动物资源保护法制建设研究——2004 年中国环境资源法学研讨会(年会)论文集》(第三册),第 1056—1063 页。
[3] 蔡瑄庭:《毒物侵权诉讼之因果关系理论之研究》,载《看守台湾》2009 年第 2 期。
[4] 参见蔡侑伦:《毒物侵权行为之民事损害赔偿责任》,台湾成功大学 2015 年硕士学位论文,第 20—35 页。
[5] 参见周江洪:《日本侵权法中的因果关系理论述评》,载《厦门大学法律评论》2005 年第 1 期。

往往是结合着运用的。[1]流行病学上的因果关系,应具备流行病四原则:①该因素在发病前产生作用;②该因素起作用的程度越明显,疾病的发病率就越高(即量和效果之间的关系);③从该因素分布及消长方面能够没有矛盾地说明流行病记载上观察到的流行特性(即去除该因素时,疾病发病率随之降低,没有该因素影响的集团或人群,疾病的发病率非常低等);④在生物学上能够无矛盾地解释该因素作为原因发生作用的机能。[2]看起来疫学因果关系说似乎要求受害人承担更重的举证责任(需要满足四个要件),但实则不然,因为相较于直接证明侵害行为与损害结果发生之间存在因果关系需要大量科学上的研究成果来支持而言,疫学因果关系说是通过各种直接或间接的测量、数据为依据来确定侵害行为与损害结果之间是否存在关联性,其实已减轻了受害人的举证责任。法官根据上述四原则进行综合判断,依据统计结果,作出合理宏观的判断,而无须当事人证明其病理学上的严密的微观层次上的因果关系。

疫学因果关系学说在减轻当事人因果关系证明负担方面有着较大的优势,但其也存在一些局限性。它一般仅用于解决因侵权导致人身损害的案件,而不适用于其他损害如财产损害的案件;并且疫学因果关系学说往往需要大量的统计资料以支撑其因果关系的科学性与客观性,由此也导致疫学因果学说比较适合应用于群体性的人身损害侵权案件,而对于个别性的人身损害侵权案件则难以适用。另外,流行病学研究结论存在一定程度的不确定性,不同专家采用不同样本、通过不同方法得出的结论可能并不一致甚至相互矛盾。[3]故该方法对法官知识技能与判断素质的要求比较高。

2. 间接反证说

间接反证说起源于德国民事证据法上的"间接反证",意指主要事实存在与否不明时,由不负举证责任的当事人负反证其事实不存在的证明责任。间接反证说不是将构成因果关系的事实作为一个要件事实(而盖然性因果关系说则是如此),而是作为复合的要件事实来把握,分别进行认定。所以,当受害人能够证明其中的部分关联事实存在时,剩余的事实则被推定为存在,并由加害人负反证其不存在的责任。[4]具言之,在未有相反证

---

[1] 参见吴志正:《以疫学手法作为民事因果关系认定之检讨》,载《东吴法律学报》2008年1期。

[2] 参见[日]加藤雅信:《新民法大系Ⅴ事务管理·不当利得·不法行为》,有斐阁2002年版,第268页。

[3] 参见陈伟:《疫学因果关系及其证明》,载《法学研究》2015年第4期。

[4] 参见杨素娟:《论环境侵权诉讼中的因果关系推定》,载《法学评论》2003年第4期。

据推翻的情况下,根据部分事实证据先假说存在因果关系,但对方可通过间接证据推翻,如对方未能提出反对间接证据来推翻这一假说,则实际上可以根据"无知论证"合理推断存在因果关系。[1]可见,间接反证理论运用的前提是原告主张并提出证据,形成推论链,然后被告可运用反对间接事实证明推论的不成立。

最典型的运用间接反证说的案件是"日本新潟水俣病案"。该案中,原告诉称,己方受害的原因是因为昭和电工鹿濑工厂(被告)向阿贺野川排放了含有有机水银的废水,因食物链的结果积蓄在该河的鱼体内,而该地居民长期食用了被污染的鱼,致使有机水银进入人体并侵入到脑神经而罹患严重疾病,甚至死亡。被告则对因果关系提出异议。新潟地方法院认为,要认定因果关系,其关键在于以下三点:①被害疾病患者的特定和该原因(病因)物质;②原因物质到达受害人的路径(污染路径);③加害企业原因物质的排除(生成至排除为止的过程)。而像本案这样的环境毒物侵权案件,要求受害人的举证完全满足上述三点是不符合法律的公平公正的。前述的①②两点,如果相关多个证据能够在相关诸科学的关联上没有漏洞地说明清楚,则可以解释为从法律因果关系方面予以了证明,对于上述程度的①②进行举证,达到了追击污染源至该企业之门的程度;至于③,如果企业无法证明自己的工厂不存在污染源,则事实上推定为存在污染源,其结果则解释为所有的法律上的因果关系都得到了证明。而在本案中,受害者的症状是由有机水银造成的中毒,完成了对①的举证,有机水银是经过河里的鱼进入到人体的,而有机水银是从加害企业的排污口排放到河流中的,这就完成了②的举证,与此相对,加害企业无法举证证明没有③,因此本案被认定为存在因果关系。[2]

间接反证说的优势在于,原告无须就因果关系中的所有事实都加以证明,而只需要证明其能够证明的部分,通过经验法则再推出其他的事实,这样的证明方法对于难以证明因果关系的侵权案件无疑是十分合适的。但是其也存在一些争议,如根据经验法则,由受害人举证的若干事实推出其他事实存在的这一经验法则的标准到底是什么,是以普通民众的经验还是以某些人群的经验。尽管如此,由于间接反证说能够较好地适用于个别性的侵权案件,解决了疫学因果关系说在非群体性侵权案件上难以适用的问

---

〔1〕 参见胡学军:《环境侵权中的因果关系及其证明问题评析》,载《中国法学》2013年第5期。

〔2〕 参见〔日〕交告尚史、〔日〕臼杵知史、〔日〕前田阳一、〔日〕黑川哲志:《日本环境法概论》,田林、丁倩雯译,中国法制出版社2014年版,第216—217页。

题，因而其在法学界和司法实践上得到了广泛的认可和运用。

3. "事实自证"原则

"事实自证"（res ipsa loquitur）原则，即在过失造成伤害的案件中，推定被告有过失。它并不是一项实体法则，而只是一种证明规则。当它被单独适用时，它只意味着特定的事实和环境允许对责任的推定或者推论。适用此项规则必须：①造成伤害的工具（器械）由被告控制或管理；②按照当时的环境，根据一般的经验和常识，如果不是被告的疏忽大意，事故不会发生；③原告所受伤害是事故造成的。被告如要推翻此项推定，必须提出相反的证据。[1]"事实自证"原则为原告在无法确定具体侵权行为人时提供了一个起诉被告的合法依据，法院亦从案件基本事实出发应用"事实自证"原则加以审查判断，为受害人提供合理的救济。正如美国学者所指出的："我们会感觉到，即使存在某些证据缺失，就像我们通常理解的那样，事实已经清楚地指出被告是有过失的。这些感觉被翻译成为事实自证法律学说，其允许原告在某些案件中，即使留有证据缺失，没有证明被告过失的具体细节，也可以胜诉。"[2]

"事实自证"原则在举证责任减轻的运用上，是依据一般的经验法则进行推定的。这里的经验法则，即在一般的生活经验上，当事人就特定的注意若无过失时，通常不会发生损害结果的经验法则。[3]依据这一经验法则，法官就原告主张事实关系的真实性形成确信时，即可推定存在损害事实。

在英美法系国家，"事实自证"原则的运用以 Byrne v. Boadle 案，即学界俗称的"面粉伤害案"影响尤大。[4]该案中，原告在街上走着，突然被一袋飞来的面粉砸伤，于是原告就将被告告上法庭，但原告只能证明自己的伤势以及伤人的面粉是从被告的商店中飞出来的事实，对于具体侵权人则无法证明。在这种情况下，当时审理案件的英国法官波洛克（Pollock）认为："原告提出的证据已经十分充分，若被告无法提出反证，那么可以认为被告存在过失，其必须对原告的损失负责"。[5]"某些案件中可以事实自证，这也许就是其中的一个。在某些案件中法官认为仅仅有事故的发生的

---

[1] 参见薛波主编：《元照英美法词典》，法律出版社 2003 年版，第 1189 页。
[2] [美]小詹姆斯·A. 亨德森、[美]理查德·N. 皮尔森等：《美国侵权法实体与程序》（第 7 版），王竹、于海俊等译，北京大学出版社 2014 年版，第 201 页。
[3] 参见黄丁全：《医事法新论》，法律出版社 2013 年版，第 512—513 页。
[4] See 2H. &C. 722, 159 Eng. Rep. 299(Ex. 1963).
[5] 王利明等：《抛掷物致人损害的责任认定》，载王利明主编：《判解研究》（2004 年第 2 辑），人民法院出版社 2004 年版，第 98 页。

事实就是过失的证据。"[1]该判决所确立的事实自证原则影响力之大,正如美国著名的侵权法学家普罗瑟(Prosser)教授所评价的,它"落到了所有侵权法学者的生活里"[2]。

4. 其他学说或规则

德国法上的表现证据规则(表见证明)是指以高度盖然性的经验法则为基础,从加害的客观事实抽象地推断过失或者因果关系的存在。换言之,它是一种相类似的证明,如果各种迹象表明过错或者因果关系的存在,原告就不需要再对具体的要件事实进行细致的说明和解释,法官可以直接通过所谓的类似性认定事实。[3]例如,患者在医院施以腹部手术后,发现腹里留有手术工具。受害人证明了这一事实,法官即可依这种表现证据,推论该手术工具是由手术医师及其他手术人员基于其过失所为而确信医疗过失。

日本法上还采用"大概推定"原则来推定是否具有因果关系。该原则是日本法上的举证责任原则,它是指在侵权损害责任案件中,依据一般情况判断认为不是因为有过失损害不至于发生,此时原告能证明损害已发生,并且存在不是因为过失损害不至于发生的情形,就可以大概推定被告有过失,被告必须就其没有过失的事实提出反证,否则将受到不利的裁判。[4]

此外,概率因果关系说也不失为一种可选择适用的因果关系推定学说。该学说似乎是将法律上的因果关系重新还原到了自然科学上的因果关系,认为既然不可能证明100%的因果关系,那能否以该百分比确定因果关系,能否以该百分比确定与此相适应的侵权赔偿责任的百分比。日本东京地方裁判所的一则判决中曾经运用过该原理。该案中,某交通事故的受害人对事故发生2年后才发作的后遗症提起损害赔偿诉讼,关于该事故和后遗症之间的因果关系,该裁判所审理后认为:"在肯定因果关系存在的证据和否定证据并存时,经综合考虑可以认定,70%的相当因果关系的存在,并依此肯定其损害额的70%。"[5]

---

[1] 〔美〕小詹姆斯·A. 亨德森、〔美〕理查德·N. 皮尔森等:《美国侵权法实体与程序》(第7版),王竹、丁海俊等译,北京大学出版社2014年版,第201页。
[2] William L. Prosser, *Res Ipsa Loquitur in California*, 37 CAL. L. REV. 183, 183 (1949).
[3] 参见洪冬英:《论医疗侵权诉讼证明责任》,载《政治与法律》2012年第11期。
[4] 参见艾尔肯:《医疗损害举证责任之缓和规则》,载《北方法学》2014年第5期。
[5] 周江洪:《日本侵权法中的因果关系理论述评》,载《厦门大学法律评论》2005年第1期。

第五章　故意与过失

【《东亚侵权法示范法（暂定稿）》条文】

第十六条【故意】

故意，是指加害人明知自己实施的行为可能造成他人损害，希望或者放任该损害发生的心理状态。

第十七条【故意的证明】

证明故意，应当证明加害人对损害的明知。应当在考虑受害人举证的基础上，结合加害人实施行为时的情境、行为方式以及加害人的智识经验、受侵害的私法权益的明显性等因素，认定加害人是否对损害的发生具有明知。

加害人明知损害会发生，而继续实施能够造成该损害的行为，得认定其希望或者放任该损害的发生。

第十八条【过失】

过失，是指加害人对损害的发生虽非故意，但应当注意并能够注意而未予注意的心理状态。

在通常情况下，加害人违反了其在实施侵权行为时具体情境中应当遵守的注意义务的，得认定其有过失。

第十九条【过失的程度】

过失依据下列情形，分为不同程度：

（一）重大过失，是指行为人违反了社会上普通人稍加留意即可避免损害的注意义务；

（二）客观轻过失，是指行为人违反了善良管理人应有的注意义务；

（三）主观轻过失，是指行为人违反了与处理自己的事务为同一的注意义务。

第二十条【过失的证明】

受害人证明过失,应当证明行为人对实施该行为时所应负的注意义务。能够证明负有注意义务而未履行者,其过失证明成立。证明不同程度的注意义务,应当依据法律规定判断。

因行为人年龄、精神或者身体的障碍等因素,得适当调整注意义务人的行为标准。

判断律师、会计师、建筑师或者医师等专家责任人的过失,应当以行为时行业水准应具有的注意义务为标准。

法律规定过失推定的,加害人证明自己没有过失的标准,是加害人自己已经尽到注意义务。

第二十一条【过错程度及意义】

具有过错,加害人对实施的行为造成的损害,应当承担侵权责任。法律另有规定的,加害人仅须就其故意或者重大过失承担侵权责任。

在确定过失相抵和连带责任、按份责任中的责任分担时,应当根据故意、重大过失、客观轻过失和主观轻过失的过错程度轻重,确定责任分担的数额。

【法理阐释】

《东亚侵权法示范法(暂定稿)》第五章规定了侵权责任构成中的过错要件,过错包括故意和过失两个方面。其中,第 16 条规定了故意的概念,即"故意,是指加害人明知自己实施的行为可能造成他人损害,希望或者放任该损害发生的心理状态",认可了过错是主观心理状态的观点。第 17 条规定了故意的证明,即"证明故意,应当证明加害人对损害的明知。应当在考虑受害人举证的基础上,结合加害人实施行为时的情境、行为方式以及加害人的智识经验、受侵害的私法权益的明显性等因素,认定加害人是否对损害的发生具有明知。加害人明知损害会发生,而继续实施能够造成该损害的行为,得认定其希望或者放任该损害的发生",强调了主观状态的客观化表现以及综合认定原则。对于过失而言,《东亚侵权法示范法(暂定稿)》第 18 条规定了过失的概念与注意义务之标准:"过失,是指加害人对损害的发生虽非故意,但应当注意并能够注意而未予注意的心理状态。在通常情况下,加害人违反了其在实施侵权行为时具体情境中应当遵守的注意义务的，得认定其有过失。"第19条根据注意义务的不同，划定了重大过失、客观轻过失与主观轻过失三种类型："（一）重大过失，是指行为人违反了社会上普通人稍加留意即可避免损害的注意义务；（二）客观轻过失，是指行为人违反了善良管理人应有的注意义务；（三）主观轻过失，是指行为人违反了与处理自己的事务为同一的注意义务。"第20条规定了过失的证明规则，主要包括过失的证明方、过失的综合判断与标准调整，证明具有专业知识的人过失的规则以及过失推定规则。第21条规定了区分不同程度过失的法律意义："具有过错，加害人对实施的行为造成的损害，应当承担侵权责任。法律另有规定的，加害人仅须就其故意或者重大过失承担侵权责任。在确定过失相抵和连带责任、按份责任中的责任分担时，应当根据故意、重大过失、客观轻过失和主观轻过失的过错程度轻重，确定责任分担的数额。"以下从过错责任的发展历程开始，对以上条文进行简要的法律阐释。

第一节　从过失责任到过错责任

所谓侵权行为，是指法律所禁止的侵犯权益的行为，即是对他人造成损害的违法行为，行为人要对其故意或过失所造成的损害承担赔偿责任。

在当今风险社会，发生侵权行为，对他人的人身或财产造成损害，成为一种必然发生的事情。无论行为人是故意还是过失，因其所造成的损害都要受到公平合理的惩罚。因此，侵权行为的损害应当归咎于谁，如何才能符合公平、正义的观念，是亟待落实的主要任务。原则上所有受损害的人都要自行承担所受到的损害，如果想要把责任归咎于他人，则必须要有足够的证据。《韩国民法典》第759条规定了侵权行为的成立要件，即"凡因故意或过失的违法行为对他人造成损害的，有义务赔偿其所造成的损失"。据此可以得知，侵权行为的成立需要违法性、有责性和责任能力三个要件。

有责主义是一种归责原则，但不是指任何损害的发生都要承担赔偿责任。因此，对什么承担责任、承担责任的根据是什么成为需要探讨的问题。《韩国民法典》规定的是责任原则，并且是否受到指责是责任成立的根据。这种受指责的行为叫作归责事由，其具有故意和过失两种性质。笔者对东亚侵权法示范法中的这一范畴进行观察，基于侵权行为的责任归咎标准,就归责事由与过失概念进行探讨。

一、过失责任的变迁史

(一)罗马法上的过失责任

历史法学家们从罗马法中寻找民法上的过失责任。[1]罗马共和时期的法学家们通过对违法(Iniuria)的解释活动,从概括性侵害行为概念中分离出违法性,并从违法性当中寻找过失的概念来分析加害者的主观责任要件——有责性,但并未把有责性当作侵权法中独立的成立要素。随后,法学在加害者的有责性的角度上,把侵权行为引起的损害当作过失行为的赔偿标准。

公民法(Ius Civile)上的四种类型和名誉法上的诸多类型都被罗马法体系认定为不法行为,其中非法损害满足故意和其他情形的非法行为要件。当时,《阿奎利亚法》作为罗马侵权行为法的代表,包含三条实质性的规定:第一条规定了违法杀害他人的奴隶和四肢动物的情形;第二条规定了次债权人未经主债权人允许,擅自滥用其权利从而损害主债权人利益的情形;第三条规定了违法烧毁、粉碎或破坏他人物品的情形。[2]

根据第一条和第二条的规定,违法是决定一个侵权行为的评价要素,故意和过失用于同一种概念,并将故意和过失纳入广义上的过失(Culpa)中。对此,可以理解为是对客观法的违反以及对其行为的谴责可能性,即责任要件。综上所述,古代罗马法学家从《阿奎利亚法》的违法概念中发展了过失的概念。

按照罗马法对侵权行为能力的规定,7至14周岁的男子和未满12周岁的女子对于盗窃都有责任能力,只不过只有在故意的情形下才追究其责任。此外,乌尔比安(Ulpianus)主张,要以各自的辨别能力来决定每个人的侵权行为能力。

过失概念从《优士丁尼法典》中逐渐开始确立。据此,一种称为"客观主义"的法学概念得到了发展,并且"深刻的家父主义"成为过失概念的标准,以后不再采纳主观的过失概念。

(二)日耳曼法上的过失责任

日耳曼法上的过失责任以侵权行为责任的原理得到定性。在日耳曼,概括性的和平侵害的概念被认为是侵权行为是否成立的法律要件。它的存

---

[1] 参见马克斯·卡泽:《罗马私法(第一卷)》,C. H. 贝克出版社,第320页及以后。
[2] 参见〔韩〕崔炳昭:《罗马非法行为的研究:Lex Aquilia》(法学第29册,第1号),首尔大学出版社1984年版,第117页。

在基于客观结果来判断,并且认为只要存在侵害和平的行为,就会导致客观结果,和平侵害始终包含着恶意的主观要素。日耳曼法认为,只要有违法行为存在,就必然会有恶意的行为表现,违法行为的存在即为恶意行为的存在。日耳曼法上的过失概念以继承罗马法为起点。[1]

(三) 自然法时代的过失责任

自罗马法颁布以来,西方国家的自然法学家根据与时间和地点无关的理性思维,并通过确立普遍适用的法律体系的努力,展开了以个别构成要素为中心,与侵权行为相统一的一般规范。这与罗马法的不同之处在于,为了保护所有因侵害行为受到侵犯的法益,通过对一般构成要件中的一般条款的规定,确立了承认侵权行为的损害赔偿的基本原则。

格劳秀斯(Grotius)把侵权行为解释为"过失就是指所有人类一般情况下或者是出于某种原因不行为应该要行为的事情","不论是作为或者是不作为,只要有损害便自然发生债务关系,终究要承担损害赔偿责任"。

普芬道夫(Pufendorf)说:"谁都不能侵害谁。"他主张只要给他人造成损害就应该恢复原状,并且这是自人类制度产生以来,拘束全人类的绝对义务当中位于首要地位的义务。总之,自然法学家们认识到了自然法是从以过失为基本原理的《阿奎利亚法》当中产生的。

二、过错责任的衍发与立法

(一) 思想背景

只要并非故意,即使发生损害也不会有赔偿责任的过失责任主义,是在近代自然法学论的理论背景下,以尊重理性的近代哲学思想为起点出发的,即所有人都有意识自由,只有在自由意识存在的基础上,才会存在法律拘束力的意识主义。也就是说,过失责任是从私人自治的原则中衍生而来的。

萨维尼(Savigny)否认通过债权发生的原因区分契约和侵权行为。他认为,每个人都是根据自己的意识表示决定自己的行为,并且契约以自由活动为对象,非法行为以权利的滥用为对象。也就是说,滥用权利即会产生非法行为,这是以自身过错为基础而系统化了过失责任。

在社会经济活动中,加害者只要尽到合理的谨慎义务,就不会承担不必要的责任,并且起到保障个人经济活动的作用。因此,随着自由经济体制的确立和资本主义的发展,客观意义上新的过失概念得以确立。

---

[1] 参见〔韩〕玄承钟、〔韩〕赵奎昌:《日耳曼法》,朴英赦出版社1989年版,第24页以下。

(二) 过错责任的立法化

过失责任的立法始于 1804 年《法国民法典》。《法国民法典》第 1382 条"任何行为致他人受到损害时，因其过错致行为发生之人，应对该他人负赔偿之责"中规定了过错（包括故意和过失）为侵权行为的成立要件。过错概念继承了罗马法的过失概念，表现为民法上的故意、过失的规则论。[1]

此后，《德国民法典》第 823 条规定，"故意或过失地非法侵害他人生命、身体、健康、自由、财产所有权或其他权利的人，有义务向受害人赔偿由此造成的损失"。

《瑞典债务法》第 41 条规定，"故意或过失地对他人实施违法损害的人都应承担赔偿责任"。

《日本民法典》第 709 条规定，"故意或过失地侵害他人权利或者法益的人，负有赔偿因此产生的损害之义务"。

《韩国民法典》第 750 条规定，"因故意或过失以侵权行为致他人损害的人，负有赔偿因此产生的损害之义务"。

《中华人民共和国侵权责任法》第 6 条规定，"行为人因过错侵害他人民事权益，应当承担侵权责任"。

需要说明的是，《中华人民共和国侵权责任法》直接使用了过错的概念，没有直接使用故意或过失的表述，但是主观过错可以界分为故意和过失两种样态已成为中国民法学界和业界的基础性共识。这意味着，在没有明确规定只有故意才能构成侵权责任的情形下，一般应认定故意和过失的过错形态均可以构成侵权责任。

可见中国、韩国、日本、法国等国家以专门规定关于过失的一般条款为特征，德国则以规定个别条款为特征，如《德国民法典》第 823 条第 1 项 "他人的生命、身体、健康、自由、财产所有权或其他权利"，该条第 2 项 "保护他人为目的的法律" 和第 826 条 "以违反善良风俗故意加害于他人的，应对受害人负有损害赔偿的义务"。

美国专门规定了除过失以外的符合典型故意的侵权行为，即暴力、暴力威胁、非法拘禁、基于故意的精神施暴、非法侵害不动产、非法侵害动产、贪污动产、侵害个人隐私、恶意起诉、滥用程序、欺诈、毁坏名誉等。

可能上述行为基于性质无法包含故意，因而美国从经验上进行了总结

---

[1] 参见〔韩〕钟基雄：《对非法行为法上过失的概念的历史性考察》（法学第 34 册第 2 号），首尔大学出版社 1985 年版，第 71 页。

罗列。因为在上述情况下，下级类型都有各自的成立条件，所以无法实现基于故意的侵权行为的一般性成立要件。尤其是美国的惩罚性损害赔偿制度是在基于故意的侵权行为时才能得到认同的。

随着社会的发展，19世纪后期以来，侵权行为的形态也有所增加，比如随着汽车、火车、航空器等交通方式的发展所造成空气污染、原子能损害等的高危行业涉及的责任、医疗事故，以及近期随着IT产业的发展而发生的损害。

这些情形都需要以德国的危险责任理论为出发点，且无过失侵权行为问题开始得到关注，并成为划定过失责任的界限。

《德国民法典》的立法理由书中说过，失责的根据是从过失中分离出损害赔偿义务，该思想体现了现代观点，相比反对草案的立场，更不能认为是实际生活所需要的。德国的古代法律通过承认造成损害的行为者的损害义务，否定了上述根据。因为把损害和加害责任相联系起来并不是德国国民的特征，在当时还未确立债务概念（Schuldbegriff）的情况下，尚不能确定过失的现象，即使是在尚不能理解债务概念的尚不发达的文化阶段上出现的现象。在德国，损害赔偿义务以过失为要件原则的确立，并非基于实质性恰当的根据，而是一种高层次的文化发展的结果。这在允许个性发展的权利领域的设限中具有意义。也就是说，承认尽到合理和谨慎责任，在没有危险的范围之内尊重他人受法律保护的利益便可。

《东亚侵权法示范法（暂定稿）》于第二章规定了侵权责任的归责原因与责任承担方式，分别在第3条规定了过错责任，第4条规定了过错推定，第5条规定了无过错责任，基本反映了上述从过失责任到过错责任，再衍发过错推定与无过错责任的历史发展样态，较为全面地综合了归责原因的配置。其中，第3条规定："因过错侵害他人私法权利，造成损害的，应当承担侵权责任。故意侵害他人私法利益或者纯粹经济利益，造成损失的，应当承担侵权责任。因过失侵害他人私法利益，造成重大损害或者情节严重的，应当承担侵权责任。"这样的规定顺应了从过失责任到过错责任的发展趋势，明确了过错的内涵，即包含故意和过失两种主观形态，《东亚侵权法示范法（暂定稿）》中对"过错"一词的适用即尊重了该内涵，关于过错责任的理论阐释可详细参见本书第二章。

第二节　故意及过失的体系

《东亚侵权法示范法（暂定稿）》于第二章规定了侵权责任的归责原因与责任承担方式，明确了示范法中的主观过错包含故意和过失两个方面。该示范法第五章又专门规定了两种过错形态的内涵、程度及其证明方式，本节针对上述规定的理论支撑进行简要阐释。

一、过错的概念

故意和过失统称过错。关于过错究竟是主观概念还是客观概念，学说上主要有以下三种观点：一是主观过错说，认为过错就是违法行为人对自己的行为及其后果所具有的主观心理状态。这种学说把行为人行为的违法从主观和客观两个方面加以区分，创造了"客观的不法"和"主观的不法"两个概念，主观的不法即为过错，包括故意、过失以及恶意。这种学说得到了广泛赞同，成为很多国家民法学的理论基础。二是客观过错说，认为"过错是指任何与善良公民行为相偏离的行为"[1]，过错是对事先存在的义务的违反。[2]马泽奥德和顿克则将法国司法上认定的过错解释为，一个谨慎的人置身于侵权人造成损害时的"客观"环境中所不会犯的行为差错。[3]中国学者认为，中国对过错的判断标准应当客观化，即应采用客观过错说，摒弃现行的主观过错说；并认为这种客观过错指行为人未尽到一般人所能尽到的注意义务，也即违背了社会秩序要求的注意。[4]三是综合过错说，认为过错既是一种心理状态，又是一种行为活动，是一种舆论和道德谴责。这种主张认为，过错首先是行为人进行某种行为时的心理状态，即使是法人，也具有这种法律上的心理状态。过错虽然是一种心理状态，但它必然是通过行为人的具体行为体现出来的，判定一个人有无故意或者过失，总是要和一定的行为联系起来，并以行为为其前提和条件的。没有行为，不管人们具备什么样的心理状态，也谈不上过错。这种过错，实际上是对行为人在进行这种行为时所具有的心理状态以及行为的本身的

---

[1]　[法]安德烈·蒂克：《过错在现代侵权行为法中的地位》，载《法学译丛》1991年第4期。
[2]　参见[法]普兰尼奥尔：《法国民法实用教程》（第6卷），巴黎1952年版，第863页。
[3]　参见王卫国：《过错责任原则：第三次勃兴》，浙江人民出版社1987年版，第186页。
[4]　参见孔祥俊、杨丽：《侵权责任要件研究》（下），载《政法论坛》1993年第2期。

社会评价和价值评价。[1]

　　厘定以上学说争论，应区分判断过错的标准与过错本质属性两个概念。过错的本质属性关注的是过错是什么，过错究竟指代了何种存在；而判断过错的标准则是指通过何种方式确定行为人具有过错，即从主观上抑或从客观行为上来判断行为人是否具有过错。由此分析，目前学说中的主观说解决的是过错本身是什么的问题，即"违法行为人对自己的行为及其后果所具有的主观心理状态"，这也是其成为学理通说的根本原因所在。客观说描述的"过错"将其定义为一种行为，其重点在于描述什么样的行为是错的，即其表述的违反事先义务的行为是错的。由此可见，客观说并非在描述什么是过错本身，而是在试图表述，违反一定条件的客观行为可以被认定是具有过错的，其本质上是在表述过错的判断标准问题。综合说的侧重点与客观说有相似之处，其强调过错是一种心理状态，这种心理状态要外化为行为引发一定后果后，才能真的将其称为有过错，这种表述仍然强调在何种条件下可以认定过错存在。检验过错标准的客观化，是民法理论发展的必然。但是，检验过错标准的客观化却不能导致过错的本质属性发生质的改变而使过错本身客观化。虽然过错体现在行为人的行为之中，但不能说过错是行为本身。主张从行为中检验、判断行为人主观上是否有过错，是正确的观点。但由于过错体现在行为之中，并且应从行为中检验、判断行为人是否有过错，进而认为过错本身就是行为，或者过错本身就具有客观属性，也是对过错本质属性的误解。

　　综上，笔者认为，主观说揭示了过错概念的本质，即过错是指违法行为人对自己的行为及其后果所具有的主观心理状态；但过错的认定需要通过客观化的标准进行，以防止其认定被滥用。《东亚侵权法示范法（暂定稿）》通过第 3 条对该部分进行了确认，明确了过错分为故意和过失两种，并通过第 16 条和第 18 条明确将过错表述为心理状态。

二、故意及其证明

（一）故意的概念

　　《东亚侵权法示范法（暂定稿）》第 16 条规定了故意的概念，即"故意，是指加害人明知自己实施的行为可能造成他人损害，希望或者放任该损害发生的心理状态"。如前所述，从过失责任到过错责任的发展过程，也是故意和过失两种主观形态逐渐被区分的过程。在现代侵权法体系中，故

---

[1] 参见王利明主编：《人格权法新论》，吉林人民出版社 1994 年版，第 96—97 页。

意拥有其独立地位,各国民法的现实立法例多数对其予以承认,东亚侵权法示范法也吸收和尊重了这种传统。在侵权行为中,相对于过失的确认,故意内涵的确认更为明确,其包括直接故意和间接故意两种形式。直接故意是指加害人明知自己实施的行为可能造成他人损害,仍然希望该损害发生的心理状态。这种心理状态具有更为明显的主观恶意,意味着加害人不仅对自己实施的行为可能导致的损害后果有所预期,并且对这种损害后果有希望和追求其发生的意愿。间接故意是指加害人明知自己实施的行为可能造成他人损害,仍然放任损害发生的心理状态。这种心态意味着加害人明知自己实施的行为可能造成他人损害,虽然主观上不积极追求这种结果的发生,但是对于这种可能发生的损害持放任态度,未能通过实际行动阻止该损害结果的发生。间接故意与过失有相似之处,即两者均未有追求损害结果发生的意愿,二者的本质区别在于,间接故意的加害人明知自己实施的行为可能造成他人损害,而过失心理的加害人并不明知自己行为的后果,反而是因为疏忽大意或过于自信等原因,未能认识到自己的行为可能发生损害后果。持直接故意和间接故意心态的加害人的主观恶意程度的不同,可能对侵权责任损害赔偿的最终结果产生影响,尤其在产生精神损害需要酌定损害赔偿金额之时,加害人的主观过错程度是需要被考虑的因素之一。故意和过失的区分意义也在于此。在确定加害人是否存在故意心理上,侵权法理论有意思主义和观念主义之争。意思主义强调故意必须有行为人对损害后果的"希望"或"意欲",观念主义强调行为人认识或预见到行为的后果。这两种主张,意思主义要比观念主义要求得更为严格,对此,笔者认为,应当采用折中主义的主张,行为人应当认识到或者预见到行为的结果,同时又希望或听任其发生。

(二) 故意的证明

《东亚侵权法示范法(暂定稿)》第 17 条规定了故意的证明方式,即"证明故意,应当证明加害人对损害的明知。应当在考虑受害人举证的基础上,结合加害人实施行为时的情境、行为方式以及加害人的智识经验、受侵害的私法权益的明显性等因素,认定加害人是否对损害的发生具有明知。加害人明知损害会发生,而继续实施能够造成该损害的行为,得认定其希望或者放任该损害的发生"。其涵盖了证明故意的三个方面内容。

1. 证明故意的核心是证明加害人对损害明知

故意与过失的核心差别即加害人是否对自己的实施行为可能产生的损害结果明知。一方面,此规定蕴含了对加害人行为能力尤其是认知能力的要求,即加害人应具备认知自己行为后果的客观能力。无行为能力人或限制民事行为能力人的认识能力并不完善,故二者作为加害人之时,多采取替代责任。另一方面,对该条文中"明知"的解释有两种可能性,即狭义的明知和采用客观标准的明知。狭义的明知强调加害人客观上对于自己的行为可能产生的后果明确知晓,这种明知是一种客观存在的事实状态,原则上不包括应该知晓而不知晓的状态。采用客观标准的明知,是指加害人虽然主张对自己行为可能产生的损害后果并不明知,但根据其客观上实施的行为以及一般社会观念可以反推其主观明知的,仍认定其为主观明知的情形。结合从过失责任到过错责任的发展历程,以及过错不断客观化的演进趋势,加之保持主客观相一致的原则,《东亚侵权法示范法(暂定稿)》第17条规定的明知宜采用客观标准的明知。同时,由于故意属于过错的一种,过错是侵权责任的构成要件之一,在无特殊规定的情况下,应遵循谁主张谁举证的原则,由受害人对加害人的故意负举证责任。

2. 证明故意一般应考虑的因素

故意是一种心理状态,心理状态需要外化为行为才有可能认定加害人是否存在故意。由于心理状态的内化性和复杂性,对于其认定应在受害人举证的基础上,结合以下因素进行综合判断:①行为时的情景。行为时的情景是指加害人实施加害行为之时的综合环境,其既包括外在的客观条件,也包括当事人之间的关系、加害行为发生的原因等因素,是一个具有概括性的综合概念。②加害人的行为方式。加害人的行为方式是其主观心态最直观的体现,在过错认定标准客观化的趋势下,通过加害人的行为方式,在一般情况下可以判断其主观心理。如果加害人主张无故意的心理状态,但事实上实施了加害行为,在加害人无能力缺陷的情形下,一般应以客观行为来反推其主观心理状态。③加害人的智识经验。加害人的智识经验是认定行为人注意义务和判断其主观心理状态的重要标准,是意识能力和认识能力在判断主观过错方面的应用。④受侵害私法权益的明显性。被侵害权益性质的明显与否也对加害人的主观过错的认定有一定影响,一般而言,侵害私权性质越明显的权益,认定其主观存在过错的应然性越大。

3. 主观故意需外化为客观行为

《东亚侵权法示范法(暂定稿)》第17条第2款是关于主观过错客观化认定的表述,其强调的是,只有当加害人明知损害会发生并且客观上实施了会造成损害的该行为时,才能认定其具备希望或者放任该损害发生的故意。这意味着,东亚侵权法示范法在过错的概念上采用主观说之观点,在过错的认定上采用客观说之观点,总体上尊重了综合说之观点。即如果加害人虽然明知自己的行为可能造成一定的损害后果,但没有将该心理状态付诸实际行动，心理状态没有外化为事实行动，则不宜仅凭其他因素，认定加害人具有主观过错，这有利于主观心理状态的合理统一认定。

三、过失及其证明

《东亚侵权法示范法（暂定稿）》第18条至21条规定了过失的体系，具体而言，第18条规定了过失的概念，第19条规定了过失的程度，第20条规定了过失的证明，第21条规定了过错的程度及其意义，以下对其进行简要理论阐释。

（一）过失的概念

1. 关于过失的概念

《东亚侵权法示范法（暂定稿）》第18条把过失的概念规定为"加害人对损害的发生虽非故意，但应当谨慎并能够谨慎，却未予谨慎的心理状态"。与故意相同，东亚侵权法示范法秉持了主观说的观点，确认过失是加害人对损害的发生虽非故意，但应当谨慎并能够谨慎，但未予谨慎的心理状态。过失，包括疏忽和懈怠。行为人对自己行为的结果，应当预见或者能够预见而没有预见，为疏忽；行为人对自己行为的结果虽然预见了却轻信可以避免，为懈怠。疏忽和懈怠，都是过失，都是行为人对应负的注意义务的违反。因此，民法上的过失，就是行为人对被侵权人应负注意义务的疏忽或懈怠。《东亚侵权法示范法（暂定稿）》第18条第2款规定的"在通常情况下，加害人违反了其在实施侵权行为时具体情境中应当遵守的注意义务的，得认定其有过失"，明确了行为人的行为是否遵守了应有的注意义务，是认定其是否存在主观过失的重要标准。这是过失认定客观化的标准。侵权行为中的过失是以抽象的轻过失为原则的，且是指未尽到合理的谨慎责任。至于谨慎的程度则是根据当时的具体情况和以一般人的行为为标准。所以，如果其行为超出了对一般人的行为要求，即使行为人是因个人能力实施了其行为，也不会被免责。

2. 关于究竟由谁来承担侵权行为引起的损害责任

近代民法采取过失责任主义。人类社会上因违法行为受损害的事情在任何国家都可能发生。在这危险的当今社会，侵权行为对他人造成损害成为一种必然发生的事情。因此，无论行为人是故意或者是过失，其所造成的损害都应受到相应公平合理的惩罚。总之，侵权行为造成的损害应当归咎于谁，是亟待落实的主要任务。在确定侵权责任的过程中，主观上的过错是损害赔偿责任构成的必备要件之一，缺少这一要件，即使侵权人的行为造成了损害事实，并且侵权人的行为与损害结果之间有因果关系，也不承担赔偿责任。

(二) 过失的程度及其意义

《东亚侵权法示范法（暂定稿）》第 19 条规定了过失的程度，第 21 条规定了过错的程度及其意义。关于过失的程度，《东亚侵权法示范法（暂定稿）》第 19 条规定："过失依据下列情形，分为不同程度：(一) 重大过失，是指行为人违反了社会上普通人稍加留意即可避免损害的注意义务；(二) 客观轻过失，是指行为人违反了善良管理人应有的注意义务；(三) 主观轻过失，是指行为人违反了与处理自己的事务为同一的注意义务。"东亚侵权法示范法依据过失情形，把过失分为重大过失、客观轻过失和主观轻过失。其中重大过失遵循的是"社会上普通人稍加留意即可避免损害的注意义务"，客观轻过失遵循的是"善良管理人应有的注意义务"，主观轻过失遵循的是"与处理自己的事务为同一的注意义务"。

1. 注意义务的客观标准

既然过失是一种不注意的心理状态，即对自己注意义务的违反，那么，注意义务就应当有客观标准。东亚侵权法示范法确立了三种不同的标准：

(1) 普通人稍加留意即可避免损害发生的注意义务。这种注意标准，是指在正常情况下，只用轻微的注意即可预见的情形。这种注意义务是按照一般人在通常情况下能够注意到作为标准的。如果在通常情况下一般人也难以注意到，那么，行为人尽管没有避免损害，但也尽到了注意义务，因而不能认为行为人有过失。相反，对于一般人能够在一般情况下注意到却没有注意的，则认为存在过失。例如，从屋内向窗外抛砖石，击中行人致伤，这就违反了普通人的注意，存在过失。这种注意标准为客观标准。

(2) 善良管理人应有的注意义务。这种注意义务与罗马法上的"善良家父之注意"和德国法上的"交易上必要之注意"相当，都是以交易上的一般观念认为的具有相当知识经验的人对于一定事件所用的注意作为标准，客观地加以认定。行为人有无尽此注意的知识和经验以及他向来对于事务所用的注意程度，均不过问，只依其职业进行斟酌，所用的注意程度应比普通人的注意和处理自己事务为同一注意的要求更高。这种注意标准是为客观标准。

(3) 与处理自己的事务为同一的注意义务。所谓自己事务，包括法律上、经济上、身份上一切属于自己利益范围内的事务。与处理自己事务为同一注意，应以行为人平日处理自己事务所用的注意为标准。判断这种注意义务，应以行为人在主观上是否尽到了注意的义务为标准，即主观标准。如果行为人证明自己在主观上已经尽到了注意义务，应认定其为无过失；

反之,则应认定其有过失。[1]

上述三种注意义务,从程度上可分为三个层次,以普通人的注意为最低,以与处理自己事务为同一注意为中,以善良管理人的注意为最高。

2. 确定注意义务的主要因素

在确定行为人的注意义务时,必须具体化和类型化,以探究违反注意义务的实质基准,具体而言,有三种考量因素:

(1) 危险或者侵害的严重性。行为的危险性越高,所产生的侵害越重时,其注意程度应当相对提高。例如,独眼人从事某种易于伤害眼睛的工作时,雇主应为其提供特别防范措施,避免意外事故,即为应当尽到的较高注意。

(2) 行为的效益。这是对行为的目的及效用的考量。行为的效益越大,其注意义务越要相应减低。例如,医生为挽救病患的生命,从事某种困难手术时,应容许其产生副作用等可计算的危险,但此危险应提前告知病患,得其同意。

(3) 防范避免的负担。即为除去或者减少危险而采取预防措施或替代行为时所须负担的费用或不便。例如,在人口稀少的地区容许无人看管的铁路平交道口存在。[2]

3. 过失的程度

(1) 重大过失。违反普通人稍加留意即可避免损害的注意义务,为重大过失,亦称重过失。如果行为人仅用一般人的注意,即可预见之,而竟怠于注意不为相当准备,就存在重大过失。

(2) 客观的轻过失。这种过失是抽象的,不依行为人的主观意志为标准,而以客观上应不应当做到为标准,因而,这种注意的义务最高。

韩国大法院认为,过失虽然是指社会上的一般人违反谨慎责任的情形,但这里所指的社会上的一般人并不是抽象的一般人,而是根据当时的具体情况所指向的一般人。

《德国民法典》第276条规定的"懈怠社会生活所需的谨慎"(Fahrlaessig handelt, wer die im Verkehr erforderliche Sorgfalt ausser acht laesst),即用明文规定了过失是违反客观谨慎责任的情形。

(3) 主观的轻过失。违反应与处理自己事务为同一注意的义务,即为主观的轻过失。如果行为人不能证明自己在主观上已尽该种注意,即存在

---

〔1〕 在这种情况下,确定过错的标准也是主观标准,而不是客观标准。由此也可以说明过错并不都是以客观标准衡量的,因而不能说过错是客观概念。

〔2〕 参见王泽鉴:《侵权行为法》(第1册),台北三民书局1999年版,第297—298页。

具体过失。

德国的 Wolf 教授认为，过失，是指拥有客观知识和能力的个人，在个别的情况下，有可能认识到有发生可能性的结果和非法形态而没有认识到的行为。

日本的石田穰教授认为，过失，是指行为人本有可能认识到非法行为所造成的损害而没有认识到，或者是虽然已经认识到但是放任其结果的发生而违反法律规范的行为。

西贝尔（Sieber）教授认为，主观有责性并不是根据客观尺度来测定的，所以过失是限于行为人根据自身能力可以保护客观社会生活所必需的谨慎，而因懈怠没能让其受到保护的情形。

冯·凯默勒尔（Von Caemmerer）教授认为，过失的认定，要求行为人在具体的情况下应当根据其自身能力可以认识到并可以履行法律所要求的客观义务。

此外，主张主观过失的学者们还有冯·图尔（Von Tuhr）、尼佩代（Nipperdey）等。虽然这些学者所主张的主观过失的具体内容互不相同，但他们都认为，过失应归于有责性中。

应当注意的是，后两种过失并不是一般过失或者轻微过失，而是轻于重大过失的过失，其程度重于一般过失以及轻微过失，是应当承担责任的过失。

4. 过错程度的意义

《东亚侵权法示范法（暂定稿）》在第 21 条规定了过错程度的意义。所谓过错程度的意义，是指区分过错的程度会有怎样的具体后果，主要体现在两个方面：①加害人所实施的行为造成了损害，应当承担侵权责任。法律另有规定的，加害人仅须就其故意或者重大过失承担侵权责任。这规定了行为人仅就故意和重大过失承担侵权责任，意味着法律另有规定的轻过失有可能不承担侵权责任。②在确定过失相抵和连带责任、按份责任中的责任分担时，应当根据过错程度的轻重确定责任分担的比重。这确定了过错程度对最终责任分担比例的影响。

（三）过失的证明及其他

《东亚侵权法示范法（暂定稿）》第 20 条规定了过失的证明，即：①受害人证明过失，关键在于证明行为人在实施该行为时所应负有的谨慎责任。能够证明负有谨慎责任而未履行者，其过失证明成立。证明不同程度的谨慎责任，应当依据法律规定判断。②因行为人年龄、精神或身体的障碍等因素，得适当调整谨慎责任人的行为标准。③判断律师、会计师、建筑师或医师等专家责任人的过失,应当以该行业普通水平专家应具有的谨慎责任为标准。④法律规定过错推定的,加害人证明自己没有过错的标准是加害人自己已经善尽谨慎责任。

这意味着《东亚侵权法示范法(暂定稿)》规定过失由受害者承担其证明责任。同时,根据《东亚侵权法示范法(暂定稿)》的规定,不同程度的谨慎责任要适当得到调整。尤其是对于律师、会计师、建筑师、医生等专业人士,应当有与其职业相适应的专门的谨慎责任标准。另外对于过失推定原则,如果加害者能够证明自己没有相应的过失标准的话,就应当认定该加害者没有违反谨慎责任。但是,如果受害者承担全部的证明责任的话,他们就很难证明环境损害、医疗事故等一系列问题。所以韩国通过大法院的判例正在把环境污染事件的证明责任从当然性说转为间接反证。《东亚侵权法示范法(暂定稿)》第20条第3款是通过非法行为追究专业人士的责任,但是笔者认为,像德国那样,通过信赖保护责任善意地认定专业人士的责任更为合理。

此外,如果过失成为非法行为的归责事由,且认为有责性是非法行为成立之不必要的条件,那么过失责任主义就不能根据原来的以个人的谴责可能性和有责性为前提的有责性原则来掌握,而且笔者认为,只能把它单纯地理解为以故意或者过失为前提的责任原则。所以过失的概念要根据客观谨慎责任的违反来判断,而不是根据当时的心理状态。之所以这样,笔者认为,先前的故意的非法行为和过失的侵权行为并不是都以"对于加害人意识的谴责可能性"为归责事由的相同类型的侵权行为,而是不同归责事由的互不相同的两种侵权行为。

同时,过失责任主义是单纯以故意和过失为前提的责任原则,而不再是含有有责性的责任原则。因为在加害人对损害发生没有过失的情况下,也会对其后果承担责任的情形,已经被认定为是恰当的无过错侵权行为。随着现代科学的发展,高速交通设施、产业设施、医疗设施、原子能设施、电磁波等的广泛使用,不能完全排除在事故发生的各种危险来源中,发生的事故损害就是上述的情形。虽然危险源的运营者对其损害的发生没有故意或者过失,但是由其来承担其责任是理所当然的事情。这就是危险责任之无过错侵权责任,如果说这样认定责任是恰当的话,那么变质的过失责任主义也会面临适用上的界限。

第六章 抗辩事由与消灭时效

【《东亚侵权法示范法（暂定稿)》条文】

第一节 抗辩事由

第二十二条【抗辩事由的界定及证明】

抗辩事由，是指能够阻却侵权责任成立或者减轻侵权责任的法定事由。

加害人或者替代责任人得就前款规定的抗辩事由的成立，并引发的侵权责任的减免，承担举证责任。

第二十三条【依法执行职务】

依法实施正当履行职责的行为，造成他人损害的，不承担侵权责任，但法律另有特别规定的除外。

第二十四条【正当防卫】

对于他人的侵权行为，为防卫自己或者第三人的权利或者法益不得已实施了加害行为的人，不负损害赔偿责任。但对防卫过当造成的损害，受到损害的人得对防卫人请求损害赔偿。

第二十五条【紧急避险】

为避免现实发生的急迫危险，紧急进行避险，造成他人损害的，避险人不承担侵权责任，由引起险情发生的人承担责任。

因紧急避险采取措施不当或者超过必要限度，造成不应有的损害的，避险人应当承担适当的赔偿责任。

危险是由自然原因引起的，紧急避险的受益人应当在其受益范围内适当分担损失。

第二十六条【自助行为】

为维护自己的合法权益不受侵害，在情况紧急且来不及请求公权力救济的情况下，得对行为人的财产采取必要的保全措施，或者对其人身自由进行适当限制。由此造成对方损害的，自助行为人不承担侵权责任。

自助行为实施后，应当及时向法院或相关机关申请处理，否则应承担侵权责任。

自助行为超出必要限度，造成不应有的损害的，自助行为人应当承担适当的赔偿责任。

第二十七条【受害人同意】

受害人同意加害人实施侵权行为的，对由此所致损害，加害人无须承担侵权责任，但该同意违背法律强制性规定或者公序良俗的除外。

人身伤害的事先同意，不影响加害人承担的侵权责任，但法律另有特别规定的除外。

第二十八条【不可抗力】

因不可抗力造成损害的，行为人不承担侵权责任，但法律另有特别规定的除外。

不可抗力与行为人的行为结合而造成的损害，加害人应当依照其行为的过失程度和原因力大小承担赔偿责任。

第二十九条【第三人原因】

损害是由第三人引起的，应当由该第三人承担侵权责任，实际行为人不承担责任；法律另有规定的，依照其规定。

第三十条【受害人原因】

损害完全是因受害人的故意或者过失造成的，行为人不承担责任。

第三十一条【自甘风险】

受害人明知行为或者活动具有可以预见的危险性，仍然自愿参与，因此遭受损害，明示或者默示自愿承担风险后果，不违反公序良俗、法律强制性规定的，行为人不承担侵权责任。

第二节　消灭时效

第三十二条【一般消灭时效】
侵权责任的消灭时效期间为三年。
侵害生命、健康、身体的，消灭时效期间为五年。

第三十三条【消灭时效的起算点】
消灭时效期间从知道或者应当知道权益被侵害及赔偿责任人时起计算。但侵权行为处于继续状态中的，自侵权行为结束时起算。

第三十四条【消灭时效期间的计算与最长时效】
从权益被侵害之日起超过二十年的，不予保护。有特殊情况的，法院得延长消灭时效期间。

【法理阐释】

《东亚侵权法示范法（暂定稿）》第六章规定了抗辩事由与消灭时效的相关规则。抗辩事由也称为免责事由，是指被告针对原告的诉讼请求而提出的，证明原告的诉讼请求不成立或不完全成立的事实。在侵权责任法中，抗辩事由是针对承担民事责任的请求而提出来的，所以又称为免责或减轻责任的事由。具体而言，《东亚侵权法示范法（暂定稿）》第六章第一节的规定界定了抗辩事由的概念并列举了抗辩事由的具体事项，即依法执行职务、正当防卫、紧急避险、自助行为、受害人同意、不可抗力、第三人原因、受害人原因、自甘风险9种情形。消灭时效制度是与辩护理由密切相关的权利撤销制度，《东亚侵权法示范法（暂定稿）》在第六章进行了综合规定（第32—34条）。同时，辩护理由和消灭时效的举证责任由加害人或委托代理人（法定代表人等）负责（第22条第2项）。

第一节　抗辩事由

抗辩事由也称为免责事由，是指被告针对原告的诉讼请求而提出的证明原告的诉讼请求不成立或不完全成立的事实。在侵权法中，抗辩事由是针对承担民事责任的请求而提出来的，所以又称为免责或减轻责任的事由。〔1〕《东亚侵权法示范法（暂定稿）》第 22 条规定："抗辩事由，是指能够阻却侵权责任成立或者减轻侵权责任的法定事由。加害人或者替代责任人得就前款规定的抗辩事由的成立，并引发的侵权责任的减免，承担举证责任。"侵权责任抗辩事由是由侵权行为的归责原则和侵权责任构成要件派生出来的。适用不同的归责原则，就有不同的责任构成要件，因而也就存在与归责原则和责任构成要件相适应的特定免责事由。为了与侵权法多样化的归责原则相适应，不同的侵权责任类型其抗辩事由也有所不同。抗辩事由有效成立须具备两个构成条件：对抗性要件和客观性要件。

对抗性要件是指能够对抗侵权责任构成的具体要件，破坏整个侵权责任构成的内在结构，使原告诉请的侵权责任归于不能成立的事实要件。抗辩事由虽然是对抗对方当事人诉讼请求的事由，但它具体对抗的是侵权责任构成，破坏的是对方当事人请求权的成立，从而令对方的诉讼请求在法律上不成立。这就是侵权抗辩事由的对抗性要求。侵权纠纷的被告提出的主张如果不具有对抗性，而仅仅能证明自己具有可谅解性，但不足以对抗对方当事人请求的，不能成为免责事由。〔2〕

抗辩事由必须是客观事实，具有客观性。它要求免责事由必须是客观存在的、已经发生的事实，不能是主观臆断或尚未发生的情况。仅仅表明某种损害未发生，或单纯否认对方请求权不存在的，不能成为抗辩事由。

《东亚侵权法示范法（暂定稿）》规定的抗辩事由（第六章）包括以下内容：①依法履行职责（第 23 条）；②正当防卫（第 24 条）；③紧急避险（第 25 条）；④自力救济（第 26 条）；⑤被害人承诺和承担危险（第 27 条、第 31 条）；⑥不可抗力（第 28 条）；⑦第三方因素（第 29 条）；⑧受害人原因（第 30 条）。①至⑤，是通常所说的阻却侵权责任的理由，⑥至⑧，是由加害行为以外的原因导致损害值降低的减免理由。此外，消灭时效制度是与辩护理由密切相关的权利撤销制度，第六章对此进行了综合规定（第 32—34 条）。同时，辩护理由和消灭时效的举证责任由加害人或委托代理人（法定代表人等）负责（第 22 条第 2 款）。

面对被害人方面的损害索赔，加害人的主张是被集中考虑的。关于这一立法风格，从比较法层面来看，能从《欧洲侵权法原则》第四编（2005 年）、《欧

---

〔1〕 参见王利明、杨立新编著：《侵权行为法》，法律出版社 1996 年版，第 76 页。
〔2〕 参见佟柔主编：《中国民法》，法律出版社 1995 年版，第 571 页。

洲示范民法典草案》第五章（2009 年）、《日本民法典修订案·公民·法律顾问·学术界有关人士法案》（以下简称《日本民法典修订案草案》）第六章（2009 年）中找到类似风格。在国际上，该立法风格位居前沿。

一、正当理由

（一）依法执行职务行为

依法执行职务行为也称为职务授权行为，是指依照法律授权或者法律规定，在必要时因行使职权而损害他人的财产和人身的行为。为了保护社会公共利益和公民的合法权益，法律允许工作人员在必要时因执行自己的职务而"损害"他人的财产和人身。在这些情况下，完成有关行为的人是"有权造成损害"的。因为这种职务授权行为是一种合法行为，对造成的损害不负赔偿责任。例如，消防队为了制止火灾蔓延而将邻近火源的房子拆除；防疫医疗队为了消灭急性传染病而将病人所用的带菌衣物烧掉；外科医生对外伤者进行必要的截肢手术；公安人员依法开枪打伤逃犯等。这些都属于这种情况。执行职务的行为是合法行为，行为人对执行职务所造成的损害不负赔偿责任，但是如果执行职务不正当而造成了损害，则应当负赔偿责任。

《东亚侵权法示范法（暂定稿）》第 23 条规定了依法执行职务，即"依法实施正当履行职责的行为，造成他人损害的，不承担侵权责任，但法律另有特别规定的除外"。

确定行为人的行为构成依法执行职务，并将其作为免责事由，其构成要件是：

1. 行为必须有合法授权

职务授权行为之所以能成为免责事由，就是因为这种行为有合法的授权，授权行为的目的是为了保护社会公共利益和自然人的合法权益。所以，没有合法授权的行为不是职务授权行为。

2. 执行职务的行为必须合法

只有合法授权尚不足以构成免责事由，行为人还必须在法律规定的范围内履行职责，才能对损害后果不负责任。超越法定授权的行为，或行为所依据的法律和法规已经失效或被撤销，或行为本身不符合法律要求，则不构成职务授权行为。行为合法包括执行职务的程序和方式合法。程序不合法或方式不合法而致他人损害的，构成侵权行为。

3. 执行职务的行为必须是必要的

依法执行职务的行为并不是在任何情况下都会对他人造成损害的，在多数情况下,损害后果的发生并不是执行职务行为所必需的。法律要求执行职务行为的执行职务活动是必要的,只有在不造成损害就不能执行职务时,执行职务的行为才是合理的。如果造成的损害可以避免或者减少,这种行为就不构成或者不完全构成免责事由。

虽然《日本民法典》没有对依法执行职务从而阻却违法行为的做法作出相关规定,但日本在判例和理论上对此是予以承认的。由于受到刑法的影响,日本的免责理由范围更加广泛,不仅仅限于依法行事,也包括合法业务。在日本法律中,其他的合法行为还包括医生的医疗行为,社会允许的体育竞赛和游戏等。例如,《日本民法典修订案草案》第662条第1款规定:"依照法律或者社会准则采取措施,对他人造成损害的,不承担损害赔偿责任。"《日本民法典修订案草案》第663条规定:"提供事实损害他人名誉的人,如果该行为涉及公共利益,本人承认其目的完全是为了公共利益,并且能够证明事实真相,则不负赔偿责任。如果不能证明事实真相,而行为人有充分合理的理由相信事实真相时,也不负赔偿责任。"

(二) 正当防卫

《东亚侵权法示范法(暂定稿)》第24条规定,正当防卫是"对于他人的侵权行为,为防卫自己或者第三人的权利或者法益,不得已实施了加害行为的人,不负损害赔偿责任。但对防卫过当造成的损害,受到损害的人得对防卫人请求损害赔偿"。由于2012年"东亚侵权法示范法2012年第一次讨论稿"中正当防卫的成立条件不包含"防卫自己或者第三人的权利,以及法律规定的其他利益""不得已实施加害行为",日本学者在后续草案中提出并予以增添。因此,现在的《东亚侵权法示范法(暂定稿)》中,有关正当防卫的成立条件更加明确,并引入了合法利益的权衡要素。从法律上来说,它的结构和内容与《日本民法典》和《韩国民法典》相似。

正当防卫是一般免责事由,是指当公共利益、他人或本人的人身或者其他利益遭受不法侵害时,行为人可以采取的防卫措施。《中华人民共和国侵权责任法》第30条规定:"因正当防卫造成损害的,不承担责任。正当防卫超过必要的限度,造成不应有的损害的,正当防卫人应当承担适当的责任。"《中华人民共和国民法总则》第181条也对正当防卫作出了规定。正当防卫是保护性措施,是一种合法行为。对于因此造成的损害,防卫人不负赔偿责任。

从学理上来说,构成正当防卫必须具备以下要件:

1. 必须有侵害事实

侵害事实在先,防卫行为在后;侵害是防卫的前提,防卫是侵害导致的结果。没有侵害事实,就不得进行防卫。对侵害事实的要求是其必须为现实的侵害,特点是已经着手,正在进行,尚未结束。对想象中的侵害、未发生的侵害、实施终了的侵害,都不能实施防卫行为。

2. 侵害必须为不法

正当防卫的对象必须是不法侵害,对执行职务的"有权损害"不能进行防卫,如逃犯就不得以正当防卫为借口而拒捕。

3. 必须以合法防卫为目的

防卫人在防卫时,不仅应当意识到不法侵害为现实存在,而且必须意识到其防卫行为的目的,就是说必须是把防卫公共的、他人的或本人的权益免受侵害作为防卫目的。以防卫为借口而施以报复的行为或防卫挑拨行为都是违法行为,构成侵权行为。

4. 防卫必须对加害人本人实行

对加害人的防卫反击,根据制止不法侵害的需要,可以是对人身的,也可以是对财产的。但是,任何防卫行为都不能对第三人实施。

5. 防卫不能超过必要限度

防卫人造成的损害没有超过必要限度时,不负赔偿责任。必要限度是为了制止不法侵害所必须具有的足以有效制止侵害行为的强度,只要是为了制止不法侵害所必需的,就不能认为超越了正当防卫的必要限度。

适用正当防卫的基本规则是:①构成正当防卫的,防卫人不承担侵权责任。②正当防卫超过必要限度的,是防卫过当。

对于防卫过当的把握,关键在于对正当防卫必要限度的判断,民法上的正当防卫行为只能与不法侵害相关联,并且一般不应超过不法侵害的强度。判断防卫是否过当,主要是确认防卫是否超过必要限度。判断必要限度通常应当考虑两个方面的内容:①不法侵害的手段和强度。凡是侵害行为本身强度不大,只需要用较缓和的手段就足以制止或排除其侵害而采用较强烈的手段的,即为超出必要限度。例如,为阻止不法侵害人偷窃而致其轻伤,是正当防卫;重伤或杀死小偷就超过了必要限度。②所防卫权益的性质。所防卫的权益应当与防卫反击行为的强度相适应,使用严重损害侵害者的反击方法来保卫较小的财产利益,或者用较重的反击行为来保护较小的财产利益,都是不相适应的,超过了必要限度。

正当防卫超过必要限度造成不应有的损害的,应当承担适当的民事责任。这种适当的民事责任包括以下三层意思:①防卫过当不能免除民事责任。承担适当的民事责任的含义是承担责任,而不是免责。这是因为,民事责任是一种财产责任,赔偿具有补偿和制裁的双重性质,它不像刑罚那样是人身的而且没有补偿性质的责任。②对于防卫过当造成的损害，一般应当减轻责任。承担适当的责任中的"适当"，要求赔偿既要与防卫过当的损害后果适当，又要与案情适当，而且后者更为重要。因此，防卫过当不受全部赔偿原则的限制，应当适当减轻防卫人的责任。这是因为：①出现防卫的前提是侵害人的不法侵害，没有不法侵害就不会造成这种过当的后果。②防卫人在防卫过程中，特别是在情况较危急的情况下，对反击行为的节制及对后果的预见是受到限制的，不应对防卫行为要求过高、过苛。③故意加害行为的赔偿责任。防卫人在防卫过程中故意对不法侵害者采取加害行为的，对其超出必要限度的损害应当全部赔偿。这是因为，在这种情况下，防卫人已经明知会超出必要限度而故意为之，是故意的违法行为，应当负担全部责任。防卫过当的赔偿范围，应当是超出防卫限度的那部分损害，即"不应有"的那部分损害。

（三）紧急避险

《东亚侵权法示范法（暂定稿）》第25条第1款规定了紧急避险，即"为避免现实发生的急迫危险，紧急进行避险，造成他人损害的，避险人不承担侵权责任，由引起险情发生的人承担责任"。日本学者曾建议，在紧急避险的成立条件上增加"急迫"的危险。虽然现行的日本民法侵害主体仅限于与之有关的危险[1]，但是《东亚侵权法示范法（暂定稿）》并未如此，这点尤为值得赞扬。《东亚侵权法示范法（暂定稿）》第25条第2款规定："因紧急避险采取措施不当或者超过必要限度，造成不应有的损害的，避险人应当承担适当的赔偿责任。"这是一种失去平衡的避险行为，日本民法学者认为，紧急避险和该示范法相同，存在过失相抵情形。[2]《东亚侵权法示范法》第25条第3款规定："危险是由自然原因引起的，紧急避险的受益人应当在其受益范围内适当分担损失。"虽然《日本民法典》中没有类似规定，但是其在理论和司法判例上，承认酌情减轻自然原因引起的损害赔偿责任。[3]

学理上，紧急避险是指为了社会公共利益、自身或者他人的合法利益免受更大的损害，在不得已的情况下而采取的造成他人少量损失的紧急措施。紧急避险是一种合法行为，是在两种合法利益不可能同时都得到保护的情况下，不得已而采用的牺牲其中较轻利益、保全较重大利益的行为。

---

[1] 参见〔日〕大村敦志：《基本民法Ⅱ 债权各论》，有斐阁2011年版，第211页。
[2] 《日本民法典修订案草案》第661条第2款已经明确规定："根据危险和加害行为的具体情况，法院可以减轻或者免除处罚。"
[3] 参见日本侵权行为法研究会编：《日本侵权行为法重述》，有斐阁1988年版，第137页。

1. 构成紧急避险的必备要件

（1）危险正在发生并威胁公共利益、本人或者他人的利益。对于尚未发生的危险、想象的危险，都不得实施避险行为；虽有危险发生但危险已经消除，或者危险已经发生但不会造成合法利益的损害的，也不得采取紧急避险。

（2）避险措施必须是不得已而为之。所谓不得已，是指不采取紧急避险措施就不能保全更大的法益，是指避险确有必要，而不是指避险人只能采取某一种而不能采取另一种措施避险。强调不得已，不是说避险人选择的手段只能是唯一的，而是指可以采取多样的措施进行避险，只要避险人的避险行为造成的损害小于可能发生的损害，避险措施就是适当的。

（3）避险行为不得超过必要的限度。紧急避险的必要限度，是指在面临紧急危险时，避险人应采取适当的措施，以尽可能小的损害保全较大的法益。民法要求，紧急避险行为所引起的损害应轻于所避免的损害，两者的利益衡量中，前者明显轻于后者。如果避险行为不仅没有减少损害，反而使造成的损害大于或等于可能发生的损害，避险行为就失去了意义，就超过了必要的限度。

2. 紧急避险规则的适用

对于紧急避险规则的适用，以下方面值得研究：

（1）引起险情发生的人的责任。在一般情况下，如果有引起险情发生的人，应由其承担民事责任。其中，险情发生系由紧急避险人所引起的，由紧急避险人对自己的过错负责；险情发生系避险行为的受害人所引起的，避险受害人对自己的过错负责；险情发生系由第三人引起的，第三人对自己的过错负责。他们对自己过错负责的范围，应以紧急避险必要限度或避险措施得当所造成的损失为标准，超过部分不应由其他人负担。

（2）自然原因引起险情的责任。如果危险是由自然原因引起的，没有引起险情发生的人，民事责任的承担则有两种情况：一是在一般情况下，紧急避险人不承担民事责任，对造成的损失不予赔偿。二是在特殊情况下，避险人也可以承担适当的民事责任。按照《中华人民共和国侵权责任法》第24条关于公平分担损失责任的规定，即在当事人双方都没有过错的情况下，可以根据实际情况分担民事责任。所谓实际情况，主要指当事人双方的经济情况，"适当"主要依双方的经济状况确定，由双方协议或由法院判决。

（3）超过必要限度的赔偿。紧急避险采取措施不当或者超过必要限度造成不应有损害的，避险人应当承担适当的民事责任。适当责任，首先是不应免除责任；其次是可以减轻责任，也可以对过当部分全部负责。在造成危险的行为人与受害人是同一人时，应当减轻避险过当人的责任；避险损害人无过错而遭受损害的,则应由避险行为人负担全部责任,对避险必要限度以内的损害,由危险行为人负担责任。

(4) 受益人适当补偿。如果既没有第三者的过错,也没有实施紧急避险行为人本身的过错,而遭受损害的人与受益人又不是同一个人的,则受益人应当适当补偿受害人的损失。这是因为受益人的利益得到保全或者减少了损失,是以牺牲受害人的利益为前提的。

(四) 自助行为

一般而言,现代世界立法例原则上禁止以维持社会秩序为目的的自力救济,但是《东亚侵权法示范法(暂定稿)》第 26 条规定了自助行为,即"为维护自己的合法权益不受侵害,在情况紧急且来不及请求公权力救济的情况下,得对行为人的财产采取必要的保全措施,或者对其人身自由进行适当限制。由此造成对方损害的,自助行为人不承担侵权责任"。

自助行为是指权利人为保护自己的权利,在情况紧迫而又不能及时请求国家机关予以救助的情况下,对他人的财产或自由施加扣押、拘束或其他相应措施,而为法律或社会公德所认可的行为。自助行为的性质属于私力救济,与紧急避险、正当防卫的性质相同。其区别在于,自助行为保护的是自己的权利,而正当防卫和紧急避险包括保护他人的权利;自助行为在实施前,通常在当事人之间已经存在一种债的关系,而正当防卫和紧急避险在尚未实施之前没有这种关系。关于自助行为,虽然《日本民法典》没有制定相关规定,但日本的理论和司法判例却承认了自助行为。[1]然而,判例上对于自助行为的宽容态度并不积极。[2]在《东亚侵权示范法(暂定稿)》第 26 条的起草过程中,日本学者提出将自助行为的成立条件限定为"慎重",也就是说,限制人身自由时要注意"适当的范围"。这样一来,就能在自助行为所保护的权利、利益和行为人失去的权利之间,设法取得法律平衡。

学理上,构成自助行为必须具备以下要件:①必须为保护自己的合法权利;②必须是情况紧迫而来不及请求有关国家机关的援助;③自助方法必须为保障请求权所必需;④必须为法律或公共道德所许可;⑤不得超过必要限度。

实施自助行为后,还应当采取必要措施,即行为人在实施自助行为之后,必须立即向有关机关申请援助,请求处理。行为人无故迟延申请援助

---

〔1〕 参见〔日〕潮见佳男:《债权各论Ⅱ 侵权行为法》(第 2 版增补版),新世社 2016 年版,第 116 页。

〔2〕 参见日本侵权行为法研究会编:《日本侵权行为法重述》,有斐阁 1988 年版,第 121 页。

的，应立即释放被拘束自由的人或把扣押的财产归还给债务人，造成损害的，还应负赔偿责任。行为人的自助行为如果不被有关国家机关事后认可，则必须立即停止侵害，并对受害人负赔偿责任。

(五) 受害人同意与自甘风险

受害人同意，也称受害人承诺，是指受害人容许他人侵害其权利，自己自愿承担损害结果，且不违背法律和公共道德的一方意思表示。权利人有权处分自己的权利。权利人自行侵害自己的权利，只要不违反法律和善良风俗，是行使权利的行为。权利人允许他人侵害自己的权利，在一般情况下，法律并未予以禁止，这就是英美法系的"自愿者无损害可言"原则。《东亚侵权法示范法 (暂定稿)》第27条第1款规定："受害人同意加害人实施侵权行为的，对由此所致损害，加害人无须承担侵权责任，但该同意违背法律强制性规定或者公序良俗的除外。"虽然《日本民法典》对此没有相关规定，但被害人承诺是源自罗马法律建立之后的原则，即"同意意味着对意欲者不产生侵害"，所以，日本在理论和司法判例上承认被害人承诺阻却违法行为。[1]此外，《日本侵权行为法重述》中也规定了被害人承诺是阻却违法行为的理由之一。但是，阻却违法行为的承诺"不得违反强制性法律或风俗习惯"，且在条款解释上也要限定被害人承诺是源于自己的自由意志。[2]

理论上，成立受害人同意必须具备以下要件：

1. 必须有处分该权利的能力与权限

允许他人侵害权利，权利人必须对于该项权利有处分的能力与权限，否则不构成免责事由。

2. 必须遵守一般的意思表示规则

受害人同意的意思表示应当遵守一般意思表示规则，即必须具备一般意思表示的生效要件。在一般情况下，承诺侵害自己的财产权利，应当为有效；承诺侵害自己的人身权利，则应区分具体情况，如承诺他人将自己身体致轻微伤害，属正当的意思表示；如果嘱托他人帮助自杀，或者承诺他人将自己杀死或重伤，应受事先免责条款效力规则的限制，不是正当的免责事由。

---

〔1〕 参见〔日〕加藤雅信:《新民法大系Ⅴ 事务管理·不当得利·侵权行为》(第2版)，有斐阁2005年版，第336页。

〔2〕 参见《日本侵权行为法重述》第720条第4款:"当权利人根据自由意识同意侵权时，行为人将不承担损害赔偿责任。但是，如果同意缺乏合理性时，则需要重新判断。"

3. 受害人必须有明确承诺

同意侵害自己的权利，应当采用明示方式，或者发表单方面的声明，或者制定免责条款。权利人没有明示准许侵害自己权利的承诺，不得推定其承诺。如果受害人明知或预见到其权利可能受到损害，但其并未向加害人承诺，不构成免责事由。

4. 受害人事前放弃损害赔偿请求权

同意侵害自己的权利和放弃损害赔偿请求权是两个问题，不能混淆。放弃损害赔偿请求权不必采取明示方法，只要有准许侵害自己的权利的承诺，没有明示其放弃该请求权的，可以推定其放弃，明示不放弃损害赔偿请求权的除外。

在受害人承诺作为免责事由时，应当特别注意掌握受害人承诺与事先免责条款的关系。事先免责条款是指双方当事人预先达成一项协议，免除将来可能发生损害的赔偿责任，分为违反合同的免责条款和侵权行为的免责条款。侵权行为的事先免责条款的形式有以下四种：①全部免责条款。按此条款，未来的受害人放弃将来对本应承担责任的人提出的全部赔偿请求。②部分免责条款。按此条款，受害人事先同意接受以特定方式计算的，不超过一定数额的有限赔偿。③以时间限制的免责条款。约定受害人必须在有限的时间内提出自己的请求，逾期不再享有请求赔偿的权利。④通过罚款的免责条款。这种条款，当事人同意在以后发生损害时将支付一笔固定数额的款项给予受害人，即可免除责任。[1]对于侵权行为的事先免责条款，有有效说、相对无效说和绝对无效说三种立场。[2]《中华人民共和国合同法》规定了事先免责条款无效的规则。该法第 53 条规定："合同中的下列免责条款无效：（一）造成对方人身伤害的；（二）因故意或者重大过失造成对方财产损失的。"根据该条规定，凡是在合同中约定人身伤害事先免责条款的，为无效；合同约定免除因故意或者重大过失造成对方财产损失的责任的，也无效。

《东亚侵权法示范法（暂定稿）》第 31 条对自甘风险进行了规定，即"受害人明知行为或者活动具有可以预见的危险性，仍然自愿参与，因此遭受损害，明示或者默示自愿承担风险后果，不违反公序良俗、法律强制性规定的，行为人不承担侵权责任"。在英美法系侵权法中，自甘风险也叫作危险之自愿承担、自愿者非为不当规则，是指在原告提起的过失或者严格

---

〔1〕 参见《国际比较法百科全书·侵权行为》，载中国人民大学法律系民法教研室编：《外国民法论文选》，中国人民大学教学参考教材 1984 年版，第 417—418 页。

〔2〕 参见杨立新：《民法判解研究与适用》，中国检察出版社 1994 年版，第 348 页。

责任的侵权责任诉讼中,要求原告承担其自愿承担的所涉风险。[1]其一般规则是:原告就被告之过失或者鲁莽弃之不顾行为而致伤害的危险自愿承担者时,不得就该伤害请求赔偿。[2]典型判例是:在英国,莫里斯与飞行员穆拉埃一起出席酒会,然后一起驾驶一架飞机飞行,飞行途中飞机坠毁,后莫里斯起诉要求赔偿。法院认为,作为乘客的原告是自愿承担风险的人,因为他应该知道飞行员当时的状态。[3]在美国,原告在被告游乐场中滑雪时,碰撞了一根金属杆,导致原告受重伤。那根金属杆是操纵电缆车路线装置的一部分。在本次滑雪季开始前,原告买了这一季的滑雪通行证,并签署了危险同意文件,确认滑雪是危险的,如果发生危险愿意自己承担风险,不需场地方负责。原告受害后起诉,被告以原告基于此文件同意而进行抗辩,认为原告构成自甘风险。法院判决被告胜诉。[4]

自甘风险分为明示的自甘风险和默示的自甘风险。前述英国判例是默示的自甘风险,美国判例则为明示的自甘风险。不论何种自甘风险,构成自甘风险均须具备以下三个要件:①受害人知悉或者鉴识危险;②受害人有自愿承担之必要;③不违反成文法的规定。具备这些要件,就构成自甘风险,应当免除行为人的侵权责任。在举证责任上,如果被告原本应对原告负责(例如有过失),原告自愿承担危险的举证责任则应由被告承担。[5]

在日本,虽然有理论反对将承担危险作为阻却违法行为的理由[6],但并没有相关理论能像《东亚侵权法示范法(暂定稿)》那样对被害人承诺作出相关规定。而在欧洲,《欧洲侵权法原则》第七章第 101 条以及《欧洲示范民法典草案》第五章第 101 条在区分它们之后,对它们进行了集体定义。

二、外部原因

(一)不可抗力

《东亚侵权法示范法(暂定稿)》第 28 条第 1 款规定了不可抗力,即"因不可抗力造成损害的,行为人不承担侵权责任,但法律另有特别规定的除外"。

---

〔1〕 参见冯兴俊译:《最新不列颠法律袖珍读本·侵权法》,武汉大学出版社 2003 年版,第 231—235 页。
〔2〕 参见美国法律协会:《美国侵权法重述·第二次》,第 496A 条。
〔3〕 参见冯兴俊译:《最新不列颠法律袖珍读本·侵权法》,武汉大学出版社 2003 年版,第 233 页。
〔4〕 参见潘维大编著:《英美侵权行为法案例解析》,高等教育出版社 2005 年版,第 289—291 页。
〔5〕 参见美国法律协会:《美国侵权法重述·第二次》,第 496D、496E、496F 条。
〔6〕 参见[日]潮见佳男:《侵权行为法Ⅰ》(第 2 版),信山社 2009 年版,第 437 页。

不可抗力是指人力所不可抗拒的力量，包括自然原因（如地震、台风、洪水、海啸等）和社会原因（如战争等）。不可抗力是独立于人的行为之外，并且不受当事人的意志所支配的现象，是各国立法通行的免责事由。《中华人民共和国侵权责任法》第 29 条和《中华人民共和国民法总则》第 180 条都对此作了规定。在日本，不可抗力一般是指外部的自然灾害以及战争等人类无法控制的危险。[1]虽然《日本民法典》中并没有明确规定不可抗力可以作为排除侵权责任的普遍理由，但在理论上却承认这一点。

不可抗力作为免责事由的根据是，让人们承担与其行为无关而又无法控制的事故的后果，不仅对责任的承担者来说是不公平的，而且也不能起到教育和约束人们行为的积极作用。依据这样的价值观念，将不可抗力作为免责事由必须是构成损害结果发生的全部原因。只有在损害完全是由不可抗力引起的情况下，才表明被告的行为与损害结果之间毫无因果关系，同时表明被告没有过错，因此应被免除责任。

在确定不可抗力上有三种不同的学说：一是客观说。主张应以事件的性质和外部特征为标准，凡属于一般人无法防御的重大的外来力量，均为不可抗力。二是主观说。主张以当事人的预见力和预防能力为标准，凡属于当事人虽尽最大努力仍不能防止其发生者，为不可抗力。三是折中说。认为应采主客观相结合的标准，凡属基于外来因素而发生，当事人以最大谨慎和最大努力仍不能防止的事件为不可抗力。[2]《东亚侵权法示范法（暂定稿）》与《中华人民共和国侵权责任法》均采取第三种学说，确定不可抗力应当符合以下要求：

1. 不可预见

这是从人的主观认识能力上考虑不可抗力的因素。它是指根据现有的技术水平，一般人对某种事件的发生无法预料。不可预见的标准，不能依某个人的标准，因为每一个人的预见能力是不同的，预见性因人而异，对于某种现象，某人可以预见，而他人却不能够预见。因此，必须以一般人的预见能力而不是当事人的预见能力为标准来判断对某种现象是否可以预见。不过，不可预见作为不可抗力的要件并非绝对，如尽管有可能已经预见地震，但仍然无法避免，仍成立不可抗力。

2. 不可避免且不能克服

这是指当事人已经尽到最大努力和采取一切可以采取的措施，仍然不

---

[1] 参见〔日〕洼田充见：《侵权行为法》，有斐阁 2007 年版，第 11 页。
[2] 参见王利明、杨立新编著：《侵权行为法》，法律出版社 1996 年版，第 93 页。

能避免某事件的发生并克服事件造成的损害后果。不可避免和不能克服，表明事件的发生和事件造成损害具有必然性。某事件是否不能避免且不能克服也要根据具体情况决定。

3. 属于客观情况

这是指事件外在于人的行为的自然性。不可抗力作为独立于人的行为之外的事件，不包括单个人的行为。如第三人的行为对被告来说是不可预见且不能避免的，但它并不具有外在于人的行为的客观性，第三人的行为不能被作为不可抗力对待。

不可抗力与行为人的行为相抵触，造成损害的，根据《东亚侵权法示范法（暂定稿）》第28条第2款的规定，不可抗力与行为人的行为结合而造成的损害，加害人应当依照其行为的过失程度和原因力大小承担赔偿责任。日本法律中，与不可抗力的法律效果相类似的规定有《日本矿业法》第113条、《日本大气污染防治法》第25条第3款。[1]在日本的下级法院曾有过这样的判例，因为行为人的行为和不可抗力相抵触，所以在一定比例上酌情减轻了行为人的责任。[2]此外，《日本侵权行为法重述》允许在一定程度上进行酌情裁判。[3]

需要指出的是，不可抗力导致免责，必须是不可抗力成为损害发生的唯一原因，当事人对损害的发生和扩大不能产生任何作用。因此，在发生不可抗力的时候，应当查清不可抗力与造成的损害后果之间的关系，并确定当事人的活动在发生不可抗力的条件下对所造成的损害后果的作用。《中华人民共和国侵权责任法》规定不可抗力作为免责事由的除外条款，在法律有特别规定的情况下，不可抗力不作为免责事由。《东亚侵权法示范法（暂定稿）》采纳了上述做法。

（二）第三人原因

第三人原因，也称为第三人过错，是指除受害人和加害人之外的第三人，对受害人损害的发生或扩大具有过错的情形。第三人原因的主要特征是主体上的特殊性，其过错形式则与其他类型的过错没有区别，包括故意和过失。如果损害的发生完全归因于第三方，则行为人的行为与损害之间不存在因果关系。因此，《东亚侵权法示范法（暂定稿）》第29条规定：

---

〔1〕 参见〔日〕石桥秀起：《侵权责任法中的比例责任原则》，法律文化社2014年版，第175页。

〔2〕 参见"飞騨国川公共汽车坠落事件"，名古屋地方法院《判例时报》1973年3月30日，第700号第3页。

〔3〕 《日本侵权行为法重述》第722条第3款规定："当损害发生与自然灾害、不可抗力和其他不寻常的外部原因相抵触时，法院在确定损害赔偿责任和赔偿数额时可以酌情考虑。"

"损害是由第三人引起的,应当由该第三人承担侵权责任,实际行为人不承担责任;法律另有规定的,依照其规定。"但是,如果第三方的原因与损害的发生之间有冲突时,可以减少赔偿责任。在这种情况下,被告与第三方的行为有时会构成共同侵权行为,有时也可能都不属于共同侵权行为。

《中华人民共和国侵权责任法》第 28 条规定了第三人原因的一般规则:"损害是因第三人造成的,第三人应当承担侵权责任。"同时,该法在第 37 条、第 40 条、第 68 条和第 83 条等分别规定了第三人原因的特殊规则。

第三人原因的特点是:①损害引起的主体是第三人。第三人是损害引起的主体,造成损害的过错不属于加害人或受害人的任何一方。狭义上的第三人原因,是指第三人的过错是损害发生或者扩大的唯一原因;广义上的第三人原因,则是指第三人与被告共同引起损害的发生或者扩大。这两种情况存在其中任何一种,都是第三人在主观上具有过错。同时,该第三人不能被认定属于加害人一方或属于受害人一方。②第三人与当事人没有引起损害的联系。如果第三人和被告之间基于共同的意思联络(如第三人为被告的帮助人)而致原告损害,将作为共同侵权行为人而对受害人负连带责任。③第三人原因是免除或者减轻加害人责任的依据。第三人原因作为免责事由,其后果并非都是免责,还包括减轻责任。

第三人原因的法律后果是第三人承担赔偿责任,免除加害人的赔偿责任。其条件是:①第三人过错为引起损害发生的唯一原因,被告对此没有过错的,被告应当免责,而由第三人承担责任。《中华人民共和国侵权责任法》第 28 条所指的就是这种情形。②如果第三人的过错与侵权人的过错构成损害发生的共同原因,则第三人的过错减轻侵权人的赔偿责任,不再适用第三人原因免责的规则。

《中华人民共和国侵权责任法》在第 37 条、第 40 条、第 68 条和第 83 条以及第 44 条、第 85 条和第 86 条第 1 款分别规定了第三人原因的特殊规则。这些第三人原因的特殊规则分为以下三种情形:

1. 第三人原因实行不真正连带责任

在第三人原因的情形下,《中华人民共和国侵权责任法》规定了以下两种不真正连带责任的规则,不适用直接由引起损害的第三人承担责任的一般性规则。

(1)因第三人原因污染环境造成损害的,被侵权人可以向污染者请求赔偿,也可以向第三人请求赔偿。污染者赔偿后,有权向第三人追偿。这样规定的目的在于更好地保护被侵权人的权益,使其受到的损害能够及时获得救济。

（2）因第三人原因使饲养动物造成他人损害的，被侵权人可以向动物饲养人或者管理人请求赔偿，也可以向第三人请求赔偿。动物饲养人或者管理人赔偿后，有权向第三人追偿。第三人原因使动物致人损害的，也不实行第三人原因的一般规则，不是由第三人直接承担责任，而是赋予被侵权人选择的权利，实行不真正连带责任。

2. 第三人原因实行补充责任

在第三人原因的情形下，《中华人民共和国侵权责任法》还规定了以下两种补充责任的规则，而不适用直接由引起损害的第三人承担责任的一般性规则。

（1）在违反安全保障义务侵权责任中，因第三人的行为造成他人损害的，由第三人承担侵权责任；管理人或者组织者未尽到安全保障义务的，承担相应的补充责任，即先由第三人承担侵权责任；如果第三人不能承担或者不能全部承担责任，则由未尽到安全保障义务的义务人承担相应的补充责任。

（2）无民事行为能力人或者限制民事行为能力人在幼儿园、学校或者其他教育机构学习、生活期间，因幼儿园、学校或者其他教育机构以外的人员即第三人受到人身损害的，由侵权人承担侵权责任；幼儿园、学校或者其他教育机构未尽到管理职责的，承担相应的补充责任。

3. 第三人原因实行先付责任

（1）在产品责任中，因运输者、仓储者等第三人的过错使产品存在缺陷，造成他人损害的，先由产品的生产者、销售者赔偿，之后有权向第三人追偿。

（2）在物件损害责任中，建筑物、构筑物或者其他设施及其搁置物、悬挂物发生脱落、坠落造成他人损害，所有人、管理人或者使用人证明自己没有过错的，先由其承担侵权责任；另有其他责任人（即第三人）的，所有人、管理人或者使用人赔偿后，有权向其他责任人追偿。

（3）在物件损害责任中，建筑物、构筑物或者其他设施倒塌造成他人损害，有其他责任人即第三人的，也先由建设单位与施工单位承担责任；建设单位、施工单位承担了赔偿责任之后，有权向其他责任人即第三人追偿。

《东亚侵权法示范法（暂定稿）》没有完全采纳中国侵权法的这些具体规定，只规定了法律另有规定除外的条款。

（三）受害人原因

一般来说，判断构成侵权行为的一个条件是，行为人因故意或过失行为对受害人造成损害。因此，因受害人的故意或过失而造成损害的，行为人不负责任。对此，《东亚侵权法示范法（暂定稿）》第 30 条规定："损害完全是因受害人的故意或者过失造成的，行为人不承担责任。"理论上受害人原因有以下三种形式：

1. 受害人故意

受害人的故意，是指受害人明知自己的行为会发生损害自己的后果，而希望或放任此种结果发生。受害人对损害的发生具有故意，表明受害人的行为是损害发生的唯一原因，从而应使加害人免责。在过错责任原则的适用范围内，如果受害人具有故意，而加害人只有轻微过失，则加害人也可以免责。在无过错责任原则的适用范围内，只要受害人故意造成损害，加害人即可免责。

如果侵权行为人引诱、诱惑受害人故意从事某种行为造成对受害人自己的损害，则应当认为损害是由加害人的故意而非受害人的故意造成的。例如，对受害人谎称某人将拒绝收买受害人的某物，使受害人将其财产廉价处分。在此情况下，加害人只是利用了受害人的行为实施侵权行为。此外，无民事行为能力人的故意不视为法律上的故意。如果无民事行为能力人造成自身损害时介入了加害人的轻微过失，加害人应当承担适当的责任。[1]

2. 受害人重大过失

受害人的重大过失，是指受害人对于自己的人身和财产安全毫不顾及，极不注意，以至于造成了自身的损害。理论对于受害人的这种过错是否构成抗辩事由有不同的看法。从《中华人民共和国侵权责任法》和有关单行法规的规定来看，如果损害完全由受害人的重大过失所致，加害人对损害的发生没有任何过错，则加害人不承担民事责任。这种重大过失应当作为对加害人的免责事由，其前提必须是加害人没有过错。如果加害人具有过错，只有在加害人具有轻微过失的情况下，才可以免除加害人的责任，在其余场合则应按照过失规则进行处理。

3. 受害人过失

受害人的过失，是指在加害人致受害人损害中或造成损害以后，受害人对损害的发生与扩大具有过失。如果受害人的一般过失是损害发生的全部原因，可以作为免责事由。

此外，《日本民法典》在解释中进一步扩大了被害人的概念，从公平

---

〔1〕 参见王利明、杨立新编著：《侵权行为法》，法律出版社 1996 年版，第 88 页。

的角度出发,将受害人原因作为行为人的免责理由。也就是说,跟被害人共同生活的亲人的过失以及佣人的过失均属于被害人过失,是减轻行为人侵权责任的理由。围绕受害人原因,又出现了有关受害人根本原因的辩护问题。日本最高法院曾经判决过这样的案例:考虑到受害人因素是造成损害发生并扩大的原因,从而减轻了赔偿责任。通过这一案例,我们可以了解理论学说对受害人根本原因的意见。

第二节　消灭时效

消灭时效又称为诉讼时效,是指权利人在一定期间内不行使权利,即在某种程度上丧失请求利益的时效制度。侵权诉讼时效就是这样的消灭时效。《中华人民共和国民法通则》规定的诉讼时效制度,原本采取的是诉权消灭主义[1],即诉讼时效完成,权利人消灭的只是胜诉权,不消灭起诉权,更不消灭实体权利。[2]在侵权法中,侵权行为的诉讼时效与此相同,诉讼时效完成,侵权损害赔偿请求权人丧失的是胜诉权,即法院对起诉到法院的当事人的诉讼请求,不再予以支持,但是可以起诉;当事人不起诉,加害人自愿履行赔偿义务的,法律予以准许。现行的《中华人民共和国民法总则》对诉讼时效的性质进行了改革,确认诉讼时效期间完成的后果是义务人产生永久抗辩权,对方当事人所享有请求权如果超过了诉讼时效期间没有行使,当其行使请求权时,义务人有权依据诉讼时效期间已经完成而进行抗辩,就可以直接对抗该请求权,使请求权人的请求无效,从而免除义务人的责任。如果义务人不主张行使该抗辩权,则法院应当判决其承担侵权责任。将诉讼时效的性质确定为抗辩权,更符合诉讼时效的本质,有利于保护被侵权人的合法权益。故《中华人民共和国民法总则》第192条规定:"诉讼时效期间届满的,义务人可以提出不履行义务的抗辩。诉讼时效期间届满后,义务人同意履行的,不得以诉讼时效期间届满为由抗辩;义务人已自愿履行的,不得请求返还。"第193条规定:"人民法院不得主动适用诉讼时效的规定。"按照这些规定,诉讼时效的适用是当事人主义,而不是法官职权主义。

在《中华人民共和国民法总则》改变了《中华人民共和国民法通则》

---

〔1〕　参见梁慧星:《民法总论》,法律出版社1996年版,第240页。
〔2〕　对此,也有例外,如《中华人民共和国产品质量法》关于最长时效的规定,就不是消灭诉权,而是消灭请求权。

对消灭时效的立法之后,东亚各法域侵权法的消灭时效制度基本统一。因此,关于侵权责任的责任期限,《东亚侵权法示范法(暂定稿)》第32条第1款规定:"侵权责任的消灭时效期间为三年。"第34条第1款前半部分规定:"从权益被侵害之日起超过二十年的,不予保护。"即示范法共规定了两种责任期限:一是侵权责任的一般消灭时效期间;二是"最长时效"期间。

一、3年消灭时效期间

侵权责任的一般消灭时效期间是3年。《日本民法典》规定3年短期时效期间的主要依据是:①侵权行为难以证明;②受害者情绪淡化;③对行为人的可靠保护。[1]《中华人民共和国民法总则》也规定为3年,中国台湾地区的消灭时效期间较之稍长。

消灭时效期间的起算点从知道或者应当知道侵权及赔偿责任人时起算。《东亚侵权法示范法(暂定稿)》第33条前半部分规定:"消灭时效期间从知道或者应当知道权益被侵害及赔偿责任人时起计算。"因此,需要在实际中知道损害的发生以及有义务赔偿的人。但是,如果是持续不断的违法行为,则应当从犯罪行为结束时起计算,即第33条后半部分规定:"但侵权行为处于继续状态中的,自侵权行为结束时起算。"这是因为,对于正在进行的累积损害应在确定损害整体之后再开始计算时效,《日本矿业法》第115条第2款也有类似的规定。

对于持续的侵权行为,根据产生的损害类型,《东亚侵权法示范法(暂定稿)》第33条的规定也有可能无法很好地解决。例如,在日本的审判中,有人提到,非法占领所造成的损害每天又会造成新的损害,所以对于每一种损害,应该从知道损害时开始起算。[2]因此,对于不可进一步分割的损害,有必要按照依次进行论另行处理。[3]

二、20年时效期间

《东亚侵权法示范法(暂定稿)》第34条前半部分的规定与《中华人民共和国民法通则》第137条的"最长时效期间"相类似。但是,《中华人民共和国民法通则》中规定的20年时效期间不发生中止、中断问题,性

---

〔1〕 参见〔日〕藤冈康宏:《民法讲义Ⅴ 侵权行为法》,信山社2013年版,第488页。
〔2〕 参见"依次进行论",《特定判例集》第19卷2325页,1940年12月14日。
〔3〕 参见《日本侵权行为法重述》第724条第3款:"当侵权行为持续发生从而导致损害继续出现时,对于每一种损害,消灭时效应该从知道损害时开始起算。"

质上为不变期间。这一点与《日本民法典》第724条在判例法理中的20年不变期间的构成类似。不过，《中华人民共和国民法总则》中的新规定，似乎削弱了20年最长期间的刚性。

在日本的案件中，有几个案件以超过有效期为由驳回了受害人的请求，这显然是不公平的。对此，针对超过消灭时效期间导致索赔权利消失的，日本最高法院制定了特别规定[1]，即为了保护被害人，判定"限制民法第724条后半部分条文也是合理的"。同时，《日本民法典修订案草案》第724条明确规定20年是消灭时效期间，以便于被害人行使权利。

三、法院延长消灭时效期间

为了让受害人能够行使其权利，《东亚侵权法示范法（暂定稿）》第34条后半部分规定："有特殊情况的，法院得延长消灭时效期间。"类似立法例可以追溯与参见《中华人民共和国民法通则》第137条，但该条存在权利义务关系不稳定的问题；而且，"特殊情况"的具体要求并不明确，还需要进一步限制。作为其参考例子，《日本民法典修订案草案》第665条第4项提出，该规定"虽然适用于援引时效期间或有效期，但是，从在此期间责任人的行为方面考虑，又违反了诚实信用原则和禁止滥用权利原则"，所以延长消灭时效期间和有效期的规定便不适合。

四、人身损害索赔权的消灭时效

《东亚侵权法示范法（暂定稿）》参照《日本民法典修订案草案》，制定了特别规定，规定了生命或身体、健康被侵害时索赔权的消灭时效期间。其第32条第2款规定："侵害生命、健康、身体的，消灭时效期间为五年。"该规定考虑到了生命、身体和健康的合法利益的重要性，从而延长了一般性的消灭时效期间。在现代风险社会里，从请求被害人保护的程度来看，该规定可以说是合理的。[2]

《东亚侵权法示范法（暂定稿）》第六章以"抗辩事由与消灭时效"为题，严密而精确地规定了侵权责任的减免事项。该立法风格和内容符合国际趋势，也考虑到了东亚汉字圈的文明。随着东亚侵权法示范法的制定，我们向着东亚民法典的形成迈出了重要的一步。

---

[1] 参见《特定判例集》第52—4卷第1087页，1998年6月12日。
[2] 参见《日本民法典修订案草案》第665条第3款："如果行为人故意，则在损害发生30年后，索赔人身伤害的权利即告终止。"

第七章　救济方式与责任保险

【《东亚侵权法示范法（暂定稿）》条文】

第一节　损害的一般救济方式

第三十五条【损害赔偿】
受害人有权要求赔偿责任人以支付金钱的方式，使其受到损害的私法权益恢复到如侵权行为未曾发生的状态。

第三十六条【侵权禁令】
权利人有证据证明他人正在实施或者即将实施侵犯其私法权益的行为，如不及时制止将会使其私法权益受到损害的，可以申请法院发布禁令。禁令停止的有关行为涉及财产利益内容的，申请人应当提供相应的担保。
法院得根据申请，向相对人发布禁令，责令其停止有关行为。
禁令一经发布，应当立即执行。

第三十七条【侵权救济方式的适用】
侵权救济方式可以单独适用，也可以合并适用。
受害人在法律上或者事实上可能的范围内，可以选择请求适用的侵权救济方式，但不得加重赔偿义务人的负担，或者违反诚实信用原则。

第二节　损害赔偿的一般规定

第三十八条【赔偿权利人的范围】
赔偿权利人包括财产或者非财产权益受到直接侵害的受害人。
胎儿的人身受到伤害的，其出生后为赔偿权利人。
死者的人格利益受到侵害的，死者的配偶、父母和子女为赔偿权利人；没有配偶、父母和子女的，其四亲等以内的亲属为赔偿权利人。

自然人死亡的，赔偿权利人包括下列人员：

（一）自然人的配偶、父母和子女为赔偿权利人；没有配偶、父母和子女的，其四亲等以内的亲属为赔偿权利人。

（二）自然人生前依法承担或者应当承担扶养义务的被扶养人为赔偿权利人。

（三）为受害人支付医疗费、丧葬费等合理费用的人，就请求侵权人赔偿该费用，得为赔偿权利人。

第三十九条【损害的范围】

损害的范围，包括受害人因侵权行为所受损害和所失利益。

第四十条【完全赔偿】

确定损害赔偿，应当以侵权行为所造成的损害和所失可得利益为准，予以全部赔偿，但法律另有特别规定的除外。

第四十一条【维持最低生活标准与损害赔偿的缩减】

确定自然人承担损害赔偿责任时，应当为其保留维持最低生活保障、履行法定扶养义务和支付被抚养的未成年人的教育所必需的费用。

完全赔偿可能造成其无法承受上述负担的，得依其请求适当缩减赔偿金额。

确定具体的缩减数额，应考虑侵权人的主观恶意或者过失程度、受侵害权益的性质、损害的大小以及对受害人的影响等因素。

第四十二条【对未来损害的赔偿方式】

对于未来的损害，当事人可以协商采用定期金赔偿或者一次性赔偿。

协商采取定期金赔偿的，加害人应当提供相应的财产担保。

协商采取一次性赔偿的，加害人应当一次性承担赔偿责任，但应扣除对未来损害赔偿的期限利益。

当事人对第一款规定的赔偿方式协商不成的，法院得根据实际情况决定赔偿方式，但应当优先适用定期金赔偿。

第四十三条【损益相抵】

侵权行为在造成损失的同时，又使受害人受有利益的，应当从损害赔偿额中扣除其所得的利益，但此种扣除与受益目的不一致的除外。

第三节 人身损害赔偿

第四十四条【人身损害的界定】
　　侵害他人人身，造成受害人伤、残或者死亡的，应当承担人身损害赔偿。
　　造成身体完整性损害，无法计算其实际损失的，应当承担名义的损害赔偿。

第四十五条【对胎儿健康损害的救济】
　　胎儿在出生前遭受侵权行为损害的，得依照实际损害确定人身损害赔偿责任。胎儿出生时为死体的，其母得主张人身损害赔偿。

第四十六条【错误出生】
　　因医疗机构产前诊断过失，未能发现胎儿存在的身体缺陷，导致具有严重残疾的子女出生的，其父母得就因其该子女严重残疾而支出的额外抚养费用主张损害赔偿。
　　医务人员因其过失，在孕检中未能给孕妇提供正确信息，导致孕妇耽误本可及时作出是否终止妊娠决定的机会，最终导致有严重残疾或者遗传疾病的子女出生的，应当就该错误出生之受害人合理的实际需要，确定损害赔偿责任。

第四十七条【生存或治愈机会损失的救济】
　　因加害行为破坏或者降低生存机会或者治愈机会的受害人，得就丧失的机会损失主张损害赔偿。
　　主张前款规定的机会损失赔偿，受害人须证明加害行为与机会丧失之间具有因果关系。

第四节 财产损害赔偿

第四十八条【财产损害赔偿范围】
　　侵害他人物权、知识产权等财产性私法权益，造成损害的，应当赔偿该财产性权益因侵权行为造成的价值丧失或者贬损，包括恢复其原有价值所支出的费用。

明知他人享有的债权并对其进行侵害的，对于造成的损害应当予以赔偿。

第四十九条 【财产损害计算方法】

所受损害按照损失的实际范围计算。能够用市场价格计算的，按照损害发生时或者侵权责任确定时的市场价格计算。没有市场价格，或者按照市场价格计算明显不公的，根据实际情况确定赔偿数额。

计算所失利益，应当根据可得利益的客观情况计算，避免不适当地扩大或者缩小财产损害赔偿数额。

第五十条 【可预见规则】

侵权人非因故意造成他人财产损害，实际损失超出其可预见范围的，可以适当减轻其损害赔偿责任。

第五节　精神损害赔偿

第五十一条 【精神损害赔偿范围】

侵害他人人身性私法权益，造成精神损害的，受害人可以请求精神损害赔偿。

侵权行为造成受害人死亡或者严重人身伤害，给其配偶、父母、子女造成严重精神损害的，其配偶、父母、子女可以请求精神损害赔偿。

第五十二条 【其他人身权益的损害救济：公开权】

侵害姓名权、肖像权、隐私权等人身性私法权益造成财产利益损害的，按照受害人受到的实际损害或者侵权人因此获得的利益计算。两者均难以确定，且受害人和加害人就赔偿数额协商不成的，法院得根据实际情况确定赔偿数额。

第五十三条 【侵害包含人格因素的物的精神损害赔偿】

侵害具有象征意义的特定纪念物品等含有人格因素的物，造成物权人严重精神损害的，得请求精神损害赔偿。

第五十四条【震惊损害赔偿】

因身处加害行为危险区域,目睹其配偶、父母、子女遭受人身伤害的残酷情境,受到严重精神损害的,得请求精神损害赔偿。

目睹与其共同生活的祖父母、外祖父母、孙子女、外孙子女或者兄弟姐妹遭受人身伤害的残酷情境,受到重大精神损害的,准用前款规定。

第五十五条【精神损害赔偿数额确定】

精神损害赔偿的数额根据下列因素确定:

(一)受害人或其配偶、父母、子女所遭受精神痛苦、肉体痛苦的程度;

(二)受害人的收入水平和生活状况;

(三)加害人的过错程度;

(四)侵权行为的手段、场合、方式等具体情节;

(五)侵权行为造成的后果;

(六)加害人承担责任的经济能力;

(七)受诉法院所在地的平均生活水平。

第六节 责任保险

第五十六条【责任保险的替代性】

部分或者全部损害属于法定或者商业责任保险范围的,受害人可以向保险人主张保险责任,也可以向赔偿责任人主张侵权责任。法律另有特别规定的,依照其规定。

第五十七条【责任保险不足的赔偿责任】

保险人履行保险责任后,受害人的损害未得到全部赔偿的,得继续向赔偿责任人主张侵权责任。

【法理阐释】

《东亚侵权法示范法(暂定稿)》第七章规定的是"救济方式与责任保险",主要分为六节:第一节是损害的一般救济方式,规定了损害赔偿方式、侵权禁令、侵权救济方式的适用；第二节是损害赔偿的一般规定，规定了赔偿权利人的范围、损害的范围、完全赔偿、维持最低生活标准与损害赔偿的缩减、对未来损害的赔偿方式、损益相抵；第三节是人身损害赔偿，规定了人身损害的界定、对胎儿健康损害的救济、错误出生、生存或治愈机会损失的救济；第四节是财产损害赔偿，规定了财产损害赔偿范围、财产损害计算方法、可预见规则；第五节是精神损害赔偿，规定了精神损害赔偿范围、其他人身权益的损害救济——公开权、侵害包含人格因素的物的精神损害赔偿、震惊损害赔偿和精神损害赔偿数额确定；第六节是责任保险，规定了责任保险的替代性和责任保险不足的赔偿责任。

第一节　损害的一般救济方式

一、一般救济方式的内容

《东亚侵权法示范法（暂定稿）》第 35 条规定了损害赔偿的一般方式，即"受害人有权要求赔偿责任人以支付金钱的方式，使其受到损害的私法权益恢复到如侵权行为未曾发生的状态"。损害赔偿（Schadensersatz），乃是在填补因不法行为所造成之不利益，所谓无损害，即无赔偿。以损害赔偿为标的之债，即为损害赔偿之债。关于损害赔偿的规定，系按请求权发生事由与赔偿内容分别加以规定。损害赔偿之方法，在东亚各国家和地区呈现不同的立法样态，《东亚侵权法示范法（暂定稿）》在第 35 条强调了对支付金钱方式的使用，这种强调顺应了损害赔偿的发展历史。最早的"侵权法"以受害人及其血亲对加害人进行同态复仇的方式进行"救济"，主要表现为私人复仇制度，借以解决部族成员之间的矛盾和冲突。[1]随着过错责任的发展，《阿奎利亚法》在责任形式上废除了同态复仇，使金钱赔偿替代了赎罪金，金钱赔偿的救济方式得以确认[2]，之后得以延续和强化。

在中国台湾地区，金钱赔偿乃一般损害赔偿方式之例外，应以法律另有规定或契约另有订定者为限，当事人间本于契约自由原则而为金钱赔偿

---

〔1〕　参见杨立新：《侵权法论》（第 5 版），人民法院出版社 2013 年，第 85 页。
〔2〕　参见朱凯：《惩罚性赔偿制度在侵权法中的基础及其适用》，载《中国法学》2003 年第 3 期。

之约定者,乃私法自治之具体表现,无论为损害发生前或发生后,均无不可。其具体的适用情形是:①回复原状所必要之费用。回复原状若必由债务人为之,对被害人有时可能缓不济急,或可能无法符合被害人之意愿。为期能达成被害人之实际需求,并使被害人获得更周密之保障,中国台湾地区"民法"第213条第3项遂规定被害人得请求支付回复原状所必要之费用,以代回复原状。此规定性质上乃为任意之债,债权人不须具备任何理由,即可行使代替权,主张以金钱代替回复原状之赔偿。因此债权人若主张回复原状者,并不当然丧失金钱代替之主张,否则中国台湾地区"民法"第214条关于金钱赔偿之规定即失其意义。至于债权人自始请求回复原状所必要之费用者,则应解为其已行使代替权,回复原状请求权即为消灭,债权人应受此选择的拘束。[1]原则上被害人得自由使用回复原状所必要之费用,不受限于回复原状,并可另做他途,但在人身法益受损害时,考虑到人身利益之完整性,应认为其费用仅得使用于回复原状。[2]②回复原状迟延。中国台湾地区"民法"第214条规定:"应回复原状者,如经债权人定相当期限催告后,逾期不为回复时,债权人得请求以金钱赔偿其损害。"根据本条之规定,通常均认为系以金钱赔偿代替回复原状,因此赔偿之金额,应以回复原状所必要之费用为限。然而债权人本可随时依中国台湾地区"民法"第213条第3项请求回复原状所必要之费用,又何必多此一举再依本条之复杂程序行使其权利?可能的解释是,债权人若无法依中国台湾地区"民法"第213条第1项之规定长久等待回复原状,当亦无法依该法第213条第3项之规定请求回复原状所必要之费用,则可选择定期催告,以决定是否请求损害赔偿。至于债务人为何逾期、是否有过失?均不影响债权人之权利行使。[3]此一规定与中国台湾地区"民法"第213条回复原状之规定,性质上均为任意之债,债权人有权行使代替权。债权人为定期催告后,其请求回复原状之权利仍然存在,仅债务人逾期不回复,债权人始得选择请求以金钱赔偿其损害,其若进而选择金钱赔偿其损害,则应受此拘束。③不能回复原状或显有困难。中国台湾地区"民法"第215条规定:"不能回复原状或回复显有重大困难者,应以金钱赔偿其损

---

〔1〕 相关之讨论,可参见 MüKoBGB/Oetker, 7. Aufl. 2016, §249, Rn. 359 ff.

〔2〕 关于详细内容之讨论,可参见王千维:《论人格法益损害之赔偿方法》,载《月旦法学杂志》2003年第99期;MüKoBGB/Oetker, 7. Aufl. 2016, §249, Rn. 380 ff.

〔3〕 中国台湾地区"民法"第214条之规定,以及其与第213条、第215条之关系,与《德国民法典》第249条至第251条之规定相类似,但在适用上,德国学者亦认为该规定之实际应用意义不大。Vgl. Schulze/Reiner, 7. Aufl. 2012, §250, Rn. 1;Palandt/Grüneberg, 71. Aufl. 2012, §250, Rn. 1;Staudinger/Schiemann, 15. Aufl. 2012, §250, Rn 1.

害。"该条与第 213 条回复原状之规定之关系,犹如给付不能与给付迟延之关系般,必以不能回复原状或回复显有困难者为前提。不能之情形,仅须依一般社会观念,根本不能回复者即属之;而回复原状显有重大困难者,系指物理上虽能回复,但须花费甚巨。二者无论是自始或嗣后所发生,且无论其原因为何,均在所不问。[1]该条关于财产上之损害赔偿非仅以回复原状所需费用,或以物之毁损所减少之价额为限,其并非针对个别物之完整利益为保护,而系就债权人整体之价值利益为保护对象,即债权人因不能回复原状在财产上所因此而受之损害。关于人身损害,有认为纵然回复原状之费用再高,也应顾及被害人之完整利益,债务人不得以回复原状显有重大困难为由而主张金钱赔偿[2],但在个案中仍应依诚信原则而为具体判断,始为合理。[3]

在中国,损害救济方式被称为侵权责任方式,是指侵权人依据侵权法就自己实施的侵权行为应当承担的具体的民事责任方式。从抽象意义上说,侵权责任方式,就是侵权法规定的侵权人实施侵权行为所应当承担的具体的法律后果。侵权人承担侵权民事责任的构成方式意味着,法律对侵权人实施的行为持否定态度和谴责,对侵权行为给予制裁,同时表明法律对自然人、法人的权利的保护,以及对一般自然人和法人体现出了教育作用。《中华人民共和国侵权责任法》第 15 条规定了 8 种侵权责任方式,即停止侵害,排除妨碍,消除危险,返还财产,恢复原状,赔偿损失,赔礼道歉,消除影响、恢复名誉,不同侵权责任方式有不同的作用范围。其基本特征是:①侵权责任方式是落实侵权责任的具体形式。②侵权责任方式是责任与义务、向法律负责和向被侵权人负责的结合。③赔偿损失是侵权民事责任的主要方式。在中国,损害救济最基本的形式是赔偿损失。说赔偿损失是侵权责任的基本方式,就是说它不是唯一的形式,除了赔偿损失,其他7 种民事责任方式都可以适用于侵权行为。尽管《中华人民共和国侵权责任法》继承《中华人民共和国民法通则》一改传统侵权法只将赔偿损失作为侵权民事责任唯一方式的立法体例,将侵权责任方式扩大,能够更好地保护公民和法人的合法权益。但是,这并不能改变损害赔偿在侵权责任方式中的统帅作用和基本地位,这一特点是由侵权法的基本功能在于补偿被侵权人的损失所决定的。侵权行为一般都造成了被侵权人的损失,但不管是财产损失,还是人身伤害和死亡以及精神损害,依据法律规定均可以适

---

[1] Vgl. MüKoBGB/Oetker, 7. Aufl. 2016, §251, Rn. 8 f.
[2] 参见王泽鉴:《回复原状与金钱赔偿》,载《月旦法学杂志》2005 年第 127 期,205 页。
[3] 详细内容参见 MüKoBGB/Oetker, 7. Aufl. 2016, §251, Rn. 48 ff.

用赔偿损失的责任方式进行救济。

在此意义上,《东亚侵权法示范法(暂定稿)》肯定了中国的做法,将赔偿损失的金钱赔偿方式作为主要的损害救济方式,明确了受害人的请求权基础,但这并不意味着赔偿损失的金钱赔偿是唯一的损害救济方式,针对不同权益,其他救济方式也可并用。

二、侵权行为禁令

《东亚侵权法示范法(暂定稿)》第36条规定了侵权禁令,包括申请禁令的条件、禁令的发布与禁令的生效时间,即"权利人有证据证明他人正在实施或者即将实施侵犯其私法权益的行为,如不及时制止将会使其私法权益受到损害的,可以申请法院发布禁令。禁令停止的有关行为涉及财产利益内容的,申请人应当提供相应的担保。法院得根据申请,向相对人发布禁令,责令其停止有关行为。禁令一经发布,应当立即执行"。

在制定东亚侵权法示范法过程中,很多学者提出应当规定侵权禁令。侵权行为发生后,如果确有必要,受害人可以向法院请求发布禁令,由法院发布侵权禁令,禁止侵权行为人实施某种侵权行为。在众多新的执法补充或替代资源中,侵权禁令与行政管制在制度机理上最为接近,也最易被接受。尽管侵权禁令也有一定的局限性,但总体上看仍然是对于行政管理的一个良好替代。禁令,也称之为禁制令,是指为制止侵权行为,从而使权利免受侵害和侵害危险的一种措施,其目的在于保护权利人免受继续发生或将要发生的侵害,以此预防难以弥补的损害的发生。最早的侵权禁令,是英美法系国家在知识产权诉讼中常见的一种行之有效的救济手段。

英、美知识产权法都赋予知识产权的权利人提起禁止侵权行为的禁令救济措施的请求权。如《英国专利法》规定了相当于知识产权请求权的请求禁令救济的条款。美国联邦法院法官和知识产权权利人对知识产权的侵权禁令更是情有独钟。根据美国专利法律的规定,美国对专利权保护的民事诉讼救济措施主要为禁令和损失赔偿。禁令是制止专利侵权行为使专利权免受侵害和侵害危险的一种有效措施。美国指定的几个联邦法院享有对专利侵权行为发出禁令的职权。采取禁令的范围和程度,要与保证专利权的安全相适应,由受诉法院在认为合理的范围、程度内决定。《德国著作权法》中对涉及著作权的侵权行为,权利人享有不作为请求权和排除请求权的权利。《日本专利法》《日本著作权法》和《日本商标法》均规定有禁止侵权行为的请求权。[1]

规定侵权禁令的优点主要有以下几点：①扩大了权利人请求权的范围，可以更好地保护民事主体的物权、人身权、知识产权等权利。②简化了请求权的形式，使受害人基于侵权行为即可提出请求或诉讼，不必有充足的证据，可以有效地保护受害人的利益。因为申请人要交纳一定的担保金，不会妨碍对所有人、占有人利益的保护。如果法院最终裁定被告侵权，那么，禁令执行期间的损失当然由侵权者承担；若法院最终裁定被告不构成侵权，则禁令造成的损失将由原告的担保金作赔。③可以有效地保护权利人的利益。法院发布侵权禁令，不需要确定申请人一定胜诉，只要有胜诉的可能即可。因此，禁令的请求权比损害赔偿请求权的实现要及时、迅速，省去了实现损害赔偿请求权的漫长诉讼阶段，可以及时地保护受害人的利益，防止损害的扩大。

中国法亦对侵权禁令有所体现。如1988年4月2日试行的《最高人民法院关于贯彻执行〈中华人民共和国民法通则〉若干问题的意见（试行）》"162"规定，"在诉讼中遇有需要停止侵害、排除妨碍、消除危险的情况时，人民法院可以根据当事人的申请或者依职权先行作出裁定"。该条司法解释明确规定了人民法院对当事人提出停止侵害等请求的处理方处，这说明权利人的合法请求权不但可以获得最终、永久性的裁判支持，也可以在诉讼中获得先行裁定的支持。《中华人民共和国侵权责任法》也规定了关于侵权行为的禁令，即第21条规定："侵权行为危及他人人身、财产安全的，被侵权人可以请求侵权人承担停止侵害、排除妨害、消除危险等侵权责任。"该条规定是对《中华人民共和国侵权责任法》第15条规定的侵权责任方式的具体应用，即将停止侵害、排除妨碍和消除危险等作为侵权禁令。如果受害人认为侵权行为危及自己的人身财产安全，可以请求侵权人停止侵害、排除妨害、消除危险。这种侵权禁令，既可以在诉讼中提出，也可以在诉前提出。

《与贸易有关的知识产权协议》对侵权禁令作了明确规定。根据该协议第41条的规定，世界贸易组织对其成员在知识产权执法上，提出的最低要求是全方位的，即：防止、制止和阻止。制止侵权是对已经发生的侵权活动采取的执法措施，例如下达临时禁令即属于这类救济。阻止进一步侵权是针对将来可能继续发展的侵权活动所采取的措施，如下达永久禁

---

[1] 参见蒋志培：《论我国立法和司法确认的知识产权请求权》，载《著作权》2000年第3期。

令。[1] 为了适应入世需要，中国修订的《中华人民共和国专利法》《中华人民共和国商标法》《中华人民共和国著作权法》都规定了这项强制措施。同时，《最高人民法院关于对诉前停止侵犯专利权行为适用法律问题的若干规定》《最高人民法院关于诉前停止侵犯注册商标专用权行为和保全证据适用法律问题的解释》两项司法解释对诉前临时禁令的适用作了专门规定。"临时禁令"的规定成为司法界主动面对世贸规则的一个重要标志。

《东亚侵权法示范法（暂定稿）》在第36条规定侵权禁令，是尊重国际通行规则的选择，它不仅适用于知识产权侵权领域，也适用于物权、人格权、身份权等受到侵害的权利保护领域，全方位保护权利人的合法权益。根据该示范法第36条的规定，侵权禁令具备的条件应考虑为：①由利害关系人提出申请。法院原则上不主动启动侵权禁令，申请人根据需要在诉前或诉讼中提出请求，由法院根据情况决定。②权利人能证明他人正在实施或者即将实施侵犯其私法权益的行为且具有紧迫性，如不立即停止侵害、排除妨碍、消除危险将会给权利人带来难以弥补的损害。③有关行为涉及财产利益内容的，申请人应提供担保。对于诉前的申请，涉及有巨大经济价值的侵权行为，申请人应提供担保。此外，法院是发布禁令的机关，禁令对于行为人有责令其停止有关行为的效力，禁令一经发布，应当立即执行。

三、侵权救济方式的适用

《东亚侵权法示范法（暂定稿）》第37条规定了侵权救济方式的适用，即"侵权救济方式可以单独适用，也可以合并适用。受害人在法律上或者事实上可能的范围内，可以选择请求适用的侵权救济方式，但不得加重赔偿义务人的负担，或者违反诚实信用原则"。

侵权救济方式的适用规则建立在侵权救济方式分类的基础上，理论上根据侵权救济方式的不同特点，可以将侵权责任方式概括为三种类型。①财产型责任方式。这种责任方式主要是救济被侵权人的财产损失，当然也包括对非财产利益损害的救济，可以根据侵权行为损害利益的情况进行适用。②精神型责任方式。这种责任方式主要是救济精神利益的损害和精神痛苦的损害，适用于精神性人格权损害的救济。中国侵权法中对于财产损害一般不适用精神型的责任方式。③综合型责任方式。这种责任方式对于一切侵权行为都可以适用，不仅可以适用于侵害财产权利的侵权行为，

---

[1] 参见郑成思：《知识产权论》（第2版），法律出版社2001年版，第618页。

而且可以适用于侵害人格权的侵权行为。

《东亚侵权法示范法（暂定稿）》第 37 条第 1 款规定了在侵权救济方式的可合并适用原则。各种方式各具特点，对于侵权行为造成损害的救济，可以单独适用一种救济方式，也可以适用多种救济方式。法官应当掌握侵权法制裁侵权行为人的救济方式体系，明确侵权人应负的义务，掌握保护权利人权利的具体民事方法和措施，根据不同的案件特点来决定某一侵权人所承担的一种或者多种不同的救济方式。

侵权救济方式并用的标准是，不同的救济方式所保护的被侵权人的利益不同，如果适用一种责任方式不足以保护被侵权人时，就应当同时适用其他的责任方式。例如，行为人非法占有他人财产并对该财产造成了损害，仅仅责令不法行为人返还财产尚不足以保护被侵权人的利益，因此，还需要采取恢复原状、赔偿损失等责任方式。反之，如果适用一种救济方式足以保护被侵权人的利益，就不必再采取其他的救济方式，以避免给行为人强加不适当的责任。当某种特定的损害发生以后，可能导致多种救济方式的适用，但并非所有的损害都可以同时并用各种救济形式；如何选择一种或数种救济方式，应根据具体情况决定。同时，在确认救济方式的过程中，还要注意不能加重赔偿义务人的负担且不能违背诚实信用原则。

第二节　损害赔偿的一般规定

《东亚侵权法示范法（暂定稿）》第 38—43 条规定了损害赔偿的一般规定，分别对赔偿权利人的范围、损害的范围、完全赔偿原则、维持最低生活标准与损害赔偿的减缩、对未来损害的赔偿方式以及损益相抵规则进行了规定。中国的相关立法和理论对东亚侵权法示范法该部分的制定起到了重要作用，以下结合示范法条文进行学理阐释。

一、赔偿权利人的范围

《东亚侵权法示范法（暂定稿）》第 38 条对赔偿权利人的范围进行了规定，该条分为 4 款，分别对赔偿权利人的原则与特殊情形进行了规定。

（一）对赔偿权利人范围的概括规定

《东亚侵权法示范法（暂定稿）》第 38 条第 1 款"赔偿权利人包括财产或者非财产权益受到直接侵害的受害人"，对赔偿权利人的概念进行了概括性原则性的规定，即一般情况下，赔偿权利人原则上是指直接受害人。

侵权行为所产生的损害赔偿，性质上属于法定之债，其债之关系当事人，即为损害赔偿之债务人与债权人。损害赔偿之义务人，原则上乃就侵权行为应负责任之人，通常情形系指实际为侵权行为之人，应就其自身之行为负责，但民法就特殊之情形，有涉及对他人之行为，或可归责于己之事项应负责之规定。例如，法定代理人就限制行为能力人或无行为能力人之行为，雇用人就受雇人之行为，定作人就其指示承揽人之行为，动物占有人就动物、建筑物或工作物所有人就工作物、商品制造人就其商品、动力车辆驾驶人、危险制造人等。

损害赔偿之债权人，原则上乃因侵权行为受损害之人，其为侵权行为之被害人，所受损害包括财产上及非财产上损害。关于被害人，可分为直接被害人及间接被害人，直接被害人乃直接受侵害而发生损害之人，例如因车祸受伤者，除身体权、健康权受侵害而发生非财产上损害外，尚可因医疗费用支出而发生财产上损害；间接被害人乃指因他人之权利或利益受侵害，导致自己的权利或利益受损害者，例如生命权受侵害者，因其权利能力消灭，已非权利主体，自无损害可言，受损害者，应为与其有一定法律关系之人。但并非所有被害人均可就其损害享有损害赔偿请求权，《东亚侵权法示范法（暂定稿）》第38条第1款确定了直接被害人为一般情况下的赔偿权利人的规则。

（二）特殊情况下的赔偿权利人

《东亚侵权法示范法（暂定稿）》第38条第2—4款对特殊情况下赔偿权利人的范围进行了规定，是民事主体人身权延伸保护[1]在示范法中的具体落实。民事主体人身权延伸保护，是指法律在依法保护民事主体人身权的同时，对于其在诞生前或消灭后所依法享有的人身法益，所给予的延伸至其诞生前和消灭后的民法保护，原则上包括对所有民事主体，示范法在本条中主要强调了自然人的部分。

1. 民事主体人身权延伸保护理论

人身权延伸保护的客体是人身法益，而非权利本身。当民事主体享有民事权利能力时，这种人格利益和身份利益通过人身权而享有、维护、支配；当民事主体还未诞生或消灭以后，权利主体是不存在的，但由于其已具备若干生命的条件，或者刚刚失去主体的资格，围绕人身权而存在的先期人身利益和延续人身利益是客观地存在于世的。在中国民法学界，对于

---

〔1〕 关于人身权延伸保护部分的论述，参见杨立新、王海英、孙博：《人身权的延伸法律保护》，载《法学研究》1995年第2期。

人身权的延伸保护,大致有五种学说:①权利保护说。这种学说认为,人身权之所以能延伸保护,就是因为死者仍是人格权的主体,仍享有权利,因而延伸保护的仍然是民事主体的人身权。[1]②近亲属利益保护说。这种学说主张,人身权延伸保护的实质与作用,是保护死者近亲属的利益。以名誉权为例,根据中国公民通常的观念,死者名誉的好坏,往往会影响对其近亲属的评价;其近亲属也会因此产生荣誉感或压抑感等感受。与其说是对死者名誉的民法保护,不如说是对死者近亲属的利益或人身权的民法保护。[2]③家庭利益保护说。这种主张认为,死者的名誉遭到侵害时,其遗属的名誉也往往会遭到侵害,这两者之间的联结点就是家庭名誉。在对死者的名誉加以侵害时,家庭名誉也就必然遭到侵害。[3]④法益保护说。这种学说认为,就中国现行法律规定而言,死者不能成为民事权利的主体,更不享有权利。对于死者,法律所保护的是法益。[4]⑤延伸保护说。这种学说认为,死者利益的保护实际上是对其生前享有权利的保护在其死亡后再延续一段时间,转由死亡公民的近亲属行使之。[5]

以上学说虽然对民事主体人身权益延伸保护的理解侧面不尽相同,但其反映出的价值判断确有一定的一致性:民事主体在其诞生前和消灭后,存在与人身权利相互区别的先期法益和延续法益。人身法益与人身权利互相衔接,统一构成民事主体完整的人身利益。确定对于民事主体先期法益与延续法益的保护,是示范法确定特殊情况下赔偿权利人范围的理论前提。因为人身权利属于私权,其除自力救济外,公力救济必须由权利人或有权起诉的人提出,法院才能予以救济。所以,通过法律确定赔偿权利人的范围,确定可以提起诉讼的主体范围,是人身权延伸保护的具体方法。

2. 胎儿作为赔偿权利人

对于先期人身法益的法律保护,法律主要采取时间延长,待享有先期人身法益的胎儿出生,由其直接取得权利后,作为权利主体提出请求的办法,实现其权利。《东亚侵权法示范法(暂定稿)》第38条第2款遵循了这样的方式,即:"胎儿的人身受到伤害的,其出生后为赔偿权利人。"这是对民事主体人身先期法益进行保护的规定。

---

[1] 参见郭林等:《试论我国民法对死者名誉权的保护》,载《上海法学研究》1991年第6期。
[2] 参见魏振瀛:《侵害名誉权的认定》,载《中外法学》1990年第1期。
[3] 参见陈爽:《浅论死者名誉与家庭名誉》,载《法学研究生》1991年第9期。
[4] 参见王利明主编:《人格权法新论》,吉林人民出版社1994年版,第444—445页。
[5] 参见杨立新:《论公民身体权及其民法保护》,载《法律科学(西北政法学院学报)》1994年第6期。

3. 自然人死亡后的赔偿权利人

对于延续人身利益的延伸保护，各国采取的办法均是由死亡人亲属和遗嘱受益人提起诉讼。但近亲属范围的确定方法不同，有的规定为配偶和子女，有的规定为配偶、子女和父母，也有的只规定为亲属。《东亚侵权法示范法（暂定稿）》第38条第3款、第4款是对自然人死亡后赔偿权利人的规定，即："死者的人格利益受到侵害的，死者的配偶、父母和子女为赔偿权利人；没有配偶、父母和子女的，其四亲等以内的亲属为赔偿权利人。""自然人死亡的，赔偿权利人包括下列人员：（一）自然人的配偶、父母和子女为赔偿权利人；没有配偶、父母和子女的，其四亲等以内的亲属为赔偿权利人。（二）自然人生前依法承担或者应当承担扶养义务的被扶养人为赔偿权利人。（三）为受害人支付医疗费、丧葬费等合理费用的人，就请求侵权人赔偿该费用，得为赔偿权利人。"

这种设计整合了东亚各国的立法传统，以中国台湾地区立法为例，自然人死亡后的赔偿范围主要包括：①被害人之父、母、子、女及配偶。中国台湾地区"民法"第194条规定："不法侵害他人致死者，被害人之父、母、子、女及配偶，虽非财产上之损害，亦得请求赔偿相当之金额。"依本条之规定，被害人之父、母、子、女及配偶虽非直接受损害，仍可个别享有损害赔偿请求权，且以精神上之损害赔偿（慰抚金）为限。②为被害人支出医疗及增加生活上需要费用之人、为被害人支出殡葬费之人。依据中国台湾地区"民法"第192条第1项之规定，不法侵害他人致死者，对于支出医疗及增加生活上需要之费用之人，应负损害赔偿责任。支出费用之人，不以与被害人具有一定身份关系为必要，且其原本可依无因管理之规定向被害人之继承人或遗产管理人求偿。但此项费用，本应由加害人支出，为免除辗转求偿之繁琐，遂使得支出费用之人得直接向加害人有损害赔偿请求权。至于被害人身前自行支出之医疗及增加生活上需要之费用，于其死亡后，得由其继承人向加害人请求。不法侵害他人致死者，对于支出殡葬费之人，亦应负损害赔偿责任。支出殡葬费之人，不以与被害人有亲属关系者为限。③被害人对之负有法定扶养义务之人。中国台湾地区"民法"第192条第2项规定："被害人对于第三人负有法定扶养义务者，加害人对于该第三人亦应负损害赔偿责任。"被害人对于第三人负有法定扶养义务者，不以被害人与第三人共同生活为必要，且受扶养权利者，以不能维持生活而无谋生能力者为限，又无谋生能力之限制，于直系血亲尊亲属不适用之，但仍须以不能维持生活者为限。[1]此外，夫妻互受扶养权利之顺序，既与直系血亲尊亲属同，自不以无谋生能力为必要，唯仍须以不能维持生活者为限。[2]又父母对子女之扶养请求权与未成年子女对父母之抚养请求权各自独立，父母请求子女扶养，非以其曾抚养子女为前提。

与之相比，对于自然人死亡后的赔偿权利人范围，《东亚侵权法示范法（暂定稿）》的规定体现了以下特点：①尊重了以自然人的配偶、父母和子女为赔偿权利人的原则；②本着与亲属法和继承法相协调的原则，规定没有配偶、父母和子女的，以其四亲等以内的亲属为赔偿权利人；③出于实质公平与实际支出的考虑，规定自然人生前依法承担或者应当承担扶养义务的被扶养人和为受害人支付医疗费、丧葬费等合理费用的人可作为赔偿权利人。但二者的区别在于，自然人生前依法承担或者应当承担扶养义务的被扶养人获得的是概括性的赔偿请求权，而就受害人支付医疗费、丧葬费等合理费用的人，仅请求侵权人赔偿该费用为赔偿权利人。

二、损害的范围与完全赔偿原则

（一）损害的范围

《东亚侵权法示范法（暂定稿）》第39条规定了损害的范围，即"损害的范围，包括受害人因侵权行为所受损害和所失利益"。关于损害概念、范围、类型与证明等内容，在第三章损害部分已经进行了详细论述，此处不再赘言。

《东亚侵权法示范法（暂定稿）》对于损害范围中所受损害和所失利益的表述，主要参考了中国台湾地区的立法，以下对其进行简要介绍。中国台湾地区"民法"第216条规定："损害赔偿，除法律另有规定或契约另有订定外，应以填补债权人所受损害及所失利益为限。依通常情形，或依已定之计划、设备或其他特别情事，可得预期之利益，视为所失利益。"依此规定，损害赔偿之范围可分为一般（法定）之范围及特定（约定及法律规定）之范围。

1. 一般之范围

损害赔偿，原则上应赔偿造成被害人之一切损害，包括所受损害及所失利益，是为完全赔偿原则。所谓所受损害，乃指积极损害；而所失利益，则为消极损害。

---

〔1〕参见中国台湾地区"最高法院"2012年度台上字第12号判决。
〔2〕参见中国台湾地区"最高法院"1998年度台上字第2727号判决；中国台湾地区"最高法院"2004年度台上字第1610号判决。

积极损害，乃由于法益受侵害所直接造成之损害（unmittelbarer Schaden），现存财产因损害事实之发生而被减少，例如物之毁损所支出之修缮费用，或人身受伤所支出之医疗费用。通常损害为加害人所造成，但亦可因第三人之行为介入所造成，且第三人之行为无论为合法或非法之行为，是否为志愿或法定义务均非所问，例如纵火者除须赔偿烧毁之物外，尚须赔偿因救火所浸湿之物损；管理员则须负责因过失所造成之窃盗损失。[1]

消极损害，乃由于法益受侵害所间接造成之损害（mittelbarer Schaden），原本应取得之新财产，因损害事实之发生而受妨害即属之，例如应得之利益或使用利益之丧失。由于所失利益之范围相对难以确定，因此中国台湾地区"民法"第216条第2项规定："依通常情形，或依已定之计划、设备或其他特别情事，可得预期之利益，视为所失利益。"所谓可得预期之利益，非指仅有取得利益之希望或可能，尚须具有客观之确定性，因此债务人在迟延中，股票价格之涨跌，债权人可能受有利益或损害，仅属可能，并不具有客观性，除有一定之计划或其他特殊情事外，难认系所失利益。[2]如依外部客观情事观之，足认其已有取得利益之可能，因责任原因事实之发生，致不能取得者，应可认为系所失之利益，不以确实可取得之利益为限。例如因出卖人给付迟延，买受人催告后解除买卖契约，出卖人于解约前，因该房地价格上涨，而将当初卖与买受人房屋，以较高之价格出售与他人，而获有转售之利益者，由该外部客观情事观之，该项利益即应属买受人因出卖人不履行债务所失之利益。[3]

2. 特定之范围

一般范围之外特定范围，其又包括约定范围、法定范围和特殊范围。

约定范围遵循契约自由原则，当事人自得约定其损害赔偿范围，且其约定无论为损害发生前或发生后，均无不可。在损害发生前约定赔偿范围者，例如以保险契约约定，事故发生时应给付之保险金额，以及针对债务不履行，而为损害赔偿总额预定性违约金之约定（中国台湾地区"民法"第250条）。然若约定之数额过高，而与实际损害相差悬殊者，原则上应得请求法院予以酌减（中国台湾地区"民法"第252条）。至于约定赔偿范围过低者，则不得请求予以酌增，始符合保护债务人之目的。[4]损害发生

---

[1] Vgl. MüKoBGB/Oetker, 7. Aufl. 2016, §249, Rn. 157.
[2] 参见中国台湾地区"最高法院"2006年度台上字第2895号判决。
[3] 参见中国台湾地区"最高法院"2012年度台上字第1692号判决。
[4] 参见刘春堂：《民法债编通则》（一），台北三民书局有限公司2011年版,245页。

后，约定其赔偿范围者，性质上属和解契约（中国台湾地区"民法"第736条），具有创设效力（中国台湾地区"民法"第737条），损害赔偿请求权人只能依约定行使其权利，不得再以和解前之法律关系为主张。[1]

法定范围，是指法律另行规定的损害赔偿范围。例如，根据中国台湾地区"土地法"第68条第2项的规定，对于登记错误遗漏或虚伪之损害赔偿，不得超过受损害时之价值。系以受害人实际所受之积极损害为限，而不包括受害人依通常情形，或依已定之计划、设备或其他特别情事，原可得预期之利益之丧失在内，避免地政机关因登记错误、遗漏或虚伪而承担过重之风险。且受害人得自他人处获得财产权之填补时，即应将该项得以填补之财产权扣除，以计算其实际所受之损害。[2]

特殊范围，是指为确实符合完全赔偿、损害填补以及过失责任之规范目的，损害赔偿之范围，尚须斟酌下述之特殊情形予以衡量：

（1）损益相抵

《东亚侵权法示范法（暂定稿）》第43条规定了损益相抵规则，即"侵权行为在造成损失的同时，又使受害人受有利益的，应当从损害赔偿额中扣除其所得的利益，但此种扣除与受益目的不一致的除外"。这一规定在一定程度上参考了中国台湾地区的立法。在中国台湾地区"民法"中，损益相抵规定在第216条之1，即："基于同一原因事实受有损害并受有利益者，其请求之赔偿金额，应扣除所受之利益。"依此规定，损益相抵（Vorteilsausgleichung）乃系基于同一原因事实受有损害并受有利益，即同一事实，一方面使债权人受有损害，另一方面又使债权人受有利益者，应于其请求之赔偿金额中扣除所受之利益，以免债权人获得不当利益。至于其受益是否非因债务人之故意或过失所致，以及其损害赔偿之责任原因为何，则非所问。因此，撞毁他人车辆、动物等，不得主张于赔偿额中扣除残余体（废铁或尸体）之价值，盖此残余体乃原物之变体，而非同一原因事实所生之利益。又如未成年子女遭受不法侵害致死，其父母因而得免支出之抚养费，依通常观念不得认为系属父母所得之利益。[3]出卖人不履行应为之给付，亦不得以债务人在其迟延中得以更低之价格取得标的物为受有利益。[4]此外，公务人员之抚恤金、因保险事故所领取之保险金等，均

---

[1] 参见邱聪智：《新订民法债编通则》（上），中国人民大学出版社2013年版，358页。
[2] 参见中国台湾地区"最高法院"2014年度台上字第1976号判决。
[3] 参见中国台湾地区"最高法院"2005年度台上字第1301号判决。
[4] Vgl. MüKoBGB/Oetker, 7. Aufl. 2016, §249, Rn. 278.

不得适用损益相抵以为扣除。[1]

(2) 过失相抵

《东亚侵权法示范法（暂定稿）》中虽然尚未明确规定过失相抵的规则，但从归责原则与过错理论之中也可推导出过失相抵之法理，其也是确定损害范围过程中需要被考量的因素。在中国大陆和台湾地区，均对过失相抵规则作出了规定。

中国台湾地区"民法"第 217 条第 1 项规定："损害之发生或扩大，被害人与有过失者，法院得减轻赔偿金额，或免除之。"所谓与有过失（Mitverschulden），乃被害人对于损害之发生或扩大，未保持其应尽之注意义务[2]，此一不利益之危险，纵于债务人应负无过失责任者，亦不应由债务人承担。[3]因此在行使损害赔偿请求权时，应扣除被害人之与有过失所致之损害结果[4]，此乃诚信原则之具体体现。被害人未保持之注意义务，系指正常人在通常情形下，为避免损害之发生，对于自己事务所应保持之注意义务。[5]因此被害人若无识别能力，即无从注意，应适用无过失相抵。过失相抵之具体情形，有时难以认定，为免争议，中国台湾地区"民法"第 217 条第 2 项规定："重大之损害原因，为债务人所不及知，而被害人不预促其注意或怠于避免或减少损害者，为与有过失。"被害人除须对自己之与有过失负责，例如道路交通事件之当事人双方均有过失者，应各自承担其自己过失之部分，被害人之代理人或使用人与有过失者，亦准用之，因此驾驶机车有过失致坐于后座之人被他人驾驶之车撞死者，后座之人系因借驾驶人载送而扩大其活动范围，驾驶人为之驾驶机车，应认系后座之人之使用人。[6]但其适用范围应仅于赔偿权利人向其使用人以外之第三人请求赔偿时，始有其适用。如于赔偿权利人向其使用人（即赔偿义

---

[1] 参见中国台湾地区"最高法院"1974 年台上字第 2520 号判例；中国台湾地区"最高法院"1979 年台上字第 42 号判例。

[2] 由于任何人对自己损害之发生，均不负有法律上之注意义务，且被害人亦不对加害人负有义务，避免损害之发生或扩大，因此所谓被害人之与有过失，并非法律义务之违反所致，通说认为被害人所违反者，乃系对己义务（Obliegenheit），违反者须承担不利益而已。

[3] 参见中国台湾地区"最高法院"1990 年台上字第 2734 号判例。

[4] 过失相抵之规定，目的在于谋求加害人与被害人间之公平，在适用上宜赋予法官较大之权限。过失相抵不仅为抗告权之一种，亦可使请求权全部或一部为之消灭，债务人就此得提起确认之诉（中国台湾地区"最高法院"1965 年台上字第 2433 号判例），故法院得不待当事人之主张而依职权适用之。

[5] Vgl. MüKoBGB/Oetker, 7. Aufl. 2016, §254, Rn. 30.

[6] 参见中国台湾地区"最高法院"1985 年台上字第 1170 号判例。然若限制行为能力人搭乘法定代理人之机车，于发生车祸时，不应使其承担法定代理人之过失，否则即有孩童须为父母侵权行为负责之谬误。参见 MüKoBGB/Wagner, 6. Aufl. 2013, §832, Rn. 8。

务人)请求赔偿时,该赔偿义务人不得以赔偿权利人之其他使用人亦与有过失,以对赔偿权利人主张过失相抵。[1]此外,间接被害人尚须承担直接被害人之过失,例如依中国台湾地区"民法"第192条第1项的规定,为被害人支出殡葬费之人,亦应承担被害人之与有过失。[2]损害之发生或扩大,系由于被害人之特殊体质或罹患疾病所致者,为维护人格法益之完整,实务倾向认为不得适用与有过失之规定。[3]然若急重症病患身体状况所致之危险因素,实务上认为"虽不得指系与有过失,但该危险因素原存有之不利益,应由其自行承担;倘被害人身体状况之危险因素影响损害之发生或扩大,若令医疗过失之行为人赔偿全部损害而有失公允时,理应类推适用被害人与有过失之规定,减轻该行为人之赔偿责任,以维当事人间之公平"[4]。至于互殴之双方当事人,系互相为侵害之行为,其损害赔偿自不得适用过失相抵之规定。[5]

《中华人民共和国侵权责任法》第26条规定:"被侵权人对损害的发生也有过错的,可以减轻侵权人的责任。"过失相抵的构成,应从两个方面进行考虑。对于加害人的责任,应按照侵权损害赔偿责任构成要件的要求来确定。对于受害人应负的责任,其构成须具备以下三个要件:①受害人的行为是损害发生或扩大的共同原因。《中华人民共和国侵权责任法》第26条仅规定受害人对损害的发生也有过错的,适用过失相抵,没有对损害扩大也有过错的应如何处理作出规定。损害的发生与扩大都是过失相抵的事由。当受害人的行为是损害发生或扩大的共同原因时,就具备了过失相抵的第一个构成要件。对于损害结果的发生,受害人的行为必须是必不可少的共同原因之一,才能构成过失相抵;对于损害结果的扩大,受害人的

---

[1] 参见中国台湾地区"最高法院"2014年度台上字第1157号判决。
[2] 参见中国台湾地区"最高法院"1984年台再字第182号判例。
[3] 赞成不得适用与有过失之规定者:中国台湾地区"最高法院"1984年台上字第4045号判决;孙森焱:《民法债编总论》(上),法律出版社2010年版,第447页。但中国台湾地区"最高法院"1991年度台上字第173号判决;王泽鉴:《侵权行为》,北京大学出版社2009年版,第254—255页;陈聪富:《侵权违法性与损害赔偿》,北京大学出版社2012年版,第304—305页;刘春堂:《民法债编通则》(一),台北三民书局有限公司2011年版,第256—257页则认为应该适用过失相抵之规定。德国实务则认为应依诚信原则为判断,不应由于加害人之行为,使被害人的责任风险不合理扩大,以至于减轻加害人之责任,然若被害人自身使得损害之避免非常困难者,而仍许其请求全部之损害赔偿,亦非妥当。参见 BGH NJW 1982, 168;MüKoBGB/Oetker, 7. Aufl. 2016, §254, Rn. 50。
[4] 中国台湾地区"最高法院"2016年度台上字第136号判决。
[5] 参见中国台湾地区"最高法院"1979年台上字第967号判例。然若当事人之一方,系由于遭他方殴打,不得已而为防卫之行为者,似仍应有阻却违法之可能,详细内容可参见詹森林:《互殴与有过失》,载詹森林:《民事法理与判决研究》,台北1998年自版,第283页以下。

行为实际上也是共同原因。②受害人的行为须为不当。构成过失相抵，受害人的行为无须违法，只为不当即可。不当行为是指为自己的利益或在伦理的观念上为不当，所以阻却违法的行为如正当防卫、紧急避险等适法行为，不构成过失相抵。不当行为既可以是积极行为，也可以是消极行为。消极的不作为构成过失相抵分三种情况：一是重大损害未促其注意，二是怠于避免损害，三是怠于减少损失。前者如受害人患有心脏病与加害人进行摔跤游戏，未告知其注意而致其心脏病发作；中者是未造成损害时受害人已发现可能造成损害并可以采取措施避免却未加避免；后者为损害已经发生可以采取措施减少损失但怠于采取措施减少其损失。③受害人须有过错。受害人为自己的行为负责的基础，是自己有过错。如果受害人的行为虽然是损害发生或扩大的共同原因，但其主观上无过错，仍然不构成过失相抵。中国大陆和台湾地区的立法为东亚侵权法示范法确定损害范围过程中应遵循过失相抵规则提供了一定的理论支撑。

（3）维持最低生活标准与损害赔偿的缩减

《东亚侵权法示范法（暂定稿）》第41条规定了维持最低生活标准与损害赔偿的减缩规则，一共分为3款。第1款确立了生计酌减规则并规定了应当进行生计酌减的范围，即"确定自然人承担损害赔偿责任时，应当为其保留维持最低生活保障、履行法定扶养义务和支付被抚养的未成年人的教育所必需的费用"。第2款对完全赔偿原则进行了缓和，即"完全赔偿可能造成其无法承受上述负担的，得依其请求适当缩减赔偿金额"。第3款对进行生计酌减需要考虑的主要因素进行了规定，即"确定具体的缩减数额，应考虑侵权人的主观恶意或过失程度、受侵害权益的性质、损害的大小以及对受害人的影响等因素"。

侵权法的基本功能是救济填补损害，在本质上具有法律责任和债的双重属性，对于加害人的否定、制裁和惩罚多数情况下将转化为财产上的不利益。根据《东亚侵权法示范法（暂定稿）》第9条确认的私法权益位阶，人身利益应优先于财产利益受到保护，该示范法第41条第1款涉及的维持最低生活保障、履行法定扶养义务和支付被抚养的未成年人的教育所必需的费用即具有较强的人身属性，是保障人正常生存和发展的必要支撑，在确定赔偿数额时应予保留和扣除，第2款规定的完全赔偿原则之缓和与此有异曲同工之用。这种理念在中国大陆和台湾地区的立法中都有所体现，例如《中华人民共和国民事诉讼法》第243条第1款规定："被执行人未按执行通知履行法律文书确定的义务，人民法院有权扣留、提取被执行人应当履行义务部分的收入。但应当保留被执行人及其所扶养家属的生活必需费用。"2017 年《最高人民法院关于依法妥善审理涉及夫妻债务案件有关问题的通知》中指出："保护被执行夫妻双方基本生存权益不受影响。要树立生存权益高于债权的理念。对夫妻共同债务的执行涉及夫妻双方的工资、住房等财产权益,甚至可能损害其基本生存权益的,应当保留夫妻双方及其所扶养家属的生活必需费用。执行夫妻名下住房时,应保障生活所必需的居住房屋,一般不得拍卖、变卖或抵偿被执行人及其所扶养家属生活所必需的居住房屋。"中国台湾地区"民法"第 218 条规定:"损害非因故意或重大过失所致者,如其赔偿致赔偿义务人之生计有重大影响时,法院得减轻其赔偿金额。"这些都是考量债务人之生计,所为之衡平规定,但不得免除赔偿义务人之全部责任。然若损害系因债务人故意或重大过失之侵权行为所致者,纵令赔偿对其生计有重大影响,亦不得减轻其赔偿金额。[1]

(二) 完全赔偿原则

《东亚侵权法示范法(暂定稿)》第 40 条规定了完全赔偿原则,即"确定损害赔偿,应当以侵权行为所造成的损害和所失可得利益为准,予以全部赔偿,但法律另有特别规定的除外"。这意味着东亚侵权法示范法确立了以完全赔偿为原则,以限额赔偿为例外的损害赔偿规则。确定财产损害赔偿范围以完全赔偿为原则,是侵权损害赔偿的性质决定的。损害赔偿最基本、最主要的性质是补偿被侵权人的损失。既然如此,补偿就只能以财产损失的多少为依据,赔偿大于损失,就超过了补偿的意义;赔偿小于损失,就没有达到补偿的要求。只有全部赔偿,才能完全体现损害赔偿的补偿性质。这基本遵循了中国的损害赔偿规则。

在理解和适用完全赔偿原则之时,应有以下注意:①坚持客观标准。对损害赔偿责任范围的确定,不能采用刑事责任的确定方法。首先,不能以过错的程度来作为赔偿范围的依据,不能认为故意造成的损害应该全赔或者多赔,过失造成的损害就可以少赔。其次,也不能以行为的损害程度作为赔偿范围的依据。作为财产责任的损害赔偿,必须以民法的公平和等价有偿原则作为衡量的尺度。损失多少,就应该赔偿多少,其他没有任何科学的标准。最后,认错态度的好坏也不能作为确定责任范围的标准。无论侵权人如何悔悟,损失财产的价值都是不变的。②全部赔偿包括直接损失和间接损失。侵权人既要对现有财产的直接减少进行赔偿,也要对在正常情况下实际上可以得到的利益即间接损失进行赔偿。

---

[1] 参见最高法院 1944 年上字第 551 号判例。

具体的赔偿范围应遵循《东亚侵权法示范法（暂定稿）》关于损害范围的相关规定。

《东亚侵权法示范法（暂定稿）》第40条中"法律另有特别规定的除外"的表述主要是指无过错责任中的限额赔偿，在该示范法第二章第5条第3款中有所体现，即"适用无过错责任的侵权责任，得适用法律关于限额赔偿的规定"。限额赔偿一般适用于无过错责任中，设置其的一个重要作用就是防止无过错责任给加害人苛以过于繁重且与其行为不相匹配的侵权责任。《中华人民共和国侵权责任法》第77条第一次在中国法律中规定了限额赔偿的规则，即"承担高度危险责任，法律规定赔偿限额的，依照其规定"。东亚侵权法示范法基本遵循了这样的理念。这里还应注意的是，对于无过错责任中加害人有无过错的情形，在使用赔偿规则时应予以区分，即在无过错责任原则的场合，侵权人没有过错，或者原告不能证明侵权人有过错的，采取限额赔偿制，赔偿数额不得超过法律规定的最高限额；而原告能够证明侵权人对于损害的发生或者扩大在主观上具有过错的，那么，侵权人应当承担过错责任的赔偿责任按照实际损失实行全部赔偿。事实上，凡是法律规定的适用无过错责任原则的侵权行为，侵权人都存在有过错和无过错的两种情况。既然如此，侵权人在有过错的情况下侵害他人的权利，与在没有过错的情况下致害他人，其赔偿责任应当是不同的。如果侵权人在主观上没有过错，虽然法律规定其应当承担侵权责任，但由于他在主观上没有过错，因而应当承担适当的赔偿责任。而如果侵权人在主观上有过错，那么，就应当承担过错责任的赔偿责任，对受害人的损失予以全部赔偿。同样，被侵权人证明侵权人有过错和不证明侵权人有过错，诉讼成本也有区别，也不应当等同对待。

三、对未来损害的赔偿方式

《东亚侵权法示范法（暂定稿）》第42条规定了对未来损害的赔偿方式，包括定期金赔偿和一次性赔偿两种，具体规则是：对于未来的损害，当事人可以协商采用定期金赔偿或者一次性赔偿。协商采取定期金赔偿的，加害人应当提供相应的财产担保。协商采取一次性赔偿的，加害人应当一次性承担赔偿责任，但应扣除对未来损害赔偿的期限利益。当事人对规定的赔偿方式协商不成的，法院得根据实际情况决定赔偿方式，但应当优先适用定期金赔偿。

（一）定期金的概念

定期金是指法院判决侵权人在未来的一段时间按照一定的期限（如

按年或者按季、按月)向被侵权人支付赔偿金额,主要适用于残疾赔偿金、被扶养人生活费、更换辅助器具费等需要以后继续支出费用的场合。法院判决确定的赔偿额既可以是每次支付的一个固定的数额,也可以是一个相对确定的计算标准(如上一年度国民人均收入或者当地人均收入的 n 倍);判决确定的赔偿期限或支付的次数可以是固定的(如判决侵权人赔偿被侵权人 20 年的残疾赔偿金,每年支付一次,每次支付 5 000 元),也可以是相对确定的(如判决侵权人赔偿被侵权人残疾赔偿金,每年支付一次,支付的标准为上一年度当地人均收入,直至被侵权人死亡)。[1] 中国法中对定期金作了实质性规定,例如《中华人民共和国侵权责任法》第 25 条规定:"……一次性支付确有困难的,可以分期支付,但应当提供相应的担保。"这里即包含定期金赔偿。需要注意的是,定期金是针对未来发生的损失而言的,与判决确定之前发生的赔偿费用有所不同,即在判决确定之前发生的赔偿费用,原则上一次性支付,必要时可以分期支付;在判决确定后发生的赔偿费用,可以一次性赔偿,也可以定期金赔偿。

(二) 定期金赔偿的必要性和合理性

在侵权法中,关于人身伤害需要终身支付赔偿金的赔偿形式有两种,一是终身定期金赔偿,按期给付;二是一次性赔偿,即把将来的多次赔偿一并计算,在现在作一次性赔偿,使这一损害赔偿法律关系因一次性赔偿完毕而即时消灭。这样两种赔偿方式在人身伤害的终身赔偿中都可以采用。

在人身伤害的终身赔偿中,定期金赔偿方式是最为合理的。这是因为,①定期金赔偿的期限是不确定的,而是按照被侵权人的实际寿命,即生命延续多久就赔偿多久,而不是像现在的一次性赔偿方式那样,按照平均寿命赔偿,造成有的赔偿权利人已经死亡却对死亡以后已经作了赔偿,有的赔偿权利人超过平均寿命还在生存的,却不能再给予赔偿的不合理现象。②把定期金赔偿改为现在的一次性赔偿,等于将赔偿义务人在若干年以后的赔偿义务,强令在现在立即执行,这样做会造成赔偿义务人在支付赔偿金上的利息损失,而定期金赔偿不会造成这样的后果。正是由于这样两个方面的原因,各国侵权法都主张人身伤害必须终身赔偿的主要采用定期金赔偿方式,只有具有特别情况或者重大原因的,才可以请求一次性终身赔偿。

---

〔1〕 参见张新宝:《侵害生命、健康、身体权的民事责任探讨》,载《人民法院报》2001 年 8 月 12 日,第 3 版。

（三）一般可以实行定期金赔偿的赔偿项目

在司法实务中，较为常见的定期金项目有：

1. 残疾赔偿金

残疾赔偿金赔偿，就是赔偿劳动能力丧失的损失。这种赔偿可以按照判决确定的标准，按年支付。这样可以使残疾的被侵权人在生活上得到最佳的保障。

2. 被扶养人生活费

被扶养人的生活费通常数额较大，而且具体数额与被扶养人的身体状况有密切关联，因此被扶养人生活费赔偿采用定期金赔偿是较佳的赔偿方式。采用定期金赔偿的方式，可以不必受上述时间的限制，赔偿可以直至赔偿权利人死亡时终止。这样就可以使得被扶养人的利益得到更好的保护，消除赔偿与实际生活状况的错位（即赔偿权利人的实际生存期间往往长于或者短于一次性赔偿所预定的赔偿年限）的弊端。

3. 残疾辅助器具费

对于将来的残疾辅助器具费赔偿也可以实行定期金赔偿，因为身体残疾的被侵权人需要残疾辅助器具的辅助，但并非余生只需要一次残疾辅助器具费就足够了，在以后的生活中可能需要多次更换残疾辅助器具。对此，采取定期金赔偿方式对保护残疾被侵权人更为有利。

（四）定期金赔偿的担保与确定

采用定期金赔偿是有风险的，这就是赔偿义务人在日后的赔偿无能力，如赔偿义务人破产，而使赔偿权利人的赔偿权利无法实现。此外，实行定期金赔偿还存在一些困难，如定期金赔偿时日遥远，执行有一定困难。为此，在确定赔偿义务人的定期赔偿金的责任后，应当责令赔偿义务人提供担保，以避免赔偿义务人将来逃避赔偿或无法赔偿的情况。对此，东亚侵权法示范法参考了《德国民法典》第843条第（二）项关于"赔偿义务人应以何种方式，并在何种金额范围内提供担保，应视情形确定"的规定。

根据中国的司法实务经验，选择定期金赔偿还是一次性赔偿，应当由被侵权人选择确定，如果被侵权人请求按照定期金赔偿，法院应当准许。如果采取定期金方式给付将会实际增加赔偿权利人的负担，人民法院则不应决定采取定期金方式给付。[1]《东亚侵权法示范法（暂定稿）》基本上遵循了这种做法，亦规定了由当事人对赔偿方式先行协商的做法，并规定法

---

〔1〕 参见黄松有主编：《最高人民法院人身损害赔偿司法解释的理解与适用》，人民法院出版社2004年版，第407页。

院得根据实际情况决定赔偿方式,但应当优先适用定期金赔偿。

四、关于让与请求权的立法参考

《东亚侵权法示范法(暂定稿)》尚未对让与请求权进行规定,但中国台湾地区的这一制度对于保证受害人的及时受偿和防止双重赔偿均有一定意义,故在此进行简要介绍。

中国台湾地区"民法"第218条之1规定:"关于物或权利之丧失或损害,负赔偿责任之人,得向损害赔偿请求权人,请求让与基于其物之所有权或基于其权利对于第三人之请求权。第二百六十四条之规定,于前项情形准用之。"本条关于让与请求权(Abtretung der Ersatzansprüche)之规定,具有下述之意义:

(一)规范目的

对于数个不同层次须负赔偿责任之债务人,债权人虽然有选择权限,得对任何一人择一请求,但亦不能使其双重获利,其中之一债务人对债权人为赔偿后,债权人之债权即获得满足。但为赔偿之债务人,得对须负最终责任之债务人行使求偿权,其性质上乃属不真正连带之债(unechte Gesamtschuld)。[1]因此赔偿义务人为赔偿后,得向债权人请求让与其对第三人之赔偿请求权,乃具有与损益相抵相关联之目的,同时亦使得真正应负责任之人不能幸免。

(二)让与请求权之成立要件

1. 须有物或权利之丧失或损害

所谓物之丧失或损害,系指物之灭失、毁损或占有之丧失等情形,例如物因全毁而所有权灭失、遭他人窃取、因附和而成为他物之一部分等。因此因自己之过失,致承租之自行车遭他人撞毁,承租人赔偿出租人损害后,即得依此规定,请求出租人让与其对侵权行为人之损害赔偿请求权。所谓权利之丧失或损害,系指丧失权利行使之要件,或权利之价值减损,例如因遗失票据而不得行使票据债权、怠于收取债权,债务人成为无支付能力者等。因此受任人怠于收取委任人对第三人之债权,此后第三人成为无资力者,受任人于对委任人为赔偿后,得请求委任人让与其对第三人之请求权。

2. 请求权人须对物或权利之丧失或损害负赔偿责任

请求权人乃赔偿义务人,其赔偿义务之发生,或可由于债务不履行,

---

[1] Vgl. MüKoBGB/Oetker, 7. Aufl. 2016, §255, Rn. 2.

或可由于侵权行为。但赔偿义务人并非单独一人，因此请求权人仅得为非最终须负赔偿义务之人，例如对于租赁物遭第三人毁损，承租人须对出租人负债务不履行之损害赔偿责任，第三人则对出租人负侵权行为之损害赔偿责任。若承租人先为赔偿后，得请求出租人让与对第三人之损害赔偿请求权，然若由第三人先为赔偿者，即不得请求出租人让与对承租人之损害赔偿请求权。

3. 让与之客体为对第三人之请求权

让与请求权，系专指让与权利人对第三人之请求权[1]，而不及于受让该已丧失或受损害之物或权利。[2]对第三人之请求权，仅须可能即可，不以确定为必要。[3]所谓请求权，在债之关系，即为该债权本身。学说上对于所有物返还请求权得否为让与之标的，尚存有争议，此乃由于所有物返还请求权乃物权之作用，其为权能而非权利，本不得单独为让与之客体，否则所有权人将所有物返还请求权与所有权分离而为让与，所有权即成为空洞之内容。通说系采取肯定之见解，认为所有物返还请求权之让与，并非与所有权分离，而系发生一并让与之效果。[4]但如此，将使得赔偿义务人因此取得该物之所有权，并强迫受损人丧失其物权，是否与中国台湾地区"民法"第218条之1的规范目的相当，颇值怀疑。

（三）残余物或剩余价值

物受损害尚具有残余价值者，乃原来权利之形态变更，债权人于受完全赔偿后，自不应继续保有该残余物，例如车被撞毁后之残体、牛被撞死后之尸体等。此外，残余物尚应包括虽未毁损但无从寻得，例如因借用人之疏失，以至于遗忘借用之物放置何处。对于此一残体，赔偿义务人不得以损益相抵为由主张扣除，亦不得适用中国台湾地区"民法"第218条之

---

〔1〕 参见中国台湾地区"最高法院"2003年度台上字第2819号判决；邱聪智：《新订民法债编通则》（上），中国人民大学出版社2013年版，第384页。

〔2〕 中国台湾地区"民法"第218条之1之规定，系源于1999年4月21日修正前之第228条："关于物或权利之丧失或损害，负赔偿责任之人，得向损害赔偿请求权人请求让与基于其物之所有权，或基于其权利对于第三人之请求权。"但由于原条文内容之逗点引起是否包含让与"物之所有权"之争议，遂将之删除，而专以对第三人之请求权为内容参见林诚二：《债法总论新解》（上），台北瑞兴图书出版股份有限公司2012年版，第565—566页。

〔3〕 Vgl. MüKoBGB/Oetker, 7. Aufl. 2016, §255, Rn. 12.

〔4〕 参见孙森焱：《民法债编总论》（上），法律出版社2010年版，第45—46页；谢在全：《民法物权论》（上），中国政法大学出版社2014年版，第31页注七。

1 之规定请求让与。实务至今似仍肯定得请求让与残余物[1],学说上多数则认为,赔偿义务人于赔偿后,得请求权利人让与基于其物之所有权,乃当然之法理,不须法律有明文规定。[2]

(四) 让与请求权之效力

1. 请求权让与

赔偿义务人请求让与对于第三人之请求权者,须经赔偿权利人为让与行为,始发生权利移转之效果,中国台湾地区"民法"乃采德国法之债权主义,而非采一经请求,即当然受让其权利之物权主义。[3]因此请求权让与之行为及其法律效果,有民法关于债权让与(中国台湾地区"民法"第294条)规定之适用,债务人所得对抗让与人之事由,皆得以之对抗受让人(中国台湾地区"民法"第299条第1项)。但中国台湾地区"保险法"第53条第1项规定:"被保险人因保险人应负保险责任之损失发生,而对于第三人有损失赔偿请求权者,保险人得于给付赔偿金额后,代位行使被保险人对于第三人之请求权;但其所请求之数额,以不逾赔偿金额为限。"此项乃采法定之赔偿代位原则,是为特别规定。

---

〔1〕 实务上仍有人认为,侵权行为人赔偿后,得类推适用中国台湾地区"民法"第218条之1之规定,请求权利人让与其物之所有权。中国台湾地区"高等法院"暨所属法院2013年法律座谈会民事类提案第3号:"法律问题:甲窃取乙公司所有之电缆一批,并将电缆切成小段,欲取出内部之铜线出售,惟于销赃前遭警查获,警方乃将已切成小段之电缆线发还乙公司,嗣乙公司诉请甲赔偿重新购买电缆线之损害新台币100万元,甲则依'民法'第218条之1请求让上开小段电缆线之所有权,并为同时履行之抗辩,甲之抗辩是否有理由? 甲说肯定说:按'民法'第218条之1第1项的规定,关于物或权利之丧失或损害,负赔偿责任之人,向损害赔偿请求权人请求让与基于其所有权或基于其权利对于第三人请求权。上述规定系为解决损害赔偿请求权人因请求赔偿义务人赔偿其所受损害以后,仍享有基于其物之所有权或基于其权利对于第三人之请求权,获得双重之利益,故赋予赔偿义务人请求损害赔偿请求权人让与其对第三人之请求权之权利,以维公平原则。在让与请求权所得请求让与之权利,本质上即为损害赔偿请求权人受损害之权利在形态上之变更。换言之,原来权利因丧失或损害而对赔偿义务人发生损害赔偿请求权,另一方面原来权利之形态则或变更为第三人之请求权,或尚有剩余价值,此两者在本质上原属同一利益,均自原有之权利变更而来,如损害赔偿请求权与让与请求权标的之原有权利仍归一人保留,显然发生双重利益。原有权利形态之变更,既可能为原有权利之剩余价值,亦可能为对于第三人之请求权,故赔偿义务人得请求让与者,当包括上述二者。乙公司既请求甲赔偿重新购买电缆线之全部费用,则其所受损害已完全受填补,自无再保有上开已切成小段电缆线之权利,甲自得类推适用民法第218条之1第1项之规定,请求乙公司让与该等电缆线之所有权,并依同条第2项为同时履行抗辩。研讨结果:多数采甲说。"

〔2〕 参见林诚二:《债法总论新解》(上),台北瑞兴图书出版股份有限公司2012年版,第568页;邱聪智:《新订民法债编通则》(上),中国政法大学出版社2013年版,第385页;详细之论述,参见郑玉波:《论让与请求权与赔偿代位》载《法令月刊》第31卷第3期。

〔3〕 但邱聪智则认为,所谓让与请求,实具有形成权之性质。参见邱智聪:《新订民法债编通则》(上),中国人民大学出版社2013年版,第384—385页。

2. 同时履行抗辩

立法者肯定让与请求权与损害赔偿义务具有对价关系，可准用关于同时履行抗辩之规定，任何一方于他方未为对待给付前，得拒绝自己之给付（中国台湾地区"民法"第218之1第2项）。但赔偿权利人对第三人倘无中国台湾地区"民法"第218条之1所规定之请求权存在，自无本条规定之适用，赔偿义务人亦不得依该条第2项规定，准用第264条为同时履行之抗辩。[1]

3. 债权人取回原物

损害赔偿请求权人于让与请求权后，复取回该受损之物者，该物之所有权是否仍应归属于赔偿请求权人，颇生疑虑。若依通说之见解，其既承认所有物返还请求权得与所有权一并让与，赔偿请求权人即已丧失所有权，即应将该物返还于赔偿义务人。但在诸多情形中，赔偿请求权人更有回复该物所有权之利益存在，应使其仍能保有该物所有权，赔偿义务人仅得行使不当得利请求权，请求返还所为之给付，因此在解释上，否定所有物返还请求权得依中国台湾地区"民法"第218条之1之规定请求让与，较为恰当。[2]

第三节 人身损害赔偿

一、人身损害赔偿之方法及范围

《东亚侵权法示范法（暂定稿）》第44条规定了人身损害的界定，即"侵害他人人身，造成受害人伤、残或者死亡的，应当承担人身损害赔偿。造成身体完整性损害，无法计算其实际损失的，应当承担名义的损害赔偿"。此规定主要参考了中国大陆和台湾地区关于人身损害赔偿的界定方式，以下对其进行简要介绍。

（一）中国台湾地区非财产上损害赔偿

权利受侵害，均可能发生非财产上损害，但以法律有规定者为限，始得请求损害赔偿，又称为精神上损害赔偿或慰抚金。中国台湾地区"民法"关于慰抚金之请求，仅限于人格法益之损害，包括：①不法侵害他人

---

[1] 参见中国台湾地区"最高法院"2013年度台上字第906号判决。
[2] 相关之问题讨论，参见 MüKoBGB/Oetker, 7. Aufl. 2016, §255, Rn. 14 ff.

致死者，被害人之父、母、子、女及配偶，虽非财产上之损害，亦得请求赔偿相当之金额；②不法侵害他人之身体、健康、名誉、自由、信用、隐私、贞操，或不法侵害其他人格法益而情节重大者，被害人虽非财产上之损害，亦得请求赔偿相当之金额；③不法侵害他人基于父、母、子、女或配偶关系之身份法益，被害人虽非财产上之损害，亦得请求赔偿相当之金额。慰抚金之酌给标准与财产上损害之计算不同，实务见解认为得斟酌双方身份资力与加害程度，及其他各种情形核定相当之数额[1]，但不得以子女为胎儿或年幼，难以想象受有精神损害为由，而为不予赔偿或减低赔偿之主张。[2] 又法人虽属权利主体，但其性质上与自然人并非相当，纵然权利受侵害，亦无精神痛苦可言，因此于其回复其名誉后，并无再以金钱赔偿，作为精神上损害赔偿之必要。[3]

（二）中国台湾地区名誉权之特别规定

名誉权遭受侵害者，除得依侵权行为之规定请求损害赔偿外，并得请求回复名誉之适当处分。所谓回复名誉之适当处分，应以该处分行为在客观上足以回复被害人之名誉且属必要者为限[4]，并可依中国台湾地区"民法"第18条第1项之规定请求除去侵害及防止妨害。其在方式上并无限制，例如得为亲自登门道歉之不可替代事实行为，亦得为登报道歉之可替代行为。[5]

（三）中国台湾地区人身损害赔偿的类型和赔偿范围

1. 生命权受侵害

不法侵害他人致死者，其继承人得否就被害人如尚生存所应得之利益，请求加害人赔偿，学说上有不同之见解。通说认为，被害人之生命因受侵害而消灭时，其已非权利主体，故无由成立被害人之损害赔偿请求权。且中国台湾地区"民法"就不法侵害他人致死者，特于第192条及第194条

---

〔1〕 参见中国台湾地区"最高法院"1962年台上字第223号判例。再者，加害人若为他人之受雇人者，法院对于慰抚金之量定，应斟酌该受雇人及应负连带赔偿责任之雇用人，并被害人暨其父、母、子、女及配偶之身份、地位及经济状况等关系定之，不得仅以被害人与实施侵权行为之受雇人之资力为衡量之标准。参见中国台湾地区"最高法院"1987年台上字第1908号判例。

〔2〕 参见中国台湾地区"最高法院"1977年台上字第2759号判例。

〔3〕 参见中国台湾地区"最高法院"2011年度台上字第1420号判决；中国台湾地区"最高法院"2014年度台上字第2434号判决。

〔4〕 参见中国台湾地区"最高法院"2014年度台上字第2434号判决。

〔5〕 参见此二行为之主要区别实益，乃在于强制执行之方式有所不同，在不可代替行为之强制执行，依中国台湾地区"强制执行法"第128条之规定，仅得以命遵期履行、处怠金或管收之方式为之；但依中国台湾地区"强制执行法"第127条之规定，在可代替行为之强制执行，则得命第三人代为履行。

定其请求范围，尤应解为被害人如尚生存所应得之利益，并非被害人以外之人所得请求赔偿。[1]依据中国台湾地区"民法"第192条及第194条之规定，因生命受侵害而得请求之损害赔偿如下：

(1) 医疗及增加生活上需要之费用

医疗费用乃因就医所必要之费用，由第三人所支出。生命权受侵害之被害人生前自行支出之医疗费用，则属死亡前因伤害而增加生活上需要之费用。至于增加生活上需要之费用，系指被害前无此需要，因为受侵害，始有支付此费用之需要。例如因身体或健康受侵害，需聘雇专人看护所应支付之看护费[2]；此外需前往外地就医，所支付之汽车油资、过路费、停车费及住宿费等[3]、住院期间所支付之伙食费[4]；购买气垫床、轮椅、拐杖、医材等维持日常生活所需者[5]，均属之。

(2) 殡葬费

所谓殡葬费，乃指收殓及安葬被害人所需之一切必要费用，其赔偿范围应以实际支出之费用，并斟酌被害人当地之习俗、被害人之身份、地位及生前经济状况决定之[6]，例如已成为民间葬礼告别式中所常见之诵经法会、作为告别式场用之花山式堂[7]，已成社会习俗，而得请求。又支出殡葬费之人，其损害赔偿请求权虽系固有之权利，然其权利系基于侵权行为之规定而发生，自不能不负担直接被害人之过失，倘直接被害人于损害之发生或扩大与有过失时，依公平之原则，亦应有中国台湾地区"民法"第217条过失相抵规定之适用。[8]

(3) 扶养费

扶养费用，系指一般扶养权利人于现今社会生活中，维持其个人之尊严于最基本生活要求所需要之费用。关于计算扶养权利人因侵害所受之损

---

[1] 参见中国台湾地区"最高法院"1965年台上字第951号判例。

[2] 参见中国台湾地区"最高法院"2005年度台上字第1543号判决。其由亲属看护时虽无现实看护费之支付，仍应认被害人受有相当于看护费之损害，得请求赔偿。参见中国台湾地区"最高法院"2007年度台上字第513号判决；中国台湾地区"最高法院"2000年度台上字第1749号判决。

[3] 参见中国台湾地区"最高法院"2012年度台上字第2045号判决。

[4] 参见中国台湾地区"最高法院"2000年度台上字第1485号判决。

[5] 参见中国台湾地区"最高法院"2005年度台上字第1543号判决。

[6] 参见中国台湾地区"最高法院"2003年度台上字第1427号判决。

[7] 参见中国台湾地区"最高法院"1995年度台上字第1626号判决。至于伙食费、毛巾、白花、手帕、毛巾盒、车资、礼簿等，能否认系必要之殡葬费用，非无疑义。参见中国台湾地区"最高法院"2004年度台上字第2449号判决。

[8] 参见中国台湾地区"最高法院"1984年台再字第182号判例。

害,应按被害人与扶养权利人之关系、双方之身份、职业、资产、收入、家庭状况及其他情事认定之。实务上有依综合所得税扶养亲属宽减额认定者,固不失为客观标准,但关于扶养费之给付标准,常随各地方之社会环境及经济状况而有不同,扶养亲属宽减额尚难认为系唯一之依据。扶养权利人若为未成年人,需要扶养之期间,为其成年以前,若为不能维持生活之直系血亲尊亲属,则为死亡以前,并依"内政部"公布之台湾地区人口平均寿命为其寿命期间。此外,损益相抵原则旨在避免债权人受不当之利益,而未成年子女遭不法侵害致死,其父母因而得免支出扶养费,依社会通常之观念亦不能认系受有利益,故父母请求加害人赔偿损害时,自无须扣除其对于被害人至有谋生能力时止原需支出之扶养费。[1]

2. 身体及健康权受侵害

不法侵害他人之身体或健康者,对于被害人因此丧失或减少劳动能力或增加生活上之需要时,应负损害赔偿责任。民法关于丧失或减少劳动能力之赔偿,旨在补偿受侵害人于通常情形下有完整劳动能力时,凭此劳动能力陆续取得之收入。丧失或减少劳动能力,其本身即为损害,并不限于实际所得之损失,至于个人实际所得额,则仅得作为评价劳动能力损害程度而已,不得因薪资未减少即谓无损害。[2]于估定被害人丧失或残存劳动能力之价值时,应以其劳动能力在通常情形下可取得之对价为标准,不以实际已发生者为限,即将来之收益,因劳动能力减少之结果而不能获致者,被害人亦得请求赔偿。[3]雇主于给付薪资时,基于税法或其他法律规定,代为扣缴之所得税、保险费或公务人员之退休抚恤基金等,乃原薪资之一部分,于估定被害人劳动能力之对价时,自应计算在内。[4]损害金额应就被害人受侵害前之身体健康状态、教育程度、专门技能、社会经验等方面酌定之,不能以一时一地之工作收入为准。[5]其计算方法,则应先认定被害人因丧失或减少劳动能力而不能陆续取得之金额,按其日后本可陆续取得之时期,按照霍夫曼式计算法,扣除依法定利率计算之中间利息,再以各时期之总数为加害人一次所应支付之赔偿总额。[6]就此损害赔偿,法院得因当事人之申请,定为支付定期金。但须命加害人提出担保。至于增加

---

〔1〕 参见中国台湾地区"最高法院"2003年度第5次民事庭会议决议。
〔2〕 参见中国台湾地区"最高法院"2003年度台上字第439号判决。
〔3〕 参见中国台湾地区"最高法院"2005年度台上字第2128号判决。
〔4〕 参见中国台湾地区"最高法院"2005年度台上字第2128号判决。
〔5〕 参见中国台湾地区"最高法院"1974年台上字第1394号判例;中国台湾地区"最高法院"2010年度台上字第873号判决。
〔6〕 参见最高法院1933年上字第353号判例。

生活上之需要，可参考前述生命权受侵害时之说明。此外，遭妨害性自主所生育之子女，其扶养费之支出，实务上认为系因侵权行为所生财产上损害，以实际已经支出之费用额为限，得依中国台湾地区"民法"第184条第1项之规定请求赔偿。[1] 人身损害赔偿是指自然人的生命权、健康权、身体权受到不法侵害，造成致伤、致残、致死的后果以及其他损害时，要求侵权人以财产赔偿等方法进行救济和保护的侵权法律制度。《中华人民共和国侵权责任法》第16条规定："侵害他人造成人身损害的，应当赔偿医疗费、护理费、交通费等为治疗和康复支出的合理费用，以及因误工减少的收入。造成残疾的，还应当赔偿残疾生活辅助具费和残疾赔偿金。造成死亡的，还应当赔偿丧葬费和死亡赔偿金。"第17条规定："因同一侵权行为造成多人死亡的，可以以相同数额确定死亡赔偿金。"

（四）中国大陆人身损害的类型及赔偿范围

1. 人身损害常规赔偿

人身损害常规赔偿是指侵害身体权、健康权、生命权造成人身伤害的一般赔偿范围，即造成人身伤害一般都要赔偿的项目。无论致伤、致残、致死，凡有常规赔偿所列项目的费用支出的，均应予以赔偿。其包括五类。

（1）医疗费赔偿

医疗费根据医疗机构出具的医药费、住院费等收款凭证，结合病历和诊断证明等相关证据予以确定。赔偿责任人对治疗的必要性和合理性有异议的，应承担举证责任。医疗费的赔偿数额按照一审法庭辩论终结前实际发生的数额确定。器官功能恢复训练所必要的康复费、适当的整容费以及其他后续治疗费，赔偿权利人可以待实际发生后另行起诉。但根据医疗证明或者鉴定结论确定必然发生的费用，可以与已经发生的医疗费一并予以赔偿。

（2）误工减少的收入赔偿

误工减少的收入赔偿根据受害人的误工时间和收入状况确定。误工时间根据受害人接受治疗的医疗机构出具的证明确定。受害人因伤致残持续误工的，误工时间可以计算至定残日前一天。受害人有固定收入的，误工减少的收入按照实际减少的收入计算。受害人无固定收入的，按照其最近三年的平均收入计算；受害人不能举证证明其最近三年的平均收入状况的，可以参照受诉法院所在地相同或者相近行业上一年度职工的平均工资计算。

---

[1] 参见中国台湾地区"最高法院"1973年度第3次民事庭庭长会议决议（一）。

（3）护理费赔偿

护理费根据护理人员的收入状况和护理人数、护理期限确定。护理人员有收入的，参照误工费的规定计算；护理人员没有收入或者雇用护工的，参照当地护工从事同等级别护理的劳务报酬标准计算。护理人员原则上为一人，但医疗机构或者鉴定机构有明确意见的，可以参照意见确定护理人员人数。护理期限应计算至受害人恢复生活自理能力时止。受害人因残疾不能恢复生活自理能力的，可以根据其年龄、健康状况等因素确定合理的护理期限，但最长不超过20年。受害人定残后的护理，应当根据其护理依赖程度并结合配制残疾辅助器具的情况确定护理级别。

（4）转院治疗的交通费、住宿费的赔偿

交通费根据受害人及其必要的陪护人员因就医或者转院治疗实际发生的费用计算。交通费应当以正式票据为凭；有关凭据应当与就医地点、时间、人数、次数相符合。

（5）伙食补助费和营养费的赔偿

住院伙食补助费可以参照当地国家机关一般工作人员的出差伙食补助标准予以确定。受害人确有必要到外地治疗，因客观原因不能住院，受害人本人及其陪护人员实际发生的住宿费和伙食费，其合理部分应予赔偿。是否赔偿营养费，应当根据受害人伤残情况参照医疗机构的意见确定。

2. 丧失劳动能力的赔偿

劳动能力丧失是受害人健康权遭受侵害所致的严重后果，使其无法继续劳动以维持生计，因而须予赔偿。

对于劳动能力丧失的赔偿理论基础，曾经采用的是"生活来源丧失说"，认为受害人劳动能力丧失与降低，必致其生活来源丧失，因而应当赔偿受害人的生活补助费，使其生活来源能够恢复。赔偿救济的既不是劳动能力丧失的本身，亦不是受害人致残前后的收入差额，而是受害人致残前后生活来源的差额。目前，中国的人身损害赔偿司法解释采用的是"收入丧失说"，赔偿的是受害人因为人身损害而减少的收入，其包括以下两类。

（1）残疾赔偿金

残疾赔偿金根据受害人丧失劳动能力程度或者伤残等级，按照受诉法院所在地上一年度城镇居民人均可支配收入或者农村居民人均纯收入标准，自定残之日起按20年计算。但60周岁以上的，年龄每增加一岁减少一年；75周岁以上的，按5年计算。受害人因伤致残但实际收入没有减少，或者伤残等级较轻但造成职业妨害而严重影响其劳动就业的，可以对残疾赔偿金进行相应调整。这个标准是否可行还需进行研究,以新的司法解释规定为准。

(2) 残疾辅助器具费赔偿

残疾辅助器具费按照普通适用器具的合理费用标准计算。伤情有特殊需要的,可以参照辅助器具配制机构的意见确定相应的合理费用标准。辅助器具的更换周期和赔偿期限参照配制机构的意见确定。

3. 致人死亡的赔偿

侵害生命权致受害人死亡的,应当赔偿丧葬费以及常规赔偿费用和死亡赔偿金。其中丧葬费和死亡赔偿金的赔偿属于致人死亡的特有赔偿项目。其包括如下两类。

(1) 丧葬费赔偿

丧葬费按照受诉法院所在地上一年度职工月平均工资标准,以 6 个月总额计算。

(2) 死亡赔偿金

《最高人民法院关于审理人身损害赔偿案件适用法律若干问题的解释》第 29 条规定的方法是"死亡赔偿金按照受诉法院所在地上一年度城镇居民人均可支配收入或者农村居民人均纯收入标准,按二十年计算。但六十周岁以上的,年龄每增加一岁减少一年;七十五周岁以上的,按五年计算"。这种方法备受指责,但《中华人民共和国侵权责任法》第 16 条也没有规定明确的方法,只是第 17 条规定了同一侵权行为造成多人死亡的,可以采用相同数额确定死亡赔偿金。关于死亡赔偿金的计算,根据受害死者年龄以及经济收入的不同,适当确定具体数额。

《中华人民共和国侵权责任法》第 17 条专门规定了因同一侵权行为造成多人死亡的,可以以相同数额确定死亡赔偿金。适用相同数额确定死亡赔偿金的规则是:①因同一个侵权行为造成受害人死亡,即大规模侵权;②死亡人数为 2 人以上;③这里规定的"可以",带有一定的强制性,如果没有特殊情况,都应当以相同数额确定死亡赔偿金。

4. 间接受害人的扶养损害赔偿

侵权行为致受害人劳动能力丧失或生命权丧失,对残者、死者在致残前或生前有法定扶养义务的人,因丧失扶养,应赔偿其扶养费损失。《中华人民共和国侵权责任法》关于人身损害赔偿的规定中,没有规定被扶养人生活费赔偿。这是因为死亡赔偿金和残疾赔偿金所赔偿的是收入损失,再赔偿被扶养人生活费,有重复赔偿的嫌疑。但是死亡赔偿金和残疾赔偿金所补偿的并非全部损失,不赔偿被扶养人生活费也不尽合理。因此《最高人民法院关于适用〈中华人民共和国侵权责任法〉若干问题的通知》"四"规定："人民法院适用侵权责任法审理民事纠纷案件，如受害人有被扶养人的，应当依据《最高人民法院关于审理人身损害赔偿案件适用法律若干问题的解释》第二十八条的规定，将被扶养人生活费计入残疾赔偿金或死亡赔偿金。"这一解释，在协调法律适用上有重要作用，应当在司法实践中适用。

5. 抚慰金赔偿

侵害身体权、健康权、生命权，给受害人造成精神痛苦和精神创伤的，应当予以抚慰金赔偿。根据《最高人民法院关于审理人身损害赔偿案件适用法律若干问题的解释》第18条的规定，受害人或者死者近亲属遭受精神损害，赔偿权利人向人民法院请求赔偿精神损害抚慰金的，适用《最高人民法院关于确定民事侵权精神损害赔偿责任若干问题的解释》予以确定。同时规定，精神损害抚慰金的请求权不得让与或者继承，但赔偿责任人已经以书面方式承诺给予金钱赔偿，或者赔偿权利人已经向人民法院起诉的除外。《中华人民共和国侵权责任法》第22条规定的精神损害赔偿责任，并没有规定具体办法，仍应参照上述司法解释的规定确定人身损害抚慰金赔偿责任。

二、对胎儿权利的特殊保护

《东亚侵权法示范法（暂定稿）》第45条规定："胎儿在出生前遭受侵权行为损害的，得依照实际损害确定人身损害赔偿责任。胎儿出生时为死体的，其母得主张人身损害赔偿。"该条规定是对胎儿权利的特殊保护及对胎儿造成损害的救济。

胎儿，是指自然人未出生但在受胎之中的生物体状态。为了保护胎儿的利益，民法实行预先保护主义，规定胎儿以将来非死产者为限，关于其个人利益之保护，视为既已出生。[1]其含义是，在胎儿娩出时是活体的情况下，法律将其出生时间提前，视胎儿为已出生，使胎儿具有部分民事权利能力，从而得以享受权利。根据《中华人民共和国民法总则》第16条的规定，涉及遗产继承、接受赠与等胎儿利益保护的，胎儿视为具有民事权利能力。但是胎儿娩出时为死体的，其民事权利能力自始不存在。

所谓部分民事权利能力，也叫准人格，是指具有部分人格要素的主体，

---

〔1〕 这是中国台湾地区"民法"第7条的规定。其他国家的规定与此类似，如《日本民法典》第721条规定："胎儿，就损害赔偿请求权，视为已出生。"

在特定情况下享有的民事权利能力状态。其特征是，部分民事权利能力是一种民事权利能力的状态，也是一种民事权利能力的类型；部分民事权利能力是人格要素不完整的主体的民事权利能力，而不是具有完整的民事主体资格的人的民事权利能力；部分民事权利能力是在法律规定的特定情况下，民事主体享有的民事权利能力。胎儿就是享有部分民事权利能力，不具有完整的民事主体资格的主体。

胎儿的部分民事权利能力究竟应当包含哪些，《中华人民共和国民法总则》第16条仅规定了遗产继承和接受赠与，范围较窄，但是由于其包括了"等"字，因此胎儿基于其部分民事权利能力所享有的权利应当更宽。

胎儿的人身损害赔偿请求权是指胎儿在受胎后至出生前，其人身受到侵权行为的损害，同样享有向加害人请求人身损害赔偿的请求权。胎儿因母体输血而受病毒感染的，亦得向加害人请求人身损害赔偿。此外，抚养损害赔偿请求权是指加害人不法侵害胎儿的法定抚养人致死，胎儿出生后，享有对加害人的抚养损害赔偿请求权，可以向加害人行使抚养损害赔偿请求权。

胎儿享有部分民事权利能力，因而他们在母体中尚未出生前并不能行使这些权利，须待其出生后享有完全民事权利能力时方可行使。胎儿行使这些权利，应当以自己的名义行使，但因其民事行为能力的限制而应由其亲权人以法定代理人的身份代理。如果胎儿为死产，尽管其曾经享有部分民事权利能力，但其权利能力在事实上并未取得，故以上各项请求权均未发生，并不发生其权利的继承问题。

如果胎儿产出时即为死胎，则发生以下法律后果：①保留的胎儿继承份额的必留份，由其他继承人依照法律规定进行继承。②赠与或者遗赠，其法定代理人已经受领给付的，因无取得的法定原因而构成不当得利，应予返还；未受领的，赠与合同和遗赠遗嘱无效。③胎儿的人身损害赔偿请求权未发生，对胎儿的伤害视为对母体的侵害，发生母亲的损害赔偿请求权。④抚养损害赔偿请求权不发生，胎儿的母亲可以适当请求增加人身损害赔偿数额。这便是《东亚侵权法示范法（暂定稿）》第45条规定的内容。

三、错误出生

《东亚侵权法示范法（暂定稿）》第46条规定："因医疗机构产前诊断过失，未能发现胎儿存在的身体缺陷，导致具有严重残疾的子女出生的，其父母得就因其该子女严重残疾而支出的额外抚养费用主张损害赔偿。医务人员因其过失,在孕检中未能给孕妇提供正确信息,导致孕妇耽误本可及时作出是否终止妊娠决定的机会,最终导致具有严重残疾或者遗传疾病的子女出生的,应当就该错误出生之受害人合理的实际需要,确定损害赔偿责任。"该条是对因医疗机构的过失导致胎儿错误出生而应承担的赔偿责任的规定。

在妇产科医疗损害实践中,由于孕检中未能检出胎儿畸形,请求"错误出生"的医疗损害责任不断出现。这种医疗技术损害责任是医务人员对胎儿状况的检查存在医疗疏忽或者懈怠,应当发现的胎儿存在身体缺陷如畸形而未发现,使胎儿出生后才发现胎儿存在身体缺陷,从而造成损害的医疗技术损害责任。在十月怀胎的过程中,孕妇通常会定期进行孕检,在孕检过程中,医疗机构的医务人员应当如实告知孕妇关于胎儿的正确信息,以便孕妇及时作出终止妊娠的决定。如果医疗机构的医务人员怠于履行告知义务,同样构成违反告知义务的医疗伦理损害,应承担相应责任。如果出生的子女最终具有严重的残疾或遗传疾病,则医务人员应当赔偿该错误出生子女的后续包括治疗费用和必要的生活开支。

四、生存或治愈机会损失的救济

《东亚侵权法示范法(暂定稿)》第47条规定:"因加害行为破坏或者降低生存机会或者治愈机会的受害人,得就丧失的机会损失主张损害赔偿。主张前款规定的机会损失赔偿,受害人须证明加害行为与机会丧失之间具有因果关系。"这是对救济受害人因加害行为遭受生存或治愈机会损失的规定。

在美国,机会损失理论较多地被适用于因医疗过失而导致的生存或治愈机会丧失的案件之中,其典型案件为 *Herskovits v. Group Health Cooperative* 案[1],审理该案的法官认为,不应通过盖然性的规则完全免除医生的责任,而是要求其对因医疗过失而导致患者生存机会从39%到25%的减损部分,即14%的生存几率承担损害赔偿责任。该法院在说理部分阐明,由于生存机会本身是具有价值的,因此面对死亡的危险,即使生存的机会很小,患者也愿意付钱接受治疗。诚然,由于机会损失理论对被诉侵权方较为不利,因此《东亚侵权法示范法(暂定稿)》要求主张机会损失赔偿的受害人应提供证据,加以证明被诉侵权方的行为与机会丧失之间存在因果关系,以平衡双方的利益。

---

[1] See 664 P. 2d 474(wash. 1983).

第四节 财产损害赔偿

《东亚侵权法示范法（暂定稿）》第七章第四节规定了财产损害赔偿的范围、损害的计算方法以及可预见规则的适用，下文对财产损害赔偿进行详述。

一、财产损害的概念和特征

财产损害，是指侵权行为侵害财产权，使财产权的客体遭到破坏，其使用价值和价值的贬损、减少或者完全丧失，或者破坏了财产权人对于财产权客体的支配关系，使财产权人的财产利益受到损失，从而导致权利人拥有的财产价值的减少和可得财产利益的丧失。

按照这样的角度理解的财产损害概念，其法律特征是：

（一）财产损害是侵权行为侵害财产权益所造成的客观后果

侵权行为侵害财产权益，必然造成财产损害后果。财产损害在侵权法有两个最基本的意义：①财产损害作为侵害财产权益民事责任构成要件之一，决定着侵权行为责任的构成与否。在这个意义上，财产损害的决定作用是其是否客观存在，而不是财产损害范围的大小。②财产损害作为确定侵权赔偿责任范围的尺度，起决定作用的，正是它的损害范围的大小，而不是其是否客观存在。在这个意义上，确定财产损害不是以事实是否存在为准，而是以其财产价值量的变化作为标准计算的。财产损害正是以它的客观存在形态和客观损失大小这样两个相互对立又相互统一的客观因素，完整、和谐地构成一个整体，在财产损害赔偿中起着重要而且是决定的作用。

（二）财产损害是指财产权益价值量的改变

财产损害不是指财物的物理形态的变化和灭失，而是指财产价值量的改变。从客观上说，财产损害在财物的侵占和毁损上，是指财物的物理形态的变化和灭失，但是，财产损害不仅仅是指物的损失，还包括其他财产利益的损害。财产损害虽然有的表现为财产权人财产的减少和灭失，但从法律意义上看，财产损害表现形式，应是权利人财产的价值量的改变，其财产既包括有形财产，也包括无形财产；既包括积极财产，也包括消极财产。只有以价值的损失作为财产损害的形态，才能准确地计算出财产损害的具体范围，并且按照这种损害范围来予以准确地赔偿。

(三)　财产损害的表现形式是价值量的贬损、减少和灭失

财产损害的表现方式是财产权人价值量的贬损、减少和灭失。贬损,是财产利益遭受贬值、损毁等不利益;减少,是指财产价值量的降低;灭失,则指在一定范围内财产价值量的全部失去。财产损害的上述表现形式,总是体现在某项特定的财产或者财产利益上,如某件财产、某项权利中的某种财产利益的贬损、减少和灭失。虽然它们最终表现为被侵权人财产拥有总量的减少,但原则上只计算特定财产即受到侵害的财产的损害,而不计算被侵权人拥有的全部财产损失多少。

二、财产损害的赔偿范围

《东亚侵权法示范法(暂定稿)》第48条规定了财产损害赔偿的范围,即"侵害他人物权、知识产权等财产性私法权益,造成损害的,应当赔偿该财产性权益因侵权行为造成的价值丧失或者贬损,包括恢复其原有价值所支出的费用。明知他人享有的债权并对其进行侵害的,对于造成的损害应当予以赔偿"。

(一)　侵犯物权、知识产权等财产性权益

财产损害最典型的表现形式,是物本身的损害,即物的毁损和被侵占。这里的物,应当按照广义的角度去理解,包括自物权和他物权。此外,财产权的客体绝不仅仅指有形物,还包括知识产权等无形财产利益,这些无形财产对于权利人而言,其重要性绝不亚于有形物。本条规定中的"等财产性私法权益",应当解释为还包括股权、继承权等财产权,同时也应当包括财产利益。

侵权人侵害财产的主要方式,是以对他人所有的财产的非法占有为特点,使该财产的所有人对该财产丧失占有乃至丧失所有权,最典型的是偷窃、抢夺,还包括其他侵占财产的行为,诸如非法扣押他人财产等。侵占财产最典型的表现形态,是"位移",即由所有权人或者合法占有人占用、支配的特定的财物,转而被行为人所占有,物的所在位置发生了变化,用民法的术语来说,就是因侵权行为而使被侵害的物转移占有。

损坏他人财产是以对他人所有的财产进行毁损为特点,使该财产的价值和使用价值受到破坏,以致完全丧失,使原所有权人的财产拥有量减少,以致丧失。损坏财产的最典型的表现形态,是"质变",即财物的外在形态和内在质量受到破坏,财物虽然还在所有权人或者合法占有人的控制支配之下,但是由于财物的"质变"而使权利人所拥有的财产价值量发生了变化,受到了损失。损坏财产包括对财产的毁损和灭失。前者是指财物的质的根本改变，由于侵害，该物已经不是原来意义上的财物，而是成为另外一种意义上的物，使用价值完全被改变。区分毁损和灭失，在侵权法上是有重要意义的。财物的毁损只能进行赔偿，如果财物损坏后还有残存的价值，则有适用损益相抵原则的必要。财物的损坏可以使用恢复原状的方法予以救济，也可以使用折价赔偿的方法予以救济。

（二）明知他人享有债权而加以侵犯

在传统民法学理论中，债权具有相对性，其效力仅存在于特定的债权人和债务人之间。因此，对于相对权的侵犯，通常不能成立侵权行为，而应作为违约行为加以对待。但随着人类社会化程度的提高，第三人侵害债权而使债权人利益受损的现象时有发生，一味地将债权排斥于侵权法的规制范围之外，不利于债权人利益的保护。

在比较法上，第三人侵害债权制度已经得到多国立法和判例的支持，东亚侵权法示范法亦将第三人侵害债权包含在财产损害赔偿的范围之中。由于债权本身相较于绝对权具有隐秘性的特点，第三人往往难以察觉债权的存在，因此第三人行为若要构成对相对人之间债权的侵害，则第三人的主观心态应为故意。这种规定与美国法的做法一致。

（三）中国台湾地区的做法

在中国台湾地区，财产损害的种类主要是物之毁损。而民法损害赔偿之方法，以恢复原状为原则，金钱赔偿为例外。然恢复原状，若必由债务人为之，对被害人有时可能缓不济急，或不能符合被害人之意愿。为期合乎实际需要，并使被害人获得更周密之保障，遂赋予被害人得请求支付恢复原状所必要之费用，以代恢复原状。又中国台湾地区"民法"第196条规定："不法毁损他人之物者，被害人得请求赔偿其物因毁损所减少之价额。"故应以该物受损后之价值，与毁损前原来之价值比较，以决定损害赔偿数额。物被毁损时，被害人除得依该条请求赔偿外，并不排除中国台湾地区"民法"第213条至第215条之适用。依中国台湾地区"民法"第196条请求赔偿物被毁损所减少之价额得以修复费用为估定之标准，但以必要者为限（例如物之修缮系以新品之材料替换旧品，应予折旧）。被害人如能证明其物因毁损所减少之价额超过必要之修复费用时，就其差额，仍得请求赔偿。[1]又物因毁损所减少之价额，有时难以估计，且被毁损者有恢复原状之可能时，不宜剥夺被害人请求恢复原状之权利。为使被害人

---

〔1〕参见中国台湾地区"最高法院"1988年度第9次民事庭会议决议（一）；中国台湾地区"最高法院"2015年度台上字第504号判决。

获得周全之保护，宜赋予被害人选择之自由，使被害人得请求赔偿其物因毁损所减少之价额，同时亦不排除其选择请求恢复原状。

三、财产损害的计算方法

《东亚侵权法示范法（暂定稿）》第 49 条规定了财产损害的计算方法，即"所受损害应按照损失的实际范围计算。能够用市场价格计算的，按照损害发生时或者侵权责任确定时的市场价格计算。没有市场价格，或按照市场价格计算明显不公的，根据实际情况确定赔偿数额。计算所失利益，应当根据可得利益的客观情况计算，避免不适当地扩大或者缩小财产损害赔偿数额"。对财产损害进行全部赔偿，应当着重强调以下几点：

（一）坚持客观标准进行赔偿

对于损害赔偿责任范围的确定，不应采用刑事责任的确定方法，即不应以过错的程度来作为赔偿范围的依据。侵权人故意造成的损害并不必然比过失造成的损害需要承担更多的赔偿责任。作为财产责任的损害赔偿，应以民法的公平和等价有偿原则作为衡量的尺度。既然损害赔偿的目的主要是补偿被侵权人的财产损失，确定赔偿责任范围的唯一依据是财产损失的大小，对于财产的损失必须给予全部赔偿。加害人的侵权行为造成当事人实际损失多少，就应该赔偿多少，如此才能在侵权法中实现等价有偿的原则。这也是本条规定中后半句"应当根据可得利益的客观情况计算，避免不适当地扩大或者缩小财产损害赔偿数额"的应有之义。

（二）赔偿直接损失和间接损失

侵权人既要对现有财产的直接减少进行赔偿，也要对在正常情况下实际上可以得到的利益即间接损失进行赔偿。直接损失是行为人的加害行为所直接造成的被侵权人的财产减少，如侵犯财产权而造成的财物的损坏、灭失，都属于直接损失，都应当全部赔偿。间接损失原则上也应当全部赔偿。因为在正常情况下，被侵权人本应当得到这些利益，只是由于侵权人的侵害才使这些可得利益没有得到。这种损失虽然与直接损失有些区别，但这种区别只是形式上的，实质上并没有根本的区别。对于间接损失如果不能全部予以赔偿，被侵权人的权利就得不到全部保护，同时侵权人的违法行为也得不到应有的制裁。因此，间接损失也应当全部赔偿。

（三）具体计算方式

实行全部赔偿原则必须有一个前提，就是予以赔偿的损失必须是合理的，不合理的损失不应赔偿。对于赔偿的具体计算，如果能够通过诸如评估鉴定等方式确定损害发生时被损害的财产的市场价格，则应按照损害发生时或者侵权责任确定时的市场价格计算。如果无法通过评估鉴定等方式确定市场价格，或者该物没市场价格，抑或诸如该财产包含了其他因素，导致按照市场价格加以计算明显不公的，则法院应根据实际情况酌定赔偿数额。

此外，在实行全部赔偿之时，必须从全部损失中扣除新生利益，实行损益相抵。对此，应当依照损益相抵原则，进行科学、准确的计算，以其相抵以后的损失额，予以全部赔偿。

四、财产损害赔偿预期利益损失规则的适用

《东亚侵权法示范法（暂定稿）》第 50 条规定了可预期规则，即"侵权人非因故意造成他人财产损害，实际损失超出其可预见范围的，可以适当减轻其损害赔偿责任"。

确定对财产损害赔偿适用预期损失规则，是考虑了侵权人的可预见范围，如果侵权人并非故意造成了他人财产的损害，且实际的损失超过其可以预见的可能需要赔偿的范围时，法院可以酌定减轻侵权人的损害赔偿责任。关于这一规则，中国的一些案例可以参考。曾经有一个案例：司机倒车时撞折了沈阳故宫门前的上马石，该上马石价值数千万元之多，但侵权司机在实施倒车行为时，根本无从预见将会造成如此巨大的损失，因此法院在判决时对赔偿数额进行了酌减。北京市植物园试验栽培的葡萄被几位工人偷吃，损失价值也达数十万元之多，但侵权的工人对此同样无法预期。因此如果按照实际损失赔偿将会造成不公平的结果，而如果适用预期利益损失原则确定适当的赔偿数额，则较为稳妥。

第五节　精神损害赔偿

《东亚侵权法示范法（暂定稿）》第七章第五节规定的是精神损害赔偿责任的基本规则，具体包括精神损害赔偿的范围、其他人身权益的损害救济、侵害包含人格因素的物的精神损害赔偿、震惊损害赔偿以及精神损害赔偿数额确定。

一、精神损害赔偿的性质和功能

（一）精神损害赔偿的性质

精神损害赔偿的法律性质是财产赔偿责任。确定这一性质有以下三点根据：

1. 精神损害赔偿仍然以财产方式作为主要救济手段

就广义而言，精神损害赔偿的救济方式包括赔偿损失、停止侵害、恢复名誉、消除影响、赔礼道歉。但其中最主要、最基本的救济方式是赔偿损失。从国外主要国家的民法典关于精神损害赔偿的条文规定看，一般规定救济方式为损害赔偿和除去侵害，并将损害赔偿作为主要的救济手段。赔偿损失的方式，是财产救济手段，即以由侵权人向被侵权人给付财产的基本形式，救济被侵权人受到侵害的权利。对于财产的损失用赔偿方法进行救济，是财产救济手段；对于非财产的精神损害用赔偿方法进行救济，仍然是财产救济手段。

2. 精神损害赔偿的基本功能仍然是填补损害

精神损害赔偿具有多种功能，如补偿功能、惩罚功能、抚慰功能、调整功能等，但是作为财产赔偿，其基本功能必然是填补损害。就财产损失而言，赔偿的目的完全着眼于填补损害。精神损害是无形损害，绝大多数的精神损害无法用财产标准加以衡量。但是，确立精神损害赔偿的目的，就是以财产的方式补偿被侵权人所遭受的精神损害，对被侵权人精神利益损失和精神痛苦的赔偿，具有明确的填补损害并使该损害得到平复的功能。

（二）精神损害赔偿的功能

1. 确认精神损害赔偿功能的不同学说

关于精神损害赔偿的功能有诸多学说，归纳起来分为以下三种基本观点：

（1）单一功能说

这种观点认为精神损害赔偿只有单一的功能，但该单一功能为何种，学说各不相同：一是认为精神损害赔偿的功能为惩罚，强调侵权人必然具备故意和重大过失，因而其行为应受惩罚，在赔偿的形式下隐藏着的是惩罚。二是认为精神损害赔偿的功能是补偿，强调精神损害的物质赔偿是以补偿被侵权人所遭受的精神损失为目的，而对侵权人的惩罚则应归于刑法和其他法律，这是近现代法律民、刑分离的结果。三是认为精神损害赔偿的功能是满足，强调其目的在于满足被侵权人的心理平衡，从而使其痛苦得以解决。四是认为精神损害赔偿的功能是克服，强调人体致病原因为非生物的外环境和生物的内环境这两个相互作用的系统，精神损害赔偿是通过改变其外环境的方法，帮助被侵权人克服侵权行为所造成的消极影响，尽快恢复身心上的健康。五是认为精神损害赔偿的功能是调整，强调在财产损害赔偿不足时，法官可以用精神损害赔偿作为调整手段，增加赔偿数额,补充财产损害赔偿的不足。[1]

(2) 双重功能说

这种观点认为精神损害赔偿的功能有双重性,具有两种不同的功能,其互相作用。其中一种意见认为精神损害是将对被侵权人所受的非财产损害以合理的补偿和命令侵权人就自己的行为满足被侵权人要求这两种功能集于一身的、一个独立的请求权,因而具有补偿和满足的双重功能。另一种意见认为,精神损害赔偿既具有补偿性功能,又具有惩罚性功能,是两重性的功能。[2]

(3) 三重功能说

这种观点认为精神损害赔偿的性质是经济补偿,仍具备填补损害、抚慰被侵权人和制裁违法三种功能。[3]

2. 东亚侵权法学会采纳的观点

东亚侵权法学会认为,精神损害赔偿只具有单一功能,是不符合客观实际的。无论用哪一种单一功能学说来看待精神损害赔偿,都可以发现其对精神损害赔偿功能概括的不全面,都有挂一漏万之嫌。这是因为,单一功能学说的片面性就在于观察精神损害赔偿的视觉狭隘性和角度单一性,不能全面地、客观地去感知它、分析它、概括它,因而有"瞎子摸象"之嫌,因而单一功能说不足取。

双重功能说给研究精神损害赔偿功能提供了大视野、多角度的分析、概括方法,采取了全面地、客观地观察、分析精神损害赔偿的指导思想,从多方面概括精神损害赔偿的功能,提出了新的见解。也是由于观察视野、分析角度的局限,从而产生了两种不同的双重功能学说,其中关于补偿功能的认识是相同的;不同之处在于,一说认为兼有满足功能,一说认为兼有惩罚功能。以上两种学说均有不足之感。

精神损害赔偿的首要功能,就是补偿损害。尽管精神损害不是现实的、有形的损害,但是毕竟是一种损害事实。法律肯定精神损害赔偿制度,就是要肯定其补偿对被侵权人的作用。关于精神损害赔偿的填补损害功能,已如前文所述。对此,绝大多数学者都是确认的,为通说。

关于精神损害赔偿的惩罚功能,学说上认为其来源于两个方面。一是中国民法理论通说认为,损害赔偿兼具惩罚性。其具有惩罚性(或称制裁

---

[1] 参见王利明主编:《人格权法新论》,吉林人民出版社1994年版,第658—661页。
[2] 参见王利明主编:《人格权法新论》,吉林人民出版社1994年版,第663页。
[3] 参见杨立新、韩海东:《侵权损害赔偿》,吉林人民出版社1988年版,第206—207页;杨立新:《论人格损害赔偿》,载《河北法学》1987年第6期。

性）是因为，侵权人承担损害赔偿责任不仅不能因自己的侵权行为而得到任何经济上的便宜，还会带来更大的经济损失。这种制裁职能可以刺激侵权人履行自己的法定义务。[1]这种赔偿是对违法行为的制裁，一方面是对行为人的民事惩罚，另一方面是对其他人的警诫。[2]二是现代某些民事责任强调其惩罚性。民事责任其他形式中包括的训诫、责令具结悔过、罚款、没收财产以及惩罚性赔偿金等，都是明显的以惩罚为主的责任方式。[3]

应当强调的是，近现代法律分工之后，刑法担负惩罚职责，民法主要担负补偿职责，这是毫无疑问的。认为精神损害赔偿乃至整个损害赔偿制度具有惩罚性，并非对古代法律那种民刑不分的恢复，而是在克服古代民法的上述弊端，更加注意保护被侵权人的利益，加重对致害人的处罚，以达到防止侵权行为、稳定社会秩序的目的。[4]另外，精神损害赔偿的惩罚功能不是其基本功能，应是其填补损害功能附带的、兼具的另一种功能。

精神损害赔偿的抚慰功能，相当于满足功能和克服功能。正如学说所指出的那样，金钱作为价值和权利的一般尺度，可以成为满足被侵权人人身及精神需要的物质手段。尽管它无法弥补被侵权人的精神利益，但是它可以使被侵权人在其他方面得到精神的享受。因此，金钱赔偿在这种情况下是民法唯一可以采用的给被侵权人以满足的方法。这种需要的满足，恰恰是为了平复被侵权人精神创伤，慰藉其感情的损害，通过改变被侵权人的外环境而克服其内环境即心理、生理以及精神利益损害所带来的消极影响，恢复其身心健康。因此，精神损害的抚慰功能也是客观存在，不容忽视的。

二、精神损害赔偿的范围

《东亚侵权法示范法（暂定稿）》第 51 条至第 54 条规定了得以请求精神损害赔偿的类型，其包括以下四类。

（一）侵害人身性私法权益造成精神损害

侵害人身性私法权益造成精神损害包括以下几类：①侵害物质性人格权造成精神损害的。其包括侵害生命权、健康权或身体权造成精神损害的，侵权人应当承担精神损害赔偿责任。②侵害精神性人格权造成精神损害的。

---

[1] 参见中国大百科全书法学编辑委员会：《中国大百科全书·法学》，中国大百科全书出版社 1984 年版，第 571 页。

[2] 参见杨立新、韩海东：《侵权损害赔偿》，吉林人民出版社 1988 年版，第 198 页。

[3] 参见金福海：《论建立我国的惩罚性赔偿制度》，载《中国法学》1994 年第 4 期。

[4] 参见王利明主编：《人格权法新论》，吉林人民出版社 1994 年版，第 664 页。

侵害精神性人格权造成较为严重的精神损害的，可以请求精神损害赔偿。③侵害身份权造成精神损害的。其包括侵害配偶权、亲权、亲属权或监护权，造成被侵权人精神损害的，侵权人应当承担精神损害赔偿责任。对于侵害著作权中的身份权的，例如，侵害署名权、修改权、维护作品完整权，造成严重精神损害的，也应当准许被侵权人提出精神损害抚慰金的赔偿请求。

此外，根据《东亚侵权法示范法（暂定稿）》第52条的规定，侵害姓名权、肖像权、隐私权等人身性私法权益造成财产利益损害的，损害赔偿数额应当按照受害人受到的实际损害或者侵权人因此获得的利益计算。如果上述两种方法均难以确定赔偿数额，且受害人和加害人就赔偿数额协商不成的，法院可以根据实际情况确定赔偿数额。

（二）近亲属的精神损害赔偿请求权

《东亚侵权法示范法（暂定稿）》第51条第2款规定的是侵权行为造成受害人死亡或严重人身伤害的，受害人的近亲属享有的精神损害赔偿请求权。在受害人受到侵害造成严重损害甚至致死的场合之中，受害人的近亲属诸如其配偶、父母和子女必然需要承受极大的痛苦。因近亲属死亡而导致的非财产损害赔偿，涉及家庭成员之间的感情、相互的信任关系和相互依赖，比较法上诸多国家也有关于近亲属的精神损害赔偿请求权的相关规定。

（三）侵害具有人格因素的物的精神损害赔偿

《东亚侵权法示范法（暂定稿）》第53条规定了侵害具有人格因素的物的精神损害赔偿，即"侵害具有象征意义的特定纪念物品等含有人格因素的物，造成物权人严重精神损害的，得请求精神损害赔偿"。该条规定肯定了持有特定纪念物品等具有人格因素的物的物权人，对于侵害其特定的物，且造成被侵权人严重精神损害的，应当准许被侵权人请求精神损害赔偿，这对于保护权利人的人格利益具有重要意义。

所谓特定纪念物品，应当对所有人而言，具有相当的纪念意义。只有这样的特殊的具有纪念意义的物品，才有可能成为需要承担精神损害赔偿责任的侵权行为的侵害对象。这种特定纪念物品必须具有人格的因素。这种人格因素，是某个特定物品包含了人的精神利益，使这个特定的物具有了不同于其他物的重要意义，例如夫妻结婚时的信物，也许本身价值不高，但是在当事人之间具有非同小可的人格意义，因为其是爱情的象征。这样的物品具有人格利益的因素。

当然，由于所谓的重要意义是存在于当事人之间的，对侵权人而言难以具有可预期性,因此在确认侵害具有人格利益的物的精神损害赔偿责任时,要坚持从严认定这种责任构成的要件,即要求被侵权人确实遭受了严重的精神损害,否则不应认定侵权人构成此种责任,以避免受害人滥用诉权,使侵害特定物的精神损害赔偿责任背离其设定的宗旨。

(四)震惊损害赔偿

《东亚侵权法示范法(暂定稿)》第54条规定了震惊损害赔偿,即"因身处加害行为危险区域,目睹其配偶、父母、子女遭受人身伤害的残酷情境,受到严重精神损害的,得请求精神损害赔偿。目睹与其共同生活的祖父母、外祖父母、孙子女、外孙子女或者兄弟姐妹遭受人身伤害的残酷情境,受到重大精神损害的,准用前款规定"。

震惊损害,亦称为精神创伤损害,是指受害人并未遭受直接的打击,但是由于目睹了侵权人的行为,而受到了严重的精神刺激,并由此引发的精神损害。中国的司法实践确认了对于震惊损害的赔偿,在"赵女士诉北京振远护卫中心案"中,原告赵女士与同伴在行路时遭遇车祸,事故中其同伴不幸遇难,虽然原告赵女士只是在事故中受到轻微伤,但事后她的脑海中却时常浮现事故的过程和伤亡者的惨状,同时经常出现头晕心悸的症状,后经医院确诊为"植物神经紊乱症",赵女士因此提起了损害赔偿之诉。[1]

在比较法上,《德国民法典》第253条也规定了对于震惊损害的赔偿请求权,当然,这种损害赔偿的依据必须是被侵权人遭受了严重的精神损害,出于稳妥的考虑,东亚侵权法示范法对震惊损害的赔偿条件进行了严格限缩,即只有在目睹其近亲属遭受了残酷损害的情景下,方可适用震惊损害赔偿。

三、精神损害赔偿金的计算方法

《东亚侵权法示范法(暂定稿)》第55条规定了精神损害赔偿金的计算方法,即根据"(一)受害人或其配偶、父母、子女所遭受精神痛苦、肉体痛苦的程度;(二)受害人的收入水平和生活状况;(三)加害人的过错程度;(四)侵权行为的手段、场合、方式等具体情节;(五)侵权行为造成的后果;(六)加害人承担责任的经济能力;(七)受诉法院所在地的平均生活水平"七种方式确定精神损害赔偿的数额。

---

[1] 参见裴晓兰:《女子告振远运钞车肇事惊吓患病》,载搜狐新闻(http://news.sohu.com/20070126/n247846608.shtml),访问日期:2018年2月2日。

概而言之，确定精神损害赔偿的数额，考虑的主要因素是被侵权人所受损害、侵权人的过错程度、侵权手段、侵权后果以及侵权人、被侵权人的经济水平及受诉法院所在地的生活水平，这些因素都是法院自由酌定赔偿数额时应当考虑的因素。事实上，在确定精神损害赔偿数额时，仍然需要依靠法官行使自由裁量权确定精神损害赔偿金的具体数额。在自由酌量原则的基础上，法官在确定精神损害赔偿金的时候，必须对精神损害中不同利益因素的损害予以区别对待，根据不同特点，依据不同的算法规则，分别计算出应赔偿的数额，最后酌定总的赔偿金数额。

在算定精神损害赔偿金时，根据实践经验，算定精神损害赔偿责任的规则主要有四种。

第一种是概算规则。在面对纯精神利益损害的赔偿和精神痛苦的慰抚金赔偿的算定时，适用概算规则。法官应将案件情况分为加害人过错程度的轻重、受害人被侵害的精神利益损害后果及所受精神痛苦程度、双方的经济负担能力、受害人的资力这些因素，适当斟酌，确定具体数额。

第二种是比照规则。在现行立法对精神损害赔偿金的算定已有明确规定时，应当比照该规定算定赔偿数额。

第三种是参照规则。当确定精神利益中财产利益损失的数额时，可以参照其他标准确定赔偿金数额

第四种是全部赔偿规则。对于因侵害精神性人格权和身份权而造成的财产直接损失，应当比照侵害财产权的全部赔偿原则，以全部财产损失作为赔偿金数额。其财产损失应是合理的、必要的费用支出，不合理、不必要的支出不应计算在内。

第六节　责任保险

《东亚侵权法示范法（暂定稿）》第七章第六节规定的是责任保险的基本规则，具体包括责任保险的替代性和责任保险不足时赔偿责任的确定。

一、责任保险制度的必要性

进入 21 世纪以后，人类自身活动已成为现代社会风险的根本性来源，而与之相对，重视受害人是多数人的侵权案件，引发大规模侵权理论与实

践的研究热点。[1]大规模侵权行为研究的目的,着重于解决为数众多的受害人的救济问题。然而由于大规模侵权是风险社会的极端表现,传统侵权法的单一赔偿机制已不足以救助大规模侵权中的众多受害者,将责任保险运用于大规模侵权损害救济中,对于维护社会经济秩序稳定,构建和谐社会具有重要意义。责任保险作为多元化损害救济体系的重要组成部分,主要存在于机动车交通事故责任、产品责任和环境损害责任之中。

在机动车致害责任中,根据危险分担理论,机动车事故是伴随现代文明而产生的风险,因此应由享受现代文明的全体社会成员分担其所造成的损害。机动车服务的公司及其所有人因承担责任所付出的赔偿金,通过提高运费和投保责任保险,最终转嫁给了整个社会,实际上这种损害的赔付是由全体消费者分担的[2],因此这符合法律上的公平效率原则。

在产品侵权责任中,各国普遍承认生产者作为产品责任主体应承担无过错责任。一方面,在产品设计、试制、投产和制造过程中,生产者对产品的缺陷具有控制能力,在实现产品事故的损失最小化较消费者处于更有利的地位,使其承担无过错责任,可促使其实行技术更新、采取措施,防止事故发生。另一方面,生产者较消费者更有能力承担损失,可通过产品责任保险以及提高产品价格分散风险和成本。此外,一个从他支配下的某物或某项活动中获取利益的人,应当对该物或该项活动所致的损害负责;一个为自己利益而自愿经营某项事业的人,应当承担该事业性质所生的或相关的致损风险。

而环境污染责任保险,则具有补充环境风险的行政监管,分散被保险企业的赔偿风险,及时救济受害人等环境、经济、社会方面的综合效益。例如2007年以来,中国进行了一系列关于环境污染责任保险的试点,2014年修订通过了《中华人民共和国环境保护法》,其增加了鼓励投保条款,但学者多认为其无法满足现实需求,而仍需对环境污染责任保险进行专门立法。[3]

---

[1] 参见张新宝、葛维宝主编:《大规模侵权法律对策研究》,法律出版社2011年版,第213页。

[2] 参见贾文卿:《机动车交通事故损害赔偿责任主体研究》,载《武汉冶金管理干部学院学报》2008年第2期。

[3] 这一方面的论述,参见张梓太、张乾红:《我国环境侵权责任保险制度之构建》,载《法学研究》2006年第3期,竺效:《论我国环境污染责任保险单行法的构建》,载《现代法学》2015年第3期;竺效:《论环境污染责任保险法律体系的构建》,载《法学评论》2015年第1期。

二、责任保险中的替代性

《东亚侵权法示范法（暂定稿）》第 56 条规定了责任保险中的替代性原则，即"部分或者全部损害属于法定或者商业责任保险范围的，受害人可以向保险人主张保险责任，也可以向赔偿责任人主张侵权责任。法律另有特别规定的，依照其规定"。

责任保险，通常被理解为是以被保险人对第三人的赔偿责任为标的的保险，根据责任保险合同的约定，保险人应对被保险人对第三人所负的损害赔偿责任承担赔付责任。分析责任保险的结构，事实上是被保险人实施了独立侵权行为，造成了受害人的人身损害，但加害人在遭受损害之前与保险人订立了责任保险合同，约定由保险人承担赔付责任。同时，在责任保险法律中，保险人对责任保险的被保险人给第三者造成的损害，也可以依照法律的规定或者合同的约定，直接向该第三者赔偿保险金。之所以作出这样的规定，是从全面救济受害人的角度出发，赋予受害人更为宽泛的请求权，以保障其合法权益。因为如果不赋予受害人这种选择权，司法实践中很可能会出现保险人和被保险人相互推诿而导致受害人的损害赔偿请求权难以实现的情形。

通常而言，被保险人给第三者造成损害，被保险人对第三者应负的赔偿责任如果可以确定，则保险人应被保险人的请求，应直接向该第三者赔偿保险金。如果被保险人怠于请求保险人给付赔偿金，受害人也有权就其应获赔偿部分直接向保险人请求赔偿保险金。这便是责任保险中的替代性原则，究竟对谁主张赔偿的权利，可以由受害人进行选择。

三、责任保险不足的赔偿责任

《东亚侵权法示范法（暂定稿）》第 57 条规定了保险人承担赔偿责任后，受害人的损害仍未得到填补的救济措施，即"保险人履行保险责任后，受害人的损害未得到全部赔偿的，得继续向赔偿责任人主张侵权责任"。

根据《东亚侵权法示范法（暂定稿）》第 56 条的规定，无论被害人选择要求保险人抑或赔偿责任人承担赔偿责任，都可能存在赔偿额不足的问题，根据完全赔偿的原则，此时被害人的损害赔偿请求权并不因为已经向保险人主张过一次而消灭。在保险人履行保险责任之后，如果受害人的损害仍然没有得到完全填补，其仍然可以继续向赔偿责任人要求承担损害赔偿责任。此时，责任主体只有赔偿责任人一者，而不存在可以选择保险人继续承担赔偿责任的情况，这是因为保险人承担赔偿责任的依据是责任保险合同，保险人在根据合同的约定履行赔偿责任后，其已经完全履行了责任保险合同中的义务。因此，此时要求保险人再承担赔偿义务，没有法律依据。而对于赔偿责任人而言，受害人基于侵权损害赔偿请求权要求其承担的赔偿责任，应当是完全赔偿，在受害人未得到全部赔偿前，受害人的请求权一直没有消灭，因此受害人得以继续要求赔偿责任人承担赔偿责任。

第八章　多数人侵权行为与责任

【《东亚侵权法示范法（暂定稿）》条文】

第一节　共同侵权行为

第五十八条【主观的共同侵权行为】
数人故意实施共同侵权行为，侵害他人私法权益，造成损害的，应当承担连带责任。

第五十九条【教唆、帮助实施侵权行为与混合责任】
教唆、帮助他人实施侵权行为的，教唆人、帮助人应当与行为人承担连带责任。
教唆无责任能力人实施侵权行为的，教唆人应当承担侵权责任。
教唆限制责任能力人、帮助无责任能力人或者限制责任能力人实施侵权行为，应当承担连带责任；该无责任能力人或者限制责任能力人的亲权人或者监护人未尽到监护责任的，应当承担与其过失相应的责任。

第六十条【团伙成员】
部分团伙成员实施加害行为，造成他人损害的，该团伙的其他任一成员均应对损害承担连带责任，但能够证明该加害行为与团伙活动无关的除外。

第六十一条【客观的共同侵权行为】
数人虽无共同故意，但其行为造成同一损害结果，具有共同的因果关系，且该损害结果无法分割的，应当承担连带责任。

第六十二条【共同危险行为】
二人以上实施有危及他人人身、财产安全的危险行为，其中一人或者数人的行为造成他人损害，不能确定具体加害人的，应当承担连带责任。

只能证明自己的行为没有造成该损害的，不能免除前款规定的赔偿责任。

第六十三条【原因累积】

数人实施侵权行为，造成同一损害，每个行为人实施的行为都足以造成全部损害的，行为人承担连带责任。

数人实施侵权行为，造成同一损害，有的行为人实施的行为足以造成全部损害，有的行为人实施的行为能够造成部分损害的，就共同造成损害的部分，行为人承担连带责任。

第二节　按份责任与连带责任

第六十四条【按份责任】

数人分别实施侵权行为，造成同一个损害结果，损害后果可以分割，法律没有规定承担其他责任分担形态的，应当按份承担赔偿责任。

按份责任人得拒绝超过其应当承担的责任份额的赔偿请求。

第六十五条【连带责任及其分担和二次分担】

法律规定应当承担连带责任的，受害人可以向连带责任人中的一人、数人或者全部请求承担赔偿责任，但合计不得超过损害赔偿责任的总额。

已经承担了超出自己应当承担的最终责任份额的连带责任人，有权就其超出部分，向其他未承担责任的连带责任人请求分担。

部分连带责任人不能承担或者无法全部承担其最终责任份额的，其不能承担的部分，由其他连带责任人按各自最终责任比例二次分担。

第六十六条【最终责任份额的确定】

确定最终责任人的最终责任份额，应当考虑下列因素：

（一）过错程度；

（二）原因力大小；

（三）客观危险程度；

（四）其他法定事由。

不能依前款规定的方法确定最终责任份额的，应当平均分担赔偿责任。

第六十七条【分摊请求权】

分摊请求权,是指承担超过自己最终责任份额的责任人,向其他责任人请求承担相应的最终责任的请求权。

第六十八条【连带责任中的混合责任】

依照法律规定,在连带责任中,部分责任人应当承担连带责任,部分责任人应当承担按份责任的,承担连带责任的人应当对全部责任负责;承担按份责任的人只对该负按份责任的份额承担赔偿责任,得拒绝受害人提出的超出其责任份额的赔偿请求。

承担了连带责任的责任人,对于超出自己最终责任份额的部分,有权向其他连带责任人或者按份责任人请求分摊。

第三节 其他多数人侵权与责任

第六十九条【不真正连带责任及追偿】

基于同一个损害事实产生两个以上的赔偿请求权,数个请求权的救济目的相同,但只有一个责任人是最终责任人,法律对请求权的行使顺序没有特别规定的,受害人可以选择其中一个或者数个请求权行使,请求承担赔偿责任。受害人获得全部赔偿之后,全部请求权消灭。

受害人请求承担责任的责任人不是最终责任人的,承担中间性责任的责任人在承担了赔偿责任后,有权向最终责任人追偿。

第七十条【非最终责任人先承担责任及追偿】

基于同一个损害事实产生两个以上的赔偿请求权,数个请求权的救济目的相同,但只有一个责任人是最终责任人,法律规定只能向非最终责任人请求赔偿的,受害人只能向非最终责任人请求赔偿。非最终责任人赔偿后,有权向最终责任人追偿。

符合前款规定的情形,应当承担中间性责任的非最终责任人丧失赔偿能力,不能承担赔偿责任的,受害人可以向最终责任人请求承担赔偿责任。

第七十一条【补充责任及追偿、分摊】

基于同一个损害事实产生两个以上的赔偿请求权,数个请求权的救济目的相同，法律规定为补充责任的，受害人应当首先向直接责任人请求赔偿。直接责任人不能赔偿或者赔偿不足的，受害人可以向补充责任人请求承担赔偿责任。补充责任人承担补充责任后，有权向直接责任人行使追偿权。

前款规定的补充责任，补充责任人与最终责任人之间存在最终责任分担的，承担了超过自己责任份额的责任人可以向其他责任人追偿。

【法理阐释】

《东亚侵权法示范法（暂定稿）》第八章规定的是"多数人侵权行为与责任"，主要分为三部分：第一部分是对共同侵权行为的规定，包括了主观的共同侵权行为形态和客观的共同侵权行为形态；第二部分是对一般数人侵权责任分担形态，即按份责任与连带责任的规定；第三部分是对特殊数人侵权责任分担形态，即不真正连带责任、先付责任与补充责任的规定。

本章第一节是对共同侵权行为形态的规定，不仅分别规定了主观共同侵权行为和客观共同侵权行为的一般规则，而且将教唆帮助和团伙成员作为主观共同侵权的类型进行规定，同时也将共同危险行为和原因积累作为客观共同侵权的类型进行规定，并明确共同侵权行为的侵权责任形态为连带责任。

本章第二节是对一般数人侵权责任分担形态进行的统一规定，基于按份责任与连带责任的区分是一般数人侵权责任形态中一般与特殊的区分，明确二者适用的基本规则是：如果法律没有规定承担连带责任，则应该适用按份责任。在此之后，统一规定了按份责任和连带责任在最终责任份额的确定上适用相同的规则，如果适用的是连带责任，才涉及分摊请求权。最后是对连带责任中的混合责任的规定，实质是单向连带责任，并明确了其适用规则。

本章第三节实际上是对特殊数人侵权责任分担形态的列举性规定，包括不真正连带责任、先付责任和补充责任。不真正连带责任的特点是责任人之间没有预设先后顺序，而先付责任和补充责任则是立法者已经为责任人确定了责任顺序。另外在该节中还对追偿权予以了明确的规定。

第一节　数人侵权行为概述

一、数人侵权行为制度已经不宜作为特殊侵权行为对待

从比较法上来看，在大陆法系国家，关于数人侵权行为，即复数加害人的责任，存在三种立法例类型：一是不设置特别规定，由一般理论处理的模式，例如法国法[1]；二是不规定要件只规定效果的模式，例如意大利法[2]；三是规定要件和效果的模式，例如德国法[3]。而所谓规定了要件和效果的模式，是指规定了与一般侵权行为不同的要件和效果，因而从这个意义上说，数人侵权行为是一种特殊侵权行为。[4]传统东亚各法域民法典曾经将数人侵权行为制度作为特殊侵权行为对待，并以特殊侵权责任构成制度的模式来解释数人侵权责任。日本、韩国和中国台湾地区均学习了《德国民法典》。例如，日本传统民法理论认为，《日本民法典》第719条规定了与第709条不同的要件和效果，因此是将复数责任主体的侵权责任作为特殊侵权行为责任的内容。[5]至于中国台湾地区，在对侵权行为的

---

[1]　《法国民法典》没有对数人侵权行为进行规定，但法国在司法实务中认可数人侵权行为，法院采用共同责任人或者共同债务人的概念，确定共同侵权行为的整体债务，并规定共同债务人之间的求偿权。而且，法国法主要从因果关系的角度去解决共同侵权行为的有关问题，与同是大陆法系的德国民法、日本民法的解决思路并不相同。参见杨会：《数人侵权责任研究》，北京大学出版社2014年版，第18页；李中原：《多数人侵权责任分担机制研究》，北京大学出版社2014年版，第16页。

[2]　《意大利民法典》第2055条对导致连带责任的多数人侵权行为进行规定。与法国法一样，意大利法也并不要求多数人侵权之连带责任在构成上必须基于行为的共同性和过错类型的共同性，即未对数人侵权行为的要件进行规定，而只规定了效果。参见李中原：《多数人侵权责任分担机制研究》，北京大学出版社2014年版，第16页。

[3]　《德国民法典》首开现代共同侵权责任规定的先河，且德国民法关于多数人侵权责任的讨论主要是围绕《德国民法典》第830条和第840条展开的。第830条规定了共同侵权行为、共同危险行为和教唆帮助行为，第840条规定了连带责任。这一立法例对后世大陆法系民法的影响很大，很多大陆法系国家纷纷将其效为楷模。参见杨会：《数人侵权责任研究》，北京大学出版社2014年版，第18—19页。

[4]　参见〔日〕吉村良一：《日本侵权行为法》（第4版），张挺译，中国人民大学出版社2013年版，第175页。

[5]　参见〔日〕吉村良一：《日本侵权行为法》（第4版），张挺译，中国人民大学出版社2013年版，第175—176页；〔日〕田山辉明：《日本侵权行为法》，顾祝轩、丁相顺译，北京大学出版社2011年版，第157页；〔日〕圆谷峻：《判例形成的日本新侵权行为法》，赵莉译，法律出版社2008年版，第329页。

学理研究上，研究成果及研究重心均集中于一般侵权行为规范功能及类型化探讨，而学理普遍将数人侵权行为通称为特殊侵权行为。[1]但随着侵权法的发展，尤其受到美国法律协会《美国侵权法重述·第三次·责任分担编》一书的影响，通过比较过错和原因力以及其他可责难性要件，在数个行为人之间分配最终责任和分配责任的侵权责任分担论逐渐对数人侵权行为制度产生了解释力。而且自20世纪80年代以来，美国侵权法变革的重要方向和显著趋势就是向损害赔偿的完全分摊努力，以使侵权责任与过错真正相符，并通过正确的责任分担来解决所谓的"深口袋"困境。[2]对比之下，以特殊侵权行为解释数人侵权行为的模式，强制性地列举数人侵权行为的构成要件，忽略了数人侵权行为是以侵权行为构成为前提，解决的是数个侵权责任之间的关系这一基本事实。因此，只有将数人侵权行为从特殊侵权行为理论中解放出来，才能用有解释力的侵权责任分担论来构建以比较过错和原因力为典型模式的数人侵权行为制度。

东亚各法域尚未将被侵权人过错纳入统一侵权责任分担制度。与美国法律协会《美国侵权法重述·第三次·责任分担编》一书将数人侵权行为与被侵权人过错统一纳入侵权责任分担制度，并将多数侵权人和受害人之间的过错或责任采用"纯粹的比较责任模式"[3]的理论构想不同，东亚各法域仍然坚守侵权责任构成与侵权责任分担两项制度的界限，认为被侵权人过错仍然是侵权责任构成制度中重要的抗辩事由类型。在具体案件适用中，先将当事人区分为侵权人与被侵权人，被侵权人有过错的法律后果是减轻侵权人一方的损害赔偿总额。侵权人一方为数人的，损害赔偿责任再在侵权人一方进行分配。这样的立法模式在绝大多数案件中与统一的侵权

---

〔1〕 中国台湾地区学理界普遍认为，中国台湾地区"民法"第184条规定的一般侵权行为是侵权行为理论的下层结构或骨干核心，而第185条规定的共同侵权行为虽称为特殊侵权行为，但却是侵权行为理论的上层结构或枝微末节。为正本清源，只要下层结构理解得够清够澈，则上层结构自然能源远流长。因此，学理对数人侵权行为并未投以特别关注。参见张钰光：《共同侵权行为类型化之初探》，载张钰光主编：《进入二十一世纪之民事法学研究——骆永家教授七秩华诞祝寿论文集》，台北元照出版公司2006年版，第514页。

〔2〕 所谓"深口袋"现象，是指在多数被告承担连带责任的场合，有钱的被告往往最终成为其他无力赔偿之被告的"埋单"者。See M. D. Green, *Multiple Tortfeasors under US Law*, in W. V. H. Rogers (Ed.), Unification of Tort Law: Multiple Tortfeasors, Kluwer Law International, 2004, p. 261.

〔3〕 若原告的过错（或应由原告负责的其他人的过错）构成原告遭受的不可分损害的一项法律原因，则原告的所获得的赔偿额将依据原告所应承担的（或应由原告负责的其他人的）责任份额的相应比例减少。只有在原告的过错（或应由原告负责的其他人的过错）达到不可分损害的100%时，侵权人才可免责。See *Restatement of the Law*, *Third*, *Torts: Apportionment of Liability*, Copyright (c) 2000, The American Law Institute, § 7 and Comment a.

责任分担模式没有差别，但在被侵权人过错大于数个侵权人的案件中，则可能导致比较过错较小的侵权人仍然要承担连带责任。这种立法模式对此的解释只能是被侵权人过错并非真正的过错，而是被侵权人对保护自身的不真正义务的违反，在侵权法的利益衡量上表现出对被侵权人权益的倾斜。鉴于东亚各法域尚未将被侵权人过错纳入统一侵权责任分担制度，《东亚侵权法示范法（暂定稿）》第八章也仅限于数人侵权责任分担制度的构建。

二、数人侵权责任制度的发展

东亚各法域，尤其是《中华人民共和国侵权责任法》的立法活动极大地推动了数人侵权责任制度的发展。主要包括如下三个方面：

（一）共同侵权行为的发展

在主观的共同侵权行为领域，教唆、帮助非完全民事责任能力人与其监护人在实务中的责任分担需求得到了足够的理论和立法回应[1]，另外团伙成员责任也逐渐受到关注。[2]在客观的共同侵权行为领域，各法域相继承认了"共同关系"理论，扩大了连带责任的适用范围。相应地，共同危险行为的理论基础也逐渐客观化。[3]另外，对充足原因和非充足原因的区分也丰富了客观共同侵权行为的类型。

（二）一般数人侵权责任分担形态的发展

在逻辑上，逐渐抛弃了"互为—完全"连带责任的传统连带责任人关系的构建。如果连带责任被理解为"双向"，进而接受"双向"可以异化为"单向"，那么就能够在逻辑上承认作为混合责任的"单向连带责任"的出现。[4]如果连带责任被理解为对最终责任"多倍"的保障，那么这种"多倍"的保障就存在其绝对限度，而非补充性的"完全"连带责任，就可能构建"部分"连带责任。[5]遗憾的是，《东亚侵权法示范法（暂定

---

〔1〕参见杨立新：《教唆人、帮助人责任与监护人责任》，载《法学论坛》2012年第3期；刘保玉：《监护人责任若干争议问题探讨》，载《法学论坛》2012年第3期；薛军：《〈侵权责任法〉对监护人责任制度的发展》，载《苏州大学学报（哲学社会科学版）》2011年第6期；陈帮锋：《论监护人责任：〈侵权责任法〉第32条的破解》，载《中外法学》2011年第1期。

〔2〕参见沈建东：《团伙侵权责任研究》，中国政法大学2007年硕士学位论文；张孝兵：《团伙侵权行为研究》，中南大学2013年硕士学位论文。

〔3〕参见程啸：《论共同危险行为的构成要件——以〈侵权责任法〉第10条为中心》，载《法律科学（西北政法大学学报）》2010年第2期；王竹：《再论共同危险行为——以客观关联共同侵权行为理论为视角》，载《福建师范大学学报（哲学社会科学版）》2010年第4期。

〔4〕参见杨立新：《多数人侵权行为及责任理论的新发展》，载《法学》2012年第7期。

〔5〕参见杨立新：《网络平台提供者的附条件不真正连带责任与部分连带责任》，载《法律科学（西北政法大学学报）》2015年第1期。

稿)》最终没有对"部分"连带责任予以突破,仅承认了"单向"连带责任。

(三)特殊数人侵权责任分担形态的发展

在传统大陆法系债法理论下的不真正连带债务在侵权法上被确立为不真正连带责任,并且确定其在特殊数人侵权责任分担形态中的核心地位,是理论上的进步。[1]在此基础上,逻辑上允许立法者基于特别的考虑,在最终责任人和非最终责任人之间作出先后承担责任的预设顺序,就产生了先付责任和补充责任两种制度构架。对于特殊数人侵权责任体系的构建,还有利于区分"分摊请求权"与"追偿请求权"在本质上的不同及其适用范围的差异。

三、东亚侵权法示范法对多数人侵权行为与责任的立法结构安排

东亚侵权法示范法对多数人侵权行为与责任的立法结构安排,主要基于两组逻辑展开:一组是数人侵权行为形态与数人侵权责任分担形态的对应性,另一组是一般与特殊的结构区分。在这两组逻辑展开中还隐含了对分摊请求权和追偿请求权独立价值和相互区别的认可。与大陆法系的多数人之债理论[2]和美国侵权法的责任分担理论[3]不同,起草人用"形态"这一术语来表达数人侵权这一社会现象的法律状态,用"数人侵权行为形态"来表达数个侵权行为造成统一损害时候的相关关系状态,用"数人侵权责任形态"来表达数个责任人因其数个侵权行为造成统一损害时,根据法律规定承担侵权赔偿责任的关系状态。[4]二者的对应性体现为,法律对每一种数人侵权行为形态都规定了与其对应的数人侵权责任形态,而侵权责任的形态是由侵权行为的形态所决定的,这样既能够有效地区分侵权行为发生之间的关系和侵权责任承担之间的关系,又能够确保侵权法对于数人侵权这一社会现象多样性提出全面体系的解决方案。

---

〔1〕 参见杨立新:《论不真正连带责任类型体系及规则》,载《当代法学》2012年第3期。

〔2〕 大陆法系认为侵权行为是债的发生原因之一,即侵权行为发生的法律后果是债的关系,因此多数人侵权行为必然发生多数人之债,故而顺理成章地用多数人之债的规则调整多数人侵权行为及责任分担问题。多数人之债包括连带之债、不真正连带之债和按份之债。参见史尚宽:《债法总论》,中国政法大学出版社2000年版,第636页以下。

〔3〕 《美国侵权法重述·第三次·责任分担编》与美国《统一侵权责任分担法案》通过重点研究比较过失和多数人侵权,制定了详细的侵权责任分担规则,覆盖了侵权责任在原告与被告之间的分担,以及多数人侵权的数个侵权人之间侵权责任的分担。参见王竹:《侵权责任分担论——侵权损害赔偿责任数人分担的一般理论》,中国人民大学出版社2009年版,第28—29页。

〔4〕 参见杨立新:《多数人侵权行为及责任理论的新发展》,载《法学》2012年第7期;杨立新:《论竞合侵权行为》,载《清华法学》2013年第1期。

在数人侵权行为形态与数人侵权责任形态对应性的基础上，侵权法采用了一般与特殊的结构进行区分。由于对数人侵权行为形态采用了两个不同层次的一般与特殊结构，因此相应地对数人侵权责任形态也采用了两个不同层次的一般与特殊结构。

在数人侵权行为形态中，处于第一层次的一般与特殊结构是一般数人侵权行为形态与特殊数人侵权行为形态的区分。一般数人侵权行为形态可以适用于全部所有类型的数人侵权行为。而特殊数人侵权行为形态的特殊之处就在于，其仅仅存在于部分特殊侵权行为类型中。一般数人侵权行为形态包括单独侵权行为形态与共同侵权行为形态，前者定位为一般，而后者定位为特殊。按照特殊制度优先于一般制度的适用顺序，这样就会形成两个层级的优先适用顺序，即特殊数人侵权行为形态优先于共同侵权行为形态，共同侵权行为形态再优先于单独侵权行为形态。

由于数人侵权责任形态与数人侵权行为形态的对应性，可以推导出特殊数人侵权责任形态优先于一般数人侵权责任形态，而一般数人侵权行为形态中，连带责任形态又优先于按份责任形态。因此，在没有任何层次的特殊数人侵权行为形态的情形下，才可能适用按份责任。所以在逻辑上，只需要对两个层次的特殊数人侵权行为形态进行规定，就可以对应全部的数人侵权责任形态适用的需求。

根据上文分析，《东亚侵权法示范法（暂定稿）》第八章的逻辑结构如表1：

表1　《东亚侵权法示范法（暂定稿）》第八章的逻辑结构

	数人侵权行为形态	数人侵权责任形态
一般	①一般数人侵权行为形态	②一般数人侵权责任形态
特殊	④特殊数人侵权行为形态	③特殊数人侵权责任形态

结合上表可以看到，《东亚侵权法示范法（暂定稿）》第八章第一节是对"①一般数人侵权行为形态"中"共同侵权行为"的规定，单独侵权行为则无需规定。第二节是对"②一般数人侵权责任形态"中"按份责任"和"连带责任"的全面规定。对比第一节可知，起草人认为可以不明示的是作为行为形态的单独侵权行为而非作为责任形态的按份责任。第三节是对"③特殊数人侵权责任形态"中按照责任承担先后顺序排列的三种责任形态的规定，其对应的④"特殊数人侵权行为形态"交由《东亚侵权法示范法（暂定稿）》在特殊侵权行为领域予以规定。

《东亚侵权法示范法（暂定稿）》对一般数人侵权责任形态与特殊数人侵权责任形态的区分与体系性规定，使得对分摊请求权与追偿请求权的独立价值与相互区别进行立法规定成为了可能。

东亚各法域传统侵权法在数人侵权行为与责任领域更为关注对外责任承担而忽视了对内责任承担的重要性，这是由于传统侵权法理论将侵权人与被侵权人对立考虑，更多地以单独侵权行为作为研究原型所致。但考虑到数人侵权行为与单独侵权行为的不同及其自身的特殊性，单独侵权行为的理论、制度和规则绝不能原封不动地套用到数人侵权行为上，否则将会出现不妥当的结果。[1]如果深入数个侵权人之间内部的责任分担结构就会发现对分摊请求权与追偿请求权进行研究和规范的独立价值。而且，这种以过错和原因力为核心的比较责任理论，以及以此为基础建立的分担追偿体系已成为当代美国侵权法的普遍趋势。[2]而分摊请求权与追偿请求权的相互区别则依托于数人侵权责任形态两个层次的一般与特殊结构区分。

分摊请求权存在于一般数人侵权责任形态中除了按份责任之外的其他类型，而追偿请求权则存在于全部的特殊数人侵权责任形态，这是二者在适用范围上的不同。换言之，无论采用连带责任还是任何一种混合责任形态，多数责任人之间都存在着确定的"比较责任份额"。相应地，在实现的价值目标上，分摊请求权的最终目标是将连带责任的适用状态恢复到按份责任的适用状态，是对分配正义的实现；而追偿请求权在于将不真正连带责任的适用状态恢复到单独责任的适用状态，是对矫正正义的实现。

第二节　共同侵权行为

一、共同侵权行为形态的类型

《东亚侵权法示范法（暂定稿）》第八章"多数人侵权行为与责任"的第一节"共同侵权行为"仅对一般数人侵权责任分担规则中的共同侵权行为进行了规定，基本考虑是如果符合该节规定的情形之一，原告就可以主张被告承担连带责任。否则，如果属于第三节"其他多数人侵权与责任"

---

[1] 典型如因果关系，无论是采取条件说、实质原因说、相当因果关系说、规范目的说、危险范围说中的任何一种，都无法直接以此认定数人侵权行为中的因果关系。

[2] See *Restatement of the Law*, *Third*, *Torts*: *Apportionment of Liability*, Copyright(c) 2000, The American Law Institute, § 23, Reporters' note to Comment a.

列举的情形,则应该依照《东亚侵权法示范法(暂定稿)》第 64 条的规定承担按份责任。本节在内部结构上,分为主观的共同侵权行为形态和客观的共同侵权行为形态两部分。

(一) 主观的共同侵权行为形态

1. 主观的共同侵权行为一般规定

主观的共同侵权行为形态最为典型,也是比较法上的通例,从国内外的一般理论上来看,目前能够达成共识的是,共同故意侵权肯定属于共同侵权(joint tortfeasors/Mittäter),而共同过失侵权、故意与过失结合的侵权是否属于共同侵权,尚存在很大争议。对此,持肯定观点的学者以王利明教授[1]和张新宝教授[2]为代表,不过对于共同过失,也有学者认为是不存在的[3],而且持这种否定观点的学者并非少数,杨立新教授即为其中的代表[4],此外还包括其他一些学者。[5]因此,考虑到共同故意侵权作为纯粹连带责任的范畴,在国内外的理论和实践中基本不存在争议,《东亚侵权法示范法(暂定稿)》第 58 条对"主观的共同侵权行为"作出了一般性规定,即"数人故意实施共同侵权行为,侵害他人私法权益,造成损害的,应当承担连带责任"。进而在这一规定之下,《东亚侵权法示范法(暂定稿)》规定了两种主观的共同侵权行为的变形,即教唆帮助

---

[1] 王利明教授认为,在共同侵权行为中,各行为人主观上具有共同过错是其依法应负连带责任的基础。因此共同侵权包括其中一人的行为是故意,另外一人是过失的情况,也包括共同过失的情况。且共同过失包括两种情况:一是各行为人对其行为所造成的共同损害后果应该预见或认识,但因为疏忽大意和不注意而致使损害后果发生;二是数人共同实施某种行为造成他人的损害,虽不能确定行为人对损害结果的发生具有共同故意,但可根据案件的情况,认定行为人具有共同的过失。参见王利明:《侵权责任法研究》(上卷),中国人民大学出版社 2010 年版,第 517—518 页、第 527—528 页。

[2] 张新宝教授认为,共同侵权行为的类型中包括基于内容相同的过失(如违反共同注意之义务)侵害同一受害人相同或相近民事权利之行为,也包括基于相同内容的过失与故意之结合或基于分别过失行为的结合,而侵害同一受害人相同或相近民事权利之行为。参见张新宝:《中国侵权行为法》,中国社会科学出版社 1995 年版,第 167—168 页。

[3] 例如,麻锦亮博士认为:"过失作为一种过错形态,就其本来意义上说,是很难有共同性可言的。因为不论是'有认识的过失'还是'无认识的过失',其都是'结果指向'的。即过失不像故意,在责任发生之前就有明确的指向,而过失只有在后果发生之后,才能确定'预见'的对象。因此,过失的对象是不确定的,因而二者聚合在一起时,是谈不上共同性可言的。"参见麻锦亮:《人身损害赔偿新制度新问题研究》,人民法院出版社 2006 年版,第 185 页。

[4] 杨立新教授表达过否定共同过失的观点。参见杨立新主编:《中华人民共和国侵权责任法草案建议稿及说明》,法律出版社 2007 年版,第 58 页。

[5] 还有学者从比较法的角度指出,在德国,虽然理论上不断有人主张,共同过失也可以构成共同加害行为。但迄今为止,判例都拒绝接受此种观点。参见程啸:《论〈侵权责任法〉第八条中"共同实施"的涵义》,载《清华法学》2010 年第 2 期。

行为与团伙成员。

2. 教唆帮助

《东亚侵权法示范法（暂定稿）》第 59 条是对"教唆、帮助实施侵权行为与混合责任"的规定，第 1 款规定："教唆、帮助他人实施侵权行为的，教唆人、帮助人应当与行为人承担连带责任。"第 2 款规定："教唆无责任能力人实施侵权行为的，教唆人应当承担侵权责任。"第 3 款规定："教唆限制责任能力人、帮助无责任能力人或者限制责任能力人实施侵权行为，应当承担连带责任；该无责任能力人或者限制责任能力人的亲权人或者监护人未尽到监护责任的，应当承担与其过失相应的责任。"

《东亚侵权法示范法（暂定稿）》第 59 条规定的特点有以下三点：①结合东亚地区各法域的规定，将典型的教唆、帮助完全责任能力人的情形规定为连带责任，因为教唆者和帮助者一般也被视为共同侵权行为者。〔1〕②只规定了教唆无责任能力人的后果，没有规定帮助无责任能力人实施侵权行为的法律后果。这是因为，教唆无民事行为能力人实施侵权行为，由于被教唆人无识别能力亦无责任能力，只是作为教唆人实施侵权行为的加害工具〔2〕，教唆人当然要承担全部赔偿责任，原因在于监护人无过错。帮助无民事行为能力人实施侵权行为，无民事行为能力人的监护人的监护过失在先，帮助人的帮助行为在后且不是造成损害的全部原因，因此帮助人不能承担全部赔偿责任，监护人应当承担未尽到监护责任的赔偿责任。〔3〕由此可见，教唆无责任能力人与帮助无责任能力人的法律后果不同。③对教唆、帮助非完全民事责任能力人与亲权人、监护人之间的责任分担，规定为"与其过失相应的责任"，有待未来进一步的明确。目前，对于教唆人、帮助人与监护人之间的侵权责任形态，存在以下几种观点：其一为按份责任说，即完全民事行为能力人教唆、帮助非完全民事行为能力人时，双方当事人承担按份责任，其中教唆人、帮助人承担主要责任，故承担大部分赔偿额。〔4〕其二为补充责任说，即监护人承担的责任是一种特殊的补充责任。这一责任的特点是，它是一种顺位在后的责任。也就是

---

〔1〕 参见〔日〕吉村良一：《日本侵权行为法》（第 4 版），张挺译，中国人民大学出版社 2013 年版，第 186—187 页；〔日〕田山辉明：《日本侵权行为法》，顾祝轩、丁相顺译，北京大学出版社 2011 年版，第 158 页；〔日〕圆谷峻：《判例形成的日本新侵权行为法》，赵莉译，法律出版社 2008 年版，第 329 页。

〔2〕 参见张铁薇：《共同侵权制度研究》，法律出版社 2007 年版，第 196 页。

〔3〕 参见杨立新：《教唆人、帮助人责任与监护人责任》，载《法学论坛》2012 年第 3 期。

〔4〕 参见张新宝：《侵权责任法原理》，中国人民大学出版社 2005 年版，第 85 页；张新宝：《侵权责任法立法研究》，中国人民大学出版社 2009 年版，第 255 页。

说，原则上必须以教唆人、帮助人作为责任承担主体，只有在他们的财产不足以承担责任的情况下，才可能追究监护人的责任。因此，教唆人、帮助人承担的是全部损害赔偿责任，而监护人承担的是部分损害赔偿责任，其承担责任的范围与其未尽到监护职责的过错程度相适应。[1]其三为不真正连带责任说，即教唆人、帮助人和监护人都对受害人的全部损害承担赔偿责任，但教唆人、帮助人或监护人中的任意一人向受害人承担责任后，受害人的侵权请求权即归于消灭。[2]其四为单向连带责任说，是指在连带责任中，被侵权人有权向承担侵权责任的责任人主张承担全部赔偿责任并由其向其他责任人追偿，不能向只承担相应的责任的责任人主张承担全部责任并向其他连带责任人追偿的特殊连带责任形态。[3]即教唆人、帮助人承担连带责任，监护人承担按份责任，打破了连带责任"双向连带"的传统思维模式，创造性地规定未尽监护责任的监护人仅仅就被监护人的最终责任部分承担按份责任，而由教唆人或帮助人对所有的损害承担连带责任，因此构成一种"单向连带"的新设计。[4]按照本章主要起草人杨立新教授和王竹教授的意见，教唆人、帮助人与监护人之间的侵权责任形态应该适用单向连带责任。

3. 团伙成员

《东亚侵权法示范法（暂定稿）》第 60 条是对"团伙成员"的规定："部分团伙成员实施加害行为，造成他人损害的，该团伙的其他任一成员均应对损害承担连带责任，但能够证明该加害行为与团伙活动无关的除外。"该条规定的特点是：①明确了加入团伙成为成员本身，就是概括性地满足了主观的共同侵权行为形态的构成要件。这是因为，对于他人或社会具有危险性的团伙，虽然本身未直接造成损害，但它却诱发或者促进了个别成员实施直接侵权行为。因此，团伙其他成员与直接侵害人构成间接结合关系，须对该后者造成的损害后果负责；而且基于全体团伙成员对损害后果存在共同预见，他们均应当承担连带责任。[5]②对于这种特殊的主观共同侵权行为形态适用连带责任，实际上具有一定的惩罚性意味。③例外地允许证明"该加害行为与团伙活动无关"作为免责事由，是避免过度扩展团

---

[1] 参见薛军：《〈侵权责任法〉对监护人责任制度的发展》，载《苏州大学学报（哲学社会科学版）》2011 年第 6 期。

[2] 参见杨会：《数人侵权责任研究》，北京大学出版社 2014 年版，第 127 页。

[3] 参见杨立新：《教唆人、帮助人责任与监护人责任》，载《法学论坛》2012 年第 3 期。

[4] 参见王竹：《论教唆行为与帮助行为的侵权责任》，载《法学论坛》2011 年第 5 期。

[5] 参见李中原：《多数人侵权责任分担机制研究》，北京大学出版社 2014 年版，第 233 页。

伙活动责任对团伙成员自由的限制。东亚地区共同面对刑事犯罪团伙对个体安全的挑战，同时还面临恐怖组织更大范围的社会安全挑战，有必要引入这一制度。但"团伙"以及"成员"的判断，还有待进一步的明确。而且，侵权法上的"团伙"比刑法上的"犯罪团伙"更为宽泛，更重要的是，侵权法上的"团伙"无须具备刑法上"犯罪团伙"的"主观故意性"和"组织稳定性"，即使成员主观上并非故意，客观上也只是临时结合在一起的松散集合，也可以构成侵权法上的"团伙"。〔1〕因此，侵权法上的团伙实质是一种"集合行为"或"协同行为"〔2〕，除了以制造特定损害为目的的故意团伙或集合（如犯罪团伙）之外，还包括无特定损害目的的过失团伙或集合。〔3〕然而，无论哪一种类型的团伙，包括直接侵害人在内的全体成员均须承担连带责任，这一点在比较法上基本没有争议。

（二）客观的共同侵权行为形态

《东亚侵权法示范法（暂定稿）》第61条是对"客观的共同侵权行为"的一般性规定："数人虽无共同故意，但其行为造成同一损害结果，具有共同的因果关系，且该损害结果无法分割的，应当承担连带责任。"之所以作出这样的规定，是因为东亚各法域的连带责任适用范围已经通过"共同关系"理论扩展到了主观共同侵权行为形态之外。〔4〕所谓"共同关系"理论，即认为只要数个侵权行为成立共同关系，就能够免除个别因果关系的证明而适用连带责任。这一理论源于德国法。德国法上，由于受害人往往不可能证明每个加害人各自的侵权行为，所以《德国民法典》第830条在法律条文的功能上，解除了受害人证明侵权责任成立的因果关系的举证责任，作为责任的基础，他只需要证明加害人的"共同行为"或者"参加行为"即可。〔5〕德国法上对于没有证据区分每个侵权人造成的具体损害时，一般都适用连带责任。〔6〕这种做法大大扩展了连带责任的适用范围。

日本法上，只需要证明各行为者之间有"共同关系"，就可以免除对

---

〔1〕 参见李中原：《多数人侵权责任分担机制研究》，北京大学出版社2014年版，第233页。

〔2〕 参见〔德〕克雷斯蒂安·冯·巴尔：《欧洲比较侵权行为法》（上卷），张新宝译，法律出版社2001年版，第78页以下。

〔3〕 例如飙车，参加飙车的成员对最终的损害结果可能均系过失，但这并不妨碍他们对该损害的共同预见。

〔4〕 参见王竹：《论客观关联共同侵权行为理论在中国侵权法上的确立》，载《南京大学法律评论》2010年第1期。

〔5〕 参见〔德〕马克西米利安·福克斯：《侵权行为法》，齐晓琨译，法律出版社2006年版，第233页。

〔6〕 See Basil S. Markesinis and Hannes Unberath, *The German Law of Torts: A Comparative Treatise* (4ed), Hart Publishing, 2002, p.900.

个别行为与损害之间的因果关系的证明。[1]由于"共同关系"的范围不断扩大,边界日渐模糊。早期有学者提出"弱的关联共同"与"强的关联共同"学说,前者即对损害的发生具有社会通常观念上作为整体加以认定的一个行为的程度的一体性,认为可以认可分割责任;后者即密不可分的作业等场合,在该场合,某人的行为和结果发生之间即使没有因果关系,只要具有紧密一体性的共同侵权行为者中的一个人的行为和结果发生之间存在因果关系,则认为各行为者不得成分割责任。[2]1972年日本的"四日市公害案"确立了客观关联共同侵权行为承担连带责任的理论。[3]

中国台湾地区早期的民法理论存在"主观说""客观说"与"折中说"。1977年6月1日,台湾地区"司法院""例变字1号"变更采纳主观说的"最高法院"1966年台上字第1978号判例,认为"民事上之共同侵权行为,与刑事上之共同正犯,其构成要件并不完全相同,共同侵权行为人间不以有意思联络为必要,数人因过失不法侵害他人之权利,苟各行为人过失行为均为其所生损害之共同原因,即所谓行为关联共同,亦足成立共同侵权行为"。实质上,"关联共同说"是对"主观说"和"客观说"的融合和发展,在学说上被表述为,数人共同不法侵害他人之权利者,对于被害人所受损害,所以应负连带赔偿责任,系因数人的侵权行为具有关联共同性。所谓"关联共同性",即数人的行为共同构成违法行为的原因或条件,因而发生同一损害。[4]根据该说,共同侵权行为分为主观关联共同侵权行为和客观关联共同侵权行为两种类型。客观关联共同侵权行为,乃在数人所为不法侵害他人权利之行为,在客观上为被害人因此所生损害之共同原因。通说认为,共同原因数人的行为结合而发生同一损害者,固属此范围;即共同行为人各人之行为亦可能发生相同损害之情形,亦包括在内。[5]

中国的侵权法也长期存在主观说和客观说的争论,直到2003年《人身损害赔偿司法解释》提出"直接—间接结合说",使用"直接结合"与"间接结合"的区分来界定主观共同侵权行为之外应该承担连带责任的数人侵权行为范围,才将这一领域的探讨引入了新的阶段。所谓"直接结

---

〔1〕 参见于敏:《日本侵权行为法》,法律出版社1998年版,第257页,注释1。
〔2〕 参见于敏:《日本侵权行为法》,法律出版社1998年版,第280页。
〔3〕 参见[日]圆谷峻:《判例形成的日本新侵权行为法》,赵莉译,法律出版社2008年版,第339—341页。
〔4〕 参见孙森焱:《民法债编总论》(上),法律出版社2006年版,第231页。
〔5〕 参见孙森焱:《民法债编总论》(上),法律出版社2006年版,第232页。

合",是指数个行为人结合程度非常紧密,对加害后果而言,各自的原因力和加害部分无法区分。虽然这种结合具有偶然因素,但其紧密程度使数个行为凝结为一个共同的加害行为共同对受害人产生了损害。[1]而所谓"间接结合",是指"多因一果"中的多个原因行为的结合具有偶然性,但这些行为对损害结果而言并非全部都是直接或者必然的导致损害结果发生的行为。其中某些行为或者原因只是为另一个行为或者原因直接或者必然导致损害结果发生创造了条件,其本身并不会也不可能直接或者必然引发损害结果。[2]

二、共同危险行为

《东亚侵权法示范法(暂定稿)》第62条对"共同危险行为"的规定,某种意义上应该更名为"数人危险行为"。该条第1款规定:"二人以上实施有危及他人人身、财产安全的危险行为,其中一人或者数人的行为造成他人损害,不能确定具体加害人的,应当承担连带责任。"该款规定的一个重大特点是,没有强调"共同"实施危险行为,借鉴了《中华人民共和国侵权责任法》对传统大陆法系共同危险行为的重大调整。

《中华人民共和国侵权责任法》第10条放弃"共同"实施这一要件的考虑,是因为现代侵权法的数人侵权行为承担连带责任的理论基础已经从"主观说"转化为"关联共同说",这对共同危险行为的体系定位产生了重大影响。共同危险行为人承担连带责任的基础不再是共同过失,而是客观危险的可责难性,因此就没有必要再继续强调"共同"实施侵权行为。[3]这一新的规定也将数人危险行为定位为客观的共同侵权行为,而非传统意义上的主观的共同侵权行为。

关于共同危险行为人能够证明自己没有实际造成损害,是否能够作为免责事由,学说上一直存在"肯定说"和"否定说"的争议。所谓"肯定说",即认为,法律规定共同危险行为制度的目的,是在无法查证的情形下,消除受害人举证困难的问题,而不再为其找寻更多的债务人。其他参与人可以通过证据证明,其行为或者协力绝无可能导致损害之发生,而免

---

〔1〕 参见黄松有主编:《最高人民法院人身损害赔偿司法解释的理解与适用》,人民法院出版社2004年版,第63页。

〔2〕 参见黄松有主编:《最高人民法院人身损害赔偿司法解释的理解与适用》,人民法院出版社2004年版,第65页。

〔3〕 参见王竹:《再论共同危险行为——以客观关联共同侵权行为理论为视角》,载《福建师范大学学报(哲学社会科学版)》2010年第4期。

除责任。[1]日本近期的学说重视加害行为本身没有共同性,从而认定可以免责。[2]例如,日本民法学者几代通和德本伸一认为,《日本民法典》第719条第1款后半段的主旨在于,在所谓择一竞合的复数行为人的场合下,减轻因果关系的举证困难。因此,该款实质上是进行了因果关系的推定。[3]据此,日本民法学者吉村良一认为,在不知共同行为人中谁造成损害之时,对全体行为人课以"连带"责任的主旨在于,在难以证明因果关系的情况下救济受害人,因此被告如果可以证明自己的行为与损害之间不存在因果关系,则应该免除其责任。[4]中国台湾地区史尚宽先生认为,共同危险行为人不独证明其未加损害,而且须证明其未为损害之条件或原因,始得免其责任。[5]并且,中国台湾地区的钱国成[6]、王泽鉴[7]、林诚二[8]、孙森焱[9]、黄立[10]、姚志明[11]等教授,也持此观点。至于中国大陆,张新宝教授指出,与肯定说相应的,是不能免责的其他共同危险行为人之间继续承担连带责任的结论。[12]此外,刘士国[13]、刘凯湘[14]、刘保玉[15]、李锡鹤[16]、张铁薇[17]、程啸[18]等教授,也赞成这种观点。而

---

[1] 参见黄立:《民法债编总论》(修正第3版),台北2006年自版,第301页。
[2] 参见〔日〕田山辉明:《日本侵权行为法》,顾祝轩、丁相顺译,北京大学出版社2011年版,第160页。
[3] 参见〔日〕几代通、德本伸一:《侵权行为法》,有斐阁1993年版,第229页。
[4] 参见〔日〕吉村良一:《日本侵权行为法》(第4版),张挺译,中国人民大学出版社2013年版,第185页。
[5] 史尚宽:《债法总论》,中国政法大学出版社2000年版,第176页。
[6] 参见钱国成:《共同侵权行为与特殊侵权行为》,载郑玉波、刁荣华主编:《现代民法基本问题》,台北汉林出版社1981年版,第61页。
[7] 参见王泽鉴:《侵权行为》,北京大学出版社2009年版,第369页。
[8] 参见林诚二:《民法债编总论——体系化解说》,中国人民大学出版社2003年版,第166页;林诚二:《共同危险行为之构成与界限》,载《金陵法律评论》2008年第1期。
[9] 参见孙森焱:《民法债编总论》(上),法律出版社2006年版,第234页。
[10] 参见黄立:《民法债编总论》,中国政法大学出版社2002年版,第292页。
[11] 参见姚志明:《侵权行为法》,台北元照出版公司2005年版,第94页。
[12] 参见张新宝:《侵权责任法原理》,中国人民大学出版社2005年版,第88页。
[13] 参见刘士国:《现代侵权损害赔偿研究》,法律出版社1998年版,第87页。
[14] 参见刘凯湘、余文玲:《共同危险行为若干问题研究》,载《河南省政法管理干部学院学报》2005年第3期。
[15] 参见刘保玉、王仕印:《共同危险行为争议问题探讨》,载《法学》2007年第2期。
[16] 参见李锡鹤:《论共同危险行为》,载《华东政法大学学报》2011年第2期。
[17] 参见张铁薇:《共同侵权制度研究》,法律出版社2007年版,第286—287页。
[18] 参见程啸:《共同危险行为论》,载《比较法研究》2005年第5期;程啸:《论共同危险行为的构成要件——以〈侵权责任法〉第10条为中心》,载《法律科学(西北政法大学学报)》2010年第2期。

"否定说"认为,若仅证明自己无加害行为,而不能证明孰为加害人者,既无法确定责任之归属,自仍应负连带损害赔偿责任。[1]对举证自己行为与全部损害之间不存在因果关系的人是否予以减免责任,日本民法学界过去的客观共同说从对受害人的保护以及对共同行为人实施惩戒的意义上,确立了否定说。[2]日本的我妻荣教授也持该观点。[3]郑玉波教授在中国台湾地区"民法"第185条第1款后段规定的"不能知其中孰为加害人者,亦同"的立法语境下,精辟地指出:"盖法文明定'不知'孰为加害人即应连带负责,因而虽能证明其非加害人,但仍不能因之即'知'孰为加害人,故仍不能免责。"[4]而且中国台湾地区的王伯琦[5]、曾隆兴[6]等学者也持相同观点。在中国大陆民法学界,以王利明[7]、杨立新[8]、王成[9]等教授为代表的部分学者,持否定说,认为共同危险行为人不因证明自己的行为未造成实际损害而免除连带补充责任,还必须要证明谁是真正的行为人。

基于《东亚侵权法示范法(暂定稿)》第62条第1款的这种定位转化,第2款中对因果关系免责事由采用"否定说"就顺理成章了:"只能证明自己的行为没有造成该损害的,不能免除前款规定的赔偿责任。"本章主要起草人王竹教授进一步认为,共同危险行为侵权责任构成的因果关系如果采用"群体危险行为"理论,就更容易解释否定说的正当性。共同危险行为人是一个整体,不可分离。[10]只有这样的认识,才能解释共同危险行为的责任也只有一个责任,不是由若干分责任组成,而是不可分割的完整责任这一法律现象。[11]共同危险行为无需再借助所谓拟制的"选择性因

---

[1] 参见曾隆兴:《详解损害赔偿法》,中国政法大学出版社2004年版,第61页。
[2] 参见〔日〕加藤一郎:《侵权行为》(增补版),有斐阁1974年版,第211页。
[3] 参见于敏:《日本侵权行为法》,法律出版社1998年版,第277页。
[4] 郑玉波:《民法债编总论》(修订2版),陈荣隆修订,中国政法大学出版社2004年版,第144页。
[5] 参见王伯琦:《民法债编总论》,中国政法大学出版社2000年版,第176页。
[6] 参见曾隆兴:《详解损害赔偿法》,三民书局2008年版,第93页。
[7] 参见王利明:《共同危险行为若干问题研究——兼评〈最高人民法院关于审理人身损害赔偿案件适用法律若干问题的解释〉第四条》,载《法学杂志》2004年第4期;王利明:《论共同危险行为中的加害人不明》,载《政治与法律》2010年第4期;王利明:《侵权责任法研究》(上卷),中国人民大学出版社2010年版,第561页。
[8] 参见杨立新:《共同侵权行为及其责任的侵权责任法立法抉择》,载《河南省政法管理干部学院学报》2006年第5期。
[9] 参见王成:《侵权责任法》,北京大学出版社2011年版,第121页。
[10] 参见杨立新:《侵权法论》(第5版),人民法院出版社2013年版,第927页。
[11] 参见杨立新:《侵权法论》(第5版),人民法院出版社2013年版,第930页。

果关系",也不存在因果关系的推定问题,应该将符合客观关联共同的共同危险行为人视为整体,其行为结合成危险活动,其关联共同性表现为参与危险活动,因果关系存在于作为整体的危险活动与损害之间,是危险活动而非单个的危险行为造成了损害。[1]

三、原因累积

《东亚侵权法示范法(暂定稿)》第63条是对"原因累积"的规定,第1款规定的是数个充足原因偶然竞合导致损害的连带责任:"数人实施侵权行为,造成同一损害,每个行为人实施的行为都足以造成全部损害的,行为人承担连带责任。"第2款规定的是充足原因和非充足原因偶然竞合导致损害的特殊责任分担规则:"数人实施侵权行为,造成同一损害,有的行为人实施的行为足以造成全部损害,有的行为人实施的行为能够造成部分损害的,就共同造成损害的部分,行为人承担连带责任。"

该条第1款借鉴了欧洲侵权法对"非充足原因"(insufficient cause)和"充足原因"(sufficient cause)的区分[2],并对《中华人民共和国侵权责任法》第11条的规定予以了完善。按照两个充足原因[3]与损害的相对发生时间可以分为三种情况:第一种是"并发型因果关系",即两个侵权行为偶然同时发生并造成同一损害,而且每个侵权行为都足以造成全部损害。典型案例是污染案:A、B两个工厂同时排污,造成某一河流中养殖的鱼全部死亡,A、B两家单独的排污量就足以造成全部损害。[4]比较法上各国几乎无一例外地适用连带责任。[5]第二种是"连续型因果关系"[6],传统民法学者常举的例子,是两种作为行为的竞合,如B偷盗A的物品而C将该物品损害,一般认为B、C二人对A承担不真正连带责任。第三种是"先发型因果关系",有的是同类侵权行为,如A、B二人分别过失纵火,两起大火均可能烧毁C的房屋,但在B所纵大火延烧到C房屋之前,A所

---

[1] 参见王竹:《再论共同危险行为——以客观关联共同侵权行为理论为视角》,载《福建师范大学学报(哲学社会科学版)》2010年第4期。

[2] See Jaap Spier, C. H. W. M. Sterk, *Rope-dancing Dutch Tort Law*, Facultéde droit de l'Universitéde Genéve, 1993, p. 29.

[3] 杨立新教授将两个充足原因竞合导致的侵权行为称为叠加的分别侵权行为。参见杨立新:《侵权责任法》(第3版),法律出版社2011年版,第151—152页。

[4] See Spier (ed.), *Unification of Tort Law: Causation*, Kluwer Law International, 2000, p. 6, Case 18.

[5] See Spier (ed.), *Unification of Tort Law: Causation*, Kluwer Law International, 2000, p. 146.

[6] See Richard A. Epstein, *Torts*, Aspen Publishers, 1999, pp. 223-224.

纵大火已经将该房屋烧毁。[1]有的是非同类侵权行为，如有人给狗下毒，三天后狗必死无疑，另一人直接将狗杀死的情形。[2]其主要争议点在于后一原因是否应该承担责任。对于"充足原因"偶然竞合案件处理的困境是因果关系上不适用"but-for"规则。[3]为了避免这种困境，《欧洲侵权法原则》第3：102条"并发原因"规定："如果存在多个行为，而其中每一行为都可以同时单独地引起损害，则每个行为都可被认定为受害人损害的原因。"

对充足原因和非充足原因偶然竞合导致损害的特殊责任分担规则[4]，有两种不同的处理方式。以一个原因可以导致100%的损害，另一个原因可以导致50%的损害为例，可以将原因力叠加的部分作为连带责任，非重合的部分为按份责任。如果认为损害本身的部分是可以区分的，那么可以处理为，充足原因对50%的损害承担按份责任，然后两个责任人对剩余的50%（即叠加的50%）承担连带责任。就连带责任的部分，最终责任份额分别为25%。因此，充足原因责任人的最终责任为75%（其中按份责任50%，连带责任最终份额25%），非充足原因责任人的最终责任份额为25%，连带责任的最高额为50%。[5]如果认为损害本身是不可分的，那么按照原因力区分最终责任，充足原因承担66.7%的最终责任，非充足原因承担33.3%的最终责任。两位责任人在50%的范围内承担连带责任。[6]《东亚侵权法示范法（暂定稿）》第63条第2款实际上采纳了损害可分的观点，此即为部分连带责任的规则。

第三节　数人侵权责任分担

一、一般数人侵权责任分担形态

《东亚侵权法示范法（暂定稿）》第八章"多数人侵权行为与责任"的

---

[1] See Dan B. Dobbs, *The Law of Torts*, West Group, 2001, p.416.
[2] 参见王利明：《侵权行为法研究》（上卷），中国人民大学出版社2004年版，第721页。
[3] See European Group on Tort Law, *Principles of European Tort Law: Text and Commentary*, Springer, 2005, p.44.
[4] 杨立新教授将充足原因和非充足原因竞合导致的侵权行为称为半叠加的分别侵权行为。参见杨立新：《侵权责任法》（第3版），法律出版社2011年版，第151—152页。
[5] 参见杨立新：《侵权责任法》（第3版），法律出版社2011年版，第152页。
[6] 参见王竹：《论数人侵权责任分担中最终责任份额的确定方式》，载《法商研究》2010年第6期。

第二节"按份责任与连带责任"对一般数人侵权责任分担形态进行了统一规定,包括三个部分:第一部分是对按份责任和连带责任的规定;第二部分是统一规定按份责任和连带责任在最终责任份额的确定上适用相同的规则,如果适用的是连带责任,才涉及分摊请求权;第三部分是对混合责任的规定,实质是单向连带责任。

(一)按份责任与连带责任的区分

按份责任与连带责任的区分是一般数人侵权责任形态中一般与特殊的区分,其基本规则是:如果法律没有规定承担连带责任,则应该适用按份责任。《东亚侵权法示范法(暂定稿)》第64条第1款规定:"数人分别实施侵权行为,造成同一个损害结果,损害后果可以分割,法律没有规定承担其他责任分担形态的,应当按份承担赔偿责任。"这一规定考虑到了特殊数人侵权责任形态存在的可能性,是对整个数人侵权责任分担形态中按份责任适用规则的规定。同时,这一规定也是对分别侵权行为仅发生按份责任的法律后果这一传统观点的颠覆[1],突破性地将分别侵权行为所对应的侵权责任形态类型化为按份责任和连带责任提供了空间。[2]而且,该条第2款规定"按份责任人得拒绝超过其应当承担的责任份额的赔偿请求",这是因为,按份责任的每个部分都是独立的,每个侵权行为人都只按照一定的份额向受害人承担侵权责任,承担完自己份额的责任后就可以从数人侵权责任中脱身,既不需要担心受害人不能获得完全赔偿,也不能就自己应当承担的部分向其他侵权行为人追偿。[3]这种对"拒绝权"的明确规定,有利于保护责任人的自由,更为重要的是,也可以构成支付超过自己应当承担份额后向其他责任人主张不当得利的基础。

《东亚侵权法示范法(暂定稿)》第65条第1款是对连带责任一般规则的规定:"法律规定应当承担连带责任的,受害人可以向连带责任人中的一人、数人或者全部请求承担赔偿责任,但合计不得超过损害赔偿责任的总额。"由此可见,在数个侵权行为人承担连带责任的场合,从表面上看,要么是每个侵权行为都造成了损害,且是单独足以造成全部的损害后果;要么是每个侵权行为造成的损害份额并不清楚,只能将数个侵权行为视为一个整体加害行为。无论是哪一种情形,每个侵权行为人都

---

[1] 参见杨立新:《多数人侵权行为及责任理论的新发展》,载《法学》2012年第7期;杨立新:《论竞合侵权行为》,载《清华法学》2013年第1期。

[2] 参见孙维飞:《〈侵权责任法〉第12条之解释论及其体系辐射力研究》,载王洪亮等主编:《中德私法研究》第12卷,北京大学出版社2015年版。

[3] 参见杨会:《数人侵权责任研究》,北京大学出版社2014年版,第243—244页。

应当向受害人承担侵权责任,因此课以连带责任。但也不能让受害人获得多次赔偿或者超过其所受损害的赔偿,故而数人承担连带责任的总和以损害赔偿责任的总额为限。该条第 2 款是对"分摊请求权"的规定:"已经承担了超出自己应当承担的最终责任份额的连带责任人,有权就其超出部分,向其他未承担责任的连带责任人请求分担。"这是连带责任的内部追偿规则。第 3 款是对"二次分摊请求权"的规定:"部分连带责任人不能承担或者无法全部承担其最终责任份额的,其不能承担的部分,由其他连带责任人按各自最终责任比例二次分担。"具有创新性和最具特色的二次分摊请求权的规定,要求各个侵权人除了承担自己的比较责任份额外,还应当在各自的责任上限的范围内对其他侵权人不能清偿的部分承担连带责任,实际上彻底贯彻了最终责任和风险责任的区分,使得连带责任的承担成为了最终责任和风险责任的分配过程,最终实现的是责任的分配正义。

(二)最终责任与分摊请求权

只有在统一的责任分担理论下,才可能认识到按份责任和连带责任,乃至作为变形的混合责任,在最终责任分担的规则上是没有实质差别的。《东亚侵权法示范法(暂定稿)》第 66 条就是对最终责任份额统一确定规则的尝试,第 1 款规定:"确定最终责任人的最终责任份额,应当考虑下列因素:(一)过错程度;(二)原因力大小;(三)客观危险程度;(四)其他法定事由。"对过错程度和原因力大小的综合考虑,是对过错责任基础下最终责任分担规则的表述;对客观危险程度的考虑,是对危险责任基础下最终责任分担规则的表述,既要考虑原因力大小,又不排除同时考虑可能存在的过错;而第(四)项开放式的规定"其他法定事由",是预留了可能的其他侵权责任基础。例如,《东亚侵权法示范法(暂定稿)》第 5 条第 2 款规定:"法律可以就危险、缺陷或者其他可归责性事由,规定前款规定的侵权责任。"东亚侵权法学会已经在尝试将不同于危险的缺陷[主要适用于《东亚侵权法示范法(暂定稿)》第九章"产品责任"]作为法定的可归责事由。

《东亚侵权法示范法(暂定稿)》第 66 条第 2 款是补充性的最终责任平均分担规则:"不能依前款规定的方法确定最终责任份额的,应当平均分担赔偿责任。"衡平法谚有云:平等即衡平。早期的侵权法存在按照侵权人的数量对损害赔偿的最终责任进行平均分担的做法,但现代世界各国侵权法都一般不再进行平均分配,除非没有任何其他的分配方案。[1]较之比例分担,其公平性欠佳。因此,对于责任份额不明的数人侵权责任分担采用平均分担是补充性的规则,是在更加公平的比例分担无法实现的情况下,以人数作为基本比例关系,退而求其次的比例分担原则的实现方式。

《东亚侵权法示范法(暂定稿)》第 67 条是"分摊请求权"的独立规定:"分摊请求权,是指承担超过自己最终责任份额的责任人,向其他责任人请求承担相应的最终责任的请求权。"该条规定承认了"分摊请求权"在侵权法上的独立地位,其理论基础是对分摊不能风险的实现。由此,分摊请求权不再附属于连带责任,其有可能适用于各类一般数人侵权责任分担形态,为各类连带责任变形的设计创造了配套条件。

二、混合责任(单向连带责任)

《东亚侵权法示范法(暂定稿)》第 68 条"连带责任中的混合责任"在比较法上是一种创举。该条第 1 款规定:"依照法律规定,在连带责任中,部分责任人应当承担连带责任,部分责任人应当承担按份责任的,承担连带责任的人应当对全部责任负责;承担按份责任的人只对该负按份责任的份额承担赔偿责任,得拒绝受害人提出的超出其责任份额的赔偿请求。"这种依照法律规定的情形,一般是在连带责任中,由于特殊的原因,部分连带责任人无需再承担连带责任,因此就出现了部分连带责任人与部分按份责任人在最终责任分担不变的情形下,形成了单向的连带责任。最典型的,是《中华人民共和国侵权责任法》第 9 条第 2 款规定:"教唆、帮助无民事行为能力人、限制民事行为能力人实施侵权行为的,应当承担侵权责任;该无民事行为能力人、限制民事行为能力人的监护人未尽到监护责任的,应当承担相应的责任。"此处的监护人承担的相应责任,就是按份责任而非连带责任,因而教唆人、帮助人与监护人之间的数人侵权责任形态则成为单向连带责任。[2]

严格地说,《东亚侵权法示范法(暂定稿)》第 68 条第 2 款的规定是多余的:"承担了连带责任的责任人,对于超出自己最终责任份额的部分,有权向其他责任人或者按份责任人请求分摊。"因为这一规则完全可以从前述第 67 条规定的独立的分摊请求权规则中推导出来。此处只是考虑到作为

---

〔1〕 See W. V. H. Rogers (ed.), *Unification of Tort Law*: *Multiple Tortfeasors*, Kluwer Law International, 2004, p.297.

〔2〕 参见杨立新:《教唆人、帮助人责任与监护人责任》,载《法学论坛》2012 年第 3 期;王竹:《论教唆行为与帮助行为的侵权责任》,载《法学论坛》2011 年第 5 期。

对混合责任这一全新责任形态的体系性规定,才有了第 2 款的表述。

（一）特殊数人侵权责任分担形态

《东亚侵权法示范法（暂定稿）》第八章"多数人侵权行为与责任"的第三节"其他多数人侵权与责任"实际上是对特殊数人侵权责任分担形态的列举性规定,包括不真正连带责任、先付责任和补充责任。不真正连带责任的特点是责任人之间没有预设先后顺序,而先付责任和补充责任则是立法者已经为责任人确定了责任顺序。另外在该节中还对追偿权予以了明确的规定。

（二）没有预设责任顺序的不真正连带责任

《东亚侵权法示范法（暂定稿）》第 69 条第 1 款对不真正连带责任进行了统一规定："基于同一个损害事实产生两个以上的赔偿请求权,数个请求权的救济目的相同,但只有一个责任人是最终责任人,法律对请求权的行使顺序没有特别规定的,受害人可以选择其中一个或者数个请求权行使,请求承担赔偿责任。受害人获得全部赔偿之后,全部请求权消灭。"这一定义有如下几个要点:①两个以上的赔偿请求权产生基础相同,救济目的相同;②多个赔偿请求权是基于法律规定产生的,但最终责任人只有一个;③法律对于请求权的行使顺序没有特别规定,否则就是先付责任或者补充责任;④受害人并非必须只能选择一个责任人就行求偿,而是类似连带责任一样可以选择多个责任人就行求偿,但一旦获得全部赔偿,全部请求权均消灭。

之所以说是统一规定,是因为《东亚侵权法示范法（暂定稿）》第 69 条并没有区分双向与单向的不真正连带责任,而是在第 2 款统一规定了追偿权的行使："受害人请求承担责任的责任人不是最终责任人的,承担中间性责任的责任人在承担了赔偿责任后,有权向最终责任人追偿。"这主要是照顾到东亚各法域并非全面承认不真正连带责任,进而也就缺乏对双向与单向不真正连带责任进行区分的必要。双向与单向不真正连带责任的主要差别在于最终责任人是否确定,如果不确定,那么未来的追偿权存在双向的可能性;如果最终责任人是确定的,那么未来的追偿权方向则仅具有单向地由中间责任人向最终责任人进行追偿的可能性。典型的双向不真正连带责任,就是《中华人民共和国侵权责任法》第 43 条规定的缺陷产品责任[1];典型的单向不真正连带责任,主要存在于第三人过错引起的危险责任,例如《中华人民共和国侵权责任法》第 68 条对因第三人的过错污染

---

[1] 参见杨立新:《论不真正连带责任类型体系及规则》,载《当代法学》2012 年第3 期。

环境造成损害的规定和第 83 条对因第三人的过错致使动物造成他人损害的规定。[1] 因为最终责任人是有过错的第三人，所以追偿权只可能单向地指向有过错的第三人。

(三) 有预设责任顺序的先付责任与补充责任

在没有预设责任顺序的不真正连带责任之外，理论上存在立法者对数个不真正连带责任人的责任承担顺序进行预设的立法技术。这种立法技术以非最终责任人为坐标，如果非最终责任人优先承担责任，那么被称为"先付责任"；如果非最终责任人劣后承担责任，那么被称为"补充责任"。[2]

《东亚侵权法示范法（暂定稿）》第 70 条第 1 款对先付责任及其追偿权进行了规定："基于同一个损害事实产生两个以上的赔偿请求权，数个请求权的救济目的相同，但只有一个责任人是最终责任人，法律规定只能向非最终责任人请求赔偿的，受害人只能向非最终责任人请求赔偿。非最终责任人赔偿后，有权向最终责任人追偿。"在责任的发生上，先付责任与普通的不真正连带责任没有本质差别，区别在于立法者基于特别考虑，规定受害人只能向非最终责任人请求赔偿，然后再由非最终责任人对最终责任人进行追偿，这贯彻的是对最终责任人的保护目的。典型的是《中华人民共和国侵权责任法》第 44 条的规定："因运输者、仓储者等第三人的过错使产品存在缺陷，造成他人损害的，产品的生产者、销售者赔偿后，有权向第三人追偿。"

《东亚侵权法示范法（暂定稿）》第 70 条第 2 款是在第 1 款限定赔偿责任基础上，对"赔偿僵局"进行化解的特别规定："符合前款规定的情形，应当承担中间性责任的非最终责任人丧失赔偿能力，不能承担赔偿责任的，受害人可以向最终责任人请求承担赔偿责任。"如果从更宏观的角度看，这相当于是将最终责任人作为非最终责任人的补充责任人，其与补充责任的差别只是补充责任人是最终责任人而不是非最终责任人。这也体现出了先付责任与补充责任区分的相对性。

《东亚侵权法示范法（暂定稿）》第 71 条第 1 款是对补充责任及其追偿权的规定："基于同一个损害事实产生两个以上的赔偿请求权，数个请求权的救济目的相同，法律规定为补充责任的，受害人应当首先向直接责任人请求赔偿。直接责任人不能赔偿或者赔偿不足的，受害人可以向补充责

---

〔1〕 参见杨立新：《论不真正连带责任类型体系及规则》，载《当代法学》2012 年第 3 期。

〔2〕 参见杨立新：《论不真正连带责任类型体系及规则》，载《当代法学》2012 年第 3 期。

任人请求承担赔偿责任。补充责任人承担补充责任后,有权向直接责任人行使追偿权。"如果将其与《东亚侵权法示范法(暂定稿)》第70条的先付责任进行对比,除了补充责任人的设定不同之外,更重要的是,通过让最终责任人先承担责任,避免了可能的追偿权行使,简化了法律关系。如果最终责任人无法承担责任,则由补充责任人承担责任,在利益顺位上,最终责任人将被侵权人排在第一位。

《东亚侵权法示范法(暂定稿)》第71条第2款实际上体现了对补充责任人是否存在最终责任争议的回应:"前款规定的补充责任,补充责任人与最终责任人之间存在最终责任分担的,承担了超过自己责任份额的责任人可以向其他责任人追偿。"原则上,补充责任人不应该承担最终责任,否则就失去了设计补充责任的价值。[1]但在特定情况下,被列为补充顺位的责任人对损害的发生也应该承担一定的责任份额,这实质上是按份责任与补充责任的聚合,为了方便适用,在《东亚侵权法示范法(暂定稿)》中予以了规定。原则上,这种规则可以通过同时适用补充责任和按份责任,然后调用统一的分摊请求权条款来实现。

---

[1] 参见王竹:《补充责任在〈侵权责任法〉上的确立与扩展适用》,载《法学》2009年第9期。

第九章　产品责任

【《东亚侵权法示范法（暂定稿）》条文】

第七十二条【产品定义】

本法所称产品，是指经过加工、制作，用于流通的动产。

建设工程不属于产品，但建设工程中使用的建筑材料、构配件和设备等，属于前款规定的产品范围的，属于产品。

下列用于销售的物品，视为本法所称的产品：

（一）利用导线输送的电能以及利用管道输送的油品、燃气、热能或者水；

（二）计算机软件和类似电子产品；

（三）用于销售的微生物制品、动植物制品、基因工程制品或者人类血液制品。

第七十三条【产品缺陷类型】

产品缺陷，是指产品存在的危及人身、财产安全的不合理危险。下列情形为产品缺陷：

（一）制造缺陷，是指产品背离其设计意图而具有的不合理危险。

（二）设计缺陷，是指可以通过采纳合理替代性设计而减少或者避免损害，而没有采纳合理替代性设计，致使产品不具有合理性安全的不合理危险。

（三）警示说明缺陷，是指产品具有合理危险，可以通过提供充分的说明或者警示而避免损害，但没有提供该说明或者警示，或者说明、警示不充分，致使产品包含的合理危险转化而成的不合理危险。

第七十四条【产品缺陷的推定】

产品造成的损害属于通常能因产品缺陷引起的类型，且在该具体案件中的损害不是因产品在出售或者分发时存在的缺陷以外的原因引起的，推定产品在交付时存在缺陷。

第七十五条【生产者与销售者中间性责任的无过错责任及追偿】

因产品存在缺陷，造成他人人身损害或者缺陷产品以外的财产损害的，受害人可以向缺陷产品的生产者或者销售者请求承担赔偿责任。

销售者承担赔偿责任后，有权向生产者追偿，但生产者能证明缺陷是由销售者的过错引起的除外。

产品缺陷是由销售者的过错造成的，生产者承担赔偿责任后，有权向销售者追偿。

第七十六条【生产者的无过错最终责任】

产品缺陷是由生产者造成的，生产者应当承担赔偿责任，不得向销售者追偿。

第七十七条【产品责任的免责事由】

生产者能够证明有下列情形之一的，不承担赔偿责任：

（一）未将产品投入流通的；

（二）产品投入流通时，引起损害的缺陷尚不存在的；

（三）将产品投入流通时的科学技术水平尚不能发现缺陷的存在的。

第七十八条【售后警告与产品召回及责任】

产品投入流通前没有发现存在缺陷，在投入流通后，生产者发现产品存在合理危险的，应当以充分、有效的方式向买受人发出警示，说明防止损害的正确使用方法，防止损害发生。未履行或者未合理履行售后警示义务，致使造成损害的，应承担赔偿责任。

产品投入流通后，生产者发现产品存在缺陷能够致人损害的，应当及时采取合理、有效措施对该产品予以召回。未履行或者未合理履行产品召回义务致人损害的，应承担赔偿责任。

销售者协助生产者履行本条第一款和第二款规定的义务。

第七十九条【运输者、仓储者的责任】

因运输者、仓储者的原因使产品存在缺陷的，生产者或者销售者应当承担赔偿责任。生产者或者销售者承担赔偿责任后，有权向运输者、仓储者追偿。

生产者、销售者不能承担赔偿责任的，受害人得直接向运输者、仓储者请求承担损害赔偿责任。

第八十条【产品质量担保者责任】

产品质量检验机构、认证机构出具的检验结果或者证明不实，造成损害的，应当与产品的生产者、销售者承担连带责任。

对产品质量作出承诺、保证，且该产品不符合其承诺、保证的质量要求，造成损害的，承诺人、保证人与产品的生产者、销售者承担连带责任。

第八十一条【虚假广告责任】

生产者、销售者利用虚假广告或者其他虚假宣传方式提供产品造成损害的，依照本法的规定承担产品责任。

广告经营者、广告发布者明知或者应知广告或者其他宣传方式为虚假，仍然设计、制作、发布的，对缺陷产品造成的损害，与缺陷产品的生产者、销售者承担连带责任。

在虚假广告或者其他虚假宣传方式中推荐产品，推荐人就该缺陷产品造成的损害，与前款规定的责任人承担连带责任。

第八十二条【传统交易平台提供者责任】

集中交易市场的开办者、柜台出租者、展销会举办者等交易平台提供者未尽必要管理义务，就缺陷产品造成的损害，受害人得请求产品的生产者、销售者承担责任，亦得请求有过错的交易平台提供者承担责任；但交易平台提供者事先承诺先行赔付的，依照其承诺承担责任。交易平台提供者承担了赔偿责任后，有权向产品的生产者或者销售者追偿。

交易平台提供者明知销售者或者生产者利用其平台侵害消费者私法权益的，应当与该销售者或者生产者承担连带责任。

第八十三条【网络交易平台提供者的责任】

通过网络交易平台购买的产品有缺陷造成损害的，受害的消费者得向销售者或者生产者请求赔偿。

网络交易平台提供者不能提供销售者或者生产者的真实名称、地址和有效联系方式的，受害的消费者得向网络交易平台提供者请求赔偿；网络交易平台提供者承诺先行赔付的，依照其承诺承担责任。网络交易平台提供者赔偿后，有权向销售者或者生产者追偿。

网络交易平台提供者明知销售者或者生产者利用其平台侵害消费者私法权益，未采取必要措施的，应当与该销售者或者生产者承担连带责任。

网络用户利用网络非交易平台销售产品，造成他人损害，网络交易平台提供者为其提供价金托管支付等服务的，准用本条第二款和第三款规定确定赔偿责任。

第八十四条【原、辅材料和零部件提供者责任】
向生产者提供有缺陷的原、辅材料，生产者用该材料制造的产品存在缺陷致人损害的，由生产者承担赔偿责任。生产者承担赔偿责任后，有权向缺陷原、辅材料的提供者追偿。受害人也可以直接向有缺陷的原、辅材料的提供者请求承担赔偿责任。

零部件提供者提供的零部件有缺陷的，适用前款规定。

第八十五条【二手商品、再造商品的责任】
二手商品的销售者视为生产者。该产品尚处于质量保证期内的，原生产者承担质量保证责任。

再造商品的原生产者不承担产品责任，但损害是因原产品固有缺陷造成的除外。

第八十六条【食品致害的特别规定】
食品的生产者、销售者生产、销售的食品虽然符合质量标准，但仍然造成了消费者严重人身损害的，应当依照本法第七十四条规定推定该产品存在缺陷。

作为食品销售的初级农产品、狩猎品的销售者应当承担产品责任。

第八十七条【药品、血液致害的特别规定】
药品的生产者、销售者应当对药品不存在缺陷承担举证责任；不能证明缺陷存在的，应当对缺陷药品造成的损害承担赔偿责任。

血液提供机构应当对血液符合相关标准承担举证责任；不能证明血液符合相关标准的，应当承担赔偿责任。依照行为时的科学技术尚不能发现血液存在致害可能的，对于造成的损害应当承担适当的补偿责任。

第八十八条【有关烟草等有害健康警示的不可免责性】

烟草等产品的生产者、销售者仅就烟草有害健康作出警示，不视为已经尽到警示说明义务。

第八十九条【造成人身损害的超出实际损失的赔偿】

生产者、销售者因故意或者重大过失使产品存在缺陷，或者明知生产或者销售的产品存在缺陷，可能造成他人人身损害，仍然生产或者销售，造成他人损害的，受害人可以请求生产者、销售者在赔偿实际损失之外，另行支付超过本法第三十九条规定以外的赔偿金。

前款规定的赔偿金，应当根据责任人的恶意程度及造成的损害后果，在必要的限度内确定。

第九十条【产品责任的最长保护期】

缺陷产品致人损害的赔偿请求权，在造成损害的缺陷产品交付最初消费者后满十五年丧失；但尚未超过明示的安全使用期的除外。

【法理阐释】

《东亚侵权法示范法（暂定稿）》第九章规定了产品责任的相关规则。本章综合世界及东亚各国的产品责任法经验，对示范法本章条文进行理论阐释。随着社会工业化进程的推进，需要救助因工业性产品的缺陷造成人身及财产损害的受害人。比如，由于药物的副作用而留下后遗症，或者由于汽车故障而发生交通事故等情况。在这种情况下，损害均是由批量生产的产品的缺陷造成的，因此，同种损害可能会大规模出现。但是，应对诸如此类的产品缺陷造成的损害事故时，传统的合同法以及侵权法未必合适。首先，从合同法的应对角度考虑，很多情况下，生产者和受害人之间并没有签订合同，所以此时受害人不能直接追究生产者的合同责任。因此，我们一般通过侵权法进行索赔。但是，传统的侵权法根据的是过失责任原则，在很多产品存在缺陷问题的诉讼案件中，很难证明生产者存在过失。因此，这种情况下不能依据侵权法中的"特别法"追究过失责任，而是需要一部根据"制造出售有缺陷的产品"这一事实而追究责任的法律——产品责任法。

如今，东亚各国也已经制定并实施了产品责任法（1993年的《中华人民共和国产品质量法》、2000 年的《韩国产品责任法》以及 1994 年的《日本产品责任法》等)。但是,如果每个国家独自制定产品责任法,则内容将会脱节,生产者应当承担的责任会根据产品的流通分销国家而有所不同。在这种情况下,生产者由于责任不明确,便不能自由地进行制造出售活动,从而将会阻碍东亚共同市场的形成。另外,对产品购买者(消费者)的权利保护也因国家而异,这也会给东亚共同市场的发展带来不利影响。因此,《东亚侵权法示范法(暂定稿)》第九章规定了统一的产品责任法的示范法,具体规定在该示范法第 72—90 条。

本章意在概述《东亚侵权法示范法(暂定稿)》第九章的内容,在力所能及的范围内,跟其他国家的产品责任法进行对比,并将重点参考美国及欧洲的产品责任法。首先,美国和欧洲的产品责任法发展成熟,但二者之间的差异也比较大,通过与美国和欧洲的产品责任法进行对比,本示范法的特点也会变得鲜明起来。美国的法律及判例等因州而异,欧洲各国的法律也不相同。本章将参考美国产品责任法的代表性示范法,即 1997 年颁布的《美国侵权法重述·第三次·产品责任编》,同时参考欧洲的产品责任法,即 1985 年的《关于技术协调和标准化的新方法》。此外,在对比法律时,不应仅对比法律条款,也需要探讨法律条款的解释,但是由于本文篇幅有限,因此,暂时只以条款为线索进行比较探讨,不(以脚注的形式)引用各国的相关学说。另外,还将东亚各国的产品责任法进行了相互对比。把各国的法律和《东亚侵权法示范法(暂定稿)》进行相互对比也是相当重要的。

第一节 产品的概念及产品缺陷类型

一、产品的概念

(一) 产品概念的概括性规定

根据《东亚侵权法示范法(暂定稿)》第 72 条第 1 款的规定,"产品"是指经过加工或制作,以流通为目的的动产。关于产品的范围有各种解释,需要参照上文中提到的产品责任法的宗旨进行考察。

1. 动产

根据《东亚侵权法示范法（暂定稿）》的规定，产品必须是动产，因此，不动产不是产品。欧洲《关于技术协调和标准化的新方法》第2条也是同样的规定。但是在美国，根据《美国侵权法重述·第三次·产品责任编》第19条第a项的规定，也有追究不动产产品责任的案例。将产品责任法限于动产是因为，如上文所述，产品责任法是追究量产产品缺陷重大责任（无过失责任）的法律，而建筑物等一般是委托建造的，不一定是统一建造的，并且，委托建造时委托人和承包商之间签有合同（承包合同），修建的建筑物有缺陷时，委托人可以依据合同追究承包商的责任。因此，委托人没有必要依据产品责任法追究承包商的责任。当然，根据《东亚侵权法示范法（暂定稿）》第72条第2款的规定，该示范法适用于修建时使用的建筑材料、零件及设备等。虽然建筑物属于不动产，但是建筑材料本身全都属于动产。

2. 加工制作

根据《东亚侵权法示范法（暂定稿）》的规定，产品是指经过加工制作的物品。从一般意义上来说，加工就是指对材料进行加工，在保留原材料本质的同时增加新的价值，而制造是指使用原材料创造出新的产品。但是，在适用该示范法时，没有必要区分加工和制作。加工制作指的就是设计产品、加工原材料、组装零件，将其作为产品完成，检验产品、包装并标记内容和警告的一系列过程。

出售未经加工过的农产品和水产品，例如，钓到的鱼或者收获的萝卜等时，就会出现一些问题。一方面，如上文所述，产品责任法是追究生产者责任的法律，所以，未经加工的农产品等出现缺陷问题时，因为销售者出售时完全没有进行过加工，所以不能追究销售者的责任（当然会出现一般意义上的合同责任或侵权责任）。而且，还需要考虑到，很多农渔业经营者都是零散经营者，无法承担产品责任法规定的重大责任。因此，根据《关于技术协调和标准化的新方法》的规定，未经加工的农产品被排除在外（第2条），但又允许欧盟各国按照本国法律将未经加工的农产品纳入产品中（第15条第1款第a项）。然而，由于疯牛病的影响，自1999年以来，农产品和畜产品等也成了产品。另一方面，在美国，根据《美国侵权法重述·第三次·产品责任编》第19条第a项的规定，产品责任不限于加工产品。《东亚侵权法示范法（暂定稿）》第87条第3款也规定了销售者将农产品以及狩猎品等作为食品出售时应该对产品负责。

3. 流通目的

根据《东亚侵权法示范法（暂定稿）》的规定，产品是指以流通为目的之物品。如上文所述，产品责任法的责任基础是以出售为目的交付产品，即投入流通。因此，生产者对未经流通的物品，比如，尚在实验阶段的药品被人从制药公司的仓库中偷走并出售到市场上的，不承担产品责任。这种情况下，根据《东亚侵权法示范法（暂定稿）》第 77 条第（一）项的规定，生产者将获得免责。这一规定与《关于技术协调和标准化的新方法》第 7 条第 a 款的规定相同。在美国，对于这种情况，虽然没有明确的法律条文，但是法律条款的解释相同。根据《美国侵权法重述·第三次·产品责任编》第 1 条的规定，产品责任是指存在缺陷的产品的销售者或者提供者的责任。

（二）产品的范围

以上内容为产品定义方面的相关原则，而关于产品的范围方面，对立意见较多。下文将通过几个经常被提到的论点进行论述。

1. 服务

根据《东亚侵权法示范法（暂定稿）》的规定，产品为动产。因此，"服务"本身不是物品，更不是产品。《关于技术协调和标准化的新方法》的规定也与此相同。此外，《美国侵权法重述·第三次·产品责任编》第 19 条第 b 项也将服务排除在产品责任的对象之外。如上所述，产品责任法中的产品，是指批量生产的商品，而服务则内容多样化且不是批量生产的，此外，服务一般是服务提供者依据合同向他人提供服务，服务有缺陷时，受害人基本上可以追究合同责任，很少需要依据产品责任法追究特别责任。同时，虽然建设工程本身属于服务，不适用产品责任法，但如上文所述，根据《东亚侵权法示范法（暂定稿）》第 72 条第 2 款的规定，修建时使用的材料、零件以及设备等物品属于产品。因此，在提供服务的同时也提供了动产的情况下，很难区分这里的动产属于服务还是属于动产本身。

2. 能源

与其说电力不是物品，不如承认供电是种服务，因此电力被排除在产品责任法的对象之外。但是，电力能够进行管理与控制并具有财富价值，因而，法律上也可以将其当作一种物品。美国将电力当作一种特殊的产品（《美国侵权法重述·第三次·产品责任编》第 19 条第 a 项），欧盟也将电力当作产品（《关于技术协调和标准化的新方法》第 2 条）对待。根据《东亚侵权法示范法（暂定稿）》第 72 条第 3 款的规定，通过导线传输的电力属于产品。

至于电力以外的能源，还没有进行过充分的讨论。石油以及天然气等属于物品，适用于产品责任法。《东亚侵权法示范法（暂定稿）》第72条第3款明确规定了经导管输送的石油、天然气、热能及水为该示范法所称的产品。之前没有经导管供给的能源等物品适用于产品责任法的相关规定，但是能源通过导管供给时，供给者可以方便地对其进行管理控制，因此应该适用于产品责任法。

3. 信息

信息不属于物品，更不属于产品。例如，书籍属于产品，但是书上记载的信息不可能承担产品责任。信息不具有动产那样的危险性，而且内容多种多样，不适用以批量生产的商品为前提的产品责任法条文。另外，信息有时候会像软件那样，被添加到电子产品上使用，这时信息作为一种物品适用于《东亚侵权法示范法（暂定稿）》第72条第3款的规定。

4. 疫苗和血液等

医疗上使用的微生物以及血液等物品基本上都是加工之后才出售，因此属于产品。但如此一来，医生很有可能会承担重大责任。所以，有意见指出，应该将输血等看作一种医疗服务，而非属于产品责任法的规范对象。例如，美国《美国侵权法重述·第三次·产品责任编》第19条第c项将人的血液以及组织排除在产品责任法的对象之外。但是，《东亚侵权法示范法（暂定稿）》第72条第3款明确规定这些也属于"产品"，并且，第87条第2款也将血液视为"产品"。

二、产品的缺陷及其推定

（一）产品缺陷的定义

根据《东亚侵权法示范法（暂定稿）》第73条的规定，产品"缺陷"是指产品存在危及人身财产安全的不合理的危险。关于产品缺陷的定义，必须从产品责任法宗旨的角度进行考察。

我们可以从文章开头叙述的产品责任法的宗旨中了解到，产品责任法处理的问题，并不是指产品不具有合同规定的质量问题。例如，合同中规定的时速能到达300公里的汽车，实际上时速只能达到200公里时，买主追究对方的合同责任即可。产品责任法处理的是产品因缺乏安全性从而导致交通事故的问题。产品责任法中规定的"缺陷"是指缺乏安全性，即产品存在危险。而且，该危险包含两种情况，危及生命的危险以及危及财产的危险。

对产品来说，该危险必须是不合理的危险。反过来讲，如果是合理的危险，则不承担产品责任。关于这点，根据《关于技术协调和标准化的新方法》第 6 条的规定，产品"缺陷"是指①产品的特性，②通常可预见的使用形态，以及③在流通过程中，产品欠缺通常应有的安全性。《东亚侵权法示范法（暂定稿）》第 73 条的解释参考了这一规定。是否合理应依据产品的特性以及使用方法进行判断。例如，做饭时使用的刀具对人体具有危险性，但这一危险并非不合理；砂糖虽然不具有特别的危险，但过量摄取时会损害人体健康。诸如此类的异常使用方式导致的损害，生产者不承担责任。当然，生产者没有通过适当的方式提醒产品的使用方法时，可能导致《东亚侵权法示范法（暂定稿）》第 73 条第（三）项中提到的警告帮助上的"缺陷"问题。

同时，安全期望的标准是个问题，通常认为应该以合理的消费者的期望为基础。但是，也有观点指出，由于消费者很难判断安全性，所以应该以销售者为基础进行判断（因为可以认为理性的销售者不会出售危险的东西）。无论如何，它应该基于合理性。

此外，如上文所述，产品责任依据的是以出售为目的交付存在危险的产品。是否含有缺陷，以交付时间为标准进行判断。因此，交付时没有缺陷的话，根据《东亚侵权法示范法（暂定稿）》第 77 条第（二）项的规定，生产者不承担责任；同时，交付时的科学技术水平尚不能发现缺陷的存在的，《东亚侵权法示范法（暂定稿）》第 73 条第（三）项的规定，生产者不承担赔偿责任。另外，根据《关于技术协调和标准化的新方法》第 6 条第 2 款的规定，不能以之后会出售更加优质的产品为由，先提供含有缺陷的产品。缺陷的有无，理所当然地应该以交付时间为标准进行判断。《东亚侵权法示范法（暂定稿）》也采用了类似的解释；但是，交付之后，发现产品存在缺陷时，生产者应负本示范法第 78 条规定的警告或召回之责。

（二）产品缺陷的类型

为了明确产品缺陷的定义，需要指出产品缺陷的类型，《东亚侵权法示范法（暂定稿）》第 73 条提出了三种类型。这三种类型依据《美国侵权法重述·第三次·产品责任编》第 192 条制定。这些都是以制造过程为着眼点的类型。

1. 《东亚侵权法示范法（暂定稿）》第 73 条第（一）项规定了制造缺陷

制造缺陷，是指产品在设计上不存在不合理的危险，但在制造过程中因失败导致产品存在不合理的危险。例如，在食品的生产过程中混入了有毒物质。只要不能完全消除制造过程中的失败，制造上的缺陷就不可避免。但是，正是因为制造上的缺陷不可避免，所以生产者应当承担无过失责任。本来，产品责任法就是因此类缺陷而出现的。

2.《东亚侵权法示范法（暂定稿）》第73条第（二）项规定了设计缺陷

设计缺陷，是指产品在设计上存在着不合理的危险。想要知道产品是否存在上文提到的制造缺陷，只需要跟同种类的其他产品作对比即可进行简单判断；但是想要判断设计缺陷却很困难。此外，设计上存在缺陷时，根据该设计制造的所有产品都存在缺陷，如果轻易地使生产者承担责任，会使生产出售的经济活动大大萎缩。因此，需要慎重判断，特别是需要考虑其他合理的设计是否可行。也就是说，尽管能够通过其他合理的设计去除缺陷，但是设计上存在危险时，依然被看作是设计缺陷。根据《美国侵权法重述·第三次·产品责任编》第2条第b项的规定，即使存在其他的合理设计，但一旦采用了危险的设计，生产者就应承担过失责任。因此，相对于无过失责任，生产者的责任更接近于过失责任。

3.《东亚侵权法示范法（暂定稿）》第73条第（三）项规定了警告说明缺陷

警告说明缺陷，是指产品自身的危险合理，但因帮助或者警告不恰当，致使消费者遭受不合理的危险。例如，没有充分警告提醒药物的副作用。有关这方面的判断也很困难，跟设计上的缺陷相同，是否存在其他合理的帮助或警告是判断的重要因素。在这一点上，《美国侵权法重述·第三次·产品责任编》第2条第b项的规定也是相同的。同时，根据《东亚侵权法示范法（暂定稿）》第88条的规定，针对烟酒等物品，只是警告其对健康有害，并不意味着已经充分警告过。同时，生产者进行虚假广告宣传时也应负本示范法第81条第1款规定的产品责任。

（三）产品缺陷的推定

有时候消费者很难证明产品存在缺陷，因此《东亚侵权法示范法（暂定稿）》制定了一些容易证明的推断规定。比如，推断缺陷的存在，推断缺陷和损害之间的因果关系，以及推断缺陷在交付时已经存在。但是，产品缺陷造成的损害种类多样，很难以一般形式制定规定，强制制定的话，很容易导致条件模糊不清，规定不明确。因此，实际立法时基本不制定推断规定。例如，根据《关于技术协调和标准化的新方法》第4条的规定，关于损害的发生、缺陷的存在以及损害和缺陷之间的因果关系，被害人应负举证责任（关于损害的发生，被害人当然应该承担举证责任。而缺陷和

（缺陷和损害之间的）因果关系的举证责任则是个问题。但是，为了保护消费者，还是希望能有推断规定。

因此，根据《东亚侵权法示范法（暂定稿）》第74条的规定，产品损害一般是指由该产品缺陷造成的损害，只要证明具体事件中的损害不是由出售及分配时存在的缺陷以外的原因造成的，就可以推断该缺陷在交付时已经存在。该规定跟《美国侵权法重述·第三次·产品责任编》第3条的规定相同。

第二节　产品责任的具体规则

一、责任主体

承担责任的当然应该是生产者，但是，很多时候销售者也需要负责。例如，根据《美国侵权法重述·第三次·产品责任编》第20条的规定，与其说是生产者负责，不如说是销售者或者提供者负责，其中也包含出租人和寄托人。这是因为，销售者也参与了缺陷产品的流通。但是，根据《关于技术协调和标准化的新方法》第3条第3款的规定，只有在生产者无法确定的情况下销售者才负责，并且，如果销售者告知（被害人）谁向自己（销售者本人）出售该产品，则该销售者不负责。这是为了在生产者不明的情况下救济被害人。如果A工商业者向被害人出售了存在缺陷的产品，且A将自己从B处购买产品一事告知被害人，则A不负责任。同样，如果B告知是C向自己（B）出售的话，则B不负责任。如此一来，被害人最终就能追溯到生产者。

《东亚侵权法示范法（暂定稿）》就此进行了规定：首先，生产者及销售者应承担产品责任；其次，运送人等其他人在有过失的情况下也应负责。

（一）责任主体1：生产者和销售者

根据《东亚侵权法示范法（暂定稿）》第75条第1款的规定被害人可以向缺陷产品的生产者或者销售者追究责任；第2款规定，销售者赔偿损害后，可以要求生产者进行赔偿；第76条规定，生产者赔偿损害后，不能要求销售者进行赔偿，所以最终承担产品责任的是生产者。可以说，该规定是与美国法律及欧洲法律不同的一种折中的规定。当然，生产者也可以根据《东亚侵权法示范法（暂定稿）》第77条的规定免责。此外，缺陷因销售者的过失造成的，生产者在赔偿损害后，可以根据本示范法第75条第

3 款的规定，要求销售者进行赔偿。这种情况下，存在过失的销售者最终承担责任。

另外，根据《美国侵权法重述·第三次·产品责任编》第 14 条和《关于技术协调和标准化的新方法》第 3 条第 1 款的规定，自己（在包装上）标记自己是生产者的，即使不是自己制造的，也应负产品责任。虽然《东亚侵权法示范法（暂定稿）》中没有类似的规定，但其规定，自己表示自己是生产者，随后又否定的，违反了信义原则。因此可以认为《东亚侵权法示范法（暂定稿）》跟美国法律和欧洲法律相同。

（二）责任主体 2：生产者销售者以外的责任主体

《东亚侵权法示范法（暂定稿）》的规定，生产者、销售者以外的人造成缺陷的，根据本示范法第 79 条和 82 条的规定，有可能是生产者、销售者负责，根据本示范法第 80 条、第 81 条、第 83 条、第 84 条的规定也有可能是生产者、销售者以外的人跟生产者一起负责。

1. 运送人和仓库管理者

根据《东亚侵权法示范法（暂定稿）》第 79 条第 1 款的规定，运送人及仓库管理者造成缺陷的，首先由生产者和销售者负赔偿责任；其次，生产者、销售者在赔偿受害人的损害之后，可以向运送人和仓库管理者追偿。但是，生产者销售者因能力不足而无法负责时，被害人可以根据《东亚侵权法示范法（暂定稿）》第 79 条第 2 款的规定，直接要求运送人和仓库管理者进行损害赔偿。

2. 产品质量担保者

根据《东亚侵权法示范法（暂定稿）》第 80 条第 1 款和第 2 款的规定，检查机构和认证机构检查或者认证错误时，需要和生产者、销售者负连带责任；质量担保者亦相同。

3. 虚假广告者

根据《东亚侵权法示范法（暂定稿）》第 81 条第 1 款的规定，生产者销售者进行虚假广告宣传时，应承担产品责任。《美国侵权法重述·第三次·产品责任编》第 9 条的规定与之相同。

与此相应，根据《东亚侵权法示范法（暂定稿）》第 81 条第 2 款的规定，生产者、销售者以外的人因故意或者过失而进行虚假广告宣传的，需和生产者销售者一同负连带责任；以虚假广告推荐产品者根据同条第 3 款的规定也要承担相应的责任。

4. 市场提供者

根据《东亚侵权法示范法（暂定稿）》第 82 条第 1 款的规定，市场设置者以及柜台出租人没有尽到管理义务时，需和生产者销售者一同负连带责任。（市场提供者）获知生产者销售者通过市场侵害消费者权利时，根据同条第 2 款的规定也要承担相应的责任。

根据《东亚侵权法示范法（暂定稿）》第 83 条第 1 款的规定，通过网络市场购买的产品存在缺陷时，生产者、销售者应负责。但是，网络市场提供者无法向（消费者）提供生产者、销售者的名称和地址时，消费者可以要求市场提供者赔偿损害。通过网络市场造成损害的，市场提供者提供主机费用支付等服务的亦相同。

5. 零件等的提供者

零件被安装到其他产品（主体）上时，关于该零件的生产者责任看法不一。根据《美国侵权法重述·第三次·产品责任编》第 5 条的规定，零件本身存在缺陷，或者零件本身不存在缺陷，但是根据零件生产者的指示安装到主体上时存在缺陷的，例如，发动机本身不存在缺陷，但是按照发动机生产者的指示安装时，因为安装方式错误，给汽车主体造成缺陷的，由零件生产者负责。而根据《关于技术协调和标准化的新方法》第 7 条第 f 项的规定，安装零件的主体结构，以及主体的生产者的指示造成缺陷的，零件的生产者免责。该规定只是举证责任不同，结果跟美国法律基本相同。

根据《东亚侵权法示范法（暂定稿）》第 84 条第 3 款的规定，即使零件存在缺陷，负责的也是主体的生产者，但主体的生产者在赔偿损害后，可以要求零件的生产者赔偿。当然，被害人也可以直接要求存在缺陷的零件的生产者进行损害赔偿。通过对比可知，美国法律和欧洲法律中，没有规定零件不存在缺陷，但零件生产者提供了错误的安装方法进而造成缺陷的处理方法。这或许是因为，主体的生产者和零件的生产者之间一般依据合同提供零件的安装方法，双方可凭合同内容解决问题。

此外，根据《东亚侵权法示范法（暂定稿）》第 84 条第 1 款的规定，原材料和辅助材料存在缺陷时也由主体的生产者负责，而主体的生产者赔偿损害后，可以向原材料的供给者追偿。被害人也可以直接要求原材料的供给者赔偿损害。

二、生产者的免责事由

根据《东亚侵权法示范法（暂定稿）》第 76 条的规定，产品存在缺陷时，最终生产者要承担无过失责任。但在下列情形中，生产者最终不承担责任。

（一）销售者、运送人或者仓库管理者存在责任时

如前文所述，由于销售者过失造成缺陷的，生产者对被害人负赔偿责

任,同时,生产者可以根据《东亚侵权法示范法(暂定稿)》第 75 条第 3 款的规定向销售者追偿。因此,在这种情况下,生产者最终不负责。由于运送人、仓库管理者造成缺陷的,生产者也可以根据本示范法第 79 条第 1 款的规定进行追偿。但是销售者、运送人以及仓库管理者造成的缺陷,很多情况下都是在交付时并不存在缺陷。这种情况有可能跟《东亚侵权法示范法(暂定稿)》第 77 条第 1 款规定的免责事由重复。

(二)免责条款

根据《东亚侵权法示范法(暂定稿)》第 77 条的规定,以下情况下生产者免责。

1. 未将产品投入流通的

如上文所述,产品责任法是存在缺陷的产品投入流通时认定责任的法律,生产者未投入流通的产品被盗并投入市场的,根据《东亚侵权法示范法(暂定稿)》第 77 条第 1 款的规定,生产者不负责。根据《关于技术协调和标准化的新方法》第 7 条第 a 项的规定亦同。根据《美国侵权法重述·第三次·产品责任编》第 1 条的规定,产品责任是指销售者或者供给者承担的责任,不是自愿投入流通的不承担责任;但是,产品被盗时生产者存在过失的,有可能以危险产品管理不足为由,依据一般的侵权责任法追究生产者的过失责任。

此外,生产者责任与投入流通时的合同效力无关。例如,生产者出售产品时,即使出售合同无效,但因生产者是自愿投入流通的,也应该适用产品责任法。

2. 产品投入流通时,引起损害的缺陷尚不存在的

同理,根据《东亚侵权法示范法(暂定稿)》第 77 条第 2 款的规定,产品投入流通时缺陷不存在的,生产者也不负责。根据《美国侵权法重述·第三次·产品责任编》第 1 条的规定,出售或供给存在缺陷的产品时应当追究责任,该规定与本示范法相同。根据《关于技术协调和标准化的新方法》第 7 条第 b 项的规定,如果能够证明产品在投入流通时不存在缺陷,则生产者不承担责任。

但是,根据《东亚侵权法示范法(暂定稿)》第 74 条的规定,在一定情况下,可以推断缺陷在交付时既已存在,《美国侵权法重述·第三次·产品责任编》第 1 条的规定与此相同。

3. 将产品投入流通时的科学技术水平尚不能发现缺陷的存在的

根据《东亚侵权法示范法(暂定稿)》第 77 条第 3 款的规定,将产品投入流通时的科学技术水平尚不能发现缺陷的存在的,生产者不承担责任。

科学技术水平不能发现的危险被称为"开发危险",由此引起的免责事由被称为"开发危险的辩护"。这是只针对设计缺陷的免责事由。《关于技术协调和标准化的新方法》第 7 条第 e 项也认同开发危险的辩护理由。虽然美国也曾讨论过类似概念"技术水平的辩护",但《美国侵权法重述·第三次·产品责任编》中并没有类似规定。

需要注意的是,该规定并不是指(投入流通时)科学技术水平无法排除缺陷。即使不能排除缺陷,但认识到缺陷存在的,也不应该制造出售这样的危险性产品。

应该讨论的是,该规定是否表示有关生产者能够认识到(缺陷的存在)。如果以有关生产者的主观认识可能性为标准,则可能追究其过失责任。但是,考虑到产品责任不是过失责任,则认定标准就是当时的最高科学技术水平,而非相关生产者的主观认识可能性或者业界的一般认识可能性。这是《东亚侵权法示范法(暂定稿)》的解释问题,将在今后进一步讨论。此外,本示范法第 87 条针对药品制定了特别规定。

(三) 投入流通后发现危险时的警告或者产品召回

一般认为,出售之后发现危险的,生产者应该进行警告或者召回产品,但是在现阶段,有关这方面的讨论尚不成熟,无法明确规定生产者应该在何种情况下履行警告或者召回义务。因此,《关于技术协调和标准化的新方法》中没有明确规定出售后的警告或产品召回责任,但《美国侵权法重述·第三次·产品责任编》有相关规定。

1. 出售后的警告义务

根据《美国侵权法重述·第三次·产品责任编》的规定,销售者能够了解到产品存在引起重大损害的危险,能够确定应该警告的对象,警告对象应该遵守警告内容。同时,存在值得警告的重大危险时,销售者在出售之后应负警告义务(《美国侵权法重述·第三次·产品责任编》第 10 条第 b 项),不认真履行警告义务而造成损害的,应负赔偿责任(同条第 a 项)。由此可见,该条款将警告义务产生的条件规定的有些狭隘。

对此,根据《东亚侵权法示范法(暂定稿)》第 78 条第 1 款的规定,生产者在出售之后发现产品存在合理危险时(不合理危险适用于同条第 2 款的规定),有义务进行充分且有效的警告并提供正确的使用方法,未合理履行警告义务造成损害的应负侵害赔偿责任。此外,根据《东亚侵权法示范法(暂定稿)》第 78 条第 3 款的规定,销售者也有义务协助生产者履行警告帮助义务。本示范法跟美国法律相比,警告义务的成立条件更广。另外,未合理地履行该义务的应负损害赔偿责任,该宗旨则与美国法律基本相同。《东亚侵权法示范法（暂定稿）》中规定的"充分、有效的"警告或警告义务的"合理"定义参考了《美国侵权法重述·第三次·产品责任编》的有关规定。

2. 出售后的产品召回义务

此外，根据《美国侵权法重述·第三次·产品责任编》第 11 条的规定，因法律规定或政府命令强制进行产品召回的，以及（即使没有类似召回义务的）销售者（自愿地）召回产品时，因召回不合理而造成损害的，销售者应负赔偿责任。

根据《东亚侵权法示范法（暂定稿）》第 78 条第 2 款的规定，出售后发现危及人（生命身体）的缺陷的，生产者必须立即采取有效的措施以合理方式召回产品，未合理地履行该义务而造成损害的，应负赔偿责任。根据第 78 条第 3 款的规定，销售者也有义务协助进行产品召回。根据《美国侵权法重述·第三次·产品责任编》的规定，有法律规定或政府命令时，生产者有义务召回产品，但是，即使没有召回义务，生产者自愿进行召回的也应负损害赔偿责任。而本示范法则规定，没有法律规定或政府命令时，发现危及人的损害的（一般情况下）存在召回义务。这是《东亚侵权法示范法（暂定稿）》的一大特征。

三、特殊产品

《关于技术协调和标准化的新方法》（第 7 条第 f 项）规定了上文中提到的零件生产者责任，除此之外，没有制定针对特殊产品的特殊规定，而《美国侵权法重述·第三次·产品责任编》中除了规定零件（第 5 条）之外，还制定了与医疗用具（第 6 条）、食品（第 7 条）以及二手商品（第 8 条）相关的特殊规定。《东亚侵权法示范法（暂定稿）》则针对以下产品制定了特殊规定。

（一）原材料等

关于原材料等的规定，上文已经叙述过了，在此不再赘述。

（二）二手商品等

根据《美国侵权法重述·第三次·产品责任编》第 8 条第 2 款的规定，二手商品是指流通后已经使用过一段时间的产品，本示范法的规定与此相同。根据《东亚侵权法示范法（暂定稿）》第 85 条的规定，对于二手商品的缺陷，如果销售者存在过失的，当然应负产品责任；但是不存在过失的，（销售者）是否应该承担无过失责任尚无定论。还有一种观点认为，流通后使用时出现缺陷的，销售者不应该负责。因此，《美国侵权法重述·第三次·产品责任编》采取了一种谨慎的态度,根据其第 8 条的规定,销售者存在过失的,让人相信危险程度比新品低的,多次使用后再次制造流通的,以及不符合法律及行政规则的,均应承担责任。

《东亚侵权法示范法(暂定稿)》将二手商品分为两种,一种是以原来的形式直接出售,或者微加工后出售,另一种是改造(再生产品)之后出售。同时规定,二手商品的销售者就是生产者,但是,根据本示范法第 85 条第 1 款的规定,在原产品质量保证期内的,原生产商也应负责。如上文所述,还有一种观点认为,流通后使用时出现缺陷的,由销售者承担责任是一件很残忍的事情,这时,应该根据本示范法第 73 条的规定判断产品是否存在不合理危险来解决问题。判断危险合理性时应考虑到产品的特性,如果是二手商品,则不能要求其跟新品具有同样的安全性。当然,如果是二手车,则应该确保其具有汽车该有的安全性。

因此,如果是再生产品有缺陷,原则上原生产者不负责,由再生产者负责。但是,根据《东亚侵权法示范法(暂定稿)》第 85 条第 2 款的规定,特殊情况下,原产品存在缺陷造成损害的,由原生产者负责。

(三)食品

根据《东亚侵权法示范法(暂定稿)》第 86 条的规定,即使食品符合法律等的质量标准,但是对生命身体造成严重损害的,则应该依据本示范法第 74 条(产品缺陷的推断)的规定推断第 86 条第 1 款的缺陷。此外,本示范法第 86 条第 2 款也明确规定了农产品和狩猎品作为食品出售时应负产品责任。

(四)药品和血液

根据《东亚侵权法示范法(暂定稿)》第 87 条的规定,药品当然属于产品,但是,有一种观点认为,很多药品含有副作用,有时候明知有副作用也必须使用,因此医师不应承担无过失责任。因此,《美国侵权法重述·第三次·产品责任编》第 6 条针对处方药以及医疗器械制定了专门的条款,药品本身存在缺陷的,处方不合理导致可预见的损害大大超过治疗效果的,对可预见的损害没有进行合理指示或警告的,应负责任。对此,《东亚侵权法示范法(暂定稿)》通过规定举证责任解决问题。根据本示范法第 87 条第 1 款的规定,药品的生产者、销售者有责任证明药品没有缺陷,不能证明的,生产者、销售者应负损害赔偿责任。

此外,《美国侵权法重述·第三次·产品责任编》第 19 条第 c 项不适用于血液以及人体组织。根据《东亚侵权法示范法(暂定稿)》第 87 条第 2 款的规定,血液供应机关有责任证明血液等符合法律标准,不能证明的应负损害赔偿责任。根据本示范法第 77 条第（三）项的规定，使用时的科学技术水平无法预测损害的，生产者不承担赔偿责任，但应该进行适当的补偿。

（五）香烟等

根据《东亚侵权法示范法（暂定稿）》第 88 条的规定，香烟等的生产者、销售者只是警告香烟有害健康的话，并不视其已经履行了警示说明义务。

四、其他规定

（一）生命身体以及财产的损害

什么样的损害才能成为产品责任法的救济对象？虽然产品缺陷引起的生命身体以及财产损害会成为产品责任法的救济对象，但是，从文章开头叙述的产品责任法宗旨来看，对于财产损害，产品本身的灭失等不包括在内。关于这一点，美国法律（《美国侵权法重述·第三次·产品责任编》第 21 条第 c 项）和欧盟法律（《关于技术协调和标准化的新方法》第 9 条第 b 项）亦同。而且，根据《关于技术协调和标准化的新方法》第 9 条第 b 项的规定，财产损失限制在 500 欧元以内，并且仅限于个人的使用以及消费财产。这是因为，产品责任法主要是为了保护个人利益，而非保护商业利益。但是，根据《东亚侵权法示范法（暂定稿）》第 75 条第 1 款的规定，人身伤害以及缺陷产品之外的财产损害也包括在内。

（二）惩罚性的损害赔偿

虽然产品责任是无过失责任，但是生产者存在故意或者过失的，除了赔偿实际发生的损害外，还应该以罚金的形式"惩罚"生产者。这样一来可以有效控制产品缺陷造成的事故。另外，私法旨在公平地分担损害，但惩罚性的损害赔偿则超出了这个目的，因此各国的态度不统一。在美国，虽然《美国侵权法重述·第三次·产品责任编》中没有相关规定，但是法院可以追究惩罚性的损害赔偿。而欧洲因为传统上缺乏惩罚性损害赔偿的观点，所以《关于技术协调和标准化的新方法》中也没有相关规定。

根据《东亚侵权法示范法（暂定稿）》第 89 条第 1 款的规定，生产者、销售者存在故意或者过失的，以及预见到对生命身体造成损害的（即使存在轻度过失），可以在实际造成本示范法第 39 条之外的损害之外，要求生产者、销售者再次赔偿。同时根据同条第 2 款的规定，在必要的限度内，赔偿金额根据责任者的恶意程度以及损害结果而定。

（三）期间制限

讨论能够追究产品责任的期间是个技术问题。《美国侵权法重述·第三次·产品责任编》中没有特别规定,因此以一般时效期间为限解决。根据《关于技术协调和标准化的新方法》第11条的规定,时效期间为10年。根据《东亚侵权法示范法(暂定稿)》第90条的规定,时效期间为15年,但是没有超过规定的安全使用期间的除外(即使超过15年,也可以追究责任)。

五、小结

(一)对比美国的产品责任法和欧洲的产品责任法

上文中,通过对比美国的《美国侵权法重述·第三次·产品责任编》和欧洲的《关于技术协调和标准化的新方法》,介绍了《东亚侵权法示范法(暂定稿)》中关于产品责任的部分。从美国和欧洲的产品责任法可知,产品缺陷的概念(安全性的缺乏)以及产品缺陷的类型(制造缺陷、设计缺陷、警示说明缺陷)相同,因此,产品责任法的目的和宗旨(减轻因产品安全不足而造成的事故损失)是共通的。但是,即使宗旨和目的相同,从以下三点来看,《美国侵权法重述·第三次·产品责任编》比《关于技术协调和标准化的新方法》范围更广〔《关于技术协调和标准化的新方法》本就是适用于欧洲各国的共通(最低程度的)规定,因此,范围受到限制〕。

(1)在美国,除了生产者,销售者以及供给者也应理所当然地承担责任。《美国侵权法重述·第三次·产品责任编》第1条本就是追究销售者以及供给者责任的法律。有很多产品是由销售者以及供给者制造的,但也有一些不是。但即使不是(产品不是由销售者及供给者制造的),也因其将存在缺陷的产品投入流通而被追究责任。而且《美国侵权法重述·第三次·产品责任编》第20条第b项也明确规定,作为供给者的出租人以及寄托人也应负责。

而根据《关于技术协调和标准化的新方法》第3条第3款的规定,销售者的责任是次要的,如果无法识别生产者,销售者有责任将生产者的信息提供给受害者,不能提供的,负损害赔偿责任。

(2)根据《关于技术协调和标准化的新方法》第4条的规定,受害人有责任证明缺陷、损害以及(缺陷与损害之间的)因果关系。而根据《美国侵权法重述·第三次·产品责任编》第3条的规定,在一定的情况下,可以推断交付时缺陷既已存在。

(3)美国和欧洲之间的产品范围难以比较。《关于技术协调和标准化的新方法》第2条排除了未加工的农产品等(但是,如上所述,现在也成了产品责任的规范对象)。根据《美国侵权法重述·第三次·产品责任编》第 19 条第 a 项的规定,其产品不仅仅限于加工物品。因此可知,美国的产品范围更广。另外,美国虽然承认产品责任法有适用的余地(《美国侵权法重述·第三次·产品责任编》第 19 条第 a 项),但欧洲已经明确规定电力属于产品(《关于技术协调和标准化的新方法》)。

(二)《东亚侵权法示范法(暂定稿)》的地位和独立性

鉴于以上情况可知,《东亚侵权法示范法(暂定稿)》位于美国法律与欧洲法律之间。下面将对比以上两部法律,从而探讨本示范法的地位。

(1)关于责任主体。根据《东亚侵权法示范法(暂定稿)》的规定,原则上由生产者和销售者承担责任。但是,销售者赔偿损害后可以向生产者追偿,所以最终由生产者负责。在这方面它与欧洲法律相似。

(2)关于举证责任。《东亚侵权法示范法(暂定稿)》具有跟《美国侵权法重述·第三次·产品责任编》相同的推断条款。

(3)关于产品的范围。《东亚侵权法示范法(暂定稿)》原则上是指经过加工制作的物品,但是,农产品和狩猎品作为食品出售时应负产品责任。另外,电力通过导线供给的,应适用产品责任法。

综上,《东亚侵权法示范法(暂定稿)》继承了很多美国以及欧洲的法律制度。解释法律条款时,可以参考美国和欧洲的产品责任法。

值得注意的是,《东亚侵权法示范法(暂定稿)》具有《美国侵权法重述·第三次·产品责任编》和《关于技术协调和标准化的新方法》所没有的独特规定。例如,根据《东亚侵权法示范法(暂定稿)》第 72 条第 3 款第(一)项的规定,能源经导线或导管供给的,属于产品。因为这种情况下,能源由供给者管理控制,所以限定为"经导线或导管供给的"是合理的。此外,《东亚侵权法示范法(暂定稿)》第 76 条规定的由生产者和销售者双方负责的,最终都由生产者负责,这一责任结构也是本示范法的独特理念。《美国侵权法重述·第三次·产品责任编》中没有规定何种情况下应该履行产品召回义务(第 11 条假定在法律等的强制性召回义务之外,生产者有自愿召回义务),而《东亚侵权法示范法(暂定稿)》则明确规定,出售之后发现危及生命身体的缺陷时有义务召回。此外,有关运送人以及仓库管理者、质量担保者、市场提供者的规定也是《东亚侵权示范法(暂定稿)》的独特之处。

第十章 环境污染责任

【《东亚侵权法示范法(暂定稿)》条文】

第九十一条【环境污染的无过错责任】
因污染环境造成损害的,污染者应当承担侵权责任。

第九十二条【环境污染的因果关系推定】
因污染环境发生纠纷,受害人初步证明污染行为与损害之间有可能存在因果关系的,污染者应当就其污染行为与受害人的损害之间不存在因果关系承担举证责任;污染者不能证明或者证明不足的,认定因果关系成立。

第九十三条【符合法定标准排放抗辩的排除】
污染者排污符合所在法域法定标准,仍然污染环境造成损害的,污染者应当承担侵权责任。

第九十四条【多数人排放污染造成损害的赔偿责任】
两个以上污染者分别实施污染行为造成同一损害,每一个污染者的污染行为都足以造成全部损害的,应当承担连带责任。
两个以上污染者分别实施污染行为造成同一损害,每一个污染者的污染行为都不足以造成全部损害的,应当依照各自行为的原因力大小承担责任。
两个以上污染者分别实施污染行为造成同一损害,部分污染者的污染行为足以造成全部损害,部分污染者的污染行为只造成部分损害的,足以造成全部损害的污染者与其他污染者就共同造成的损害部分承担连带责任,并对其余损害承担赔偿责任。

第九十五条【无现实人身损害污染环境责任的承担】
任何人或者机构因持有某种高度污染危险设施,或者从事基于行为本身性质或者所使用方法的性质,而存在污染危险的行为,即使遵守相关的法律规定,但对环境造成明显损害的,无论有无过错,环境主管部门应当根据环境受损度,请求污染者承担赔偿责任,并将赔偿金纳入环境污染治理基金。

第九十六条【第三人原因】
污染环境造成损害的发生可归责于第三人时,受害人得向污染者或者第三人请求赔偿;污染者承担赔偿责任后,有权向第三人追偿。

第九十七条【消除起因及恢复原状】
造成环境污染损害的,污染者除了承担相应的环境侵权财产损害赔偿责任外,还应当消除环境污染的起因或者排除其危害,并将环境恢复至如同未曾发生时的状态,或者将其恢复至相当于原有的环境状态,或者承担与消除起因、恢复原状等行为有关的费用支出。

第九十八条【对恶意污染环境造成损害超出实际损失的赔偿】
因故意或者重大过失污染环境,或者其行为具有污染环境的实质可能性却继续从事该行为,造成环境污染的,受害人得请求污染者在承担实际损失赔偿之外,另行支付超过本法第三十九条规定以外的赔偿金。

第九十九条【环境污染的消灭时效】
因环境污染损害而享有的环境侵权损害赔偿请求权,适用本法第三十二条的规定。应当承担赔偿责任的污染者相互之间的追偿权,自履行其环境侵权损害赔偿责任时起,经过三年,完成消灭时效。

第一百条【环境公益诉讼】
对于损害公共卫生、环境、生活素质等社会公共利益的行为,任何人或者相关利益团体、政府及检察院,都有提起或者参与民事侵权之诉的权利。

【法理阐释】
《东亚侵权法示范法(暂定稿)》"环境污染责任"一章可以分为三部分:第一部分是环境污染责任的构成,主要是环境污染责任的责任构成、因果关系和抗辩条件；第二部分主要是环境污染责任的特殊实现方式，例如多数人排放污染造成损害的赔偿责任、无现实人身损害污染环境责任的承担和第三人原因的赔偿责任；第三部分是环境污染责任在法律救济方面的投射，主要有环境污染责任的救济方式以及诉讼的特点。

第一节　环境污染侵权责任概述

一、《东亚侵权法示范法（暂定稿）》规定环境污染责任的理由

（一）概述

科学技术的无限发展导致人类生存环境的急剧恶化，核能源的利用、战争、生态破坏、基因工程等都是其对大自然环境的一种变更与破坏。环境污染责任是从伦理学到侵权法的角度为保护环境而寻求的一条新旧结合的路径，从法律上规范人类的行为，启发人类对环境的忧患意识，促使人类主动修正自己的行为，把灾害降到最低限度。

法律规范人类行为的途径，或是直接颁布律令、法律等，要求人们做或者不做某种行为，或者是制定一些原则，为让人们遵守这些原则而设定相应的义务。无论是通过具体的律令，还是通过抽象的原则等来规范人的行为，都涉及人与物的关系以及人与人的关系。而人在其活动范围内，由此而产生的责任就被圈定了。责任被这样圈定，人的活动范围受到了限制，对于这些责任，我们需要进行反思。

环境侵权问题主要是人与自然的问题。人类文明的进步往往与自然的浩劫联系在一起，而其中一部分浩劫是由人类自身造成的，人类的一些行为侵害了自然。人类在组织生产生活的过程中，不断地维护人与人、人与物之间的平衡，而这个物却未包括大自然。

对于环境的注意，要求我们在人类和大自然之间找到一个新的更大的平衡。因而，我们要重新认识人类行为的性质。

大自然曾经不是人类责任的对象。但为了保护环境，环境侵权被提到一个新的高度，人类也不得不重新认识自身的责任。

（二）自然也有"权利"吗？

环境侵权问题，不仅要考虑人类行为对于人类利益的直接侵害，还需要考虑自然，但自然也有"权利"吗？

这是延伸我们的责任的一种考量。非人类的自然状态、生物圈以及现在受人类支配的一些被视为物的组成部分等，已经对我们提出了要求，不能再坚持以人类为中心；对于环境保护，也不仅仅从我们对于未来的计划、长远的目标、可持续发展等出发，还是应当为了大自然自身的缘故，以其自身为主体而进行保护。

对于环境侵权而言，我们可以将对环境"自身目的"的认识进行拓展。到底大自然与人类是一种怎样的关系呢？我们是统治自然、托管自然吗？这是一个既定的关系，还是一个一直发展的关系呢？

如果我们把大自然看作一个"物"，当然可以通过法律限制人们伤害它的完整性。但自然到底能不能作为主体，能不能享有权利呢？

事实上，主体性观念是近代以来人类文化的基础性思想，它既推动了人类的进步，也导致了甚多恶果。主体性有其限度，人类不可以滥用主体性，因为仅在人的有限的认知领域内，人才是主体，自然才是客体。而人不可能是宇宙的主体，也不是社会或自然的主体。自然本身才是真正的主体，人只是其中的一部分。

这样的讨论似乎超越了法律本身，但是如果对欧洲的法律体系进行研究，我们不难发现，它的基础就是发展，其侵权判断也立足于会不会影响人类发展之上，发展是最上位的概念。所以对于人类永续发展有害的，法律可以用侵权制度去约束它。在这样的理念之下，环境侵权是要进行损益权衡的。

二、人与自然的关系

（一）人与自然的原生关系

环境污染责任从道德上可以看作我们对于后代的一个实践义务，以其作为我们当前行为的一个判断原则。它与科技对环境污染的预测范围有关。

在人与自然的关系中，人成为义务的主体。如果人类对环境污染不加以控制，那么就相当于将自己乃至别人的利益置于危险之中。认识自然与改造自然作为人类的生存手段和生存目的是同一的。人类开发自然资源，不仅会改变具体自然物的存在状态，而且会改变整体自然生态系统的存在状态。如果人类的实践活动适度，对整体自然生态系统的改变不超过自然生态平衡自我恢复的"阈值"，那么人类就能够既开发了自然资源，又保护了生态平衡；反之，人类就等于在"杀鸡取卵""竭泽而渔"，最终将导致生态环境的退化和恶性演变，从根本上毁灭人类生存的基础。实际上，人类开发自然资源的实践后果往往是利弊交织的，而且是事先难以预料的。

有时利大于弊,但从长远看却弊大于利;有时弊大于利,但从长远看却又利大于弊。

人类不能因为实践后果事先难以预料就停止开发自然资源的实践活动,消极地维护生态平衡,而应该且必须在事先尽可能充分估计开发活动的后果的基础上,努力作出利大于弊或趋利避害的最佳选择。法律在其中可以发挥调节作用。

(二) 人与自然的法律关系

1. 古罗马社会学上的环境保护

人类对环境侵权的重视并非是从现代才开始的,而是可以追溯至古罗马。古罗马人是否已经意识到应该对环境进行保护呢?他们又是如何界定环境侵权的呢?

普林尼《自然史》一书第18卷第3章体现了古罗马人对自然环境的保护有了初步的认识。[1]普林尼意识到,人类使用的毒物将会给环境带来不利的影响,也将人类与其他动物进行对比,以体现出为何侵权者是人类,而不是其他动物。

维特鲁威在《建筑十书》一书第8卷第6章的第10—11节描述了陶管相对于铅管所具有的优点。[2]

从以上这些方面可以看出,罗马人对于大自然十分关注,在某些方面还萌生了保护意识。不过我们这里要研究的并非只是古罗马社会学上对于自然环境的保护意识问题,而是要聚焦于古罗马法学家是否已经提出了环境保护问题。

2. 罗马法中的环境污染责任

罗马法的整个法律体系是否只是以公民利益为中心呢?当时是否涉及

---

[1] 普林尼《自然史》第18卷第3章提到:"我们在箭头和铁器上涂抹一些有害物质,这些物质污染了河流和大自然的一些要素,因此我们将那些我们赖以生存的东西变成了有害的。不要以为动物对这些有害物质一无所知,我们已指出过他们在与蛇斗争中采取的一些预防措施,以及在被蛇伤到后采取的一些治疗手段。但除人类外,其他动物都不懂得使用别的动物的毒物进行斗争。"参见〔意〕安东尼奥·马扎尼诺:《一个关于污染的古老文本》,载《Helikon 古典传统与文化杂志》1969—1970年第9—10期。

[2] 维特鲁威《建筑十书》第8卷第6章的第10—11节:"然而陶管有下列优点,首先,即使在铺设时出现差错,任何人都可以进行修复。其次,陶管中的水比铅管中的水要有益于健康得多。因为铅管会产生铅白,据说它对人体有害,所以铅管被认为是不好的。因此,如果某物所产生的东西是有害的,那么毫无疑问,它本身也是有害的。……我们还可以举铅工的例子,他们的肤色都是苍白的。"关于铅的问题,参见汉斯·斯瓦泰克:《铅》,载〔意〕胡伯特·坎奇克、〔意〕赫尔姆斯·施耐德主编:《新保利·古代百科全书·古代》(第2卷,Ark-Ci),斯图加特1997年版,第707页及以后。

环境污染呢？是否赋予大自然自身一定的利益呢？大自然是作为权利主体还是客体出现的呢？

古罗马的辉煌一方面建立在他们卓越的经济、文化、军事、政治等的发展上，另一方面也建立在他们对于资源的挥霍上。古罗马人已经意识到了这一问题。

古罗马人的环境法只在他们的私法中占了很小的一部分，大部分都规范在公法内。例如，建筑规范中土地使用的规则与工业用地的监督等。罗马法中与环境侵权关系更紧密的是环境犯罪法律、生态税，还有一些国际法和国际惯例涉及环境污染侵权。

因为罗马法中的私法规范的是个体之间的关系，因此对于环境的保护，只有在某些个体的行为侵害到别的个体的环境利益时，才可以体现为一种禁令。笔者还看到了一个理念，那就是罗马法的私法体系不仅意识到要保护合同以外协力厂商的利益，还意识到只保护个人利益是不够的，也要保护公共利益。环境侵权责任就属于公共利益的范畴。

罗马法中公共利益的范畴是很广的。

需要注意的是，罗马法中对于环境污染责任的问题，其城市和农村的规范是有所区别的。[1]古罗马人既喜爱城市生活，也喜欢乡村生活，但当时只有少数上流社会人士才能够负担在城市过冬、到乡村避暑的生活。[2]

然后罗马法中环境污染责任的三个主要考虑因素分别是：空气、水和农村。

（1）排放

在当时，一些地区或者某些器具会排放不健康的发臭的空气，一些发生在社会底层的瘟疫，也未必受到足够的重视。[3]但是根据 D. 21,1,49，买方可以基于这个原因而解除买卖合同，即使其在购买时未知悉或者忽略了它会有这样的负面作用。

健康的空气在罗马法中叫作"caelumsalubre"，字面上的含义是洁净的天空。但这个含义并不是来自法律渊源。那么洁净的天空在罗马法中有哪些体现呢？

古罗马时期的工业时不时会产生难闻的气味。罗马法对熏制芝士、漂洗、制革等会产生这些气体的行业进行了规范。

――――――――――

〔1〕 参见 D. 8,1,1; D. 8,2,1. ff; D. 8,3,1. ff.

〔2〕 See Andreas Wacke (Cologne), *Protection of the Environment in Roman Law*, in Roman Legal Tradition, 2002, p. 5.

〔3〕 参见 For the Property of a Ward D,27,9,13,pr.

当时有一个名为"Minturnae"的地方,是拉丁姆的一个海港小镇,在罗马的南面。小镇上有一家私营的奶制品企业,企业在制作芝士的过程中会产生大量的烟熏味。Cicero 会经常去这个地方欣赏地中海沿岸的美景,但是难闻的烟熏味却破坏了他的心情。依据 D. 8,5,8,5,他埋怨芝士风干过程中的烟熏味降低了自己的身份。[1]

我们可以想象类似的场景:今天当我们想要欣赏一处美景时,却要忍受严重的空气污染,因为随着空气的流动,这种污染会随风飘荡。所以当时 Cerellius 不认为这些烟可以合法地在建筑物的顶部排放。罗马法中规定的大意是:烟不能合法地在建筑物顶部排放,除非它是隶属于它的。它也不允许从上而下地排出废水或废物;一个人只允许在一定范围内进行作业,不能排放任何东西到其他处;气体和水都属于污染物等。[2]

罗马法中还有对于皮革和漂洗业这种会发出臭味的企业的规定。因为他们的生产过程中要用到尿液,所以会发出一种类似公厕的味道。[3]当时韦帕芗(Vespasian)大帝要求对它们进行征税。[4]

为了提高古罗马住宅区域的排放问题,罗马法也有这样的规定(D. 39,3,3. pr)。其记录了 Trebatius 的土地上有一眼泉,他就在那里开了一间漂洗铺,由于雨水的原因使得脏水流到了他的邻居处。Trebatius 说他没有义务避开雨水,但是当局认为,如果污垢被带出他自己的土地,他就应该被制止生产。

这两个来自罗马法的例子涉及私有土地与工业排放。私有土地不代表国家不能管控,只要涉及公共利益;工业排放不是不可以,而是要注意不能侵害别人的利益。

私法中对于相邻关系等一些相邻之间的权利进行规范,其实就是一种实现环境保护的手段。但私法中对环境进行保护,只是限于在独立个体之间进行规范,而对于大的环境问题,如果没有原告,就无法处理了。毕竟民事诉讼必须以双方当事人为基础。以私法来进行环境保护有什么弊端呢?例如,当受污染的这片土地是属于污染者的,又或者受污染地方附近没有

---

[1] See Out of the abundant literature to the following well-known text I, quote only Alan Rodgers, Owners and Neighbours in Roman law (1972),163. ff.

[2] 参见 D. 8,5,8,5.

[3] See K. W. Weeber, Alltag in Rom (3. Ed. 1997) s. v. "Toilette" in general see the good overview by Olivia Robinson, Ancient Rome: City Planning an Administration (1992), chapter 8, 119. ff.

[4] 当时其儿子 Titus 责备他,认为这是来自肮脏地方的收益,但他告诉儿子"钱并不臭",这句话后来成了格言。

邻居，又或者有人将污染物埋藏在自己土地的地底下时，那基本上就没有人可以控告这个污染人了。

直到 1957 年，《德国水污染管理法》[1]才规定了环境污染的严格责任制度。一个受到侵害、受到破坏的自然界，是无法为它自己辩护的。因此，自然界需要一个能够为它主张利益的申诉专员或者说调查专员。

如果一个人排了很多污染物到水中，应该在反对武力或隐蔽或潜行的禁令下承担责任。[2]虽然罗马法并未清晰地界定"环境"的范围和概念是什么，但它已经将故意污染作为一种违法的行为，并规定其需要承担相应的责任。古罗马时期，对环境污染概括的判断是土壤的损害程度。[3]

（2）对森林的保护

对森林的砍伐也是环境污染的一大元凶。"Waldsterben"是一个德语单词，欧洲很多语言都将其作为外来词借用，代表了人类对森林的一种独特的关注，其表意是森林破坏，深层意义是环境灾难、生态灾难。

罗马法在其较早期的法律汇编中，有关于森林破坏的规定。[4]根据其规定，公共土地的承租人不能砍伐树木、剥树皮和焚烧森林。别人在自己的承租地上这样做呢？出租人和承租人当然都有权制止。罗马法明确规定承租人禁止对森林进行的三件事，也就是上述提及的砍伐、剥树皮和焚烧森林。这相当于明确了森林作为法律客体的地位。但罗马法对于这种侵害行为的程度却没有明确规定。这样会影响这片森林的承租人丧失这片森林的实用性，毕竟用益权是承租人承租的最初目的，也必定是租赁合同成立的主要条件之一。对于这个问题，更明智的选择是制定一个"含糊的"规范，例如 D. 2，14，39 和 D. 34，5，26 出租人可以拟定条款，更准确地说其可以依照自己的意愿，也就是所有的问题由出租人决定。换句话说，这里的规定并没有考虑承租人的意愿，选择性地忽略了承租人的目的。

其实承租人对于承租物本来就有保护其不受损毁的义务，这个可以由一个法律观念导出——"bona fides"，即使没有明确的合同条款来规范这个问题亦然。

《十二表法》中已经对盗窃树木有所涉及，但关于这方面的最经典的规定还是 D. 33，7，15，2，类似的规定还有 D. 7，8，16，1 和 D. 32，60，3。

---

[1] See Andreas Wacke (Cologne), *Protection of the Environment in Roman Law*, in Roman Legal Tradition, 2002, p. 10.

[2] 参见 D. 43, 24, 11. pr.

[3] 参见 D. 43, 24, 7, 4.

[4] 参见 D. 19, 2, 29.

在对于森林的保护上，我们必须意识到，无论是土地的所有权人，还是出租人，他们的意志都是独立于保护森林这个理念的。也就是说，土地所有权人或者出租人的意志不能等同于保护森林，他们可能希望承租人能在森林继续植树，但我们也知道植树的收益很慢，很可能是这位承租人播下了种子，但取得收益的却是土地所有权人或者另一个承租人。因为这种不公平的价值转移，出租人可以选择减少承租人的租金来鼓励他们。"植物苗圃"和"植物花园"是罗马法中的术语。不动产的用益权人依据 D.7,1,9,6 的规定，有义务去更新现有的树苗，于用益权结束时以原状归还给所有权人。根据罗马法的规定，即使是布置的植物花园也要有必要的利用率。[1]

（3）对自然美的保护

罗马法对大自然的美进行了规定，这些规定与"排放"以及"对森林的保护"并没有明确的界限，但其发挥着环境污染责任总则的作用，虽然其结构上并未将这些作为总则来安排。法律禁止所有人以外的一切人砍伐树木的行为，这样可以防止一些暴力行为，也因此赋予所有人原告资格。[2]这种规定不只是用于森林，还用于个别的砍树行为。[3]根据 D.43,24,13,3 的规定，森林或者土地的所有人还可以根据该条来对付那些没有得到其授权而砍树的人。在没有权利的情况下，砍了枯死的不结果的树，例如柏树，只有该土地的所有人有资格禁止[4]，用益权人的权利是收获果实，因此该行为不会损害其经济上的利益。罗马法将用益权人的利益约束在经济收益之中，其对于环境污染的控制权的范围不及所有权人广泛。

罗马法中的"amoenitas"代表大自然的美，也代表装饰和维护城镇的美。根据 D.32,91,5 的规定一个房屋所有人买了临近的花园，以使它们组合成更美丽的场景，其还需要建设一条通道连通二者。这些规定都是为了更高的生活标准。[5]罗马法致力于给自然环境缔造一个健康的规则。[6]

（三）小结

环境污染责任问题虽然不是罗马法的主旋律，但罗马法对于环境保护确实起到了一定的作用，相对而言，罗马法比较注重对水资源、空气资源、森林资源等的保护。这对于当时的社会来说，已经非常进步了。

---

[1] 参见 D.25,1,3. pr.
[2] 参见 D.43,24,11,14.
[3] 参见 D.43,24,13,4.
[4] 参见 D.43,24,16,1.
[5] See Andreas Wacke (Cologne), *Protection of the Environment in Roman Law*, in Roman Legal Tradition, 2002, p. 23.
[6] 参见 D.1,3,25. 和 D.26,7,5,8.

三、整体利益视野下的"物"

如果将自然环境看作物的一部分，那它就可以视为人类道德共同体范围的扩展。随着环境法的发展，这是势在必行的。或许以后，这将突破传统法律理论。

环境既代表其自身，也代表一种共同利益。环境代表其自身时，它能否作为侵权法的主体或者客体呢？在上述对罗马法的分析中可以看到，环境可以作为法律上的客体。但如果自然环境可以作为法律上的主体，那么与其有关的诉讼又由谁提出呢？这些问题会在后文予以回应。

第二节　环境污染侵权责任的认定规则

一、环境污染侵权责任的一般规则

（一）无过错的归责原则

归责原则是确定行为人的侵权民事责任的根据和标准。《东亚侵权法示范法（暂定稿）》对环境污染责任采用了无过错责任原则，主要体现在第91条中。

对于环境污染责任，学术界一直存在三种意见：一是坚持适用过错责任原则；二是适用无过错责任原则；三是分为两类，破坏环境责任适用过错责任原则，污染环境责任则适用无错过责任原则。[1]

《东亚侵权法示范法（暂定稿）》为什么选择了无过错责任原则呢？中国澳门特别行政区将无过错责任称为"风险责任"。《澳门民法典》第477条第2款"不取决于有无过错之损害赔偿义务，仅在法律规定之情况下方存在"之规定，即属《澳门民法典》第492条和后续数条所规定之风险责任的情形。另外，风险责任在其他特别立法中也有规定，如《澳门环境纲要法》第30条所规定之纯粹环境侵权责任。这体现了该原则的一个重要特点——"法定性"，只有在法律特别规定的情况下才适用这种风险原则，其适用范围应当受到严格的控制，禁止滥用。

"污染者"作出的是一种怎样的行为呢？《澳门环境纲要法》第17条给出了污染的定义，即"所有对健康和安居、不同的生活方式、自然和人为

---

〔1〕　参见杨立新：《侵权法论》（第5版），人民法院出版社2013年版，第733页。

生态系统的平衡及永久性以至物理和生物情况的稳定,产生负面影响的行为和活动,概视为污染和破坏本地区环境的因素"。因此,在澳门,污染是一种事实因素,不管其是否因作为而引起。其主要的考虑因素是环境是否遭受污染,而并非行为人是否作为、是否有过错。《中华人民共和国侵权责任法》也规定环境污染责任适用无过错责任原则。也就是说,只要环境污染发生了,环境污染本身就是一个违法行为。《中华人民共和国民法总则》中规定了承担民事责任的 11 种形式[1],其中赔偿损失、停止侵害和恢复原状是环境侵权中最常用的民事责任,但事实上其在预防违法方面并未能起到很大的作用。

今天的企业在开发利用自然资源、发展工业、进行生产等过程中,对于生态环境的破坏有时是不可避免的。开发土地、排放废弃物、发出噪音等都会造成环境污染,他们存在过错吗?并没有。这只是他们生产必不可少的,即使利用现代最先进的技术将环境污染程度降到最低,生产发展的过程本身就是一种物质与物质的转换,能量之间的转换,会不可避免地产生一些非原始的物质,对大自然产生不良影响。

我们可以将特质和能量转换产生的污染分别称为物质污染和能量污染,二者的区别主要表现在以下几个层面:①致害过程不同。物质污染首先是造成生态环境本身的损害,即大气、水、土壤等环境介质的污染,然后再对暴露于受污染环境中的人身或财产造成损害;而能量污染中除辐射污染和热污染外,多数并未造成环境本身的污染,而是直接作用于人身,其作用模式与传统侵权行为并无本质差异,尤其是在噪声、光等污染场合,污染具有较强的主观性,是一种"观念上的污染",无从脱离人而单独存在;若无直接受害人,则法律并无将其作为民事侵权规范的必要。②影响范围不同。引起能量污染的声、光、热、电磁场在环境中是永远存在的,一般对人无害,只有在环境中的量过高或过低时,才造成污染或异常,且能量污染通常局限于相邻范围,并且在排放行为停止后,污染即消失,不会有残余物质的存在;而物质污染多数情况下存在被人工合成的有毒有害物质,本身对环境和人体即属有害,且排放到环境中的污染物质具有累积性、扩散性和潜伏性,往往造成更广泛、更严重的人身财产损害。③复杂程度不同。由于能量污染通常是瞬时性、变化性的,加害行为一旦停止,损害后果亦即消除,加害人和因果关系比较容易确定;而在物质污染场合,通常

---

[1] 根据《中华人民共和国民法总则》第179条的规定,承担民事责任的方式主要有:①停止侵害;②排除妨碍;③消除危险;④返还财产;⑤恢复原状;⑥修理、重作、更换;⑦继续履行;⑧赔偿损失;⑨支付违约金;⑩消除影响、恢复名誉;⑪赔礼道歉。

存在多个污染源,且污染物质又会发生复杂的累积或协同效应,不仅加害人难以确定,因果关系的认定也很艰难。

即使是不作为,也可能造成环境污染的后果。例如一个工厂将污水直接排入河流,就会产生环境污染的后果。它应该先将污水进行过滤处理,达到一定标准之后再排放。该过滤而不过滤,这种不作为就会造成环境污染的后果。《东亚侵权法示范法(暂定稿)》对这个问题的规定,还相对保守地停留在已经"造成损害"的角度。其实这也体现了风险责任原则中"风险"二字的含义。如果能将环境污染侵权责任的认定拓展到现在可以预测的、对将来所造成的环境污染,或许能更有利于保护环境和资源。也正如安图恩期·瓦雷拉(Antunes Varela)所说的:"谁为本人之利益而使用危险物品,谁将使用时带有风险的东西引入企业,或者说,谁为本身利益创造或保留风险,谁就应该承担使用这些东西所造成的损害后果,因为他们从中收取了主要利益(ubi emolumentum, ibi onus; ubi commodum, ibi incommodum)。谁收取工业生产的(主要)利润,那么由他来承受该生产的负担(当中包括工作意外这种正常的、不可避免的现象)就是公平的。"[1]这种公平横向而言,其指向地球上的全人类;纵向来说,其将人类未来的利益、我们后辈的利益也计算在侵害标的内。

虽然《东亚侵权法示范法(暂定稿)》在环境污染责任问题上采用了无过错责任原则,但是其正当性理由是什么呢?是对自然环境的危险性的增加的认识。环境虽然不是法人,但是法律可以向某个人而不是受到影响的所有人补偿救济费用。

(二)因果关系推定原则

在《东亚侵权法示范法(暂定稿)》中,因果关系推定原则主要规定在第92条。该条仅赋予"推定"的效果,当事人仍可反证环境污染的事实与其无关。因果关系推定原则主要用来弥补现行法律之不足,尽可能扩大本示范法应有之规范功能。这也体现了立法者希望将环境污染责任的范围尽可能地扩大,以实现重要的立法目的。

在一般的侵权法中,因果关系的原因就是违法行为。但是环境污染责任中的原因不必须是违法行为。环境污染责任否认了违法行为作为因果关系的原因,同时也否认了违法行为作为环境污染责任构成的客观要件。

在环境侵权问题中,因果关系很少用严格的科学实验去验证,多是从一般人能理解的角度,根据环境污染情况与损害结果(如果存在损害结

---

〔1〕 安图恩斯·瓦雷拉:《债法总论》(第一卷)(第10版),唐晓晴译,未出版,第448页。

果)之间的表面联系,进而作出判断。德国实行的"表见证明(Prima-facie Beweis)"[1],英美法系国家主要实行的"事实说明本身(accident speak for itself)"[2],《东亚侵权法示范法(暂定稿)》中的因果关系的推定,都是建立在根据表象判断的因果关系的基础上的。《东亚侵权法示范法(暂定稿)》中的"推定"表现为一种广义的事实推定方式。

对于环境侵权责任问题,大部分国家和地区都摒弃了传统的必然因果关系理论,更强调"盖然性",往往以相同或相似的条件下有发生同样结果的可能性来判断因果关系的存在。

因果关系的证明方式有两种:一是从因果关系内部证明,或称演绎证明,通常依赖于科学证据。如通过化验证明工厂排放的污染物中含有某物质,化学定理表明该物质会致命,并通过检查从下游死亡动物的体内找到了该物质。二是从外部证明,或称归纳证明,通常依赖于经验证据。[3]环境诉讼当然首先追求因果关系的内部证明,但这方面的证据往往难以取得,当这一证明途径不具有可行性时才借助于外部证据。

(三) 抗辩的基础

在《东亚侵权法示范法(暂定稿)》中,抗辩事由规定在第93条,即只有法定的事由才构成抗辩事由。法定事由要符合所在法域的法定标准。《东亚侵权法示范法(暂定稿)》尊重了环境污染的地区性要求。

对于环境侵权责任而言,第一种明显的抗辩事由是不可抗力。环境侵权的无过错责任原则决定了环境侵权案件中不能以没有过错为理由进行抗辩,而不可抗力之所以可以作为抗辩理由,不是因为没有过错,而是因为不可抗力的发生切断了侵权行为人的行为与损害结果之间的因果关系。所以当不可抗力是导致环境侵权的唯一原因时,我们找不到因果关系让行为人负担环境污染责任,也就相当于一种免责事由。但只有在发生不可抗力时,责任人已经采取了合理措施仍不能避免损害的,侵权人才免责;否则,应当不予免责,此时的不可抗力是减责的抗辩事由。

第二种抗辩事由是受害人自身引起的。根据《中华人民共和国水污染防治法》第96条第3款的规定,水污染损害是由受害人自身的责任所引起的,排污单位不承担责任。受害人故意,是指受害人明知自己的行为会造

---

[1] 参见[德]汉斯·普维庭:《现代证明责任问题》,吴越译,法律出版社2006年版,第132页。

[2] 参见高敏:《美国环境侵权诉讼》,载《世界环境》2002年第6期。

[3] 参见胡学军:《环境侵权中的因果关系及其证明问题评析》,载《中国法学》2013年第5期。

成污染物质外泄并导致污染事故的发生,也知道自己的财产或人身等权益将会因此而受到损害,仍然从事该行为。这种故意既包括对行为的故意,也包括对结果的故意。当然这里受害人的故意存在程度的问题,可与排污者进行责任的分摊。

第三种抗辩事由为协力厂商过错。在《东亚侵权法示范法(暂定稿)》中,该抗辩事由体现在第 96 条,这种情况下,污染者作为责任承担的一方,并非完全免责,而是可以再向协力厂商追偿。《中华人民共和国水污染防治法》第 96 条第 4 款规定:"水污染损害是由第三人造成的,排污方承担赔偿责任后,有权向第三人追偿。"《中华人民共和国海洋环境保护法》第 89 条规定,"完全由于第三者的故意或过失,造成海洋环境污染损害的,由第三者排除危害,并承担赔偿责任"。这两条规定了第三人的直接责任。但《东亚侵权法示范法(暂定稿)》并没有选择这样做,因为其在环境污染责任的问题上,已经选择了无过错责任,所以即使污染人并没有任何过错,也可以成为承担责任的一方,这样更有利于保护环境。

二、环境污染责任的特殊实现方式

(一)多数人排放污染造成损害的赔偿责任

关于多人排放污染造成损害的赔偿责任的问题,《东亚侵权法示范法(暂定稿)》规定在第 94 条。这里的"多人"是指两个或者两个以上的行为人,当其污染行为造成环境损害时,示范法推定各行为人的行为都是导致损害发生的原因。

《东亚侵权法示范法(暂定稿)》第 94 条第 1 款确定了行为人之间应当承担连带责任,也就是将其看作共同侵权行为,因此应负连带责任。而第 2 款规定了"依照各自行为的原因力大小承担责任",因为连带赔偿责任虽是确定侵权人责任最为普遍的责任承担方式,但它侧重于保护受害人权益,仅采用这一责任划分制度不免过于单一,因此第 2 款是连带责任赔偿制度的补充。共同侵权行为中存在两重责任关系,即加害人与受害人之间的连带赔偿关系,加害人之间的赔偿责任分担关系。第 2 款的规定使受害人与侵害人的权益得到了兼顾。而第 3 款是对加害人之间的关系的进一步细化,重在减少部分污染者的责任。

(二)无现实人身损害污染环境责任的承担

《东亚侵权法示范法(暂定稿)》中无现实人身损害污染环境责任的承担主要规定在第 95 条,这一部分与前述罗马法规范一样,将自然环境包含在侵害对象的范围内,而不仅仅将人的利益作为被侵害的客体。它以一种动态的视觉去审视法律制度体系，符合侵权法的发展方向。

三、环境污染在法律救济方面的投射

（一）环境侵权责任的救济方式

事实上，尽管未见法律层面对不同污染类型的系统性划分，但从法制史观察，欧陆民法发展过程中已自发演化出一种应对环境问题的"双轨"模式。《德国民法典》第906条规定的不可量物侵害制度即是对于能量污染的回应。该条规范的对象，一为气体"煤气、蒸气、臭气、烟气、热气、灰屑等"，二为声响"噪声、振动等"，未尽事宜则以"其他与此相类者"概而括之。中国在引进该项制度时，直接将它概括为"气响侵入之禁止"，对于物质污染，法律则并未作出专门应对，而是将其纳入以过错责任为核心的侵权体制下，只有在因过错导致他人人身、财产损害时才承担责任。

就当时该制度的功能来说，法律的重心并不在于对受害者的救济，而是遵循意思自治与行为自由。由于环境当然作为一种公共物品，并未特定化为个人财产，所以企业因生产而向环境排放有毒有害物质的行为，只要未造成他人人身和财产损害，不仅法律不会加以禁止，反而会容许和鼓励其行为。不可量物侵害制度表面上是禁止相邻不动产权利人对他人居住安宁之人格利益侵害的制度，但从本质上讲，则是从排放自由的角度出发，以不得禁止排放行为为原则，允许邻居禁止排放行为为例外，强调邻居之间的容忍义务〔1〕，其目的在于缓和所有权绝对的观念，调节权利人对相邻不动产的利用与冲突，以促进工商业发展。

由此可见，在相当长的时间内，环境侵权并没有得到法律的重视，当工商业发展导致的环境损害逐渐增多后，为缓解传统过错责任在证明过错与因果关系上的困难，人们才试图对一种预期的侵害制度进行扩大解释，利用物权请求权的优势，赋予其救济环境侵害的新机能。

《东亚侵权法示范法（暂定稿）》中规范环境侵权责任救济方式的主要有第97条和第98条。第97是关于恢复原状、民事补偿的规定，第98条是关于惩罚性赔偿的规定。这里的恢复原状又称为回复原状。尽管各国民法基本上都在不同层面上使用这一术语，但在对其概念认识和内容设计不尽相同。根据所适用的法律关系不同，恢复原状的内涵也不同。在《东亚侵权法示范法（暂定稿）》中，恢复原状包括两层意义：

---

〔1〕 一方面对对无形侵害过于敏感者之利益不加理会，另一方面对不照顾他人利益之肆无忌惮性行为又予以谴责。

第一层意义是指财产法律关系上的恢复原状，是指恢复到行为发生之前当事人之间的财产法律关系状态。环境侵权行为法上的恢复原状包括三种：①物的返还。是指在侵害人对自然有体物无权占有的情况下，由侵害人返还其非法占有物；该返还不仅包括原物返还，如果原物被侵害人无权占有期间产生了孳息，还包含孳息的返还。例如一个人非法移走了别人土地上的一棵树，那么其需要将这棵树移植回来，若该树在移走期间有果实等具有经济价值的孳息，也需要一并返还。②修护、重做。是指在侵权行为导致大自然环境毁损的情况下，侵害人就当将被毁损的财物进行修护，或者在原物灭失的情况下，侵害人应当购置一个与原物相同或者类似的物，以弥补损害。例如某人失火而毁损了一片森林，那其需要再购置树木回来种植，以尽可能达到这片森林原来的状态。③金钱赔偿。是指由侵害人直接支付金钱，以补偿自然环境公共权益受到的损失。

第二层意义上的恢复原状，是指环境综合性利益的恢复，不再局限于当事人之间的财产利益或人格利益。不限于恢复当事人双方之间的财产利益以及当事人的人格利益，而是扩大到恢复被破坏、被污染的环境，以及使因污染或破坏而荒废的地域社会复活，这是一种环境利益或社会公共利益的恢复。

《东亚侵权法示范法（暂定稿）》第 97 条强调的消除起因，也就是从源头杜绝这种侵权的再次发生。

《布莱克法律词典》将惩罚性赔偿定义为："当被告对原告的加害行为具有严重暴力压制、恶意或欺诈性质，或属于任意的、轻率的、恶劣的行为时，法院可以判给原告超过其实际财产损失的赔偿金。"[1]在《东亚侵权法示范法（暂定稿）》的第 98 条中，我们看到了环境污染责任中的惩罚性制度。传统民事法，尤其是大陆法系的传统民事法，在赔偿责任的赔偿标准上，一般都坚持补偿性赔偿原则或者同质赔偿原则。即在一般情况下，必须根据受害人的实际损失，来确定损害赔偿的数额。在补偿性赔偿原则下，侵害人只对受害人因其侵权行为所实际受到的损失负有弥补义务；受害人也不得寻求获得超过自身因侵害行为所受实际损失的赔偿，否则将被视为不当得利。补偿性的损害赔偿作为法律强制侵害人采取的一种补偿受害人救济措施，具有明显的补偿性，极大地体现了民法填补损害的价值。然而，在现代社会，它也因为坚持补偿性赔偿的数额必须以受害人的实际

---

[1] 孙玉荣：《环境侵权民事责任中的惩罚性赔偿研究》，载中国法学会环境资源法学研究会：《资源节约型、环境友好型社会建设与环境资源法的热点问题研究——2006 年全国环境资源法学研讨会论文集（一）》2006 年。

损害为准,而招致人们对其补偿的充分性的质疑,尤其是在环境侵权领域,越来越多的人要求放弃补偿性赔偿而采用惩罚性赔偿。"惩罚性赔偿(punitive damages)意指超过补偿性赔偿范围之外的损害赔偿。"[1]《东亚侵权法示范法(暂定稿)》则在第98条规定了恶意环境侵权行为有必要适用惩罚性赔偿原则。环境污染屡禁不止,除了没有主观过错的正常生产活动以及合法排污而造成的环境损害外,加害者常常因为利益驱动而进行如恣意排污、乱砍滥伐等污染、破坏环境的行为,并对危害后果采取放任态度,导致环境民事侵权大量存在。对于那些主观上具有恶意的环境民事侵权案件,应该适用惩罚性赔偿制度,唯有如此,才能对侵权人造成现实威慑,并对受害者进行有效的救济,从而避免因故意行为造成的恶性环境事故的泛滥。

(二) 环境侵权责任的诉讼问题

《东亚侵权法示范法(暂定稿)》第99条和第100条是关于环境污染责任的诉讼问题。其最大的特点就是公益诉讼,因此谁作为原告显得尤为重要。原告资格是成为正当原告所应具备的条件,它表述的是哪些人具有诉讼实施权。对原告资格的确定应着眼于"人",侧重于当事人与被诉行为之间的关联性。原告资格的目的是将那些与本案毫无关系的人排除出去,从而使法院的判决能够产生实质意义。

显然,原告资格与原告不能等同,这是由于环境污染责任的特殊性质——公益性。《东亚侵权法示范法(暂定稿)》赋予"任何人或者相关利益团体、政府及检察院"都具有环境污染案件的原告资格。原告资格是个人、社会团体或特定的国家机关因具备一定条件而取得的可以作为原告提起诉讼的资格。

《东亚侵权法示范法(暂定稿)》对于环境侵权诉讼原告资格进行了扩展。因为扩展环境侵权诉讼的原告资格,将会产生以下积极效果:①有利于环境纠纷的解决。环境侵权诉讼这种新型诉讼的出现,已经超出了部分现行法律所承认的法律体制和权利框架,但现实中又必须对环境侵权纠纷予以解决。因此,就需要扩展原告资格以通过司法途径最终解决环境纠纷。②有利于保护受害人的权益。按照传统的诉讼原告资格理论,环境侵权案件中的受害人因不具备原告资格,往往难以得到救济。然而对遭受损害的权益不加以救济,是社会公平和法律正义所不能容忍的。所以,扩展原告资格可以保护受害人在传统的诉讼法理论下得不到救济的权益。③有利于强

---

[1] 王立峰:《关于惩罚性赔偿的一些思考》,载《法学》2000年第6期。

化行政机关和污染企业的环境保护责任。在严格的原告资格规则下,因受害人不具备起诉资格,会使众多违法行政行为和企业严重排污行为放任自流,甚至使污染或破坏环境的行为愈演愈烈,有恃无恐。而原告资格的扩展将会使更多的受害人通过诉讼途径使得污染或破坏环境的企业承担法律责任,从而强化它们的环境保护意识。

第十一章　网络侵权责任

【《东亚侵权法示范法（暂定稿）》条文】

第一百零一条【网络侵权承担责任的一般规则】

网络用户、网络服务提供者利用网络侵害他人私法权益，造成损害的，应当承担侵权责任。

网络服务提供者，包括网络平台服务提供者与网络内容服务提供者。

第一百零二条【"避风港"原则的适用】

网络用户利用网络服务实施加害行为，造成他人私法权益损害的，权利人有权通知网络服务提供者采取删除、屏蔽、断开链接等技术上可能的必要措施，消除损害后果。网络服务提供者接到通知后，未在合理期间内采取必要措施的，对损害的扩大部分，与该网络用户承担连带责任。

第一百零三条【通知及要件与形式】

除紧急情况外，通知应当以书面形式作出。书面形式，是指纸质信件和数据电文等可以有形表现所载内容的形式。

通知应当具备下列内容：

（一）通知人的姓名（名称）、联系方式和地址；

（二）要求采取必要措施的侵权内容的网络地址，或者足以准确定位侵权内容的相关信息；

（三）构成侵权的初步证明材料；

（四）通知人对通知书的真实性负责的承诺。

发送的通知不具备上述内容的，视为未发出有效通知，不发生通知的后果。

第一百零四条【合理期间的确定】

确定本法第一百零二条规定的合理期间，应当考虑下列因素：

（一）被侵害私法权益的重大性；
（二）采取必要措施的技术可能性；
（三）采取必要措施的紧迫性；
（四）权利人要求的合理期间。
在通常情况下，合理期间为二十四小时。

第一百零五条【损害扩大部分的计算】
损害的扩大部分，指从通知到达网络服务提供者时开始，至采取必要措施消除损害影响为止的期间内，发生的私法权益损害。

第一百零六条【采取必要措施的通知转达或公告义务】
网络服务提供者采取必要措施后，应当立即将通知转送被指控侵权的网络用户，无法转送的，应当将通知内容在同一网络上进行公告。

第一百零七条【反通知及要件与形式】
网络用户接到通知或者知悉公告后，认为其提供的内容未侵害他人私法权益的，可以向网络服务提供者提交书面反通知，要求恢复其发布内容的初始状态。
反通知应当具备下列内容：
（一）反通知人的姓名（名称）、联系方式和地址；
（二）要求撤销已经采取必要措施的内容、名称和网络地址；
（三）被采取必要措施的行为不构成侵权的初步证明材料；
（四）反通知人对反通知书的真实性负责的承诺。

第一百零八条【网络服务提供者对反通知的处理】
网络服务提供者接到网络用户的书面反通知后，应当及时恢复其发布内容的初始状态，同时将网络用户的反通知转送通知人，但认为发布内容明显侵权的除外。

第一百零九条【对反通知不服的诉讼】
网络服务提供者依照反通知人的要求，恢复其发布内容的初始状态后，通知人不得再通知网络服务提供者采取删除、屏蔽、断开链接等措施，但可以向法院起诉。

第一百一十条【错误通知发送人的赔偿责任】

通知人发送的通知错误,网络服务提供者据此采取必要措施,造成被通知人损失的,通知人应当承担赔偿责任。

第一百一十一条【"红旗"原则的适用】

网络服务提供者知道网络用户利用其网络服务侵害他人私法权益,未采取必要措施的,与该网络用户承担连带责任。

第一百一十二条【知道的判断方法】

知道,是指网络服务提供者明知或者能够证明其已经知道网络用户实施了侵权行为。

【法理阐释】

《东亚侵权法示范法(暂定稿)》第十一章规定的是"网络侵权责任",主要分为两部分:第一部分规定的是网络用户与网络服务提供者自己利用网络实施侵权行为,侵害他人私法权益,应当承担侵权责任的规则;第二部分规定的是网络用户利用网络服务提供者的网络媒介平台实施侵权行为,网络服务提供者未尽必要注意义务侵权责任的规则,具体分为"避风港"原则和"红旗"原则。

第一节 网络侵权责任的一般规则

《东亚侵权法示范法(暂定稿)》第101条规定了网络侵权承担责任的一般规则,内容是:"网络用户、网络服务提供者利用网络侵害他人私法权益,造成损害的,应当承担侵权责任。网络服务提供者,包括网络平台服务提供者与网络内容服务提供者。"

一、示范法规定网络侵权责任的背景

《东亚侵权法示范法(暂定稿)》之所以规定"网络侵权责任"这种特殊侵权责任类型,主要是考虑以下两个问题:

(一)网络侵权责任是当代最新型的侵权责任类型

互联网发达之后,全世界都处于互联网的范围之内,互联互通,成为一个网络整体。在以互联网为媒介的网络平台上发布信息，有广泛、便捷、自由的传播效果，网络媒介平台成了利用最广泛、最自由的媒体平台，任何人都可以自由利用其发布信息，沟通世界。正因为如此，有些人可能会利用网络媒介平台对他人进行诽谤，侵害他人的私法权益。网络侵权责任随着互联网技术的广泛应用在世界范围内兴起，成为世界范围内最新型的侵权责任类型。

（二）网络侵权责任的国际性、跨地域性

网络侵权行为的一个最主要的特点，是不受国界、边境的限制，其随着互联网的应用而跨越时空界限。在一个国家或者法域内实施的侵权行为，能够迅速地传播到他国、他法域，造成他国、他法域的民事主体的民事权益损害。因此，网络侵权责任成为具有国际性的、跨地域性的侵权责任，需要各国、各法域的法律协调政策立场，规范法律规则。东亚侵权法示范法作为跨地域、跨法域的侵权法示范法，应当对此进行规范，协调各法域的责任承担规则。

（三）网络侵权责任具有规则的统一性

正是由于互联网技术是世界范围内的最新技术应用，网络侵权行为是随之而生的新型侵权行为，因而在规范其责任承担规则时，必然要求其具有新颖性和可统一性。随着互联网技术的不断发展，互联网上发生的侵权行为也在不断变化，全世界的法学家面对的都是同样的侵权行为，面临同样的法律适用问题，因而出现了适用法律的可统一性，因而具有统一的基础。美国为保护网络著作权的需求制定的《千禧年数字版权法案》正是符合这样的要求的法律规则，因而能够被其他法域所接受，作为解决本法域处理网络侵权责任的法律规则的基础。同样，《东亚侵权法示范法（暂定稿）》对此进行统一的规范，也正是由于这个原因。

据此，东亚侵权法学会在 2010 年第一届年会上，就决定了东亚侵权法示范法要单独规定网络侵权责任这一特殊侵权责任类型，并且最终在《东亚侵权法示范法（暂定稿）》第十一章规定了这种特殊侵权责任。

二、网络服务提供者承担侵权责任的归责事由

网络服务提供者承担侵权责任时应当适用何种归责事由？通说认为网络侵权行为是一般侵权行为，应当适用过错责任原则。

《东亚侵权法示范法（暂定稿）》第 101 条的文字并未使用"故意或者过失"的字样，而使用了"利用"的表述，即"网络用户、网络服务提供者利用网络侵害他人私法权益"。这样的表述，说明行为主体在主观上必须有故意或者过失的要件。如果网络媒介平台上的信息有损害他人私法权益的可能，但是网络用户和网络服务提供者对此并无故意或者过失，就不构成侵权责任。尤其是在互联网的海量信息面前，网络服务提供者无法对这些信息一一进行审查，因而即使网络用户在网络媒介平台上发布了损害他人私法权益的信息，网络服务提供者只要尽到了必要注意，也不承担侵权责任，因为没有过失就没有责任。

确定网络侵权责任的过错责任时不适用过错推定规则，必须由网络侵权的受害人提供证据证明。受害人能够证明网络用户和网络服务提供者"利用"网络媒介平台实施侵害他人私法权益的行为的，就应当确定网络用户或者网络服务提供者的行为构成侵权。

三、网络侵权行为所侵害的私法权益客体

《东亚侵权法示范法（暂定稿）》第101条在确定网络侵权责任的侵害客体时，使用了"私法权益"的概念。尽管这里的概念是一个全称概念，但是网络侵权行为不可能侵害所有的私法权益，而只可能是部分私法权益。

首先，网络侵权行为不可能侵害民事主体的生命权、健康权、身体权以及物权、债权等私法权益。即使网络侵权行为实施之后，被侵权人受到刺激而发生自杀等情形，那也不是网络侵权行为直接导致的损害后果，不应作为网络侵权行为的直接损害后果。对于物权等财产权益同样如此。

其次，网络侵权行为所侵害的最直接的客体是名誉权、隐私权、姓名权、肖像权等精神性人格权。美国侵权法只规定了网络用户利用网络实施侵权行为的责任。根据东亚各法域的实际情况，网络用户利用网络侵害他人上述精神性人格权益，如果网络服务提供者未尽到必要注意义务，没有采取必要措施的，也构成侵权。

最后，网络侵权行为所侵害的其他私法权益客体主要是著作权等知识产权。著作权是网络侵权中最容易受到侵害的客体，因为著作特别是网络上的著作，最容易在网络上被非法使用，因而是侵权法最应当保护的客体。正因为如此，美国《千禧年数字版权法案》最为关注对著作权的保护。东亚侵权法学会特别借鉴了美国的这个经验，对网络著作权的保护予以特别关注，凡是侵害著作权等知识产权的网络违法行为，也构成网络侵权。

四、网络服务提供者的范围

《东亚侵权法示范法（暂定稿）》第101条第2款规定的是作为网络侵权责任主体的网络服务提供者的范围，包括网络平台服务提供者和网络内

容服务提供者。

根据东亚各法域规范网络侵权行为的经验,对于应当承担网络侵权责任的网络服务提供者,应当界定为网络平台服务提供者和网络内容服务提供者两种责任主体。

网络平台服务提供者,是指经营网络媒介平台,将其提供给网络用户用于发表信息的网络经营者。这种网络平台的性质,是网络媒介平台,而非网络交易平台,二者属性不同。网络媒介平台是开放的自媒体,任何网络用户都可以利用该平台发布信息,进行交流。其特点是自由发表言论,行为人对自己的行为负责。网络平台服务提供者作为网络媒介平台的经营者,仅仅提供媒介平台服务,保障网络用户在媒介平台上自由发表意见。

网络内容服务提供者,是指经营网络媒介平台,并且在自己的网络媒介平台上提供信息,发布新闻等。当网络服务提供者的身份是网络内容服务提供者时,网络服务提供者应当对自己发布的信息内容的真实性负责,当其发布的信息违反真实性原则而侵害他人私法权益时,应当承担侵权责任。

网络服务提供者的上述两种身份,可以单独存在,也可能同时存在。在通常情况下,网络服务提供者的身份是网络平台服务提供者。当其具有网络内容服务提供者的身份时,一般会兼有两种身份。

网络服务提供者身份不同,其承担的侵权责任的性质也不相同,这也正是《东亚侵权法示范法(暂定稿)》第101条第2款规定两种不同身份的网络服务提供者的目的。这就是:①网络内容服务提供者在自己的网络媒介平台上发布信息,造成他人私法权益损害的,构成侵权,应当承担侵权责任,是自己实施的单独侵权行为,自己为自己的行为负责。②网络平台服务提供者仅提供网络媒介平台服务,而不提供内容信息的,一般不承担网络信息内容不真实的侵权责任,对于网络用户在其网络媒介平台上发布的信息,也不承担真实性审查义务,而仅仅在其获知网络用户发布的信息侵害了他人私法权益时,未尽及时采取必要措施的法定义务的,才承担侵权责任,且必须与网络用户共同承担连带责任。

第二节 "避风港"原则及其适用

一、"避风港"原则及适用规则

(一)"避风港"原则的含义

"避风港"条款最早源自美国1998年制定的《千禧年数字版权法案》,

最早适用于著作权的网络保护领域,后来由于网络服务提供者没有能力对海量的信息进行事先的内容审查,因而不要求其承担审查义务并对未经审查的信息内容承担侵权责任。因此,"避风港"原则,是指在网络上发生著作权侵权案件时,当网络服务提供者只提供网络平台服务,不提供信息内容时,如果网络服务提供者被告知侵权,仅负有移除义务,未及时移除的,就被视为侵权;如果侵权内容既不在网络服务提供者的服务器上存储,又没有被告知哪些内容应该移除,则网络服务提供者不承担侵权责任。"避风港"原则也被应用在搜索引擎、网络存储、在线图书馆等方面。

"避风港"原则的基本内容包括两部分,即"通知＋移除"（notice-take down）。其基本含义是,网络服务提供者使用信息定位工具,包括目录、索引、超文本链接、在线存储网络媒介平台,如果由于其链接、存储的相关内容涉嫌侵权,在其能够证明自己并无恶意并且及时移除侵权链接或者内容的情况下,网络服务提供者不承担赔偿责任。

其他法域的立法者在规制网络侵权行为时,尽管都借鉴了美国法的"避风港"原则,但也都在不同程度上扩展了"避风港"原则的适用范围,将其应用于对某些精神性人格权的保护上。例如,《中华人民共和国侵权责任法》第36条第2款明确规定"避风港"原则适用于对其他民事权益的保护。东亚其他法域也有类似情形。

（二）"避风港"原则的适用方法

《东亚侵权法示范法（暂定稿）》第102条规定的是"避风港"原则的适用方法,即"网络用户利用网络服务实施加害行为,造成他人私法权益损害的,权利人有权通知网络服务提供者采取删除、屏蔽、断开链接等技术上可能的必要措施,消除损害后果。网络服务提供者接到通知后,未在合理期间内采取必要措施的,对损害的扩大部分,与该网络用户承担连带责任"。

此条规定的"避风港"原则的适用方法包括以下几点:

1. 网络服务提供者对网络用户在自己的网络媒介平台上发布的信息不负事先审查义务

网络媒介平台的性质是自媒体,与传统媒体如报纸、杂志、电视台、电台等不同,网络用户自行在网络媒介平台上传信息,网络服务提供者对其提供的网络媒介平台上发布的信息,无法也不可能进行事先审查,信息发布者对信息的真实性负责,网络服务提供者对此不负责任,故《东亚侵权法示范法（暂定稿）》第101条规定网络用户自己承担侵权责任。网络服务提供者对于网络用户发布的侵权信息的真实性,在一般情况下并不负责,仅仅在符合"避风港"原则规定的要件时,才承担必要的注意义务。

2. 权利人对于网络用户发布的侵权信息有权向网络服务提供者发出通知

网络用户在网络服务提供者提供的网络媒介平台上发布侵权信息后,受到侵害的权利人享有通知权。该通知权的内容是向网络服务提供者发布通知,要求网络服务提供者对该侵权信息采取移除措施。

权利人享有的该通知权,是一种请求权。通知权的义务人是网络服务提供者,义务的内容是依照通知权人的通知要求,移除侵权信息。具体的移除方法,是删除、屏蔽或者断开链接等。

3. 网络服务提供者接到通知后负有采取必要措施"移除"侵权信息的义务

在网络侵权责任中,作为通知权的义务人,网络服务提供者接到权利人的通知后,立即产生对通知权人负有的义务,即"移除"侵权信息。网络服务提供者对于权利人行使通知权要求移除的信息是否构成侵权,能否负有审查义务,学界存在不同意见,有学者认为应当进行初步审查,有学者认为不应进行审查。东亚侵权法学会采取否定说,确认网络服务提供者对通知移除的信息无须审查,接此通知后,即可采取移除措施。其理由是,网络用户发布的信息是否构成侵权,网络服务提供者无法进行断定,如果其审查认为不构成侵权,而事后法院认定为侵权,网络服务提供者将承担责任。故为保护网络服务提供者,采用否定说较为合适。

对于争议信息的具体移除方法,学界也有不同看法。如果权利人主张采取屏蔽或者断开链接等技术措施,且采取这样的措施对其他人的私法权益没有损害的,可以采取。删除,多针对信息内容的发布行为,将已经发布的信息在互联网上予以删除即可。屏蔽,是就匹配关键词的所有信息进行删除或断开,使得其不能出现。[1]断开链接,多针对搜索和链接行为,将其链接断开。删除和断开链接针对的是特定内容,有特定的指向性,即使移除和断开链接不当,通常受到损害的也只是侵权网络用户;而屏蔽则针对网络空间中所有包含关键词的不特定信息。网络中含有关键词的信息,既可能是非法的,也可能是合法的,甚至可能与通知权利人完全无关。因此,当采取屏蔽措施时,极有可能会损害其他网络用户的利益。屏蔽在针对短时间内集中爆发的、大量的、有较大社会危害性的信息时,才予以适

---

〔1〕 参见司晓、范露琼:《评我国〈侵权责任法〉互联网专条》,载《知识产权》2011 年第 1 期。

用。通常情况下，网络服务提供者要谨慎选择适用屏蔽措施，无论在知识产权领域还是在其他民事侵权中，围绕关键词合法和非法的信息同样同时存在，难以通过技术手段进行精确的区别和处理，网络服务提供者应尽可能地将删除和断开链接作为首选的必要措施，限制屏蔽措施的适用范围，以防止对合法信息的传播造成不必要的阻碍，侵害无关人的私法权益。

网络服务提供者在接到通知后，及时采取移除措施的，该争议信息即使构成侵权，也应由发布该信息的网络用户对权利人承担侵权责任，网络服务提供者对此不承担侵权责任。

4. 网络服务提供者未及时采取必要措施移除侵权信息的，对扩大的损害部分承担连带责任

网络服务提供者未按照"避风港"原则的要求，及时对争议信息采取移除措施，因而使侵权后果继续扩大，就构成侵权，应当对受害人承担侵权责任。其构成侵权责任的要件是：①网络服务提供者已经接到通知，对此的证明责任在通知权人；②网络服务提供者在接到通知后，未采取删除等必要措施，消除侵权后果；③未采取删除等必要措施的时间要求是不及时，超过及时的标准是合理时间，只要在合理期间内采取移除措施的，就没有责任，否则应承担侵权责任。

网络服务提供者承担责任的范围，是就损害的扩大部分，与实施侵权行为的网络用户共同承担连带责任。损害扩大之前的那部分损害，网络服务提供者并不承担责任，由侵权的网络用户自己承担。

二、通知权的行使及后果

（一）通知权的含义及意义

网络侵权责任中的通知，是指被侵权人要求网络服务提供者对侵犯其私法权益的网络信息及时采取必要措施的权利。

行使通知权的意义：①权利人维护自己的私法权益不受侵害，而行使该法定权利；②使网络服务提供者知道他人在网络媒介平台上实施侵权行为，造成了自己的损害；③要求网络服务提供者将侵害自己私法权益的信息予以移除，消除侵权后果。

（二）行使通知权的形式与内容

《东亚侵权法示范法（暂定稿）》第 103 条规定的是行使通知权的通知形式与通知的内容，即"除紧急情况外，通知应当以书面形式作出。书面形式是指纸质信件和数据电文等可以有形表现所载内容的形式。通知应当具备下列内容：（一）通知人的姓名（名称）、联系方式和地址；（二）要

求采取必要措施的侵权内容的网络地址，或者足以准确定位侵权内容的相关信息；（三）构成侵权的初步证明材料；（四）通知人对通知书的真实性负责的承诺。发送的通知不具备上述内容的，视为未发出有效通知，不发生通知的后果"。

1. 通知的形式

权利人行使通知权，原则上应当采用要式形式，即书面形式。书面形式，是指纸质信件和数据电文等可以有形表现所载内容的形式。事实上，电子邮件是最为常见的书面形式。

紧急情况下，权利人可以采用口头方式行使通知权。通常的口头方式，是指电话、微信语音、视频聊天等方式。所谓紧急情况，应当是来不及通过书面形式行使通知权，且不及时采取移除必要措施，侵权损害后果将极为严重。未达到这样程度的，应当采取书面形式行使通知权。

2. 通知的内容

权利人行使通知权，向网络服务提供者发出的通知，应当包括以下四项内容：

（1）通知权人的姓名（名称）、联系方式和地址。要求通知人应当告知真名实姓（而不是网络昵称），并且将联系方式和地址全部告知网络服务提供者，以便确定权利人，并保证沟通渠道畅通。权利人包括自然人和法人。

（2）要求采取必要措施的侵权内容的网络地址，或者足以准确定位侵权内容的相关信息。这个要求是使网络服务提供者能够锁定侵权信息，使其固定化，确定移除的目标。

（3）构成侵权的初步证明材料。这个要求是确定权利人请求对网络用户发布的信息采取移除措施的理由和依据。如果要求网络服务提供者移除某信息，又不提供可能构成侵权的初步证明，网络服务提供者就不能移除该信息，因为对不具备侵权可能的信息采取移除手段，就是限制表达自由。

（4）通知人对通知书的真实性负责的承诺。不能承诺前述通知内容为真实的，行使通知权在实体上就可能存在问题，网络服务提供者可以不采取移除措施，并且不负侵权责任。

3. 通知欠缺要件的法律后果

权利人行使通知权时其通知书中不符合上述要求的，《东亚侵权法示范法（暂定稿）》规定的后果是："发送的通知不具备上述内容的，视为未发出有效通知，该通知不发生通知的后果。"对于已经发出的通知视为未发出有效通知，这对网络服务提供者来说就不具有拘束力，且不产生移除的义务，因而不发生通知的后果，也就不存在未在合理期限内采取移除措施的须承担侵权责任的后果。

（三）合理期间的确定

在确定网络服务提供者承担"避风港"原则项下的侵权责任时，准确界定其接到通知后采取移除措施的时间，是特别重要的问题。为此，《东亚侵权法示范法（暂定稿）》第104条规定："确定本法第一百零二条规定的合理期间，应当考虑下列因素：（一）被侵害私法权益的重大性；（二）采取必要措施的技术可能性；（三）采取必要措施的紧迫性；（四）权利人要求的合理期间。在通常情况下，合理期间为二十四小时。"

确定合理期间的主要因素是：①被侵害私法权益的重大性，对于重大的私法权益受到侵害的，需要在更短的时间内采取移除的措施；②采取必要措施的技术可能性，只要采取的移除措施的技术性要求不复杂，时间应当更短；③采取必要措施的紧迫性，移除的紧迫性越高，时间应当越短；④权利人要求的合理期间，这个因素是参考要素。

综合考虑上述要素，网络服务提供者采取移除必要措施的时间期限为24小时。这个时间，应当是最长时间，即最长不能超过24小时。在此期间内采取移除必要措施的，不构成侵权；超出这个时间界限的，网络服务提供者构成侵权，应当承担侵权责任。

（四）损害扩大部分的计算

网络服务提供者为网络用户发布的侵权信息造成的损害所应承担连带赔偿责任的范围，是损害扩大的部分。如何计算损害扩大部分，《东亚侵权法示范法（暂定稿）》第105条规定："损害的扩大部分，指从通知到达网络服务提供者时开始，至采取必要措施消除损害影响为止的期间内，发生的私法权益损害。"

对于计算网络侵权的损失扩大部分，采用的方法以侵权信息在网络上停留的时间的长短为计算标准，这种方法最为简捷、方便。计算方法是：首先，确定侵权信息发布的时间，即网络用户承担侵权责任的时间起点，开始计算网络用户应当单独承担责任的起点。其次，网络服务提供者承担侵权责任的时间起点，是接到通知后的24小时终止之时，从该时点开始为损失扩大部分的起点，而不是通知发布或者到达网络服务提供者之时，因为从那时开始，还要加上合理期间的24小时，更为合理。最后，扩大部分的止期，是侵权信息在网络服务提供者的网络媒介平台上移除之时，这是全部侵权行为的终止期，不再发生侵权后果。

按照上述计算方法，如果将全部损害结果作为一个整体的话，网络服务提供者承担的连带责任，是部分连带责任，即在整个的损害结果上，网络服务提供者仅就损害的扩大部分与网络用户承担连带责任；而非扩大部分的损害，则只由网络用户承担侵权责任，网络服务提供者不承担责任。也就是说，侵权信息发布之时起，至通知后合理期间终结之时止的期间内的损害，由网络用户承担侵权责任（单独责任）；自通知后合理期间终结之时起，至侵权信息在网络媒介平台上移除之时止的损害，由网络服务提供者与网络用户承担连带责任。单独责任和连带责任的分割，采用百分比计算为妥。

（五）采取必要措施的转达和公告

网络服务提供者在接受通知权人的通知，并且作出对通知提出的侵权信息采取必要措施决定的，必须对发布该信息的网络用户（即通知所指出的侵权人）尽到告知义务，否则即为侵害发布该信息的网络用户的表达自由。故《东亚侵权法示范法（暂定稿）》第106条规定："网络服务提供者采取必要措施后，应当立即将通知转送被指控侵权的网络用户，无法转送的，应当将通知内容在同一网络上进行公告。"

任何人都有权在网络媒介平台上发表言论，享有表达自由，不得非法限制。当权利人行使通知权，请求网络服务提供者履行必要措施的义务时，凡是符合《东亚侵权法示范法（暂定稿）》第103条规定要求的，网络服务提供者必须履行该义务。但是，网络服务提供者自采取必要措施后，必须立即告知被移除信息的发布者，即该网络用户，以便该网络用户采取相应的保护自己表达自由的措施，防止因权利人行使通知权而侵害该网络用户的表达自由。

告知的方法，《东亚侵权法示范法（暂定稿）》规定的可采取的办法是将权利人的通知转达给网络用户，而不是告知其已经采取必要措施。这是因为，必要措施的采取，是网络服务提供者履行对权利人通知权的必要义务，而不是主动依照自己的意志所为的行为。告知的具体方法，通常是将权利人行使通知权的"通知"转达给被移除信息的网络用户，使其知悉对其发布的信息采取必要措施是应权利人行使通知权而为。如果无法直接向网络用户转达该通知的，则应当将权利人的通知内容在同一网络媒介平台上进行公告，即公告送达。公告送达后，即视为已经告知网络用户。

网络服务提供者在完成上述告知或者公告的义务后，就完成了权利人行使通知权所应承担的义务，完成了"避风港"原则下的全部义务。

三、反通知权利及其行使后果

（一）反通知权及其权利人

1. 为什么要规定网络用户享有反通知权

在网络媒介平台上，任何网络用户都享有平等的表达自由的权利。如果只规定权利人对认为侵害了自己私法权益的网络用户发布的信息享有通知权，可以请求网络服务提供者履行"通知＋移除"的义务，而不给对方网络用户以对等的反通知权，将无法实现权利的平衡配置，也无法保障网络用户的表达自由。同时，网络的自身特性决定了在该空间内实施的侵权行为具有隐蔽性，在确切的侵权人难以认定的情况下，问题只能诉诸为网络侵权提供技术服务的网络服务提供者，其有责任在管理自己的网络媒介平台的同时，谨慎地注意侵权行为的发生，并且在发生侵权行为时，及时采取相应的必要措施。一旦对通知权行使的相对人的信息采取了移除的必要措施，应当对等地给予相对人即所谓的侵权人以对应性的权利，以救济通知权行使错误的后果。正因为如此，对于网络侵权责任，侵权法中既要配置通知权利，也要配置反通知权利。

《中华人民共和国侵权责任法》第36条在规定网侵权责任时，只规定了被侵权人的通知权，没有规定对方当事人即网络用户的反通知权；《最高人民法院关于审理侵害信息网络传播权民事纠纷案件适用法律若干问题的规定》也没有规定网络用户的反通知权。这种做法，没有对通知权设置相应的制约的权利，会造成在网络媒介平台上当事人之间权利配置的不平等，从而会限制一方当事人的言论自由。东亚侵权法学会借鉴了这样的经验教训，在《东亚侵权法示范法（暂定稿）》中明文规定了反通知权，均衡地配置双方当事人之间的权利和义务。

2. 反通知权的概念和特点

网络侵权责任中的反通知，是指网络服务提供者根据被侵权人的通知采取了必要措施后，侵权网络用户认为其涉及侵权的信息未侵犯被侵权人的权利，或者其他网络用户认为网络服务提供者对其发布的信息采取的必要措施侵害了自己的私法权益，向网络服务提供者提出要求恢复其发布内容的权利。

网络侵权责任中的反通知，一方面是对被指控侵权内容的抗辩，是反通知人对自身私法权益的维护；另一方面是利益与法律之力的结合，即权利。既然通知是被侵权人的权利，那么反通知当然也是权利，是被采取必要措施而受其害的所谓的侵权网络用户和其他网络用户的权利。由于被侵权人发出的通知导致网络服务提供者采取删除、屏蔽、断开链接等必要措施造成所谓的侵权网络用户和其他网络用户民事权益损害的,该网络用户或者其他相关网络用户行使反通知的权利,以保护自己的实体私法权益。特别重要的是,被侵权人发出通知要求对侵犯其权益的信息采取屏蔽措施,网络服务提供者决定屏蔽某些关键字,这就会影响其他网络用户的权益,尤其关键字为姓名时,其他重名用户或者公众的私法权益就会因此而受损,他们都可以为自己主张权利,成为反通知的权利主体。

3. 反通知权的权利人

反通知权的权利人是所谓的侵权网络用户和其他网络用户。首先,网络用户接到网络服务提供者转送的通知书后,认为其发布的内容并未侵犯被侵权人权利的,可以向网络服务提供者提交书面反通知,要求恢复被删除的内容,或者取消屏蔽,或者恢复被断开链接的内容。其次,其他网络用户因被侵权人行使通知权而使其私法权益受到损害的,也是反通知权的权利人。例如,通知权权利人要求采取屏蔽的必要措施,且网络服务提供者已经采取屏蔽措施的,受到屏蔽影响而使其表达自由受到侵害的其他网络用户也享有反通知权,有权行使这一权利,救济自己的私法权益。

4. 反通知权利的义务人是网络服务提供者

反通知的权利人是通知指向的侵权网络用户和受到必要措施侵害的其他网络用户,反通知的义务人就是网络服务提供者。有的学者指出,反通知使网络用户参与到"通知+移除"程序中来,为其提供了一个抗辩的机会,同时也可以避免网络服务提供者听取一面之词单方面移除信息,妨碍公众的言论自由。这种意见是正确的。反通知是相对于通知而言的。被侵权人作为通知的权利主体,他的义务主体当然是作为媒介的提供网络服务平台的网络服务提供者,网络服务提供者应当对被侵权人通知权利的行使作出必要的行为,即及时采取必要措施。相应地,反通知权利人行使权利,当然也必须针对网络服务提供者提出,对自己的被通知和采取必要措施的网络行为进行辩解、否认。反通知权利的义务主体当然也是网服务提供者,而不是所谓的被侵权人。这是因为,网络侵权行为与其他一般侵权行为的不同就在于其以网络服务提供者为中介,侵权人实施侵权行为必须通过网络媒介的传播,侵权人的身份往往不明确,必须通过网络服务提供者这个中间桥梁,才能建立被侵权人和侵权网络用户之间的沟通和联系。因此,无论是通知权利还是反通知权利,其义务人都是网络服务提供者。

(二)反通知权的性质和目的

反通知权利和通知权利的性质一样,都是一种程序性的权利,即针对网络侵权行为而对网络服务提供者提出采取恢复措施或者移除措施的权利，并不是民事实体权利，不是侵权请求权，也不是侵权请求权的具体内容。如果当通知权利人和反通知权利人不是向网络服务提供者提出通知或者反通知，而是直接向人民法院起诉，那就不是通知权利和反通知权利的问题了，而是直接行使侵权请求权。

反通知权利行使的目的，是使通知权人行使权利发出的通知失效，并且依据通知权的行使而使被移除的信息予以恢复。通知的目的是要对侵权网络用户实施的网络侵权行为在网络上采取必要措施，消除侵权后果；而反通知的内容是要说明所谓的侵权网络用户没有实施侵权行为的事实和依据，或者其他网络用户因通知权的行使而使其私法权益遭受侵害，因而对抗通知权的行使及其效果。反通知权利的行使效果是对移除信息的"恢复"，对抗的就是通知权利及其效果即"移除"，使通知失效，并将已采取的移除措施予以撤销，使侵权网络用户实施的网络行为恢复原状。

（三）反通知的条件与内容

1. 行使反通知权的条件

《东亚侵权法示范法（暂定稿）》第 107 条第 1 款规定的是行使反通知权的条件，即"网络用户接到通知或者知悉公告后，认为其提供的内容未侵害他人私法权益的，可以向网络服务提供者提交书面反通知，要求恢复其发布内容的初始状态"。按照上述要求，网络用户行使反通知权的实质条件是，自己发布的信息没有侵害通知权人的私法权益；形式条件是，向网络服务提供者提交书面反通知。

行使反通知权的实质条件，反通知权人应当有初步证明，证明的事实是自己发布的内容符合法律规定，属于表达自由的范畴，自己没有实施侵害他人私法权益的行为，通知权人也没有因此而受到私法权益的损害，或者即使受到损害也与自己的信息发布行为无关，不存在因果关系。

行使反通知权的形式条件，就是提出《反通知书》，并且将《反通知书》送达网络服务提供者。自网络服务提供者收到该《反通知书》起，发生反通知权利的行使效力。

2. 反通知的内容

《东亚侵权法示范法（暂定稿）》第 107 条第 2 款规定的是反通知的内容，即"反通知应当具备下列内容：（一）反通知人的姓名（名称）、联系方式和地址；（二）要求撤销已经采取必要措施的内容、名称和网络地址；（三）被采取必要措施的行为不构成侵权的初步证明材料；（四）反通知人对反通知书的真实性负责的承诺"。具体内容是：①反通知人的姓名（名称)、联系方式和地址,即明确反通知人的身份、联系方法和地点;②要求撤销已经采取移除措施的内容、名称和网络地址,即明确已经移除的信息的具体内容、名称和网络地址,以便予以恢复;③要求提供自己发布的信息不构成侵权的初步证据,是要证明其并非无端行使反通知权,而有行使权利的依据;④要有对反通知书的内容真实性负责的承诺,若声明的内容虚假即应依法承担责任。

(四) 网络服务提供者对反通知的处理规则

《东亚侵权法示范法(暂定稿)》第108条规定:"网络服务提供者接到网络用户的书面反通知后,应当及时恢复其发布内容的初始状态,同时将网络用户的反通知转送通知人,但认为发布内容明显侵权的除外。"这里规定的是网络服务提供者对网络用户提出反通知的处理规则。这些规则是:

(1) 网络服务提供者在接到网络用户的反通知后,原则上无须审查,直接可以依照反通知的要求,将已经采取必要措施的信息予以恢复,使该信息的发布内容恢复到原始状态。这是因为,网络服务提供者并不是法官,不具备判断反通知中被移除的信息是否构成侵权的初步证明材料的效力的能力,尤其是在一些侵害名誉权和隐私权的案件中,被侵权人和侵权网络用户往往各执一词,孰是孰非连法官都难以判断,网络服务提供者更没有能力作出判断。

(2) 在恢复采取必要措施的信息之后,应当同时将网络用户的反通知转送给通知人,告知对因其通知要求已经采取必要措施的所谓侵权信息予以恢复的依据,是网络用户的反通知,并且告知其对根据反通知采取的措施不服的具体办法。

(3) 如果争议的网络信息的侵权性质较为明显,网络服务提供者能够确认反通知要求恢复的信息具有侵权性质,也可以不采取恢复措施,告知反通知人,其反通知的要求不予采纳。例如对那些显而易见的侵权信息,智力和心智处于一般水平的人就可以判断这些明显的侵权行为,网络服务提供者自然也可以判断。况且网络服务提供者作为互联网技术的运营商,其团队中应当有处理日常法律事务的具备法律专业素质的工作人员或者具有其他专业素质的工作人员,因此要求网络服务提供者对明显的侵权信息作出判断,并非强人所难。

(五) 对网络服务提供者履行对反通知义务不服的诉讼

《东亚侵权法示范法(暂定稿)》第109条规定:"网络服务提供者依照反通知人的要求,恢复其发布内容的初始状态后,通知人不得再通知网络服务提供者采取删除、屏蔽、断开链接等措施,但可以向法院起诉。"这里规定的是被侵权人对网络服务提供者履行反通知义务不服的处理办法，即采取诉讼方式解决，不得继续进行通知、反通知活动。

反通知的基本效力，就是网络服务提供者依照反通知的要求，对已经采取必要措施的网络信息撤销删除、屏蔽或者断开链接等恢复性措施，使所谓的侵权网络用户在网络上的行为得以恢复，使其他网络用户受到的损害得到恢复。反通知的目的，就是把通知权行使的效果打回原形，使通知失效。反通知一旦生效，对通知的打击将是毁灭性的。但是，被侵权人主张自己合法民事权益不受侵害的权利并没有因此而受到限制，只是不享有再通知的权利。这是因为，一个制度的设计不可以循环往复，且网络服务提供者也不具有这种能力。被侵权人不得重复通知，在非诉讼层面的救济到此结束。

在被侵权人通知、侵权网络用户或者其他网络用户反通知的情形下，无论哪一方当事人，包括网络服务提供者，都有可能出现是否构成侵权的争议。如果网络服务提供者接受反通知，撤销必要措施，被侵权人有可能主张权利，可能起诉反通知权利人以及网络服务提供者，追究他们的侵权责任；如果侵权网络用户或者其他网络用户行使反通知权利后，网络服务提供者不接受反通知，没有撤销必要措施，反通知权利人可能起诉网络服务提供者以及被侵权人，追究他们的侵权责任。因此，在这些情形下，不论网络服务提供者是否采取撤销必要措施，在其周围的三种权利主体都有可能起诉，追究他方的侵权责任，同时都有可能将网络服务提供者作为责任人诉至法院，追究其侵权责任。

涉及反通知权利行使的各种争议，实际上都是侵权争议，当事人诉至法院后，法院都要依照本法域的法律，确定是否构成侵权，定分止争。法院应当依照本法域的法律规定，依据网络侵权行为的构成要求，确定究竟应当由哪一方当事人承担侵权责任。

四、错误通知的赔偿责任

《东亚侵权法示范法（暂定稿）》第110条规定："通知人发送的通知错误，网络服务提供者据此采取必要措施，造成被通知人损失的，通知人应当承担赔偿责任。"这一规定解决的是通知错误的赔偿责任。对于其中的"通知错误"，应当理解为既包括错误的通知，也包括错误的反通知。

在"避风港"原则的适用中，不论是通知人还是反通知人，发送的通知或者反通知出现错误，网络服务提供者根据通知或者反通知而采取了必要措施，对于争议的信息予以移除或者予以恢复，都会造成被通知人或者通知人的损失。依照侵权责任一般条款的要求，构成侵权责任的，发出错误通知或者反通知的人，应当对受到损害的人承担赔偿责任。

通知人发出的通知错误，对争议的信息采取必要措施的，限制了发布信息的网络用户的表达自由，构成侵权，对于造成的损失，当然应当承担赔偿责任。

如果是被通知人发出的反通知错误，对已经采取必要措施的侵权信息予以恢复，是对被侵权人的侵权救济措施的解除，将会继续造成侵权后果，实际上是造成了两次侵权后果，诉讼时可以分别起诉，也可以一次起诉合并处理。

如果是其他网络用户发出的反通知错误，造成通知人的权利损害的，其应当对此损害承担赔偿责任。

事实上，还存在一种可能性，就是网络服务提供者对通知或者反通知履行义务不当，造成当事人损害的，也有承担侵权责任的可能，但是通常情况下，网络服务提供者都比较谨慎，构成这种损害赔偿责任的情形并不多见。可以断定，只要是网络服务提供者依照通知权人的通知，或者是依照反通知权人的反通知，而采取必要措施，或者恢复发布内容的初始状态的，网络服务提供者的行为就不构成侵权。

第三节　"红旗"原则及其适用

一、"红旗"原则的含义及意义

在网络侵权责任的规则中，"红旗"原则是"避风港"原则的例外适用。

所谓"红旗"，意思就是很打眼、很容易识别的事物。网络服务提供者对于发生在自己网络媒介平台上的侵权行为，就像看到鲜艳的红旗一样，不能视而不见，而应该负起监测、移除、排除的义务。这就是"红旗"原则的由来。网络侵权责任中的"红旗"原则，是指如果网络媒介平台上的侵权信息是显而易见的，就像红旗一样飘扬，网络服务提供者不能装作看不见，或者以不知道该信息侵权为由，来推脱自己的侵权责任。在此种情况下，如果网络服务提供者不采取必要措施，即使受害的权利人没有发出通知，也认定该网络服务提供者知道第三方的侵权行为，应当与侵权人承担连带责任。

"红旗"原则最早规定在1998年《美国版权法修正案》中,并在《千禧年数字版权法案》中进一步得到肯定。美国法上的"红旗"原则,主要是对著作权的保护,特别是对网络中的著作权的保护,而对其他民事权益的保护则不适用该原则。中国《信息网络传播权保护条例》借鉴了这个原则,后来在《中华人民共和国侵权责任法》第36条第3款中予以规定,上升为法律规则,适用于对所有民事权益的保护。《东亚侵权法示范法(暂定稿)》借鉴了中国的经验,在第111条和第112条规定了"红旗"原则的适用规则。

事实上,"避风港"原则和"红旗"原则是一个问题的两个方面,"避风港"原则是一般规则,"红旗"原则是特例。在一般情况下,网络服务提供者并不对网络媒介平台上发布的信息进行审查,只有在通知权人行使通知权但不及时采取必要措施的,才承担侵权责任。只有在网络上发布的信息的侵权行为性质非常明显,而网络服务提供者仍然默认或者纵容该侵权行为时,才应该依照"红旗"原则承担侵权责任。

二、"红旗"原则的适用

《东亚侵权法示范法(暂定稿)》第111条规定的就是"红旗"原则的规则,内容是:"网络服务提供者知道网络用户利用其网络服务侵害他人私法权益,未采取必要措施的,与该网络用户承担连带责任。"

由于网络侵权的特殊性,并非网络上发表的所有内容构成侵权时,网络服务提供者都必须承担侵权责任。这与传统媒体侵权责任是完全不同的。传统媒体发表新闻和文章,都需要进行审查、编辑,如果发表的新闻、文章等构成侵权,媒体的编辑、出版者就应当承担侵权责任,因为其未尽到必要的审查注意义务。网络媒介平台属于自媒体,因而在网络平台上发表作品、发布信息,没有编辑或者审查的过程,网络用户都可以任意上传文章、信息,网络服务提供者仅仅是提供网络媒介平台的支持,为网络用户发布信息提供服务而已。如果让网络服务提供者承担与传统媒体的编辑、出版者同样的义务,对作品进行事先审查,显然是不公平的,也是不合理的,网络服务提供者无法履行这样的义务。

"红旗"原则的要求是,网络服务提供者明知网络用户利用其网络实施侵权行为,而未采取必要措施,任凭侵权行为在自己的网络媒介平台上泛滥,对被侵权人造成损害,对于该网络用户实施的侵权行为具有放任损害后果发生、扩大的间接故意。故对网络服务提供者的这种明知而放任侵权行为发生的不作为行为,《东亚侵权法示范法(暂定稿)》将其视为共同侵权行为，网络服务提供者和实施侵权的网络用户就是共同侵权行为人，其应当承担适当的责任份额。故《东亚侵权法示范法（暂定稿）》第111条规定，网络服务提供者与实施侵权行为的网络用户应当共同承担连带的侵权责任。

如何理解"网络用户利用其网络服务侵害他人私法权益"，即在网络媒介平台上发布的信息达到何种程度，才能够认定为构成"红旗"的标准，这具有研究价值。《东亚侵权法示范法（暂定稿）》对此没有给出判断标准。笔者认为，这个标准应当是一个经营者的谨慎义务的水平，即以善良管理人的注意程度判断，某个网络信息已经构成侵权，就可以认定为是"红旗"，而不是适用与处理自己的事务的同一注意，更不是普通人的注意。如果以善良管理人的注意程度，能够判断某个网络信息构成侵权，网络服务提供者没有及时采取必要措施，就认为其构成侵权，应当承担连带责任。

三、知道的判断方法

《东亚侵权法示范法（暂定稿）》第112条规定的是依照"红旗"原则的要求，对"知道"的判断方法是："知道，是指网络服务提供者明知或者能够证明其已经知道网络用户实施了侵权行为。"

在网络侵权责任的认定中，对于网络服务提供者在主观上达到何种程度才应当适用"红旗"原则，构成侵权，及如何解释知道，学界有不同的看法。有的认为，网络服务提供者应当对网络媒介平台上的侵权行为发生为"明知"；有的认为，知道包括"明知"和"应知"；有的认为，知道还包括"推定知道"。《东亚侵权法示范法（暂定稿）》采取中间路线，规定知道包括明知和已知。

《东亚侵权法示范法（暂定稿）》作这样规定的原因是：①将网络服务提供者的知道强制解释为明知，有牵强之处。如果将知道解释为明知，可能不能认定有些网络服务提供者的侵权行为，从而放纵其侵权行为，因为明知须有确切的证明，达不到证明明知的程度，就不能认定为构成侵权。②如果将知道解释为既包括明知，也包括应知，特别是解释为推定知道，是不正确的。因为认为网络服务提供者对利用网络实施侵权行为负有应知的义务，就可能会要求其负担对所有网络用户发布的信息负有事先审查义务。这样的要求脱离了现实，给网络服务提供者增加了极大的负担，甚至与传统媒体采取同样的标准，就会限制网络服务提供者的行为自由。③将知道解释为推定知道也不正确，因为推定是不需要充分证据的，而是根据一些条件而推定。尽管推定知道会比应知宽松一些，但仍然会对网络服务提供者苛以较为严格的责任，也不符合实际情况。

根据《东亚侵权法示范法（暂定稿）》的规定，网络服务提供者对于其管理的网络媒介平台上发生的侵权行为，其主观标准是知道，而对知道的解释，则是明知和已知。已知与明知有一定区别，明知应当是能够证明行为人明确知道，故意而为；已知是能够证明行为人只是已经知道了而已，并非执意而为，基本属于放任的主观心理状态。已知是有证据证明行为人对侵权行为已经知道的状态，而并非执意追求侵权后果。已知的表述内容，更接近于明知的概念，距离推定知道的概念距离稍远，且不包括应知在内。

网络服务提供者承认自己对网络用户在自己的网络媒介平台上实施侵权行为为已知的，当然没有问题。如果有证据证明网络服务提供者对网络用户实施的侵权行为为已知，但网络服务提供者并不承认自己已知的，应当直接认定其已知，不必认定为其应当知道。根据经验，下述五种情形应当认定为已知：①在网络媒介平台首页上进行推荐的；②在论坛中置顶的；③作为网刊发布的；④网络用户在网络媒介平台专门主办的活动中实施侵权行为的；⑤转载其他网络媒介平台发表的侵权作品的。

上述这些行为，都是网络服务提供者对被诉的侵权内容主动进行选择、整理、分类，或者被诉的侵权行为的内容明显违法，并置于首页或者其他可为网络服务提供者明显所见的位置的。凡是符合上述明知或者有证据证明其已经知道网络用户在自己的网络媒介平台上实施侵权行为而不采取必要措施的，网络服务提供者就构成侵权，与实施侵权行为的网络用户共同承担连带责任。

承担连带责任的规则，仍然是受害人可以向网络服务提供者以及侵权的网络用户请求承担全部赔偿责任，可以一并起诉，也可以单独起诉其中一人，任何被起诉的人都要承担全部赔偿责任；各个连带责任人之间应当按照过错程度和行为的原因力，确定各自的最终责任份额；承担超过了自己的最终责任份额的，有权向其他连带责任人进行追偿。

第十二章　侵害公开权的侵权责任

【《东亚侵权法示范法（暂定稿）》条文】

第一百一十三条【侵害公开权的责任】

个人和团体对于自然人和自然人团体对于自己的人格标志，享有予以商品化利用的权利，即公开权。

未经公开权人许可，以广告、招贴画、竖立式广告牌、大众消费产品、定期刊物等方式，使用他人具有人格特征标志的物、照片、电影、电视剧、话剧、音乐、美术作品等的，应当承担侵权责任。

第一百一十四条【公开权的保护期限】

公开权的保护期间为其权利人生存或者自然人团体存续期间，以及死亡或者自然人团体解散后的三十年内。

两个以上的自然人或者自然人团体共同享有的公开权的保护期间，为最后死亡的自然人死亡，或者自然人团体解散的权利人死亡或者自然人团体解散，之后的三十年内。

上述保护期限，自权利人死亡或者解散后的下一年起计算。

第一百一十五条【公开权人的请求权】

公开权人有权要求侵权人停止侵害、排除妨碍，或者要求可能造成损害之虞予以消除危险。

公开权人依照前款提出请求时，可以请求销毁涉侵权物或者采取其他必要措施。

公开权人因侵权行为遭受财产损害和精神损害的，有权要求侵权人承担损害赔偿责任。

第一百一十六条【损害赔偿的计算】

侵害公开权的损害赔偿，应按下列标准中的较高标准计算：

（一）侵权人因侵权行为所得利益；

（二）权利人通常行使其权利可获得的财产价值。

权利人受到的财产损害价值超过依照前款规定确定的金额时，得对其超过部分请求损害赔偿。

根据本条第一款和第二款规定的标准难以确定损害赔偿金额时，法院可以根据实际情况酌定损害赔偿金额。

第一百一十七条【因损害人格造成的精神损害赔偿】

公开权人除得向侵权人请求财产损害赔偿外，还可请求精神损害赔偿，并同时请求采取恢复名誉等必要措施。

第一百一十八条【公开权人死亡后的权利保护】

公开权人死亡时，其继承人可继承其该权利，但被继承人生前明确表示反对的除外。

公开权人得以遗嘱方式，将其公开权遗赠与他人，并可附加使用方式和范围等的限制或期限。

以继承或者受遗赠取得公开权者，可向侵权人主张侵权责任。

第一百一十九条【转让】

公开权得以合同全部或者部分转让，但不得概括转让尚未发生之权利。

受让人超出其转让合同约定的范围使用人格标志的，公开权人可要求其承担侵权责任。

第一百二十条【许可使用】

公开权人得许可他人使用人格标志。被许可人得在受许可的范围和条件内使用人格标志。

未经过公开权人同意，被许可人不得允许第三人使用该人格标志。被许可人超出许可范围或者条件使用人格标志，或者允许第三人使用人格标志的，公开权人得向被许可人主张侵权责任。

第一百二十一条【侵害自然人团体的公开权】

自然人组成的团体共同享有的公开权受到侵害的，团体成员得以其权利份额为限主张侵权责任。

第一百二十二条【网络服务提供者的责任】
网络服务提供者侵害他人公开权的,准用本示范法第十一章的规定。

【法理阐释】

20世纪初,公开权在美国被视为新的财产权。但是与传统的财产权(即物权)的法律性质有所不同,对于公开权来说,系统地说明和适用一贯性的法理在案例上会存在局限性。公开权即使在其发源地美国,不同的州在成文法或形成案例的过程中亦有不同的定义。关于公开权的侵权纠纷急剧增加,我们急需采取公开权法律保护措施,因此《东亚侵权法示范法(暂定稿)》第十二章对侵害公开权的侵权责任进行了规定。本章从公开权的沿革与发展、基本理论以及救济方式等方面进行阐释。

第一节 公开权的沿革与发展

商人从市场价值和市场需求出发,为谋求商业利益,对属于他人的人格标志擅自进行开发,并独自占有最终的利益,或者仅仅给权利人微小的利益,自己取得绝大部分利益,这显然是对权利主体所享有的权利的侵害。民法面对这样的侵权行为当然不能坐视不管,必须作出自己的反应。笔者以各个国家对该权利的规范模式为视角,分析公开权概念的沿革与发展。

一、美国

公开权起源于隐私权。学界认为,每个人都享有独处的权利,所以未经当事人的同意将其姓名、肖像适用于广告或者商品销售时,应当认定为侵害了人格权中的隐私权。但是,知名人士很难套用这一思路。因为他们的姓名、肖像等本身就是暴露在公众的视野中的,在同样的侵害行为中,侵权人并非侵害了知名人士的隐私,而是直接或间接地利用了知名人士的影响力由此获得商业价值。正如尼莫教授总结说:"与这些产业(广告、电影、电视和广播)相关联的知名人士,并不追逐布兰蒂斯和沃伦所主张保护的独处和隐私。毫无疑问,隐私确实是他们要求和需要的东西。但他们更关注自己的公开形象,这可以看作是隐私的另一面。尽管名人不愿意将自己隐藏在隐私的盾牌之后,但他们也绝对不愿意让他人未经自己的许可,或者未向自己支付报酬而使用、公开自己的姓名、肖像或形象。"[1]所以为了解决这个问题,相应的法律制度需要变革,公开权这一概念便应运而生。

历史上"公开权"(the right of publicity)的用语首次出现在美国 *Haelan Laboratories v. Topps Chewing Gum* 案中。该案中,杰罗姆·弗兰克(Jerome Frank)法官认为:"个人的隐私权、具有公布价值权的知名人的照片与姓名等人格标志在未经同意的情况下,公布于舆论后被利用于商业之中,但没有承担任何经济代价,从而导致当事人受到伤害或者剥夺感,因此应当承认公开权的排他权并应保护该权利。"该案创造了"公开权"这一法律用语,将公开权定义为"对自己的姓名、肖像和角色拥有、保护和商业利用的权利"[2]。该判决引起了学界的热议。1954 年尼莫教授发表《公开权》[3]这一著名论文;1960 年普罗瑟教授提出,"人人都有不受干扰的权利",并把侵害其权利的非法行为分为四种,其中把人格标志使用在商业活动中并获取经济利益视为对公开权的侵害。整体上,学术界主张区分隐私权与公开权概念的差异,并认为公开权是知识产权的一种,承认排他性与继承性,该主张被美国许多判例所适用,其中 19 世纪 70 年代的 Hugo Zacchini 事件和 Elvis presley 事件为巩固公开权的独立性作出了贡献。从 1980 年起,美国的州法院和联邦法院认同公开权为新的独立的权利。

1995 年美国法律协会公布《美国反不正当竞争法重述·第三次》[4],公开权见于第四章"盗取他人商业价值"中。根据该重述第 46 条的规定,如果表示特征或象征物非常紧密和独特地与某一特定的人相联系,以至于对它们的使用会使被告盗用该人的人格的商业价值时,对这些特征或象征物的使用也可以构成对公开权的侵害。[5]该重述第 47 条则具体界定了"为了商业目的"的使用。根据该条的规定,如果某人的姓名、肖像或其他身份标记被用来宣传使用者的商品或服务,或者被使用者置于商品上,或者被使用者用于服务之中,都属于商业性的目的。该重述第 48 条和第 49

---

[1] 李明德:《美国形象权法研究》,载《环球法律评论》2003 年第 4 期。
[2] See *Haelan Laboratories v. Topps Chewing Gum*, 202F. 2d 866(2d Cir. 1953).
[3] See Nimmer, *The Right of Publicity*, 19 Law & Contemporary Problems 203(1954).
[4] See American Law Society, *Restatement (third) of Unfair Competition*, Sections 46, 47, 48, 49.
[5] 参见谢晓尧:《商品化权:人格符号的利益扩张与衡平》,载《法商研究》2005 年第 3 期。

条分别规定了侵权者应当承担的禁令责任和损害赔偿责任。[1]

美国不仅在判例法上承认了公开权,多个州也在通过立法承认公开权,并且提出制定联邦法的提案。至此,公开权在美国得到了确立和巩固。美国法中大体上把公开权定义为个人的姓名、肖像、容貌等被商业利用且限制获取经济利益及财产价值的排他性权利,即公开权是属于知识产权的一种权利,个人的姓名、肖像、形象等表现其身份的独特性的标志被商业利用但不支付其经济报酬时可追究的排他权利。

值得注意的是,公开权仅在美国以成文法的方式确立。作为美国的新型财产权之一,有关于公开权的内容、范围、限制等还有进一步值得探讨的地方。

二、英国

英国的传统法理中并不承认隐私权与公开权,他们认为,因商业利益擅自使用他人的姓名和肖像时,仅当符合损害名誉或者欺瞒行为的前提时,才会认可原告相应的损害赔偿要求或禁止请求,若是单纯使用原告姓名的行为不可视为侵害财产权利。直到 1998 年《欧洲人权公约》被吸收到英国法之中时,隐私权才在英国得到承认;此后,英国通过传统的商标法与冒充法以零星方式实现了对人的身份(identify)标志及其商业价值的保护。[2]

三、德国

德国没有将公开权视为独立财产权的法律或判例,而是根据人格权的法理,以保护姓名权与肖像权的经济利益的判例为依据,保障与公开权相似的权利。相应的法律根据有《德国民法典》第 823 条、《德国民法典》第 12 条(姓名权)、《关于肖像艺术和摄影作品著作权法》第 22 条等。

1999 年的 Marlene Dietrich 案是适用《德国民法典》第 823 条的代表性案例。根据《德国民法典》第 823 条第 1 款之规定,因故意或者过失不法侵害他人生命、身体、健康、自由、所有权或者其他权利者,对他人因此而产生的损害具有赔偿责任。违反以保护他人为目的的法律,负相同义务。德国联邦最高法院认为:"受到民法典第 823 条第 1 款保护的一般人格权以及姓名、肖像等特殊表现形式不仅服务于人格的精神保护而且也服务于人格的财产价值。""一般人格权及其特殊表现形式首先服务于精神利益尤其

---

〔1〕 参见李明德:《美国形象权法研究》,载《环球法律评论》2003 年第 4 期。
〔2〕 参见朱广新:《形象权在美国的发展状况及对我国立法的启示》,载《暨南学报(哲学社会科学版)》2012 年第 3 期。

是人格的价值和尊重的请求权的保护。""与此对应,一般人格权及其特殊表现形式还保护人的财产利益。照片、姓名以及其他的人格标志就像声音一样能够带来可观的经济价值。"[1]

历史上,德国通过立法保护个别人格权,但是在高度的信息化社会,这样的规定不能充分保护人格权。所以 1954 年德国联邦大法院为保护概括性的一般人格权(Allgemeines Personlichkeitsrecht),通过判例承认了《德国民法典》第 823 条的"其他权利"中包含人格权,宣布了对一般人格权的保护,并于 1958 年承认了因一般人格权侵害而导致的精神损害赔偿请求。一般人格权是人格权的概括性概念,是一种维持人格的不可侵犯性、尊严性和认同性的标志及关于自由活动的私法权利。一般保护的具体人格权包括以营利为目的擅自使用他人姓名权、肖像的摄影与公开发表的权利、他人传记(Lebensbild)的公布发表权等。

此外,《德国民法典》第 12 条规定:"有权使用某一姓名的人,因另一方争夺该姓名的使用权,或者因无权使用同一姓名的人使用此姓名,以致其利益受到损害的,可以要求消除此侵害。如果继续受到侵害,权利人可以提起停止侵害的诉讼。"法院以此保护姓名权。《关于肖像艺术和摄影作品著作权法》第 22 条规定了保护肖像艺术及摄影作品的肖像权。其中,《关于肖像艺术和摄影作品著作权法》第 22 条规定的"肖像等"可以理解为多种概念。除了实际肖像、照片、摄影、铜像等以外,还有死者面型(Totenmaske),不同于实际肖像或者照片的模仿作品也会根据该条规定视为侵害事件。所以即使根据《关于肖像艺术和摄影作品著作权法》第 22 条的规定,德国未承认公开权,也可以因肖像或者照片的人格标志权受到侵害而获得救济。

综上所述,德国没有引进公开权概念的必要性。

四、日本

日本通过判例承认姓名权与肖像权为传统的人格权。但是以马克·莱斯特(Mark Lester)(英国知名童星)事件为起点产生了公开权的判例,法院认为,肖像权的财产利益被侵害,非法行为成立,因而承认精神损害赔偿。之后与此相似的判例增加。起初日本学术界把公开权定义为"限制个人信息的商业利用权利"或者"肖像权的财产""肖像盈利权""肖像公开权"。

20 世纪 70 年代,日本开始引进商业形象权的概念,即在某些商品上使用著名人物的形象或姓名以及虚构人物或动物的形象或名称来吸引顾客,

---

[1] BGH,NJW 2000,2197.

增强商品购买力的活动,称为"商品化",将与此相应的权利称之为"商业形象权"。日本最早的判例将其定义为:名人对其姓名、形象及其他对顾客有吸引力、有识别性的经济利益或价值进行排他性支配的权利。对于商业形象权的界定,判例与学说有两种倾向:一种是广义的商业形象权,是指除自然人以外,漫画或动画中的人物,甚至动物、其他物品,只要对顾客有吸引力,也能成为商业形象权的对象;另一种是狭义的商业形象权,是基于隐私权、肖像权、名人的形象所具有的经济价值而产生的权利。[1]

五、中国

(一) 法律上的沿革

《中华人民共和国民法通则》第100条规定:"公民享有肖像权,未经本人同意,不得以营利为目的使用公民的肖像。"这是公开权在中国法中的体现之一。

《中华人民共和国侵权责任法》第20条规定:"侵害他人人身权益造成财产损失的,按照被侵权人因此受到的损失赔偿;被侵权人的损失难以确定,侵权人因此获得利益的,按照其获得的利益赔偿;侵权人因此获得的利益难以确定,被侵权人和侵权人就赔偿数额协商不一致,向人民法院提起诉讼的,由人民法院根据实际情况确定赔偿数额。"对于本条规定的理解应当是明确的,这其实说的是侵害公开权的损害赔偿。

《中华人民共和国民法人格权编(草案)(民法室室内稿)》第3条规定:"人格权人可以许可他人使用其肖像、姓名、名称等,但是依照性质或者法律规定不得被许可的除外。"这一条文,是中国民事立法第一次规定了人格权的公开权。这个权利虽然在《中华人民共和国侵权责任法》第20条中有所体现,但是并没有明确规定公开权。草案的这一条文与《中华人民共和国侵权责任法》第20条规定相互配合,相得益彰,构成了一个完整的人格权、公开权及其保护的法律体系。

(二) 学理上的讨论

公开权在中国也引起了学理上的热烈讨论。针对如何界定中国的公开权的概念,应当重点研究两个问题:

1. 对这个权利名称应当怎样表述

对于这个权利名称的表述,最主要的有:①商品化权;②公开权;③

---

[1] 参见[日]萩萩原·有里:《日本法律对商业形象权的保护》,载《知识产权》2003年第5期。

商业形象权；④商事人格权。对于上述权利名称的不同表述究竟应当采用哪一个，颇费周折。分析起来，最贴切的应当是美国法中的公开权。但是，从美国法中的公开权似乎看不出其民事权利的性质和人格权的性质，容易望文生义，认为其是一个政治权利。特别是 20 世纪 90 年代出现的公开化运动，更容易想到这个概念的政治属性。因此，公开权的称谓不大适合中国民法的表述习惯。商业形象权、商事人格权的概念的概括力不够，而形象权又容易与具体人格权中的形象权发生混淆。相比较而言，还是商品化权的称谓较为实际，也能够概括人格标志利益的商品化开发的权利内容及其属性。因此，学界通常采用这一表述作为权利名称。

2. 对这个权利内涵应当怎样界定

中国学者对商品化权有不同的表述，如将此权利定义为"对自己的姓名、肖像和角色拥有保护和进行商业利用的权利"〔1〕，或将能够产生商品信誉的知名人物姓名、肖像等形象因素进行商业化使用的无形财产权等。对商品化权的界定基本可以分为广义说与狭义说。广义说是将商品化权的保护对象扩展到一切可以商品化的对象，包括真实人物、虚构角色以及其他可商品化的标记、符号、物品等。狭义说是将商品化权的保护对象局限于真实人物的形象特征，"形象"是指与生命特征相联系的人的个性特征。杨立新教授认为，广义说将保护范围扩大一切可以商品化的对象，其保护范围过宽。虚构或创作中的角色更接近于著作权的保护对象，应由著作权法调整。而标记、符号、动物和物品等，与真实人物的人格标志不具有相同的法律特征，不应属于同一种权利保护的对象。而狭义说局限于保护具有生命特征的人格标志，其保护范围又过窄。现实生活中，法人、组织的标志性特征同样有被商品化利用的可能，因此，就如同法人、组织享有名称权、名誉权、信用权等人格权一样，它们也应享有商品化权。因此，他认为应当采用较为适中的概念界定，即商品化权是指民事主体（包括自然人、法人和其他组织）对其具有一定声誉或吸引力的人格标志利益进行商品化利用并享有利益的权利。〔2〕

六、韩国

（一）公开权在判例上的发展

20 世纪 90 年代以前，以商品广告为主要收入的知名明星，因自己的肖

---

〔1〕 王利明、杨立新主编：《人格权与新闻侵权》，中国方正出版社 1995 年版，第 427—431 页。
〔2〕 参见杨立新、林旭霞：《论人格标识商品化权及其民法保护》，载《福建师范大学学报（哲学社会科学版）》2006 年第 1 期。

像被他人擅自使用而受到损害的诉讼事件很多，典型事件有"韩惠淑事件""崔爱淑事件""新闻直播事件"等。之后关于公开权的判例约达50多件。这是因为1990年体育娱乐产业急速发展与"韩流"盛行，近20年来韩国的文化艺术产业更是发生了极大的变化。K-pop，K-drama，K-culture等新用语的登场与日常化，"韩流"速度与数量急速扩大，例如去韩国旅游的外国人，不管男女老少，没有一个不知道朴载相的"江南 style"。

人们对于知名体育人士和明星的姓名、肖像等的商业价值的认识大大提升。学界主张引进公开权的呼声越来越高，由此韩国正式拉开了关于公开权争论的序幕。2000年左右，韩国法院通过判例使公开权的财产属性得到承认，但是其让与性或者继承性、保护范围及存续期限等问题又成为新的争论点。

总体而言，通过判例的发展，公开权得以确立。在韩国，公开权是根据社会环境的变化而新生的权利，其概念为"限制商业利用从而获取经济利益，以及限制他人擅自使用具有财产价值的知名明星或体育人士的姓名、肖像、形象等表现其身份的个人标志的权利"。

（二）公开权的立法规制

自从"张子妍事件"之后，以韩国文化体育观光部主导进行的《娱乐产业振兴法案（草案）》第9条，呼吁政府为"娱乐服务提供者的肖像权、姓名权"等提供保护措施，因为娱乐服务提供者的肖像权、姓名权以及公开权是其重要收入来源。

现实中关于公开权的立法有赞成论和反对论。支持公开权立法的有以下理由：①存在知名明星的姓名和肖像被擅自使用而没有承认精神损害的实例，因此需要财产损害赔偿制度；②民法在财产以外的损害只承认精神痛苦的赔偿责任，著作权中的著作人格权也不能保护有财产价值的姓名、肖像等关于个人形象的权利；③特定人的姓名、肖像的专有使用权受到制度保障，形成公开权的市场，激活相关产业的发展。反对公开权立法的有如下理由：①在利用人立场上，适用于《大韩民国宪法》第21条所保障的言论、出版自由的限制；②对不经过二次劳动获得的姓名、肖像等给予排他的专有财产权，跟普通群众相比，是过度保护。

笔者认为，公开权（人格标志权）是根据社会发展而形成的新的知识产权，不能被现行民法或者相关法律充分保护。既然为了保护著作权、商标权、专利权等而制定特别法，为保护公开权也应予以法律保障，规定特殊非法行为的要件和效果。但是，不管是以什么方式立法，包括是否承认继承性，保护期限都需要进行精密的分析。文化产业具有活跃的属性，立法可以提供一副骨架，其他内容要根据产业的变化进行解释论补充，这是一个调解规范和实际的方式。

（三）公开权用词的问题

公开权是根据"Right of Publicity"一词翻译而来的。为了将来的立法，需要以韩语通用的法律用语表述。

有学者主张把"形象权"翻译为公开权。"形象权"一词已经在中国使用，定义为"实际人物的姓名、肖像或者表示其身份的特征被商业使用的权利"。2006年韩国国立国语教育院劝勉使用固有朝鲜语——"肖像使用权"，但2013年韩国文化体育观光部推荐使用"人格标志权"，政府的立法政策研究报告书也把特别法制定的立法提案设为"个人标志权的保护及利用的法律方案"。

第二节　公开权的基本理论

《东亚侵权法示范法（暂定稿）》第113条和第114条规定了公开权的定义与保护期权，本节就与其相关的理论问题进行阐释。

一、侵害公开权的责任

《东亚侵权法示范法（暂定稿）》第113条规定了侵害公开权的责任，第1款规定了公开权的定义，即"个人和团体对于自然人和自然人团体对于自己的人格标志，享有予以商品化利用的权利，即公开权"。这表明了示范法对于公开权性质确认的态度。第2款确立了公开权的权利地位，通过不完全列举的方式对公开权的保护对象进行了规定，并明确了侵犯公开权的常见方式。

（一）公开权的定义

根据概念构成的基础逻辑，讨论公开权的定义问题，不同观点的差异主要体现在学者对公开权性质认识的差异和公开权与相关权利的关系上。以下从该两个方面进行阐述：综合学界理论，大致有以下五种学说。

1. 公开权的性质

关于公开权的性质，大致有五种学说观点：一是财产说，由于公开权广泛存在于社会各个领域，特别是存在于经济领域，其主要功能是保障、促进人格利益的商品化利用，保护民事主体的权利的自我享有并获得其中的利益。因此,许多学者将其定位为财产权,认为"该权利所保护的是自然人身份中的商业价值或财产权益,事实上公开权本身就是因为保护这种财产权益而发展起来的"[1]。二是特殊知识产权说,这种主张以《建立世界知识产权组织公约》对知识产权范围的界定为依据,认为商品化权属于该公约第 2 条第(ⅷ)项"制止不正当竞争,以及在工业、科学、文学或艺术领域,由于智力活动而产生的一切其他权利"的范围。该观点认为公开权具有无形性、专有性、地域性、时间性这些知识产权的特性。[2]三是无形财产权说,这种主张认为,诸如姓名、肖像、形体和名誉等人格因素,在商业化过程中已由传统人格利益演变成商业人格利益,即非物质化的新型财产权益,与商誉权、信用权、特许经营权一样,都是一种非物质属性但又不能归类于知识产权范畴的无形财产权。[3]四是边缘权利说,这种主张认为,公开权产生于传统人格权和知识产权的边缘地带,但这并不表明可以将其简单地纳入人身权或知识产权的任一范畴。公开权的特殊权利性质决定了其由反不正当竞争法予以保护更为妥当。[4]五是人格权说,东亚侵权法学会采纳了该观点。

"财产说""特殊知识产权说""无形财产权说""边缘权利说"略有不足之处,未能正确反映公开权真实的法律属性。东亚侵权法学会认为,商品化权(公开权)属于人格权体系的范畴,理由如下所述:

(1)商品化权所保护的是能够被商业化开发的人格利益,属于人格利益中的一类。民事主体对自己的姓名、名称、肖像、声音和形体等人格标志进行支配、利用,是以主体的人格的独立性、完整性与不可侵犯性为基础,使自身的价值得到充分的发挥。对人物的姓名、肖像等人格标志利益的商业化使用的保护,最初正是衍生于对人格利益的保护。正如 Jerome Frank 法官在前述 *Haeleu Laboratories v. Topps Chewing Gum* 案中指出的那样,某些原告因其姓名或肖像被用于推销玉米片或洗发水而感到窘迫和羞辱,而另一些原告则因他们的姓名或肖像被投入商业使用但未得到任何报酬而感到愤怒。因此,杰罗姆·弗兰克法官才将一个人控制其姓名或肖像的商业化利用的权利称为"Right of Publicity"[5],同时,被商品化利用的人格标志与人格的社会评价密不可分。例如,知名人物的声音、形体、习惯性

---

[1] 李明德:《美国形象权法研究》,载《环球法律评论》2003 年第 4 期。
[2] 参见刘春霖:《商品化权》,载《河北大学学报》1999 年第 4 期。
[3] 参见吴汉东:《形象的商品化与商品化的形象权》,载《法学》2004 年第 10 期。
[4] 参见谢晓尧:《商品化权:人格符号的利益扩张与平衡》,载《法商研究》2005 年第 3 期。
[5] 董炳和:《论形象权》,载《法律科学(西北政法学院学报)》1998 年第 4 期。

动作等之所以可能成为商品化的对象,并非基于上述形象因素本身的艺术美感,而是利用了消费者对依附于其上的知名人物的社会影响力所产生的信赖。从这个意义上讲,普通人的人格标志的商品化只是一种可能,而知名人物的人格特征转化为商业利益则具有现实的保护必要性。

(2) 人格权非财产性的理念已被现代民法所突破。传统意义上的人格权不包含财产因素,因而不能对其进行积极的利用、转让、继承,甚至于把限制人格利益的商品化作为民法的宗旨之一。这极大地限制了"人作为终极目的"在法律上的实现。现代科学技术的发展、市场经济的深化、新闻媒体的发达使人格利益转化为商业价值成为现实,而民事主体面对自己的人格利益中存在的商业价值,一方面不会无动于衷,另一方面也会积极寻求对这种利益的保护,使其归属于自己。现代民法不得不面对人格利益中物质利益因素凸显的现实,进而加快人格权体系扩张的进程,创设更多的人格权,对人格利益包括其中的财产价值进行更完善的保护。姓名、肖像、声音、名称等人格要素所包含的财产利益保护以及商业信誉权、信用权的保护,就是其典型表现。

(3) 基于同一人格要素,可以同时存在不同的权利并实现不同的功能。肖像、姓名等人格要素之上可以在存在肖像权、姓名权等具体人格权的同时,存在商品化权。具体人格权的功能重在维护人格独立及人的自由发展的精神利益,同时也保障人格利益中的财产性利益。商品化权是允许他人使用、开发自己的人格利益并获得报酬的权利,其主要功能是保障、促进人格利益的商业化利用,既促进市场经济的发展,又使民事主体在其中获益。商品化权可能与具体人格权产生竞合,例如,未经许可将在世的名人的姓名、肖像付诸商业使用,无疑是侵害其肖像权、姓名权的行为,同时也是侵害商品化权的行为。又如,未经许可将他人的姓名、肖像用于宣传或推销质量伪劣的产品,一方面,他会因劣质产品而使名誉权受损;另一方面,又会因未经许可商业性地使用了他的人格利益造成人格权的损害。尽管如此,商品化权仍不能为具体人格权所取代。如前所述,肖像权、姓名权等具体人格权不能解决模仿名人肖像、形象进行商业宣传的问题,同时也不能回答人格利益的放弃、转让、继承等问题,而商品化权可以弥补具体人格权无法涉及的范畴。

(4) 商品化权与一般人格权亦有不同的作用。一般人格权虽有对具体人格权的补充、释明的功能,但由于一般人格权的内容主要是人格独立、人格自由与人格尊严,一般人格利益具有趋同性,因而一般人格权对人格利益的保护主要表现为消极权利,即以禁止性方式对侵害人格利益的行为进行救济。而商品化权不仅包含消极权利，还包含授予他人利用自己的人格标志的积极权利。因此，商品化权不能为一般人格权所吸纳、涵盖，只能作为一种独立的人格权而存在。

综上，商品化权与具体人格权、一般人格权共同构成人格权体系，从不同的角度、以不同的方式对人格利益进行全面保护。

2. 公开权与相关权利的关系

辨析公开权与相关权利的关系有利于进一步揭示其概念的内涵。

（1）公开权与人格权的关系。公开权虽然与人格权有着不可分割的关系，但是二者的区别在于其具有强烈的财产性质。有学者主张公开权不是财产权，而是人格权或者人格权的变容，不可让与及继承，只可通过签约合同使用，不承认第三者的让与。但是知名人士的姓名、肖像、声音、形象等被擅自使用从而获取经济利益的行为，不仅不符合公平正义，还可能会因为造成被利用人的财产损失而违法。所以公开权具有强烈的财产性质。

（2）公开权与隐私权的关系。虽然公开权起源于隐私权，但公开权与隐私权又是截然不同的两种权利。隐私权保护的是个人的自尊和尊严，防止他人侵入自己的私生活，损害自己的自尊和尊严；而公开权保护的则是个人身份中的商业性价值，禁止他人商业性地利用自己的身份，造成自己经济上的损失。[1]也就是说，隐私权着重于对人格的精神层面的保护，公开权则强调对人格的财产层面的保护。[2]此外，隐私权的主体只能是自然人，公开权的主体可以是自然人、法人或者其他组织；隐私权在自然人死亡后即行终止，公开权因为具有财产性质，不会因为自然人死亡而消失；隐私权具有强烈的人身性质，不可以转让；公开权可以转让或许可给他人商业性地使用。

（3）公开权与著作权的关系。著作权包括著作人格权与著作财产权，它保护人的思想或者感情表现出的创造物。公开权是保护商业利用他人的姓名、肖像、照片、声音等表现特定人身份的人格标志造成损失的财产权利。自然人的人格标志在制作电影、服装、美术、音乐等文化艺术方面与著作权有紧密联系。可以看出，在没有对公开权进行特别立法的情况下，此时可以类推适用著作权法的法理。但是，由于公开权的保护客体不是创作物，所以不能受到著作权法的保护。

（4）公开权与商标权的关系。所谓商标，是指商标权人为区分自己的

---

〔1〕 参见李明德：《美国形象权法研究》，载《环球法律评论》2003年第4期。
〔2〕 参见杨立新、刘召成：《抽象人格权与人格权体系之构建》，载《法学研究》2011年第1期。

商品与他人同种类似商品而使用的文字、图形、字母、数字、三维标志、颜色组合和声音等，以及以上要素的组合。商标权排他的知识产权性质类似于公开权。因此在美国公开权侵害诉讼中，主张适用商标权侵害的法理，因为擅自使用的肖像、姓名、文字、照片等被消费者误认为是产品的质量保证。但是，商标权和公开权在侵权的构成要件上有根本的区别。商标权是仅限特定个人使用的商标专有权，旨在防止误导消费者和混淆产品出处，而公开权则是为了防止未经授权使用个人身份标志，目的是保护个人身份标志的财产价值。

(二) 公开权的保护对象

《东亚侵权法示范法（暂定稿）》第113条第2款规定："未经公开权人许可，以广告、招贴画、竖立式广告牌、大众消费产品、定期刊物等方式，使用他人具有人格特征标志的物、照片、电影、电视剧、话剧、音乐、美术作品等的，应当承担侵权责任。"即该款通过不完全列举的方式确认了公开权的客体和保护对象。公开权的客体是主体对人格标志所享有的人格利益，主要表现为商业利益，具体保护对象是可商业利用的人格标志，即能辨别身份的特定人士的姓名、肖像、照片、声音、形象等标志，在东亚各国立法司法实践中主要体现为以下几类。

1. 姓名

姓名包括真实姓名、笔名、别名和绰号，姓名是标明主体身份的重要标志，也是商品化利用的主要对象。但是，在重名的情况下，原告必须证明被告所使用的就是他的姓名或者说被告所用的姓名指向了自己，否则就不能证明被告使用了自己的人格标志。[1]

2. 名称

法人或其他组织的名称是一定主体的标志，具有将被标志的对象从同类中区别出来和宣传该对象的作用。名称以文字组成，但名称所表达的信息远远多于所组成名称的文字本身所包含的信息。它往往包含了主体的信用、信誉以及法人或组织的整体形象，因此也应成为商品化权的保护对象。

3. 照片及肖像

肖像是以自然人的正面或侧面的面部（即五官）为中心的外貌在物质载体上再现的视觉形象。对肖像进行商品化利用，属于公开权保护的范围。值得注意的是，对面貌酷似名人的肖像[2]进行商品化利用，也受到公开

---

[1] See *T. J. Hooker v. Columbia Pictures Industry*, Inc., 551 F. Supp. 1062 (N. D. Ill. 1982).

[2] See *Onassis v. Christian Dior New York*, Inc., 472 N. Y. S. 2d 254 (Sup. Ct. 1984).

权的保护。譬如在1984年奥纳西斯案件中，法院的判决就指出，任何人都不能因为使用了与原型相似，但又与原型不完全相同的姓名或外表而要求豁免。

4. 声音

声音是自然人人格标志之一，具有唯一性、稳定性的特征。一个人独特的声音或声音风格，如独特的演唱声音、朗诵声音也可以指示演唱者或朗诵者的身份。因此，声音也应成为公开权的保护对象。

美国 *Midler v. Ford Motor Co.* 案代表了对声音这一人格标志的商品化利用。原告贝特·迈德尔（Bette Midler）是美国著名歌手，曾获得过格莱美奖和1979年奥斯卡最佳女主角提名，受到民众的广泛喜爱。被告福特汽车公司的一家广告代理商在请原告演唱一首名为"Do You Want to Dance"（原告为此歌的原唱者）的歌曲用于福特公司的广告时，遭到原告拒绝，广告代理商便找到乌拉·赫德威格（Ula Hedwig），让她模仿原告的声音演唱了此歌。此广告播出后，熟悉原告歌声的人都以为是原告在演唱。为此，原告要求对其声予以保护，诉至美国加利福尼亚联邦地区法院。被驳回起诉后，原告不服又上诉至美国第九巡回上诉法院。该上诉法院认为，声音如同面孔一样，具有可区别性与个性。人类的声音是表明身份的最易感受的方式，而原告控诉被告不适当地盗用了她的声音的价值，是"对其身份所享有的财产性利益"的侵犯。因此，美国第九巡回上诉法院推翻了原审法院的判决，认定被告行为构成侵权。[1]

5. 签名
6. 形象

形象即自然人面部之外的身体形象，包括人的形体特征、侧影和背影等。如媒体上"手形广告"中的手形，"内衣广告"中的形体都应属于公开权的保护范围。形象与肖像不同：肖像是自然人的面部形象再现在某种物质载体上，是再现的面部形象，而形象则是民事主体外貌、形状的本身；侵害肖像权一定是对肖像的非法使用，而侵害形象权既包括对形象的一般使用，也包括对形象的模仿、仿制等。[2]

7. 演员的演技
8. 各种形象因素的综合

在某些情况下，一些可以指示特定身份的因素，如富有特色的装扮、

---

[1] 参见李明德：《美国形象权法研究》，载《环球法律评论》2003年第4期。
[2] 参见杨立新、林旭霞：《论形象权的独立地位及其基本内容》，载《吉林大学学报》2006年第2期。

特有的道具等综合起来,可明确指向某一特定的人,或者能让公众意识到某一特定的人。这些综合因素就是主体的人格标志并可加以商品化利用。同样的道理,特定的地理特征、建筑、历史传统等因素综合起来,明确指向某一具有影响力、号召力的法人或组织时,这些因素的综合也可能成为商品化的对象。

二、公开权的保护期限

知名人物的人格特征往往永久存在于公众心目中,但人格利益是否应无期限地受到保护? 对于公开权保护期限及于权利人终身,一般不存异议。但是,在权利人死亡后,商品化权是否继续受保护? 保护的法理根据是什么? 理论界和实务界存有不同见解。《东亚侵权法示范法(暂定稿)》在第114条和第118条分别进行了规定。

有观点认为,人格权的消灭并非等同于人格权具体表现形式(如姓名、肖像)的本身不受法律保护,保护死者的姓名、肖像的目的是保护其精神利益,与死者关系密切的近亲属或其他个人、团体,作为该精神利益承受者,以大致与姓名权、肖像权相同的保护方式加以保护。相反,从前述公开权属于"财产权"的观点出发,不少学者认为,公开权属于具有可转让性和继承性的"财产价值权"。公开权在权利人死后"由其继承人继承"。[1]

美国的司法判例对权利人死后公开权的保护及其根据也有不同的范例。例如,加利福利亚一高等法院在 *Lugosi v. Universal Pictures* 案中认为,因电影《吸血鬼德古拉》(Dracula) 而闻名的已故演员贝拉·卢戈西(Bela lugosi)的亲属对他的肖像使用享有经济上的权益,其亲属已经继承了因电影中德古拉伯爵(Count Dracula) 这一角色衍生而来的名誉和肖像的商业使用权。但上诉法院随后又推翻了关于继承性的判决。1979年12月,加利福利亚最高法院确认了改判。在驳回公开权可继承这一判决的同时,该法院也注意到,应该对"艺术家对自己劳动成果应有的权利严重缺乏支持"这种观念有所制止。通过将公开权与现有版权法关于艺术作品保护进行对比,大法官建议,可以采用公众人物死后50年享有公开权的财产利益。[2]这一建议可以看成是在公开权的继承与公众利益之间寻求平衡。

德国虽然没有对此进行明文规定,但是1958年《德国民法典·人格和

---

〔1〕 参见熊进光:《商事人格权及其法律保护》,载《江西财经大学学报》2001年第5期。
〔2〕 See *The Descendibility of the Right of Publicity*; *Memphis Development Foundation v. Factors Etc*, Inc, Heinonline–14 Ga. L. Rev;831.

名誉保护改革法草案》曾经提出过类似的建议，即"如果受害人已经死亡，或者侵害直接指向死者，其亲属有权主张权利，除非死者已经指定并授权他人在此情形下主张权利。自受害人死亡30年期满后，该权利不能再主张，除非已经依合同承诺或者在此前已经诉诸法院"。

笔者认为，公开权保护期限的界定，应与权利人的人身权益相联系。学界关于"民事主体在其诞生前和消灭后，存在着与人身权益相区别的先期法益和延续法益"[1]的观点，给阐明民事主体身后人格利益保护问题提供了理论基础。该观点认为，民事主体在取得民事权利能力之前和终止民事权利能力之后，就已经或继续存在某些人身利益，这些人身利益都与该主体在作为主体期间的人身利益相联系。这些先期利益和延续利益，对于维护主体的法律人格具有重要意义；人身法益与人身权利互相衔接，统一构成民事主体完整的人身利益；民事主体人身利益的完整性和人身法益与人身权利的系统性，决定了法律对民事主体人身保护必须以人身权利的保护为基础并向前和向后延伸。基于上述理论，笔者认为，对公开权的保护应在权利人身后延伸。根据《东亚侵权法示范法（暂定稿）》第114条的规定，具体的保护期限为其权利人生存或者自然人团体存续期间，以及死亡或者自然人团体解散后的30年内。对于两个以上的自然人或者自然人团体共同享有的公开权的保护期间，为最后死亡的自然人死亡，或者自然人团体解散的权利人死亡或者自然人团体解散后的30年内。上述保护期限，自权利人死亡或者解散后的下一年起计算。

关于公开权是否具有可继承性这个问题，整体上也经历了一个从完全否定到最终承认的转变过程。如前所言，公开权概念源自隐私权，而隐私权在历史上被视为一种终止于死亡的人身权。受此种思想的影响，在公开权发展的初期阶段，人们大多认为，公开权也应当像隐私权那样随人的死亡而终止。[2]纽约地方初审法院1975年审理的"普莱斯案"[3]是第一个承认公开权具有可继承性的案件。《东亚侵权法示范法（暂定稿）》采纳了该观点，第118条规定："公开权人死亡时，其继承人可继承其该权利，但被继承人生前明确表示反对的除外。"公开权人得以遗嘱方式将其公开权遗赠与他人，并可附加使用方式和范围等的限制或期限。以继承或受遗赠取得公开权者，可向侵权人主张侵权责任。

---

〔1〕 杨立新：《人身权法论》，中国检察出版社1996年版，第284—285页。
〔2〕 参见朱广新：《形象权在美国的发展状况及对我国立法的启示》，载《暨南学报（哲学社会科学版）》2012年第3期。
〔3〕 *Price v. Hall Roach Studios*, Inc. 400F. Supp. 836 (S. D. N. Y. 1975).

第三节　公开权的行使

公开权作为人格权，其实现包括积极行使和消极保护两个方面，《东亚侵权法示范法（暂定稿）》在第 115—121 条集中规定了公开权的行使和救济规则，本节主要对第 119—121 条要进行简要阐释。

一、公开权的行使的主体与方式

（一）公开权的主体

公开权的主体为自然人毋庸置疑，但是否包括法人或者其他组织则在学界有所争议。有学者认为，公开权起源于隐私权的事实表明只有真实的自然人才有可能享有公开权。因为，无论是法人还是虚构的文学人物，都不可能具有隐私或享有隐私权。隐私权的享有者只能是真实的并且是活着的自然人。假如硬要说法人也有什么"隐私"的话，那只能属于商业秘密的范畴。[1]但是东亚侵权法学会在起草东亚侵权法示范法时并未采纳这一观点，而采纳了公开权的主体应当包括法人或者其他组织的观点。公开权起源于隐私权这一点无可否认，但是公开权终究不同于隐私权。作为法人或者其他组织，也有被他人利用其社会影响力而侵犯其权益的危险，作为组织形态的民事主体在社会经济生活中发挥着日益重要的作用也因之获得了更多元的权益。此外，根据《东亚侵权法示范法（暂定稿）》第 121 条的规定，自然人组成的团体共同享有的公开权受到侵害的，团体成员得以其权利份额为限主张侵权责任。同时，综合《东亚侵权法示范法（暂定稿）》第 118—120 条的规定，公开权的主体包括拥有人格标志的自然人、法人或其他组织，以及公开权的受让人、被许可人、继承人、受遗赠人。

（二）公开权行使的方式

对于权利行使的概念理论上可以有两种理解，一种是广义上的，即认为权利的行使即权利的实现方式，包括积极行使和消极行使两个方面，消极行使即指权利的保护；第二种是狭义上的，即认为权利行使是与权利救济相对应的概念，单指积极行使权利。本节使用狭义上的概念。

公开权的行使主要是指权利人对各类人格标志进行商品化利用，这意味着法律授予民事主体利用本人人格标志的排他性的权利。这个权利具有

---

[1] 参见李明德：《美国形象权法研究》，载《环球法律评论》2003 年第 4 期。

财产性质，既要保护其精神利益，又要保护其财产利益。权利人既可以将自己的人格标志使用于商业领域之中，依靠人格特质对公众的吸引力而在商品经营中直接获取利益；也可以转让、许可他人将自己的人格标志用于相关商品和商业活动，从而收取转让费或许可费。授权他人使用是商品化权实现的主要途径。授权使用应对一些重要问题作出约定，如：使用人格标志的商品或服务的范围、具体方式、地域、时间、范围以及专有使用或非专有使用。《东亚侵权法示范法（暂定稿）》对转让和许可使用两种方式都进行了规定。

《东亚侵权法示范法（暂定稿）》第119条是对公开权转让的规定，分为两款，第1款规定："公开权得以合同全部或者部分转让，但不得概括转让尚未发生之权利。"该款是对公开权转让权利范围的划定，明确要求可被转让的只能是法律已经确认的权利，不得对未发生的公开权进行概括转让。将公开权的转让范围限制在具体人格权之内，是出于对权利人人格尊严的保护，充分保障权利人是否决定转让公开权以及在何种程度上转让公开权的自由。第2款规定："受让人超出其转让合同约定的范围使用人格标志的，公开权人可要求其承担侵权责任。"该款确定了：①签订转让合同是处分公开权的具体方式之一；②转让合同的授权范围及使用人的合理适用范围，超出该范围的即相当于"未经权利人许可"的情形，进入侵权范围。

《东亚侵权法示范法（暂定稿）》第120条规定了公开权的许可使用规则，共分为3款，第1款规定："公开权人得许可他人使用人格标志。被许可人得在受许可的范围和条件内使用人格标志。"该款确定了许可使用是被《东亚侵权法示范法（暂定稿）》确认的公开权行使方式，许可范围即合理使用范围。第2款"未经过公开权人同意，被许可人不得允许第三人使用该人格标志"和第3款"被许可人超出许可范围或者条件使用人格标志，或者允许第三人使用人格标志的，公开权人得向被许可人主张侵权责任"的规定是出于公开权为人格权的基本属性的考虑，其人格权的属性决定了公开权不能像一般财产权利一样，当然赋予被许可人在许可授权后转许可的权利，这是对权利人人格尊严和自由的尊重。此外，许可和转让是两种价值起点不同的行使方式，具体而言，许可模式是人格权商业化利用的新方向，即认为人格权的商业化利用是权利主体通过许可他人使用人格要素的方式获取利益的过程。这种模式的优势在于：①符合现实存在，通过案例分析可知在权利人主动进行人格权商业化利用之时，多通过类似知识产权的许可方式订立合同。②《东亚侵权法示范法（暂定稿）》将"经他人同意"纳入条文表述以及借鉴知识产权许可使用中的赔偿计算方式的做法都体现了对许可模式的认可。③许可模式有效地回避了人格权"可让与性"的理论争论,完全可以在尊重人格权不具有可让与性的结论下开展具体规则构建。④许可模式强调的是对人格要素的利用,并非权利的让与,有利于保障权利人的人格尊严,限制过度商业化。⑤许可模式以"权能说"为基础,可以为"权能分离"理论提供空间,进行更精细化地调整。⑥许可模式可以为二次转让、许可的对抗范围、人格权请求权与侵权责任请求权主体确认等疑难问题提供解决思路。

二、公开权的限制

公开权并非绝对权,该权利的行使不能超过一定的界限。关于公开权的限制因素,主要包括三点,分别是公序良俗、表达自由以及权利穷竭。虽然《东亚侵权法示范法(暂定稿)》尚未对其设置专门的条文,但根据民法基本原则亦可得出以下结论。

(一)公序良俗

公序良俗原则是现代民法一项重要的法律原则,是指一切民事活动不得有违于公共秩序和善良风俗,否则该行为将受到否定性的评价。[1]一般认为,"公序"是社会秩序,包括政治、经济、文化等公共秩序;"良俗"是社会道德,涉及社会存在与发展所必要的一般道德、伦理和风俗等。公开权的行使不得违背公序良俗。有学者认为,形象的商品化并不意味着形象使用的"无序化""非正当化""低俗化""不良化",对于违反公序良俗原则的行为,法官可以依照社会争议的一般观念,确认其无效。[2]由于各国的实际情况不同,公序良俗的标准也不相同,所以《东亚侵权法示范法(暂定稿)》尚未对该项限制予以明文规定,但笔者认为,公序良俗作为兜底条款,可以由法官综合案件的各项因素选择适用。

(二)表达自由

表达自由是宪法所确定的公民基本权利之一,它指的是公民对于国家和社会的各项问题有自由发表意见的权利。表达自由的形式多样,常见的有语言和文字形式,随着社会科技的发展,也可以通过照片、音乐、绘画等方式表现出来。当表达自由与公开权发生冲突时,何种权利更具有优先性地位?一般认为,相对于经济自由等权利,表达自由应当具有"优越地

---

[1] 参见赵万一:《民法的伦理分析》,法律出版社2003年版,第145页。
[2] 参见吴汉东:《形象的商品化与商品化的形象权》,载《法学》2004年第10期。

位",即应看作是具有优先性的法价值。[1]因此,公开权的行使不得影响表达自由。譬如,在"萨奇尼"一案的判决中,美国最高法院重申了被告享有言论自由和新闻自由,但是言论自由和新闻自由是对于公开权的一种限制。[2]

在公开权与表达自由的关系上,麦卡锡教授还提出过一个新的观点,即若是对他人的姓名、肖像等进行传播性的使用,则表达自由优于公开权;若是进行商业性的使用,则应当保护公开权。所谓"传播性的使用",是指对于他人身份的使用是为了传播信息;所谓"商业性的使用",是指对于他人身份的使用虽然也有传达信息的意味,但主要是商业性的。例如,未经许可而将他人的姓名或肖像使用在产品上,如咖啡杯、T 恤衫上,这就是商业性的。相反,未经许可而使用他人的姓名或肖像,是为了说明报纸上或杂志上的一篇报道,或者是为了说明某一条电视新闻,那就是传播性的使用,没有侵犯他人的公开权。[3]

(三) 权利穷竭

权利穷竭理论一般是对著作权、商标权、专利权的限制,它指的是法律允许权利人控制著作权的使用,但这种控制并未延及对作品本身的使用。[4]该理论运用到公开权时,特指含有知名形象的商品以合法方式销售后,无论该商品辗转何人之手,形象权人均无权再控制该商品的流转,即权利人行使一次即耗尽了有关形象权,不能再次行使。[5]之所以公开权受到权利穷竭原则的限制,是为了避免权利主体形成垄断,造成公众信息接收不畅通。在完成首次合法销售后,权利主体的权利即告穷竭,以此平衡权利主体与社会公众之间的利益。

第四节　公开权的侵害及救济

《东亚侵权法示范法（暂定稿）》第 113 条第 2 款、第 115—117 条、第 121 条规定了公开权的救济规范体系,在此进行简要阐释。

---

〔1〕　参见杜钢建：《论表现自由的保障原则》,载《中外法学》1995 年第 2 期。
〔2〕　参见李明德：《美国形象权法研究》,载《环球法律评论》2003 年第 4 期。
〔3〕　See *McCarthy on Trademark and Unfair Competition*, Third Edition, Chapter 28.5, 1995.
〔4〕　See L. Ray Patterson, Stanley W. Lindberg, *The Nature of Copyright: A Law Of Users' Right*, The University of Georgia Press, 1991, p. 187.
〔5〕　参见吴汉东：《形象的商品化与商品化的形象权》,载《法学》2004 年第 10 期。

一、公开权的侵害类型与构成要件

（一）公开权的侵害类型
（1）知名人士的人格标志在广告中被利用；
（2）知名人士的人格标志在商品制作销售时被利用；
（3）团体组织的人格标志在广告中或者在商品制作销售时被利用

（二）一般构成要件

《东亚侵权法示范法（暂定稿）》第113条第2款规定："未经公开权人许可，以广告、招贴画、竖立式广告牌、大众消费产品、定期刊物等方式，使用他人具有人格特征标志的物、照片、电影、电视剧、话剧、音乐、美术作品等的，应当承担侵权责任。"

侵害公开权行为的成立要件有三，分别是具备违法性的行为、因违法行为发生损害、损害发生与违法行为之间具有因果关系。若要求行为人承担损害赔偿责任，则还需要行为人主观上存在过错（故意或者过失）。笔者认为，构成要件之一的违法行为中，侵害权利则成立非法行为。有学者主张，即使没有侵害权利但其行为存在反射作用时也属于违法行为；还有学者主张，不仅绝对权的侵害，单纯利益的侵害也构成非法行为。笔者认为这些观点有待商榷，不应无限制地扩张违法行为的范围。

知名人士的人格标志被商业利用并取得财产利益时，被害者很难证明侵害公开权的行为符合全部构成要件。首先，被害者很难证明加害者的故意过失或者责任能力。其次，大多数加害者都是经营者，所以需要通过运用消费者权利保护法的法理完善举证责任，即要求承认过失推定或者推定因果关系的存在。

（三）不同的侵权标准

在这方面，麦卡锡教授分别就名人和非名人提出了判定侵权的标准。就名人来说，判定侵权的标准是"无辅助的识别"，即只要有相当数量的一般水平的观众或者听众，通过被告未经许可的使用辨别出了原告，被告就构成侵权。就非名人来说，判定侵权的标准是"有辅助的识别"，即原告必须证明未经授权而使用的某些身份要素，在事实上就是指向诉讼中的原告或形象权人。[1]

---

[1] See McCarthy, *The Rights of Publicity and Privacy*, section 3. 4(1996 rev.); *McCarthy on Trademark and Unfair Competition*, Third Edition, Chapter 28. 01(4), 1995.

二、对于侵害公开权的救济

公开权侵害的救济手段首先是民法上的停止侵害、排除妨碍及消除危险,其次是因不法行为而造成的精神损害赔偿、返还不当得利、原物返还请求等。《东亚侵权法示范法(暂定稿)》第 115—117 条对此进行了规定。此外,公开权的惩罚性等损害赔偿额还需要进行深入研究。随着互联网发展,《东亚侵权法示范法(暂定稿)》第 122 条规定了网络服务者侵害公开权的,准用本示范法第十一章的规定。

(一) 禁令

禁令,也称为禁止令,是指为制止侵权行为而使权利免受侵害和侵害危险的一种措施。它类似《中华人民共和国民法通则》第 134 条规定的停止侵权和在诉讼中的对停止侵权先予执行的裁定。侵权禁令就是法院根据当事人的申请发布的令侵权人停止正在实施或即将实施的某种侵权行为,从而使权利人免受侵害或侵害危险的一种强制性措施,其目的在于保护权利人免受继续发生或将要发生的侵害,由此来预防难以弥补的损害的发生。在公开权领域,对于那些损害数额不大的侵权行为,禁令是一种有效的救济方法,可以制止侵权行为,保护当事人的权利。《东亚侵权法示范法(暂定稿)》认同这一观点,第 115 条第 1 款规定:"公开权人有权要求侵权人停止侵害、排除妨碍,或者要求可能造成损害之虞者予以消除危险。"

(二) 返还不当得利请求权

行使损害赔偿请求权的过程中会有时效消灭、扩大返还范围等情况的发生。被害者的返还不当得利请求权比起损害赔偿请求权具有更为有利的一面。返还不当得利制度的理论基础可以说是解释"受益的正当理由"。对此有统一说和类型论。统一说一般主张我们在公平(Billigkeit)和正义(Gerechtigkeit)的理念中找不当得利的法理基础,但这种概念是抽象模糊的。当然,如果发生一方受益而另一方受损的结果,就不符合公平正义。但是公平或者正义的概念非常抽象,而且法哲学的研究对象很难解释具体的妥当性,会限制返还不当得利请求权的行使。即,很难证明没有法律依据而受益。类型论主张,在一定程度上可以依据不当得利论,解决有限范围内因为侵害公开权而形成的损害。即应当存在公开权的本质性侵害,只有在因侵害获得不当得利时才可以行使返还请求权。但是侵害不当得利论与因非法行为的精神损害赔偿论没有太大的差异,就是还要回到非法行为责任的问题。

(三) 损害赔偿

公开权的功能体现为民事主体对自己的人格标志的使用及其财产价值

的控制权,对商品化权的侵害直接导致权利人利益的减损。因此,损害赔偿是公开权救济的主要手段。根据损失范围的不同,可以分为财产损害赔偿与精神损害赔偿。

1. 财产损害赔偿

一旦非法行为成立,一定会发生赔偿请求权的结果。根据《东亚侵权法示范法(暂定稿)》第116条的规定,损害赔偿以金钱赔偿为原则。

损害赔偿的范围应当有预见可能性,并在有因果关系的范围内确定损害赔偿范围,这是相当因果关系说的判例和大多数学说的立场,但是还有学者主张危险关联说或者规范目的说。

损害赔偿的标准有二:①按照侵权人因侵权行为所得利益计算;②按照权利人通常行使其权利可获得的财产价值计算。笔者认为,擅自在广告中使用知名人士的姓名和肖像时的财产损害,意味着本人对自身可自由处分的姓名或者肖像利用价值的评价。例如商品宣传的电视广告合同结束后继续放映广告,这时财产损失金额应该是放映期间可以收到的相应报酬。但是《东亚侵权法示范法(暂定稿)》未采纳这一观点,而是规定按照两个标准中的较高标准来计算数额。若是根据这两个标准仍然难以确定损害赔偿金额的,法院可以根据实际情况酌定损害赔偿数额。

2. 精神损害赔偿

即使公开权的财产权性质被承认,也不能完全排除其应当属于人格权的一面。因此未经过本人同意擅自使用其姓名或者肖像而使其精神痛苦的,受害者可行使精神损害赔偿请求权,同时也可以要求采取恢复名誉等必要措施。

下卷 东亚侵权法示范法文本（中英日韩葡文对照）

东亚侵权法示范法

（暂定稿）

（2015年11月21日东亚侵权法学会全体会议原则通过，2016年4月28日修改完成）

目 录

序 言
第一章 立法宗旨与保护范围
第二章 侵权责任的归责原因与责任承担方式
第三章 损害
第四章 因果关系
第五章 故意与过失
第六章 抗辩事由与消灭时效
  第一节 抗辩事由
  第二节 消灭时效
第七章 救济方式与责任保险
  第一节 损害的一般救济方式
  第二节 损害赔偿的一般规定
  第三节 人身损害赔偿
  第四节 财产损害赔偿
  第五节 精神损害赔偿
  第六节 责任保险
第八章 多数人侵权行为与责任

第一节　共同侵权行为
　　第二节　按份责任与连带责任
　　第三节　其他多数人侵权与责任
第九章　产品责任
第十章　环境污染责任
第十一章　网络侵权责任
第十二章　侵害公开权的侵权责任

序　言

　　侵权法，既是私法权益保护法，也是侵权责任限制法。私法权益的保护，是固私法之本；侵权责任的限制，是维民事主体自由之基。东亚地区地处太平洋西岸，是世界上人口最为密集的地区之一，也是世界经济发展最为迅速的地区之一。东亚共同市场的形成，在世界范围内，对社会进步和经济发展都具有重要意义。继续推进东亚地区的社会发展和经济繁荣，既要切实保护东亚共同市场参与者的私法权益，又须维护民事主体的行为自由，因而侵权法必定要承担更为重要的作用。而东亚不同法域侵权法规范的不同，有可能导致对资本积累、人才流动、社会交往以及私法权益保护等方面的限制和阻碍，不利于东亚共同市场的有序发展，损害各法域民事主体的权益。因而，东亚各法域呼唤有共同认识基础、统一立法原则和具体可操作的责任规则的侵权法规范，协调确定侵权责任的规则，确定跨法域侵权行为的规制方法，推进东亚共同市场的繁荣发展，保护好东亚各法域民事主体的权益。

　　东亚侵权法学会本着团结东亚各法域以及亚洲其他法域的侵权法学者和司法实务工作者，研究东亚各法域侵权法的立法、司法和理论，推进侵权法发展之宗旨，积集体之力，经过数年努力，制定出本示范法，既为促进东亚各法域侵权法的统一制定范本，亦为亚洲侵权法的统一作出先导，并借此融入世界侵权法统一的潮流。

　　本法的性质是示范法，是东亚侵权法学会为东亚各法域侵权法的统一提出的设想和纲要，其性质属于东亚地区的私域软法。尽管本示范法不具有实际的法律效力，但是本法的起草人期待：

　　（一）本示范法能够对东亚各法域的侵权法的立法发生影响，各法域在制定或者修改本法域的侵权法时，能够借鉴或者选择本示范法的规范，或者将本示范法作为立法参考的蓝本资料；

　　（二）东亚各法域的民事主体在相互之间发生侵权争议时，愿意选择本示范法的规范作为裁决的法律依据；

　　（三）东亚各法域的法官裁判侵权责任纠纷案件时，选择本示范法的规范作为学理依据；

（四）本示范法能够作为本法域以及世界各国侵权法学者的研究对象，为世界各国的侵权法研究和教学提供资料。

本法在结构上分为两部分：

第一部分为一般侵权责任，包含第一章到第八章，对侵权法的立法宗旨、保护范围、归责原因、侵权责任承担方式、构成要件、抗辩事由、损害救济方式、责任保险以及多数人侵权行为与责任作出规定。

第二部分有选择地规定了四种最具有东亚地区侵权法统一价值的特殊侵权行为类型：（1）为促进东亚地区产品流通，保护消费者权益，统一产品责任规则，制定"产品责任"一章；（2）为保护个人在安全、健康与生态平衡的环境中生活的权利，促进环境改善，保障受污染损害的受害人的权益，制定"环境污染责任"一章；（3）为促进东亚信息一体化，保护网络上的行为自由，规范网络服务，保护网络用户的私法权益，制定"网络侵权责任"一章；（4）为促进东亚人格权保护规范的发展，引领人格权保护的新趋向，保护自然人个人的人格标志，制定"侵害公开权的侵权责任"一章。其他具体的特殊侵权责任类型，本示范法不作规定。

本示范法的起草人期待，通过本法的制定和传播，能够推进东亚地区的侵权法理论研究和司法实务的进步，同时也能够在世界侵权法领域中产生积极的影响。

第一章　立法宗旨与保护范围

第一条　【立法宗旨】
为在东亚各法域范围内进一步融合侵权法规则，保护民事主体的行为自由和私法权益，引领侵权法规则的发展趋向，促进东亚地区法制的协调与进步，制定本示范法。

第二条　【侵权法的保护范围】
本法通过侵权责任的私法手段，保护民事主体享有的下列权益：
（一）私法权利；
（二）依照法律应当予以保护的私法权益和纯粹经济利益；
（三）法律有明文规定予以保护的环境公益等法益。

第二章　侵权责任的归责原因与责任承担方式

第三条　【过错责任】
因过错侵害他人私法权利，造成损害的，应当承担侵权责任。
故意侵害他人私法利益或者纯粹经济利益，造成损失的，应当承担侵权责任。
因过失侵害他人私法利益，造成重大损害或者情节严重的，应当承担侵权责任。

第四条　【过错推定】
侵害他人私法权益造成损害，根据法律规定推定加害人有过错的，受害人无须证明加害人的过错，而由加害人对自己没有过错承担举证责任。

第五条　【无过错责任】
侵害他人私法权益造成损害，法律规定不论加害人有无过错都应当承担侵权责任的，加害人应当承担侵权责任。
法律可以就危险、缺陷或者其他可归责性事由，规定前款规定的侵权责任。

适用无过错责任的侵权责任，得适用法律关于限额赔偿的规定。

适用无过错责任的侵权责任，受害人能够证明加害人有过错的，可以适用本法第三条规定的过错责任确定侵权责任。

第六条　【替代责任】

在法律明文规定的情况下，须对他人实施的侵权行为负责的人，应当承担侵权责任。

欠缺责任能力人实施的行为造成他人私法权益损害的，其亲权人或者监护人依照前款规定承担侵权责任。

第三章　损　害

第七条　【损害的界定】

损害，是指对他人受法律保护的私法权益进行侵害所造成的财产上或者非财产上的不利益。

第八条　【损害的类型】

下列情形，属于本法第七条规定的损害：

（一）人身损害，是指受害人因生命权、健康权、身体权受到侵害而造成的死亡、伤残、身体完整性损害以及因此造成的财产或者非财产上的不利益。

（二）财产损害，是指受害人因物权、债权、知识产权以及其他财产法益受到侵害而造成的财产上的不利益，包括财产的现实减损和可得利益的丧失。

（三）人格财产利益损害，是指受害人精神性人格权受到侵害而造成的财产利益的损害。

（四）精神损害，是指受害人因人格权、身份权等私法权益受到侵害而造成的精神上、肉体上的痛苦以及其他人格和身份上的不利益；包含人格因素的特定物品受到侵害，造成人格利益损害的，视为精神损害。

第九条　【损害私法权益的位阶与冲突】

本法对不同性质的私法权益，依照下列顺序予以保护：

（一）人的生命、健康、身体、自由、尊严和人格完整性；

（二）其他人格权益、身份权益；

（三）物权、债权、知识产权等财产权益。

前款规定的私法权益之间发生冲突时，对位阶较高的私法权益优先予以保护。

第十条 【预防减少损害而支出的合理费用的损失】

在侵权行为发生后，受害人为预防或者减少损害而支出的合理费用，视为损害的内容，应当获得赔偿。

因权益救济而支出的律师费、调查费等合理费用，视为前款规定的损害。

第十一条 【损害的证明】

受害人应当对损害的存在及其范围和程度负举证责任，法律对损害的证明有特殊规定的除外。

当对损害数额的证明过于困难或者证明费用过巨时，法院可以依据公平原则酌定损害数额。

第四章　因果关系

第十二条 【因果关系的界定】

没有加害行为就不会造成损害的，则行为与损害间存在事实因果关系。

具备事实因果关系之加害行为通常足以导致该损害的，得认定该行为与该损害之间存在法律因果关系。

基于法规范目的以及加害人行为自由与受害人权益保障均衡考虑的目的，可以适当调整法律因果关系的认定标准。

第十三条 【因果关系的类型】

加害行为与损害之间存在法律因果关系的，为侵权责任成立的因果关系。

加害行为与损害的范围和程度之间存在的法律因果关系，为侵权责任承担的因果关系。

第十四条 【因果关系的证明责任】

受害人承担侵权责任成立的因果关系和侵权责任承担的因果关系的举证责任。

第十五条 【因果关系推定：举证责任倒置与举证责任缓和】

法律规定因果关系推定的，受害人对因果关系的证明不负举证责任，从加害行为与损害事实的特定联系，推定二者具有因果关系；但加害人能够证明推翻该推定的除外。

依据一般经验法则，受害人没有能力提供足够的证据，证明加害行为与损害之间因果关系达到高度盖然性标准，但已经达到盖然性标准要求的，得认为其已经完成举证责任，由加害人举证证明不存在因果关系；加害人能够推翻该证明的，得认定不存在因果关系。

第五章　故意与过失

第十六条 【故意】

故意，是指加害人明知自己实施的行为可能造成他人损害，希望或者放任该损害发生的心理状态。

第十七条 【故意的证明】

证明故意，应当证明加害人对损害的明知。应当在考虑受害人举证的基础上，结合加害人实施行为时的情境、行为方式以及加害人的智识经验、受侵害的私法权益的明显性等因素，认定加害人是否对损害的发生具有明知。

加害人明知损害会发生，而继续实施能够造成该损害的行为，得认定其希望或者放任该损害的发生。

第十八条 【过失】

过失，是指加害人对损害的发生虽非故意，但应当注意并能够注意而未予注意的心理状态。

在通常情况下，加害人违反了其在实施侵权行为时具体情境中应当遵守的注意义务的，得认定其有过失。

第十九条 【过失的程度】

过失依据下列情形，分为不同程度：

（一）重大过失，是指行为人违反了社会上普通人稍加留意即可避免损害的注意义务；

（二）客观轻过失，是指行为人违反了善良管理人应有的注意义务；

（三）主观轻过失，是指行为人违反了与处理自己的事务为同一的注意义务。

第二十条 【过失的证明】

受害人证明过失，应当证明行为人对实施该行为时所应负有的注意义务。能够证明负有注意义务而未履行者，其过失证明成立。证明不同程度的注意义务，应当依据法律规定判断。

因行为人年龄、精神或者身体的障碍等因素，得适当调整注意义务人的行为标准。

判断律师、会计师、建筑师或者医师等专家责任人的过失，应当以行为时行业水准应具有的注意义务为标准。

法律规定过失推定的，加害人证明自己没有过失的标准，是加害人自己已经尽到注意义务。

第二十一条 【过错程度及意义】

具有过错，加害人对实施的行为造成的损害，应当承担侵权责任。法律另有规定的，加害人仅须就其故意或者重大过失承担侵权责任。

在确定过失相抵和连带责任、按份责任中的责任分担时，应当根据故意、重大过失、客观轻过失和主观轻过失的过错程度轻重，确定责任分担的数额。

第六章 抗辩事由与消灭时效

第一节 抗辩事由

第二十二条 【抗辩事由的界定及证明】

抗辩事由，是指能够阻却侵权责任成立或者减轻侵权责任的法定事由。

加害人或者替代责任人得就前款规定的抗辩事由的成立，并引发的侵权责任的减免，承担举证责任。

第二十三条 【依法执行职务】

依法实施正当履行职责的行为，造成他人损害的，不承担侵权责任，但法律另有特别规定的除外。

第二十四条 【正当防卫】
对于他人的侵权行为,为防卫自己或者第三人的权利或者法益不得已实施了加害行为的人,不负损害赔偿责任。但对防卫过当造成的损害,受到损害的人得对防卫人请求损害赔偿。

第二十五条 【紧急避险】
为避免现实发生的急迫危险,紧急进行避险,造成他人损害的,避险人不承担侵权责任,由引起险情发生的人承担责任。

因紧急避险采取措施不当或者超过必要限度,造成不应有的损害的,避险人应当承担适当的赔偿责任。

危险是由自然原因引起的,紧急避险的受益人应当在其受益范围内适当分担损失。

第二十六条 【自助行为】
为维护自己的合法权益不受侵害,在情况紧急且来不及请求公权力救济的情况下,得对行为人的财产采取必要的保全措施,或者对其人身自由进行适当限制。由此造成对方损害的,自助行为人不承担侵权责任。

自助行为实施后,应当及时向法院或者相关机关申请处理,否则应承担侵权责任。

自助行为超出必要限度,造成不应有的损害的,自助行为人应当承担适当的赔偿责任。

第二十七条 【受害人同意】
受害人同意加害人实施侵权行为的,对由此所致损害,加害人无须承担侵权责任,但该同意违背法律强制性规定或者公序良俗的除外。

人身伤害的事先同意,不影响加害人承担的侵权责任,但法律另有特别规定的除外。

第二十八条 【不可抗力】
因不可抗力造成损害的,行为人不承担侵权责任,但法律另有特别规定的除外。

不可抗力与行为人的行为结合而造成的损害,加害人应当依照其行为的过失程度和原因力大小承担赔偿责任。

第二十九条 【第三人原因】

损害是由第三人引起的,应当由该第三人承担侵权责任,实际行为人不承担责任;法律另有规定的,依照其规定。

第三十条 【受害人原因】

损害完全是因受害人的故意或者过失造成的,行为人不承担责任。

第三十一条 【自甘风险】

受害人明知行为或者活动具有可以预见的危险性,仍然自愿参与,因此遭受损害,明示或者默示自愿承担风险后果,不违反公序良俗、法律强制性规定的,行为人不承担侵权责任。

第二节 消灭时效

第三十二条 【一般消灭时效】

侵权责任的消灭时效期间为三年。

侵害生命、健康、身体的,消灭时效期间为五年。

第三十三条 【消灭时效的起算点】

消灭时效期间从知道或者应当知道权益被侵害及赔偿责任人时起计算。但侵权行为处于继续状态中的,自侵权行为结束时起算。

第三十四条 【消灭时效期间的计算与最长时效】

从权益被侵害之日起超过二十年的,不予保护。有特殊情况的,法院得延长消灭时效期间。

第七章 救济方式与责任保险

第一节 损害的一般救济方式

第三十五条 【损害赔偿】

受害人有权要求赔偿责任人以支付金钱的方式,使其受到损害的私法权益恢复到如侵权行为未曾发生的状态。

第三十六条 【侵权禁令】

权利人有证据证明他人正在实施或者即将实施侵犯其私法权益的行为,如不及时制止将会使其私法权益受到损害的,可以申请法院发布禁令。禁令停止的有关行为涉及财产利益内容的,申请人应当提供相应的担保。

法院得根据申请,向相对人发布禁令,责令其停止有关行为。

禁令一经发布,应当立即执行。

第三十七条 【侵权救济方式的适用】

侵权救济方式可以单独适用,也可以合并适用。

受害人在法律上或者事实上可能的范围内,可以选择请求适用的侵权救济方式,但不得加重赔偿义务人的负担,或者违反诚实信用原则。

第二节 损害赔偿的一般规定

第三十八条 【赔偿权利人的范围】

赔偿权利人包括财产或者非财产权益受到直接侵害的受害人。

胎儿的人身受到伤害的,其出生后为赔偿权利人。

死者的人格利益受到侵害的,死者的配偶、父母和子女为赔偿权利人;没有配偶、父母和子女的,其四亲等以内的亲属为赔偿权利人。

自然人死亡的,赔偿权利人包括下列人员:

(一)自然人的配偶、父母和子女为赔偿权利人;没有配偶、父母和子女的,其四亲等以内的亲属为赔偿权利人。

(二)自然人生前依法承担或者应当承担扶养义务的被扶养人为赔偿权利人。

(三)为受害人支付医疗费、丧葬费等合理费用的人,就请求侵权人赔偿该费用,得为赔偿权利人。

第三十九条 【损害的范围】

损害的范围,包括受害人因侵权行为所受损害和所失利益。

第四十条 【完全赔偿】

确定损害赔偿,应当以侵权行为所造成的损害和所失可得利益为准,予以全部赔偿,但法律另有特别规定的除外。

第四十一条 【维持最低生活标准与损害赔偿的缩减】

确定自然人承担损害赔偿责任时,应当为其保留维持最低生活保障、履行法定扶养义务和支付被抚养的未成年人的教育所必需的费用。

完全赔偿可能造成其无法承受上述负担的，得依其请求适当缩减赔偿金额。

确定具体的缩减数额，应考虑侵权人的主观恶意或者过失程度、受侵害权益的性质、损害的大小以及对受害人的影响等因素。

第四十二条 【对未来损害的赔偿方式】

对于未来的损害，当事人可以协商采用定期金赔偿或者一次性赔偿。

协商采取定期金赔偿的，加害人应当提供相应的财产担保。

协商采取一次性赔偿的，加害人应当一次性承担赔偿责任，但应扣除对未来损害赔偿的期限利益。

当事人对本条第一款规定的赔偿方式协商不成的，法院得根据实际情况决定赔偿方式，但应当优先适用定期金赔偿。

第四十三条 【损益相抵】

侵权行为在造成损失的同时，又使受害人受有利益的，应当从损害赔偿额中扣除其所得的利益，但此种扣除与受益目的不一致的除外。

第三节　人身损害赔偿

第四十四条 【人身损害的界定】

侵害他人人身，造成受害人伤、残或者死亡的，应当承担人身损害赔偿。

造成身体完整性损害，无法计算其实际损失的，应当承担名义的损害赔偿。

第四十五条 【对胎儿健康损害的救济】

胎儿在出生前遭受侵权行为损害的，得依照实际损害确定人身损害赔偿责任。胎儿出生时为死体的，其母得主张人身损害赔偿。

第四十六条 【错误出生】

因医疗机构产前诊断过失，未能发现胎儿存在的身体缺陷，导致具有严重残疾的胎儿出生的，其父母得就因其该子女严重残疾而支出的额外抚养费用主张损害赔偿。

医务人员因其过失，在孕检中未能给孕妇提供正确信息，导致孕妇耽误本可及时作出是否终止妊娠决定的机会，最终导致有严重残疾或者遗传疾病的子女出生的，应当就该错误出生之受害人合理的实际需要，确定损害赔偿责任。

第四十七条　【生存或治愈机会损失的救济】
因加害行为破坏或者降低生存机会或者治愈机会的受害人，得就丧失的机会损失主张损害赔偿。

主张前款规定的机会损失赔偿，受害人须证明加害行为与机会丧失之间具有因果关系。

第四节　财产损害赔偿

第四十八条　【财产损害赔偿范围】
侵害他人物权、知识产权等财产性私法权益，造成损害的，应当赔偿该财产性权益因侵权行为造成的价值丧失或者贬损，包括恢复其原有价值所支出的费用。

明知他人享有的债权并对其进行侵害的，对于造成的损害应当予以赔偿。

第四十九条　【财产损害计算方法】
所受损害按照损失的实际范围计算。能够用市场价格计算的，按照损害发生时或者侵权责任确定时的市场价格计算。没有市场价格，或者按照市场价格计算明显不公的，根据实际情况确定赔偿数额。

计算所失利益，应当根据可得利益的客观情况计算，避免不适当地扩大或者缩小财产损害赔偿数额。

第五十条　【可预见规则】
侵权人非因故意造成他人财产损害，实际损失超出其可预见范围的，可以适当减轻其损害赔偿责任。

第五节　精神损害赔偿

第五十一条　【精神损害赔偿范围】
侵害他人人身性私法权益，造成精神损害的，受害人可以请求精神损害赔偿。

侵权行为造成受害人死亡或者严重人身伤害，给其配偶、父母、子女造成严重精神损害的，其配偶、父母、子女可以请求精神损害赔偿。

第五十二条 【其他人身权益的损害救济：公开权】

侵害姓名权、肖像权、隐私权等人身性私法权益造成财产利益损害的，按照受害人受到的实际损害或者侵权人因此获得的利益计算。两者均难以确定，且受害人和加害人就赔偿数额协商不成的，法院得根据实际情况确定赔偿数额。

第五十三条 【侵害包含人格因素的物的精神损害赔偿】

侵害具有象征意义的特定纪念物品等含有人格因素的物，造成物权人严重精神损害的，得请求精神损害赔偿。

第五十四条 【震惊损害赔偿】

因身处加害行为危险区域，目睹其配偶、子女、父母遭受人身伤害的残酷情境，受到严重精神损害的，得请求精神损害赔偿。

目睹与其共同生活的祖父母、外祖父母、孙子女、外孙子女或者兄弟姐妹遭受人身伤害的残酷情境，受到重大精神损害的，准用前款规定。

第五十五条 【精神损害赔偿数额确定】

精神损害赔偿的数额根据下列因素确定：

（一）受害人或者其配偶、子女、父母所遭受精神痛苦、肉体痛苦的程度；

（二）受害人的收入水平和生活状况；

（三）加害人的过错程度；

（四）侵权行为的手段、场合、方式等具体情节；

（五）侵权行为造成的后果；

（六）加害人承担责任的经济能力；

（七）受诉法院所在地的平均生活水平。

第六节 责任保险

第五十六条 【责任保险的替代性】

部分或者全部损害属于法定或者商业责任保险范围的，受害人可以向保险人主张保险责任，也可以向赔偿责任人主张侵权责任。法律另有特别规定的，依照其规定。

第五十七条 【责任保险不足的赔偿责任】

保险人履行保险责任后，受害人的损害未得到全部赔偿的，得继续向赔偿责任人主张侵权责任。

第八章　多数人侵权行为与责任

第一节　共同侵权行为

第五十八条【主观的共同侵权行为】
数人故意实施共同侵权行为，侵害他人私法权益，造成损害的，应当承担连带责任。

第五十九条【教唆、帮助实施侵权行为与混合责任】
教唆、帮助他人实施侵权行为的，教唆人、帮助人应当与行为人承担连带责任。
教唆无责任能力人实施侵权行为的，教唆人应当承担侵权责任。
教唆限制责任能力人、帮助无责任能力人或者限制责任能力人实施侵权行为的，应当承担连带责任；该无责任能力人或者限制责任能力人的亲权人或者监护人未尽到监护责任的，应当承担与其过失相应的责任。

第六十条【团伙成员】
部分团伙成员实施加害行为，造成他人损害的，该团伙的其他任一成员均应对损害承担连带责任，但能够证明该加害行为与团伙活动无关的除外。

第六十一条【客观的共同侵权行为】
数人虽无共同故意，但其行为造成同一损害结果，具有共同的因果关系，且该损害结果无法分割的，应当承担连带责任。

第六十二条【共同危险行为】
二人以上实施有危及他人人身、财产安全的危险行为，其中一人或者数人的行为造成他人损害，不能确定具体加害人的，应当承担连带责任。
只能证明自己的行为没有造成该损害的，不能免除前款规定的赔偿责任。

第六十三条 【原因累积】

数人实施侵权行为，造成同一损害，每个行为人实施的行为都足以造成全部损害的，行为人承担连带责任。

数人实施侵权行为，造成同一损害，有的行为人实施的行为足以造成全部损害，有的行为人实施的行为能够造成部分损害的，就共同造成损害的部分，行为人承担连带责任。

第二节 按份责任与连带责任

第六十四条 【按份责任】

数人分别实施侵权行为，造成同一个损害结果，损害后果可以分割，法律没有规定承担其他责任分担形态的，应当按份承担赔偿责任。

按份责任人得拒绝超过其应当承担的责任份额的赔偿请求。

第六十五条 【连带责任及其分担和二次分担】

法律规定应当承担连带责任的，受害人可以向连带责任人中的一人、数人或者全部请求承担赔偿责任，但合计不得超过损害赔偿责任的总额。

已经承担了超出自己应当承担的最终责任份额的连带责任人，有权就其超出部分，向其他未承担责任的连带责任人请求分担。

部分连带责任人不能承担或者无法全部承担其最终责任份额的，其不能承担的部分，由其他连带责任人按各自最终责任比例二次分担。

第六十六条 【最终责任份额的确定】

确定最终责任人的最终责任份额，应当考虑下列因素：

（一）过错程度；

（二）原因力大小；

（三）客观危险程度；

（四）其他法定事由。

不能依前款规定的方法确定最终责任份额的，应当平均分担赔偿责任。

第六十七条 【分摊请求权】

分摊请求权，是指承担超过自己最终责任份额的责任人，向其他责任人请求承担相应的最终责任的请求权。

第六十八条 【连带责任中的混合责任】

依照法律规定，在连带责任中，部分责任人应当承担连带责任，部分责任人应当承担按份责任的，承担连带责任的人应当对全部责任负责；承担按份责任的人只对该负按份责任的份额承担赔偿责任，得拒绝受害人提出的超出其责任份额的赔偿请求。

承担了连带责任的责任人，对于超出自己最终责任份额的部分，有权向其他连带责任人或者按份责任人请求分摊。

第三节 其他多数人侵权与责任

第六十九条 【不真正连带责任及追偿】

基于同一个损害事实产生两个以上的赔偿请求权，数个请求权的救济目的相同，但只有一个责任人是最终责任人，法律对请求权的行使顺序没有特别规定的，受害人可以选择其中一个或者数个请求权行使，请求承担赔偿责任。受害人获得全部赔偿之后，全部请求权消灭。

受害人请求承担责任的责任人不是最终责任人的，承担中间性责任的责任人在承担了赔偿责任后，有权向最终责任人追偿。

第七十条 【非最终责任人先承担责任及追偿】

基于同一个损害事实产生两个以上的赔偿请求权，数个请求权的救济目的相同，但只有一个责任人是最终责任人，法律规定只能向非最终责任人请求赔偿的，受害人只能向非最终责任人请求赔偿。非最终责任人赔偿后，有权向最终责任人追偿。

符合前款规定的情形，应当承担中间性责任的非最终责任人丧失赔偿能力，不能承担赔偿责任的，受害人可以向最终责任人请求承担赔偿责任。

第七十一条 【补充责任及追偿、分摊】

基于同一个损害事实产生两个以上的赔偿请求权，数个请求权的救济目的相同，法律规定为补充责任的，受害人应当首先向直接责任人请求赔偿。直接责任人不能赔偿或者赔偿不足的，受害人可以向补充责任人请求承担赔偿责任。补充责任人承担补充责任后，有权向直接责任人行使追偿权。

前款规定的补充责任，补充责任人与最终责任人之间存在最终责任分担的，承担了超过自己责任份额的责任人可以向其他责任人追偿。

第九章　产品责任

第七十二条　【产品定义】
本法所称产品，是指经过加工、制作，用于流通的动产。
建设工程不属于产品，但建设工程中使用的建筑材料、构配件和设备等，属于前款规定的产品范围的，属于产品。
下列用于销售的物品，视为本法所称的产品：
（一）利用导线输送的电能以及利用管道输送的油品、燃气、热能或者水；
（二）计算机软件和类似电子产品；
（三）用于销售的微生物制品、动植物制品、基因工程制品或者人类血液制品。

第七十三条　【产品缺陷类型】
产品缺陷，是指产品存在的危及人身、财产安全的不合理危险。下列情形为产品缺陷：
（一）制造缺陷，是指产品背离其设计意图而具有的不合理危险。
（二）设计缺陷，是指可以通过采纳合理替代性设计而减少或者避免损害，而没有采纳合理替代性设计，致使产品不具有合理性安全的不合理危险。
（三）警示说明缺陷，是指产品具有合理危险，可以通过提供充分的说明或者警示而避免损害，但没有提供该说明或者警示，或者说明、警示不充分，致使产品包含的合理危险转化而成的不合理危险。

第七十四条　【产品缺陷的推定】
产品造成的损害属于通常能因产品缺陷引起的类型，且在该具体案件中的损害不是因产品在出售或者分发时存在的缺陷以外的原因引起的，推定产品在交付时存在缺陷。

第七十五条　【生产者与销售者中间性责任的无过错责任及追偿】
因产品存在缺陷，造成他人人身损害或者缺陷产品以外的财产损害的，受害人可以向缺陷产品的生产者或者销售者请求承担赔偿责任。
销售者承担赔偿责任后，有权向生产者追偿，但生产者能证明缺陷是由销售者的过错引起的除外。

产品缺陷是由销售者的过错造成的,生产者承担赔偿责任后,有权向销售者追偿。

第七十六条 【生产者的无过错最终责任】
产品缺陷是由生产者造成的,生产者应当承担赔偿责任,不得向销售者追偿。

第七十七条 【产品责任的免责事由】
生产者能够证明有下列情形之一的,不承担赔偿责任:
(一)未将产品投入流通的;
(二)产品投入流通时,引起损害的缺陷尚不存在的;
(三)将产品投入流通时的科学技术水平尚不能发现缺陷的存在的。

第七十八条 【售后警告与产品召回及责任】
产品投入流通前没有发现存在缺陷,在投入流通后,生产者发现产品存在合理危险的,应当以充分、有效的方式向买受人发出警示,说明防止损害的正确使用方法,防止损害发生。未履行或者未合理履行售后警示义务,致使造成损害的,应承担赔偿责任。

产品投入流通后,生产者发现产品存在缺陷能够致人损害的,应当及时采取合理、有效措施对该产品予以召回。未履行或者未合理履行产品召回义务致人损害的,应承担赔偿责任。

销售者协助生产者履行本条第一款和第二款规定的义务。

第七十九条 【运输者、仓储者责任】
因运输者、仓储者的原因使产品存在缺陷的,生产者或者销售者应当承担赔偿责任。生产者或者销售者承担赔偿责任后,有权向运输者、仓储者追偿。

生产者、销售者不能承担赔偿责任的,受害人得直接向运输者、仓储者请求承担损害赔偿责任。

第八十条 【产品质量担保者责任】
产品质量检验机构、认证机构出具的检验结果或者证明不实,造成损害的,应当与产品的生产者、销售者承担连带责任。

对产品质量作出承诺、保证,且该产品不符合其承诺、保证的质量要求,造成损害的,承诺人、保证人与产品的生产者、销售者承担连带责任。

第八十一条　【虚假广告责任】

生产者、销售者利用虚假广告或者其他虚假宣传方式提供产品造成损害的，依照本法的规定承担产品责任。

广告经营者、广告发布者明知或者应知广告或者其他宣传方式为虚假，仍然设计、制作、发布的，对缺陷产品造成的损害，与缺陷产品的生产者、销售者承担连带责任。

在虚假广告或者其他虚假宣传方式中推荐产品，推荐人就该缺陷产品造成的损害，与前款规定的责任人承担连带责任。

第八十二条　【传统交易平台提供者责任】

集中交易市场的开办者、柜台出租者、展销会举办者等交易平台提供者未尽必要管理义务，就缺陷产品造成的损害，受害人得请求产品的生产者、销售者承担责任，亦得请求有过错的交易平台提供者承担责任；但交易平台提供者事先承诺先行赔付的，依照其承诺承担责任。交易平台提供者承担赔偿责任后，有权向产品的生产者或者销售者追偿。

交易平台提供者明知销售者或者生产者利用其平台侵害消费者私法权益的，应当与该销售者或者生产者承担连带责任。

第八十三条　【网络交易平台提供者责任】

通过网络交易平台购买的产品有缺陷造成损害的，受害的消费者得向销售者或者生产者请求赔偿。

网络交易平台提供者不能提供销售者或者生产者的真实名称、地址和有效联系方式的，受害的消费者得向网络交易平台提供者请求赔偿；网络交易平台提供者承诺先行赔付的，依照其承诺承担责任。网络交易平台提供者赔偿后，有权向销售者或者生产者追偿。

网络交易平台提供者明知销售者或者生产者利用其平台侵害消费者私法权益，未采取必要措施的，应当与该销售者或者生产者承担连带责任。

网络用户利用网络非交易平台销售产品，造成他人损害，网络交易平台提供者为其提供价金托管支付等服务的，准用本条第二款和第三款规定确定赔偿责任。

第八十四条　【原、辅材料和零部件提供者责任】

向生产者提供有缺陷的原、辅材料，生产者用该材料制造的产品存在缺陷致人损害的，由生产者承担赔偿责任。生产者承担赔偿责任后，有权向缺陷原、辅材料的提供者追偿。受害人也可以直接向有缺陷的原、辅材料的提供者请求承担赔偿责任。

零部件提供者提供的零部件有缺陷的，适用前款规定。

第八十五条 【二手商品、再造商品的责任】

二手商品的销售者视为生产者。该产品尚处于质量保证期内的，原生产者承担质量保证责任。

再造商品的原生产者不承担产品责任，但损害是因原产品固有缺陷造成的除外。

第八十六条 【食品致害的特别规定】

食品的生产者、销售者生产、销售的食品虽然符合质量标准，但仍然造成了消费者严重人身损害的，应当依照本法第七十四条规定推定该产品存在缺陷。

作为食品销售的初级农产品、狩猎品的销售者应当承担产品责任。

第八十七条 【药品、血液致害的特别规定】

药品的生产者、销售者应当对药品不存在缺陷承担举证责任；不能证明缺陷存在的，应当对缺陷药品造成的损害承担赔偿责任。

血液提供机构应当对血液符合相关标准承担举证责任；不能证明血液符合相关标准的，应当承担赔偿责任。依照行为时的科学技术尚不能发现血液存在致害可能的，对于造成的损害应当承担适当的补偿责任。

第八十八条 【有关烟草等有害健康警示的不可免责性】

烟草等产品的生产者、销售者仅就烟草有害健康作出警示，不视为已经尽到警示说明义务。

第八十九条 【造成人身损害的超出实际损失的赔偿】

生产者、销售者因故意或者重大过失使产品存在缺陷，或者明知生产或者销售的产品存在缺陷，可能造成他人人身损害，仍然生产或者销售，造成他人损害的，受害人可以请求生产者、销售者在赔偿实际损失之外，另行支付超过本法第三十九条规定以外的赔偿金。

前款规定的赔偿金，应当根据责任人的恶意程度及造成的损害后果，在必要的限度内确定。

第九十条　【产品责任的最长保护期】
缺陷产品致人损害的赔偿请求权，在造成损害的缺陷产品交付最初消费者后满十五年丧失；但尚未超过明示的安全使用期的除外。

第十章　环境污染责任

第九十一条　【环境污染的无过错责任】
因污染环境造成损害的，污染者应当承担侵权责任。

第九十二条　【环境污染的因果关系推定】
因污染环境发生纠纷，受害人初步证明污染行为与损害之间有可能存在因果关系的，污染者应当就其污染行为与受害人的损害之间不存在因果关系承担举证责任；污染者不能证明或者证明不足的，认定因果关系成立。

第九十三条　【符合法定标准排放抗辩的排除】
污染者排污符合所在法域法定标准，仍然污染环境造成损害的，污染者应当承担侵权责任。

第九十四条　【多数人排放污染造成损害的赔偿责任】
两个以上污染者分别实施污染行为造成同一损害，每一个污染者的污染行为都足以造成全部损害的，应当承担连带责任。
两个以上污染者分别实施污染行为造成同一损害，每一个污染者的污染行为都不足以造成全部损害的，应当依照各自行为的原因力大小承担责任。
两个以上污染者分别实施污染行为造成同一损害，部分污染者的污染行为足以造成全部损害，部分污染者的污染行为只造成部分损害的，足以造成全部损害的污染者与其他污染者就共同造成的损害部分承担连带责任，并对其余损害承担赔偿责任。

第九十五条　【无现实人身损害污染环境责任的承担】
任何人或者机构因持有某种高度污染危险设施，或者从事基于行为本身性质或者所使用方法的性质，而存在污染危险的行为，即使遵守相关法律规定，但对环境造成明显损害的，无论有无过错，环境主管部门应当根据环境受损度，请求污染者承担赔偿责任，并将赔偿金纳入环境污染治理基金。

第九十六条 【第三人原因】
污染环境造成损害的发生可归责于第三人时，受害人得向污染者或者第三人请求赔偿；污染者承担赔偿责任后，有权向第三人追偿。

第九十七条 【消除起因及恢复原状】
造成环境污染损害的，污染者除了承担相应的环境侵权财产损害赔偿责任外，还应当消除环境污染的起因或者排除其危害，并将环境恢复至如同未曾发生时的状态，或者将其恢复至相当于原有的环境状态，或者承担与消除起因、恢复原状等行为有关的费用支出。

第九十八条 【对恶意污染环境造成损害超出实际损失的赔偿】
因故意或者重大过失污染环境，或者其行为具有污染环境的实质可能性却继续从事该行为，造成环境污染的，受害人得请求污染者在承担实际损失赔偿之外，另行支付超过本法第三十九条规定以外的赔偿金。

第九十九条 【环境污染的消灭时效】
因环境污染损害而享有的环境侵权损害赔偿请求权，适用本法第三十二条的规定。应当承担赔偿责任的污染者相互之间的追偿权，自履行其环境侵权损害赔偿责任时起，经过三年，完成消灭时效。

第一百条 【环境公益诉讼】
对于损害公共卫生、环境、生活质素等社会公共利益的行为，任何人或者相关利益团体、政府及检察院，都有提起或者参与民事侵权之诉的权利。

第十一章　网络侵权责任

第一百零一条 【网络侵权承担责任的一般规则】
网络用户、网络服务提供者利用网络侵害他人私法权益，造成损害的，应当承担侵权责任。

网络服务提供者，包括网络平台服务提供者与网络内容服务提供者。

第一百零二条　【"避风港"原则的适用】
网络用户利用网络服务实施加害行为，造成他人私法权益损害的，权利人有权通知网络服务提供者采取删除、屏蔽、断开链接等技术上可能的必要措施，消除损害后果。网络服务提供者接到通知后，未在合理期间内采取必要措施的，对损害的扩大部分，与该网络用户承担连带责任。

第一百零三条　【通知及要件与形式】
除紧急情况外，通知应当以书面形式作出。书面形式，是指纸质信件和数据电文等可以有形表现所载内容的形式。
通知应当具备下列内容：
（一）通知人的姓名（名称）、联系方式和地址；
（二）要求采取必要措施的侵权内容的网络地址，或者足以准确定位侵权内容的相关信息；
（三）构成侵权的初步证明材料；
（四）通知人对通知书的真实性负责的承诺。
发送的通知不具备上述内容的，视为未发出有效通知，不发生通知的后果。

第一百零四条　【合理期间的确定】
确定本法第一百零二条规定的合理期间，应当考虑下列因素：
（一）被侵害私法权益的重大性；
（二）采取必要措施的技术可能性；
（三）采取必要措施的紧迫性；
（四）权利人要求的合理期间。
在通常情况下，合理期间为二十四小时。

第一百零五条　【损害扩大部分的计算】
损害的扩大部分，指从通知到达网络服务提供者时开始，至采取必要措施消除损害影响为止的期间内，发生的私法权益损害。

第一百零六条　【采取必要措施的通知转达或公告义务】
网络服务提供者采取必要措施后，应当立即将通知转送被指控侵权的网络用户，无法转送的，应当将通知内容在同一网络上进行公告。

第一百零七条 【反通知及要件与形式】

网络用户接到通知或者知悉公告后，认为其提供的内容未侵害他人私法权益的，可以向网络服务提供者提交书面反通知，要求恢复其发布内容的初始状态。

反通知应当具备下列内容：

（一）反通知人的姓名（名称）、联系方式和地址；

（二）要求撤销已经采取必要措施的内容、名称和网络地址；

（三）被采取必要措施的行为不构成侵权的初步证明材料；

（四）反通知人对反通知书的真实性负责的承诺。

第一百零八条 【网络服务提供者对反通知的处理】

网络服务提供者接到网络用户的书面反通知后，应当及时恢复其发布内容的初始状态，同时将网络用户的反通知转送通知人，但认为发布内容明显侵权的除外。

第一百零九条 【对反通知不服的诉讼】

网络服务提供者依照反通知人的要求，恢复其发布内容的初始状态后，通知人不得再通知网络服务提供者采取删除、屏蔽、断开链接等措施，但可以向法院起诉。

第一百一十条 【错误通知发送人的赔偿责任】

通知人发送的通知错误，网络服务提供者据此采取必要措施，造成被通知人损失的，通知人应当承担赔偿责任。

第一百一十一条 【"红旗原则"的适用】

网络服务提供者知道网络用户利用其网络服务侵害他人私法权益，未采取必要措施的，与该网络用户承担连带责任。

第一百一十二条 【知道的判断方法】

知道，是指网络服务提供者明知或者能够证明其已经知道网络用户实施了侵权行为。

第十二章　侵害公开权的侵权责任

第一百一十三条　【侵害公开权的责任】
个人和团体对于自然人和自然人团体对于自己的人格标志，享有予以商品化利用的权利，即公开权。

未经公开权人许可，以广告、招贴画、竖立式广告牌、大众消费产品、定期刊物等方式，使用他人具有人格特征标志的物、照片、电影、电视剧、话剧、音乐、美术作品等的，应当承担侵权责任。

第一百一十四条　【公开权的保护期限】
公开权的保护期间为其权利人生存或者自然人团体存续期间，以及死亡或者自然人团体解散后的三十年内。

两个以上的自然人或者自然人团体共同享有的公开权的保护期间，为最后死亡的自然人死亡，或者自然人团体解散的权利人死亡或自然人团体解散，之后的三十年内。

上述保护期限，自权利人死亡或者解散后的下一年起计算。

第一百一十五条　【公开权人的请求权】
公开权人有权要求侵权人停止侵害、排除妨碍，或者要求可能造成损害之虞者予以消除危险。

公开权人依照前款提出请求时，可以请求销毁涉侵权物或者采取其他必要措施。

公开权人因侵权行为遭受财产损害和精神损害的，有权要求侵权人承担损害赔偿责任。

第一百一十六条　【损害赔偿的计算】
侵害公开权的损害赔偿，应按下列标准中的较高标准计算：

（一）侵权人因侵权行为所得利益；

（二）权利人通常行使其权利可获得的财产价值。

权利人受到的财产损害价值超过依照前款规定确定的金额时，得对其超过部分请求损害赔偿。

根据本条第一款和第二款规定的标准难以确定损害赔偿金额时，法院可以根据实际情况酌定损害赔偿金额。

第一百一十七条 【因损害人格造成的精神损害赔偿】
公开权人除得向侵权人请求财产损害赔偿外，还可请求精神损害赔偿，并同时请求采取恢复名誉等必要措施。

第一百一十八条 【公开权人死亡后的权利保护】
公开权人死亡时，其继承人可继承其该权利，但被继承人生前明确表示反对的除外。
公开权人得以遗嘱方式，将其公开权遗赠与他人，并可附加使用方式和范围等的限制或期限。
以继承或者受遗赠取得公开权者，可向侵权人主张侵权责任。

第一百一十九条 【转让】
公开权得以合同全部或者部分转让，但不得概括转让尚未发生之权利。
受让人超出其转让合同约定的范围使用人格标志的，公开权人可要求其承担侵权责任。

第一百二十条 【许可使用】
公开权人得许可他人使用人格标志。被许可人得在受许可的范围和条件内使用人格标志。
未经过公开权人同意，被许可人不得允许第三人使用该人格标志。
被许可人超出许可范围或者条件使用人格标志，或者允许第三人使用人格标志的，公开权人得向被许可人主张侵权责任。

第一百二十一条 【侵害自然人团体的公开权】
自然人组成的团体共同享有的公开权受到侵害的，团体成员得以其权利份额为限主张侵权责任。

第一百二十二条 【网络服务提供者的责任】
网络服务提供者侵害他人公开权的，准用本示范法第十一章的规定。

Model East-Asian Tort Law

(Provisional Version)

Principally passed by the General Meeting of the Academy for East-Asian Tort Law on 21 November 2015.

Last update: 28 April 2016.

Translated by Zhicheng WU & Zhu WANG[*]

Table of Contents

Introductory Text

Chapter I: Legislative Purposes and Scope of Protection

Chapter II: Bases for Imposing Tort Liability and Forms to Bear Liability

Chapter III: Damage

Chapter IV: Causation

Chapter V: Intention and Negligence

Chapter VI: Defences and Limitation Periods

   Section One: Defences

   Section Two: Limitation Periods

---

[*] Zhicheng WU, DPhil Law Candidate, Faculty of Law, University of Oxford. Email: zhicheng.wu@law.ox.ac.uk.

Zhu WANG, *LLD.*, Professor of Sichuan University Law School, Deputy Director of Institute for Chinese Tort Law of Research Center for Civil and Commercial Jurisprudence of Renmin University of China, Researcher of Sino-European Tort Law Institute of Yantai University. Email: wangzhu@scu.edu.cn.

Chapter VII: Remedies and Liability Insurance
　　Section One: Common Forms of Remedies for Damage
　　Section Two: General Provisions of Compensation for Damage
　　Section Three: Compensation for Physical Injury
　　Section Four: Compensation for Property Damage
　　Section Five: Compensation for Emotional Harm
　　Section Six: Liability Insurance
Chapter VIII: Torts Involving Multiple Tortfeasors and Liabilities
　　Section One: Joint Tortious Act
　　Section Two: Several Liability, and Joint and Several Liability
　　Section Three: Miscellaneous Other Kinds of Torts and Liabilities Involving Multiple Tortfeasors
Chapter IX: Products Liability
Chapter X: Liability for Environmental Pollution
Chapter XI: Tort Liability on the Internet
Chapter XII: Tort Liability for Infringement on Right of Publicity

Introductory Text

Tort law is a law protecting both private rights and interests, and limiting tort liabilities. To protect rights and interests in private law is to underpin the basis of private law. To limit tort liabilities is to defend liberties of individuals and legal entities in private law. Located on the west coast of the Pacific Ocean, East Asia is one of the regions with highest density of population as well as with highest speed of economic development in the world. The emergence of the East Asian common market is of great importance in terms of social and economic development even from the world's perspective. To promote the continuity of the social wellbeing and economic prosperity, it is necessary not only to protect private rights and interest of the participants in the East Asian common market, but also to defend liberties of individuals and legal entities in private law. As a result, the importance of the role of tort law is unquestionable. However, the differences in tort legislation among various jurisdictions in East Asia may to some extent impede the capital accumulation, movement of labour, social connection and protection of rights and interest at the international level, thus impede the orderly development of the East Asian common market together with rights and interests of individuals and entities in these jurisdictions. It is therefore proposed by all the East Asian jurisdictions to draft a model law in the field of tort with a shared value, coherent principles, and practicable rules in order to harmonize various tort liabilities, to determine the methods of regulation in a multi-jurisdiction context.

The Academy for East-Asian Tort Law is an organisation aiming at a united league of tort law academics and practitioners in East Asian jurisdictions and other Asian jurisdictions to research the legislation, adjudication and academic theories of each of the East Asian jurisdictions, and to promote the development of the field of tort law. After cooperative work for several years, a draft of model law is hereby provided to be a source of reference for the unification of tort legislation in each of the East Asian jurisdictions, and even as the pioneer of that of the entire Asian jurisdictions. It is also hoped that this model law could help the tort law in East

Asia join the trend of the unification of tort law at the global level.

Although the nature of this model law, being a mere collection of ideas of the Academy for East-Asian Tort Law and an outline of soft law regarding the unification of East Asian tort law without any binding effect on any of the jurisdictions, it is nevertheless expected:

i) that this model law could influence the legislation of every East Asian jurisdictions, in the sense that when the legislature of these jurisdictions is drafting or modifying general or specific tort legislation, such legislature would directly choose rules of this model law, take rules of this model law into consideration, or treat this model law as one of the blueprints for national legislation;

ii) that rules of this model law could be cited as the legal ground for judgement where there is a tort dispute among individuals and legal entities in East Asian jurisdictions;

iii) that rules of this model law could be cited by judges in East Asian jurisdictions as academic viewpoints when they are deciding tort cases; and

iv) that this model law could serve as subject-matters of research, as well as materials for teaching for tort law academics all over the world.

This model law consists of two parts:

The first part, which includes chapters I to VIII concerns with general tort liability. Topics under this part are: (i) legislative purposes of tort law, (ii) scope of protection; (iii) bases for imposing liability; (iv) forms to bear liability; (v) constituent elements; (vi) defences; (vii) remedies; (viii) liability insurance and (ix) torts involving multiple tortfeasors and liabilities.

The second part, which includes chapters IX to XII, selectively articulates four major special tort liabilities categories of the greatest significance in terms of the value for the unification of East Asian tort law. The first aforementioned category is 'Products Liability' in Chapter IX, which is for the purpose of facilitating the movements of products, protecting consumers' interests, and for a unified set of rules in this field. The second category is 'Liability for Environmental Pollution' in Chapter X, which is for the right to live in a safe, health and eco-balanced environment, the improvement of environment, and the protection of the rights of the victims suffer from pollution. The third category is 'Tort Liability on the Internet' in Chapter XI, which is for the information integration of Ease Asia, the protection of the freedom of online behaviours, the regulation of Internet service, and the protection of private rights and interests of Internet users. The fourth category is 'Tort Liability for Infringement on Right of Publicity' in Chapter XII, which is for the development of the rules regarding the protection of the right of personality in East Asia, for leading the new trend in this field, and for the protection of personality-related labels of individuals. Other species of special tort liabilities are not covered in this model law.

It is expected by all the draftsmen that the making and spread of this model law will not only contribute to the development of the academic research and legal practice in the region of East Asia, but also will have positive influences in the global tort law discipline.

Chapter I: Legislative Purposes and Scope of Protection

Article 1: *Legislative Purposes*

This model law is made for the purpose of harmonizing rules in tort law among East Asian jurisdictions, protecting the freedom of action and private rights and interests of individuals and legal entities, leading the development trend of tort law rules, and facilitating the coordination and advancement of laws in East Asia.

Article 2: *Scope of Protection*

Rights or interests of individuals and legal entities which are protected by private law means of imposing tort liabilities in this model law include:
  (i) private rights;
  (ii) private interests which are protected according to the law and pure economic interests; and
  (iii) legal interests which are explicitly articulated by law, including but not limited to public environmental interests.

Chapter II: Bases for Imposing Tort Liability and Forms to Bear Liability

Article 3: *Fault Liability*

A person who at fault infringes private rights of another and causes damage shall bear tort liability.

A person who intentionally infringes private interests or pure economic interests of another and causes loss shall bear tort liability.

A person who negligently infringes private interests of another and causes gross damage or where circumstances of such infringement are severe shall bear tort liability.

Article 4: *Presumption of Fault*

A person who infringes private rights or interests of another and causes damage, if the tortfeasor is presumed to be at fault as articulated by law, the victim does not have to [adduce evidence to] prove the fault of the tortfeasor. Rather, the tortfeasor bears the burden of proof regarding the non-existence of his fault [to rebut such presumption].

Article 5: *Non-fault Liability*

A person who infringes private rights or interests of another and causes damage, if the tortfeasor, as articulated by law shall bear liability no matter whether he is at fault or not, he shall bear tort liability.

The tort liability articulated in the previous paragraph can be articulated by law based on danger, defect, or other incidents of culpability.

Where non-fault liability is imposed, rules on limited amount of compensation apply.

Where non-fault liability is imposed, the victim may resort to fault liability as articulated in Article 3 above, as long as the victim proves that the tortfeasor is at fault.

Article 6: *Vicarious Liability*

Where a person, by explicit articulation of law, is liable for the tortious act of another, such person shall bear tort liability.

Where an act of a person lacking the capacity of liability causes damage to private rights or interests of another, the parental right-holder or the guardian of such person shall bear tort liability as articulated in the previous paragraph.

Chapter III: Damage

Article 7: *Definition of Damage*

Damage, for the purpose of this model law is, due to a person's infringement on private rights or interests of another protected by law, the consequence of causing any loss of pecuniary or non-pecuniary interests.

Article 8: *Types of Damage*

Types of damage in the following scenarios are recognised as damage defined in the previous article, including:

(i) Damage to person, referring to any loss of pecuniary or non-pecuniary interests caused by death, disability, or injury to bodily integrity due to any infringement on the victim's right to life, right to health, or right to body;

(ii) Damage to wealth, referring to any loss of pecuniary interests caused by any infringement on the victim's property rights, obligational rights, or intellectual property rights, including the loss of value to the subject-matter of such wealth, and the loss of expectation interests due to such infringement;

(iii) Damage to pecuniary interests of personality, referring to any loss of pecuniary interests caused by any infringement on the victim's mental rights of personality; and

(iv) Emotional harm, referring to any psychiatric or physical suffering caused by any infringement on the right of personality and the right of status, or other kinds of loss of interests with respect to personality and status, including damage to personality interests caused by any infringement on specific things with elements of personality.

Article 9: *Hierarchy and Conflict of Private Rights and Interests*

Private rights and interests of different natures are protected by this model law in accordance with the following order:

(i) rights to life, health, body, freedom, dignity, and integrity of personality;

(ii) other rights and interests of personality or of status; and

(iii) property rights, obligational rights, and intellectual property rights, and other rights and interests of a pecuniary nature.

Where there is a conflict of protection between private rights and interests as articulated in the previous paragraph, the one with a higher rank in the hierarchy prevails.

Article 10: *Reasonable Costs for Preventing or Diminishing Damage*

After a tortious act is made, all costs that are reasonably expended by the victim for preventing or diminishing damage are treated as if they were a part of the damage for compensation.

Reasonable costs expended by the victim for securing remedies such as lawyer's fee and investigation fee are treated as if they were a part of the damage as articulated in the previous paragraph.

Article 11: *Proof of Damage*
The victim bears the burden of proof with respect to the existence and the extent of damage, subject to specific articulation with respect to the proof of damage otherwise provided by law.

Where it is too difficult to prove the amount of damage or where the cost for proving is too high, the court has the discretion to determine the amount of damage based on the principle of fairness.

Chapter IV: Causation

Article 12: *Definition of Causation*
Where damage would not have been caused had there been no act of infringement, it is recognised that there is causation between the tortious act and the harmful consequence.

Where, as a matter of factual causation, a tortious act normally would cause a specific harmful consequence, it is recognised as if there were legal causation between such act and such harmful consequence.

The test for determining legal causation can be reasonably adjusted if the court thinks it proper to adjust such test for a normative purpose or, for the purpose of balancing the freedom of action and the protection of the victim's rights or interests.

Article 13: *Types of Causation*
Where there is legal causation between the tortious act and the harmful consequences, it is the causation with respect to the constitution of tort liability.

Where there is legal causation between the tortious act and the scope or degree of harmful consequences, it is the causation with respect to the scope of tort liability.

Article 14: *Burden of Proof*

The victim bears the burden of proof for both the causation with respect to the constitution of tort liability, and the causation with respect to the scope of tort liability.

Article 15: *Presumption of Causation: Shifting and Loosening the Burden of Proof*

Where the causation is presumed to be existent by articulation in law, the victim does not bear the burden of proof with respect to such causation. It suffices for the victim, by showing the specific relation between a particular tortious act and the harmful consequences, to establish such presumed causation, subject to the tortfeasor's rebutting such presumption by adducing countervailing evidence.

According to the general rule of thumb, where the victim is unable to adduce sufficient evidence with respect to the causation between the tortious act and the harmful consequences to satisfy the test of high degree of probability, but is able to satisfy the test of probability, it is presumed that the victim has fulfilled his burden of proof for causation, unless the tortfeasor successfully rebuts such presumption by adducing countervailing evidence to prove the non-existence of such causation.

Chapter V: Intention and Negligence

Article 16: *Intention*

Intention is a mental status in which the tortfeasor clearly understands that his act would cause harmful consequences to another person, while hopes or indulgently allows the occurrence of such consequences.

Article 17: *Proof of Intention*

The proof of the tortfeasor's knowledge with respect to damage caused by his act is a necessary condition for proving intention. For determining the existence of such knowledge, the court should consider not only the evidence adduced by the victim, but also the surrounding circumstances, the tortfesaor's mode of behaviour, intelligent ability, personal experience, as well as the observability of the infringed private rights or interests.

Where the tortfeasor clearly understands that such harmful consequences would occur but still continuing his conduct which is capable of causing such consequences, it is recognised as if the tortfeasor hoped or indulgently allowed the occurrence of such consequences.

Article 18: *Negligence*

Negligence is a mental status in which the tortfeasor has no intention with respect to the occurrence of harmful consequences, but such tortfeasor should have had the awareness but failed to be aware of such consequences.

In normal situation, where the tortfeasor breaches his duty of care in the particular scenario, it is recognised as if such tortfeasor were negligent when conducting the tortious act.

Article 19: *Degrees of Negligence*

There are three sub-categories with different degrees of negligence distinguished in the following scenarios:
  (i) Gross negligence, referring to the scenario where the tortfeasor breaches the duty of care which can be easily aware of by an ordinary person in the society in order to avoid the harmful consequences;
  (ii) Objective ordinary negligence, referring to the scenario where the tortfeasor breaches the duty of care which a reasonable person would have; and
  (iii) Subjective ordinary negligence, referring to the scenario where the tortfeasor breaches the duty of care which he would have should the matter he is dealing with is his own.

Article 20: *Proof of Negligence*

To prove negligence, the victim should prove the existence of the duty of care which the tortfeasor should have when conducting the tortious act. Negligence is proven when the victim proves the tortfeasor's breach of such duty of care. The application with respect to different degrees of duty of care should be in accordance with articulation of law.

Requirements with respect to the standard of behaviour of the tortfeasor who has the duty of care should be adjusted to fit the tortfeasor's specific situation such as age, mental status, physical condition and others.

The test for deciding whether a lawyer, an accountant, or an architect is negligent should be in accordance with the expected duty of care based on the level of industry at the time of the tortious act.

Where the negligence is presumed to be existent, the test for tortfeasor's proof of not to be negligent is that he does fulfil the duty of care [in order to rebut such resumption].

Article 21: *Degrees of Negligence and Its Meaning*
A tortfeasor engages in an act and causes damage with fault, shall bear tort liability. A tortfeasor shall only bear tort liability for his intention or gross negligence where elsewhere provided by law.

In deciding the apportionment of liability in cases of liability involving comparative negligence, joint and several liability, and several liability, the amount apportioned by the court among multiple parties should be consistent with the degree of intention, gross negligence, objective ordinary negligence and subjective ordinary negligence.

Chapter VI: Defences and Limitation Periods

Section One: Defences

Article 22: *Definition and Proof of Defences*
A defence is a legal excuse for preventing the tort liability from constituting, or for diminishing the amount of tort liability.

In order to be not or not fully liable in tort, it is the tortfeasor or the person vicariously liable who bears the burden of proof for the existence of defences as articulated in the previous paragraph.

Article 23: *Legal Performance of Public Duties*
Where an act is conducted a person for performing the public duties legally

and reasonably, such person is not liable in tort for the damage caused by such act to another person, subject to specific articulation otherwise provided by law.

Article 24: *Justifiable Defence*
Where there is a tortious act going on, a person who, for the purpose of defending rights or interests of that person or of a third party, conducts a tortious act against the tortfeasor is not liable for compensation for damage caused by such infringement. However, where such act of defence is conducted in an excessive way, the infringed tortfeasor can claim for compensation for damage caused by such act.

Article 25: *Necessity*
Where a person, for the purpose of avoiding current and urgent danger, conducts an act of necessity which causes damage to another person, it is not the person conducting such act of necessity but the person ultimately responsible for the danger who is liable in tort.

Where such act of necessity is conducted in an improper or excessive way, thus causing damage which should not have been caused, the person conducting such act of necessity should be partly liable for compensation in a proper amount.

Where such danger is caused by natural reasons, the person benefitted from such act of necessity should share loss in a proper amount within the whole benefitted value.

Article 26: *Act of Self-help*
A person, in order to prevent his legal rights and interests from being infringed, can take necessary safeguard measures against the property of tortfeasor, or restrict the tortfeasor in a proper way. Such person is not liable in tort for the damage caused by such act of self-help.

After the completion of the act of self-help, the self-helper should file to a court or a relevant authority to deal with the subject-matter, in order to keep him immune from tort liability.

The self-helper is partly liable for compensation in a proper amount where the act of self-help is conducted in an excessive way, causing damage which should not have been caused.

Article 27: *Victim's Consent*
Where a tortfeasor caused damage to a victim based on the victim's consent

to such act, the tortfeasor is not liable in tort, save where the consent violates the mandatory rules of the law or is regarded as against the public order or good morals.

In the circumstance of damage to person, the victim's consent has no influence on the tort liability borne by the tortfeasor, otherwise provided by law.

Article 28: *Force Majeure*

The tortfeasor is not liable for compensation for damage caused by force majeure, subject to specific articulation otherwise provided by law.

As regards damage caused by a combination of force majeure and the wrongful act of the tortfeasor, the tortfeasor is partly liable for compensation for damage in accordance with the degree of negligence and the share of causative potency in the tortious act.

Article 29: *Third Party's Reason*

Where damage is caused by a third party [other than the tortfeasor], it is that third party who shall bear tort liability, subject to specific articulation otherwise provided by law.

Article 30: *Victim's Reason*

Where damage is solely caused by the victim's intention or negligence, the tortfeasor shall not bear tort liability.

Article 31: *Assumption of Risk*

Where the victim has knowledge of the foreseeable danger of a certain act or activity but nevertheless takes part in such act or activity with an explicit or implicit consent to the risk and consequences, the tortfeasor is not liable in tort as long as such consent of the victim does not violates public order, good morals or mandatory rules in law.

Section Two: Limitation Periods

Article 32: *Ordinary Limitation Period*

The limitation period for claims founded on tort liability is three years.

The limitation period for claims founded on tort liability for infringement on the right of life, right to health, or right to body is five years.

Article 33: *Starting Point of Limitation Period*

The running of limitation period starts from the time when the victim knows or ought to have known the infringement on his rights or interests, and the specific person liable for compensation. However, where the tortious act is conducted in a continuous way, the limitation period does not start to run until the end of such tortious act.

Article 34: *Calculation of Limitation Period and Longest Protection Period*

Rights or interests are not protected in court from the first date after the period in which such rights or interests have been infringed on for twenty years. The court has the discretionary power to extend such longest protection period under special circumstances where it thinks necessary.

Chapter VII: Remedies and Liability Insurance

Section One: Common Forms of Remedies for Damage

Article 35: *Compensation for Damage*

The victim has the right to claim for monetary payment by the person liable for compensation, to the extent that the victim's infringed private rights or interests can be restored to the status quo ante when the infringement did not happen yet.

Article 36: *Tort Injunctions*

Where the right-holder has evidence to prove that if the current or forthcoming tortious act against his private rights or interests is not stopped or prevented this would cause damage to his private rights or interests, the right-holder can file a petition to the court for an injunction. Where such injunction affects property interests, the person filing such petition should provide with corresponding security.

The court may, according to the petition, issue an injunction against the counterparty, to require him to refrain from doing relevant act.

The injunction should be executed immediately when it is issued.

Article 37: *The Application of Forms of Remedies in Tort*

Forms of remedies in tort can be applied in a separate or a combined way.

The victim can choose specific forms of remedies applied as long as such forms are practically possible, with the limit that it should not increase the burden of the person liable for compensation, or violate the principle of good faith.

Section Two: General Provisions of Compensation for Damage

Article 38: *Scope of Persons Entitled to Compensation*

All the persons whose pecuniary or non-pecuniary rights or interests are infringed are the persons entitled to compensation.

Where a foetus suffers from physical injury, he is the person entitled to compensation after being born.

Where there is damage to personality interests of a deceased person, his spouse, parents, and children are the persons entitled to compensation. Where such deceased person has no spouse, parent or child, all his relatives within the fourth degree of kinship are the persons entitled to compensation.

Where a natural person died, the persons entitled to compensation include:
(i) spouse, parents and children of the deceased person, or all the deceased person's relatives within the fourth degree of kinship where such deceased person has no spouse, parent or child;
(ii) the person(s) to which the deceased person bore the duty of maintenance or should have borne the duty of maintenance before; and
(iii) the person(s) who paid medical, funeral or other reasonable expenses for the deceased person, whose claim is limited to the repayment of the aforementioned expenses.

Article 39: *Scope of Damage*

The scope of damage includes both the damage suffered and the interest lost.

Article 40: *Full Compensation*

In determining compensation for damage, the amount should fully include both the damage caused by the tortious act and the expectation interest lost due to the tortious act, subject to specific articulation otherwise provided by law.

Article 41: *Maintenance of Lowest Living Condition and Deduction of Compensation*

In determining a natural person's liability for compensation for damage, the amount should be limited so that such person is still able to afford the lowest living condition, the performance of the legal duty of maintenance, and the necessary education fee for minor(s) raised by such person.

Such person can file a petition to the court for a deduction with respect to the amount of compensation where he cannot afford the aforementioned liabilities due to a full compensation.

In determining the exact amount of deduction, the court should take elements such as the tortfeasor's subjective malice or degree of negligence, the nature of the infringed rights or interests, the amount of damage, the effect of such damage to the victim, and so on into consideration.

Article 42: *Forms of Compensation for Future Damage*

As regards compensation for future damage, the parties can, by reaching an agreement, choose the compensation by instalment or the compensation by a lump sum.

Where the parties choose the compensation by instalment, the tortfeasor should provide with corresponding property security.

Where the parties choose the compensation by a lump sum, the tortfeasor should fulfil his compensatory liability at once in the full amount, but reduce the recovery to present value.

Where the parties fails to reach an agreement with respect to the forms of compensation as articulated in the paragraph one of this article, the court may determine the methods of payment according to the actual circumstances, though, other factors being equal, the compensation by instalment prevails.

Article 43: *Compensatio Lucri Cum Damno*

Where one tortious act both causes damage and make the victim benefits from it, the amount of compensation should deduct such benefit from the amount of damage, except where the purpose of receiving such benefit by the victim is inconsistent with such deduction.

Section Three: Compensation for Physical Injury

Article 44: *Definition of Physical Injury*

Where a tortfeasor infringes another person's body, causing injury, disability, or death, such tortfeasor should make compensation for physical injury.

Where a tortfeasor infringes another person's bodily integrity, but it being difficult to calculate the actual amount of loss, such tortfeasor should make nominal compensation.

Article 45: *Remedies for Damage to the Health of a Foetus*

Where a foetus suffers damage from a tortious act before being born, the tortfeasor shall bear liability for compensation for physical injury according to the actual loss. Where the foetus is dead before or at the moment of his birth, the mother of the foetus has the right to claim for compensation for physical injury.

Article 46: *Wrongful Birth*

Where, due to negligence in the pre-birth diagnose, the medical institution failed to detect the defect in the body of the foetus, as a result of which a foetus was born with severe disability, the parents of such infant has the right to claim for compensation by the medical institution for additional maintenance expenses they paid due to the severe disability of their infant.

Where, due to negligence of the medical staff who failed to provide the pregnant woman with the correct information, depriving of her chance to stop pregnancy which she should have had, as a result of which a foetus was born with severe disability or any genetic disease, liability for compensation for damage should be decided according to the reasonable actual needs of the victim of such mistaken birth.

Article 47: *Remedies for Loss of Chance to Live or to be Cured*

A victim has the right to claim for compensation for loss of chance where a tortious act decreases the victim's chance to live or to be cured.

In order to successfully bring the claim for compensation for loss of chance articulated in the previous paragraph, the victim should prove the causation between the tortious act and the loss of chance.

Section Four: Compensation for Property Damage

Article 48: *Scope of Compensation for Property Damage*

Where a person causes damage to property right, intellectual property right or other pecuniary rights or interests, that person should compensate for the destroy or decrease in value of such right or interest due to the tortious act, including additional expenses for restoring the subject-matter back to its original value before the tortious act.

Where a person knows obligational right enjoyed by other persons and infringes on such right, that person should compensate for the damage caused by the infringemert.

Article 49: *Methods of Calculation of Property Damage*

The amount of damage is calculated in accordance with the scope of actual loss. Where it is possible to calculate by reference to the market price, the amount of damage is the market price of the moment when damage occurs or the tort liability is determined. If there is no market price or it is apparently unfair to calculate such amount in light of the market price, the amount of compensation should be determined according to the actual circumstances.

In calculating lost benefit, the expectation interest should be taken into consideration in an objective way, in order not to improperly expand or limit the amount of compensation for property damage.

Article 50: *Rule of Foreseeability*

Where the tortfeasor negligently caused damage to property of another, the amount of liability for compensation for such damage can be properly reduced by the court as long as such actual loss is outside the scope of the tortfeasor's foreseeability.

Section Five: Compensation for Emotional Harm

Article 51: *Scope of Compensation for Emotional Harm*

Where a person infringes private rights or interests of a personality or status nature of another and causes emotional harm, the victim has the right to claim for compensation for emotional harm.

Where the victim's death or serious body injury due to tortious act causes emotional harm to the spouse, parents and children of the victim, the spouse, parents and children of the victim have the right to claim for compensation for emotional harm.

Article 52: *Remedies for Infringement of Other Personality or Status Rights or Interests: Right of Publicity*

Where a person infringes another person's right to name, right to portrait, right to privacy, or other private rights or interests of a personality or status nature and causes additional damage to pecuniary interests to another person, the amount for compensation should be either the damage suffered by the victim or the profit gained by the tortfeasor, depending on which one is possible to be determined. Where neither of these can be determined, and the victim fails to reach an agreement with the tortfeasor with respect to the amount of compensation, the court may determine an amount according to the actual circumstances.

Article 53: *Compensation for Emotional Harm due to Infringement of Property of Personality Nature*

Where a person infringes property of a personality nature such as a specific souvenir of a symbolic meaning and causes severe emotional harm to the property right-holder, the right-holder has the right to claim for compensation for such emotional harm.

Article 54: *Compensation for Emotional Harm due to Nervous Shock*

Where the person in the zone of danger of a tortious act in the act witnesses his spouse, children, or parents suffering from physical injury in a cruel manner, as a result of which the person suffers severe emotional harm, such person has the right to claim for compensation for such emotional harm.

Where the person in the zone of danger of a tortious act in the act witnesses his grandparents, grandchildren, brothers or sisters suffering from physical injury in a cruel manner, as a result of which the person suffers gross emotional harm, the rule in the previous paragraph applies.

Article 55: *Determination of the Amount of Compensation for Emotional Harm*

In determining the amount of compensation for emotional harm, the following issues should be taken into consideration:
  (i) degree of emotional or physical suffrage of the victim's spouse, children or parents;
  (ii) victim's income level and living condition;
  (iii) degree of the tortfeasor's fault;
  (iv) concrete details of the tortious act such as its methods, venue, and ways;
  (v) consequences caused by the tortious act;

(vi) financial ability of the tortfeasor to bear liability; and

(vii) average living condition of the place in which the court with jurisdiction locates.

Section Six: Liability Insurance

Article 56: *Subrogation Function of Liability Insurance*

Where a tort liability is fully or partly covered by a commercial liability insurance policy, the victim has the right to choose either to claim against the insurer or to claim against the person liable in tort to compensate. Where there is any specific rule elsewhere provided by law, such rule prevails.

Article 57: *Liability for Compensation in Case of Insufficient Liability Insurance*

Where the victim's damage has not yet been fully compensated after the insurer has fulfilled the liability of insurance, the victim has the right to ask for compensation for the outstanding amount from the person liable in tort to compensate.

Chapter VIII: Torts Involving Multiple Tortfeasors and Liabilities

Section One: Joint Tortious Act

Article 58: *Subjective Joint Tortious Act*

Where multiple persons jointly conduct a tortious act which causes damage to private rights or interests of another, they shall bear joint and several liability.

Article 59: *Instigating or Assisting in Conducting Tortious Act and Mixed Liability*

Where a person instigates or assists another person to conduct tortious act, such instigator or assistant shall bear joint and several liability.

Where a person instigates another person without capacity of bearing tort liability to conduct a tortious act, such instigator shall bear tort liability.

Where a person instigates another person with limited capacity of bearing tort liability to conduct a tortious act, or where a person assists another person without capacity or with limited capacity of bearing tort liability to conduct a tortious act, such instigator or assistant shall bear joint and several liability. Where the parental right-holder or the guardian of such person without capacity or with limited capacity of bearing tort liability fails to fulfil the responsibility of guardianship, they shall bear liability in a certain amount corresponding to their degree of negligence.

Article 60: *Gang Members*
Where several members of a gang conduct tortious liability causing damage to another person, every members of such gang shall bear joint and several liability, save where it can be proved that the tortious act is irrelevant to gang activities.

Article 61: *Objective Joint Tortious Act*
Where multiple persons, though without common intention, conduct tortious acts causing one single harmful consequence which is inseparable with common causation, these persons shall bear joint and several liability

Article 62: *Joint Dangerous Acts*
Where two or more persons conduct dangerous acts which would affect personal or property safety of another, whereas such damage is in fact caused by only one or some of them who is not identifiable from the whole, then all shall bear joint and several liability.

Such compensatory liability articulated in the previous paragraph cannot be avoided by one with a mere proof that the act of him does not cause harmful consequences.

Article 63: *Accumulated Causation*
Where multiple persons conduct tortious acts causing one single harmful consequence, all these people shall bear joint and several liability as long as everyone's act [, ex hypothesi,] could cause the entire harmful consequences.

Where multiple persons conduct tortious acts causing one single harmful consequence, all these people shall bear joint and several liability to the extent that everyone's act [, ex hypothesi,] could cause certain harmful consequences to that extent, regardless of the fact that the acts of some of them [, ex hypothesi,] could cause the entire harmful consequences.

Section Two: Several Liability, and Joint and Several Liability

Article 64: *Several liability*

Where multiple persons separately engage in tortious acts causing one single harmful consequence which is separable, each of these persons shall bear several liability subject to specific articulation otherwise provided by law with respect to other modes of apportionment of liability.

The person who is severally liable has the right to refuse to compensate for the amount which exceeds the amount of liability he shall bear.

Article 65: *Joint and Several Liability, Primary and Secondary Contribution*

Where multiple persons, according to articulation in law shall bear joint and several liability, the victim has the right to choose one, several or all of them to claim for compensation, subject to the whole amount received by the victim not exceeding the whole amount of liability for compensation.

Where a person pays more than he should have paid for compensation in accordance with the proportion of his liability, such person has the right to claim for contribution regarding the excessive amount he paid against other persons with joint and several liability.

Where one or several persons with joint and several liability cannot afford to bear liability for compensation in full amount or in certain amount, such outstanding part should be borne by all other persons with joint and several liability in accordance with the proportion of ultimate liability of each of them.

Article 66: *Determining the Proportion of Ultimate Liability*

The following elements should be taken into consideration when the court determines the proportion of ultimate liability:

(i) degree of fault;

(ii) share of causative potency;

(iii) degree of objective danger; and

(iv) other elements provided in law.

In case that the proportion of ultimate liability cannot be determined according to the previous paragraph, the compensatory liability shall be borne equally.

Article 67: *Claim Right of Contribution*

The claim right of contribution is the claim right of the person who paid for more amount of compensation than his proportion of ultimate liability to claim against other persons who are also liable to bear their corresponding ultimate liabilities.

Article 68: *Mixed Liability in Joint and Several Liability*

Where according to articulation of law, some of the persons shall bear joint and several liability, while others shall bear several liability, those with joint and several liability should be liable for the whole amount of liability, while those with several liability should be liable only for the amount corresponding to their proportion, and have the right to refuse the victim's claim for more amount of compensation than he should pay for.

If a person who is jointly and severally liable paid more than his proportion of ultimate liability, he has the right to claim for contribution against others who are jointly and severally liable, or severally liable.

Section Three: Miscellaneous Other Kinds of Torts and Liabilities Involving Multiple Tortfeasors

Article 69: *Quasi Joint and Several Liability and Indemnity*

Where one single harmful consequence triggers two or more claim rights for compensation, and these claim rights being of the same purpose, in which only one person is ultimately liable, the victim has the right to choose one or more of these persons to claim for compensation as long as there is no specific articulation in law with respect to the sequence of claim. All these claim rights are eliminated when the victim is fully compensated.

Where the victim claims against the person who is not the person ultimately liable, such person with an intermediate liability has, after bearing the liability for compensation, the right to claim for indemnity from the person ultimately liable.

Article 70: *Non-Ultimately Labile Person's Primary Liability and Indemnity*

Where one single harmful consequence triggers two or more claim right for compensation, and these claim rights being of the same purpose, in which only one person is ultimately liable, the victim has to choose the person who is not ultimately liable to claim for compensation if it is provided by law that the victim can only choose so. Such person who is not ultimately liable has, after bearing the liability for compensation, the right to claim for indemnity from the person ultimately liable.

In scenarios as described in the previous paragraph, if such person with an intermediate liability losses the ability to compensate, the victim has the right to claim directly against the person who is ultimately liable for compensation.

Article 71: *Secondary Liability, and Indemnity and Contribution*
Where one single harmful consequence triggers two or more claim right for compensation, and these claim rights being of the same purpose, in which some of the tortfeasors bear secondary liability, the victim has to choose the person who is directly liable for compensation. The victim has the right to claim against the person with secondary liability only if the person directly liable is unable to compensate in full or at all. Where the victim claims against the person with secondary liability, such person has, after bearing the liability for compensation, the right to claim for indemnity from the person directly liable.

As for the secondary liability articulated in the previous paragraph, if the ultimate liability is distributed among the person with secondary liability and the person with ultimate liability, the one who paid more than his proportion of ultimate liability has the right to claim for contribution against other liable persons.

Chapter IX: Products Liability

Article 72: *Definition of Product*
'Product', for the purpose of this model law, refers to all movables processed or manufactured for exchange in the market.

Construction project is not recognised as product, though materials, accessories, and facilities used for construction are recognised as products if it falls within the scope of the products articulated in the previous paragraph.

The following things are recognised as products for the purpose of this model law:
  (i) electricity conveyed via wires, and oil, gas, heating or water conveyed via

pipes;

(ii) computer software and other electronic products of a similar nature; and

(iii) microbial products, animal and plant products, genetic engineering products, or human blood products.

Article 73: *Types of Product Defects*

Product defects refer to unreasonable danger in the product itself which is harmful to personal or property safety, including the following types:

(i) manufacturing defects, referring to unreasonable danger in products caused by the way of manufacturing them which contradicts the intention of design;

(ii) designing defects, referring to unreasonable danger in products caused by the failure of choosing a reasonable alternative way of design to decrease or avoid damage which should have been chosen; and

(iii) inadequate warning and instruction defects, referring to unreasonable danger transformed from reasonable danger in products due to absence or inadequacy of warning and instruction which should have been provided with the products in order to decrease or avoid damage.

Article 74: *Presumption of Defect*

Where the harmful consequence caused by the product is of the kind that is usually caused by the product defect, and where in the specific case the harm is not caused by reasons other than the defect in the product when it was sold or distributed, the defect is presumed to be existent in the product when it is delivered.

Article 75: *Non-fault Intermediate Liabilities of Producer and Seller, and Indemnity*

Where a person suffers physical injury or property damage other than damage to the defective product itself due to defects in the product, such victim has the right to choose to claim against the producer or the seller for compensation.

The seller has, after bearing the compensatory liability, the right to claim for indemnity from the producer, except where the producer proves such defect arising from the fault of the seller.

Where the product defect is caused by the fault of the seller, the producer has, after bearing compensatory liability, the right to claim for indemnity from the seller.

Article 76: *Non-fault Ultimate Liability of Producer*
Where the product defect is caused by the producer, such producer shall bear compensatory liability, and has no right to claim for indemnity against the seller.

Article 77: *Immunities of Products Liability*
A producer does not bear compensatory liability if the producer proves either:
(i) that the product has not yet been put into circulation;
(ii) that the defect causing damage did not exist when the product was put into circulation; or
(iii) that the defect could not been detected at all according to the state of scientific and technical knowledge at the time when the product was put into circulation.

Article 78: *Warning or Product Recall after Sale and Liabilities*
Where the producer did not detect any defect in the product before putting the product into circulation, but realised the product having reasonable danger afterwards, the producer should take sufficient and effective measures to warn all the purchasers of such product and should inform them of the correct way of using such product in order to prevent any damage from happening. If the producer fails to perform such duty of warning after sale or performs such duty in an unreasonable way, the producer shall bear compensatory liability for damage caused from this.

Where the producer realised the product having danger which would cause damage to others after such product being put into circulation, the producer should take sufficient and effective measures to recall such product. If the producer fails to perform such duty of recall after sale or performs such duty in an unreasonable way, the producer shall bear compensatory liability for damage caused from this.

The seller has the duty to assist the producer to perform the duties as articulated in the previous two paragraphs.

Article 79: *Liabilities of Carriers and Warehousemen*
Where the defect in the product is created due to the carrier or the warehouseman, the producer or the seller shall bear compensatory liability. The

producer or the seller has, after bearing compensatory liability, has the right to claim for indemnity from the carrier or the warehouseman.

Where the producer or the seller is unable to bear the compensatory liability, the victim has the right to claim for compensation directly against the carrier or the warehouseman.

Article 80: *Liability of Product Quality Guarantee*

Where the inspection or certificate body issues a false inspection outcome or certificate which causes loss to another person, such inspection or certificate body shall bear joint and several liability with the producer and the seller.

Where a product does not meet the quality requirements as promised or guaranteed by someone which causes loss to another person, such promisor or guarantor shall bear joint and several liability with the producer and the seller.

Article 81: *Liability for Fake Advertising*

Where the producer or the seller causes damage to another person by fake advertising or other methods of fake public notice, such producer or seller shall bear products liability as articulated in this model law.

Where the advertising operator or the advertising publisher knows or ought to have known that the advertising or other methods of public notice is a fake one but still designs, makes, or publishes it, which causes damage, such operator or publisher shall bear products liability with the producer or the seller of the defective product.

Where the referee recommends the product in the fake advertising or other methods of fake public notice, such referee shall bear joint and several liability with the liable persons articulated in previous paragraph for the damage caused by the defective product.

Article 82: *Liability of Provider of Traditional Transaction Platform*

Where the sponsor of a centralised trade market, the counter lessor, the fair organiser, or other providers of transaction platform fails to fulfil necessary duty of management, the victim who suffers from damage caused by the defective product has the right to choose to claim for liability against either the producer, the seller, or the transaction platform provider who is at fault, except where such provider has a pre-existing promise to pay compensation first, in which case the provider shall bear primary liability. Such provider has, after bearing the compensatory liability, the right to claim for indemnity against the producer or the seller.

Where the transaction platform provider has knowledge of the producer or the seller making use of the platform to infringe on private rights or interests of the consumer, such provider shall bear joint and several liability with the producer or the seller.

Article 83: *Liability of Provider of Online Transaction Platform*

Where product causing damage is bought from online transaction platform, the victim has the right to claim for compensation against the producer or the seller of the product.

Where the provider of the online transaction platform cannot provide the real name, address and effective contact information, the victim has the right to claim for compensation against such provider. Where such provider has a pre-existing promise to pay compensation first, the provider shall bear primary liability. Such provider has, after bearing the compensatory liability, the right to claim for indemnity against the producer or the seller.

Where the online transaction platform provider has knowledge of the producer or the seller making use of the platform to infringe on private rights or interests of the consumer but fails to take necessary measures against such, the provider shall bear joint and several liability with the producer or the seller.

Were the Internet user makes use of the online platform which is not for transaction to sell products and causes damage to others, but the online transaction platform provider provides service of trusteeship and payment for the Internet user, the second and third paragraphs in this article are also applicable to determine the liability of compensation.

Article 84: *Provider of Raw Materials, Accessories and Parts*

Where a producer uses defective raw materials or accessories to produce products causing damage to another person, the producer shall bear compensatory liability. The producer has, after bearing the compensatory liability, the right to claim for indemnity against the provider of such raw materials or accessories.

Where a provider of parts provides defective parts, rules in the previous paragraph apply.

Article 85: *Second Hand Goods and Reproduced Goods*

The seller of second hand goods is recognised as if he were the producer of such goods. Where such goods are still within the warranty period, the original producer still bears the warranty of quality.

The original producer of reproduced goods is not liable for products liability, except where the damage is caused by inherent defects in original goods.

Article 86: *Special Rules on Food Damage*

Where although the food produced or sold by the producer or the seller is in accordance with the quality standards, it nevertheless causes severe physical injury to consumers, it is presumed, according to the rule in the article 74 of this model law, that such food is defective.

The seller of primary agricultural products and hunted animals shall bear products liability.

Article 87: *Special Rules on Damage Caused by Medicines and Blood*

The producer or the seller of medicines bears the burden of proof regarding the non-existence of defects in medicines. Where such producer or seller cannot prove this fact, they shall bear compensatory liability for damage caused by such defective medicines.

The provider of blood products bears the burden of proof regarding the compliance of the blood products to the relevant standards. Where such provider cannot prove this fact, it shall bear compensatory liability. Where it is impossible, according to the scientific and technological level of the moment of the act, to detect the possibility of causing damage by a particular blood product, the provider of such product shall pay for appropriate relief for damage caused by such product.

Article 88: *No Defence of Health Warning on Tobacco or Other Products of a Similar Nature*

The producer and the seller of tobacco or other products of a similar nature are not recognised by this model law as having fulfilled the duty of adequate warning and instruction by merely putting health warning on these products.

Article 89: *Exemplary Compensation for Causing Physical Injury*

Where the producers intentionally or gross-negligently makes defective products, or has the knowledge of the existence of the products produced or sold are defective which would probably cause physical injury to another, but nevertheless produces or sells them, which causes damage to others, the victim has the right to claim against the producer or the seller, apart from his actual loss, for exemplary compensation outside the scope of compensation as articulated in article 39 of this model law.

The amount of such exemplary compensation as articulated in the previous paragraph should be determined by the court with a proper limit in accordance with the degree of malice and harmful consequences.

Article 90: *Longest Protection Period for Products Liability*

The claim right of compensation for damage by defective products is extinguished from the first date after fifteen years since such defective products were delivered to the first consumer, except where the safe use period of the products has not yet expired.

Chapter X: Liability for Environmental Pollution

Article 91: *Non-fault Liability in Environmental Pollution*

Where damage is caused by environmental pollution, the polluter shall bear tort liability.

Article 92: *Presumption of Causation in Environmental Pollution*

Where there is a dispute over environmental pollution, and where the victim preliminarily proves the probable causation between the conduct of pollution and the harmful consequences, the polluter bears the burden of proof to adduce countervailing evidence to prove the non-existence of such causation. If the polluter cannot or insufficiently prove so, the causation is recognised as existent.

Article 93: *No Defence of Emission in Accordance with Legal Standards*

Where the polluter emits pollution in accordance with the legal standards of the local jurisdiction but still causes damage by such environmental pollution, the polluter shall bear tort liability.

Article 94: *Compensatory liability for Damage Caused by Pollution Emitted by Multiple Persons*

Where two or more polluters conduct acts of pollution separately but cause one single harmful consequence, all these polluters shall bear joint and several liability as long as everyone's act of pollution [, ex hypothesi,] could cause the entire harmful consequences.

Where two or more polluters conduct acts of pollution separately but cause one single harmful consequence, these polluters shall bear several liability in accordance with their share of causative potency as long as everyone's act of pollution [, ex hypothesi,] could not cause the entire harmful consequences.

Where two or more polluters conduct acts of pollution separately but cause one single harmful consequence, all these people shall bear joint and several liability to the extent that everyone's act [, ex hypothesi,] could cause certain harmful consequences to that extent, regardless of the fact that the acts of some of them [, ex hypothesi,] could cause the entire harmful consequences, thus shall bear compensatory liability for the rest of the amount.

Article 95: *Liability for Pollution without Actual Personal Injury*

Where an individual or entity, due to holding certain dangerous facilities which could generate high level of pollution, or due to the intrinsic nature of behaviours or methods, conducts an act of pollution causing substantial damage to the environment itself, the environmental authority should, regardless of whether such polluter is at fault or not, and whether such polluter acts in accordance with relevant administrative legal rules, claim against such polluter for compensatory liability, and should keep such compensation in its fund specifically for the control of environmental pollution.

Article 96: *Third Party's Reason*

Where damage is ultimately caused by a third party [other than the polluter], the victim has the right to choose to claim either against the polluter or that third party for compensation. The polluter has, after bearing the liability for compensation, the right to claim for indemnity against such third party who is ultimately liable.

Article 97: *Claim for Removal and Restoration*

The polluter should, apart from bearing compensatory liability to pecuniary rights caused by environmental pollution, extinguish the cause of the pollution or remove its danger, and should restore the environment to its status quo ante or a status equivalent to its status quo ante, and should also bear all the relevant expenses for such removal and restoration.

Article 98: *Exemplary Compensation for Malicious Pollution*

Where the polluter intentionally or gross-negligently pollutes the environment, or has the knowledge of the fact that its act would be substantially probable to cause environmental pollution, but nevertheless conducts such act, which causes environmental pollution, the victim has the right to claim against the polluter, apart from his actual loss, for exemplary compensation outside the scope of compensation as articulated in article 39 of this model law.

Article 99: *Limitation Period for Claims Based on Environmental Pollution*

Article 32 of this model law applies for limitation period for claims for compensation based on environmental pollution. The limitation period for claims for indemnity between multiple polluters is three years since the claimant fulfils his compensatory liability.

Article 100: *Environmental Public Interest Litigation*

Any person or relevant interest group, governmental body, or procuratorate has the power to bring or join an action against the act which is harmful to sanitation, environment, quality of life, or other social public interests.

Chapter XI: Tort Liability on the Internet

Article 101: *General Rules on Bearing Tort Liability on Internet*

Where an Internet user or an Internet service provider infringes on another person's private rights or interests via Internet, such user or provider shall bear tort liability for damage caused from this.

Internet service providers include online platform service providers and Internet content service providers.

Article 102: *Application of Safe Harbour Principle*

Where a person's private rights or interests is infringed by an Internet user via Internet service, such person has the right to notice the Internet service provider and ask such provider to take necessary technical measures such as deleting, blocking, and cutting off links in order to eliminate harmful consequences. If the Internet service provider fails to take necessary measures within a reasonable period after receiving such notice, the provider shall bear joint and several liability with that Internet user.

Article 103: *Requirements and Formalities of Notice*

A notice should be made in writing, except in an emergency situation. The form of writing, [for the purpose of this model law,] refers to all forms with an observable appearance such as letter in paper and data message.

A notice should include the following elements:

(i) name of natural person (or name of legal entity), contact information and address of the person sending the notice;

(ii) website address on which the necessary measure should be taken, or other relevant information which is sufficient for the provider to find the tortious content;

(iii) preliminary proof regarding the constitution of tort liability; and

(iv) acknowledgement of the person sending the notice regarding the correctness of such notice.

A notice is regarded as invalid thus does not trigger consequences of a valid notice if any of the aforementioned elements is missing in the notice.

Article 104: *Determining the Reasonable Period*

In determining the reasonable period as articulated in article 102 of this model law, the following issues should be taken into consideration:

(i) significance of the infringed private rights or interests;

(ii) technical possibility of taking necessary measures;
(iii) urgency of taking necessary measures; and
(iv) length of reasonable period required by the right holder.

Normally the length of the reasonable period is twenty-four hours.

Article 105: *The Calculation of Enlarged Part of Damage*

The enlarged part of damage is the damage to private rights or interests from the moment when the notice arrives at the place of Internet service provider, to the moment when necessary measures are taken to eliminate the influence of damage.

Article 106: *Duty of Forwarding and Publicity of Taking Necessary Measures*

After the Internet service provider taking necessary measures, such provider should immediately forward the notice to the alleged tortious Internet user. Where it is impossible to forward such notice, the provider should post an announcement regarding such notice on the identical website.

Article 107: *Requirements and Formalities of Counter-Notice*

Where the Internet user receives or has knowledge of the notice but believing that the content posted by him does not infringes on private rights or interests of another, the user has the right to send a counter-notice to the Internet service provider to ask for restoration of his post to the status quo ante.

A counter-notice should include the following elements:
(i) name of natural person (or name of legal entity), contact information and address of the person sending the counter-notice;
(ii) content, title and website address towards which the necessary measure have been taken;
(iii) preliminary proof regarding the non-constitution of tort liability; and
(iv) acknowledgement of the person sending the counter-notice regarding the correctness of such counter-notice.

Article 108: *Internet Service Provider's Response to Counter-Notice*

The Internet service provider should, after receiving the counter-notice from the Internet user, timely restore the posted content to its status quo ante, and should forward such counter-notice to the person sending the original notice. The provider does not have to make such response if the provider believes that the post is apparently tortious.

Article 109: *Litigation over Counter-Notice*
After the Internet service provider, in response to the counter-notice, restoring the posted content to its status quo ante, the person sending the original notice cannot again notice the Internet service provider and ask such provider to take necessary technical measures such as deleting, blocking, and cutting off links, though he can bring a lawsuit before the court [over this contention].

Article 110: *Liability for Compensation of the Person Sending Mistaken Notice*
Where the Internet service provider, according to a mistaken notice, takes necessary measures thus causing loss to the person against whom this notice is made, the person sending the mistaken notice shall bear compensatory liability.

Article 111: *Application of Red Flag Principle*
Where the Internet service provider has knowledge of the fact of its Internet user making use of the Internet service to infringe on the private rights or interests of another, but fails to take necessary measures, the Internet service provider shall bear joint and several liability with that user.

Article 112: *Determining Knowledge*
Knowledge [as articulated in the previous paragraph], means the Internet service provider knows or is proven to have known the fact of the Internet user having conducted the tortious act.

Chapter XII: Tort Liability for Infringement on Right of Publicity

Article 113: *Liability for Infringement on Right of Publicity*
The right of publicity is the right held by an individual or group of individuals to make commercial use of its own personality aspects.

A person shall bear tort liability if he uses things, photos, movies, TV series, dramas, music, arts and so on by ways of advertisement, posters, billboards, mass consuming products, periodical magazines and so on without the holder of the right of publicity's permission.

Article 114: *Protection Period of Right of Publicity*

The protection period of the right of publicity lasts for the whole life of the individual or the whole continuance period of the group of individuals, until thirty years after the death of the individual or the dissolution of the group.

Where two or more individuals or groups of individuals coowns the right of publicity, the protection period of the right of publicity lasts until thirty years after the death of the last individual which is a natural person, the death of the right holder after the dissolution of the group or the dissolution of the group.

The aforementioned protection periods start to count from the beginning of the next year of the death of the individual or the dissolution of the group.

Article 115: *Claim Rights of Right of Publicity Holders*

The holder of the right of publicity has the right to claim against the tortfeasor to stop the infringement, remove the interference, or extinguish the danger if further damage is to be fared.

Where the claim articulated in the previous paragraph is brought, the holder of the right of publicity also has the right to ask for destroy of the tortious thing, or for other necessary measures.

Where holder of the right of publicity suffers pecuniary damage or emotional harm due to a tortious act against such right, he has the right to claim against the tortfeasor for compensatory liability.

Article 116: *Calculation of Compensation*

The amount of compensation for infringement on the right of publicity should be calculated according to the higher standard between the following two tests:

(i) actual profit acquired by the tortfeasor; or

(ii) pecuniary value that would normally be acquired by the right holder exercising such right;

Where the amount of pecuniary damage suffered by the right holder exceeds the amount as determined above, the right holder has the right to claim for additional compensation regarding such outstanding amount.

Where it is difficult for the court, by applying the standards as articulated in the previous two paragraphs, to determine the exact amount of compensation, the court has the discretionary power to determine the exact amount as long as it thinks appropriate.

Article 117: *Compensation for Emotional Harm for Infringement on Rights of Personality*

The holder of the right of publicity has the right to claim for, apart from compensation for pecuniary damage, compensation for emotional harm against the tortfeasor, and for other necessary measures such as restoration of reputation to be taken by the tortfeasor.

Article 118: *Protection of Right of Publicity after the Death of the Right Holder*

Successors of the holder of the right of publicity can succeed such right after the death of the holder of the right of publicity, except where the holder explicitly expressed the opposite view before his death.

The holder of the right of publicity may transfer the right of publicity to others by way of bequest. The holder may also attach specific limit or duration such as the way of use and the scope of use to such bequest.

The person acquired the right of publicity by succession or bequest has the right to claim against the tortfeasor for tort liability.

Article 119: *Transfer*

The right of publicity can be transferred wholly or partly under a contract, save those contracts generally undertaking to transfer the right of publicity which is not yet existent at the moment of the contract.

Where the transferee uses the personality aspects in a way outside the scope of use as stipulated in the contract, the original holder of the right of publicity has the right to claim for tort liability against the transferee.

Article 120: *Licence*

The holder of the right of publicity may grant a licence to others to make use of the personality aspects, which can be used by the licensee in accordance with the licensed scope of use and conditions.

The licensee cannot allow a third party to make use of such personality aspects without the consent of the holder of the right of publicity.

Where the licensee makes use of such personality aspects in a way outside the scope of use as stipulated in the licence, or allows a third party to make use of such personality aspects, the holder of the right of publicity has the right to claim against the licensee for tort liability.

Article 121: *Infringement on Right of Publicity Held by a Group of Individuals*

Where the right of publicity co-owned by a group of individuals is infringed, each member of the group has the right to claim against the tortfeasor for tort liability to the extent of their shares in the right of publicity.

Article 122: *Liability for Internet Service Providers*

Rules in chapter XI of this model law apply where an Internet service provider infringes on the right of publicity of another.

東アジア不法行為法モデル法

（暫定稿）

（2015 年 11 月 21 日東アジア不法行為法学会の全体会議で原則的に可決し、2016 年 4 月 28 日最後に更新した）

陶盈[*] 訳、道垣内弘人[**]、王晨[***] 校正

目　　次

序　言
第 1 章　立法趣旨と保護範囲
第 2 章　不法行為責任の帰責原因及び責任分担方式
第 3 章　損害
第 4 章　因果関係
第 5 章　故意・過失
第 6 章　抗弁事由と消滅時効
　第 1 節　抗弁事由
　第 2 節　消滅時効
第 7 章　救済方法と責任保険
　第 1 節　損害に対する一般的救済方法
　第 2 節　損害賠償の一般的規定
　第 3 節　人身損害賠償

---

[*]　陶盈、法学博士、首都経済貿易大学法学院講師、中国人民大学民商事法律科学研究センター兼職研究員。Email:taoying0801@163.com。
[**]　道垣内弘人、東京大学教授、Email:mlg45125@nifty.com。
[***]　王晨、大阪市立大学教授、Email:ccwang@kcn.ne.jp。

第 4 節　財産損害賠償
　　第 5 節　精神損害賠償
　　第 6 節　責任保険
第 8 章　複数加害者の不法行為と責任
　　第 1 節　共同不法行為
　　第 2 節　割合的責任と連帯責任
　　第 3 節　その他の複数加害者の不法行為及び責任
第 9 章　製品責任
第 10 章　環境汚染責任
第 11 章　インターネット不法行為責任
第 12 章　パブリシティ権侵害の不法行為責任

序　言

　不法行為法は、私法上の権利・利益の保護法であり、また不法行為責任の規制法でもある。私法上の権利・利益の保護は、私法の根本を強固にし、不法行為責任の規律は、民事法上の主体の自由の基盤を築く。さて、東アジア地域は太平洋西岸にあり、世界で最も人口の密集する地域の一つであり、また経済発展が最も迅速な地域の一つである。したがって、東アジアの共同市場を形成することには、社会の進歩と経済の発展において世界的なレベルで重要な意義がある。そして、東アジア地域の社会の発展と経済の繁栄とを今後継続的に推進するためには、市場参加者の私法上の権利・利益を適切に保護し、また民事法上の主体につき行為の自由を守らなければならない。しかるに、東アジア各法域における不法行為法の規範が異なっていることは、資本の蓄積、人材の流通、社会的な交流及び私法上の権利・利益の保護などを制限し、また、阻害し、東アジアの共同市場の発展に不利な影響を与えるとともに、各法域における民事法上の主体の権利・利益を毀損する可能性をもたらす。東アジア各法域において、共通の認識を基礎とし、統一的な原則を有し、具体的に操作可能な責任ルールを含んだ不法行為法規範を有することによって、不法行為責任について確立した規律を調和させ、法域をまたがる不法行為の規制方法を確定することによって、東アジアの共同市場の繁栄および発展を推進し、東アジア各法域における民事法上の主体の権利・利益を保護することが望まれるのである。

　東アジア不法行為法学会は、東アジア各法域およびアジアのその他の法域における不法行為法学者と司法実務家の団結の下、東アジア各法域における不法行為法の立法、司法および理論を検討し、不法行為法の発展を推し進めることを旨として、衆知を結集した数年間の努力を経て、本モデル法を作り出した。これは、東アジア各法域における不法行為法の統一を促進するためのモデルを作り出し、アジア不法行為法の統一の先駆として、世界不法行為法の統一化の潮流の一つを形成したものである。

　本法の性質はモデル法であり、東アジア各法域における不法行為法の統一のために、東アジア不法行為法学会から提出された構想と要旨である。もとより、その性質上、東アジア地域における私法分野のソフトロ一であり、法律上の効力はない。しかし、モデル法の起草者は本法に、下記の役割を期待している。

（一）本法が、東アジア各法域における不法行為法の立法に影響を与え、各法域における不法行為法を制定し、または改正する際にそのモデルまたは資料となること。

（二）東アジア各法域の民事法上の主体間で不法行為に関わる紛争が生じたとき、本法の対応する規範が、法的な根拠となること。

（三）東アジア各法域の裁判官が不法行為責任の紛争事件を審理するとき、本法の規範が学理上の根拠となること。

（四）本法が、不法行為学者の研究対象として、世界各国における不法行為法の研究と教育の資料となること。

本法は構造上、下記の2つの部分に分けられている。

第1部には、一般不法行為責任、つまり第1章から第8章までに、本法の立法趣旨、保護対象、帰責原因、不法行為責任の分担、構成要件、抗弁事由、救済方法、責任保険及び複数加害者の不法行為と責任を規定した。

第2部には、東アジア地域の不法行為法の中で共通的な価値のある特殊不法行為の4つの類型を選択的に規定した。すなわち、(1)東アジア地域における製品の流通、消費者の権利・利益の保護、製造物責任規範の統合を促進するため、「製造物責任」についての規定を設けた。(2)個人が安全かつ健康的で、バランスのとれた環境で生活する権利を保護し、環境改善を促進し、また汚染で損害を被った被害者の権利・利益の保護のために、「環境汚染責任」という1章を設けた。(3)東アジアにおける情報の一体化を促進し、ネット上の自由を保護し、ネットサービスを規律し、ネットユーザーの私法上の権利・利益を保護するため、「インターネット不法行為責任」の1章を制定した。(4)東アジアにおける人格権保護規範の発展を促進し、人格権保護の新たな潮流をリードし、自然人の人格的徴表を保護するため、第12章として、「パブリシティ権不法行為責任」を規定した。その他の具体的な特殊な不法行為の類型について、本法では規定していない。

本法の起草者は、本法が作成されたことと、その内容理解が広まることによって、東アジア地域における不法行為法の理論的な研究と司法実務との進歩を推進するとともに、世界の不法行為法分野に対して積極的な影響が生じることを期待している。

第 1 章　立法趣旨と保護範囲

第 1 条　【立法主旨】

東アジア法域において、不法行為法の規則を一層統合し、民事主体の行為自由と私法権益を保護し、不法行為法規則の発展のトレンドをリードし、また東アジアにおける地域法制の協調と進歩を促進するため、本モデル法を制定する。

第 2 条　【不法行為法の保護対象】

本法では不法行為責任の私法手段を通じて、民事上の主体の下記の私法上の権利・利益を保護する。
（1）私法上の権利。
（2）法律上で保護すべきである私法上の利益及び純粋経済利益。
（3）法律の明文規定によって保護すべきであるされている環境公益等の法益。

第 2 章　不法行為責任の帰責原因及び責任分担方式

第 3 条　【過失責任】

故意又は過失によって他人の私法上の権利を侵害し、損害を生じさせたときには、不法行為責任を負う。

故意によって他人の私法上の利益又は純粋経済利益を侵害し、損失を生じさせたときには、不法行為責任を負う。

過失によって他人の私法利益を侵害し、重大な損害を生じさせたときには、不法行為責任を負う。

第 4 条　【過失推定】

他人の私法上の権利・利益を侵害し、損害をを生じさせたとき、法律の規定によって加害者の過失が推定される場合には、被害者は加害者の過失に立証責任は負わず、加害者が自己の無過失を立証する責任を負う。

第 5 条【無過失責任】

　他人の私法上の権利・利益を侵害し、損害を生じさせた場合につき、法律によって、加害者の過失の有無に関わらず不法行為責任を負うとされているときには、加害者は不法行為責任を負う。
　危険、欠陥又はその他の帰責可能な事由が存する場合について、法律は、前項による不法行為責任を規定することができる。
　無過失責任である不法行為責任が適用される場合においては、法律により、最高額賠償を定めることができる。
　無過失責任である不法行為責任が適用される場合において被害者が加害者の過失を証明できるときには、第 3 条で規定された過失責任である不法行為責任の成立が認められる。

第 6 条【代位責任】

　法律の規定に従い、他人の不法行為につき責任を負うべき者は、不法行為責任を負う。
　責任無能力者又は制限責任能力者の行為によって、他人の私法上の権利・利益に損害が生じた場合には、その親権者又は監護者が前項で規定された不法行為責任を負う。

第 3 章　損　害

第 7 条【損害の概念】

　損害とは、法律上保護される他人の私法上の権利・利益を侵害し、財産又は非財産的利益に不利な影響を与えることである。

第 8 条【損害の類型】

　下記は、前条で規定された損害に属する。
（1）人身損害、すなわち、生命権、健康権、身体権が侵害されたことによって、被害者が被った死亡、身体傷害及び財産上又は非財産上の不利益。

（2）財産損害、すなわち、物権、債権、知的所有権及びその他の財産的法益が侵害されることによって、被害者が被った財産上の不利益。財産上の現実的減損と得べかりし利益の喪失の双方を含む。

（3）人格的財産利益損害、すなわち、精神的人格権が侵害されることによって被害者が被った財産上の不利益。

（4）精神損害、すなわち、人格権、身分権などの私法上の権利・利益が侵害されることによって、被害者が被った精神的、肉体的苦痛及びその他の人格上、身分上の不利益。人格権的な要素が含まれる特定の物品が侵害された場合に生じた人格的利益の損害は精神損害と見なされる。

第 9 条【損害された私法権益の順位と衝突】
　本法は私法権益の異なる性質に応じて、下記の順序で異なる程度の保護を与える。
　（1）人の生命、健康、身体、自由、尊厳と人格の完全性；
　（2）その他の人格権上及び身分上の権利・利益；
　（3）物権、債権、知的所有権などの財産上の権利・利益；
　保護の程度が異なる私法上の権利・利益の間で衝突が発生した場合には、優先順位の私法上の権利・利益が優先的に保護される。

第 10 条【損害の減少、予防のために支出された合理的な費用の損失】
　不法行為が発生した後、被害者が損害の予防又は減少のために支出した合理的な費用は、損害の内容と見なされ、賠償される。
　権利・利益の救済のために支出された弁護士報酬、調査費等の合理的な費用は、前項で規定された損害とみなされる。

第 11 条【損害の証明】
　被害者は損害の存在及びその範囲と程度についてて、立証責任を負う。ただし、損害の証明について法律上、特別の規定がある場合を除く。
　損害額の証明が困難に過ぎ又はそれに要する費用が過大である場合、裁判所は公平の原則に基づいて、損害額を裁量によって決定することができる。

第4章　因果関係

第12条　【因果関係の定義】
　加害行為がなければ損害もない場合、行為と損害の間には事実的因果関係が認められる。
　損害との間に事実的因果関係のある加害行為によって通常損害が生じているときにはる、その行為とその損害の間に法的因果関係が認められる。
　法的因果関係の判断基準は、法的規範の目的及び加害者の行為自由と被害者の私法上の権利・利益保障の衡平に基づいて、適宜調整することができる。

第13条　【因果関係の類型】
　加害行為と損害との間の法的因果関係は、不法行為責任の成立要件としての因果関係である。
　加害行為と損害の範囲と程度との間の法的因果関係は、不法行為責任の責任範囲としての因果関係である。

第14条　【因果関係の挙証責任】
　被害者は不法行為責任の成立要件としての因果関係と不法行為責任の責任範囲としての因果関係の立証責任を負う。

第15条　【因果関係の推定：挙証責任倒置及び挙証責任緩和】
　法律上で因果関係の推定を規定した場合、被害者は因果関係の証明に立証責任を負わない、その場合には、加害行為と損害事実が特定されれば二者の因果関係が推定される。ただし、加害者がその推定を覆せた場合を除く。
　一般的な経験則に従うとき、被害者が加害行為と損害の間の因果関係を高度の蓋然性をもって証明する十分な証拠は挙げられないが、既に蓋然性の基準を満たす段階に達した場合には、被害者の証明責任が履行されているのであり、加害者が因果関係の不存在を立証しなければならない。加害者が立証を覆すことができた場合には、因果関係は認められない。

第5章　故意・過失

第16条　【故意】
　故意とは、加害者が自分のする行為によって、他人に損害が生じることを知りながら、その損害の発生を企図し、又は損害発生を容認する心理状態のことである。

第17条　【故意の証明】
　故意の立証は、加害者が損害を知っていることを証明することによって行う。被害者の立証に基づいて、加害者が行為をした時の状況、行為態様及び加害者の知識経験、侵害された私法上の権利・利益のの明白性などの要素を総合し、加害者が損害の発生を知っているか否かが判断される。
　加害者が損害の発生を明らかに知っているのに、その損害を生じさせる恐れのある行為を継続するときには、損害の発生を企図し又は容認したと判断される。

第18条　【過失】
　過失とは、加害者が損害の発生につき故意は有しないないが、注意すべきであり、かつ、そのことが可能なのにもかかわらず、注意しなかった心理状態のことである。
　加害者が加害行為をした時の具体的状況に下で注意義務を怠った場合には、通常の事情の下では、違反した場合、前項で規定された過失がある。

第19条　【過失の程度】
　過失は、下記の状況によって、異なる程度に分けられる。
　（1）重過失とは、行為者が社会上の一般人の注意をすれば損害が避けられる注意義務に違反することである。
　（2）客観的軽過失とは、行為者が善良な管理者の注意義務に違反することである。
　（3）主観的軽過失とは、行為者が自己の事務を処理するについてと同一の注意義務に違反することである。

第 20 条 【過失の証明】
　被害者による過失の証明は、行為者が当該行為をしたときに負っていた注意義務を証明することによって行う。注意義務が負っていたが、それを履行していないことが証明できれば、過失の証明が成立する。いかなる程度の注意義務が証明されるべきかは、法律の規定によって判断される。
　注意義務を負う者の行為基準は、行為者の年齢、精神状況又は身体障害などの要素によつ調整される。
　弁護士、会計士、建築士又は医者などの専門家としての責任を負う者の過失を判断するときには、行為時のその業界における基準にそった注意義務を基準とする。
　法律で過失が推定されるときに、加害者が自己の無過失を証明する場合には、自分が注意義務を尽くしたことを証明しなければならない。

第 21 条 【過失や故意の程度及び意義】
　過失のあるとき、加害者は、その行為によって生じさせた損害について不法行為責任を負う。法律に別段の定めがあるときは、加害者は、故意または重過失についてのみ不法行為責任を負う。
　過失相殺、連帯責任及び割合的責任の責任分担割合の確定のときには、故意、重過失、客観的軽過失及び主観的軽過失という過失程度の軽重によって責任分担額を確定する。

第 6 章　抗弁事由と消滅時効

第 1 節　抗 弁 事 由

第 22 条 【抗弁事由の定義及び証明】
　抗弁事由とは、不法行為責任の成立を阻止し、又は不法行為責任を軽減する法定事由である。
　加害者又は代位責任者は、前項に規定する抗弁事由の成立、及びそれによる不法行為責任の減免に対して、立証責任を負う。

第 23 条 【法による職務執行】
　法律に基づき職権を正当に行使し、他人に損害を与えたときは、不法行為責任を負わない。ただし、法律に特別の規定がある場合を除く。

第 24 条 【正当防衛】
　他人の不法行為に対して、自己又は第三者の権利又は法律上保護された利益を防衛するため、やむを得ず加害行為をした場合、損害賠償責任を負わない。ただし、過剰防衛のときには、被害者は防衛者に対し、その賠償を請求することができる。

第 25 条 【緊急避難】
　現実に発生した急迫の危険を避けるため、緊急避難を行い、他人に損害を与えたときには、避難者は不法行為責任を負わず、その危険の発生を惹起した者が責任を負う。
　緊急避難によって、不適切な、又は必要な限度を超えた措置を取り、不要な損害を生じさせたときには、避難者はそれに応じた賠償責任を負う。
　危険が自然原因によって生じた場合、緊急避難の受益者がその受益範囲内において適切に損失を分担する。

第 26 条 【自力救済】
　緊急の状況で、かつ、公権力の救済が間に合わない場合、自己の合法的な権利・利益を保護するため、行為者の財産に対して必要な保全措置を取り、又はその人身の自由を適切な範囲で制限することができる。これによって相手に損害を与えた場合も、自力救済者は不法行為責任を負わない。
　自力救済をした後は直ちに裁判所又は関係機構に対し救済を求めなければ、不法行為責任を負う。
　自力救済が必要な限度を超えて、不可避ではない損害を生じさせたときには、自力救済者は適切な範囲で賠償責任を負う。

第 27 条 【被害者承諾】
　被害者が加害者の不法行為に承諾を与えているときには、それによる損害に対して、加害者は不法行為責任を負わない。ただし、その承諾が強行法規又は善良な風俗に反する場合を除く。

人身傷害への事前的な承諾は、加害者が不法行為責任の負担に影響を及ぼさない。ただし、法律に特別の規定がある場合を除く。

第 28 条 【不可抗力】
不可抗力で損害を生じたときには、行為者は不法行為責任を負わない。ただし、法律に特別の規定がある場合を除く。
不可抗力と加害者の行為が競合し、損害を生じさせたときには、加害者はその行為の過失の程度及び寄与度合により賠償責任を負う。

第 29 条 【第三者原因】
第三者が損害を生じさせたときには、当該第三者が不法行為責任を負い、実際の行為者は責任を負わない。法律に特別の規定がある場合、その規定に従う。

第 30 条 【被害者原因】
損害が完全に被害者の故意や過失によって生じたときには、加害者は責任を負わない。

第 31 条 【危険の引受】
被害者が、行為や活動に伴う予見可能な危険性を知り、自らでそれに参加したことにより、それによる損害を受けた場合には、明示又は黙示で危険な結果を引き受けているときには、それが公序良俗や強行規定に反しない限り、加害者は不法行為責任を負わない。

第 2 節　消滅時効

第 32 条 【一般消滅時効】
不法行為責任の消滅時効期間は 3 年とする。
生命、健康、身体を侵害した場合の消滅時効期間は 5 年とする。

第 33 条 【消滅時効期間の起算点】
消滅時効期間は、権利・利益の侵害及び賠償責任者を知り、又は知りうべき時から起算する。ただし、継続的不法行為の場合は、加害行為が終了した時点から起算する。

第 34 条 【消滅時効期間の計算と最長時効時間】
　権利・利益が侵害された日から 20 年を超えた場合には、保護されない。特別な状況があるときは、裁判所は消滅時効期間を延長することができる。

第 7 章　救済方法と責任保険

第 1 節　損害に対する一般的救済方法

第 35 条 【損害賠償】
　被害者は、賠償責任者に対し、金銭の支払を求める方法により賠償を請求する権利を有し、それにより、損害を受けた私法上の権利・利益を不法行為発生以前の状態に復帰させる。

第 36 条 【不法行為の差止命令】
　権利者は、その私法上の権利・利益を侵害する行為を、他人が行い、又は行おうとしているしていることを証明できるときで、それを直ちに阻止しないと私法上の権利・利益に損害が生じる場合には、裁判所にその差止めを命じることを請求できる。命令により差し止められた行為が財産的利益の内容に関するときには、請求者は相当の担保を供しなければならない。
　裁判所は、請求に基づき、相手方に対し差止命令を下し、その行為の停止を命じることができる。
　差止命令は、即時に効力を有する。

第 37 条 【不法行為の救済方法の適用】
　不法行為の救済方法は単独で適用することも合わせて適用することもできる。
　被害者は、法律上または事実上可能な範囲において、不法行為の救済方法を選ぶことができる。ただし、賠償義務者の負担を加重し、あるいは、信義誠実の原則に反することはできない。

第2節　損害賠償の一般的規定

第38条　【賠償権利者の範囲】

　賠償権利者には、財産的又は非財産的権利・利益が直接に侵害された被害者を含む。

　胎児が人身傷害を受けたときには、その生まれた後、賠償権利者となる。

　死者の人格的利益が侵害されたときには、死者の配偶者、父母及び子が賠償権利者となる。配偶者、父母、子がなければ、その四親等以内の親族が賠償権利者となる。

　自然人が死亡した場合、賠償権利者には下記の者が含まれる。

（1）自然人の配偶者、父母、子が賠償権利者となる。配偶者、父母、子がなければ、その四親等以内の親族が賠償権利者となる。

（2）自然人が生前に法律上、扶養義務を負い、又はその扶養義務を引き受けていた被扶養者は賠償権利者となる。

（3）被害者のために医療費、葬儀費用などの合理的な費用を支払った人は、不法行為者に対して、当該費用の賠償を請求するために賠償権利者になることができる。

第39条　【損害の範囲】

　損害の範囲は、不法行為によって被害者の受けた現実損害と逸失利益を含む。

第40条　【完全賠償】

　損害賠償を確定するにあたっては、不法行為により生じた損害の全部が賠償される。ただし、法律に特別な規定がある場合を除く。

第41条　【最低生活標準の維持と損害賠償の縮減】

　自然人の負う損害賠償責任を確定するにあたっては、その最低限度の生活を維持、法律で定められた扶養義務の履行、また養育される未成年者の教育のために必要な費用が保留されねばならない。

　完全賠償によるときに、上述された負担に耐えられない恐れがある場合には、その請求に従い、賠償額を減額することができる。

　具体的な減額を確定するにあたっては、不法行為者の主観的な悪意又は過失の程度、侵害された権利・利益の性質、損失の大きさ及び被害者への影響等の要素を考慮すべきである。

第 42 条 【将来損害に対する賠償方式】
　将来損害については、当事者が、協議により、定期金賠償と一時金賠償のいずれかを選択することができる。
　協議により、定期金賠償が選択されたとき、加害者は相当の担保を提供しなければならない。
　協議をにより、一時金賠償が選択されたとき、加害者は一括払いで賠償責任を負う。ただし、中間利息は控除される。
　当事者において、賠償方法につき本条第 1 項に規定された協議が調わないときには、裁判所は実際の情況を考慮して賠償方法を決定することができる。ただし、定期金賠償を優先的に適用すべきである。

第 43 条 【損益相殺】
　不法行為による損害を被るとともに、被害者が利益を得た場合、得られた利益は損害賠償額から控除される。ただし、その控除が受益の目的に反するときを除く。

第 3 節　人身損害賠償

第 44 条 【人身損害の定義】
　他人の人身を侵害し、被害者に人身傷害又は死亡を生じさせたときには、人身損害賠償責任を負う。
　身体の完全性を毀損したが、実際の損失が計算できないときには、名目的損害賠償を負う。

第 45 条 【胎児の健康損害に対する救済】
　胎児が、その出生前に不法行為により損害を被ったときには、実際の損失によって人身損害賠償責任を確定する。死産のときには、その母親が人身損害賠償を請求しうる。

第 46 条 【障害児出生】
　医療機関の出生前診断の過失により、胎児の身体的な欠陥を発見できず、重大な身体障害のある胎児の出生に至ったときは、その父母はその子の重大な身体障害のために付加的に支出された養育費について損害賠償を要求することができる。
　医療関係者の過失により妊婦に正確な情報を提供できなかったことより、中絶の機会を奪われ、その結果、重大な障害や遺伝病のある子が出生したときには、その障害児出生による被害者の合理的かつ実際的な必要に応じて、損害賠償責任が定められる。

第47条 【生存や治癒の機会損失に対する救済】
　加害行為によって、生存又は治癒への機会を喪失し、又は減少された被害者は、喪失された機会損害について損害賠償を請求することができる。
　前項に規定する機会損失賠償を主張するとき、被害者は加害行為と機会喪失の因果関係を証明しなければならない。

第4節　財産損害賠償

第48条 【財産損害賠償の範囲】
　他人の物権、知的所有権などの財産的な私法上の権利・利益を侵害し、損失が生じたときには、その不法行為により価値が喪失又は毀損した当該財産的な権利・利益賠償される。元の価値に回復させるために支出した費用を含む。
　他人に対する債権を、悪意で侵害したときには、それによって生じた損害を賠償する。

第49条 【財産損害の計算方法】
　損害は損失の実際の範囲によって計算する。市場価格で計算できるときには、損害の発生時又は不法行為責任の確定時の市場価格によって計算する。市場価格がないとき、又は市場価格で計算することが明らかに不公平であるときには、実際の情況によって賠償額を確定する。
　逸失利益を計算するときには、得べかりし利益の客観的な情況によって計算し、財産損害の賠償金額を不当に拡大し、又は縮小することを避けなければならない。

第50条 【予見可能性】
　不法行為者が、故意なく、他人に財産損害を与えた場合に、その実際の損失が予見可能な範囲を超えたときには、損害賠償責任を軽減することができる。

第5節　精神損害賠償

第51条【精神損害賠償範囲】
　他人の人身的な私法上の権利・利益を侵害し、精神的な損害が生じさせたとき、被害者は精神損害の賠償を請求できる。
　不法行為によって被害者の死亡又は重大な人身傷害を惹起し、その配偶者、父母、子に重大な精神的損害を生じさせたときには、それらの者は精神損害賠償を請求することができる。

第52条【その他の人格的な権利・利益に対する損害救済：公開権】
　氏名権、肖像権、プライバシー権などの人格的な権利・利益を侵害し、財産上の利益を生じさせたときには、被害者の被った実際の損害又は不法行為者の得た利益によって計算する。両者とも確定できず、かつ、被害者と加害者が賠償金額について協議に達しないときには、裁判所は実際の情況に応じて賠償金額を確定することができる。

第53条【人格要素を含む物を侵害した精神損害賠償】
　象徴的な意義をもつ特定の記念物などの人格的要素を含む物を侵害し、それにつき物権を有する者に重大な精神的損害を生じさせたときには、精神的損害賠償を請求することができる。

第54条【精神的な被害に対する損害賠償】
　加害行為のなされた場所において、その配偶者、子、父母が人身傷害を受けた惨状を目撃し、重大な精神損害を受けたときには、精神損害賠償を請求することができる。
　同居の祖父母、孫又は兄弟姉妹が人身傷害を受けた惨状を目撃し、重大な精神損害を受けたときには、前項の規定を適用する。

第55条【精神損害の賠償金額の確定】
　精神損害の賠償金額は、下記の要素に基づき確定する。
（1）被害者又はその配偶者、子、父母が被った精神的な苦痛、肉体的な苦痛の程度；
（2）被害者の収入及び生活状況；
（3）加害者の過失の程度；
（4）不法行為の手段、場合、方法などの具体的な情状；

（5）不法行為が惹起した結果；
（6）加害者が責任を引き受ける経済的能力；
（7）管轄裁判所所在地の平均的な生活水準。

第6節　責任保険

第56条　【責任保険の代替性】
　全部又は一部の損害が法定又は任意の責任保険の対象となっているときには、被害者は保険者に保険責任を主張することができ、又賠償責任者に不法行為責任を主張することができる。法律に特別の規定があるときには、その規定に従う。

第57条　【責任保険不足の賠償責任】
　保険者がその責任を履行したことによって、被害者の損害が全部の賠償が受けないときには、賠償責任者に対しさらに不法行為責任を主張しうる。

第8章　複数加害者の不法行為と責任

第1節　共同不法行為

第58条　【主観的共同不法行為】
　二人以上が故意で共同で不法行為を行い、他人の私法上の権利・利益を侵害し、損害を生じさせたときには、連帯責任を負う。

第59条　【教唆・幇助による不法行為と混合責任】
　他人が不法行為を行うことを教唆、幇助したときには、教唆者、幇助者は行為者と連帯責任を負う。
　責任無能力者が不法行為を行うことを教唆したときには、教唆者が不法行為責任を負う。
　不法行為を行うにつき、制限責任能力者を教唆し、又は責任無能力者又は制限責任能力者を幇助した者は、連帯責任を負う。その責任無能力者又は制限責任能力者の親権人や監護人が監護責任を果たしていないときには、その過失に応じた責任を負う。

第 60 条　【団体の構成員】

団体構成員の一部による加害行為によって、他人に損害を生じさせたときは、団体構成員のすべてがその損害につき連帯責任を負う。ただし、その加害行為が集団活動と無関係であることが証明できた場合を除く。

第 61 条　【客観的共同不法行為】

二人以上が、共同の故意はないが、その行為が同一の損害を生じさせた場合、共同の因果関係があり、かつ、その損害の結果が分割できないときには、連帯責任を負う。

第 62 条　【共同危険行為】

二人以上が他人の人身、財産の安全に危害が生じる危険行為をし、その一人又は複数者の行為が他人に損害を生じさせた場合で、具体の加害者が確定できないときには、連帯責任を負う。

自分の行為が損害を生じさせていないことを証明するのみでは、前項で規定された賠償責任は免除されない。

第 63 条　【原因の累積】

数人がした不法行為が同一の損害を生じさせた場合で、各行為者の行為が全損害を生じさせるに足りるときには、行為者は連帯責任を負う。

数人がした不法行為が同一の損害を生じさせた場合で、一部の行為者の行為が全損害を生じさせるに足りるものであり、他の一部の行為者の行為が一部の損害を生じさせうるものであるときには、共同で生じさせた部分の損害に対して、行為者は連帯責任を負う。

第 2 節　割合的責任と連帯責任

第 64 条　【割合的責任】

数人が別々にした不法行為が同一の損害を生じさせ、損害の結果が区分できる場合で、法律にその他の責任分担形式が規定されていないときには、割合的賠償責任を負う。

割合的責任者は、自ら負担すべき責任の割合を超えた賠償請求を拒むことができる。

第 65 条 【連帯責任及びその分担と再分担】
　法律において連帯責任を負うことが規定されているとき、被害者は連帯責任者の中の一人、数人又は全員に賠償責任を請求する権利がある。ただし、合計額が損害賠償責任の総額を超えることはできない。
　自らが最終的に負担すべき賠償金額を超える金額を支払った連帯責任者は、その超過部分につき、責任を負わなかった他の連帯責任者に請求する権利を有する。
　連帯債務者がその者の最終的負担割合の全部又は一部を負担できないとき、その負担できない部分については、その他の連帯責任者が、それぞれの最終責任割合に基づき再分担する。

第 66 条 【最終的な責任割合の確定】
　最終責任者の最終的な責任割合は、下記の要素によって確定する。
　（1）過失の程度；
　（2）原因力の大きさ；
　（3）客観的な危険程度；
　（4）その他の法定事由。
　前項で規定された方法によって、最終的な責任割合を確定できない場合、賠償責任は均等に分けられる。

第 67 条 【求償権分担】
　求償権分担とは、自分の最終的な責任の割当額を超えた責任を履行した者が、その他の責任者に相応する最終的な責任を求める請求権である。

第 68 条 【連帯責任における混合責任】
　法律の規定により、連帯責任において、一部の責任者は連帯責任を引き受けるべきであり、別の一部の責任者は割合的責任を引受けるべきであるときには、連帯責任を引き受ける人は全部の責任に対して責任を負う。割合的責任を引き受ける人は割合的責任の割合に応じてのみ賠償責任を負い、その責任の割合を超えた賠償請求を拒むことができる。
　連帯責任を負う者は、自分の最終的な責任の割合を超えた部分に対して、他の連帯責任者又は割合的責任者に分担させることを請求することができる。

第3節　その他の複数加害者の不法行為及び責任

第69条　【不真正連帯責任及び求償】

同じ損害事実に基づき二つ以上の賠償請求権を生じ、その複数請求権の救済目的が同じであるが、最終責任者が一人しかおらず、法律には請求権の行使順序に特別な規定がない場合には、被害者はその中の一つか幾つかを選び、賠償責任を請求することができる。被害者が全額賠償を得たときは、全部の請求権が消滅する。

被害者に請求した相手である責任者が最終責任者でないときには、中間責任を引き受けた者は賠償責任を果たした後、最終責任者に求償することができる。

第70条　【最終責任者でない者の責任負担及び求償】

同じ損害事実に基づき二つ以上の賠償請求権が生じた場合で、複数の請求権の救済目的が同じであるが、一人の責任者だけが最終的な責任者となる場合で、法律の規定によれば最終的な責任者でない者に対しても賠償を請求できるときには、被害者は最終的な責任者でない者に対しても賠償を請求することができる。非最終責任者が賠償したときは、最終責任者に対して求償権を有する。

前項で規定された状況において、中間的な責任を負うべきであるが、最終的な責任を負わない者が賠償能力を喪失した場合、被害者が最終責任者に対して賠償を請求できる。

第71条　【補充責任及び求償、分担】

同一の損害事実に基づいて二つ以上の損害賠償請求権が生じ、複数の請求権の救済目的が同じであるが、法律上、補充責任と規定されている場合には、被害者はまず直接の責任者に賠償を請求すべきである。直接責任者が賠償できず又は不十分な賠償しかできないときには、被害者は補充責任者に損害賠償を請求することができる。補充責任者が責任を履行したときには、直接責任者に求償することができる。

前項で規定された補充責任は、補充責任者と最後責任者の間で最終的な責任を分担し、自分の責任の割合を超えた責任を負った者は他の責任者に求償することができる。

第 9 章　製品責任

第 72 条　【製品の定義】
　本法が称する「製品」とは、加工、製作を経て、流通を目的とする動産をいう。
　建築工事は製品には含まれない。ただし、建築工事に用いる建築材料、部品と設備などは、前項で規定された製品の範囲に属し、製品とされる。
　販売を目的とする下記の物を、本法で製品と称する。
　（1）導線で運送された電気エネルギー及びパイプで運送された石油製品、ガス、熱エネルギー又は水；
　（2）コンピュータのソフトウェア及び類似の電子製品；
　（3）販売された微生物製品、動植物製品、遺伝子プロジェクト製品又は人類の血液製品。

第 73 条　【製品欠陥の類型】
　製品欠陥とは製品には人身、財産の安全に対する不合理的な危険があることをいう。下記の状況は製品欠陥とされる。
　（1）製造欠陥、すなわち、製品がその設計意図に背き、不合理な危険があること。
　（2）設計欠陥、すなわち、合理的な代替設計によって損害を軽減又は免除することができるが、そうしなかったために、製品の合理的な安全性がなくなり、不合理的な危険があること。
　（3）警告説明欠陥、すなわち、製品に合理的な危険があり、十分な説明や警告を通じて損害が免除できるが、そうしなかったために、製品が含まれた合理的な危険が不合理的な危険に転化したこと。

第 74 条　【製品欠陥の推定】
　製品による損害が生じ、それが、通常、製品の欠陥に生じる性質のものであり、かつ、当該事件において、製品の販売や分配時に存在した欠陥以外の原因によって引き起こされたのではないときには、製品には交付時に欠陥が存在すると推定される。

第 75 条　【生産者と販売者の中間責任の無過失責任及び求償】

製品の欠陥によって他人に対し人身損害や欠陥製品以外の財産についての損害が生じたときには、被害者は欠陥製品の生産者や販売者に対して不法行為責任を請求することができる。

販売者が賠償責任を負担したときには生産者に対して求償権を有する。ただし、生産者はその欠陥が販売者の過失によって引き起こされたと証明できる場合を除く。

製品欠陥は販売者の過失によって生じた場合に生産者が賠償責任を負ったときには、販売者に求償することができる。

第 76 条　【生産者の無過失最終的責任】

生産者の原因で製品に欠陥がある場合、生産者は不法行為責任を負うべきであり、販売者に求償することはできない。

第 77 条　【製品責任の免責事項】

生産者は下記の事項を証明できるとき、賠償責任を負わない。

（1）製品がまだ流通に供されていないこと。

（2）製品を流通に投入した時点で、損害を引き起こす欠陥がまだ存在しなかったこと。

（3）製品を流通に供した時の科学技術水準では、欠陥の存在に気付き得なかったこと。

第 78 条　【販売後の警告及び製品の回収】

製品を流通させる前には欠陥が発見されなかったが、流通させた後、生産者が製品に合理的な危険があると発見した場合、十分かつ効果的な方法で購入者に警告し、損害防止の正確的な使用方法を説明しなければならない。警告義務を履行せず、又は合理的な方法で履行しないことによって損害が生じたときには、不法行為責任を負わなければならない。

製品を流通させた後、欠陥によって人に損害を与えうることを発見したときには、生産者は、直ちに合理的な方法により、その製品を回収する効果的な措置をとらなければならない。義務を履行せず、又は合理的な方法で履行しないことによって、他人に損害を及ぼしたときには、賠償義務を負う。

販売者は、生産者が本条第 1 項と第 2 項で規定された義務を履行することに協力する義務を負う。

第 79 条 【運送人及び倉庫業者の責任】
　運送人又は倉庫業者により製品の欠陥が生じたときには、生産者又は販売者が賠償責任を負う。生産者又は販売者が賠償責任を負った後、運送人、倉庫業者に対して求償できる。
　生産者、販売者が賠償責任を負うことができないときには、被害者は運送人、倉庫業者に対して直接に損害賠償責任を負うことを請求することができる。

第 80 条 【製品品質担保者の責任】
　製品の品質の検査機構や認証機構が出した検査結果又は証明が不実であり、損害を生じさせたときには、製品の生産者、販売者と連帯責任を負う。
　製品の品質を引き受け、又は保証したが、その引き受けられた、又は保証された品質基準に適合しておらず、損害が生じたときには、引受人、保証人は製品の生産者、販売者と連帯責任を負う。

第 81 条 【虚偽広告責任】
　生産者、販売者が虚偽広告その他の虚偽の宣伝を行って提供した製品が損害を生じさせたときには、本法の規定に基づき製造物責任を負う。
　広告の経営者、発布者は、広告又はその他の宣伝が虚偽であることにつき悪意であり、又は過失により知らなかった場合に、設計、制作、発布をしたときには、欠陥製品により生じた損害について、欠陥製品の生産者、販売者と連帯責任を負う。
　虚偽の広告その他の虚偽の宣伝によりその製品を推薦したときには、推薦者は、その製品の欠陥により生じた損害について、本条第 2 項で規定された責任者と連帯責任を負う。

第 82 条 【伝統な市場提供者責任】
　集中取引市場の創立者、カウンターの賃貸者、展示即売会の主催者などの市場提供者が必要な管理義務を尽くさなかったときには、欠陥製品によって生じた損害について、被害者は製品の生産者、販売者とともに、過失のある市場提供者にも賠償責任を主張することができる。ただし、市場提供者予め賠償金の支払いを承諾している場合には、その承諾に従って責任を負う。市場提供者が賠償責任を負ったときには、製品の生産者又は販売者に対する求償権を有する。

市場提供者が販売者又は生産者がその市場を利用し、消費者の私法上の権利・利益を侵害することが知っているときには、販売者又は生産者と連帯責任を負うべきである。

第 83 条【ネットトレードプラットフォームプロバイター責任】

インターネット上の市場で購入した欠陥製品が損害を起こした場合、損害を受けた消費者は販売者又は生産者に賠償を請求することができる。

ネットワーク上の市場提供者が販売者又は生産者の真実の名称、住所及び有効な連絡方法を提供することができないときには、損害を受けた消費者はネットワーク上の市場提供者に対して賠償を請求することができる。ネットワークトレード上の市場提供者が予め賠償金の支払いを承諾している場合には、その承諾に基づき責任を負う。ネットワークトレード上の市場提供者が賠償したときには、販売者又は生産者に求償することができる。

ネットワーク上の市場提供者が、販売者又は生産者がその市場を利用し、消費者の私法上の権利・利益を侵害することが知っているのにもかかわらず、必要な措置を取らなかった場合、販売者又は生産者と連帯責任を負う。

ユーザーがネットワークト上の市場を利用し、他人の損害を起こした場合で、ネットワーク上の市場提供者がホスティング料金支払いなどのサービスを提供した場合、本条第 2 項及び第 3 項の規定によって、その賠償責任を確定する。

第 84 条【原材料、補助材料及び零部件供給者責任】

欠陥のある原材料、補助材料が生産者に供給され、生産者がその材料で人に損害を与える欠陥のある製品を製造したときには、生産者は賠償責任を負う。生産者は賠償責任を履行したときには、欠陥のある原材料、補助材料の供給者に対して求償権を有する。被害者は欠陥のある原材料、補助材料の供給者に対して、直接的に賠償を請求することもできる。

零部件の供給者が欠陥のある零部件を供給した場合、前項の規定を適用する。

第85条 【中古商品、再生商品の責任】
　中古商品の販売者は生産者とみなされる。商品の品質保証期限内にある場合は、元の製造者も品質保証責任を負う。
　再生商品の元の生産者は製品責任を負わない。ただし、損害が原製品の固有欠陥によって生じた場合を除く。

第86条 【食品による侵害に関する特別規定】
　食品の生産者、生産物の販売者は、販売した食品が品質基準に合っている場合でも、消費者の人身に重大な損害を与えたときは、本法第74条の規定に基づき、その製品に欠陥があると推定される。
　食品として販売される初級農産品、狩猟品の販売者は製品責任を負う。

第87条 【薬品、血液による侵害に関する特別規定】
　薬品の生産者、販売者が薬品に欠陥のないことに対して立証責任を負う。欠陥が存在しないことを証明できない場合、欠陥のある薬品による損害について賠償責任を負う。
　血液提供機関は血液が関係の基準に合致することについて立証責任を負う。基準に合致することを証明できない場合、賠償責任を負う。行為時の科学技術に基づき、血液によって損害を発生する恐れがあることが発見できないときには、生じた損害について相当な補償責任を負う。

第88条 【タバコ等の健康を害する警告表示の不可免責性】
　タバコ等の製品の生産者、販売者は、タバコが健康を害する旨の警告を表示しただけでは、警告説明の義務を果たしたとはみなされない。

第89条 【人身を損害した実際損失を超えた賠償】
　生産者、販売者の故意又は重過失によって製品の欠陥が生じた場合、又は生産もしくは販売された製品に欠陥があり他人の人身につき損害を生じさせる可能性につき知りながら生産又は販売し、他人に損害をもたらした場合、被害者は、生産者、販売者に実際の損失を賠償した上、本法第39条で規定されたもの以外の賠償金を支払うことを請求できる。
　前条で規定された賠償金は、責任者の悪意の程度及び損害の結果によって、必要な限度において確定される。

第 90 条 【製品責任の最長保護期限】
　製品の欠陥による損害賠償請求権は、当該製品を最初の消費者に引き渡した日から 15 年を経過した時消滅する。ただし、明示された安全使用期限を超えない場合には、この限りではない。

第 10 章　環境汚染責任

第 91 条 【環境汚染の無過失責任】
　環境汚染によって損害を生じさせたとき、汚染者は不法行為責任を負う。

第 92 条 【環境汚染の因果関係の推定】
　環境汚染による紛争において、被害者が汚染行為と損害の間との因果関係が存在する可能性を疎明したときには、汚染者がその汚染行為と被害者の損害の間に因果関係がないことについて立証責任を負う。汚染者が証明できず、又は証明が足りないときには、因果関係の成立が認められる。

第 93 条 【法的基準に合う排出という抗弁事由の排除】
　当該法域にある法的基準に合う汚染物質を排出したが、なお環境汚染の損害が生じたときには、行為者は不法行為責任を負う。

第 94 条 【複数加害者の汚染排出による損害への賠償責任】
　二人以上の汚染者がそれぞれ汚染行為を行い、同一の損害を起こしたときで、それぞれの者の汚染行為が全部の損害の発生に足りるときは、行為者は連帯して責任を負う。
　二人以上の汚染者がそれぞれ汚染行為を行い、同一の損害を起こしたときで、いずれの者の汚染行為も全部損害の発生に足りないときは、それぞれの寄与度合に基づいて責任を負う。
　二人以上の汚染者がそれぞれ汚染行為を行い、同一の損害を起こした場合で、一部の行為者の行為が全部の損害の発生に足りるが、その他の行為者の行為が部分的な損害の発生を生じさせたにとどまるときには、両者は共同で起こした損害部分について連帯して責任を負うが、その他の部分については前者が賠償責任を負う。

第 95 条 【現実的な人身損害がないときの環境汚染責任の分担】
　ある人や組織が高度汚染の危険性のある施設を持ち、又は行為自体の性質や利用方法の性質に基づき汚染危険性のある行為に携わる場合に、関係法律規定に遵守していても、環境に著しい損害を与えたときには、その過失の有無を問わず、環境主管部門は環境被害の程度に基づいて汚染者に賠償責任を請求し、その賠償金を環境汚染のための基金に納入すべきである。

第 96 条 【第三者原因】
　環境汚染による損害が第三者に帰責できる場合、被害者は汚染者又は当該第三者に対して賠償を請求することができる。汚染者が賠償責任を履行したときは、当該第三者に対する求償権を有する。

第 97 条 【原因の除去及び原状回復】
　環境汚染の損害を起こした汚染者は、相応する財産損害賠償責任を負担するほか、汚染の原因や危害を排除し、環境を汚染の未発生時の状態又はその状態に相当する状態に回復し、又は原因の除去及び原状回復のために要した費用を負担しなければならない。

第 98 条 【悪意による環境汚染損害が実際損失を超えたときの賠償】
　故意又は重過失によって、環境を汚染し、又は環境汚染の実質的な可能性のある行為を継続し、環境汚染を生じさせたときには、被害者は行為者に対して、実際損失を賠償するほか、本法第 39 条で規定されたもの以外の賠償金を支払うことを請求できる。

第 99 条 【環境汚染の消滅時効】
　環境汚染損害による環境不法行為の損害賠償請求権については、本法第 32 条の規定を適用する。賠償責任を負うべき汚染者相互の間の求償権は、その環境不法行為の損害賠償責任を履行した時から三年を経過した時、時効によって消滅する。

第 100 条【環境公益訴訟】
　公共衛生、環境、生活品質などの社会公共利益に損害を生じさせた行為については、如何なる者又は関係利益を持つ団体、政府および検察庁は、民事不法行為の訴訟を提起し、参加する権利を持つ。

第 11 章　インターネット不法行為責任

第 101 条　【プロバイダー責任負担の一般規則】
　ネットユーザー、プロバイダーはインターネットを利用し、他人の私法上の権利・利益を侵害し、損害を生じさせたときには、不法行為責任を負う。
　インターネット・サービス・プロバイダーは、ネット・プラットフォーム・サービス及びネット内容サービスの提供者を含む。

第 102 条　【「セーフハーバー」原則の適用】
　ネットユーザーがネット・サービスを利用し、不法行為を行い、他人の私法上の権利・利益を損害したときには、権利者はプロバイダーに削除、遮断、リンク断絶などの技術上可能な措置を行い、損害の結果を除去することを求める通知をすることができる。プロバイダーが通知を受け取った後、合理的な期間中に必要な措置を行わなかったときには、損害の拡大につき、そのネットユーザーと連帯責任を負う。

第 103 条　【通知及びその要件と形式】
　緊急の場合を除き、通知は書面でなされなければならない。書面とは、文書・手紙及び電子ファイルなどの有形的に内容を載せる形式のことである。
　通知は、下記の内容を含まねばならない。
　（1）通知者の氏名（名称）、連絡先及び住所、
　（2）措置をとることが要求された不法行為内容を含むネットアドレス、又は正確に不法行為内容を確定できるための情報、
　（3）不法行為の成立を疎明する資料、
　（4）通知者が通知書の真実性に責任を負うことの承諾。
　発送された通知に上述の内容が欠けているときは、有効な通知が発送されなかったと見なされ、通知の効果は発生しない。

第104条 【合理的期間の確定】
　本法第112条で規定された合理的期間を確定するとき、下記の要素を考慮すべきである。
　（1）侵害された私法上の権利・利益の重大性、
　（2）必要な措置をとるための技術的可能性、
　（3）必要な措置をとる必要の緊迫性、
　（4）権利者が合理的期間として示した期間。
　通常の状況の下では、合理的期間は24時間とする。

第105条 【損害の拡大部分の計算】
　損害の拡大部分とは、プロバイターが通知を受け取った時から、必要な措置をとって損害の影響を消滅させる時までの間に生じた私法上の権利・利益の損害である。

第106条 【プロバイターの必要な措置をとった後の通知転送又は公告義務】
　プロバイターは必要な措置をとった後、直ちに不法行為を主張しているネットユーザーに通知を送らなければならない。転送できない場合は、通知の内容を同一のネットで公告しなければならない。

第107条 【反対通知及びその要件と形式】
　ネットユーザーは通知を受け取った後、又は公告を知った後、自ら提供した内容が他人の私法上の権利・利益を侵害しなかったと判断したときには、プロバイターに書面によりその旨の反対通知を出し、公表された内容を公表前の状態に回復させるように要求できる。
　反対通知は、下記の内容を含まねばならない。
　（1）反対通知者の氏名（名称）、連絡先及び住所、
　（2）すでに必要な措置がとられた内容、名称とネットアドレスへの撤回の要求、
　（3）必要な措置がとられた行為は不法行為ではないと疎明する資料、
　（4）反対通知者が反対通知書の真実性に対して責任を負うことの承諾。

第108条 【プロバイターの反対通知に対する処置】
　プロバイターは、ネットユーザーからの書面の反対通知を受け取ったときには、直ちに公表された内容を初期状態に回復させるとともに、ネ

ットユーザの反対通知を通知発送者に転送しなければならない。ただし、公表されている内容が明らかに不法行為となると判断した場合は、この限りではない。

第 109 条 【反対通知を抗議した場合の訴訟】
　ネットプロバイターが反対通知者の要求に従って、その発布された内容の初期状態に回復した後は、通知者は再度、プロバイターに削除、遮断、リンク断絶などの措置をとるように通知することができない。ただし、裁判所に提訴することはできる。

第 110 条 【誤った通知の発送者の賠償責任】
　通知発送者が発送した通知が錯誤であるために、プロバイターに必要な措置を行わせ、又は通知相手に損害を与えたときには、通知発送者は賠償責任を負う。

第 111 条 【「明白性原則」の適用】
　プロバイターはネットユーザーがネットワークを利用し、他人の私法上の権利・利益をを侵害したことを知っているにもかかわらず、必要な措置をとらなかったときには、そのネットユーザーと連帯責任を負う。

第 112 条 【「知る」の判断方法】
　「知る」とは、プロバイターがネットユーザーが不法行為を行ったことを知っている、又はその知っていることが証明できることである。

第 12 章　パブリシティ権侵害の不法行為責任

第 113 条 【パブリシティ権侵害の責任】
　個人及び団体は自然人及び自然人団体に対して、自分の人格的徴表について、商品化利用の権利、すなわちパブリシティ権を有する。
　パブリシティ権者の許可を経ず、広告、ポスター、看板、汎用的産品、定期刊行物などにおいて、他人の人格的徴表のある物、写真、映画、テレビドラマ、演劇、音楽、美術作品などを利用したときは、不法行為責任を負う。

第 114 条 【パブリシティ権の保護期間】
　パブリシティ権の保護期間は、その権利者の生存中又は自然人団体の存続期間であり、また死亡又は自然人団体の解散後の 30 年である。
　二人以上の自然人又は自然人団体が共同で有するパブリシティ権の保護期間は、最後の者が死亡した後、又は自然人団体解散の権利人が死亡した後、又は自然人団体の解散後の 30 年である。
　上記の保護期間は、権利人の死亡または解散後の次の年から起算する。

第 115 条 【パブリシティ権者の請求権】
　パブリシティ権者は、不法行為者に対して侵害を停止し、妨害を排除し、又は損害発生の危険性の除去を請求できる。
　パブリシティ権者は前項による請求の時に、権利侵害物の破壊又はその他の必要な措置を請求することができる。
　パブリシティ権者は、不法行為によって財産的損害及び精神的損害を受けた場合、不法行為者に損害賠償責任を要求することができる。

第 116 条 【損害賠償の計算】
　パブリシティ権侵害の損害賠償は、下記の基準におけるより高い基準によって計算される。
　（1）不法行為者が不法行為によって取得した利益、
　（2）権利者が当該権利の行使によって通常、取得できる財産的価値、
　権利者が受けた財産的損害の価値が前項の規定で確定された金額を超えたときには、その超過部分に対しても損害賠償を請求することができる。
　本条第 1 項及び第 2 項で規定された基準によって損害賠償額が確定できない場合、裁判所は状況に応じて損害賠償額を定めることができる。

第 117 条 【人格の損害による精神的損害賠償】
　パブリシティ権者は、不法行為者に財産的損害賠償を請求することができるとともに、精神的損害賠償も請求できる。また、名誉回復などの必要な措置を講じることも請求できる。

第 118 条 【パブリシティ権者死亡後の権利保護】
　パブリシティ権者が死亡した場合、相続人はその権利を相続することができる。ただし、被相続人が生前に明確に反対の意思を表示した場合を除く。
　パブリシティ権者は、遺言によって、そのパブリシティ権を他人に遺贈し、利用方式と範囲などの制限や期限を付けることができる。
　相続や遺贈によりパブリシティ権を取得した者は、不法行為者に不法行為責任を主張することができる。

第 119 条 【移転】
　パブリシティ権は、契約によってその全部または一部を譲渡することができる。ただし、未発生の権利を完全に譲渡することはできない。
　譲受人が譲渡契約で合意された範囲を超えて、人格的徴表を利用したときには、パブリシティ権者は不法行為責任を主張することできる。

第 120 条 【ライセンス使用】
　パブリシティ権者は他人に人格的徴表の使用を許可することができる。許可を受けた者は、許可された範囲と条件の下で、その人格的徴表を使用することができる。
　許可を受けた者は、パブリシティ権者の同意なしには、第三者にその人格的徴表の使用を許すことができない。
　許可を受けた者が、許可された範囲や条件を超えて人格的徴表を利用し、又は第三者に人格マーク的徴表使用を許可したときには、パブリシティ権者は、許可を受けた者に不法行為責任を主張することができる。

第 121 条 【自然人団体のパブリシティ権侵害】
　自然人団体が共有するパブリシティ権が侵害された場合、団体構成員は各自の権利割合に基づき、不法行為責任を主張することができる。

第 122 条 【インターネットサービスプロバイダの責任】
　インターネットサービスプロバイダは、他人のパブリシティ権を侵害した場合、本モデル法第 11 章の規定を適用する。

동아시아 불법행위법 모범법

(임시안)

(2015년 11월 21일 동아시아불법행위법학회 전체회의
원칙적 통과, 2016년 4월 28일 최종 수정)

송정은 역 *

목 차

서 론
제1장 입법목적 및 보호범위
제2장 불법행위책임의 귀책원칙 및 책임부담방식
제3장 손해
제4장 인과관계
제5장 고의와 과실
제6장 항변사유 및 소멸시효
   제1절 항변사유
   제2절 소멸시효
제7장 손해의 구제방식 및 책임보험
   제1절 손해의 일반구제방식
   제2절 손해배상의 일반규정
   제3절 신체적 손해배상
   제4절 재산적 손해배상

---

* 송정은 (宋娗㱔), 중국인민대학교법학박사연구생.
  Song Jungeun, 中国人民大学法学博士研究生。电子邮件: sje1100@hotmail.com。

제 5 절　정신적 손해배상
제 6 절　책임보험
제 8 장　다수인의 불법행위와 책임
제 1 절　공동불법행위
제 2 절　분할책임과 연대책임
제 3 절　기타 다수인의 불법행위와 책임
제 9 장　제조물 책임
제 10 장　환경오염책임
제 11 장　인터넷 불법행위책임
제 12 장　공개권의 불법행위 책임

서 론

 불법행위법은 사법권익에 대한 보호법이며, 불법행위책임에 의한 제한법이다. 사법권익에 대한 보호는 사법의 본질이고, 불법행위책임에 의한 제한은 민사주체의 자유보호를 기본으로 한다. 태평양 서안에 위치한 동아시아지역은 세계적으로 인구가 가장 밀집해있는 지역 중에 하나인 동시에 세계적으로 경제가 가장 빠르게 발전하고 있는 지역 중 하나이다. 동아시아 공동시장의 형성은 전세계적인 측면에서 사회 진보와 경제 발전에 대해 모두 중요한 의의를 갖는다. 동아시아지역의 지속적인 사회발전과 경제번영을 추진하기 위해서는 동아시아 공동시장의 참여자가 갖는 사법권익에 대해 실제적인 보호가 실현되어야 할 뿐만 아니라, 민사주체의 행위자유에 대한 보호도 반드시 이루어져야 한다. 이에 따라 불법행위법은 한층 더 중요한 역할을 담당하게 될 것이다. 그러나 동아시아는 그 지역마다 불법행위법의 규범이 다르므로 자본축적, 인재유동, 사회적 교류 및 사법권익의 보호 등의 방면에서 제한과 저해를 가져올 수 있다. 이는 동아시아 공동시장의 질서적인 발전에 이롭지 않고, 각 국 민사주체의 권익을 침해할 수 있다. 따라서 동아시아 각국은 공통적인 인식의 기초, 통일된 입법원칙 그리고 구체적으로 사용 가능한 책임규칙의 불법행위법 규범을 구축하여 불법행위책임 규칙이 조화롭게 확정되고, 섭외 불법행위의 규정방법을 확정함으로, 동아시아 공동시장의 번영과 발전을 촉진하고 동아시아 각국의 민사주체의 권익을 잘 보호할 있도록 하기 위해 부르짖고 있다.

 동아시아 불법행위법학회는 동아시아 및 아시아 기타 나라의 불법행위법학자와 사법실무자들이 협력하여 동아시아 각 국 불법행위법의 입법, 사법(司法) 그리고 이론을 연구하여 불법행위법 발전을 추진하기 위한 목적으로 수년간의 노력과 연합의 힘을 통해 본 모범법을 제정하였다. 이는 동아시아 각 국 불법행위법의 통일을 촉진하기 위해 제정한 모델이자, 아시아의 불법행위법 통일을 위한 선행 산물이다. 또한 이를 계기로 세계불법행위법 통일이라는 조류에 합류하고자 한다.

 본법의 성질은 모범법이고, 동아시아 불법행위법학회가 동아시아 각 국 불법행위법의 통일을 위한 방안과 개요를 제시하였으며, 본 성질은 동아시아 지역의 사적영역 연성법에 속한다. 비록 본 모범법이 실질적인 법적 효력은 갖지 않으나 본법의 기안자는 다음과 같은 기대를 해본다.

1. 본 모범법이 동아시아 각 국의 불법행위법의 입법에 영향을 발휘하고, 각 국의 불법행위법 제정 혹은 개정할 경우에는 본법의 규범을 참고 또는 채택하거나 입법참고자료가 될 수 있기를 희망한다.

2. 동아시아 각 국의 민사주체간에 권리 침해로 인한 분쟁이 발생할 경우에는 본 모범법의 규범을 재판상의 법률 근거로 삼을 수 있기를 희망한다.

3. 각 국의 판사가 불법행위책임에 관한 분쟁사건을 판결할 때에 본 모범법의 규범이 학설적인 근거로서 선택될 수 있기를 희망한다.

4. 본 모범법이 동아시아 및 세계 각국의 불법행위법을 연구하는 학자들의 연구대상이 되어 세계 각 국의 불법행위법 연구와 교육을 위한 자료로 제공될 수 있기를 희망한다.

본 모범법은 다음과 같이 두 부분으로 구성되어 있다.

1. 첫 번째 부분은 제1장부터 제8장까지로 일반불법행위책임을 규정하였다. 불법행위법의 입법목적, 보호범위, 귀책원칙, 불법행위책임 부담방식, 구성요건, 항변사유, 손해구제방식, 책임보험 및 다수인의 불법행위와 책임에 관하여 규정하였다.

2. 두 번째 부분은 동아시아지역 불법행위법을 통일할 만한 가치가 있는 4가지 특수불법행위유형을 선택하여 규정하였다. (1) 동아시아지역의 제조물 유통을 촉진하고, 소비자권익을 보호하기 위해 제조물책임규칙을 통일하여 "제조물 책임"을 한 장(障)으로 제정하였다. (2) 개인의 안전`, 건강 그리고 균형적인 생태환경에서 생활할 권리를 보호하기 위해 환경개선을 촉진하고, 오염으로 인해 손해를 입은 피해자의 권익을 보장하기 위해서 "환경오염책임"장을 제정하였다. (3) 동아시아간의 정보 일체화를 촉진하고 인터넷상의 행위자 유를 보호하며, 인터넷서비스를 규범화하여 인터넷사용자의 사법권익을 보호하기 위해 "인터넷 불법행위책임"장을 제정하였다. (4) 동아시아의 인격권 보호에 관한 규범의 발전을 촉진하기 위해 인격권 보호의 새로운 발전방향을 도입하여 개인의 인격표지를 보호하기 위한 "공개권의 불법행위 책임"장을 규정하였다. 이 외에 기타 구체적인 특수불법행위책임유형은 본 모범법에 규정하지 않는다.

본 모범법의 기안자는 본법의 제정과 전파를 통해서 동아시아지역의 불법행위법 이론연구와 실무가 진일보할 수 있고, 더 나아가 세계 불법행위법 영역 가운데 긍정적인 영향을 미칠 수 있게 되기를 희망한다.

제 1 장   입법목적 및 보호범위

제 1 조 (입법목적)
 동아시아 범위 내의 각국 불법행위법 법규를 더욱 융합하여 민사주체의 행위자유와 사법권익을 보호함으로 불법행위법 규칙의 발전적인 방향을 인도하고 동아시아지역 법제의 조화와 진보를 촉진시키기 위해 본 모범법(示范法)을 제정한다.

제 2 조 (불법행위법의 보호범위)
 본법은 불법행위책임의 사법적 수단을 통해 이하의 민사주체가 갖는 권익을 보호한다.
 1. 사법권리
 2. 법률에 의해 보호받는 사법권익과 순수경제이익
 3. 법률의 명문 규정에 의해 보호받는 환경공익 등의 법익

제 2 장   불법행위책임의 귀책원칙 및 책임부담방식

제 3 조 (과실책임)
 ① 과실로 인해 타인의 사법권리를 침해하여 손해를 가한 경우에는 마땅히 불법행위책임을 부담한다.
 ② 고의로 타인의 사법이익 혹은 순수경제이익에 손해를 가한 경우에는 마땅히 불법행위책임을 부담한다.
 ③ 과실로 인해 타인의 사법이익을 침해하여 중대한 손해가 발생하거나 그 정도가 중대한 경우에는 마땅히 불법행위책임을 부담한다.

제 4 조 (과실추정)
 타인의 사법권익을 침해함으로 손해가 발생하여 법률규정에 근거하

여 가해자가 과실이 있음을 추정한 경우에는 피해자는 가해자의 과실을 증명할 필요가 없고, 가해자는 자신이 과실이 없다는 것에 대한 입증책임을 부담한다.

제 5 조 (무과실책임)
 ① 타인의 사법권익을 침해하여 손해가 발생하고, 가해자의 과실여부와 관계없이 불법행위책임을 부담한다고 법률이 규정한 경우에는 가해자는 마땅히 불법행위책임을 부담한다.
 ② 법률은 위험, 결함 혹은 기타 귀책이 가능한 사유에 대해서 제 1 항에 규정된 불법행위책임을 규정할 수 있다.
 ③ 무과실책임을 적용한 불법행위책임은 배상한도액에 관한 법률규정을 적용해야 한다.
 ④ 무과실책임을 적용하는 불법행위책임은 피해자가 가해자의 과실을 증명할 수 있는 경우에는 본법 제 3 조에 규정된 과실책임을 적용하여 불법행위책임을 확정할 수 있다.

제 6 조 (대위책임)
 ① 법률의 명문규정으로 인해 타인이 행한 불법행위에 대해 책임을 져야 하는 자는 마땅히 불법행위책임을 부담한다.
 ② 제한능력자가 행한 행위로 인하여 타인의 사법권익에 손해를 가한 경우에 그 친권자 또는 후견인이 제①항의 규정에 의거하여 불법행위책임을 부담한다.

제 3 장 손   해

제 7 조 (손해의 정의)
 손해는 타인의 법률적 보호를 받는 사법권익을 침해하여 재산상 혹은 비재산상의 불이익이 발생한 것이다.

제 8 조 (손해의 유형)
 다음의 경우에 본법 제 7 조에 규정된 손해에 포함한다.
 1. 신체적 손해는 피해자가 생명권, 건강권, 신체권의 침해로 인

해 사망, 장애, 신체적 침범 및 이로 인한 재산 또는 비재산상의 불이익이 발생한 것이다.

2. 재산적 손해는 피해자가 물권, 채권, 지식재산권 및 기타 재산 법익의 침해로 인해 재산상의 불이익이 발생한 것이다. 이는 재산상의 현실적 감소와 일실이익의 상실을 포함한다

3. 인격재산적 손실은 피해자가 정신적인 인격권의 침해로 인해 재산상의 이익에 손해가 발생한 것이다

4. 정신적 손해는 피해자가 인격권, 신분권 등 사법권익의 침해로 인해 발생한 정신적, 육체적 고통 및 기타 인격과 신분상의 불이익을 말한다. 인격적 요소가 포함된 특정물품의 침해로 인하여 인격적 이익에 손해가 발생한 경우에도 정신적 손해로 간주한다

제 9 조 (사법권익손해의 위계 및 충돌)

① 본법은 서로 다른 성질의 사법권익에 대하여 이하 순서에 의거하여 보호한다 .
1. 사람의 생명, 건강, 신체, 자유, 존엄과 인격의 완전성
2. 기타 인격적 이익과 신분적 이익
3. 물권, 채권, 지식재산권 등 재산적 이익

② 전 항 제 1.2.3 호에 규정된 사법권익간에 충돌이 발생한 경우에 위계가 높은 사법권익을 우선적으로 보호한다 .

제 10 조 (손해 예방, 절감을 위한 합리적 비용 지출의 손실)

① 불법행위가 발생한 후에 피해자가 손해를 예방하거나 감소하기 위해 합리적인 비용을 지출한 경우에는 그 비용을 손해로 간주하여 배상을 받을 수 있다 .

② 권익을 구제하기 위해 변호사비용, 조사비 등의 합리적인 비용을 지출한 경우에도 전 항에 규정한 손해로 간주한다 .

제 11 조 (손해의 증명)

① 피해자는 손해의 존재 및 그 범위와 정도에 대한 입증책임을 부담한다. 다만, 법률상 손해의 증명에 대한 특별규정이 있는 경우는 제외한다 .

② 손해액을 증명하기가 과도하게 어렵거나 증명 비용이 과중할 경우에는 법원은 공평원칙에 의하여 손해액수를 결정할 수 있다 .

제 4 장 인 과 관 계

제 12 조 (인과관계의 정의)

① 가해행위가 없다면 손해가 발생할 수 없으므로, 행위와 손해간에 사실적 인과관계가 존재한다.

② 사실적 인과관계와 가해행위 사이에 통상적으로 그 손해를 초래하기에 충분할 경우에는 행위와 손해 간에 법률적 인과관계의 존재를 인정한다.

③ 법규범 목적 및 가해자의 행위자유와 피해자의 권익보장간의 균형을 고려하는 목적에 기초하여 법률적 인과관계의 인정기준을 적절하게 조정할 수 있다.

제 13 조 (인과관계의 유형)

① 가해행위와 손해 간에 존재하는 법률적 인과관계는 불법행위책임 성립을 위한 인과관계이다.

② 가해행위와 손해의 범위와 정도 간에 존재하는 인과관계는 불법행위책임 부담을 위한 인과관계이다.

제 14 조 (인과관계의 입증책임)

피해자는 불법행위책임 성립을 위한 인과관계와 불법행위책임 부담을 위한 인과관계의 입증책임을 부담한다.

제 15 조 (인과관계추정 : 입증책임전환 및 입증책임완화)

① 법률에 의하여 인과관계를 추정한 경우에는 피해자가 인과관계에 대한 입증책임을 부담하지 않고, 가해행위와 손해사실간의 연관성을 특정할 수 있는 경우 양자간에 인과관계가 있는 것으로 추정한다. 다만, 가해자가 이러한 추정을 반증할 수 있는 경우는 제외한다.

② 일반경험법칙에 따라, 피해자가 가해행위와 손해간의 인과관계를 증명할 고도의 개연성 기준에 도달하는 증거를 제공할 능력은 없으나, 개연성 기준에 도달한 경우에도 입증책임을 부담한 것으로 인정해야 하고, 가해자가 인과관계 없음을 입증해야 한다. 가해자가 이를 증명할 경우에는 인과관계는 존재하지 않는 것으로 한다.

제 5 장 고의와 과실

제 16 조 (고의)
　고의는 가해자가 자신이 행한 행위가 타인에게 손해를 가할 것을 알고 그 손해가 발생하기를 희망하거나 손해의 발생을 방임한 심리상태이다.

제 17 조 (고의 증명)
　① 고의를 증명할 경우에는 가해자가 손해에 대해 분명히 알고 있었음을 증명해야 한다. 피해자의 입증을 기초로 하여 가해자 행위 당시의 정황, 행위방식 및 가해자의 지적 경험, 침해 받은 사법권익의 명확성 등의 요소를 종합적으로 고려하여 가해자가 손해발생 여부를 인지하였는지 확정해야 한다.
　② 가해자는 손해가 발생할 것을 알았음에도 불구하고 계속해서 손해발생을 초래하는 행위를 한 경우에는 손해의 발생을 희망하거나 방임한 것으로 인정해야 한다.

제 18 조 (과실)
　① 과실은 가해자가 손해의 발생에 대해 비록 고의는 없었으나, 마땅히 주의해야 하고 또 충분히 주의할 수 있었음에도 불구하고 주의하지 않은 심리상태이다.
　② 통상적으로 가해자가 불법행위를 행한 당시에 준수해야 하는 주의의무를 위반한 경우에는 과실로 인정한다.

제 19 조 (과실의 정도)
　과실은 다음 상황에 따라 그 정도를 구분한다.
　1. 중대과실은 행위자가 사회에서 보통사람이 약간의 주의를 기울이면 손해를 피할 수 있는 주의의무를 위반하는 것이다
　2. 객관적 경과실은 행위자가 선량한 관리자가 갖는 주의의무를 위반하는 것이다
　3. 주관적 경과실은 행위자가 자신의 사무를 처리할 때와 동일한 정도의 주의의무를 위반한 것이다

제 20 조 (과실의 증명)
① 피해자가 과실을 증명할 경우에는 행위자가 행위 당시 마땅히 부담해야 하는 주의의무가 있었음을 증명해야 한다. 주의의무가 있지만 이를 이행하지 않은 자를 증명할 경우에는 그 과실의 증명은 성립한다. 다른 정도의 주의의무를 증명할 경우에는 법률규정에 근거하여 판단한다.
② 행위자의 나이, 정신적, 신체적 장애 등의 요소를 고려하여 주의의무자의 행위에 대한 기준을 적절히 조정해야 한다.
③ 변호사, 회계사, 건축가 혹은 의사 등 전문가의 과실을 판단할 경우에는 행위 당시의 그 업종 수준의 주의의무를 기준으로 한다.
④ 법률이 규정한 과실추정의 경우에는 가해자가 자신이 과실의 기준이 없음을 증명하면 가해자 자신은 이미 주의의무를 이행한 것이다.

제 21 조 (과실의 정도 및 의의)
① 과실로 인하여 가해자가 행한 행위가 손해를 발생시킨 경우에는 마땅히 불법행위 책임을 부담한다. 법률에 별도의 규정이 있는 경우만 가해자는 고의 또는 중대한 과실에 한하여 불법행위 책임을 부담한다.
② 과실상계, 연대책임, 분할책임에 대한 책임분담을 확정할 경우에 고의, 중대과실, 객관적 경과실, 주관적 경과실의 과실 정도의 경중에 따라 책임분담액을 확정한다.

제 6 장   항변사유 및 소멸시효

제 1 절 항 변 사 유

제 22 조 (항변사유의 정의 및 증명)
① 항변사유는 불법행위책임의 성립을 조각하거나 불법행위책임을 경감하는 법정사유이다.
② 가해자 혹은 대위책임자가 전 항에 규정된 항변사유가 성립하여 불법행위책임을 감면 받는 경우에는 입증책임을 부담한다.

제 23 조 (의법직무집행)

법에 의거하여 정당하게 직책 행위를 행사함으로 타인에게 손해를 가한 경우에는 불법행위책임을 부담하지 않는다. 다만, 법률에 다른 특별규정이 있는 경우는 제외한다.

제 24 조 (정당방위)

타인에 대한 불법행위가 자신 혹은 제 3 자의 권리 혹은 법률의 보호를 받는 권익을 방위하기 위해 부득이 타인에게 손해를 가한 자는 배상할 책임이 없다. 다만, 과도한 방위행위 인하여 손해가 발생한 경우에는 피해자가 방위자에게 손해의 배상을 청구할 수 있다.

제 25 조 (긴급피난)

① 실제로 발생한 급박한 위험을 피하기 위해 타인에게 손해를 가한 경우에는 피난자가 불법행위에 대한 책임을 부담하지 않는다. 그 위험한 상황을 발생시킨 자가 책임을 부담한다.

② 긴급피난으로 인해 취한 조치가 부당하거나 필요한도를 초과함으로 부당한 손해가 발생할 경우에는 피난자가 그에 합당한 배상책임을 부담한다.

③ 위험이 자연의 원인으로 발생된 경우에는 긴급피난으로 인한 수익자가 얻은 수익의 범위 내에서 손실을 적절히 분담한다.

제 26 조 (자력구조행위)

① 상황이 긴급하고 공권력에 의한 구제 요청을 할 수 없는 상황에서 자신의 합법적인 권익이 침해 받지 않도록 보호하기 위해 행위자의 재산을 보전하기 위한 필요 조치를 취하거나 그 신체의 자유를 적당히 제한함으로 상대방에게 손해를 가한 경우에는 자력구조자가 불법행위에 대한 책임을 부담하지 않는다.

② 자력구조행위를 행한 이후에 즉시 법원 혹은 관할기관에 신고하지 않을 경우, 불법행위에 대한 책임을 부담한다.

③ 자력구제행위에 필요한 한도를 초과함으로 부당한 손해가 발생한 경우에는 자력구조자가 그에 상응하는 배상책임을 부담한다.

제 27 조 (피해자동의)

① 피해자가 가해자가 행하는 불법행위를 동의한 경우에는 그로 인해 발생한 손해에 대하여 가해자가 불법행위에 대한 책임을 부담할 필

요가 없다. 다만, 그 동의가 법률의 강제성 규정이나 공서양속을 위반한 경우는 제외한다.
　② 신체적 상해에 관한 사전동의는 가해자가 불법행위에 대한 책임을 부담하는 것에 대해 영향을 미치지 않는다. 다만, 법률상 별도의 특별규정이 있는 경우는 제외한다.

제 28 조 (불가항력)
　① 불가항력으로 인해 발생한 손해는 행위자가 불법행위에 대한 책임을 부담하지 않다. 다만, 법률상 별도의 특별규정이 있는 경우는 제외한다.
　② 불가항력과 가해자의 행위가 결합하여 손해가 발생한 경우에는 가해자가 그 행위의 과실과 원인력의 정도에 근거하여 배상책임을 부담한다.

제 29 조 (제 3 자원인)
　제 3 자로 인하여 발생한 손해는 마땅히 제 3 자가 불법행위에 대한 책임을 부담하고 실제 행위자는 책임을 부담하지 않는다. 법률에 별도의 규정이 있는 경우에는 그 규정을 따른다.

제 30 조 (피해자원인)
　손해가 오직 피해자의 고의 또는 과실로 인하여 발생한 경우에는 행위자는 책임을 부담하지 않는다.

제 31 조 (위험인수)
　피해자가 행위나 활동 가운데 예견 가능한 위험성이 내포되어 있음을 명확히 알았음에도 불구하고 자발적으로 참여함으로써 손해를 입은 경우에는 명시적 또는 묵시적으로 위험을 감수한 결과임으로 공서양속과 강제성 법률규정을 위반하지 않았다면 행위자는 불법행위에 대한 책임을 부담하지 않는다.

제 2 절　소 멸 시 효

제 32 조 (일반소멸시효)
　① 불법행위에 대한 책임의 소멸시효기간은 3 년이다.
　② 생명, 건강, 신체를 침해한 경우에는 소멸시효기간을 5 년으

로 한다.

제 33 조 (소멸시효 기산점)
　소멸시효기간은 권익 침해에 대한 사실 및 배상책임자를 알았거나 또는 알 수 있었을 때로부터 기산한다. 다만, 불법행위가 지속되고 있는 상황일 경우에는 불법행위가 끝나는 날로부터 기산한다.

제 34 조 (소멸시효기간의 계산과 최장시효)
　권익이 침해를 받은 날로부터 20년이 경과한 후에는 보호받지 못한다. 특수한 상황이 있을 경우에는 법원이 소멸시효기간을 연장할 수 있다.

제 7 장　손해의 구제방식 및 책임보험

제 1 절　손해의 일반구제방식

제 35 조 (손해배상)
　피해자는 배상책임자에게 금전적 지불방식을 통해 피해 입은 사법권익이 불법행위가 발생하지 않았던 상태로의 회복을 요청할 권리가 있다.

제 36 조 (침해금지명령)
　① 권리자는 타인이 현재 사법권익을 침해하는 행위를 행하고 있거나 곧 실행할 것에 대해 증거가 있고 즉시 제지하지 않으면 사법권익에 손해를 입을 수 있는 경우에는 법원에 금지명령을 신청할 수 있다. 재산적 이익과 관련된 내용이 포함된 금지명령 행위에 대해서는 신청자가 그에 상응하는 담보를 제공해야 한다.
　② 법원은 신청에 따라 상대방에게 금지명령을 발부하고 관련 행위를 중지하도록 명령할 책임이 있다.
　③ 금지명령이 발부되면 즉시 집행해야 한다.

제 37 조 (불법행위 구제방식의 적용)
　① 불법행위의 구제방식은 단독으로 적용하거나 결합하여 적용

할 수 있다.

② 피해자는 법률상 또는 사실상 가능한 범위 내에서 불법행위 구제 방식을 선택하여 청구할 수 있다. 다만, 배상의무자의 부담을 가중하거나 신의성실원칙을 위반해서는 안 된다.

제 2 절   손해배상의 일반규정

제 38 조 (배상권리자의 범위)

① 배상권리자는 재산적 혹은 비재산적인 권익을 직접적으로 침해 받은 피해자이다.

② 태아가 신체적 상해를 입은 경우에는 출생한 후 배상권리자가 된다.

③ 사망자의 인격이익이 침해를 입은 경우에는 사망자의 배우자, 부모 그리고 자녀가 배상책임자가 된다. 배우자, 부모 그리고 자녀가 없는 경우에는 4촌이내의 친족이 배상권리자가 된다.

④ 자연인이 사망한 경우에는 이하의 자가 배상권리자가 된다.

  1. 자연인의 배우자, 부모 그리고 자녀가 배상의 권리자이다. 배우자, 부모 그리고 자녀가 없는 경우에는 4촌이내의 친족이 배상의 권리자가 된다

  2. 자연인이 생전에 부양의무를 맡은 피부양자가 배상의 권리자가 된다

  3. 피해자를 위하여 의료비, 장례비 등의 합리적인 비용을 지불한 자가 가해자에게 그 비용에 대한 배상을 청구할 경우에는 배상의 권리자가 된다

제 39 조 (손해의 범위)

손해의 범위는 피해자가 불법행위로 인해 입은 손해와 상실한 이익이다.

제 40 조 (완전배상)

손해배상책임을 확정할 경우에는 마땅히 불법행위로 인해 발생한 손해와 일실이익의 손실을 기준으로 전액 배상한다. 다만, 법률상 별도의 특별규정이 있는 경우는 제외한다.

제 41 조 (최저생활보장기준과 손해배상의 감축)

① 자연인의 손해배상책임을 확정할 경우에는 마땅히 최저생활유지, 법정부양의무의 이행과 미성년자인 피부양자의 교육을 위한 필요비용

을 보장해야 한다.

② 전액배상으로 인해 상술한 책임을 부담할 수 없는 경우에는 청구에 따라 배상금액을 적절히 감액해야 한다.

③ 구체적인 감축 액수를 확정할 경우에는 불법행위자의 주관적 악의와 과실의 정도, 침해 받은 권익의 성질, 손해의 크기 및 피해자의 영향 등의 요소를 고려해야 한다.

제 42 조 (정기금 배상과 일회성 배상)

① 미래의 손해에 대해서는 당사자가 정기금 배상 혹은 일시금 배상을 협의하여 채택할 수 있다.

② 정기금 배상을 협의한 경우에는 가해자는 그에 상응하는 재산적 담보를 제공해야 한다.

③ 일시금 배상을 협의한 경우에는 가해자는 일시불로 배상책임을 부담하고, 미래의 손해배상의 기한이익을 공제한다.

④ 본 조 제 1 항에 규정된 배상방식에 대해 당사자간의 협의가 이루어지지 않을 경우에는 법원이 실제상황에 따라 배상방식을 결정하나 정기금 배상방식을 우선적으로 적용한다.

제 43 조 (손익상계)

불법행위로 인해 손실을 입은 동시에 피해자에게 이익도 발생했을 경우에는 손해배상금액 중 취득한 이익을 제한다. 다만, 이러한 공제와 수익목적이 다른 경우는 제외한다.

제 3 절 신체적 손해배상

제 44 조 (신체적 손해의 정의)

① 타인의 신체를 침해하여 상해, 장애 혹은 사망한 경우에는 마땅히 신체적 손해배상책임을 부담한다.

② 신체의 완전성에 손해를 가하여 실제손실을 계산할 수 없을 경우에는 마땅히 명의적 손해배상을 부담해야 한다.

제 45 조 (태아건강 손해구제)

태아가 출생 전에 불법행위로 인해 손해를 입은 경우에는 실질손해에 근거하여 신체적 손해배상책임을 확정한다. 태아가 출생 시 이미 사망한 경우에는 그의 모친이 신체적 손해배상을 청구한다.

제 46 조 (착오출생)

① 산전 의료기관의 과실로 인해 태아의 신체 결함을 발견하지 못함으로 태아가 심각한 장애를 입고 태어난 경우에는 그 부모가 자녀의 심각한 장애로 인하여 지출한 부양비용에 대한 손해배상을 주장할 수 있다.

② 의료진이 과실로 인해 정확한 임신 검사 결과를 제공하지 못함으로 임산부가 임신 중절의 결정기회가 지체되어 심각한 장애 혹은 유전적 지병을 갖은 자녀가 출생한 경우에는 본 착오가 있는 출생으로 인한 피해자에게 합리적인 실제적 필요에 따라 손해배상책임을 부담해야 한다.

제 47 조 (생존 혹은 치유기회손실의 구제)

① 가해행위로 인하여 생존기회 혹은 치유기회가 상실 또는 저하된 피해자는 상실한 기회손실에 대한 손해배상을 주장할 수 있다.

② 전 항에 규정된 기회손실배상은 피해자가 가해행위와 기회상실간의 인과관계를 증명해야 한다.

제 4 절   재산적 손해배상

제 48 조 (재산적 손해배상의 범위)

① 타인의 물권, 채권, 지식재산권 등 재산성 사법권익을 침해하여 손해를 가한 경우에는 불법행위로 인해 가치가 상실되거나 감소된 재산성 권익을 배상해야 한다. 그 본래의 가치를 회복하기 위해 지불된 비용도 배상액에 포함한다.

② 타인의 채권임을 앎에도 가해를 행한 경우에는 발생한 손해에 대해 배상해야 한다.

제 49 조 (재산손해의 계산방법)

① 발생한 손해는 실제손실범위에 따라 계산한다. 시장가격으로 계산할 수 있는 경우에는 손해가 발생한 시간 혹은 불법행위의 책임이 확정된 때의 시장가격으로 계산한다. 시장가격이 없거나 시장가격으로 계산하는 것이 현저히 불공평한 경우에는 실제 상황에 따라 배상액을 확정한다.

② 일실이익을 계산할 경우에는 얻을 수 있는 이익의 객관적인 상황에 따라 계산하여 재산적 손해배상액의 부당한 확대 혹은 축소를 피해

야 한다.

제 50 조 (예견가능규칙)
  가해자가 비고의적으로 타인의 재산에 손해를 가하여 실제손실이 예측 가능한 범위를 초과한 경우에는 손해배상책임을 적절히 경감할 수 있다.

제 5 절   정신적 손해배상

제 51 조 (정신적 손해배상 범위)
  ① 타인의 신체적 사법권익을 침해하여 정신적 손해를 가한 경우에는 피해자는 정신적 손해배상을 청구할 수 있다.
  ② 불법행위로 인해 피해자가 사망 혹은 심각한 신체적 손상을 입음으로 그의 배우자, 부모, 자녀에게 심각한 정신적 손해를 초래한 경우에는 그의 배우자, 부모, 자녀가 정신적 손해배상을 청구할 수 있다.

제 52 조 (기타 신체적 권익의 손해구제 : 공개권)
  성명권, 초상권, 사생활보호권 등 신체적 사법권익의 침해로 인해 재산적 이익을 침해한 경우에는 피해자가 입은 실제손해 혹은 가해자가 이로 인해 얻은 이익을 근거로 계산한다. 양자 모두 확정이 어렵고, 피해자와 가해자간에 배상액의 협의가 어려울 경우에는 법원이 실제상황에 따라 배상액을 확정해야 한다.

제 53 조 (인격적 요소가 포함된 물건의 침해로 인한 정신적 손해배상)
  상징적 의의가 있는 특정 기념물 등 인격적 요소가 포함된 물건을 침해하여 물권자에게 심각한 정신적 손해가 발생한 경우에는 정신적 손해배상을 청구할 수 있다.

제 54 조 (쇼크로 인한 손해배상)
  ① 신체적 가해행위로 인한 위험한 상황에서 배우자, 자녀, 부모가 신체적 상해를 당하는 잔혹한 상황을 목격함으로써 심각한 정신적 손해를 입은 경우에는 정신적 손해배상을 청구할 수 있다.
  ② 함께 생활하는 조부모, 외조부모, 손녀, 손자, 외손녀, 외손자 또는 형제자매가 신체적 상해를 당하는 잔혹한 상황을 목격함으로

써 심각한 정신적 손해를 입은 경우에도 전 항의 규정을 준용한다.

제 55 조 (정신적 손해배상액의 확정)
　정신적 손해배상액은 다음 요소에 따라 확정한다.
　　1. 피해자 또는 그의 배우자, 자녀, 부모가 받은 정신적·육체적 고통의 정도
　　2. 피해자의 소득수준과 생활형편
　　3. 가해자의 과실 정도
　　4. 불법행위의 수단, 장소, 방식 등의 구체적인 상황
　　5. 불법행위로 인해 발생한 결과
　　6. 가해자 부담하는 책임의 경제적 능력
　　7. 소송법원 소재지의 평균생활수준

제 6 절 　책 임 보 험

제 56 조 (책임보험의 대위성)
　손해의 일부 또는 전부가 법정 혹은 상업책임보험 범위에 속하는 경우에는 피해자가 보험자에게 보험책임을 주장할 수 있다. 또한 배상책임자에게도 불법행위에 대한 책임을 주장할 수 있다. 법률상 별도의 특별규정이 있는 경우에는 그 규정을 따른다.

제 57 조 (책임보험 초과부분에 대한 배상책임)
　보험자가 보험책임을 이행한 후에도 피해자가 손해를 전액보상 받지 못한 경우에는 계속해서 배상책임자에게 불법행위에 대한 책임을 주장해야 한다.

제 8 장　　다수인의 불법행위와 책임

재 1 절　공동불법행위

제 58 조 (주관적 공동불법행위)
　수인이 고의로 공동불법행위를 행하여 타인의 사법권익을 침해하여 손해가 발생한 경우에는 연대책임을 부담한다.

제 59 조 (교사, 방조로 인한 불법행위와 혼합책임)
① 타인을 교사하거나 방조하여 불법행위를 행한 경우에는 교사자, 방조자는 마땅히 행위자와 연대책임을 부담한다.
② 책임무능력자를 교사하여 불법행위를 행한 경우에는 교사자가 마땅히 불법행위에 대한 책임을 부담한다.
③ 한정책임능력자를 교사하거나, 책임무능력자 또는 한정책임능력자를 방조하여 불법행위를 행한 경우에는 연대책임을 부담한다. 그 책임무능력자 또는 한정책임능력자의 친권자 또는 후견인이 감호책임을 다하지 않은 경우에는 마땅히 그 과실에 상응하는 책임을 부담한다.

제 60 조 (단체구성원)
단체구성원의 일부가 가해행위를 행함으로 타인에게 손해를 가한 경우에는 그 단체의 각각의 구성원은 손해에 대해 연대책임을 부담한다. 다만, 그 가해행위와 단체활동이 무관함을 입증할 수 있는 경우는 제외한다.

제 61 조 (객관적 공동불법행위)
수인이 비록 공동적인 고의는 없었으나, 그 행위로 인하여 동일한 손해가 발생하였고, 공통적 인과관계가 성립되며 손해의 결과를 분리할 수 없을 경우에는 마땅히 연대책임을 부담한다.

제 62 조 (공동위험행위)
① 2 인 이상이 타인의 신체 혹은 재산적 안전을 위협하는 위험행위를 행하여 그 중 1 인 혹은 수인의 행위가 타인에게 손해를 입힘으로 구체적인 가해자를 확정하지 못할 경우에는 마땅히 연대책임을 부담한다.
② 자신의 행위가 손해를 초래한 것이 아님을 증명하는 것만으로는 전 항에 규정된 배상책임이 면책될 수 없다.

제 63 조 (원인누적)
① 수인이 행한 불법행위로 인하여 동일한 손해가 발생하였고 각각의 행위자가 행한 행위가 전체 손해를 발생시키기에 충분한 경우에는 행위자가 연대책임을 부담한다.
② 수인이 행한 불법행위로 인하여 동일한 손해가 발생하였고 일부 행위는 전체손해를 발생시키기에 충분하고, 일부 행위는 부분 손해를 발생시킬 수 있는 경우에는 공동으로 발생시킨 손해의 부분에 대하

여 행위자는 연대책임을 부담한다.

제 2 절 분할책임과 연대책임

제 64 조 (분할책임)
① 수인이 각각 불법행위를 행하여 동일한 손해의 결과를 발생시켰고 그 손해의 결과를 분할할 수 있는 경우에는 법률상 기타 책임분할 형태에 관한 규정이 없을 경우에 한하여 분할배상책임을 부담한다.
② 분할책임자는 책임을 분담하는 금액을 초과하는 배상청구는 거절할 수 있다.

제 65 조 (연대책임 및 분담과 2 차분담)
① 법률 규정에 따라 연대책임을 부담해야 하는 경우에는 피해자가 연대책임자 중 1인, 수인 또는 전부를 대상으로 배상책임을 청구할 수 있다. 다만, 합계가 손해배상책임의 총액을 초과할 수 없다.
② 이미 자신의 최종책임분담액을 초과하여 부담한 연대책임자는 그 초과부분에 대하여 기타 책임을 부담하지 않은 연대책임자에게 분담을 청구할 수 있다.
③ 연대책임자의 일부가 그의 최종책임분담액을 부담할 능력이 없거나 전부를 부담할 능력은 없는 경우에는 그가 부담하지 못하는 부분에 대하여 기타 연대책임자가 각자의 최종책임비율에 따라 2차적으로 분담한다.

제 66 조 (최종책임분담액의 확정)
① 최종책임자의 최종책임분담액은 다음의 요소를 고려하여 확정한다.
1. 과실의 정도
2. 원인력의 정도
3. 객관적 위험의 정도
4. 기타 법정사유
② 전 항에 규정된 방식으로 최종책임분담액을 확정할 수 없는 경우에는 마땅히 균등하게 배상책임을 분담한다.

제 67 조 (분배청구권)
분배청구권은 자신의 최종책임분담액을 초과하여 부담한 책임자가 기타 책임자에게 상응하는 최종책임을 청구하는 청구권이다.

제 68 조 (연대책임 중의 혼합책임)

① 법률규정에 의한 연대책임 중 일부 책임자는 연대책임을 부담하고, 일부 책임자는 분할책임을 부담할 경우에는 연대책임자가 마땅히 전체책임을 부담한다. 분할책임자는 분할책임의 금액 부분에 한해서 배상책임을 부담하고 자신의 책임을 초과하는 금액에 대한 피해자의 청구는 거절할 수 있다.

② 연대책임을 부담한 책임자는 자신의 최종책임분담액을 초과한 부분에 대해서 기타 연대책임자 또는 분할책임자에게 분배를 청구할 권리가 있다.

제 3 절 기타 다수인의 불법행위와 책임

제 69 조 (부진정연대책임과 구상)

① 동일한 손해사실로 인하여 2개 이상의 배상청구권이 발생하였고, 수개 청구권의 구제목적은 동일하나 최종책임자는 1인 일 경우에는 법률상 청구권의 실행 순서에 대한 특별규정이 없는 한 피해자가 그 중 한 개 혹은 수개의 청구권을 선택하여 배상책임을 청구할 수 있다. 피해자가 완전배상을 받은 후에는 모든 청구권이 소멸한다.

② 피해자가 책임부담을 청구한 책임자가 최종책임자가 아닐 경우에는 중간적 책임을 부담하는 책임자는 배상책임을 부담한 후에 최종책임자에게 구상할 권리를 갖는다.

제 70 조 (비최종책임자의 선책임부담 및 구상)

① 동일한 손해사실로 인하여 2개 이상의 배상청구권이 발생하였고 수개 청구권의 구제목적은 동일하나 최종책임자는 1인일 경우에는 법률규정상 비최종책임자에게만 배상을 청구할 수 있도록 규정되어 있는 경우에 한하여 피해자는 비최종책임자에게만 배상을 청구할 수 있다. 비최종책임자가 배상한 후, 최종책임자에게 구상할 수 있다.

② 전 항에 규정된 상황의 경우에는 중간적 책임을 부담하는 비최종책임자가 배상능력을 상실하여 배상책임을 부담할 수 없을 경우에는 피해자가 최종책임자에게 배상책임을 청구할 수 있다.

제 71 조 (보충책임 및 구상, 분배)

① 동일한 손해사실로 인하여 2개 이상의 배상청구권이 발생하여 수개 청구권의 구제목적은 동일하지만 법률이 보충책임으로 규정

한 경우에는 피해자가 직접책임자에게 우선적으로 배상을 청구해야 한다. 직접책임자가 배상할 수 없거나 배상액이 부족할 경우에는 피해자가 보충책임자에게 배상책임을 청구할 수 있다. 보충책임자가 보충책임을 부담한 후, 직접책임자에게 구상권을 행사할 권리가 있다.
 ② 전 항에 규정된 보충책임은 보충책임자와 최종책임자간에 최종책임분담이 존재할 경우에 자신의 책임분담액을 초과하여 부담한 책임자가 기타 책임자에게 구상할 수 있다.

제 9 장　 제조물 책임

제 72 조 (제조물 정의)
 ① 본법의 제조물은 가공과 제조를 거쳐 유통하기 위한 동산이다.
 ② 건축물 제조물에 포함하지 않는다 다만, 건축물에 사용된 건축재료, 부속품과 설비 등은 전 항에 규정된 제조물의 범위에 속하는 제조물이다.
 ③ 이하 판매를 위한 물품은 본법의 제조물로 간주한다.
 1. 도선을 이용하여 수송하는 전기 및 도관을 이용하여 수송하는 오일류, 가스, 열에너지 또는 물
 2. 컴퓨터 소프트웨어 및 유사 전자제품
 3. 판매용 미생물 제품, 동식물 제품, 유전자공학 제품 또는 사람의 혈액으로 만든 제품

제 73 조 (제조물 결함의 유형)
 제조물 결함은 제조물에 존재하는 신체적 또는 재산적 안전을 위협하는 불합리한 위험이다. 이하의 경우는 제조물의 결함이다.
 1. 제조결함은 제품이 설계의도를 벗어남으로 불합리한 위험이 존재하는 것이다
 2. 설계결함은 합리적인 대체성 설계를 채택함으로 손해를 감소시키거나 피할 수 있었지만 합리적인 대체성 설계를 채택하지 않음으로, 제품이 합리적인 안전성을 갖추지 못한 불합리한 위험이 존재하는 것이다
 3. 주의·설명 결함은 제조물에 합리적인 위험이 존재하지만 충분한 설명이나 주의경고를 통하여 손해를 피할 수 있었으나 설명이나 주의경고를 제공하지 않았거나 설명 혹은 경고가 충분하지 않으므로 제

조물에 내포된 합리적 위험이 불합리한 위험으로 전환된 것이다

제 74 조 (제조물결함 추정)
　제조물로 인한 손해가 통상적으로 제조물의 결함으로 인해 발생하는 유형에 속하고 그 손해가 제조물을 판매하거나 배포할 당시 존재하는 결함 이외의 원인에 의하여 발생 것이 아닌 경우에는 제조물을 급부한 당시에 결함이 존재한 것으로 추정한다.

제 75 조 (생산자와 판매자의 중간적 책임의 무과실책임 및 구상)
　① 제조물의 결함으로 인하여 타인의 신체적 손해 혹은 결함제조물 외의 재산적 손해를 가한 경우에는 피해자가 결함제조물의 생산자 혹은 판매자에게 배상책임의 부담을 청구할 수 있다.
　② 판매자가 배상책임을 부담한 후에 생산자에게 구상할 권리가 있다. 다만, 생산자가 판매자의 과실로 인하여 결함이 발생한 것을 증명할 경우는 제외한다.
　③ 제조물 결함이 판매자의 과실로 인하여 발생한 경우에는 생산자가 배상책임을 부담한 후에 판매자에게 구상할 권리가 있다.

제 76 조 (생산자의 무과실 최종책임)
　제조물의 결함이 생산자로 인해 발생한 경우에는 생산자가 배상책임을 부담하고 판매자에게 구상할 수 없다.

제 77 조 (제조물책임의 면책사유)
　생산자가 다음과 같은 상황 중 하나를 증명할 경우에는 배상책임을 부담하지 않는다.
　1. 제조물을 유통하지 않은 경우
　2. 제조물이 유통될 당시, 손해를 발생시키는 결함이 존재하지 않은 경우
　3. 제조물이 유통될 당시 과학기술의 수준이 결함의 존재를 발견할 수 없는 경우

제 78 조 (판매후 주의경고와 제조물 리콜 및 책임)
　① 제조물이 유통되기 전에 결함의 존재를 발견하지 못하였으나, 유통된 후 생산자가 제조물에 존재하는 합리적인 위험을 발견한 경우에

는 매수인에게 충분하고 효과적인 방식으로 이를 경고하고 손해 방지를 위한 정확한 사용방법을 설명함으로 손해의 발생을 방지해야 한다. 사후 경고의무를 이행하지 않거나 합리적으로 이행하지 않아 손해가 발생할 경우에는 마땅히 배상책임을 부담한다.

② 제조물이 유통된 후에 생산자가 사람에게 손해를 입힐 수 있는 결함의 존재를 발견한 경우에는 즉시 합리적이고 효과적인 리콜 조치를 취해야 한다. 제조물의 리콜 의무를 이행하지 않거나 합리적으로 이행하지 않아 사람에게 손해를 가한 경우에는 마땅히 배상책임을 부담한다.

③ 판매자는 생산자를 협조하여 본 조 제 1 항과 제 2 항에 규정된 의무를 이행한다.

제 79 조 (운송업자 및 창고업자의 책임)

① 운송업자 또는 창고업자의 원인으로 인하여 제품의 결함이 존재하는 경우에는 생산자 혹은 판매자가 배상책임을 부담한다. 생산자 혹은 판매자가 배상책임을 부담한 후에 운송업자, 창고업자에게 구상할 권리가 있다.

② 생산자, 판매자가 배상책임을 부담할 능력이 없는 경우에는 피해자가 직접 운송업자, 창고업자에게 손해배상책임을 청구해야 한다.

제 80 조 (제조물품질담보자의 책임)

① 제조물품질검사기관, 인증기관이 발급하는 검사결과 혹은 증명이 사실과 다름으로 인하여 손해를 가한 경우에는 제품의 생산자, 판매자와 함께 연대책임을 부담한다.

② 제조물 품질에 대한 약정, 보증을 하였으나 제품이 약정, 보증의 품질기준에 부합하지 못하여 손해가 발생한 경우에는 약정자, 보증자 그리고 생산자, 판매자는 연대책임을 부담한다.

제 81 조 (허위광고책임)

① 생산자, 판매자가 허위광고 혹은 기타 허위선전방식을 이용하여 제품을 제공함으로 손해를 가한 경우에는 본법의 규정에 의하여 제조물 책임을 부담한다.

② 광고업자, 광고게시자가 광고 혹은 기타 선전방식이 허위임을 알았거나 알 수 있었음에도 불구하고 설계, 제조, 발부하여 결함이 있는 제조물로 인하여 손해가 발생한 경우에는 결함이 있는 제품의 생산

자, 판매자와 연대책임을 부담한다.
　③허위광고 혹은 기타 허위의 선전방식으로 제품을 추천한 추천자는 본 결함이 있는 제품으로 인해 발생한 손해에 대하여 본 조 제2항에 규정된 책임자와 연대책임을 부담한다.

제 82 조 (전통거래방식의 플랫폼제공자 책임)

　① 거래시장의 개발업자, 매장임대업자, 박람회주최자 등 거래장소를 제공하는 자가 관리의무를 다하지 않음으로 결함이 있는 제조물이 손해를 가한 경우에는 피해자가 제조물의 생산자, 판매자에게 책임부담을 청구할 수 있고, 과실이 있는 거래장소를 제공한 자에게도 책임부담을 청구할 수 있다. 다만, 거래장소를 제공하는 자가 선배상을 약정한 경우에는 그 약정에 따라 책임을 부담한다. 거래 장소를 제공한 자가 배상책임을 부담한 후에 제품의 생산자 혹은 판매자에게 구상할 권리가 있다.
　② 거래장소를 제공하는 자가 판매자 혹은 생산자가 그 장소를 이용하여 소비자의 사법권익을 침해하는 것을 분명히 알았을 경우에는 마땅히 판매자 혹은 생산자와 연대책임을 부담한다

제 83 조 (인터넷거래방식의 플랫폼제공자 책임)

　① 인터넷거래 플랫폼을 통해 구매한 제품의 결함으로 인하여 손해가 발생한 경우에는 손해를 입은 소비자는 판매자 혹은 생산자에게 배상을 청구할 수 있다.
　② 인터넷거래 플랫폼을 제공자가 판매자 혹은 생산자의 사실적인 상호, 주소 및 유효한 연락방식을 제공하지 못하는 경우에는 손해를 입은 소비자가 인터넷거래 플랫폼을 제공한 자에게 배상을 청구할 수 있다. 인터넷거래 플랫폼을 제공한 자가 선배상을 약정한 경우에는 그 약정에 따라 책임을 부담한다. 인터넷거래 플랫폼을 제공한 자가 배상한 후에 판매자 혹은 생산자에게 구상할 권리가 있다.
　③인터넷거래 플랫폼을 제공한 자가 판매자 혹은 생산자가 그 플랫폼을 이용하여 소비자의 사법권익을 침해하는 것을 분명히 알았음에도 필요한 조치를 취하지 않은 경우에는 마땅히 그 판매자 혹은 생산자와 연대책임을 부담한다
　④ 인터넷 이용자가 인터넷을 이용하여 거래 플랫폼이 아닌 곳에서 제조물을 판매하여 타인에게 손해를 가하였고 인터넷거래의 플

랫폼을 제공한 자가 대금 수탁 지불 등의 서비스를 제공한 경우에는 본 조 제2항과 제3항의 규정을 준용하여 배상책임을 확정한다.

제84조 (원, 부자재와 부속품 제공자)
① 생산자에게 결함이 있는 원·부자재를 제공하여 생산자가 그 자재로 제조한 제품의 결함으로 인하여 타인에게 손해를 가한 경우에는 생산자가 배상책임을 부담한다. 생산자가 배상책임을 부담한 후, 결함이 있는 원·부자재의 제공자에게 구상할 권리가 있다. 피해자는 결함이 있는 원·부자재의 제공자에게 직접 배상책임을 청구할 수도 있다.
② 부속품 제공자가 제공한 부속품에 결함이 있는 경우에는 전 항의 규정을 적용한다.

제85조 (중고제품, 재생제품의 책임)
① 중고 제품의 판매자는 생산자로 간주한다. 그 제조물의 품질보증기간이 경과하지 않은 경우에는 원생산자가 품질보증책임을 부담한다.
② 재생제품의 원생산자는 제조물책임을 부담하지 않는다. 다만, 손해가 원 제조물이 갖는 결함으로 인하여 발생된 경우는 제외한다.

제86조 (식품으로 인한 손해의 특별규정)
① 식품의 생산자, 판매자가 생산, 판매한 식품이 품질기준에는 부합하지만 그럼에도 불구하고 소비자의 신체에 심각한 손해를 가한 경우에는 본법 제74조의 규정에 의하여 그 제품에 결함이 존재하는 것으로 추정한다.
② 식품으로 판매하는 1차 농산품, 수렵품의 판매자는 제조물책임을 부담해야 한다.

제87조 (약품, 혈액으로 인한 손해의 특별규정)
① 약품의 생산자, 판매자는 약품에 결함이 없음을 입증할 책임이 있다. 결함의 부재를 입증할 수 없을 경우에는 결함이 있는 약품으로 인한 손해에 대하여 배상책임을 부담해야 한다.
② 혈액제공기관은 혈액이 관련기준에 부합함을 입증할 책임이 있다. 혈액이 관련기준에 부합하는 사실을 증명할 수 없을 경우에는 배상책임을 부담한다. 행위 당시의 과학기술에 의거하여 혈액 속에 존재하는 피해 가능성을 발견할 수 없는 경우에는 발생한 손해에 대해 적

절한 보충책임을 부담한다.

제 88 조 (담배 등과 관련한 건강유해경고의 불가면책성)
담배 등 제조물의 생산자, 판매자가 단순히 담배가 건강에 유해하다는 경고만 한 경우에는 이미 경고·설명의무를 모두 이행했다고 간주하지 않는다.

제 89 조 (신체적 손해발생의 실제손실초과 배상)
① 생산자, 판매자가 고의 혹은 중대과실로 인하여 제조물에 결함이 존재하거나 생산 혹은 판매하는 제품에 결함이 존재하여 타인의 신체를 침해할 수 있다는 사실을 분명히 알고도 여전히 생산·판매하여 타인에게 손해를 가한 경우에는 피해자가 생산자, 판매자에게 실제 손실에 대한 배상 외에 본법 제 39 조의 규정을 초과하는 별도의 배상금의 지불을 청구할 수 있다.
② 위 항에 규정한 배상금은 책임자의 악의 정도 및 발생한 손해결과에 근거하여 필요한 한도 내에서 확정한다.

제 90 조 (제조물책임의 최장보호기간)
결함이 있는 제조물로 인한 신체적 손해배상청구권은 손해를 가한 결함이 있는 제조물이 최초 소비자자에게 급부된 때로부터 만 15 년이 경과하면 상실한다. 다만, 명시적 안전사용기간을 초과하지 않은 경우는 제외한다.

제 10 장   환경오염책임

제 91 조 (환경오염의 무과실책임)
환경오염으로 인하여 손해가 발생한 경우에는 오염자가 불법행위에 대한 책임을 부담한다.

제 92 조 (환경오염의 인과관계추정)
환경오염으로 인하여 분쟁이 발생하여 피해자가 오염행위와 손해간에 인과관계가 존재할 가능성을 기초적으로 증명한 경우에는 오염자는 그 오염행위와 피해자의 손해간에 인과관계가 존재하지 않음을 입증해야 한다. 오염자가 증명할 수 없거나 증명이 부족한 경우에는 인과관계의 성립을 인정한다.

제 93 조 (법정기준에 부합하는 배출항변의 배제)
오염자가 배출한 오염물질이 법정기준에는 부합하나 여전히 환경오염으로 인하여 손해가 발생한 경우에는 오염자가 불법행위에 대한 책임을 부담한다.

제 94 조 (다수인이 배출한 오염물질로 인한 손해의 배상책임)
① 2명 이상의 오염자가 각각 행한 오혐행위로 인해 동일한 손해가 발생하였고, 모든 1인의 오염자의 오염행위가 전체의 손해를 발생시키기에 충분한 경우에는 연대책임을 부담한다.
② 2명 이상의 오염자가 각각 행한 오혐행위로 인해 동일한 손해가 발생하였고, 모든 1인의 오염자의 오염행위가 전체의 손해를 발생시키기에 불충분한 경우에는 각각 행위의 원인력의 정도에 따라 책임을 부담한다.
③ 2인 이상의 오염자가 각각 행한 오염행위로 인해 동일한 손해가 발생하였고, 일부 오염자의 오염행위가 전체 손해를 발생시키기에 충분하고, 일부 오염자의 오염 행위는 부분 손해를 발생시킬 수 있는 경우에는 전체 손해를 발생시킬 수 있는 오염자가 기타 오염자와 공동으로 발생시킨 손해의 부분에 대해서는 연대책임을 부담하고, 나머지 손해부분은 배상책임을 부담한다.

제 95 조 (부작위 신체적 손해에 대한 오염환경책임의 부담)
누구든지 개인이나 기관이 고도의 오염위험설비를 가지고 있거나 그 업종에 기인한 행위가 본질적 혹은 사용방법적 측면에서 오염의 위험이 존재하는 행위일 경우에는 관련 법률 규정을 준수할지라도 명백한 환경적 손해를 초래할 경우, 과실여부와 상관없이 환경관리부서는 환경침해의 정도에 따라 오염자에게 배상책임 부담을 청구하고 배상금은 환경오염처리기금으로 예치한다.

제 96 조 (제 3 자의 원인)
환경오염으로 인한 손해의 발생이 제 3 자에게 귀책할 사유가 있는 경우에는 피해자는 오염자 혹은 제 3 자에게 배상을 청구할 수 있다. 오염자가 배상책임을 부담한 후에는 제 3 자에게 구상할 권리가 있다.

제 97 조 (원인제거 및 원상회복)
　환경오염으로 인한 손해를 가한 경우에는 오염자가 그에 상응한 환경침해행위로 인한 재산적 손해배상책임을 부담하는 것 외에 환경오염의 원인 혹은 배출의 위험을 제거해야 한다. 또한 오염 발생 이전의 상태로 환경을 회복하거나 원래의 환경상태에 상응하는 정도의 회복, 또는 원인제거, 원상회복 등을 위한 비용을 지불해야 한다.

제 98 조 (악의로 인한 환경오염의 실제손실초과 배상)
　고의 혹은 중대한 과실로 인해 환경을 오염시켰거나 그 행위가 환경오염을 발생시킬 만한 실제적 가능성이 있음에도 불구하고 계속적으로 종사행위를 행하여 환경을 오염시킨 경우에는 피해자가 행위자에게 실제손실로 인한 배상 외에 별도로 본법 제 39 조 규정을 초과하는 배상금 지불을 청구할 수 있다.

제 99 조 (환경오염의 소멸시효)
　환경오염의 손해로 인해 발생한 환경침해손해배상청구권은 본법 제 32 조의 규정을 적용한다. 배상책임을 부담하는 오염자간의 구상권은 환경침해손해배상책임을 이행한 후 3 년이 경과하면 소멸시효가 완성된다.

제 100 조 (환경공익소송)
　공공위생, 환경, 생활여건 등 사회공공이익에 손해를 가하는 행위에 대해서는 관련 이익단체, 정부 및 검찰청 외에도 누구든지 불법행위로 인한 민사소송을 제기하거나 참여할 권리가 있다.

제 11 장　인터넷 불법행위책임

제 101 조 (인터넷서비스제공자 책임부담의 일반규칙)
　① 인터넷이용자, 인터넷서비스제공자가 인터넷을 이용하여 타인

의 사법권익을 침해하여 손해를 가한 경우에는 불법행위책임을 부담한다 한다.
② 인터넷서비스제공자는 인터넷플랫폼서비스 제공자와 인터넷내용서비스 제공자를 포함한다.

제 102 조 ("세이프 하버 룰" 원칙의 적용)

인터넷이용자가 인터넷서비스를 통해 가해행위를 행하여 타인의 사법권익에 손해를 가한 경우에는 권리자는 인터넷서비스 제공자에게 통지하여 삭제, 차단 및 링크차단 등 기술상 가능한 필요조치를 제공하게 할 권리가 있다. 인터넷서비스제공자가 통지를 받은 후 합리적인 기간 내 필요조치를 취하지 않은 경우에는 그로 인해 손해가 확대된 부분에 대해서 그 인터넷이용자와 연대책임을 부담한다.

제 103 조 (통지, 요건 및 형식)

① 긴급한 상황을 제외하고 통지는 서면형식으로 제출한다. 서면형식은 우편문서, 전자문서 등 유형적으로 내용을 기재할 수 있는 형식이다.
② 통지는 이하 내용을 포함한다.
1. 통지인의 성명(상호), 연락방식과 주소
2. 필요조치를 요하는 권리를 침해하는 내용이 담긴 싸이트주소 혹은 권리침해를 확정할 만한 내용에 관한 정보
3. 권리 침해를 구성하는 기본적인 증명자료
4. 통지서의 진실성을 책임지는 통지인의 약정
③ 발송된 통지가 상술한 내용을 구비하지 않을 경우에는 유효한 통지를 발송하지 않은 것으로 간주하고 통지의 결과는 발생하지 않는다.

제 104 조 (합리적 기간의 확정)

① 본법 제 102 조에 규정한 합리적 기간은 이하의 요소를 고려하여 확정한다.
1. 침해를 받은 사법권익의 중대성
2. 채택한 필요조치의 기술가능성
3. 채택한 필요조치의 긴박성
4. 권리자가 요구하는 합리적 기간
② 통상적으로 합리적 기간은 24 시간이다.

제 105 조 (손해의 확산부분계산)
　손해의 확산부분은 통지가 인터넷서비스 제공자에게 도달한 때부터 시작하여 손해에 대한 영향을 제거하기 위해 취한 필요조치가 끝날 때까지의 시간 안에 발생한 사법권익의 손해이다.

제 106 조 (필요조치를 위한 통지전달 혹은 공고의무)
　인터넷서비스 제공자가 필요조치를 취한 후, 즉시 신고 당한 인터넷이용자에게 통지를 전달한다. 전달할 수 없는 경우에는 통지 내용을 동일한 사이트 상에 공고해야 한다.

제 107 조 (통지의 반대서의 요건 및 형식)
　① 인터넷이용자가 통지를 받거나 공고를 인지한 후, 그 제공된 내용이 타인의 사법권익을 침해하지 않는다고 판단될 경우에는 인터넷서비스 제공자에게 서면으로 통지를 반대하는 문서를 제출하고, 그 게재한 내용을 원래대로 회복할 것을 요구할 수 있다.
　② 통지의 반대서는 이하 내용을 구비해야 한다.
　1. 통지 반대인의 성명 (상호), 연락방식 및 주소
　2. 철회를 요구하는 이미 필요조치가 가해진 부분의 내용, 상호 및 사이트주소
　3. 필요조치를 요구 당한 행위가 불법행위로 성립되지 않는다는 기본적인 증명자료
　4. 통지 반대서의 진실성을 책임지는 통지 반대인의 약정

제 108 조 (인터넷서비스제공자의 통지 반대서의 처리)
　인터넷서비스 제공자가 인터넷이용자로부터 서면으로 통지 반대서를 받은 후, 즉시 개제된 내용을 원상태로 회복시켜야 하고, 동시에 인터넷이용자의 통지 반대서를 통지인에게 전달해야 한다. 다만, 게재된 내용이 현저히 권리를 침해한다고 판단되는 경우는 제외한다.

제 109 조 (통지 반대서에 대한 불복소송)
　인터넷서비스제공자가 통지 반대인의 요구에 따라 개제된 내용을 원상태로 회복시킨 후, 통지인은 인터넷서비스제공자에게 삭제, 차단 및 링크차단 등의 조치를 요구하는 재통지를 할 수 없다. 다만, 법원에 소송을 제기할 수 있다.

제 110 조 (통지발송인의 착오로 인한 배상책임)
　통지인이 잘못된 통지를 발송하고 인테넷서비스제공자가 이를 근거로 필요조치를 취하여 피통지인에게 손실이 발생한 경우에는 통지인이 배상책임을 부담해야 한다.

제 111 조 ("Red flag 원칙"의 적용)
　인테넷서비스 제공자가 인터넷이용자가 인터넷서비스를 이용하여 타인의 사법권익을 침해하는 것을 인지하였음에도 불구하고 필요조치를 취하지 않은 경우에는 그 인터넷이용자와 연대책임을 부담한다.

제 112 조 (인지의 판단방법)
　인지란 인터넷서비스제공자가 인터넷이용자가 불법행위를 행했음을 분명히 알거나 이미 알고 있다는 사실을 증명할 수 있는 것을 말한다.

제 12 장　공개권의 불법행위 책임

제 113 조 (공개권의 불법행위 책임)
　① 개인과 단체는 자연인과 자연인 단체 자신의 인격표지에 대한 상품화적 이용권리인 공개권을 갖는다.
　② 공개권자의 허락 없이 광고, 포스터, 입간판, 공중의 소비를 목적으로 하는 제품, 정기간행물 등의 방식으로 타인의 인격표지가 포함된 물(物), 사진, 영화, 드라마, 연극, 음악, 미술 등을 사용할 경우에는 불법행위 책임을 부담해야 한다.

제 114 조 (공개권의 보호기한)
　①공개권은 그 권리자가 생존하거나 자연인 단체가 존속하는 동안과 사망 혹은 자연인단체가 해산한 후 30 년간 존속한다.
　② 두 명 이상의 자연인 혹은 자연인 단체가 공개권을 공동으로 갖는 경우에는 맨 마지막으로 사망한 자연인이 사망하거나 자연인 단체를 해산할 수 있는 권리를 갖은 자의 사망 혹은 자연인 단체가 해산한 후, 30 년간 존속한다.
　③ 제 1 항 및 제 2 항에 따른 보호기간을 계산하는 경우에는 그 권리자

가 사망하거나 단체가 해산한 다음 해부터 기산한다.

제 115 조 (공개권자의 청구권)
 ①공개권자는 그 권리를 침해하는 자에 대하여 침해정지 및 방해제거 청구를 할 수 있으며, 그 권리를 침해할 우려가 있는 자에 대하여 위험제거를 청구할 수 있다.
 ②공개권자는 제 1 항에 따른 청구를 하는 경우에 침해행위에 의하여 만들어진 물건의 폐기나 그 밖의 필요한 조치를 청구할 수 있다.
 ③공개권자는 침해 행위로 인하여 재산적 손해와 정신적 손해를 입은 경우에는 권리를 침해한 자에게 손해배상책임을 청구할 수 있다.

제 116 조 (손해배상의 계산)
 ① 공개권의 침해로 인한 손해를 배상할 경우에는 다음 기준 중 높은 기준을 적용하여 계산한다.
 1. 권리를 침해한 자가 그 침해행위에 의하여 얻은 이익의 액
 2. 권리자가 통상적으로 그 권리를 행사하여 얻을 수 있는 재산적 가치
 ② 권리자가 받은 재산적 손해의 액이 제 1 항에 따른 금액을 초과하는 경우에는 그 초과액에 대하여도 손해배상을 청구할 수 있다.
 ③ 제 1 호와 제 2 호에도 불구하고 손해배상액을 산정하기 어려운 때에는 법원이 실제상황에 근거하여 적절한 손해배상액을 확정할 수 있다.

제 117 조 (인격 훼손에 따른 정신적 손해배상 등)
 공개권자는 권리를 침해한 자에게 재산적 손해배상 청구 외에 정신적 손해배상을 청구할 수 있다. 이 경우 손해배상과 함께 명예회복을 위하여 필요한 조치를 청구할 수 있다.

제 118 조 (공개권자의 사망 후 권리의 보호)
 ① 공개권자가 사망한 후에 그 상속자는 그 권리를 상속할 수 있다. 단 피상속자가 생전에 명시적인 반대의사를 표시한 경우는 제외한다.
 ② 공개권자는 유언에 의해 타인에게 유증할 수 있고, 그 행사 방법 및 범위 등에 조건을 붙이거나 기간을 제한할 수 있다.
 ③ 상속 혹은 유증으로 공개권을 취득한 자는 그 권리를 침해한 자에게 권리 침해 책임을 주장할 수 있다.

제 119 조 (양도)

① 공개권은 전부 또는 일부를 양도할 수 있다. 단, 장래 발생 가능성 있는 인격표지권 또는 초상재산권의 양도는 허용되지 아니한다.

② 양수자가 양도계약 상의 약정범위를 초과하여 인격표지를 이용한 경우에는 공개권자가 그에 대한 불법행위 책임을 청구할 수 있다.

제 120 조 (이용허락)

① 공개권자는 타인에게 인격표지의 이용을 허락받아야 한다. 허락을 받은 자 (이하 "이용자"라 한다) 는 허락받은 이용방법 및 조건의 범위 안에서 인격표지권 및 초상재산권을 이용할 수 있다.

② 제 1 항에 따른 허락에 의하여 인격표지권 및 초상재산권을 이용할 수 있는 권리는 공개권자의 동의 없이 제 3 자에게 이를 다시 이용하는 것을 허락할 수 없다.

③ 이용자가 허락된 이용방법 및 조건의 범위를 초과하여 인격표시를 사용하거나 제 3 자에게 인격표시의 이용을 허락한 경우에 공개권자는 이용자에게 권리 침해 책임을 주장할 수 있다.

제 121 조 (단체의 인격표지권 침해)

단체의 구성원이 공동으로 갖는 공개권이 침해를 입은 경우에는 단체의 구성원이 갖는 그 권리의 지분에 한하여 불법행위책임을 주장해야 한다.

제 122 조 (온라인서비스제공자의 책임제한)

인터넷서비스제공자가 타인의 공개권을 침해한 경우에는 본 모범법의 제 11 장 규정을 준용한다.

Lei-Modelo de Responsabilidade Civil para a Ásia Oriental

(Texto Provisório)

Aprovada na generalidade na sessão plenária da Academia de Direito de Responsabilidade Civil da Ásia Oriental, em 21 de Novembro de 2015, e com actualização mais recente em 28 de Abril de 2016.

Tradução: WEI WANG MORBEY[*]

Índice

Preâmbulo
Capítulo I: Finalidade e âmbito
Capítulo II: Causas e modos de imputação de responsabilidade civil
Capítulo III: Danos
Capítulo IV: Nexo de causalidade
Capítulo V: Dolo e negligência
Capítulo VI: Excepções e prescrição
   Secção I: Excepções
   Secção II: Prescrição
Capítulo VII: Formas de reparação dos danos e seguro de responsabilidade civil
   Secção I: Reparação dos danos em geral
   Secção II: Disposições gerais de indemnização

---

[*] Professora Auxiliar da Faculdade de Direito da Universidade de Macau.

Secção III: Indemnização por lesões corporais
Secção IV: Indemnização por danos patrimoniais
Secção V: Indemnização por danos morais
Secção VI: Seguro de responsabilidade civil
Capítulo VIII: Responsabilidade civil com pluralidade de sujeitos
Secção I: Responsabilidade civil colectiva
Secção II: Responsabilidade conjunta e solidária
Secção III: Outros tipos de responsabilidade civil com pluralidade de sujeitos
Capítulo IX: Responsabilidade sobre produtos
Capítulo X: Responsabilidade por poluição ambiental
Capítulo XI: Responsabilidade civil na actividade cibernética
Capítulo XII: Responsabilidade civil resultante da violação do direito de publicidade

Preâmbulo

O instituto jurídico da responsabilidade civil consiste num conjunto de princípios e regras que, por um lado, protege os direitos e interesses das pessoas e, por outro, delimita a responsabilidade civil, sendo a primeira vertente o reforço da razão de ser do direito privado, e a segunda, o reforço da segurança jurídica essencial para a liberdade de agir dos sujeitos de relações jurídicas. A Ásia Oriental, localizada a oeste do Oceano Pacífico, é uma das regiões mais densamente povoadas do mundo, e também é uma das regiões de crescimento económico mais rápido no mundo. A nível mundial, a formação do mercado comum da Ásia Oriental revestir-se-á de importante significado para o progresso social e o desenvolvimento económico, cuja promoção continuada carece, por um lado, de uma protecção efectiva dos direitos e interesses privados dos intervenientes no mercado comum da Ásia Oriental e, por outro lado, de assegurar a liberdade de agir dos sujeitos de relações jurídicas. Assim, o instituto jurídico de responsabilidade civil desempenhará certamente um papel cada vez mais importante. Neste contexto, o facto de as legislações em matéria de responsabilidade civil diferirem de uma jurisdição para outra pode limitar ou impedir a acumulação de capital, o fluxo de talentos, a interação social e a protecção dos direitos e interesses privados, etc., o que não é propício para o desenvolvimento ordenado do mercado comum do Ásia Oriental e é prejudicial ao pleno gozo dos direitos e interesses pelos povos desta região, razão pela qual, as jurisdições dos países da Ásia Oriental apelam por um acordo de base do entendimento comum em matéria de responsabilidade civil, com princípios e regras harmoniosos de responsabilidade civil, estabelecendo deste modo o quadro estruturante da regulação de responsabilidade civil trans-jurisdicional, para promover a prosperidade e o desenvolvimento do mercado comum da Ásia Oriental e proteger os direitos e interesses das pessoas de todas as jurisdições na região.

Com a intenção de unir os académicos e operadores de direito da Ásia Oriental, e de outras partes da Ásia, para pesquisarem as legislações, as jurisprudências e as doutrinas relativas à responsabilidade civil das jurisdições da Ásia Oriental, a fim de promover o desenvolvimento do instituto jurídico de responsabilidade civil, esta Academia elaborou a presente Lei-Modelo, com o recurso ao trabalho colectivo de vários anos. Trata-se de um modelo precursor destinado à uniformização do instituto jurídico de responsabilidade civil das jurisdições da Ásia Oriental e, com isto, pretende-se também entrar num percurso de uniformização do direito de responsabilidade civil a nível mundial.

A natureza da presente Lei-Modelo é de soft law, contendo o programa proposto pela Academia que visa a uniformização do direito de responsabilidade civil das jurisdições da Ásia Oriental. Embora a Lei-Modelo seja demonstrativa e não vinculativa, os autores deste projecto aspiram a que:

i) a presente Lei-Modelo possa influenciar as actividades legislativas das jurisdições da Ásia Oriental, na medida em que estas, ao estipular ou modificar a sua lei de responsabilidade civil, tomem a presente Lei-Modelo como inspiração ou adoptem as normas nela estabelecidas;

ii) as regras contidas nesta Lei-Modelo possam ser invocadas como fundamento jurídico de sentença judicial quando houver conflitos entre os sujeitos de relações jurídicas da Ásia Oriental;

iii) os magistrados de cada jurisdição da Ásia Oriental possam recorrer à presente Lei-Modelo optando pela fundamentação teórica assente nas normas que nela se contêm;

iv) esta Lei-Modelo possa ser objecto de estudo entre os juristas desta região e de outras áreas do mundo, fornecendo materiais e informações para o ensino e a pesquisa do direito de responsabilidade civil a nível mundial.

A presente Lei-Modelo está estruturada em duas partes:

A primeira parte contém as generalidades da responsabilidade civil tratadas nos capítulos I a VII: finalidade e âmbito da protecção na Lei-Modelo; causas e modos de imputação da responsabilidade civil; pressupostos constitutivos da responsabilidade civil; excepções; formas de reparação dos danos; seguro; e pluralidade de sujeitos na responsabilidade civil.

A segunda parte regula quatro tipos de ilícitos especiais no domínio de responsabilidade civil, cuja selecção reúne o maior consenso quanto à tipologia de responsabilidade civil na Ásia Oriental: (a)"responsabilidade sobre produtos"(capítulo IX), que visa a promoção da circulação de bens, a protecção dos consumidores, e a uniformização da regulação da responsabilidade do produtor nesta região; (b)"responsabilidade por poluição ambiental"(capítulo X), que visa a protecção do direito de todos viverem num meio ambiental seguro, saudável e ecologicamente equilibrado, a promoção da melhoria ambiental, bem como a salvaguarda dos direitos e interesses das vítimas dos danos causados pela poluição; (c)"Responsabilidade civil na actividade cibernética"(capítulo XI), que visa a promoção da integração de informações da Ásia Oriental, a protecção da liberdade cibernética, a regulação dos serviços de internet e a defesa dos direitos e interesses dos utilizadores da Internet; (d)"responsabilidade civil resultante da violação do direito de publicidade"(capítulo XII), que visa a promoção do desenvolvimento da protecção jurídica dos direitos de personalidade, o encaminhamento da nova tendência da protecção dos direitos de personalidade incluindo a protecção dos sinais distintivos da personalidade. A presente Lei-Modelo não inclui as demais categorias de responsabilidade civil.

Os autores desta Lei-Modelo esperam poder, através da sua divulgação, promover o progresso tanto do estudo teórico como da prática judicial do direito de responsabilidade civil na Ásia Oriental, e ter também uma influência positiva no mundo, em matéria de responsabilidade civil.

Capítulo I Finalidade e âmbito

Artigo 1.º Finalidade

A presente Lei-Modelo tem por finalidade: harmonizar as normas de responsabilidade civil existentes nas diversas jurisdições da Ásia Oriental; proteger a liberdade de acção dos sujeitos de relações jurídicas, e seus direitos e interesses; conduzir o rumo do desenvolvimento do direito de responsabilidade civil; promover a harmonização e o progresso dos sistemas jurídicos da Ásia Oriental.

Artigo 2.º Âmbito

A presente Lei-Modelo visa, mediante o mecanismo de responsabilidade

civil, assegurar:
(i) direitos privados;
(ii) interesses económicos legalmente protegidos; e
(iii) meio ambiental saudável e outros bens expressamente tutelados pela lei.

Capítulo II Causas e modos de imputação de responsabilidade civil

Artigo 3.º Responsabilidade fundada na culpa

Aquele que violar culposamente o direito de outrem causando danos fica obrigado a repará-los.

Aquele que violar deliberadamente os interesses de outrem, incluindo os interesses económicos puros, causando danos, fica obrigado a repará-los.

Aquele que violar negligentemente os interesses privados de outrem causando danos significativos ou concorrendo circunstâncias agravantes fica obrigado a repará-los.

Artigo 4.º Presunção de culpa

Quando houver presunção legal de culpa de quem violar direitos e interesses de outrem causando danos, fica o lesado dispensado do ónus da prova, cabendo ao autor da ofensa a prova da ausência da culpa.

Artigo 5.º Responsabilidade sem culpa

Aquele que violar os direitos e interesses de outrem é responsável pelos danos causados, independentemente de culpa, nos casos especificados na lei.

A responsabilidade objectiva prevista no parágrafo anterior inclui a responsabilidade por risco, por defeito ou por outras causas imputáveis especificadas na lei.

No caso de responsabilidade sem culpa, são aplicáveis as disposições que estabelecem limites máximos de indemnização.

Provado que o agente tem culpa, é aplicável a disposição prevista no artigo 3º da Lei-Modelo relativamente à responsabilidade fundada na culpa.

Artigo 6.º   Responsabilidade por actos de terceiros

No caso de a lei expressamente prever a responsabilidade por actos de terceiros, aquele que legalmente é responsável pela prática de actos ofensivos por outrem, deve assumir a responsabilidade civil.

O acto praticado por inimputável, prejudicando os direitos ou interesses de outrem, acarreta a responsabilidade de quem exerce o poder paternal ou do respectivo tutor como previsto no parágrafo anterior.

Capítulo III   Danos

Artigo 7.º   Definição

Para efeitos desta Lei-Modelo, considera-se dano o prejuízo patrimonial ou não patrimonial causado pelo acto duma pessoa lesivo dos direitos e interesses de outrem legalmente protegidos.

Artigo 8.º   Tipologia

O dano previsto no artigo anterior abrange:
(i) danos pessoais, que abrangem a morte, invalidez ou lesões corporais da vítima causados pela violação do seu direito à vida, saúde e integridade física, bem como prejuízos patrimoniais ou não patrimoniais daí emergentes;
(ii) danos patrimoniais, incluindo os prejuízos do património do lesado causados pela violação dos direitos reais, de crédito, de propriedade intelectual e interesses legalmente protegidos, incluindo a diminuição efectiva do património existente e os lucros cessantes;
(iii) danos do interesse patrimonial da personalidade, referentes ao reflexo patrimonial do dano moral; e
(iv) danos morais, relativos aos prejuízos sofridos psicológica e fisicamente pela vítima, em consequência de violação do seu direito de personalidade, e de prejuízos causados aos bens que contêm elementos pessoais originando danos relativos aos interesses associados com a personalidade.

Artigo 9.º Graduação de direitos e interesses privados
Os direitos e interesses de natureza diversa previstos nesta Lei-Modelo serão protegidos de acordo com a seguinte ordem:
(i) direito à vida, saúde, integridade física, liberdade, dignidade e integridade psíquica;
(ii) demais direitos e interesses respeitantes à personalidade e ao estado da pessoa; e
(iii) direitos reais, de crédito, de propriedade intelectual e demais direitos patrimoniais.

Havendo conflito entre os direitos e interesses privados previstos no parágrafo anterior, o de grau mais elevado prevalece na protecção legalmente concedida.

Artigo 10.º Custos razoáveis destinados à prevenção ou redução dos danos
Ocorrido o facto ilícito passível de responsabilidade civil, a despesa razoável feita pelo ofendido para prevenir ou reduzir o dano considera-se integrada noâmbito do dano indemnizável.

Consideram-se integrados no âmbito do dano indemnizável previsto no parágrafo anterior os custos razoáveis dispendidos para garantir reparações tais como honorários pagos aos advogados e despesas para realizar a investigação.

Artigo 11.º Comprovação dos danos
Cabe ao lesado fazer a prova da existência, grau e extensão dos danos sofridos, excepto nos casos especiais em que a lei preveja diferentemente.

Quando houver excessiva dificuldade em quantificar em numerário os danos, ou a respectiva prova implicar despesa excessiva, o tribunal pode fixar o valor da indemnização segundo a equidade.

Capítulo IV Nexo de causalidade

Artigo 12.º Definição
Existe uma relação de causalidade entre uma conduta ilícita e um dano

quando se verificar que sem tal conduta ilícita não ocorreria o dano. Caso uma conduta ilícita, na perspectiva de relação factual de causalidade, seja geralmente suficiente para causar um dano, considerar-se a existência de uma relação jurídica de causalidade entre tal conduta ilícita e o dano. Para fins de regulação e ponderação equilibrada da liberdade de acção do agente por um lado, e de garantir o direito ou interesses do ofendido por outro, pode ser ajustado de forma adequada o padrão para determinar a relação jurídica causal.

Artigo 13.º Tipologia

Existe nexo de causalidade constitutivo de responsabilidade civil numa relação jurídica de causalidade entre a conduta ilícita e o dano.

Existe nexo de causalidade imputável de responsabilidade civil numa relação jurídica de causalidade entre a conduta ilícita e a extensão e grau do dano.

Artigo 14.º Ónus da prova

Cabe ao lesado fazer a prova da verificação do nexo de causalidade constitutivo da responsabilidade civil e do nexo de causalidade imputável de responsabilidade civil.

Artigo 15.º Presunção do nexo de causalidade: inversão ou atenuação do ónus da prova

Havendo presunção legal do nexo de causalidade assente numa determinada ligação entre uma conduta ilícita e respectivas consequências danosas, fica o lesado dispensado do ónus da prova, e cabe ao agente fazer prova capaz de ilidir tal presunção.

Quando, de acordo com as regras de experiência comum, o lesado não for capaz de fazer a prova suficiente para chegar ao critério de elevada probabilidade, para verificar uma relação causal entre a conduta ilícita e o dano, mas suficiente para satisfazer o padrão de probabilidade, pode considerar-se feita a prova, salvo se o autor da ofensa demonstrar com sucesso a inexistência de tal nexo de causalidade mediante prova em contrário.

Capítulo V Dolo e negligência

Artigo 16.º Dolo
Para efeitos desta Lei-Modelo, entende-se por dolo o estado mental de alguém que, deliberadamente, pratique um acto susceptível de causar dano a outrem, com a intenção de que tal dano venha a surgir ou nada faça para o evitar.

Artigo 17.º Prova do dolo
A prova do dolo carece da demonstração de que o agente tinha consciência do dano ser causado pela sua conduta. Para determinar se o agente tinha ou não tal consciência, deve tomar-se em consideração a prova feita pelo lesado, combinada com a circunstância em que o agente actuou, seu modus operandi, nível intelectual e experiência, bem como os demais factores, nomeadamente a evidência dos direitos e interesses privados envolvidos.

Se, tendo consciência de o dano vir a resultar do seu acto, o agente continuar a praticá-lo, deve determinar-se que o mesmo agiu com a intenção de que o dano viesse a ocorrer ou sem se opôr à sua ocorrência.

Artigo 18.º Negligência
Para efeitos desta Lei-Modelo, entende-se por negligência o estado mental de alguém que, embora sem intenção de causar dano a outrem, o produza por não ter tomado o devido cuidado.

Em circunstâncias normais, a violação do dever de cuidado que o agente devia observar no contexto concreto em que actuou, pode determinar a existência de negligência.

Artigo 19.º Grau de negligência
A negligência é graduada nas seguintes categorias:
(i) negligência grosseira, em que o comportamento do agente constitui uma violação do dever de cuidado de tal maneira grave que uma pessoa média com a mínima prudência podia evitá-lo;
(ii) negligência leve objectiva ou em abstracto, em que o agente viola o dever de gestor criterioso e ordenado; e

(iii) negligência leve subjetiva ou em concreto, em que o agente viola o dever de diligência por não cuidar da coisa como se fosse sua.

Artigo 20.º Prova de negligência

Caso o lesado demonstre que o agente estava adstrito ao dever de cuidado no momento da prática do acto ilícito sem, aliás, cumprir esse dever, fica provada a existência de negligência. A avaliação do diferente grau exigível ao cumprimento do dever de cuidado segue o critério legal aplicável.

Devem ajustar-se os padrões de conduta na avaliação do cumprimento do dever de cuidado, atendendo à idade, estado mental, condições físicas e demais factores do agente.

Para avaliar se um advogado, contabilista, arquitecto, médico ou outro profissional agiu com negligência, deve tomar-se em consideração o critério existente em cada uma destas profissões quanto ao dever de cuidado na altura da prática do acto.

Havendo presunção legal de negligência, o critério a que o agente pode recorrer para provar ausência da negligência é o do cumprimento cabal do dever de cuidado.

Artigo 21.º Culpa

O agente deve assumir a responsabilidade civil por danos causados a outrem quando agiu com culpa. O agente só assume a responsabilidade civil independentemente de culpa nos casos especificados na lei.

Na fixação do montante de indemnização a repartir entre as partes nos casos em que existe culpa concorrente, responsabilidade solidária ou conjunta, deve tomar-se em consideração respectivo grau de culpa.

Capítulo VI   Excepções e prescrição

Secção I   Excepções

Artigo 22.º Excepções e sua prova

As excepções obstam à verificação da responsabilidade civil ou diminuem essa responsabilidade.

Compete ao agente ou responsável por actos de terceiros fazer a prova da existência das excepções que obstam à verificação da responsabilidade civil ou diminuam essa responsabilidade.

Artigo 23.º Desempenho de funções públicas

Não existe responsabilidade civil quando a conduta do agente cause danos a outrem devido ao legítimo exercício das suas funções, de acordo com a lei, salvo disposição em contrário.

Artigo 24.º Legítima defesa

Aquele que for compelido a praticar um acto lesivo em defesa do seu direito e interesses legalmente protegidos e dos de terceiro, não é obrigado a indemnizar pelos danos por ele causados. Mas, no caso de excesso de defesa, o lesado pode reclamar indemnização relativa aos danos aí produzidos.

Artigo 25.º Estado de necessidade

Aquele que praticar um acto causador de danos a outrem, para afastar um perigo actual, não é obrigado a reparar os danos. Cabe à pessoa que provocou tal perigo assumir a responsabilidade.

Caso o agente empregue meio inadequado ou aja excessivamente, deve incorrer na obrigação de indemnizar adequadamente.

Quando o perigo for devido a causas naturais, o beneficiário das medidas deve partilhar a perda proporcional ao seu ganho.

Artigo 26.º Acção directa

Quando a acção directa for indispensável pela impossibilidade de recorrer em tempo útil ao poder competente para salvaguardar o próprio direito e interesse legalmente protegidos, o respectivo agente pode tomar medidas cautelares necessárias sobre os bens do outro agente ou condicionar adequadamente a liberdade pessoal deste, sem assumir a responsabilidade por dano causado.

O agente de acção directa deve comunicar imediatamente ao tribunal ou outras autoridades competentes, após ocorrida tal acção, pedindo a sua intervenção, sem o que pode incorrer em responsabilidade civil.

Quando houver excesso na acção directa e daí resultarem danos, o agente de acção directa deve assumir a obrigação de indemnizar de forma adequada.

Artigo 27.º Consentimento do lesado

O consentimento do lesado exclui a responsabilidade civil do agente sobre os danos causados, excepto se tal consentimento for contrário a uma obrigação legal, à ordem pública ou aos bons costumes.

O consentimento prévio do lesado não exclui, porém, a responsabilidade civil do agente quanto à lesão física causada, salvo disposição legal expressa em contrário.

Artigo 28.º Força maior

O agente não assume a responsabilidade civil pelos danos causados por motivo de força maior, salvo disposição legal em contrário.

Caso os danos sejam causados conjuntamente por força maior e conduta do agente, este é responsável por indemnização proporcionalmente ao grau de negligência e à potencialidade causal.

Artigo 29.º Causalidade imputável a terceiro

Quando os danos forem causados por terceiro, este deve assumir a responsabilidade de repará-los, ficando o agente isento da responsabilidade, com excepção de previsão legal em contrário.

Artigo 30.º Culpa da vítima

O agente não é responsável pelos danos causados inteiramente por dolo ou negligência da vítima.

Artigo 31.º Assunção do risco

O agente não é responsável por danos causados ao lesado quando este voluntariamente participar no acto, com consciência do perigo previsível, e assumir o risco por vontade própria, expressa ou implicitamente, desde que tal consentimento não viole a ordem pública, os bons costumes ou normas imperativas de direito.

Secção II Prescrição

Artigo 32.º Prazo de prescrição
O prazo ordinário de prescrição da responsabilidade civil é de três anos. Prescrevem no prazo de cinco anos a responsabilidade civil resultante da violação do direito à vida, saúde e integridade física.

Artigo 33.º Início do curso de prescrição
O prazo de prescrição começa a correr quando o lesado tiver conhecimento da violação do seu direito e do agente responsável pelo dano causado. No caso de o acto ilícito se encontrar em estado continuado, o prazo de prescrição começa a correr quando tal estado terminar.

Artigo 34.º Prazo máximo de prescrição
O prazo máximo de prescrição é de vinte anos, salvo situações excepcionais às quais o tribunal atenda para efeitos de prorrogação do mesmo prazo.

Capítulo VII Formas de reparação dos danos e seguro de responsabilidade civil

Seção I Reparação dos danos em geral

Artigo 35.º Indemnização
O lesado tem o direito de exigir ao agente responsável por indemnização, a reparação dos danos, na medida da reposição das coisas no seu estado anterior à ocorrência da lesão.

Artigo 36.º Injunção judiciária
Quando uma pessoa tiver prova de alguém estar ou ir praticar de imediato um acto ofensivo do seu direito ou interesse, fazendo com que sofra danos, caso não tome medidas impeditivas ou preventivas, pode requerer a injunção judiciária. Se, porém, tal injunção envolver bens, o requerente deve prestar

caução adequada.

O tribunal pode decretar a injunção ordenando ao agente que ponha termo à prática do acto ilícito.

A injunção judiciária deve ser acatada imediatamente.

Artigo 37.º Modus operandi da reparação dos danos

As formas de reparação dos danos aplicam-se separada ou conjuntamente.

O lesado pode escolher a forma de reparar o direito violado, desde que seja praticamente viável, mas não pode aumentar excessivamente o ónus de indemnização nem em violar o princípio de boa-fé.

Secção II Disposições gerais de indemnização

Artigo 38.º Titulares do direito à indemnização

Os titulares do direito à indemnização são as pessoas que sofrem directamente danos patrimoniais e não patrimoniais.

Os nascituros são titulares do direito à indemnização relativamente às lesões sofridas enquanto concepturos.

No que diz respeito aos danos sobre os interesses de personalidade do de cujus, têm legitimidade para exigir indemnização o cônjuge sobrevivo, os pais e filhos do de cujus, ou, na falta destes, os parentes até ao 4º grau.

Após a morte duma pessoa, são titulares do direito à indemnização:

(i) o cônjuge sobrevivo, os pais e filhos do falecido, ou, na falta destes, os parentes até ao 4º grau;

(ii) as pessoas a quem o falecido em vida devia prestar alimentos; e

(iii) as pessoas que pagaram as despesas médicas, de funeral e outras despesas relacionadas.

Artigo 39.º Danos indemnizáveis

O âmbito dos danos indemnizáveis abrange tanto os prejuízos actuais sofridos pelo lesado, como os benefícios que o lesado deixou de obter em consequência da lesão.

Artigo 40.º Indemnização da totalidade

Deve processar-se a indemnização na totalidade, isto é, que compreenda os danos emergentes e os lucros cessantes, salvo disposição legal em contrário.

Artigo 41.º Manutenção do padrão mínimo de vida e redução do montante indemnizável

Para determinar o valor indemnizável a pagar pela pessoa física, deve considerar-se a manutenção do padrão mínimo de vida do agente e sua obrigação legal de prestar alimentos, bem como as despesas necessárias para pagar a educação de menores.

Caso a indemnização da totalidade faça com que o agente não possa suportar os encargos referidos no parágrafo anterior, pode ser reduzido o seu montante, a pedido do mesmo.

Para determinar em concreto o montante de redução da indemnização, deve tomar-se em consideração, inter alia, ao grau de dolo ou negligência do agente, à natureza e gravidade da lesão, bem como ao grau de diminuição da capacidade do lesado.

Artigo 42.º Indemnização de danos futuros

Para indemnização de danos futuros, as partes podem acordar no pagamento em prestações periódicas ou no pagamento de uma só vez.

Caso acordem na indemnização pelo pagamento em prestações periódicas, o agente deve prestar caução adequada.

Caso acordem na indemnização pelo pagamento de uma só vez, o agente assume a obrigação de indemnizar em conformidade, excluindo-se o benefício do prazo para a indemnização dos futuros danos.

Caso as partes não cheguem a acordo relativo aos modos de pagamento previstos no primeiro parágrafo deste artigo, cabe ao tribunal decidir quanto à forma de indemnizar, de acordo com a situação real, devendo prevalecer o pagamento em prestações periódicas.

Artigo 43.º Compensatio lucri cum damno

Sempre que o acto constitutivo de responsabilidade civil tenha produzido ao lesado não apenas danos, mas, também, benefícios, estes devem compensar-se com aqueles, desde que tenham a mesma causa comum.

Seção III   Indemnização por lesões corporais

Artigo 44.º Definição da lesão corporal

Aquele que violar a integridade física de outrem causando ferimentos, invalidez ou morte da vítima, fica obrigado a indemnizar pelos danos causados.

No caso de lesão causada à integridade física, insusceptível de ser calculado o seu montante real, deve o responsável assumir a indemnização nominal.

Artigo 45.º   Reparação do dano causado a concepturo e nascituro

Se um acto lesivo do direito causar dano a concepturo, determina-se o ressarcimento do dano de acordo com a lesão física efectivamente sofrida. No caso de nado-morto, cabe à sua progenitora reclamar a indemnização.

Artigo 46.º   Malformações congénitas

Quando, por negligência médica, não forem detectadas deficiências num concepturo, originando o nascimento de criança portadora de graves malformações, os seus progenitores podem reclamar indemnização das despesas adicionais por causa dessas malformações.

Quando o nascimento de criança portadora de graves malformações ou quaisquer doenças genéticas for devido à negligência do pessoal médico que não forneceu informações correctas à mulher grávida, privando-a de oportunidade de interromper a gravidez, a responsabilidade de reparação dos danos deve ser determinada de acordo com as necessidades reais do portador de malformações congénitas.

Artigo 47.º   Reparação do dano por perda de oportunidade de cura ou de prolongamento da sobrevivência

Se, por acto ilícito do agente, ficar reduzida a oportunidade de cura ou de prolongamento da sobrevivência, pode a vítima exigir indemnização.

No pedido de indemnização previsto no parágrafo anterior, a vítima deve provar o nexo de causalidade entre o acto ilícito e a perda da oportunidade.

Secção IV   Indemnização por danos patrimoniais

Artigo 48.º   Âmbito da indemnização por danos patrimoniais

Aquele que violar direitos reais, propriedade intelectual e outros direitos patrimoniais de outrem causando danos, deve indemnizar o lesado pela perda ou diminuição do valor patrimonial, incluindo as despesas efectuadas pela restauração do valor original.

Aquele que violar o direito de crédito de outrem com conhecimento que a essa pessoa pertence o crédito deve reparar o dano causado.

Artigo 49.º Método de cálculo de danos patrimoniais
O dano indemnizável é calculado de acordo com o alcance real do prejuízo sofrido. Se for possível recorrer ao preço de mercado, será feito o cálculo conforme o preço de mercado no momento em que ocorreu o dano ou determinação da responsabilidade civil. Não havendo indicação do preço de mercado ou sendo tal preço manifestamente injusto, deve fixar-se o montante indemnizável de acordo com a situação real.

O cálculo de lucros cessantes deve basear-se nos possíveis benefícios a receber objectivamente e evitar a ampliação ou diminuição indevida do montante indemnizável.

Artigo 50.º Regras sobre previsibilidade
Àquele que causa, por negligência, danos à propriedade de outrem de valor imprevisível, pode ser reduzido adequadamente o montante a indemnizar.

Secção V Indemnização por danos morais

Artigo 51.º Âmbito da indemnização por danos morais
Aquele que violar o direito pessoal de outrem deve indemnizá-lo por danos morais causados.

No caso da violação do direito causar a morte ou grave lesão física da vítima, seu cônjuge, seus pais e filhos podem exigir indemnização por danos morais sofridos.

Artigo 52.º Direito de publicidade
São indemnizáveis os prejuízos económicos causados por violação do direito ao nome, à imagem e à reserva da intimidade ou outros direitos pessoais, sendo o cálculo feito de acordo com os danos efectivamente sofridos pela vítima ou os benefícios daí obtidos pelo agente. Caso seja difícil determiná-los, e as partes não cheguem a acordo quanto ao montante da indemnização, o tribunal pode fixar o montante da indemnização atendendo à situação real.

Artigo 53.º Indemnização por dano de interesse patrimonial da personalidade

Aquele que praticar um acto lesivo a uma coisa com valor estimativo, causando ao seu titular grave dano moral, pode ter de indemnizar a título de dano moral.

Artigo 54.º Indemnização por abalo nervoso

A pessoa que sofreu grave dano moral em decorrência de choque por ter assistido pessoalmente a uma cena cruel que vitimou seu cônjuge, seus filhos, ou seus pais, pode reclamar indemnização por dano moral.

É aplicável a disposição contida no parágrafo anterior no caso de alguém ter assistido pessoalmente a cena cruel que vitimou seus avós, netos ou irmãos com quem vivia e sofra grave dano moral em decorrência disso.

Artigo 55.º Fixação do valor de indemnização por danos morais

O montante da indemnização por danos morais é determinado de acordo com os seguintes factores:

(i) grau de sofrimento físico e/ou psíquico da vítima, seu cônjuge, seus filhos e pais;
(ii) rendimento e condições de vida da vítima;
(iii) grau de culpa do agente;
(iv) circunstâncias detalhadas, nomeadamente, local escolhido, meios empregues e métodos utilizados;
(v) consequências causadas pelo acto ilícito;
(vi) capacidade económica do agente para assumir a responsabilidade; e
(vii) nível médio de vida onde se situa o tribunal em que correm os autos.

Secção VI Seguro de responsabilidade civil

Artigo 56.º Seguro de responsabilidade civil por acto de segurado

Quando a obrigação de indemnizar estiver parcial ou totalmente transferida para uma seguradora, mediante seguro obrigatório ou facultativo de responsabilidade civil, o lesado pode exigir indemnização ao agente responsável pelo dano ou à seguradora, salvo disposição legal em contrário.

Artigo 57.º Obrigação de indemnização no caso de insuficiência do seguro de responsabilidade civil
Se, após cumprida a obrigação pela seguradora, o dano não for ressarcido por completo, a vítima pode exigir a diferença ao agente.

Capítulo VIII Responsabilidade civil com pluralidade de sujeitos

Secção I Responsabilidade civil colectiva

Artigo 58.º Responsabilidade civil colectiva subjectiva
Vários sujeitos que tenham violado o direito e interesse de outrem em conjunto respondem solidariamente pelos danos causados.

Artigo 59.º Responsabilidade de instigadores e auxiliares
Instigadores ou auxiliares de acto lesivo do direito de outrem devem responder solidariamente com os autores pelos danos causados.

Aquele que instigar um inimputável à prática de acto lesivo do direito de outrem, fica obrigado a reparar os danos causados.

Se instigar ou auxiliar alguém com limitação na capacidade de assumir a responsabilidade civil, ou auxiliar inimputáveis, devem o instigador e o auxiliar responder solidariamente pelos danos causados; no caso de titulares de poder paternal ou de tutor de inimputável ou de quem com limitação na capacidade de assumir a responsabilidade civil não cumprir o dever de tutela, ficam obrigados a indemnizar os danos causados, proporcionalmente ao grau e à causa de negligência.

Artigo 60.º Responsabilidade de membros de grupos
Quando alguns dos membros de um grupo praticarem qualquer acto lesivo do direito de outrem causando danos, os outros membros devem assumir a responsabilidade solidária, salvo comprovação de que tal acto ilícito não se integra nas actividades desse grupo.

Artigo 61.º Responsabilidade civil colectiva objectiva

Se, embora não o querendo, vários sujeitos produzirem o mesmo dano por conduta com nexo causal e o resultado da lesão não seja divisível, todos devem responder solidariamente pelos danos causados.

Artigo 62.º Causalidade alternativa

Tratando-se de situações em que duas ou mais pessoas tenham praticado em conjunto um acto perigoso à vida, ou ameaçador da segurança dos bens de outrem, causando danos, sem, porém, se identificarem os responsáveis pelos danos, respondem todos solidariamente pelos danos causados.

Quem apenas demonstra que a sua conduta não causou o dano, não fica por isso isento da obrigação de indemnizar prevista no parágrafo anterior.

Artigo 63.º Causalidade cumulativa

Quando os actos de vários sujeitos contribuirem para a ocorrência de um dano, sendo quaisquer dessas condutas passíveis, por si só, de ocasionar o mesmo, ficam todos obrigados solidariamente a indemnizar pelo dano causado.

Quando os actos de vários sujeitos contribuirem para a ocorrência de um dano, sendo alguns passíveis, por si só, de ocasionar o dano, e outros, passíveis de ocasionar parcialmente o dano, ficam obrigados solidariamente a indemnizar por parte do dano causado por todos.

Secção II Responsabilidade conjunta e solidária

Artigo 64.º Responsabilidade conjunta

Havendo uma pluralidade de pessoas que praticaram separadamente actos lesivos do direito de outrem, causando o mesmo dano, susceptível de ser repartido pelos intervenientes, devem assumir obrigação conjunta de indemnização, salvo disposição legal em contrário.

Qualquer dos responsáveis conjuntos pode recusar o pedido de indemnização superior à parte que deve.

Artigo 65.º Responsabilidade solidária, sua repartição e redistribuição

Quando a lei prevê a responsabilidade solidária, a vítima tem a faculdade de exigir a indemnização integral a qualquer um, a alguns ou a todos os responsáveis solidários, sem ultrapassar o montante total indemnizável.

O responsável solidário que assuma obrigação de indemnização superior à parcela que lhe cabe, tem direito, quanto à parte excedente, a recebê-la dos outros responsáveis solidários.

Se algum responsável solidário não puder assumir parcial ou totalmente a sua obrigação de indemnização, cabe aos demais responsáveis solidários assumir a satisfação dessa parcela, na proporção que lhe cabe.

Artigo 66.º Fixação das parcelas finais de responsabilidade solidária

A fixação das parcelas finais de responsabilidade solidária que cabe a cada um dos responsáveis toma em consideração os seguintes factores:

(i) grau de culpa;
(ii) potencialidade causal;
(iii) grau de risco objectivo; e
(iv) outros factores jurídicos.

Não podendo fixar-se as parcelas finais de responsabilidade solidária com recurso ao método previsto no parágrafo anterior, todos comparticipam em partes iguais na indemnização.

Artigo 67.º Direito à redistribuição

O direito à redistribuição é o direito de quem, após paga indemnização superior à parcela final que lhe cabe, reclamar contra os demais responsáveis adstritos à obrigação final de pagamento que assumam a respectiva diferença.

Artigo 68.º Responsabilidade mista

Na responsabilidade mista integrada por obrigação solidária e obrigação conjunta, os responsáveis solidários satisfazem integralmente o direito à indemnização; os responsáveis conjuntos satisfazem apenas o direito à indemnização relativa à parcela de cada um que pode recusar o pedido de indemnização superior à parte que deve.

Uma vez cumprida a obrigação de indemnização superior à parcela final que lhe cabe, o responsável solidário tem o direito de exigir a redistribuição da indemnização aos demais adstritos à obrigação solidária ou conjunta.

Secção III Outros tipos de responsabilidade civil com pluralidade de sujeitos

Artigo 69.º Responsabilidade solidária imprópria e indemnização

Se houver dois ou mais pedidos de indemnização em decorrência do mesmo facto causador do dano, com o mesmo objectivo reparador, e só um responsável solidário assumir a obrigação final de indemnização, sem haver previsão legal sobre a ordem pela qual se exerce o pedido de indemnização, a vítima pode exigir a satisfação integral do direito à indemnização a um ou vários responsáveis solidários.

Se a pessoa a quem a vítima exigiu a indemnização não for o responsável solidário final, uma vez assumida a obrigação intermediária de indemnização, existe direito de regresso contra o responsável final.

Artigo 70.º Assunção da obrigação por quem não seja responsável final e direito de regresso

Se houver dois ou mais pedidos de indemnização em decorrência do mesmo facto causador do dano e com o mesmo objectivo reparador e só um responsável final entre os responsáveis solidários, prevendo a lei o pedido de indemnização dirigido somente ao responsável intercalar, este, uma vez cumprida a sua obrigação legal, tem direito de regresso contra o responsável final.

Caso o responsável intercalar a quem competia a obrigação prevista no parágrafo anterior não puder assumir a responsabilidade por ter perdido a capacidade de indemnizar, a vítima pode exigir satisfação integral do direito à indemnização ao responsável final.

Artigo 71.º Responsabilidade complementar e indemnização

Se houver dois ou mais pedidos de indemnização em decorrência do mesmo facto causador do dano e com o mesmo objectivo reparador, prevendo a lei responsabilidade complementar, a vítima deve exigir, em primeiro lugar, ao responsável directo a indemnização, e na falta de cumprimento integral ou parcial deste, a vítima pode pedir ao responsável complementar a satisfação do seu direito à indemnização, tendo este o direito de regresso contra o responsável directo após assumida a responsabilidade complementar.

Caso exista repartição da responsabilidade entre os responsáveis directo e complementar previsto no parágrafo anterior, aquele que assumiu a proporção da indemnização superior à parcela que lhe cabe, tem direito de regresso contra o outro.

Capítulo IX Responsabilidade sobre produtos

Artigo 72.º Noção de produto

Entende-se por produto qualquer coisa móvel processada ou fabricada para distribuição.

Exceptuam-se as obras de edificação, salvo os materiais de construção, os equipamentos ou peças acessórias abrangidas na definição de produto feita no parágrafo anterior.

Integram o conceito de produto:

(i) energia eléctrica, óleo, gás, energia térmica ou água, transportados por cabos, redes ou tubagens de transmissão;

(ii) software/programas de computador e similares; e

(iii) produtos microbianos destinados para a venda, produtos animais e vegetais, de engenharia genética ou de sangue humano.

Artigo 73.º Produto defeituoso

Um produto é defeituoso quando não oferece a segurança com que legitimamente se pode contar, tendo em atenção as seguintes circunstâncias:

(i) defeito de fabrico, por não se ter apresentado em conformidade com o padrão imposto na sua concepção, tornando-se assim um produto ilegitimamente inseguro;

(ii) defeito de concepção, por inobservância duma concepção alternativa razoável que possa contribuir para diminuir ou evitar o dano, tornando-se assim um produto ilegitimamente inseguro; e

(iii) defeito de informação, por falta, insuficiência ou inadequação de informações, advertências ou instruções sobre o seu uso e perigos conexos, tornando-se assim um produto ilegitimamente inseguro.

Artigo 74.º Presunção de defeito do produto

Quando o dano causado por um produto seja aquele que normalmente é causado por defeito de um produto, sem derivar de defeito surgido no processo de venda ou distribuição, há presunção de defeito do produto.

Artigo 75.º Responsabilidade interina sem culpa e direito de regresso

Por existir defeito num produto que causa dano pessoal ou dano em coisa diversa do produto defeituoso, o lesado pode exigir indemnização tanto ao produtor como ao vendedor desse produto.

Assumida a obrigação de indemnizar pelo vendedor do produto defeituoso, este tem direito de regresso contra o produtor do mesmo, salvo comprovação pelo produtor de que o defeito do produto tenha sido causado por culpa do vendedor.

No caso do defeito do produto ter sido causado por culpa do vendedor, o produtor, após assumida a obrigação de indemnizar, tem direito de regresso contra o vendedor.

Artigo 76.º Responsabilidade objectiva final do produtor

Quando o defeito do produto for causado pelo produtor, este deve assumir a obrigação de indemnizar sem ter direito de regresso contra o vendedor.

Artigo 77.º Exclusão da responsabilidade

O produtor não é responsável se provar:
(i) que não pôs o produto em circulação;
(ii) que, tendo em conta as circunstâncias, se pode razoavelmente admitir a inexistência de defeito no momento da entrada do produto em circulação; ou
(iii) que o estado dos conhecimentos científicos e técnicos, no momento em que se pôs o produto em circulação, não permitia detectar a existência do defeito.

Artigo 78.º Advertência após venda e retirada de produtos

Se o defeito de um produto, que não foi descoberto antes de ser colocado em circulação, vier a ser detectado pelo produtor, este deve alertar o comprador, de forma completa e eficaz, pela falta de segurança legitimamente esperada desse produto, esclarecendo sobre o correcto modo de emprego do produto para evitar dano. Caso o produtor não cumpra de modo razoável a obrigação de advertência após a venda, causando dano, deve assumir a responsabilidade pela indemnização.

Se se achar defeito de um produto, depois de posto em circulação, susceptível de causar dano a outrem, o produtor deve tomar imediatamente as medidas razoáveis e eficazes para retirar o produto defeituoso de circulação. Caso o produtor não cumpra de modo razoável esta obrigação e, assim, causar danos a outrem, deve assumir a responsabilidade pela indemnização.

Os vendedores devem assistir os produtores no cumprimento das obrigações especificadas no primeiro e segundo parágrafos deste artigo.

Artigo 79.º Responsabilidade do transportador e do armazenador

Quando um produtor ou vendedor assumir a obrigação de indemnizar o dano causado por defeito de um produto devido ao serviço de transporte ou de armazenagem, o produtor ou vendedor tem direito de regresso contra o transportador ou armazenador após ressarcido o dano.

Não podendo o produtor ou vendedor pagar a indemnização, o lesado pode exigir directamente ao transportar ou armazenador a assunção da obrigação de indemnizar.

Artigo 80.º Responsabilidade do garante da qualidade do produto

Ao apresentar falso resultado de exame ou emitir certificado de inspecção não autêntico causando danos, a respectiva entidade de inspecção ou de certificação de qualidade do produto deve assumir, juntamente com o respectivo produtor e vendedor, a responsabilidade solidária.

Aquele que prometa ou garanta a qualidade de um produto que não tenha a qualidade prometida ou garantida e, por isso, causar danos, deve assumir juntamente com o produtor e o vendedor a responsabilidade solidária.

Artigo 81.º Responsabilidade por publicidade enganosa

O produtor ou o vendedor que promoverem a venda de um produto através de publicidade ou de meios de propaganda enganosa e, por isso, causarem danos, assumem a responsabilidade civil nos termos previstos nesta Lei-Modelo.

No caso de operadores ou distribuidores de publicidade que, apesar de conhecerem a falsidade publicitária ou a propaganda enganosa, continuarem a respectiva concepção, produção e distribuição, devem assumir, relativamente aos danos causados pelo produto defeituoso, responsabilidade solidária com o fabricante e o vendedor do produto defeituoso.

Aquele que recomendar produto defeituoso promovido através de falsidade publicitária ou de propaganda enganosa e, por isso, causar danos, fica obrigado a repará-los solidariamente com os agentes previstos no parágrafo anterior.

Artigo 82.º Responsabilidade de fornecedor de plataforma tradicional de transacções

Quando o patrocinador de um mercado centralizado, o locador dum balcão, o organizador duma feira, ou outros fornecedores de plataforma de transacções, não cumprirem o dever de gestão necessária, a vítima que sofre por causa dos danos causados pelo produto defeituoso, tem o direito de exigir responsabilidade contra o produtor, o vendedor ou o fornecedor de plataforma de transacções, desde que a este seja imputável culpa. Caso o fornecedor de plataforma tradicional de transacções se tenha comprometido, a priori, a indemnizar, assume a responsabilidade nos termos prometidos e tem direito de regresso contra o produtor e vendedor do produto defeituoso após pagar a indemnização.

No caso do fornecedor de plataforma tradicional de transacções ter tomado conhecimento de que o vendedor ou produtor se aproveitam da plataforma para lesar direitos e interesses de consumidores, deve assumir a responsabilidade solidária com eles.

Artigo 83.º Responsabilidade de fornecedor de plataforma de transacções online

Quando um produto defeituoso cause dano a outrem via plataforma de transacções online, o lesado pode pedir responsabilidade ao produtor ou vendedor do produto defeituoso pelo dano causado.

Se o fornecedor de plataforma de transacções online não facultar a identificação, endereço e contacto do produtor ou vendedor do produto defeituoso, o lesado pode exigir-lhe que assuma a responsabilidade de indemnizar; caso este se tenha comprometido a indemnizar, assume a responsabilidade nos termos prometidos e tem direito de regresso contra o produtor e vendedor do produto defeituoso após pagar a indemnização.

No caso de o fornecedor de plataforma tradicional de transações online ter tomado conhecimento de que o vendedor ou o produtor se aproveitam da sua plataforma para lesar direitos e interesses dos consumidores, sem tomar as medidas necessárias, deve assumir a responsabilidade solidária com eles.

Quando a venda online seja efectuada por utente da internet e cause dano a outrem, desde que o fornecedor de plataforma de transações online faculte também serviço de pagamento, é aplicável o disposto no 2º e 3º parágrafos deste artigo.

Artigo 84.º Fornecedor de matérias-primas, acessórios e peças

Quando o produtor fabricar os seus produtos com matérias-primas e acessórios defeituosos fornecidos por outrem e, por isso, causar danos, cabe-lhe assumir a obrigação de indemnizar. Uma vez satisfeita a indemnização, o produtor tem direito de regresso contra o fornecedor de matérias-primas e acessórios defeituosos, podendo o lesado exigir directamente àquele fornecedor que assuma a obrigação de indemnizar.

É aplicável o disposto no parágrafo anterior ao fornecedor de peças defeituosas.

Artigo 85.º Responsabilidade por mercadorias em segunda mão ou de reciclagem

Os vendedores de mercadorias em segunda mão são equiparados aos produtores, sem prejuízo do produtor original assumir a responsabilidade pela qualidade do produto quando este ainda esteja no período de garantia.

Os produtores originais não assumem a responsabilidade relativa a produtos de reciclagem, salvo o dano devido a defeito inerente ao produto original.

Artigo 86.º Disposições especiais sobre alimentos que causam dano

Quando produtores e vendedores de alimentos produzirem e venderem produtos que, embora se conformem com os padrões de qualidade, causem danos graves à vida e saúde dos consumidores, deve presumir-se, nos termos do artigo 74º, que os produtos são defeituosos.

Os vendedores de produtos primários e de caça são responsáveis pelos danos causados.

Artigo 87.º Disposições especiais sobre medicamentos ou sangue que cause dano

Compete ao produtor ou vendedor de medicamentos fazer a prova de ausência de defeito no medicamento produzido e vendido, caso contrário, deve assumir a responsabilidade de indemnizar por danos causados a outrem.

As entidades fornecedoras de sangue devem fazer a prova quanto ao cumprimento das normas relevantes sobre sangue, caso contrário, devem assumir a responsabilidade de indemnizar por danos causados a outrem. Se, em razão do estágio da ciência e tecnologia, não for possível descobrir que o sangue é susceptível de causar dano, devem assumir a reparação adequada dos danos causados.

Artigo 88.º Não isenção de responsabilidade pelas advertências apostas em cigarros e outros produtos prejudiciais à saúde

Não se considera que os produtores ou vendedores, após aposta a advertência em cigarros e outros produtos prejudiciais à saúde, tenham cumprido o dever de informação.

Artigo 89.º Indemnização punitiva por danos pessoais

Quando os produtores ou vendedores, por dolo ou negligência grosseira, fizerem com que apareçam produtos defeituosos, ou, apesar do conhecimento relativo ao defeito do produto fabricado e vendido, susceptível de causar danos pessoais, continuarem a produzir ou vender esses produtos defeituosos causando danos a outrem, o lesado pode exigir ao produtor ou vendedor, além da indemnização relativa à perda real, que pague compensação superior ao previsto no artigo 39º desta Lei-Modelo.

A compensação prevista no parágrafo anterior deve ser fixada de acordo com o grau de má-fé dos responsáveis e com as consequências danosas produzidas.

Artigo 90.º Prazo máximo de protecção na responsabilidade de produto

Prescreve, no prazo de quinze anos, a contar da data em que o produto defeituoso foi entregue ao primeiro consumidor, o pedido de indemnização por danos sofridos, salvo se o prazo de validade indicado ainda não tiver expirado.

Capítulo X Responsabilidade por poluição ambiental

Artigo 91.º Responsabilidade sem culpa por poluição ambiental
Aquele que causar danos ao meio ambiente de que resulte poluição, fica obrigado a repará-los.

Artigo 92.º Presunção de nexo causal da poluição ambiental
Quando surgir litígio em consequência de poluição ambiental e o lesado tiver prova preliminar de nexo causal entre a poluição e o dano, cabe ao agente fazer a prova de que não existe tal relação causal entre o seu acto poluidor e o dano sofrido pelo lesado; caso o agente não reuna prova bastante para o demonstrar, fica assente o nexo de causalidade.

Artigo 93.º Exclusão da excepção de emissão de acordo com o padrão legal
Aquele que polui o ambiente causando dano, mesmo que a emissão de poluentes esteja em conformidade com o padrão legalmente previsto na respectiva jurisdição, deve assumir a responsabilidade civil.

Artigo 94.º Responsabilidade de indemnização por danos devidos à emissão de poluentes por múltiplos agentes
Quando dois ou mais agentes praticarem separadamente actos poluidores causando os mesmos danos, sendo quaisquer desses actos passíveis, por si só, de ocasionar o dano integral, assumem a obrigação solidária de indemnização.

Quando dois ou mais agentes praticarem separadamente actos poluidores causando os mesmos danos, sendo quaisquer desses actos insusceptíveis, por si só, de ocasionar o dano integral, cada um assume a obrigação de indemnizar de acordo com a potencialidade causal do seu acto.

Quando dois ou mais agentes praticarem separadamente actos poluidores causando os mesmos danos, sendo alguns desses actos passíveis, por si só, de ocasionar o dano integral e outros passíveis de ocasionar parcialmente o dano, estes assumem com aqueles a obrigação solidária de indemnização por parte do dano causado em conjunto.

Artigo 95.º Responsabilidade por poluição ambiental sem lesões corporais actuais

Aquele que praticar acto passível de poluir o ambiente devido à natureza da actividade exercida, ao método empregue, ou à utilização de instalações altamente perigosas por poluidoras, mesmo que tenha cumprido as regras legais, assumirá a responsabilidade de indemnização se causar manifestamente danos ao ambiente, independentemente de culpa, cabendo à entidade tutelar do ambiente fixar o montante ressarcível e integrar o montante da indemnização no fundo de tratamento da poluição ambiental.

Artigo 96.º Causalidade imputável a terceiro

Quando o dano causado por poluição ambiental seja imputável a terceiro, os lesados podem exigir indemnização ao agente ou ao terceiro. Neste caso, se o agente assumir a obrigação de indemnizar, terá direito de regresso contra o terceiro.

Artigo 97.º Eliminação de causas de poluição e restabelecimento do ambiente não poluído

Aquele que causar poluição ambiental, além de ser responsável por indemnização pelo dano patrimonial causado, deve eliminar as causas de origem da poluição ambiental ou afastar o seu perigo através da reposição das coisas no estado anterior à ocorrência da poluição, ao seu estado original, ou assumir as despesas relacionadas com a sua eliminação e o restabelecimento do ambiente não poluído.

Artigo 98.º Indemnização superior ao dano efectivamente causado ao ambiente por má-fé

Quando o agente, por dolo ou negligência grosseira, causar poluição ambiental ou, apesar do seu acto substancialmente passível de causar poluição ambiental, continuar a praticá-lo causando poluição ambiental, os lesados podem exigir-lhe, além da indemnização relativa ao prejuízo real, o pagamento de compensação superior à prevista no artigo 39º desta Lei-Modelo.

Artigo 99.º   Prescrição da responsabilidade por poluição ambiental
No que diz respeito ao pedido de indemnização por dano devido a poluição ambiental, é aplicável o disposto no artigo 32º desta Lei-Modelo. Prescreve, no prazo de três anos, o direito de regresso entre os agentes adstritos à obrigação de indemnizar, a contar da data do cumprimento da respectiva obrigação de indemnização.

Artigo 100.º   Acção para a tutela de interesse público ambiental
Têm legitimidade para propôr e intervir nas acções contra actos prejudiciais à saúde pública, ao ambiente, à qualidade de vida e a outros bens de interesse social e público, qualquer pessoa, as associações e fundações cujo fim se relacione com os interesses em causa, o Governo e o Ministério Público.

Capítulo XI   Responsabilidade civil na actividade cibernética

Artigo 101.º   Regra geral
Os prestadores de serviço de internet e os utentes deste serviço devem assumir a responsabilidade civil por danos causados pela sua utilização em prejuízo do direito e interesse de outrem.

Incluem-se no conceito de prestador de serviço de internet o fornecedor da plataforma do serviço de internet e o fornecedor dos seus conteúdos.

Artigo 102.º   Aplicação do princípio de "porto seguro"
Quando surgir acto lesivo do direito de outrem praticado por utente de internet, o lesado pode notificar o prestador de serviço de internet para tomar medidas tais como o apagamento, o bloqueio, a desconecção ou outras técnicas necessárias para eliminar o dano. Se o prestador de serviço de internet não o fizer num prazo razoável após notificado, será responsável solidário com o utente

de internet por quaisquer danos adicionais.

Artigo 103.º Requisitos e forma da notificação

A notificação deve ser feita por aviso escrito, em forma impressa ou electrónica, salvo em caso de emergência.

A notificação deve conter o seguinte:

(i) o nome(ou designação)completo, o endereço e o contacto do autor da notificação;

(ii) o endereço da internet em que se encontra o conteúdo lesivo do direito, ou a informação necessária para localizá-lo;

(iii) os materiais comprovativos, de forma preliminar, sobre o acto lesivo do direito; e

(iv) a declaração do autor da notificação sobre a autenticidade do conteúdo constante nela.

Na falta de qualquer destes elementos, considera-se a notificação inválida e sem produção de efeito nenhum.

Artigo 104.º Prazo razoável

A determinação do prazo razoável previsto no artigo 102.º da presente Lei-Modelo deve tomar em consideração os seguintes factores:

(i) a importância do direito ou interesses violados;

(ii) a viabilidade técnica da tomada das medidas necessárias relevantes;

(iii) a urgência em tomar as medidas necessárias relevantes; e

(iv) o prazo razoável solicitado pelo titular do direito ofendido.

Em circunstâncias normais, um prazo razoável é de 24 horas.

Artigo 105.º Cálculo do dano adicional

O dano adicional refere-se ao prejuízo ocorrido entre o momento da chegada da notificação ao prestador do serviço de internet e a sua eliminação por este.

Artigo 106.º Dever de dar conhecimento da notificação ao utente da internet causador do dano

Após tomadas as medidas necessárias, o prestador de serviços de internet deve remeter imediatamente a notificação ao utente de internet causador dos danos; na impossibilidade dessa remissão, deve informá-lo do conteúdo da notificação através de anúncio na própria internet.

Artigo 107.º Contra-notificação: requisitos e forma

Após notificado ou tomado conhecimento da notificação através de anúncio, o utente da internet causador do dano pode apresentar contra-notificação por escrito ao prestador de serviços de internet, caso entenda não ter violado o direito ou interesses de outrem e solicitar a reposição do conteúdo inicialmente emitido.

A contra-notificação deve conter os seguintes elementos:

(i) o nome(ou designação)completo, endereço e contacto do autor da contra-notificação;

(ii) o pedido de anulação das medidas aplicadas ao conteúdo retirado, e o endereço da internet em que se encontrava;

(iii) a matéria comprovativa de que o conteúdo retirado não era lesivo do direito de outrem;

(iv) a declaração do autor da contra-notificação sobre a autenticidade da informação contida nela.

Artigo 108.º Tratamento da contra-notificação

Após a recepção da contra-notificação escrita, o prestador de serviços de internet deve repôr em tempo útil o conteúdo retirado e anteriormente emitido pelo autor da contra-notificação e, simultaneamente, remeter a contra-notificação ao autor da notificação, salvo manifesta ilicitude do conteúdo inicialmente emitido pelo autor da contra-notificação.

Artigo 109.º Acção sobre a contra-notificação

Depois de o prestador de serviços de internet repôr o conteúdo inicialmente emitido pelo autor da contra-notificação, o autor da notificação não pode voltar a notificar o prestador de serviços de internet a tomar medidas como apagamento, bloqueio ou desconecção, podendo, porém, recorrer à justiça.

Artigo 110.º Responsabilidade indemnizatória por notificação errada

Se o prestador de serviços de internet tomar medidas com base em notificação indevida e causar, consequentemente, danos a outrem, deve o autor da notificação assumir a responsabilidade de indemnizar.

Artigo 111.º Aplicação da regra "bandeira vermelha"
Quando o prestador de serviço de internet tiver conhecimento de um utente se aproveitar do seu serviço para violar os direitos ou interesses de outrem e não tomar as medidas necessárias, será responsável solidário com esse utente pelos danos causados a outrem.

Artigo 112.º Avaliação do conhecimento
Entende-se por conhecimento a plena consciência ou prova de o prestador de serviço de internet saber do facto lesivo do direito de outrem por utente de internet.

Capítulo XII Responsabilidade civil resultante da violação do direito de publicidade

Artigo 113.º Âmbito do direito de publicidade, sua violação e responsabilidade
Entende-se por direito de publicidade um direito de natureza empresarial gozado por uma pessoa natural ou um grupo de pessoas naturais no uso de símbolos— sinais distintivos da personalidade —, marcando a respectiva identidade no comércio.

Aquele que, através de propaganda, cartazes, painéis publicitários, produtos de consumo de massa, revistas periódicas e outros meios de publicidade, utilizar foto, filme, telenovela, ópera, música, artes visuais e coisas que simbolizam a personalidade de outrem, sem a respectiva autorização, deve assumir a responsabilidade civil.

Artigo 114.º Prazo de protecção do direito de publicidade
A protecção do direito de publicidade existe durante toda a vida da pessoa natural ou toda a existência de um grupo, estendendo-se até trinta anos após a morte da pessoa ou a dissolução do grupo, a contar do dia seguinte da morte ou do ano seguinte da dissolução, respectivamente.

No caso de duas ou mais pessoas naturais serem co-titulares do direito de publicidade, o prazo da sua protecção extingue-se trinta anos após morte da última. Se a titularidade do direito de publicidade pertencer a um grupo de pessoas naturais, o prazo de protecção extingue-se trinta anos após a dissolução do grupo ou trinta anos após morte do último elemento desse grupo.

O prazo de protecção previsto no parágrafo anterior conta-se a partir do ano seguinte à morte da última pessoa natural ou da dissolução do grupo.

Artigo 115.º   Pedidos judiciais do titular do direito de publicidade

Os titulares do direito de publicidade podem solicitar ao tribunal que ordene ao agente para terminar a violação, afastar os obstáculos à realização do direito de outrem e eliminar os perigos susceptíveis de causarem dano.

Os titulares do direito de publicidade podem ainda solicitar ao tribunal que ordene a destruição de coisas lesivas do direito de outrem ou que tome medidas relevantes necessárias.

Os titulares do direito de publicidade têm o direito de exigir ao agente que assuma a obrigação de indemnizar pelos danos patrimoniais e morais sofridos.

Artigo 116.º   Cálculo da indemnização

O montante da indemnização por dano causado ao direito de publicidade deve ser calculado com base no nível mais alto entre os critérios a seguir:
(i) proveito obtido pelo agente; ou
(ii) valor patrimonial normalmente obtido pelo titular do direito ao exercer tal direito.

Quando o valor do dano patrimonial sofrido pelo titular do direito exceder o montante determinado na alínea anterior, este tem direito de exigir indemnização adicional correspondente à parte excedente.

Quando for difícil fixar o montante da indemnização com base nos critérios previstos nas alíneas anteriores, cabe ao tribunal determinar o montante atendendo à situação real.

Artigo 117.º   Indemnização por danos morais em consequência de violação do direito da personalidade

O titular do direito de publicidade tem o direito de exigir, para além da indemnização por danos patrimoniais, a reparação por danos morais contra o agente, bem como a tomada de outras medidas necessárias tais como a restauração da sua reputação.

Artigo 118.º Protecção do direito de publicidade após a morte do respectivo titular

Após a morte do titular do direito de publicidade, os seus sucessores podem herdar esse direito, salvo oposição expressa do de cujus em vida.

O titular do direito de publicidade pode, por testamento, transferir o direito de publicidade a outrem por meio de legado, no qual pode fixar limite ou duração tais como o modo e âmbito de uso do legado.

O sucessor do direito de publicidade tem a faculdade de exigir indemnização ao agente causador dos danos.

Artigo 119.º Alienação

O direito de publicidade pode ser alienado total ou parcialmente por contrato, sendo, porém, insusceptível de transmissão em termos gerais do direito de publicidade que ainda não existe no momento da transacção.

Quando o cessionário do direito de publicidade exceder o âmbito do uso dos sinais distintivos da personalidade fixado contratualmente, o titular original do direito de publicidade tem o direito de lhe exigir a assunção da responsabilidade civil.

Artigo 120.º Licença

O titular do direito de publicidade pode conceder uma licença a outrem para uso dos sinais distintivos da personalidade, nos limites e sob as condições aí estabelecidos.

O destinatário da licença não pode permitir que um terceiro faça uso de tais sinais distintivos da personalidade sem o consentimento do titular do direito de publicidade.

Quando o destinatário da licença exceder o âmbito do uso dos sinais distintivos da personalidade fixado na licença, ou permitir a um terceiro que faça uso deles, o titular do direito de publicidade tem o direito de exigir-lhe que assuma a responsabilidade civil.

Artigo 121.º Violação do direito de publicidade pertencente a grupo de pessoas naturais

Quando o direito de publicidade pertencente a um grupo de pessoas naturais for violado, cada um dos seus membros tem o direito de exigir a indemnização correspondente à respectiva parcela do direito de publicidade.

Artigo 122.º Responsabilidade de prestadores de serviços de internet

O disposto neste capítulo é aplicável em caso de violação do direito de publicidade por prestador de serviço de internet.